KĀLI GA
MORI
Kapilavatthu I
SAKIYA
Sāvatthi
Lumbinī
Kapilavatthu II
KOLIYA
ACIRAVATĪ
Sāketa
(Ayojjhā)
Kusināra
Lucknow
Gorakhpur
KOSALA
GHĀGARA
VAMSĀ
GOMATI
KĀLĀMA
GANGES
KĀSI
GANGES
YAMUNĀ
Prayāga
(Allāhabād)
Sārnāth
Kosambī
Benares
M
AVANTI
부처님 당시의 도시들
부처님 이후의 도시들
네팔 국경선
부처님 당시의 강줄기
무역로

Kathmandu
SUN KOSI
ARUN
VIDEHA
Mithilā
NEPAL
VAJJI
INDIA
Darbhanga
LICCHAVI
Muzaffarpur
Vesāli
BĀGHMATI
SAPTI KOSI
ta(Patna)
Monghyr
Bhāgalpur
Campā
Nālandā
Rājagaha
AṄGA
GADHA
Gayā
Uruvelā
NERAÑ-
JARĀ
PHALGU

梵·藏·漢·英·佛·獨 대조

금 강 경

- 번개처럼 자르는 지혜의 완성 -

能斷金剛般若波羅蜜經

Vajracchedikā- prajñ āpāramitā- sūtra

ॐ सत्यमेव जयते ॐ

발 간 사

금강경은 대승경전과 반야경전의 사상을 아주 잘 요약한 심오한 경전이기 때문에 어느 시대, 어느 나라에서나 금강경을 사경하고 독송하고 전파하는 것을 아주 위대한 공덕으로 여겼습니다.

이 금강경이 중국에 이르러서는 선종의 발흥과 더불어 대승경전 가운데 으뜸으로 부각되었습니다. 특히 우리 나라에서는 불교의 가장 큰 단일종단인 조계종의 소의경전일 뿐만 아니라 모든 불자들이 귀중하게 수지독송하는 경전입니다. 따라서 금강경의 의미를 올바로 이해하는 것은 불자들의 수행과 불교의 진정한 발전을 위해서도 매우 중요한 일이라 아니할 수 없습니다.

금강경은 부처님 말씀을 담은 모든 경전들과 마찬가지로 인간을 고통스럽게 하는 이기심과 집착, 분노의 원인을 잘 보여주고 있습니다.

금강경의 사상은 현행 유통되고 있는 꾸마라지바의 한역 금강경의 개념들을 빌면, 아상, 인상, 중생상, 수자상의 철저한 부정에 있습니다. 전재성 박사가 번역한 이 범문 금강경에서는 이러한 상을 개념적 지각이라 하여 자아, 존재, 생명, 영혼에 대한 지각이라고 번역하고 있습니다. 물론 감각적 지각도 마찬가지 운명입니다. 감각적 지각은 불꽃놀이에서 보는 불꽃의 화환과도 같습니다. 불꽃의 화환은 실제로 존재하지 않지만 우리 시각으로 들어옵니다.

금강경은 이러한 지각은 잘못된 인식으로 고통의 원인이며, 참다운 지각은 깨달음을 향한 님의 서원뿐이라고 역설하고 있습니다.

특히 금강경은 역사적인 부처님의 삶을 현실에서 다시 계승하려는 자각 운동에서 출발한 것으로 여겨지는 대승불교 초기경전입니다. 무아와 연기사상을 토대로 이기심을 뛰어넘어 그 공덕을 뭇삶의 의지처로 회향시키는 금강경은 지혜와 자비의 연기법을 그대로 드러내고 있습니다. 금강경의 메시지는 시대적 요청에 대한 응답인 것입니다.

2,600여년의 역사 동안 불교가 평화의 종교로서 그 위대함과 가치를 계승해올 수 있었던 것은 바로 지혜와 자비의 사상 때문입니다. 범어 원문에서 우리말로 바로 번역하여 더 쉽게 이해되는 이 금강경을 통해 진정으로 수행자다운 삶을 위해, 길을 함께 가고 있는 도반들을 위해, 우리가 몸담고 있는 종단과 사회, 그리고 뭇생명을 위해, 지금 여기에서 지혜와 자비에 입각한 행위와 언어, 사고의 길을 가는 것이 참다운 수행이자 희망의 길임을 함께 새겨볼 수 있기를 바랍니다.

이번에 전재성 박사가 번역한 『금강경 — 번개처럼 자르는 지혜의 완성』은 빠알리대장경에 대한 구체적인 주석을 첨가하여 초기불교와 대승불교를 잇는 일관된 정신을 보여주고자 한 역자의 노력이 보입니다. 나아가 범어 원전 번역에 그치지 않고 사상적인 오류의 최소화와 학문적 활용을 위해 범어원본 외에도 서장어, 한문, 영어, 프랑스어, 독일어의 번역본들을 대조할 수 있도록 하였고, 금강경의 정통 주석서로 꼽히는 아쌍가와 바쑤반두의 주석을 함께 실어서 금강경의 이해를 위한 초석을 잘 다듬었습니다.

모쪼록 이번 금강경 출간이 부처님의 지혜와 자비의 가르침으로 세상이 평화로워지는 밑거름이 될 것이라고 기대해봅니다.

2003. 6. 5

지리산 실상사에서 도법 합장

머 리 말

금강경의 주석을 달았던 바쑤반두(世親)는 당시의 시대상황을 "시대가 다가온다. 무명의 성난 파도가 넘치고 부처님의 가르침이 최후의 숨을 거두는 것처럼 보이는 시대가!"라고 노래했습니다.

그래서 금강경은 자신이 출현할 당시의 이러한 시대적인 상황을 직시하고 부처님의 원래의 가르침으로 돌아가고자 하는 비판적 관점에서 출현한 경전입니다. 우리는 이번 기회가 금강경이 출현할 당시와 마찬가지로 무명의 성낸 파도가 넘치는 오늘날, 금강경의 메시지가 우리에게 주는 교훈을 다시 한번 성찰하는 계기가 되었으면 합니다.

금강경은, 공덕을 쌓으며 대가를 바라는 삶이 존재하지 않는 자아를 강화시키며 사람들을 더욱 고통 속으로 몰아넣는 현실을 직시한 것입니다. 오늘날의 시대도 마찬가지이지만 '이것은 나의 것이고, 이것이야말로 나이고, 이것이 나의 자아이다'라는 집착의 굴레가 현실의 심각한 고통을 야기시키고 있는 것입니다.

금강경은 무주상보시의 자비로운 삶을 통해 '이것은 나의 것이고, 이것이야말로 나이고, 이것이 나의 자아이다'라는 그러한 고통을 야기시키는 개념적인 지각을 뛰어 넘을 것을 강조합니다. 그러므로 진실한 부처님의 가르침을 담은 경전의 한 구절이라도 배우고 유포시키는 것이 다른 어떠한 공덕보다도 수승하다는 사실을 누누이 강조하고 있습니다.

특히 금강경은 아무 것에도 의존하지 않는 마음(無主心)을 강조합니다. 그것은 아무 것에도 집착하지 않는 공관(空觀)을 통해서 가능합니다. 그러나 공관을 강조하다보면, 제도해야할 중생이 없게 되고 그렇게 되면, 대비(大悲)도 약해집니다. 그러나 대비를 강조하다 보면, 제도해야할 중생이 있고 공관이 약해집니다. 일찍이 나가르쥬나(龍樹)가 대지도론(大智度論)에서 “모든 법이 공하다면, 중생이 없는데 누구를 제도할 것인가? 이 경우에는 자비심이 약해질 것이다. 만약 중생으로써 애민히 여긴다면, 모든 법에 대한 공관이 약해질 것이다.”라고 지적한 적이 있습니다. 독일의 불교철학자 에리히 플라우발르너도 '보살은 그 사명을 완수하기 위해 현상세계를 건립하지만 그것이 공(空)이라는 사실을 유지하지 않으면 안 된다. 여기에 놀랍고도 어려운 보살의 과제가 있다'라고 진술하고 있습니다.

그러나 이러한 생각은 일반적으로 대승의 공에 대한 잘못된 선입견이나 인식에서 근원하는 것입니다. 대비의 근원이 되는 공은 존재에 대한 비존재로서의 무와 같은 개념적으로 한정된 공이 아니라 파악할 수 없는, 즉 개념적인 한정을 끊어버린 공을 의미합니다. 금강경에는 비록 공이란 말이 잘못 오해되는 것을 방지하기 위해 단 한번도 언급되지 않지만, 이러한 측면에서 개념적인 인식을 문제삼는 금강경은 심오한 공의 해설서라고 해도 과언이 아닙니다.

역자가 「범본대조 서장본에 의한 신역금강경」이란 논문을 발표한 이래 12년이 지났습니다. 당시의 한글 번역본을 다시 교정하고 아쌍가와 바쑤반두의 주석을 달고 7개국어의 번역을 대조하여 그 원문을 모두 교정하여 주석에 달아 금강경의 세계적인 홍포에 공헌하도록 노력했습니다.

오랫동안 묵혀 두었던 원고를 다시 정리하여 출간하도록 배려하여 주신 지우 스님과 교열, 편집에 수고하여 주신 한생명의 수지행 국장님께 깊은 감사를 드립니다.

2003. 6. 5

한국빠알리성전협회의 연구실에서

퇴현 전재성

일 러 두 기

1. 이 〈梵·藏·漢·英·佛·獨 대조 금강경〉은 금강경의 범본을 기본 텍스트로 하였다. 범본은 막스 뮐러의 범본 교열본을 중심으로 삼았고, 여러 범본의 판본을 대조하여 다소간의 가감을 통해 역자가 재구성한 것이다. 모든 외국어는 영문을 제외하고 행이 바뀌어 단어의 분리를 연결하는 하이폰을 생략하였다.
2. 본래 범본에는 장의 구분이 없지만 주제를 분명히 하기 위하여 소명태자가 분류한 대로 장을 구분하였다. 그러나 한글제목은 소명태자의 것을 따르지 않고 내용에 따라 바꾸었다. 또한 원전에는 없지만, 화자를 괄호 안에 삽입하고 문장마다 번호를 붙여서 이해를 돕고자 했다.
2. 〈제2장 우리말 금강경 주해〉에서는 각주에서 되도록 빠알리대장경을 원용하여 대승불교가 담고 있는 문제의식이 초기불교의 정신에서 벗어난 것이 아님을 보여주고자 했다. 그리고 정통적인 아쌍가〔無着〕의 주석을 달고 괄호 안에 바쑤반두〔世親〕의 해설을 넣었다.
3. 〈제3장 범·장·한(梵藏漢) 금강경 주해〉는 우리말 한글번역에 범본을 병기하였다. 각주에서는 서장본과 한역본을 병기하여 비교할 수 있게 하였다. 한역본으로는 가장 많이 유통되는 꾸마라지바〔鳩摩羅什〕역과 범어원문에 가장 충실한 판본이라고 평가받는 현장역을 함께 수록했다.
4. 〈제4장 영·불·독(英佛獨) 금강경 주해〉는 오늘날의 일상용어로 금강경을 번역하기 위해 참고한 서양의 번역본들을 함께 수록했다. 콘즈(Conz)의 영어본을 중심으로 하여, 각주에는 하레즈(Harlez)의 불어본, 발레서(Walleser)의 독어본을 소개했다. 이 번역본들 역시 각각의 번역본에서 원문에 손상이 가지 않는 범위에서 역자가 복원하여 재구성했다.
5. 〈제5장 금강반야바라밀경논송〉은 금강경 해석의 이정표를 제공하는 중요한 주석으로 평가되는 아쌍가와 바쑤반두의 주석을 소개한 것이다. 제1장에서 각주로 소개한 것을 묶었는데, 아쌍가의 주석만으로는 이해하기 어려워 바쑤반두의 주석은 간추려서 괄호 안에 넣었다.

〈약 어 표〉

AN.	Aṅguttara Nikāya
Bed.	Buddhism : its Essence and Development by Conze
Buv.	Buddhavaṃsa
DN.	Dīgha Nikāya
Dim.	Diamond Sutra by Conze
Edg.	Buddhist Hybrid Sanskrit Dictionary by Edgerton.
MN.	Majjhima Nikāya
Mhv.	Mahāvaṃsa
Mbt.	Minor Buddhist Text by G. Tucci.
Phb.	Die Philosophie des Buddhismus von Erich Frauwallner
Pps.	Papañcasūdanī(Majjhima-Aṭṭhakathā)
Pv.	Pramāṇavarttika
SN.	Saṁyutta Nikāya
Srp.	Sāratthappakāsinī, Saṁyutta-Aṭṭhakathā
Suv.	Sumaṅgalavilāsinī(Dighanikāya-Aṭṭhakathā)
Nj.	A Catalogue of the Chinese Translation of Buddhist Tripiṭaka by Bunyu Nanjiō. Oxford. 1883
Tps.	Tibetan Painted Scroll by G. Tucci.
Ud.	Udāna
金剛	中村元의 金剛般若經
大正藏	大正新修大藏經

목　　차

발간사 · 3　머리말 · 5　일러두기 · 7　약어표 · 8

제1장 우리말 금강경

우리말 금강경 15

제2장 우리말 금강경 주해

1. 법회가 열리기까지[法會因有分] 53
2. 쑤부띠가 가르침을 청하니[善賢起請分] 56
3. 대승의 바른 뜻은 무엇인가[大乘正宗分] 58
4. 실천하되 의존함이 없이[妙行無住分] 61
5. 새겨서 참답게 보라[如理實見分] 66
6. 놀라운 법 누가 바로 믿으랴[正信希有分] 68
7. 깨달은 것도 설한 것도 없나니[無得無說分] 73
8. 법문에 의지해 나타날 뿐[依法出生分] 75
9. 한 경지도 얻은 것 없네[一相無相分] 77
10. 불국토를 장엄하려면[莊嚴淨土分] 82
11. 무위의 복덕이 뛰어나니[無爲福勝分] 86
12. 바른 가르침 두루 존경하며[尊重正教分] 88
13. 여법하게 받아 지니라[如法受持分] 90
14. 지각을 여읜 평안[離相寂滅分] 94
15. 배우고 가르치는 큰 공덕[持經功德分] 103
16. 청정하지 못한 업장을 맑히네[能淨業障分] 105

17. 나 없음을 깨달아야[究竟無我分] 107
18. 모두 하나로 꿰뚫어 보고[一體同觀分] 115
19. 공덕은 온 법계에 두루 미치네[法界通化分] 118
20. 형상과 특징을 떠나서[離色離相分] 120
21. 설했지만 설한 것이 없네[非說所說分] 121
22. 법은 얻어질 수 없으니[無法可得分] 123
23. 맑은 마음으로 착함을 행하라[淨心行善分] 124
24. 공덕을 지혜에 견주랴[福智無比分] 125
25. 교화한 뭇삶이 없네[化無所化分] 126
26. 법신은 특징이 없다[法身非相分] 127
27. 파괴나 단멸은 없으리[無斷無滅分] 129
28. 갖지도 탐하지도 않으니[不受不貪分] 130
29. 여래는 그대로 평안하네[威儀寂靜分] 131
30. 대상적 실체에 대한 집착을 버리고[一合理相分] 132
31. 주관적 세계에 머물지 않고[知見不生分] 135
32. 조건지어진 것은 참이 아닐세[應化非眞分] 137

제3장 범장한(梵·藏·漢) 금강경 주해

1. 법회가 열리기까지[法會因有分] 143
2. 쑤부띠가 가르침을 청하니[善賢起請分] 145
3. 대승의 바른 뜻은 무엇인가[大乘正宗分] 148
4. 실천하되 의존함이 없이[妙行無住分] 150
5. 새겨서 참답게 보라[如理實見分] 153
6. 놀라운 법 누가 바로 믿으랴[正信希有分] 154
7. 깨달은 것도 설한 것도 없나니[無得無說分] 160
8. 법문에 의지해 나타날 뿐[依法出生分] 162
9. 한 경지도 얻은 것 없네[一相無相分] 165

10. 불국토를 장엄하려면[莊嚴淨土分] 171
11. 무위의 복덕이 뛰어나니[無爲福勝分] 175
12. 바른 가르침 두루 존경하며[尊重正敎分] 178
13. 여법하게 받아 지니라[如法受持分] 179
14. 지각을 여읜 평안[離相寂滅分] 184
15. 배우고 가르치는 큰 공덕[持經功德分] 195
16. 청정하지 못한 업장을 맑히네[能淨業障分] 200
17. 나 없음을 깨달아야[究竟無我分] 204
18. 모두 하나로 꿰뚫어 보고[一體同觀分] 214
19. 온 법계에 두루 미치네[法界通化分] 219
20. 형상과 특징을 떠나서[離色離相分] 221
21. 설했지만 설한 것 없네[非說所說分] 223
22. 법은 얻어질 수 없으니[無法可得分] 226
23. 맑은 마음으로 착함을 행하라[淨心行善分] 227
24. 공덕을 지혜에 견주랴[福智無比分] 228
25. 교화한 뭇삶이 없네[化無所化分] 230
26. 법신은 특징이 없다[法身非相分] 231
27. 파괴나 단멸은 없으리[無斷無滅分] 234
28. 갖지도 탐하지도 않으니[不受不貪分] 236
29. 여래는 그대로 평안하네[威儀寂靜分] 238
30. 대상적 실체에 대한 집착을 버리고[一合理相分] 239
31. 주관적 세계에 머물지 않고[知見不生分] 242
32. 조건지어진 것은 참이 아닐세[應化非眞分] 244

제4장 영·불·독(英·佛·獨) 금강경 주해

1. 법회가 열리기까지[法會因有分] 249
2. 쑤부띠가 가르침을 청하니[善賢起請分] 251
3. 대승의 바른 뜻은 무엇인가[大乘正宗分] 254
4. 실천하되 의존함이 없이[妙行無住分] 257
5. 새겨서 참답게 보라[如理實見分] 260
6. 놀라운 법 누가 바로 믿으랴[正信希有分] 261
7. 깨달은 것도 설한 것도 없나니[無得無說分] 268
8. 법문에 의지해 나타날 뿐[依法出生分] 270
9. 한 경지도 얻은 것 없네[一相無相分] 274
10. 불국토를 장엄하려면[莊嚴淨土分] 281
11. 무위의 복덕이 뛰어나니[無爲福勝分] 284
12. 바른 가르침 두루 존경하며[尊重正敎分] 288
13. 여법하게 받아 지니라[如法受持分] 289
14. 지각을 여읜 평안[離相寂滅分] 295
15. 배우고 가르치는 큰 공덕[持經功德分] 307
16. 청정하지 못한 업장을 맑히네[能淨業障分] 312
17. 나 없음을 깨달아야[究竟無我分] 317
18. 모두 하나로 꿰뚫어 보고[一體同觀分] 328
19. 공덕은 온 법계에 두루 미치네[法界通化分] 334
20. 형상과 특징을 떠나서[離色離相分] 336
21. 설했지만 설한 것 없네[非說所說分] 338
22. 법은 얻어질 수 없으니[無法可得分] 341
23. 맑은 마음으로 착함을 행하라[淨心行善分] 343

24. 공덕을 지혜에 견주라[福智無比分] 344
25. 교화한 뭇삶이 없네[化無所化分] 345
26. 법신은 특징이 없다[法身非相分] 347
27. 파괴나 단멸은 없으리[無斷無滅分] 351
28. 갖지도 탐하지도 않으니[不受不貪分] 352
29. 여래는 그대로 평안하네[威儀寂靜分] 354
30. 대상적 실체에 대한 집착을 버리고[一合理相分] 355
31. 주관적 세계에 머물지 않고[知見不生分] 359
32. 조건지어진 것은 참이 아닐세[應化非眞分] 362

제5장 능단금강반야바라밀다경론송

능단금강반야바라밀다경논송 367

제6장 금강경 해제

1. 범문 금강경과 그 판본 407
2. 금강경의 명칭 415
3. 금강경의 성립 416
4. 금강경 출현의 사회적인 배경 419
5. 금강경의 사상적 가르침 424
6. 한역 금강경과 범본 및 티베트 금강경의 차이 441

7. 금강경의 범어원전 ·· 452
8. 금강경의 고대 인도 주석 ·· 454
8. 금강경 범본의 번역서들 ·· 474
9. 금강경의 대조본 ·· 479
10. 금강경의 중국주석서 ·· 479

<참고문헌과 부록>
참고문헌 · 481 범어와 빠알리어 한글표기법 · 490 불교의 세계관 · 492
한국빠알리성전협회안내 · 497

제 1 장

우리말 금강경

<제1장 우리말 금강경>에서 역자가 번역한 한글 금강경을 읽어보면, 우리나라에 유통되고 있는 꾸마라지바의 한역본 금강경과 매우 다른 인상을 줄 것이다.

범본을 기본 텍스트로 하여 서장어역, 한역, 영역, 불역, 독역을 대조하면서 신중하게 한글로 번역한 것이다. 그리고 가장 어려운 불경을 한글을 읽을 수 있는 사람이라면 누구나 그 뜻을 곧바로 깨우칠 수 있게 쉽게 번역한 것이다.

금강경이 성립당시에 금강경의 언어는 부처님과 제자 사이에서 당시에 시대적인 사건에 대한 의사소통이 실현되고 있는 중심이었다. 부처님과 쑤부띠의 대화는 모두 독송용으로 존대말로 번역하였음을 밝혀둔다.

금강경은 동일한 주제의 대화를 반복하는 것 같지만 사실상 조금씩 달라지면서 정밀한 반야학을 전개하고 있다. 금강경은 초기불교의 경전과 마찬가지로 원래의 주제곡이 있고 전개부에서 그 주제곡이 반복적으로 발전하는 오케스트라와 같은 구조를 갖고 있다.

고귀한 지혜의 완성에 귀의하나이다.

이와 같이 나는 들었습니다.

한 때에 세존께서 슈라바스띠에 있는 제따 숲 아나타삔디까 승원에 천이백오십 인의 많은 수행승의 무리와 매우 많은 깨달음을 향한 위대한 님과 함께 계셨습니다. 이 때 세존께서 아침 일찍 법복을 두르고 가사를 수하고 발우를 들고 큰 도시 슈라바스띠로 탁발하러 들어가셨습니다.

세존께서 큰 도시 슈라바스띠에서 탁발을 하러 들어가셔서, 걸식을 마치고, 공양을 드신 뒤에 다시 돌아와서, 발우와 가사를 거두시고, 두 발을 씻으시고, 결가부좌를 하시고, 몸을 곧게 세우시고, 앞을 향해 주의력을 집중시키며, 마련된 자리에 앉으셨습니다.

그러자 많은 수행승들이 세존께서 계신 곳을 찾았습니다. 가까이 가서 세존의 두 발에 머리를 조아리고, 세존께서 계신 곳을 오른쪽으로 세 번 돌아, 한 쪽으로 물러앉았습니다.

그 때에 장로 쑤부띠가 그 모임에 와서 함께 앉았습니다. 그리고 장로 쑤부띠는 자리에서 일어나, 한쪽 어깨에 가사를 걸치고, 오른쪽 무릎을 땅에 대고, 세존께서 계신 쪽으로 합장하여, 세존께 여쭈었습니다.

"세상에 존경받는 님이시여, 놀라운 일입니다, 올바른 길로 잘 가신 님이시여, 아주 놀라운 일입니다. 이렇게 오신 님, 거룩한 님, 올바로 원만히 깨달은 님께서 깨달음을 향한 위대한 님들에게 참으로 크나큰 호의로 호의를 베푸시며, 이렇게 오신 님, 거룩한 님, 올바로 원만히 깨달은 님께서 깨달음을 향한 위대한 님들에게 참으로 크나큰 은혜로 은혜를 베푸셨습니다. 세존이시여, 한 훌륭한 가문의 아들이나 한 훌륭한 가문의 딸이 깨달음을 향한 님의 삶에 들어서면 어떻게 뜻을 세워야 하며, 어떻게 실천해야 하며, 어떻게 마음을 닦아야 합니까?"

이렇게 여쭙자 세존께서 장로 쑤부띠에게 말씀하셨습니다.

"쑤부띠여, 훌륭하십니다. 훌륭하십니다. 쑤부띠여, 그대가 말한 것과 같습니다. 쑤부띠여, 여래께서는 깨달음을 향한 위대한 님들에게 크나큰 호의로 호의를 베풀며, 여래께서는 깨달음을 향한 위대한 님에게 크나큰 은혜로 은혜를 베풉니다. 그러므로 쑤부띠여, 잘 듣고 마음에 새겨야 합니다. 깨달음을 향한 님의 삶에 들어서면, 어떻게 뜻을 세워야 하고 어떻게 실천해야 하고 어떻게 마음을 닦아야 하는지 내가 그대에게 설하겠습니다."

"세존이시여, 말씀하십시오."

장로 쑤부띠는 세존께 대답하고 귀를 기울였습니다.

세존께서 말씀하셨습니다.

"쑤부띠여, 여기 깨달음을 향한 위대한 님의 삶에 들어서면 누구나 이와 같이 '생명이 모여 형성되어 알에서 난 것이나, 태에서 난 것이나, 습기에서 난 것이나, 홀연히 생겨난 것이거나, 형상이 있거나, 형상이 없거나, 지각이 있거나 지각이 없거나, 지각이 있는 것도 아니고 지각이 없는 것도 아닌 것이나 간에 뭇삶이란 개념 아래 파악되는 뭇삶의 세계에 뭇삶들이 존재하는 한, 그 뭇삶들이 어떠한 모습을 나투더라도, 이 모든 뭇삶을 나는 완전한 열반의 세계를 향해 완전한 열반에 들게 하리라. 그러나 이와 같이 무량한 뭇삶들을 완전한 열반에 들게 하였더라도 결코 어떠한 뭇삶도 완전한 열반에 들게 하지 않은 것이다'라고 마음을 일으켜야 합니다. 그것은 무슨 까닭입니까? 만약 쑤부띠여, 깨달음을 향한 님이 '뭇삶'에 대한 지각을 일으키면 그는 깨달음을 향한 님이라고 할 수 없기 때문입니다. 그것은 무슨 까닭입니까? 쑤부띠여, 그가 자아에 대한 지각을 일으키거나, 존재에 대한 지각을 일으키거나 생명에 대한 지각을 일으키거나, 영혼에 대한 지각을 일으키면, 깨달음을 향한 님이라고 할 수 없기 때문입니다.

또한 쑤부띠여, 깨달음을 향한 님은 대상에 의존하여 보시를 하거나 다른 어떤 것에 의존하여 보시를 해서는 안 됩니다. 즉 형상에 의존하여 보시해서는 안되며, 소리, 향기, 맛, 감촉, 사물에 의존하여 보시를 해서도 안 됩니다. 쑤부띠여, 깨달음을 향한 위대한 님은 무엇보다도 인상에 대한 지각에 의존하지 않는 길을 따라, 그와 같이 보시를 해야 하기 때문입니다. 그것은 무슨 까닭입니까? 쑤부띠여, 깨달음을 향한 님이 의존함이 없이 보시를 하면, 그 공덕의 다발은 크기를 헤아리기가 어렵기 때문입니다."

"쑤부띠여, 어떻게 생각합니까? 동쪽의 허공의 크기를 헤아리기가 쉽겠습니까?"

쑤부띠는 여쭈었습니다.

"세존이시여, 그렇지 않습니다."

세존께서 말씀하셨습니다.

"이와 같은 방법으로 남쪽, 서쪽, 북쪽, 상하, 그 사이 방향, 그 모든 시방의 허공의 크기를 헤아리기가 쉽겠습니까?"

쑤부띠는 여쭈었습니다.

"세존이시여, 그렇지 않습니다."

세존께서 말씀하셨습니다.

"쑤부띠여, 바로 그와 같이 깨달음을 향한 님이 의존함이 없이 보시를 하면, 그 공덕의 다발은 크기를 헤아리기가 쉽지 않습니다. 쑤부띠여, 이 때문에 깨달음을 향한 님의 삶에 들어선 사람은 인상에 대한 지각에 의존하지 않는 길을 따라, 그와 같이 보시를 해야 합니다."

"쑤부띠여, 그대는 어떻게 생각합니까? 어떤 특징을 갖추었다고 해서 여래라고 볼 수 있습니까?"

쑤부띠는 여쭈었습니다.

"세존이시여, 그렇지 않습니다. 어떤 특징을 갖추었다고 해서 여래라고 볼 수는 없습니다. 그것은 무슨 까닭입니까? 여래께서 '특징의 갖춤'이라고 말씀하신 것은 실제로는 '특징이 아닌 것을 갖춘 것'입니다."

이와 같이 여쭈자 세존께서 장로 쑤부띠에게 말씀하셨습니다.

"쑤부띠여, 특징을 갖춘 것에는 허망함이 있고, 특징이 아닌 것을 갖춘 것에는 허망함이 없습니다. 그러므로 우리는 '특징이 없는 특징'을 통해서 여래를 볼 수 있습니다"

이렇게 말씀하시자, 장로 쑤부띠는 세존께 다음과 같이 여쭈었습니다.

"세존이시여, 미래의 시대, 마지막 시기, 마지막 시간, 마지막 오백 년, 올바른 가르침이 무너지는 때, 이와 같은 경전의 구절들이 설해지면, 진실한 지각을 일으키는 어떠한 뭇삶이라도 있겠습니까?"

그러자 세존께서 말씀하셨습니다.

"쑤부띠여, 그렇게 말하지 마십시오. 미래의 시대, 마지막 시기, 마지막 시간, 마지막 오 백 년, 올바른 가르침이 무너지는 시기에도, 이와 같은 경전의 구절들이 설해지면, 그것들에 대하여 진실한 지각을 일으키는 어떠한 뭇삶들이 있을 것입니다. 쑤부띠여, 더 나아가 미래의 시대, 마지막 시기, 마지막 시간, 마지막 오 백 년, 올바른 가르침이 무너지는 때에도, 덕성을 갖추고 계행을 갖추고 지혜를 갖춘 깨달음을 향한 위대한 님들이 있을 것이며, 이와 같은 경전의 구절들이 설해지면, 그것들에 대하여 진실한 지각을 일으킬 것입니다. 그리고 쑤부띠여, 이들 깨달음을 향한 위대한 님들은 결코 단 한 분의 깨달은 님께만 예배드리거나 단 한 분의 깨달은 님 아래서 착하고 건전한 것의 뿌리를 심지 않을 것입니다. 오히려 쑤부띠여, 깨달음을 향한 위대한 님들은 수십만 깨달은 님께 예배드리고, 수십만 깨달은 님 아래서 착하고 건전한 것의 뿌리를 심을 것입니다. 이러한 법문의 구절이 설해질 때에, 그들은 청정한 한 마음도 성취할 것입니다. 쑤부띠여, 여래께서는 깨달은 님의 지혜로 그들을 알고, 쑤부띠여, 여래께서는 깨달은 님의 눈으로 그들을 보고, 쑤부띠여, 여래께서는 그들을 완전히 파악하고 있습니다. 쑤부띠여, 그들은 모두 헤아릴 수 없고 셀 수 없는 공덕의 다발을 이루고 얻게 될 것입니다.

그것은 무슨 까닭입니까? 쑤부띠여, 이 모든 깨달음을 향한 위대한 님들에게는 자아에 대한 지각이 일어나지 않으며, 존재에 대한 지각이 일어나지 않으며, 생명에 대한 지각이 일어나지 않으며, 영혼에 대한 지각이 일어나지 않기 때문입니다. 또한 쑤부띠여, 이 깨달음을 향한 위대한 님들에게는 법에 대한 지각도 없으며, 법이 아닌 것에 대한 지각도 없습니다. 쑤부띠여, 나아가 그들에게는 지각도 일어나지 않고 지각이 아닌 것도 일어나지 않습니다. 그것은 무슨 까닭입니까? 만약 쑤부띠여, 그들 깨달음을 향한 위대한 님들이 법에 대한 지각을 가진다면, 그들은 그것 때문에 또한 자아에 집착하게 되는 것이고, 존재에 집착하고, 생명에 집착하고, 영혼에 집착하게 되는 것입니다. 만약 법이 아닌 것에 대한 지각을 가진다고 해도, 그들은 그 때문에 또한 자아에 집착하게 되는 것이고, 존재에 집착하고, 생명에 집착하고, 영혼에 집착하게 되는 것입니다. 그것은 무슨 까닭입니까? 깨달음을 향한 위대한 님이라면, 법에도 집착하지 않아야 하며, 법이 아닌 것에도 집착하지 않아야 하기 때문입니다. 그러므로 여래께서는 그러한 의미로 이와 같이 '뗏목의 비유에 대한 법문을 아는 자들은 법마저 버려야 하거늘, 하물며 법이 아닌 것임에랴?'라고 말씀하셨던 것입니다."

또한 세존께서 장로 쑤부띠에게 말씀하셨습니다.

"쑤부띠여, 어떻게 생각하십니까? 여래께서 '위없이 바르고 원만한 깨달음'이라고 분명하게 깨달아 얻은 어떠한 법이 있다고 생각합니까, 또는 여래께서 설하신 어떠한 다른 법이 있다고 생각하십니까?"

이렇게 말씀하시자 장로 쑤부띠는 세존께 이와 같이 여쭈었습니다.

"세존이시여, 제가 세존께서 말씀하신 뜻을 이해하기로는, 여래께서 위없이 바르고 원만한 깨달음이라고 분명하게 깨달아 얻은 어떠한 법도 없으며 또한 여래께서 설하신 어떠한 다른 법도 없습니다. 그것은 무슨 까닭입니까? 여래께서 분명하게 깨달아 설하신 이 법은 파악될 수 없고 말해질 수 없으며, 법도 아니고 법이 아닌 것도 아니기 때문입니다. 그것은 무슨 까닭입니까? 거룩한 님들은 조건지어지지 않은 것(無爲)을 닦아온 이들이기 때문입니다."

세존께서 말씀하셨습니다.

"쑤부띠여, 어떻게 생각하십니까? 만약 한 훌륭한 가문의 아들이나 한 훌륭한 가문의 딸이 삼천대천세계의 이 우주를 칠보로써 채워서 그것을 이렇게 오신 님, 거룩한 님, 올바로 원만히 깨달은 님들에게 보시한다면, 그 훌륭한 가문의 아들, 훌륭한 가문의 딸은 그것을 인연으로 아주 많은 공덕의 다발을 이루겠습니까?"

쑤부띠는 여쭈었습니다.

"세상에 존경받는 님이시여, 그렇습니다. 올바른 길로 잘 가신 님이여, 그렇습니다. 그 훌륭한 가문의 아들이나 훌륭한 가문의 딸이 그것을 인연으로 공덕의 다발을 아주 많이 이룰 것입니다. 그것은 무슨 까닭입니까? 세존이시여, 여래께서 말씀하신 '공덕의 다발'은 모두, '다발이 아닌 것'이라고 가르치신 것입니다. 여래께서는 그렇게 '공덕의 다발, 공덕의 다발'에 대해 설하십니다."

세존께서 말씀하셨습니다.

"그렇지만 또한 쑤부띠여, 한 훌륭한 가문의 아들이나 한 훌륭한 가문의 딸이 삼천대천세계의 이 우주를 칠보로써 채워서 그것을 이렇게 오신 님, 거룩한 님, 올바로 원만히 깨달은 님들에게 보시하는 것보다, 누군가가 이 법문에서 사행시 한 게송이라도 받아들여 그것을 다른 사람에게 상세히 가르치고 설명해준다면, 그가 그것을 인연으로 헤아릴 수 없고 셀 수 없는 훨씬 많은 공덕의 다발을 이룰 것입니다.

그것은 무슨 까닭입니까?

그것은 이렇게 오신 님, 거룩한 님, 올바로 원만히 깨달은 님의 위없이 바르고 원만한 깨달음도 여기서 출현했고, 세상에 존경받는 깨달은 님들도 여기서 출현했기 때문입니다. 그것은 또한 무슨 까닭입니까? 쑤부띠여, 여래께서는 '깨달은 님의 법, 깨달은 님의 법'에 대해 말씀하신 것은 '깨달은 님의 법이 아닌 것'이라고 여래께서 가르치신 것입니다. 그러므로 말하자면, '깨달은 님의 법'인 것입니다."

"쑤부띠여, 어떻게 생각합니까? 흐름에 든 님에게 '내가 흐름에 든 님의 경지를 얻었다'는 생각이 일어납니까?"

쑤부띠는 여쭈었습니다.

"세존이시여, 그렇지 않습니다. 흐름에 든 님에게는 '내가 흐름에 든 님의 경지를 얻었다'는 생각이 일어나지 않습니다. 그것은 무슨 까닭입니까? 세존이시여, 그가 어떠한 대상도 얻지 않았으므로 흐름에 든 님이라고 하기 때문입니다. 그는 형상, 소리, 냄새, 맛, 감촉, 마음의 대상들을 얻지 않았기 때문에 흐름에 든 님이라고 말합니다. 만약 세존이시여, 흐름에 든 님에게 '내가 흐름에 든 님의 경지를 얻었다'는 생각이 일어난다면, 그는 그것 때문에 또한 자아에 집착하게 되는 것이고, 존재에 집착하고, 생명에 집착하고, 영혼에 집착하게 되는 것입니다."

세존께서 말씀하셨습니다.

"쑤부띠여, 어떻게 생각합니까? 한 번 돌아오는 님에게 '내가 한 번 돌아오는 님의 경지를 얻었다'는 생각이 일어납니까?"

쑤부띠는 여쭈었습니다.

"세존이시여, 그렇지 않습니다. 한 번 돌아오는 님에게는 '내가 한 번 돌아오는 님의 경지를 얻었다'라는 생각이 일어나지 않습니다. 그것은 무슨 까닭입니까? 세존이시여, 한 번 돌아오는 님의 경지라고 할만한 어떠한 것도 없기 때문입니다. 그래서 그를 한 번 돌아오는 님이라고 말합니다."

세존께서 말씀하셨습니다.

"쑤부띠여, 어떻게 생각합니까? 돌아오지 않는 님에게 '나는 돌아오지 않는 님의 경지를 얻었다'는 생각이 일어납니까?"

쑤부띠는 여쭈었습니다.

"세존이시여, 그렇지 않습니다. 돌아오지 않는 님에게는 '내가 돌아오지 않는 님의 경지를 얻었다'는 생각이 일어나지 않습니다. 그것은 무슨 까닭입니까? 세존이시여, 돌아오지 않는 님의 경지라고 할만한 어떠한 것도 없기 때문입니다. 그래서 그를 돌아오지 않는 님이라고 말합니다."

또한 세존께서 말씀하셨습니다.

"쑤부띠여, 어떻게 생각합니까? 거룩한 님에게 '내가 거룩한 님의 경지를 얻었다'는 생각이 일어납니까?"

쑤부띠는 여쭈었습니다.

"세존이시여, 그렇지 않습니다. 거룩한 님에게는 '내가 거룩한 님의 경지를 얻었다'는 생각이 일어나지 않습니다. 그것은 무슨 까닭입니까? 세존이시여, 거룩한 님의 경지라고 할만한 어떠한 것도 없기 때문입니다. 그러므로 그를 거룩한 님이라고 말합니다. 만약 세존이시여, 거룩한 님에게 이와 같이 '내가 거룩한 님의 경지를 얻었다'는 생각이 일어난다면, 그는 그것 때문에 또한 자아에 집착하게 되는 것이고, 존재에 집착하고, 생명에 집착하고, 영혼에 집착하게 되는 것입니다.

그것은 무슨 까닭입니까? 세존이시여, 이렇게 오신 님, 거룩한 님, 올바로 원만히 깨달은 님께서는 저를 평화로운 삶을 사는 최상의 님이라고 선언하셨습니다. 세존이시여, 저는 탐욕에서 벗어난 거룩한 님입니다. 그렇지만, 세존이시여, 저에게는

'나는 거룩한 님이다. 나는 탐욕에서 벗어난 님이다'라는 생각이 일어나지 않습니다. 만약 세존이시여, 저에게 '나는 거룩한 님의 경지를 얻었다'는 생각이 일어났다면, 여래께서 저에 대해 '훌륭한 아들, 쑤부띠는 평화로운 삶을 사는 최상의 님으로 어디에도 머무르지 않는다. 그러므로 그를 평화로운 삶을 사는 님, 평화로운 삶을 사는 님이라고 한다'라고 선언하시지 않았을 것입니다."

이와 같이 세존께서 말씀하셨습니다.

"쑤부띠여, 어떻게 생각합니까? 여래가 이렇게 오신 님, 거룩한 님, 올바로 원만히 깨달은 님이신 디빵까라에게서 배웠던 어떠한 법이라도 있습니까?"

쑤부띠는 여쭈었습니다.

"세존이시여, 그렇지 않습니다. 여래께서 이렇게 오신 님, 거룩한 님, 올바로 원만히 깨달은 님이신 디빵까라에게서 배운 어떠한 법도 결코 없습니다."

그래서 세존께서 말씀하셨습니다.

"쑤부띠여, 만약 어떤 깨달음을 향한 님이라도 이와 같이 '나는 불국토의 장엄할 것이다'라고 말한다면 그는 그렇지 않은 것을 말하는 것입니다. 그것은 무슨 까닭입니까? 쑤부띠여, 여래께서 '불국토의 장엄, 불국토의 장엄'에 대해 말씀하신 것은 '장엄이 아닌 것'이라고 가르치신 것입니다. 그러한 까닭으로 그것을 '불국토의 장엄'이라고 말합니다. 그러므로 쑤부띠여, 깨달음을 향한 위대한 님은 이처럼 의존하지 않는 마음을 일으켜야 합니다. 어떠한 것에도 의존하지 않는 마음을 일으켜야 합니다. 형상에 의존하지 않고, 소리, 향기, 맛, 감촉, 사물에도 의존하지 않는 마음을 일으켜야 합니다. 쑤부띠여, 예를 들어 몸을 거대한 몸으로 타고난 사람이 있어서, 그가 산의 제왕 쑤메루와 같이 커다란 인격의 존재를 지녔다고 합시다. 쑤부띠여, 어떻게 생각합니까? 그것은 커다란 인격의 존재이겠습니까?"

쑤부띠는 여쭈었습니다.

"세상에 존경받는 님이시여, 클 것입니다. 올바른 길로 잘 가신 님이시여, 그의 인격의 존재는 매우 클 것입니다. 그것은 무슨 까닭입니까? 세존이시여, 여래께서 '인격의 존재, 인격의 존재'에 대해 말씀하신 것은 '존재가 아닌 것'을 가르치신 것입니다. 그러므로 말하자면, '인격의 존재'인 것입니다. 세존이시여, 그것은 존재도 아니고 존재가 아닌 것도 아니기 때문입니다. 그러므로 말하자면, '인격의 존재'인 것입니다."

세존께서 말씀하셨습니다.

"쑤부띠여, 어떻게 생각합니까? 만약 큰 강인 갠지스 강의 모래알 수만큼, 바로 그만큼의 갠지스 강들이 있다면 그 가운데 모래알도 또한 많겠습니까?"

쑤부띠는 여쭈었습니다.

"그 갠지스 강들도 매우 많겠는데, 하물며 그 갠지스 강들 가운데 있는 모래알은 말해 무엇하겠습니까?"

세존께서 말씀하셨습니다.

"쑤부띠여, 이것이 내가 그대에게 일러줄 것입니다. 쑤부띠여, 이것이 내가 그대에게 알릴 것입니다. 만약 어떤 여인이나 어떤 남자이든지 그러한 갠지스 강들의 모래알 수만큼의 세계를 일곱 가지 보물들로써 가득 채워서 이렇게 오신 님, 거룩한 님, 올바로 원만히 깨달은 님에게 보시한다면, 쑤부띠여, 어떻게 생각합니까? 그 여자나 그 남자가 그것을 원인으로 많은 공덕의 다발을 이루겠습니까?"

쑤부띠는 여쭈었습니다.

"세상에 존경받는 님이시여, 그렇습니다. 올바른 길로 잘 가신 님이시여, 그렇습니다. 그 남자나 그 여자가 그것을 원인으로 헤아릴 수 없고 셀 수 없는 공덕의 다발을 이룰 것입니다."

세존께서 말씀하셨습니다.

"그러나 쑤부띠여, 한 여인이나 한 남자가 세계를 일곱 가지 보물들로써 가득 채워서 이렇게 오신 님, 거룩한 님, 올바로 원만히 깨달은 님에게 보시하는 것보다, 한 훌륭한 가문의 아들이나 한 훌륭한 가문의 딸이 이 법문으로부터 단지 사행시 한 게송이라도 받아들여 다른 사람에게 가르치고 상세히 설명해준다면, 그가 그것을 인연으로 헤아릴 수 없고 셀 수 없는 훨씬 많은 공덕의 다발을 이룰 것입니다."

"쑤부띠여, 또한 이 법문으로부터 단지 사행시 한 게송이라도 받아들이거나 가르치거나 설명하는 사람이 있는 지방이 있다면, 그 지방은 신들과 인간들과 아수라들이 사는 모든 세계를 위한 성지가 될 것입니다. 하물며 그들 누군가가 이 법문을 남김없이 받아들여 마음에 새기고 독송하고 숙달해서 다른 사람들에게 상세히 설명해준다면 더 말해 무엇하겠습니까? 쑤부띠여, 그들에게 위없는 경이로움이 성취될 것입니다. 그리고 쑤부띠여, 그 지방에는 '스승'이 머물거나 어떤 다른 현명한 스승이 머물 것입니다."

이렇게 말씀하시자 장로 쑤부띠는 세존께 이와 같이 여쭈었습니다.

"세존이시여, 그러면 이 법문을 무엇이라고 하고 어떻게 마음에 새겨야 합니까?"

이와 같이 여쭙자 세존께서 존자 쑤부띠에게 다음과 같이 말씀하셨습니다.

"쑤부띠여, 이 법문은 '지혜의 완성'이라고 부르고 그와 같이 마음에 새겨야 합니다. 그것은 무슨 까닭입니까? 쑤부띠여, 여래께서 '지혜의 완성'에 대해 말씀하신 바로 그것은 여래께서 '완성이 아닌 것'을 가르치신 것입니다. 그러므로 말하자면, '지혜의 완성'인 것입니다.

쑤부띠여, 어떻게 생각합니까? 여래께서 가르치신 어떠한 법이라도 있습니까?"

쑤부띠는 여쭈었습니다.

"세존이시여, 그렇지 않습니다. 여래께서 가르치신 어떠한 법도 없습니다."

세존께서 말씀하셨습니다.

"쑤부띠여, 삼천대천세계에 있는 낱낱의 땅의 티끌의 숫자를 생각해본다면, 그것들이 많겠습니까?"

쑤부띠는 여쭈었습니다.

"세상에 존경받는 님이시여, 땅의 티끌이 많을 것입니다. 올바른 길로 잘 가신 님이시여, 땅의 티끌이 많을 것입니다. 그것은 무슨 까닭입니까? 세존이시여, 여래께서 '땅의 티끌'에 대해 말씀하신 것은 '티끌이 아닌 것'을 가르치신 것입니다. 그러므로 말하자면, 티끌인 것입니다. 그리고 여래께서 이러한 '세계'라고 하신 것은 세계가 아닌 것'을 가르치신 것입니다. 그러므로 말하자면, '세계'인 것입니다."

세존께서 말씀하셨습니다.

"쑤부띠여, 어떻게 생각합니까? 이렇게 오신 님, 거룩한 님, 올바로 원만히 깨달은 님을 서른 두 가지의 특징을 통해서 볼 수 있다고 생각합니까?"

쑤부띠는 여쭈었습니다.

"세존이시여, 그렇지 않습니다. 이렇게 오신 님, 거룩한 님, 올바로 원만히 깨달은 님을 위대한 사람이 갖춘 서른 두 가지의 위대한 사람의 특징을 통해서 볼 수 없습니다. 그것은 무슨 까닭입니까? 여래께서 '서른 두 가지의 위대한 사람의 특징'에 대해 말씀하신 것은 여래께서 '특징이 아닌 것'을 가르치신 것입니다. 그러므로 말하자면, '서른 두 가지의 위대한 사람의 특징'인 것입니다."

세존께서 말씀하셨습니다.

"쑤부띠여, 한 여인이나 한 남자는 날마다 갠지스강에 있는 모래알 만큼 많이 자신의 몸을 희생하고 이처럼 갠지스강의 모래알을 세는 횟수 만큼의 무한한 시간 동안 그 자신의 몸을 희생하는 것보다, 누군가는 이 법문으로부터 사행시 한 게송이라도 받아들여 다른 사람들에게 가르치고 상세히 설명해준다면, 그가 그것을 인연으로 헤아릴 수 없고 셀 수 없는 훨씬 많은 공덕의 다발을 이룰 것입니다."

이 때에 장로 쑤부띠는 가르침에 감동을 받아 눈물을 흘렸습니다. 그는 눈물을 흘린 뒤에 세존께 여쭈었습니다.

"세상에 존경받는 님이시여, 놀라운 일입니다. 올바른 길로 잘 가신 님이시여, 아주 놀라운 일입니다. 여래께서 참으로 최상의 삶에 들어선 자들의 이익을 위해, 최선의 삶에 들어선 자들의 이익을 위해, 이 법문을 말씀하셨습니다. 세존이시여, 저에게 지혜가 생겨난 이래, 이와 같은 법문을 들어본 적이 없습니다. 세존이시여, 이 경전이 설해질 때, 깨달음을 향한 님들이 그것을 듣고 진실한 지각을 일으키게 되면, 그들에게 위없는 경이로움이 성취될 것입니다. 그것은 무슨 까닭입니까? 세존이시여, '진실한 지각'이란 실제로 지각이 아닌 것입니다. 그러므로 여래께서 '진실한 지각, 진실한 지각'에 대해 가르칩니다. 세존이시여, 세존께서 저에게 이 법문을 설하시는 지금 제가 이 법문을 이해하고 거기에 전념하는 것은 어렵지 않습니다. 그러나 세존이시여, 미래의 시대, 마지막 시기, 마지막 시간, 마지막 오백 년, 올바른 가르침이 무너질 때에도 어떤 뭇삶들이 있어서, 이 법문을 받아들여 마음에 새기고 독송하고 숙달해서 다른 사람에게 상세히 설명해준다면, 그들에게 위없는 경이로움이 성취될 것입니다. 세존이시여, 그리고 또한 그들에게는 참으로 자아에 대한 지각이 일어나지 않고, 존재에 대한 지각, 생명에 대한 지각, 영혼에 대한 지각도 일어나지 않으며, 또한 그들에게는 어떠한 지각도 지각이 아닌 것도 일어나지 않을 것입니다. 그것은 무슨 까닭입니까? 세존이시여, 자아에 대한 지각이라는 것은 실제로 지각이 아니기 때문이며, 존재에 대한 지각, 생명에 대한 지각, 영혼에 대한 지각도 실제로 지각이 아니기 때문입니다. 그것은 무슨 까닭입니까? 세존이신 깨달은 님들은 모든 지각에서 벗어나 계시기 때문입니다."

이렇게 여쭙자 세존께서 장로 쑤부띠에게 이와 같이 말씀하셨습니다.

"쑤부띠여, 그렇습니다, 쑤부띠여, 그렇습니다. 여기 이 경전이 설해질 때, 뭇삶들이 떨며 두려워하지 않고 전혀 무서워하지 않는다면, 그들에게 위없는 경이로움이 성취될 것입니다. 그것은 무슨 까닭입니까? 쑤부띠여, 여래께서 '궁극적인 완성'에 대해 말씀하신 것은 '완성이 아닌 것'을 가르치신 것입니다. 쑤부띠여, 이와 같이 여래께서 말씀하신 궁극적인 완성은 또한 세상에 존경받는 님, 헤아릴 수 없는 깨달은 님들께서 말씀하신 것입니다. 그러므로 말하자면, '궁극적인 완성'이라고 말합니다.

또한 쑤부띠여, 여래께서 '인욕의 완성'이라고 한 것도 실제로 완성이 아닌 것입니다. 그것은 무슨 까닭입니까? 쑤부띠여, 까링가의 왕이 나의 몸 마디 마디에서 살점을 떼어낼 때, 그 당시에도 나에게는 자아에 대한 지각이나 존재에 대한 지각이나 생명에 대한 지각, 또는 영혼이란 지각이 없었으며, 어떠한 지각도 지각이 아닌 것도 없었기 때문입니다. 그것은 무슨 까닭입니까? 쑤부띠여, 만약 내게 그 때에 자아에 대한 지각이 생겨났다면, 내게 그 때에 분노에 대한 지각이 생겨났을 것이고, 그와 마찬가지로 만약 존재에 대한 지각이나 생명에 대한 지각이나 영혼에 대한 지각이 생겨났다면 내게 그 때에 분노라는 지각이 생겨났을 것이기 때문입니다. 그것은 무슨 까닭입니까? 나는 과거 오백세의 세상을 '인욕을 가르치는 님'라는 이름의 선인으로 살았던 것을 꿰뚫어 압니다. 그 때에도 역시 나에게는 자아에 대한 지각이 생겨나지 않았으며, 존재에 대한 지각이나 생명에 대한 지각, 영혼에 대한 지각이 생겨나지 않았습니다.

쑤부띠여, 그러므로, 깨달음을 향한 위대한 님은, 모든 지각을 버리고 나서, 위없는 바르고 원만한 깨달음에 대해 마음을 일으켜야 합니다. 그는 형상에 마음을 의존하지 않고 마음을 일으켜야 하며 소리, 냄새, 맛, 감촉 및 정신의 대상에도 의존하지 않고 마음을 일으켜야 합니다. 법에도 의존하지 않고, 법이 아닌 것에도 의존하지 않고, 그 어떠한 것에도 의존하지 않고 마음을 일으켜야 합니다. 그것은 무슨 까닭입니까? 모든 의존되어 있는 것들은 실제로 의존되어 있는 것이 아니기 때문입니다. 그러므로 여래께서는 '깨달음을 향한 님은 의존함이 없이 보시를 해야 한다. 그는 형상, 소리, 냄새, 맛, 촉감, 사물에 의존하지 않고 보시를 해야 한다'라고 말씀하셨습니다. 더 나아가, 쑤부띠여, 깨달음을 향한 님은 모든 뭇삶의 이익을 위해서 이와 같이 보시를 해야 합니다.

그것은 무슨 까닭입니까? 쑤부띠여, 이러한 '뭇삶에 대한 지각'은 실제로 '지각이 아닌 것'입니다. 여래께서 '모든 뭇삶들'이라고 말씀하신 것도 마찬가지로 실제로 뭇삶이 아닌 것입니다. 그것은 무슨 까닭입니까? 쑤부띠여, 여래께서는 진실에 입각해서 말씀하시며, 진리에 입각해서 말씀하시며, 있는 그대로 말씀하시지, 여래께서는 그것과 다른 것을 말씀하시지 않고, 여래께서는 있는 그대로가 아닌 것을 말씀하시지 않기 때문입니다. 그러나 그럼에도 불구하고, 쑤부띠여, 여래께서 분명하게 깨달아 얻거나 가르치거나 사유한 법에는, 그렇기 때문에 진실도 없고, 거짓도 없습니다.

쑤부띠여, 사람은 어둠 속에서는 아무 것도 볼 수 없습니다. 깨달음을 향한 님이 사물에 빠져 보시를 하는 것도 바로 그와 같다고 보아야 합니다. 쑤부띠여, 눈 있는 사람은 밤이 밝아져서 해가 뜨면, 여러 가지 모습을 볼 수 있습니다. 깨달음을 향한 님이 사물에 빠지지 않고 보시를 하는 것도 바로 그와 같다고 보아야 합니다.

쑤부띠여 또한, 참으로 훌륭한 가문의 아들들이나 훌륭한 가문의 딸들이 있어 법문을 받아들여 마음에 새기고 독송하고 숙달해서 다른 사람에게 상세히 설명해줄 것입니다. 쑤부띠여, 여래께서는 깨달은 님의 지혜로 그들을 알고 있으며, 쑤부띠여,

여래께서는 깨달은 님의 눈으로 그들을 보고 있습니다. 쑤부띠여, 이들 모든 뭇삶들은 헤아릴 수 없고 셀 수 없는 공덕의 다발을 이루고 성취할 것입니다.

쑤부띠여, 또한, 한 여인이나 한 남자가 아침에 갠지스강의 모래알 수만큼 많이 자신의 몸을 희생하고, 점심때에 이와 같이 갠지스강의 모래알 수만큼 많이 자신의 몸을 희생하고, 저녁때에도 갠지스강의 모래알 수만큼 많이 자신의 몸을 희생하고 이러한 방법으로 수많은 백천 꼬띠니유따 겁의 시간 동안 무수한 자신의 몸을 희생하는 것보다, 누군가 이 법문을 듣고 비방하지 않았다면, 그가 그것을 인연으로 훨씬 많은 헤아릴 수 없고 셀 수 없는 공덕의 다발을 이룰 것입니다. 하물며 그 법문을 기록하고 받아들여 마음에 새기고 독송하고 숙달해서 다른 사람에게 상세히 설명하는 사람은 말해 무엇하겠습니까?

또한 쑤부띠여, 이 법문은 실로 불가사의하고 다른 법문과 견줄 수가 없습니다. 여래께서는 최상의 삶에 들어선 뭇삶들의 행복을 위해서, 최선의 삶에 들어선 뭇삶들의 행복을 위해서 이 법문을 가르쳤습니다. 이 법문을 받아들여 마음에 새기고 독송하고 숙달하여 다른 사람에게 상세히 설명해줄 이들을, 쑤부띠여, 여래께서는 깨달은 님의 지혜로 알고, 쑤부띠여, 여래께서는 깨달은 님의 눈으로 보고, 여래께서는 그들을 완전히 파악하고 있습니다. 쑤부띠여, 이들 모든 뭇삶들은 헤아릴 수 없는 공덕의 다발을 성취할 것입니다. 그들은 불가사의하며 비교할 수 없고 측량할 수 없으며 한계가 없는 공덕의 다발을 성취할 것입니다.

쑤부띠여, 이들 모든 뭇삶들도 이와 같은 길을 따라 깨달음을 얻게 될 것입니다. 그것은 무슨 까닭입니까? 자아에 대한 견해가 있거나 존재에 대한 견해가 있거나 생명에 대한 견해가 있거나 영혼에 대한 견해가 있는 저열한 성향의 뭇삶들은 이 법문을 알아들을 수 없기 때문입니다. 또한 깨달음을 향한 님이 되기로 서원하지 않은 뭇삶들 역시 이 법문을 알아듣거나 받아들이고 마음에 새기고 독송하고 숙달할 수 없습니다. 결코 될 수가 없습니다.

더 나아가, 쑤부띠여, 어떠한 지방이라도 이 경전이 설해지는 곳은 신들과 인간들과 아수라들이 사는 모든 세계가 예배하는 장소가 될 것입니다. 그 지방은 오른쪽으로 돌며 경배하는 장소가 될 것이니, 곧 그 지방은 탑묘가 있는 곳처럼 숭배하는 장소가 될 것입니다.

쑤부띠여, 그런데 훌륭한 가문의 아들들이나 훌륭한 가문의 딸들이 바로 이와 같은 경전을 받아들이고, 마음에 새기고, 독송하고, 숙달하고, 통달하여 다른 사람에게 상세히 설명해준다면, 그들은 핍박당할 것입니다. 그것도 심하게 핍박당할 것입니다. 그것은 무슨 까닭입니까? 쑤부띠여, 이들 뭇삶들은 전생에서 저지른 청정하지 못한 업장들 때문에 불행한 상황에 떨어질 것이기 때문입니다. 그렇더라도 그들은 현세에 핍박당함으로서 전생에서 저지른 청정하지 못한 업을 소멸시키고 깨달은 님의 깨달음에 이를 것입니다.

쑤부띠여, 나는 과거세에, 헤아릴 수 없고 또한 측량할 수 없는 세월 전에 이렇게 오신 님, 거룩한 님, 올바로 원만히 깨달은 님이신 디빵까라보다 훨씬 이전에, 다른 팔십사만 꼬띠니유따의 깨달은 님들을 기쁘게 했고, 흡족하게 했고, 실망시키지 않은 것을 꿰뚫어 압니다. 쑤부띠여, 내가 그들 거룩한 깨달은 님들을 기쁘게 하고, 흡족하게 하고, 실망시키지 않는 것과,

그리고 미래의 시대, 마지막 시기, 마지막 시간, 마지막 오백 년, 올바른 가르침이 무너질 때에도 이와 같은 경전들을 받아들이고, 마음에 새기고, 독송하고, 숙달하여 다른 사람에게 상세히 설명하는 것과 비교하면, 쑤부띠여, 이 공덕의 다발에 비해 앞의 공덕의 다발은 백 분의 일에도 천 분의 일에도 십만 분의 일에도 꼬띠 분의 일에도 백 꼬띠 분의 일에도 십만 꼬띠 분의 일에도 십만 꼬띠니유따 분의 일에도 못미치고, 수량에서도, 구분에서도, 계산에서도, 비교에서도, 유추에서도, 비유에서도 감당하지 못합니다.

또한 쑤부띠여, 만약 내가 그 훌륭한 가문의 아들들이나 훌륭한 가문의 딸들이 얼마나 많이 공덕의 다발을 이루고 성취하는지, 그 훌륭한 가문의 아들, 훌륭한 가문의 딸들이 갖게 되는 공덕의 다발에 대해 가르치면, 뭇삶들은 미쳐버리거나 마음이 혼란스러울 것입니다. 그렇기 때문에 쑤부띠여, 여래께서 이 법문이 불가사의하다고 말했지만, 그것에서 유추할 수 있는 과보도 불가사의한 것이 바로 그와 같습니다."

이 때에 장로 쑤부띠는 세존께 이와 같이 여쭈었습니다.

"깨달음을 향한 님의 삶에 들어선 사람은 어떻게 뜻을 세워야 하며, 어떻게 실천해야 하며, 어떻게 마음을 닦아야 합니까?"

세존께서 말씀하셨습니다.

"쑤부띠여, 여기 깨달음을 향한 님의 삶의 길에 들어선 사람은 이와 같이 '나는 모든 존재를 완전한 열반의 세계를 향해 완전한 열반에 들게 하리라. 그래서 모든 존재를 완전한 열반에 들게 하였더라도 결코 어떠한 뭇삶도 완전한 열반으로 들게 하지 않은 것이다'라고 마음을 일으켜야 합니다.

그것은 무슨 까닭입니까? 쑤부띠여, 만약 깨달음을 향한 님에게 존재에 대한 지각이 생겨나면 그를 보살이라고 말할 수 없습니다. 또한 마찬가지로 생명이라는 지각이나 영혼이라는 지각이 생겨나면, 그는 깨달음을 향한 님이라고 말할 수 없습니다. 그것은 무슨 까닭입니까? 쑤부띠여, 깨달음을 향한 님의 삶에 들어선 사람이라고 이름 부를 만한 어떠한 것도 없기 때문입니다.

쑤부띠여, 어떻게 생각합니까? 여래가 디빵까라 여래와 함께 있었을 때, 그에게서 위없이 바르고 원만한 깨달음이라고 분명하게 깨달아 얻은 어떠한 법이라도 있습니까?"

이렇게 말씀하시자 존자 쑤부띠는 세존께 여쭈었습니다.

"제가 세존께서 말씀하신 뜻을 이해하기로는, 세존이시여, 여래가 이렇게 오신 님, 거룩한 님, 바르고 원만하게 깨달으신 님이신 디빵까라와 함께 있었을 때, 그에게서 위없이 바르고 원만한 깨달음이라고 분명하게 깨달아 얻은 어떠한 법도 없습니다."

이렇게 여쭙자 세존께서 장로 쑤부띠에게 이와 같이 말씀하셨습니다.

"쑤부띠여, 그렇습니다. 쑤부띠여, 그렇습니다. 쑤부띠여, 여래가 이렇게 오신 님, 거룩한 님, 바르고 원만하게 깨달으신 님이신 디빵까라와 함께 있었을 때, 그로부터 위없이 바르고 원만한 깨달음이라고 분명하게 깨달아 얻은 어떠한 법도 없습니다. 더구나 만약 쑤부띠여, 여래가 디빵까라 여래와 함께 있었을 때, 분명하게 깨달아 얻은 어떠한 법이 있다면, 디빵까라 여래가 나에게 '청년이여, 그대는 미래에 샤끼야무니라고 불리며, 이렇게 오신 님, 거룩한 님, 올바로 원만히 깨달은 님이 될 것이다'라고 선언하시지 않아야 했습니다. 쑤부띠여, 여래가 이렇게 오신 님, 거룩한 님, 올바로 원만히 깨달은 님이신 디빵까라 여래와 함께 있었을 때, 위없이 바르고 원만한 깨달음이라고 분명하게 깨달아 얻은 어떠한 법이 없습니다.

이러한 까닭에 디빵까라 여래께서 나에게 '청년이여, 그대는 미래에 샤끼야무니라고 불리며, 이렇게 오신 님, 거룩한 님, 올바로 원만히 깨달은 님이 될 것이다'라고 선언하셨습니다. 그것은 무슨 까닭입니까? 쑤부띠여, '이렇게 오신 님'이라고 하신 것은 '참으로 있는 그대로'를 뜻하는 명칭이며, 쑤부띠여, '이렇게 오신 님'은 '생겨남이 없음'을 뜻하는 명칭이며, 쑤부띠여, '이렇게 오신 님'은 '대상의 끊어짐'을 뜻하는 명칭이며, 쑤부띠여, '이렇게 오신 님'은 '궁극적으로 생겨남이 없음'을 뜻하는 명칭입니다. 그것은 무슨 까닭입니까? 쑤부띠여, 이 '생겨남이 없음'이 바로 최상의 진리이기 때문입니다.

쑤부띠여, 누군가가 '이렇게 오신 님, 거룩한 님, 올바로 원만히 깨달은 님께서 위없이 바르고 원만한 깨달음을 분명하게 깨달아 얻었다' 고 말한다면, 그는 그렇지 않은 것을 말하는 것이며, 쑤부띠여, 그는 있지 않은 것을 취하여 나를 비방하는 것입니다. 그것은 무슨 까닭입니까. 쑤부띠여, 여래께서 위없이 바르고 원만한 깨달음이라고 분명하게 깨달아 얻은 그 어떠한 법도 없기 때문입니다.

그리고 여래께서 분명하게 깨달아 가르친 법에는, 그 때문에 진리도 거짓도 없습니다. 그러한 까닭에 여래께서 '모든 법들은 깨달은 님의 법들이다'라고 가르칩니다. 그것은 무슨 까닭입니까? 쑤부띠여, 여래께서는 '모든 법들'에 대해 말씀하신 것은 '법들이 아닌 것'을 가르치신 것입니다. 그러므로 '모든 법들은 깨달은 님의 법들이다'라고 말합니다. 쑤부띠여, 그것은 이를테면, 몸을, 아주 큰 몸으로 타고난 사람과 같습니다."

존자 쑤부띠는 여쭈었습니다.

"여래께서 '몸을 아주 큰 몸으로 타고났다'라고 어떤 사람에 대해 말씀하신 것은 '몸이 아닌 것'을 가르치신 것입니다. 그러므로 그를 '몸을 큰 몸으로 타고났다'고 말합니다."

세존께서 말씀하셨습니다.

"쑤부띠여, 그렇습니다. '내가 뭇삶을 완전한 열반에 들게 하리라'라고 말하는 깨달음을 향한 님이 있다면, 그는 '깨달음을 향한 님'이라고 말할 수 없습니다. 그것은 무슨 까닭입니까? 쑤부띠여, 깨달음을 향한 님이라고 이름 부를 만한 어떠한 것이 있습니까?"

쑤부띠는 여쭈었습니다.

"세존이시여, 없습니다. 깨달음을 향한 님이라고 이름 부를 만한 어떠한 것도 없습니다."

세존께서 말씀하셨습니다.

"여래께서 '뭇삶, 뭇삶'에 대해 말씀하신 것은, '뭇삶이 아닌 것'을 가르치신 것입니다. 그러므로 말하자면, '뭇삶'인 것입니다. 그렇기 때문에 여래께서는 '모든 법들에는 자아가 없으며, 모든 법들에는 존재가 없고, 생명이 없고, 영혼이 없다'라고 가르칩니다. 쑤부띠여, 어떤 깨달음을 향한 님이 '나는 불국토를 장엄할 것이다'라고 말한다면, 그에 대해서도 같은 방식으로 설명되어야 합니다. 그것은 무슨 까닭입니까? 쑤부띠여, 여래께서 '불국토의 장엄, 불국토의 장엄'에 대해 말씀하신 것은 여래께서 '장엄이 아닌 것'을 가르치신 것입니다. 그러므로 여래께서는 '불국토의 장엄'에 대해 말씀하셨습니다. 쑤부띠여, 그렇지만 어떤 깨달음을 향한 님이 '모든 법은 실체가 없는 것.

모든 법은 실체가 없는 것'이라고 전념하면, 이렇게 오신 이, 거룩한 님, 올바로 원만히 깨달은 님께서는 '깨달음을 향한 위대한 님이 될 것'이라고 선언하셨습니다."

세존께서 말씀하셨습니다.

"쑤부띠여, 어떻게 생각합니까? 여래께서 육신의 눈을 갖고 있습니까?"

쑤부띠가 여쭈었습니다.

"세존이시여, 그렇습니다. 여래께서 육신의 눈을 갖고 계십니다."

세존께서 말씀하셨습니다.

"쑤부띠여, 어떻게 생각합니까? 여래께서 하늘의 눈을 갖고 있습니까?"

쑤부띠가 여쭈었습니다.

"세존이시여, 그렇습니다. 여래께서 하늘의 눈을 갖고 계십니다."

세존께서 말씀하셨습니다.

"쑤부띠여, 어떻게 생각합니까? 여래께서 지혜의 눈을 갖고 있습니까?"

쑤부띠가 여쭈었습니다.

"세존이시여, 그렇습니다. 여래께서 지혜의 눈을 갖고 계십니다."

세존께서 말씀하셨습니다.

"쑤부띠여, 어떻게 생각합니까. 여래께서 진리의 눈을 갖고 있습니까?"

쑤부띠가 여쭈었습니다.

"세존이시여, 그렇습니다. 여래께서 진리의 눈을 갖고 계십니다."

세존께서 말씀하셨습니다.

"쑤부띠여, 어떻게 생각합니까? 여래께서 깨달은 님의 눈을 갖고 있습니까?"

쑤부띠는 여쭈었습니다.

"세존이시여, 그렇습니다. 여래께서 깨달은 님의 눈을 갖고 계십니다."

세존께서 말씀하셨습니다.

"쑤부띠여, 어떻게 생각합니까. 여래께서는 '큰 갠지스강에 있는 모래알 수만큼의 그 많은 모래알'이라고 말씀하시곤 했습니까?"

쑤부띠는 여쭈었습니다.

"세상에 존경받는 님이시여, 그렇습니다. 바른 길로 잘 가신 님이시여, 그렇습니다. 여래께서 그러한 모래알에 관해 말씀하셨습니다."

세존께서 말씀하셨습니다.

"쑤부띠여, 어떻게 생각합니까. 큰 갠지스강에 있는 모래알 수만큼의 갠지스강들이 있는데, 그들 갠지스강들의 모래알 수만큼 많은 세계들이 있다면 그 세계들은 매우 많다고 생각합니까?"

쑤부띠는 여쭈었습니다.

"세상에 존경받는 님이시여, 그렇습니다. 올바른 길로 잘 가신 님이시여, 그렇습니다. 그 세계는 매우 많겠습니다."

세존께서 말씀하셨습니다.

"쑤부띠여, 얼마나 많은 뭇삶들이 그 세계들 가운데 있더라도 나는 그들의 다양한 마음의 흐름을 분명히 알고 있습니다.

그것은 무슨 까닭입니까? 쑤부띠여, 여래께서는 '마음의 흐름, 마음의 흐름'에 대해 말씀하신 것은 '흐름이 아닌 것'을 가르치신 것입니다. 그러므로 말하자면, '마음의 흐름'인 것입니다. 그것은 무슨 까닭입니까? 쑤부띠여, 과거의 마음도 인식되지 않고, 미래의 마음도 인식되지 않고, 현재의 마음도 인식되지 않기 때문입니다."

"쑤부띠여, 어떻게 생각합니까? 한 훌륭한 가문의 아들이나 한 훌륭한 가문의 딸이 이 삼천대천세계를 칠보로써 가득 채워 그것을 이렇게 오신 님, 거룩한 님, 올바로 원만히 깨달은 님에게 보시하면, 그 훌륭한 가문의 아들이나 훌륭한 가문의 딸은 그것으로 인해서 아주 많은 공덕의 다발을 이루겠습니까?"

쑤부띠는 여쭈었습니다.

"세상에 존경받는 님이시여, 많겠습니다. 올바른 길로 잘 가신 님이시여, 많겠습니다."

세존께서 말씀하셨습니다.

"쑤부띠여, 그렇습니다. 쑤부띠여, 그렇습니다. 그 훌륭한 가문의 아들이나 훌륭한 가문의 딸은 그것을 인연으로 해서 많은 공덕의 다발을 이룰 것입니다. 그것은 무슨 까닭입니까? 쑤부띠여, 여래께서 '공덕의 다발, 공덕의 다발'에 대해 말씀하신 것은 여래께서 '다발이 아닌 것'을 가르치신 것입니다. 그러므로 말하자면 '공덕의 다발'인 것입니다. 그러나 만약 공덕의 다발이라는 것이 존재한다면, 여래께서 '공덕의 다발, 공덕의 다발'에 대해 말씀하시지 않았을 것입니다."

"쑤부띠여, 어떻게 생각합니까? 형상적인 몸을 성취했다고 해서 여래라고 볼 수 있습니까?"

쑤부띠는 여쭈었습니다.

"세존이시여, 그렇지 않습니다. 형상적인 몸을 성취했다고 해서 여래라고 볼 수 없습니다. 그것은 무슨 까닭입니까? 세존이시여, 여래께서 '형상적인 몸의 성취, 형상적인 몸의 성취'에 대해 말씀하신 것은 '성취가 아닌 것'라고 가르치신 것입니다. 그러므로 말하자면, '형상적인 몸의 성취'인 것입니다."

세존께서 말씀하셨습니다.

"쑤부띠여, 어떻게 생각합니까? 특징을 갖추었다고 해서 여래라고 볼 수 있습니까?"

쑤부띠는 여쭈었습니다.

"세존이시여, 그렇지 않습니다. 특징을 갖추었다고 해서 여래라고 볼 수 없습니다."

그것은 무슨 까닭입니까?

세존이시여, 여래께서 '특징의 갖춤'에 대해 말씀하신 것은, 여래께서 '특징이 아닌 것'을 가르치신 것입니다. 그러므로 말하자면, '특징의 갖춤'인 것입니다."

세존께서 말씀하셨습니다.

"쑤부띠여, 어떻게 생각합니까? 여래에게 '내가 가르침을 설했다'라는 생각이 일어납니까?"

쑤부띠는 여쭈었습니다.

"그렇지 않습니다. 세존이시여, 여래께서 '내가 가르침을 설했다'라고 생각하지 않습니다."

세존께서 말씀하셨습니다.

"쑤부띠여, 누군가가 '여래께서 가르침을 설했다'라고 말한다면, 그는 그렇지 않은 것을 말한 것이며, 있지 않은 것을 취하여 나를 비방하는 것입니다. 그것은 무슨 까닭입니까? 쑤부띠여, '설해진 가르침, 설해진 가르침'이라고 하지만 '설해진 가르침'이라고 인식될 수 있는 어떠한 것도 존재하지 않습니다."

이렇게 말씀하시자 존자 쑤부띠는 세존께 이와 같이 여쭈었습니다.

"세존이시여, 미래의 시대, 마지막 시기, 마지막 시간, 마지막 오백 년, 올바른 가르침이 무너질 때에도 이와 같은 법을 듣고 진실한 믿음을 내는 어떠한 뭇삶들이 있겠습니까?"

세존께서 말씀하셨습니다.

"쑤부띠여, 그들은 뭇삶도 아니고 뭇삶이 아닌 것도 아닙니다. 그것은 무슨 까닭입니까? 쑤부띠여, '뭇삶, 뭇삶'에 대해 말씀하신 것은 여래께서 '뭇삶이 아닌 것'을 가르치신 것입니다. 그러므로 여래께서는 '뭇삶'에 대해 설했습니다."

"쑤부띠여, 어떻게 생각합니까? 여래께서 위없이 바르고 원만한 깨달음이라고 분명하게 깨달아 얻은 어떠한 법이라도 있습니까?"

쑤부띠는 여쭈었습니다.

"세존이시여, 그렇지 않습니다. 여래께서 위없이 바르고 원만한 깨달음이라고 분명하게 깨달아 얻은 어떠한 법도 없습니다."

세존께서 말씀하셨습니다.

"쑤부띠여, 그렇습니다. 쑤부띠여, 그렇습니다. 거기에는 아주 미세한 법도 존재하지 않으며 얻을 수 없습니다. 그러므로 말하자면, '위없이 바르고 원만한 깨달음'인 것입니다. 더 나아가 쑤부띠여, 그 법은 평등하며 거기에 아무런 차별도 없습니다. 그러므로 말하자면, '위없이 바르고 원만한 깨달음'인 것입니다. 위없이 바르고 원만한 깨달음은, 평등하여 거기에 자아가 없고, 존재가 없고, 생명이 없고, 영혼이 없기 때문에, 모든 착하고 건전한 법을 통해서 분명하게 깨달아지는 것입니다. 그것은 무슨 까닭입니까? 쑤부띠여, '착하고 건전한 법, 착하고 건전한 법'에 대해 말씀하신 것은, 여래께서 '법이 아닌 것'을 가르치신 것입니다. 그러므로 말하자면, '착하고 건전한 법'인 것입니다.

쑤부띠여, 또한 어떤 여인이나 어떤 남자이든지 삼천대천세계에서 가장 큰 쑤메루 산 만큼의 칠보 더미를 모아서 이렇게 오신 님, 거룩한 님, 올바로 원만히 깨달은 님에게 보시했다고 합시다. 그리고 다른 한편으로 어떤 훌륭한 가문의 아들이나 훌륭한 가문의 딸은 이 지혜의 완성이란 법문으로부터 사행시 한 게송이라도 받아들여 다른 사람에게 가르쳤다고 합시다. 그렇다면, 쑤부띠여, 앞의 공덕의 다발은 뒤의 공덕의 다발의 백분의 일 등에도 미치지 못하며 또한 비교조차 할 수 없을 것입니다.

쑤부띠여, 어떻게 생각하십니까? 여래에게 '내가 뭇삶을 해탈시켰다'는 생각이 일어납니까? 쑤부띠여, 결코 그렇게 보아서는 안됩니다. 그것은 무슨 까닭입니까? 쑤부띠여, 여래가 해탈시킨 어떠한 뭇삶도 존재하지 않기 때문입니다. 쑤부띠여, 만약 여래가 해탈시킨 어떠한 뭇삶이 있다면, 여래는 그것 때문에 또한 자아에 집착하게 되는 것이고, 존재에 집착하고, 생명에 집착하고, 영혼에 집착하게 되는 것입니다. 쑤부띠여, 여래께서 '자아에 대한 집착'이라고 하신 그것은 '집착이 아닌 것'을 가르치신 것입니다. 그런데 어리석은 일반인들이 집착하고 있습니다. 그리고 쑤부띠여, 여래께서 '어리석은 일반인'에 대해 말씀하신 것은 여래께서 '일반인이 아닌 것'을 가르치신 것입니다. 그러므로 말하자면, '어리석은 일반인'인 것입니다.

쑤부띠여, 어떻게 생각합니까? 어떤 특징을 갖추었다고 해서 여래라고 볼 수 있습니까?"

쑤부띠는 여쭈었습니다.

"세존이시여, 그렇지 않습니다. 제가 세존께서 말씀하신 뜻을 이해하기로는, 특징을 갖추었다고 해서 여래라고 볼 수 없습니다."

세존께서 말씀하셨습니다.

"쑤부띠여, 훌륭합니다. 훌륭합니다. 쑤부띠여, 그렇습니다. 그렇습니다. 특징을 갖추었다고 해서 여래라고 볼 수 없습니다. 그것은 무슨 까닭입니까? 쑤부띠여, 특징을 갖추었다고 해서 여래라고 본다면 전륜성왕도 여래일 것입니다. 그러므로 특징을 갖추었다고 해서 여래라고 볼 수 없습니다."

그러자 존자 쑤부띠는 세존께 이와 같이 여쭈었습니다.

"제가 여래께서 말씀하신 뜻을 이해하기로는, 특징을 갖추었다고 해서 여래라고 볼 수 없습니다."

이 때에 마침 세존께서 이와 같은 시를 읊으셨습니다.

"형상을 통해서 나를 보고
소리로 나를 듣는 자들은
잘못된 길에 빠졌나니
그들은 나를 보지 못하리라.

법에서 깨달은 님을 보아야하리.
법신들이야말로 스승들이네.
법의 특성은 식별될 수 없으니
그것은 대상으로 의식할 수 없으리.

쑤부띠여, 어떻게 생각합니까? 여래께서 특징을 갖춤으로써 위없이 바르고 원만한 깨달음을 분명하게 깨달아 얻었습니까? 쑤부띠여, 그대는 결코 그렇게 보아서는 안됩니다. 그것은 무슨 까닭입니까? 쑤부띠여, 여래께서 특징을 갖춤으로써 위없이 바르고 원만한 깨달음을 분명하게 깨달아 얻은 것이 아니기 때문입니다. 또한 쑤부띠여, 아무도 그대에게 이와 같이 '깨달음을 향한 님의 삶에 들어선 님들은 어떠한 법의 파괴나 단멸을 설하고 있다'라고 말하지 못할 것입니다. 쑤부띠여, 그대도 결코 그렇게 보아서는 안됩니다. 그것은 무슨 까닭입니까? 깨달음을 향한 님의 삶에 들어선 님들은 어떠한 법의 파괴나 단멸을 설한 일이 없기 때문입니다."

"쑤부띠여, 또한 참으로 한 훌륭한 가문의 아들이나 한 훌륭한 가문의 딸이 갠지스강의 모래알만큼의 세계를 칠보로 가득 채워서 이렇게 오신 님, 거룩한 님, 올바로 원만히 깨달은 님에게 보시하는 것보다, 깨달음을 향한 님이 실체 없음(無我)과 생겨나지 않음(不生)의 진리를 인내하여 얻는다면, 그가 그것을 인연으로 헤아릴 수 없고 셀 수 없는 훨씬 많은 공덕의 다발을 이룰 것입니다. 쑤부띠여, 그러나 깨달음을 향한 위대한 님이라면 공덕의 다발을 가지면 안 될 것입니다."

존자 쑤부띠는 여쭈었습니다.

"세존이시여, 틀림없이 깨달음을 향한 님이라면 공덕의 다발을 가지면 안 될 것입니다."

세존께서 말씀하셨습니다.

"쑤부띠여, '갖게 될 것'이라는 것은 '갖게 될 것이 아닌 것'입니다. 그러므로 말하자면, '갖게 될 것'인 것입니다. 쑤부띠여, 또한 진실로 누군가가 '여래께서 가시거나 오시거나 서시거나 앉으시거나 누우신다'라고 말한다면, 쑤부띠여, 그는 내 가르침의 의미를 알지 못하는 것입니다. 그것은 무슨 까닭입니까? 쑤부띠여, 여래는 '어느 곳으로 가지 않으신 님, 또는 어느 곳에서 오지 않으신 님'을 말합니다. 그러므로 그를 '이렇게 오신 님, 거룩한 님, 올바로 원만히 깨달은 님'이라고 말합니다. 쑤부띠여, 또한 훌륭한 가문의 아들이나 훌륭한 가문의 딸이 크나큰 삼천대천세계의 땅의 티끌만큼의 세계를 어마어마한 힘으로 아주 미세한 원자 크기의 집합이라고 불리는 티끌들로 만든다면, 쑤부띠여, 어떻게 생각합니까? 그 원자의 집합이 많겠습니까?"

쑤부띠는 여쭈었습니다.

"세상에 존경받는 님이시여, 그렇습니다. 올바른 길로 잘 가신 님이시여, 그렇습니다. 아주 미세한 원자의 집합은 매우 많을 것입니다. 그것은 무슨 까닭입니까? 세존이시여, 만약 '아주 미세한 많은 원자의 집합'이 있다면, 세존께서 '아주 미세한 많은 원자의 집합'에 대해 말씀하지 않으셨을 것입니다. 그것은 무슨 까닭입니까. 세존이시여, 여래께서 '아주 미세한 원자의 집합'에 대해 말씀하신 것은 여래께서 '집합이 아닌 것'을 가르치신 것입니다. 그러므로 말하자면 '아주 미세한 원자의 집합'인 것입니다. 또한 여래께서 '삼천대천세계'에 대해 말씀하신 것은 여래께서 '세계가 아닌 것'을 가르치신 것입니다. 그러므로 말하자면 '삼천대천세계'인 것입니다. 그것은 무슨 까닭입니까? 세존이시여, 세계가 존재한다면 그것은 대상적 실체에 대해 집착하고 있는 것입니다. 여래께서 '대상적 실체에 대한 집착'에 대해 말씀하신 것은 여래께서 '집착이 아닌 것'을 가르치신 것입니다. 그러므로 말하자면 '대상적 실체에 대한 집착'인 것입니다."

세존께서 말씀하셨습니다.

"쑤부띠여, 또한 '대상적 실체에 대한 집착'은 실제 내용이 없는 언어적 관습, 언어적 표현의 문제입니다. 그것은 법도 아니며 법이 아닌 것도 아닙니다. 그런데 어리석은 대부분의 사람들이 그것에 집착하고 있는 것입니다. 그것은 무슨 까닭입니까, 쑤부띠여, 누군가가 '여래가 자아에 대한 견해를 설했다'고 말한다면, 그리고 '여래가 존재에 대한 견해, 생명에 대한 견해, 영혼에 대한 견해를 설했다'고 말한다면, 쑤부띠여, 그는 진실들을 말하는 것입니까?"

쑤부띠는 여쭈었습니다.

"세상에 존경받는 님이시여, 그렇지 않습니다. 올바른 길로 잘 가신 님이시여, 그렇지 않습니다. 그는 진실을 말하는 것이 아닙니다. 그것은 무슨 까닭입니까? 세존이시여, 여래께서 '자아에 대한 견해'에 대해 말씀하신 것은 여래께서 '견해가 아닌 것'을 가르치신 것입니다. 그러므로 말하자면, '자아에 대한 견해'인 것입니다."

세존께서 말씀하셨습니다.

"쑤부띠여, 실로 깨달음을 향한 님의 삶에 들어선 이는 이와 같이 모든 법을 알고, 또한 보고, 거기에 전념해야 합니다. 그리고 그는 법에 대한 지각이나 법이 아닌 것에 대한 지각에 의존하지 않는 것에 대해서도 이와 같이 알고, 또한 보고, 거기에 전념해야 합니다. 그것은 무슨 까닭입니까? 쑤부띠여, 여래께서 '법에 대한 지각, 법에 대한 지각'에 대해 말씀하신 이것은 '지각이 아닌 것'을 가르치신 것입니다. 그러므로 말하자면 '법에 대한 지각'인 것입니다.

쑤부띠여, 또한 마지막으로 깨달음을 향한 위대한 님이 헤아릴 수 없고 셀 수 없는 세계를 칠보로써 채워서 이렇게 오신 님, 거룩한 님, 올바로 원만히 깨달은 님에게 보시하는 것보다, 한 훌륭한 가문의 아들이나 한 훌륭한 가문의 딸이 이 지혜의 완성 법문 가운데 사행시 한 게송이라도 받아들여 마음에 새기고 독송하고 숙달하여 다른 사람에게 상세히 설명해준다면, 그가 그것을 인연으로 헤아릴 수 없고 셀 수 없는 훨씬 많은 공덕의 다발을 이룰 것입니다. 그는 어떻게 설명하겠습니까? 드러내지 않도록 설명할 것입니다. 그러므로 말하자면 '그는 이와 같이 설명할 것입니다.'

별들처럼, 허깨비처럼, 등불처럼
환상처럼, 이슬처럼, 거품처럼
꿈처럼, 번개처럼, 구름처럼
이처럼 조건지어진 것을 보아야 하리."

이와 같이 세존께서 말씀하시자, 환희에 찬 장로 쑤부띠와 수행승들, 수행녀들, 청신사들, 청신녀들, 그리고 보살들과 그 밖의 신들과 인간들과 아수라들과 간다르바들의 모든 세계가 세존의 가르침을 듣고 기뻐했습니다.

번개처럼 자르는 거룩한 지혜의 완성이 끝났습니다.

제2장

우리말 금강경 주해

<제2장 우리말 금강경 주해>에서는 가능한 한 상세한 금강경에 대한 주석을 달려고 노력했다.

먼저 불교를 이해하는 데에는 초기불교의 원형적인 가르침에 대한 오올바른 이해가 대단히 중요하다. 따라서 역자는 중요한 금강경의 가르침에 대해서는 빠알리 대장경의 니까야를 빌어 주석을 달았다.

또한 당시에 인도에서 쓰여진 금강경의 주석서를 바탕으로 하지 않고서 금강경을 단지 어학적으로 번역해내는 것은 의미가 없다. 따라서 역자는 모든 현대어역을 참고하되 아쌍가와 정통적 주석과 비쑤반두의 복주[괄호안]를 간추려 해당 경문에 각주로 처리하여 금강경을 이해하려는 사람에게 직접적인 도움을 주도록 했다.

그리고 금강경은 무엇 보다도 빠알리 대장경의 니까야와 동일한 구조를 갖고 있다. 그래서 그것을 편집하는데 빠알리니까야처럼 각 단락에 번호를 부여하면서, 금강경을 오늘날의 대화체 문장으로 엮어내었다.

고귀한 지혜의 완성에 귀의하나이다.[1]

1. 법회가 열리기까지〔法會因有分〕

1. 이와 같이 나는 들었습니다.[2] 한 때에 세존께서[3] 슈라바스띠[4]에 있는 제따 숲[5] 아나타삔디까 승원[6]에 천이백오십

---

1) namo bhagavatyai āryaprajñāpāramitāyai : '고귀한 반야바라밀(般若波羅密)에 귀의합니다'라는 말이다. 경이 시작할 때에 공경하고 찬탄하며 귀의를 표하는 것으로 귀경구(歸敬句)라고 한다. 원본에는 없으나 후대에 부가된 문장으로 각 번역마다 다소간의 차이를 보인다. 서장어역은 경전의 이름을 범어와 서장어로 정확히 밝히고 '모든 부처님과 보살들께 귀의합니다'라는 귀경게를 부가하였다. '거룩한 금강으로 능단하는 자인 반야바라밀다라는 대승경을 시설합니다. 인도어로 아리야바즈라체디까쁘랑냐빠라미따 나마 마하야나쑤뜨라 서장어로 팍파 시럽끼 퍼리뚜 친빠 도제 쬐빠셰자와 텍빠첸빼도입니다. 모든 부처님과 모든 보살님께 귀의합니다.'(phags pa śes rab gyi pha rol tu phyin pa rdo rje gcod pa žes bya pa theg pa chen pa'i mdo bžug so rgya gar skad du, āryavajrachedikaprajñāpāramitā nāma mahāyānasūtra bod skad du, 'phags pa śes rab gyi pha rol tu phyin pa rdo rje gcod pa žes bya pa theg pa chen pa'i mdo. saṅ rgyas daṅ byaṅ chub sems dpa' thams cad la phyag 'tshal lo.) 바쑤반두(世親)가 능단금강반야바라밀경론(能斷金剛般若波羅密經論)등에서 처음에 추가한 게송이다. 한역에만 존재한다. '이 범문의 문구와 뜻과 차례를 세상의 무명에 빠진 지혜로는 알 수가 없습니다. 저희들을 가르치시는 한량없는 공덕으로 생겨난 님께 머리 숙여 예배를 드립니다.(此經文句義次第 世無明慧不能解 稽首於此教我等 無邊功德所生身)'

2) evaṃ mayā śrutam : 불교경전의 전통적인 시작을 나타낸다. 여기서 '나'는 부처님께서 열반에 드신 이후 부처님께 들은 모든 경전을 암송했던 '아난다(阿難 : Ānanda)'를 뜻한다고 보아야 한다. 대승경전에서는 경전의 권위가 그에게 가탁된 것이다.

3) Bhagavāñ : 인도에서는 제자가 스승, 특히 거룩한 스승 또는 성자를 부를 때 쓰는 일반적인 호칭이다.

4) Śrāvastī : 빠알리어로는 싸밧띠(Sāvatthī)라고 하며 한역으로는 사위성(舍衛城)이다.. 부처님 당시 꼬쌀라(Kosala)국의 수도. 네팔 국경지역에 놓여 있는 오늘날의 고락뿌르(Gorakhpur)의 북서쪽에 위치하고 있으며 지금의 사헤뜨-마헤뜨(Sahet Mahet)마을인데, 한때는 90만 가구가 살았다고 한다. 부처님은 45년간의 전법기간 중 25년을 이곳에서 지냈다. 이 도시의 이름은 성자 싸빳타(Sāvattha)가 살았기 때문이라고 하며 또는 대상(隊商)들이 만나서 상업도시로써 '어떤 상품이 있는가(kim bhandan atthi)'라고 물으면 '모든 것이 있다(sabham atthi)'라고 대답한 데서 유래한다고도 한다. 부처님께서 승원생활의 대부분을 이 곳에서 보내셨다.

5) Jetavana : 기타림(祇陀林)이라고 한역하며 원래 소유자인 제타태자의 이름을 딴 것이

인7)의 많은 수행승의 무리와 매우 많은 깨달음을 향한8) 위대한 님9)과 함께 계셨습니다.

2. 세존께서 아침 일찍10) 법복을 두르고 가사를 수하고 발우11)

다. 제따는 '전승자(戰勝者)'의 의미로 쁘라쎄나지뜨왕(sk. Prasenajit, pali. Pasenadi : 波斯匿王)의 태자이름이다. 쁘라쎄나지뜨왕은 꼬쌀라(Kosala)국의 왕이며 마하꼬쌀라(Mahā Kosala)의 아들이고 딱샤실라(Takṣaśilā)에서 자랐다. 그는 대규모의 동물 희생제를 행했으나 왕비 말리까(Mallika)의 제안으로 부처님을 찾아 뵙고는 희생제를 포기했다. 그는 자주 부처님을 찾아 뵙고 여러 가지 주제로 토론했다.

6) Anāthapiṇḍīkasya ārāma : 한역으로 급고독원(給孤獨園)이라고 한다. 아나타삔디까(Anāthapiṇḍika)는 재가신도로서 그 숲을 기증한 부호의 이름이다. 율장(Vin. Ⅲ. 187)에 따르면 백만장자 쑤닷따(須達多 : Sudatta)의 별명으로 '외로운 이를 부양하는 자'라는 뜻을 지니고 있다. 그는 부처님께서 깨달음을 이루신 지 일 년도 안 된 때 라자그리하(王舍城 : Rājagṛha)에서 부처님께 감동받고 귀의하였다. 쑤닷따 장자는 어느 날 부처님께 바칠 정사(精舍)를 만들기 위해 대지를 구하다가 제따 태자의 숲을 후보지로 지목하였다. 땅을 팔기 싫었던 제따 태자는 그 땅을 금으로 덮으면 그만큼 팔겠다고 했다. 이는 당시의 관례로 보아 계약이 성립된 것이었다. 곧 쑤닷따 장자는 금화로 땅을 덮기 시작했다. 이에 놀란 태자가 이 땅의 용도를 묻자 부처님께 드릴 것이라고 했다. 태자는 자신에게도 부처님께 드릴 땅을 남겨 달라고 하여, 두 사람이 힘을 합쳐 그 숲을 부처님께 드렸다. 아나타삔디까는 '고독한 사람에게 먹을 것을 주는 사람'이란 뜻으로 급고독(給孤獨) 장자라고도 번역한다. 고독한 사람이란 늙고, 병들고, 의지할 곳이 없는 외로운, 홀로 된 사람들을 말한다. 여기에 세워진 정사를 두 사람의 이름을 따서 '제따숲 아나타삔디까 정사'라고 부르며 한역으로는 기수급고독원(祇樹給孤獨園)이라고 한다.

7) 부처님이 위없이 바르고 원만한 깨달음(無上正等正覺)을 얻은 이후 출가제자의 숫자를 말한다. 과거현재인과경(過去現在因果經 : 大正藏 3, 620)에 따르면, 미가다야(Migadāya : 鹿野園)에서 직접 제도한 5비구, 야싸(Yasa)와 그의 친구 50인, 깟사빠(Kassapa : 迦葉) 3형제와 그 제자들 1,000명, 싸리뿟따(Sāriputta : 舍利佛)와 목갈라나(Moggalāna : 目蓮)와 그 제자 200인 도합 1255인이 있었다.

8) bodhisattva : 한역에서는 보살(菩薩)로 음사하고 대사(大士), 개사(開士)라고 번역한다. 깨달음을 뜻하는 보디(bodhi : 菩提)와 존재 또는 생명을 뜻하는 쌋뜨바(sattva : 有情)의 복합어로 '깨달음을 향한 님(覺有情)'란 의미를 지닌다.

9) mahāsattva : '마하살(摩訶薩)'은 한문음사이다. '대중생(大衆生)', '대유정(大衆生)'이라 번역한다. 위대한 님 또는 훌륭한 존재로 보살을 의미한다 불지경론(佛地經論)에 따르면, '위없이 바르고 원만한 깨달음(anuttarasamyaksambodhi : 阿耨多羅三藐三菩利)'을 구하는 자가 위대한 님, 깨달음으로 향한 님이다.

10) 부처님 당시에 부처님과 수행승들은 하루에 한 번 식사를 하였다. 식사 시간은 사시, 즉 오전 9시에서 11시 사이였다. 그러므로 탁발을 나서는 시간은 진시, 즉 7시에서 9시 사이가 되므로 '아침 일찍'이라고 하였다.

11) patra : 빠알리어로는 빳따(patta)라고 한다. 발우(鉢盂)는 수행승이 사용하는 밥그릇을 말한다. 이것을 가지고 유행(遊行)하면서 밥을 받는 것을 탁발(托鉢)이라고 한다. 발우(鉢盂)에는 철발(鐵鉢) 와발(瓦鉢), 목발(木鉢) 등이 있고, 우리 나라의 경우 목발

를 들고 큰 도시 슈라바스띠로 탁발하러 들어가셨습니다.12)

3. 세존께서 큰 도시 슈라바스띠에서 탁발을 하러 들어가셔서, 걸식을 마치고, 공양을 드신 뒤에 다시 돌아와서, 발우와 가사를 거두시고, 두 발을 씻으시고, 결가부좌를 하시고,13) 몸을 곧게 세우시고, 앞을 향해 주의력을 집중시키며, 마련된 자리에 앉으셨습니다.

4. 그러자 많은 수행승들이 세존께서 계신 곳을 찾았습니다. 가까이 가서 세존의 두발에 머리를 조아리고,14) 세존께서 계신 곳을 오른쪽으로 세 번 돌아,15) 한 쪽으로 물러앉았습니다.16)

(木鉢)을 주로 사용한다. 응기(應器), 응량기(應量器)라고도 하며, 수행자가 먹는 분량은 이 한 그릇에 한정된다.

12) piṇḍāya prāvikṣat : 탁발(托鉢)은 무소유(無所有)의 이상과 겸허한 자아완성을 위한 수도 행각의 일단이다. 오후에는 먹지 않는 오후불식(午後不食)의 원칙도 있다. 탁발은 단순히 밥을 비는 구걸행위가 되면 안되며 그것을 통해서 시주에게 복을 짓는 기회를 제공해야 한다. 그러므로 탁발할 때에는 빈부귀천을 가리지 않아야 하며, 무작위로 일곱 집까지만 탁발하도록 했다. 만약 일곱 집을 밥을 빌어서 얻지 못하면 그 날의 탁발행각은 그만두어야 했다. 쑷따니빠따(Stn. 65)에는 탁발의 자세에 대하여 다음과 같이 노래하고 있다. "모든 맛에 탐착하거나 동요하지 않고, 남을 양육하지 않고 집마다 차례로 밥을 빌어, 이 집안이나 저 집안에 마음이 매이지 않고, 코뿔소의 뿔처럼 혼자서 걸어가라.(rasesu gedhaṃ akaraṃ alolo, anaññaposī sapadānacārī, kule kule appaṭibadd hacitto, eko care khaggavisāṇakappo.)

13) paryaṅkam ābhujya : 한역으로 결가부좌(結跏趺坐)라고 한다. 오른쪽 발을 왼쪽의 허벅지 위에 놓은 다음 왼쪽 발을 오른 쪽의 허벅지 위에 놓고 좌우를 균형 잡아 앉는 자세를 말한다. 부처님께서 반드시 이 자세로 앉았으므로 불좌(佛坐)라고도 한다.

14) 바쑤반두(世親)가 능단금강반야바라밀경론(能斷金剛般若波羅密經論)등에서 처음에 추가한 게송이다. 한역에만 존재한다. '이와 같이 공덕을 갖춘 님에게 인사드리고 공경하여 그 두 발에 이마를 대어 예배합니다. 타기 어려운 깨달음의 수레를 타시고 간절한 마음으로 널리 중생을 제도하는 까닭입니다.(具如斯德應禮敬 彼之足跡頂戴持 覺轅難駕彼能乘 要心普利諸含識)'

15) triṣpradakṣiṇīkṛtya(右遶三匝) : 원래는 상대방에 대한 적의가 없음, 즉 오른쪽에 무기를 지니고 있지 않음을 보여주는 것이었다. 고대 인도에서는 귀한 사람에게 존경의 뜻을 표할 때에, 오른 쪽 어깨에 아무 것도 없음을 보여주고, 그 주위를 세 번 돌았다. 군대가 개선(凱旋)해서 돌아왔을 때에도 정벌의 의사가 없음을 보여주기 위해 성벽의 주위를 오른쪽으로 세 번 돌고 성안으로 들어갔다. 이러한 풍습이 불교에도 도입되어 부처님에 대한 예의나 후세에 보리수(菩提樹)나 불상에 예배할 때에도 같은 방식을 취했다.

2. 쑤부띠가 가르침을 청하니〔善賢起請分〕

1. 그 때에 장로[17] 쑤부띠[18]가 그 모임에 와서 함께 앉았습니다. 그리고 장로 쑤부띠는 자리에서 일어나, 한쪽 어깨에 가사를 걸치고,[19] 오른쪽 무릎을 땅에 대고, 세존께서 계신 쪽으로 합장하여, 세존께 여쭈었습니다.

2. [쑤부띠] "세상에 존경받는 님이시여, 놀라운 일입니다, 올바른 길로 잘 가신 님이시여,[20] 아주 놀라운 일입니다. 이렇게

---

16) 부처님의 하루 일과를 알아둘 필요가 있다. 초기불교의 경전에 따라 추측을 해보면, 부처님께서는 오전 6시에서 12시까지는 하늘눈으로 세상을 관찰하여 뭇삶을 도와주고 탁발하고 대중들에게 설법을 하셨다. 탁발시간은 대개 오전 9시에서 11시였다. 그리고 12시에서 오후 6시까지는 대자비삼매(大慈非三昧 : mahākaruṇā samāpatti)에 들어 수행승이나 뭇삶들의 괴로움을 살피고 그들을 돕거나 오른쪽 옆구리를 바닥에 대고 오후의 수면에 들기도 하고 일반사람들을 제도하거나 신도들에게 가르침을 설했다. 초저녁인 오후 6시에서 밤 10시까지는 수행승들이 방문하면 친견을 허락하고 그들과 대화를 나누었다. 그리고 한밤중인 밤 10시에서 새벽 2시까지는 하늘사람이나 악마들과 대화를 나누고 그들을 제도했다. 새벽 2시에서 3시 사이에 경행(經行)을 하고 새벽 3시에서 4시 사이에는 마음새김을 하며 취침했다. 새벽 4시에서 5시 사이에는 열반에 들어 아라한의 경지에 들었다. 새벽 5시에서 6시 사이에는 대자비삼매에 들어 뭇삶들의 괴로움을 살펴보았다.

17) āyuṣmānt : 장로(長老), 대덕(大德), 존자(尊者), 구수(具壽)등으로 번역한다. 지혜와 공덕이 많고 법랍이 높은 이를 부르는 통칭이다.

18) Subhūti : 부처님의 제자이름으로 수보리(須菩利)라고 음역하고 '선현(善現)' '선길(善吉)' '선실(善實)' '묘생(妙生)' 등 여러 가지로 의역한다. 초기경전(AN. I. 24)에 따르면, 그는 쑤마나쎗띠(Sumanaseṭṭhi)의 아들이자 아낫따삔디까(Anāthapiṇḍika)의 동생이었다. 어느 날 그는 제따바나(祇陀林 : Jetavana)에서 부처님의 설법을 듣고 출가했다. 그리고 자애의 명상(mettājhāna)을 닦아 거룩한 님(阿羅漢)이 되었다. 그는 법을 가르치는데 차별이나 한계가 없었으며, '평화로운 삶을 사는 최상의 님(無爭第一 : araṇavihārinaṃ aggo)' 그리고 '보시할 만한 가치 있는 사람들 가운데 최상의 님(dakkhineyyānaṃ aggo)'이라고 불렸다. 그는 탁발하는 집마다에서 자비의 명상을 닦았으므로 그에게 주어지는 보시는 위없는 공덕을 낳았다. 그러므로 쑤부띠가 대담의 주인공으로 등장하는 금강경은 평화로운 삶을 살기 위해 어떻게 자비를 베풀어야하는가를 설하고 있는 경이라고 볼 수 있다.

19) uttarāsaṅgaṃ kṛtvā(編袒右肩) : 왼쪽 어깨에 옷을 걸치고 오른쪽 어깨를 드러내는 것. 고대 인도의 예법으로서 원래 상대방에게 자신의 오른팔에 무기가 없음을 보여주기 위한 것이었다. 언제나 오른 쪽을 비움으로서 스승께 공경을 표시한다.

20) Sugata : 한역음사는 수가타(須伽陀)이며 의역하여 '선서(善逝)'라고 번역한다. 그 외에 호거(好去), 묘왕(妙往)이라고도 한다. 팔정도의 길을 따라서 피안에 도달하여 다시는

오신 님, 거룩한 님, 올바로 원만히 깨달은 님[21]께서 깨달음을 향한 위대한 님들에게 참으로 크나큰 호의로[22] 호의를 베푸시며, 이렇게 오신 님, 거룩한 님, 올바로 원만히 깨달은 님께서 참으로 깨달음을 향한 위대한 님들에게 크나큰 은혜로[23] 은혜를 베푸셨습니다.

3. 세존이시여, 훌륭한 가문의 아들이나 훌륭한 가문의 딸이[24] 깨달음을 향한 님의 삶[25]에 들어서면 어떻게 뜻을 세워야 하

윤회의 바다에 빠지지 않으므로 붙여진 이름이다.

21) Tathāgata, Arhat, Samyaksambuddha : 한역에서는 '이렇게 오신 님(如來), 거룩한 님(應供), 올바로 원만히 깨달은 님(正等覺者)'이라고 한다. 모두 부처님의 다른 이름이며, 여래십호(如來十號)가운데 하나이다. 원래 부처님 당시에 자이나(jaina)교, 또 다른 여러 종교들에서도 사용하던 호칭이다. '이렇게 오신 님'의 원어는 따타가따(Tathāgata)인데, 본래 의미는 '그와 같이 가신 님' 또는 '그와 같이 오신 님'이다. 중국에서는 후자를 취하여 '그와 같이(tathā) 중생들을 구제하기 위해서 오신 님(āgata)'이라고 해석하여 구제자적인 성격을 부여하고 '이렇게 오신 님'라 번역했다. '거룩한 님'의 원어 아르하뜨(arhat)는 음역으로 아라한(阿羅漢)이라 하고, '존경을 받아야 할 분(應供)'이라 번역한다. 그 밖에 잘못된 어원분석이긴 하지만 '번뇌의 적을 물리친 님(殺賊)', 다시는 '생사의 바다에 빠지지 않는 님(不生)', '모든 허물에서 벗어난 님(離惡)'으로 번역한다. '올바로 원만히 깨달은 님'은 한역하여 정등각자(正等覺者), 정변지(正遍知)라고 한다.

22) parameṇa-anugraheṇa : 아쌍가는 주석에서 '최상의 호의는 (깨달은 님의 특징이 성숙한 깨달음을 향한 님에게 부여된) 몸과 관련된 것임을 알아야 한다.(pramo'nugraho jñeyaḥ śārīraḥ saparigrahaḥ 巧護義應知 加彼身同行)'고 쓰고 있다. 그 뜻은 '보살의 몸 가운데 지혜력을 주어 불법을 성취하게 하고 교화력을 주어 중생을 제도하게 하는(於菩薩身中 與智慧力 令成就佛法故 又彼菩薩 攝取衆生 與教化力)' 호의를 말한다.

23) paramayā parīndanayā : 아쌍가와 바쑤반두의 주석에는, '최상의 은혜는 (깨달음을 향한 님은 대승의 삶을 저버리지 않을 뿐 아니라 거기에 적응하려는 노력을 버리지 않기 때문에 공덕을) 얻거나 얻지 못하거나 간에 물러나지지 않는다'는 것을 뜻한다.(prāptāprāptāvihānau ca paramā syāt parīndanā : 不退得未得 是名善付囑)'라고 기술하고 있다. 그 뜻은 공덕의 유무에 좌우되어 물러나 잃어버리게 됨을 염려하여 지혜를 부여하는 것(於得未得功德中 懼其退失付授智)이며, 대승의 길을 버리지 않고 대승 가운데로 잘 나아가게 하는 것(不捨大乘 於大乘中欲令勝進)이 은혜의 취지라는 것이다.

24) kulaputreṇa vā kuladuhitrā vā : '좋은 집안(良家)의 아들, 좋은 집안(良家)의 딸'을 뜻한다. 한역에서는 일반적으로 '선남자선여인(善男子善女人)'이라고 번역한다

25) bodhisattva-yāna : 대승불교도들은 그 이전의 수행승이나 불교도의 입장을 성문승(聲聞乘)이나 연각승(緣覺乘), 또는 합해서 이승(二乘)이라고 격하시켰다. 거기에 비해서 자신의 입장을 보살승(菩薩乘)이라 하였고, 위로 깨달음을 구하는 상구보리(上求菩提)뿐 아니라 아래로 중생을 교화하는 하화중생(下化衆生)에도 게을리함이 없는 것을 이상으

며, 어떻게 실천해야 하며, 어떻게 마음을 닦아야 합니까?"26)

4. 이렇게 여쭙자 세존께서 장로 쑤부띠에게 말씀하셨습니다.
[세존] "쑤부띠여, 훌륭하십니다. 훌륭하십니다. 쑤부띠여, 그대가 말한 것과 같습니다. 그렇습니다. 쑤부띠여, 여래께서 깨달음을 향한 위대한 님들에게 크나큰 호의로 호의를 베풀며, 여래께서 깨달음을 향한 위대한 님에게 크나큰 은혜로 은혜를 베풉니다.

5. 그러므로 쑤부띠여, 잘 듣고 마음에 새겨야 합니다. 깨달음을 향한 님의 삶에 들어서면, 어떻게 뜻을 세워야 하고 어떻게 실천해야 하고 어떻게 마음을 닦아야 하는지 내가 그대에게 설하겠습니다."

6. [쑤부띠] "세존이시여, 말씀하십시오."
장로 쑤부띠는 세존께 대답하고 귀를 기울였습니다.

3. 대승의 바른 뜻은 무엇인가〔大乘正宗分〕

1. 세존께서 말씀하셨습니다.
[세존] "쑤부띠여, 여기 깨달음을 향한 위대한 님의 삶27)에 들

로 삼았다. 그래서 보살승은 불승(佛乘)이라고도 한다.

26) kathaṃ..... sthātavyaṃ kathaṃ pratipattavyaṃ kathaṃ cittaṃ pragrahītavyam? : 까말라실라(Mbt. 132)는 '뜻을 세움, 머무는 것(sthātavyaṃ)'은 의욕과 보살의 서원과 관계되고 '실천, 수행(pratipattavyaṃ)'은 수행의 성취(yogasamāpatti)와 관계되고 '마음을 제어, 닦는 것(cittaṃ pragrahītavyam)'은 산란(散亂 : vikṣepa)을 억제하는 것과 관계된다.

27) bodhisattva-yāna : 보살승(菩薩乘)을 말한다. 아쌍가와 바쑤반두는 주석에서 보살승에 관해 다음과 같이 적고 있다. (깨달음을 향한 님의) 마음속에 나타난 (깨달음을 목표로 하는) 이타의 의도(āśaya)는 좋은 덕성으로 가득 차 있는데 (네 가지가 있다.) ①

어선 자라면 누구나 이와 같이 '생명이 모여 형성되어 알에서 난 것이나, 태에서 난 것이나, 습기에서 난 것이나, 홀연히 생겨난 것이거나,[28] 형상이 있거나, 형상이 없거나, 지각이 있거나 지각이 없거나, 지각이 있는 것도 아니고 지각이 없는 것도 아닌 것이나 간에[29] 뭇삶이란 개념 아래 파악되는 뭇삶의

(깨달음을 향한 님은 모든 중생을 구제하려고 마음을 일으켰기「cittotpāda」 때문에) 원대하다. ② (깨달음을 향한 님의 목표는 모든 존재를 완전한 열반에 들게 하는 것「pariṇirvapayitavyāḥ」이므로) 최상이다. ③ (그럼에도 불구하고 어떠한 중생도 실제로 존재하지 않으므로「na kaścit sattvaḥ parinirvāpitaḥ」) 자유롭다. ④ (깨달음을 향한 님이 개체가 존재한다고 생각하면 깨달음을 향한 님이라고 할 수 없기 때문에「na sa bodhisattva vaktavyo… pudgalasaṃjñā vā pravarteta」 허물이 없다. 그것은 최상의 삶의 길을 나타낸다.(vipulaḥ paramo 'tyanto 'viparyastaś ca cetasi, upakārāśayaḥ sthānaṃ yāne 'smin guṇapūritaḥ : 廣大第一常 基心不顚倒 利益深心住 此乘功德滿).

28) aṇḍa-jā vā jarāyu-jā vā saṃsveda-jā vaupapādukā : 이 네 가지를 사생(四生)이라고 한다. 태, 알, 습기에 의존하여 생겨나는 것은 각각 한역하여 태생(胎生), 난생(卵生), 습생(濕生)이라 하며, 마지막은 화생(化生)이다. 초기경전(MN. I. 73)에서 부처님은 다음과 같이 말씀하신다. : "싸리뿟따여, 이러한 네 갈래 태어남이 있다. 네 갈래란 어떠한 것인가? 난생, 태생, 습생, 화생이다. 싸리뿟따여, 난생이란 어떠한 것인가? 싸리뿟따여, 생명체가 그 껍질을 깨고 태어나면, 싸리뿟따여, 이것을 난생이라고 한다. 싸리뿟따여, 태생이란 어떠한 것인가? 싸리뿟따여, 생명체가 태의 막을 까고 태어나면, 싸리뿟따여, 이것을 태생이라고 한다. 싸리뿟따여, 습생이란 어떠한 것인가? 싸리뿟따여, 생명체가 썩은 물고기, 부패한 시체, 부패한 굳은 우유에서나 물웅덩이나 연못에서 태어나면, 싸리뿟따여, 이것을 습생이라고 한다. 싸리뿟따여, 화생이란 어떠한 것인가? 싸리뿟따여, 신들이나 지옥의 뭇삶들이나 특수한 인간이나 특수한 타락한 영혼들이 생겨나는데, 싸리뿟따여, 이것을 마음에서 홀연히 생겨나는 화생이라고 한다." 이 책의 부록에 실린 '존재의 세계'를 참고하라. 구사론(俱舍論 : 8卷2)에서는 아귀에는 태생과 화생이 있으며, 축생에는 태생과 난생과 습생인 것이 있다고 되어 있다. 중음신은 화생이다.

29) rūpiṇo vā-arūpiṇo vā, saṃjñino vā-asaṃjñino vā, naiva saṃjñino na-asaṃjñino : 앞의 네 가지 방식으로 태어난 중생과 여기의 다섯 가지 중생을 합하여, 아홉 가지 중생(九流衆生)이라고 한다. 삼계(三界), 즉 욕계(欲界), 색계(色界), 무색계(無色界)의 중생을 총칭하여 말한 것이다. 욕계에 여섯 하늘 나라, 색계에 열 여덟 하느님 나라, 무색계에 네 하느님 나라를 합쳐서 이십 팔 천이라 한다. 이 이십 팔 천 속에도 횡으로 무수한 하늘이 있고 무수한 세계가 있다. 이에 관해서는 이 책의 부록 「불교의 세계관」을 보라. 중국의 주석가에 따라 구류중생을 사람의 마음에 적용하기도 한다. 어제를 바라는 마음(宿望心)은 태생, 들뜬 마음(浮虛心)은 난생, 감동하는 마음(感化心)은 화생, 침울한 마음(沈鬱心)은 습생, 주의나 주장, 집착심은 유색, 주의주장을 초월하여 허망한 공에 빠지는 것은 무색, 이상이나 지혜로 인한 장애(智障)는 유상, 외도와 같이 완고한 공(無記空)에 떨어짐은 비유상비무상으로 해석하기도 한다.

세계에 뭇삶들이 존재하는 한, 그 뭇삶들이 어떠한 모습을 나투더라도, 이 모든 뭇삶을 나는 열반의 세계를 향해 완전한 열반[30]에 들게 하리라. 그러나 이와 같이 무량한 뭇삶들을 완전한 열반에 들게 하였더라도 어떠한 뭇삶도 완전한 열반에 들게 하지 않은 것이다'라고 마음을 일으켜야 합니다.

2. 그것은 무슨 까닭입니까?
만약 쑤부띠여, 깨달음을 향한 님이 '뭇삶'에 대한 지각을 일으키면 그는 깨달음을 향한 님이라고 할 수 없기 때문입니다.

3. 그것은 무슨 까닭입니까?
쑤부띠여, 그가 자아에 대한 지각을 일으키거나, 존재에 대한 지각을 일으키거나 생명에 대한 지각을 일으키거나, 영혼에 대한 지각을 일으키면[31], 깨달음을 향한 님이라고 할 수 없기 때

---

30) anupadhiśeṣa nirvāṇa : 한역에서는 무여열반(無餘涅槃)이라 한다. 열반에는 두 종류가 있는데 유여열반(有餘涅槃)과 무여열반(無餘涅槃)이다. 초기경전(Itv. 38-39)에 나타난 정의를 직접 살펴보자 : "수행승들이여, 다음과 같은 두 가지의 열반의 세계가 있다. 무엇이 두 가지인가? 유여열반의 세계와 무여열반의 세계가 있다. 수행승들이여, 무엇이 유여의 열반의 세계인가? 수행승들이여, 여기에 한 아라한인 수행승이 번뇌를 파괴하고, 해야할 일을 해 마치고, 무거운 짐을 내려놓고, 최고의 이상을 실현하고, 존재에의 속박을 끊었으며, 궁극적인 지혜에 의해서 해탈했다. 그러나 그에게 다섯 가지 감관은 남아있으며, 그것에서 분리되지 않았기 때문에, 쾌와 불쾌를 경험하고 즐거움과 괴로움을 느낀다. 그에게는, 탐욕이 소멸되고, 진에가 소멸되고, 무지가 소멸되었는데, 이것이 수행승들이여, 유여열반의 세계라고 불린다. 수행승들이여, 무엇이 무여열반의 세계인가? 수행승들이여, 여기에 한 아라한인 수행승이 번뇌를 파괴하고, 해야할 일을 해 마치고, 무거운 짐을 내려놓고, 최고의 이상을 실현하고, 존재에의 속박을 끊었으며, 궁극적인 지혜에 의해 해탈했다. 여기서 수행승들이여, 그에게 감수(感受)된 모든 것이 즐겁지 못한 것으로 냉정해 질 것이다. 이것이 수행승들이여, 무여의열반의 세계라고 불린다."

31) ātma-saṃjñā, sattva-saṃjā, jīva-saṃjñā, pudgala-saṃjñā : 아쌍가와 바쑤반두는 다음과 같이 네 가지의 지각에 대하여 설명한다 : ① (존재의 다발 〔五蘊〕과는) 별도의 존재(自我 : ātman), ② 상속하는 존재(存在 : sattva), ③ 생의 마지막까지의 지속하는 존재(生命 : jīva), ④ 새로운 삶의 방식을 취하는 존재(靈魂 : pudgala)라는 지각이 있으므로 자아(ātma)에 대한 지각에는 네 가지가 있다.(pṛthagbhāvena saṃtatyā vṛtter ājīvitasthiteḥ, punaś ca gatilīnatvād ātmasaṃjñā caturvidhā.). 아쌍가와 바쑤반두의 이러한 견해로 보아 역자가 번역한 자아는 영원한 실체로서

문입니다."

4. 실천하되 의존함이 없이〔妙行無住分〕

1. [세존] "또한 쑤부띠여, 깨달음을 향한 님은 대상에 의존하여32) 보시33)를 하거나 다른 어떤 것에 의존하여 보시를 해

의 존재를 말하고, 뭇삶은 유전 상속하는 존재를 말하고, 생명은 생의 마지막까지 지속하는 존재를 말하고, 개체는 새로운 형태로 태어나는 존재이다. 초기불교(Pps. II. 110)에서 말하는 '이것은 나의 것이고, 이것이야말로 나이고, 이것이 나의 자아이다(.etaṃ mama eso'haṃ asmī, eso me attā)라는 말은 자아가 어떻게 성립되는지를 잘 보여준다. 여기서 '이것은 나의 것'이란 갈애에 대한 집착(taṇhāgāho)이고 '이것이야말로 나이다'는 것은 자만에 대한 집착(mānagāho)이고 '이것은 나의 자아이다'라는 것은 견해에 대한 집착(diṭṭhigāho)이다. 따라서 자아에 대한 개념적인 지각은 갈애와 자만이 수반되는 견해에 대한 개념적인 지각인 것을 알 수 있다. 그러므로 자아는 상속하고 지속하고 다음 생까지 살아남으려고 하는 것이다. 그래서 역자는 ① 물질, 느낌, 지각, 형성, 의식과는 구별되는 영원한 것을 자아, ② 상이한 시간에 연속적으로 상속하는 것을 존재, ③ 잉태되어 죽을 때까지만 유기체내에서 통일적인 힘을 제공하는 것을 생명, ④ 재생하면서 새로운 삶을 취하는 것을 영혼이라고 번역했다. 현장역에는 지각에 대한 분석이 유정상(有情想 : sattva-saṃjñā)으로 총괄되고 있는데, 그 유정상 가운데는 ① 명자상(命者想 : sattva-saṃjñā) ② 사부상(士夫想 : puruṣa-saṃjñā) ③ 보특갈라상(補特伽羅想 : pudgala-saṃjñā) ④ 의생상(意生想 : manuja-saṃjñā) ⑤ 마납파상(摩納婆想 : māṇava-saṃjñā) ⑥ 작자상(作者想 : kartā-saṃjñā) ⑦ 수자상(受者想 : bhoktā-saṃjñā)이 있다고 분류하고 있다. 여기서 유정상은 꾸마라지바역의 중생상(衆生相)에, 명자상은 수자상(壽者相)에 해당하고 보특갈라상은 인상(人相)에 해당한다. 사부상은 사부를 순수자아로 볼 경우에 아상(我相)에 해당한다. 그 밖에 의생상은 번역이 잘못된 것인데 원어 마누자쌍냐(manuja-saṃjñā)의 마누(manu)는 정신을 의미하는 마노(意 : mano)가 아니라 최초의 인간인 마누(manu)를 뜻한다. 따라서 마누자는 '인간의 자손'이란 말로 인간을 의미하므로 의생상은 '인간에 대한 지각'이라고 번역할 수 있다. 마납파상은 어원이 마나바쌍냐(māṇava-saṃjñā)이다. 마나바(māṇava)는 바라문 학생이나 청년을 뜻한다. 따라서 '청년에 대한 지각'이라고 볼 수 있다. 그리고 작자상은 까르따쌍냐(kartā-saṃjñā)로 '행위주체에 대한 지각', 수자상은 복따쌍냐(bhoktā-saṃjñā)로 '경험주체에 대한 지각'라고 번역할 수 있다.

32) vastupratiṣṭhitena : vastu는 '사물, 소유물, 바탕, 물질적 대상'이라는 의미인데 여기서 대상이라고 번역한다.

33) dānaṃ : 아쌍가와 바쑤반두는 보시를 다음과 같이 확대해석하고 있다. (지혜의 완성이 어떻게 실천되어야 하는가를 설명하면서 깨달음을 향한 님은 어떠한 것도 실체로 여기지 않는 보시의 완성을 실천해야 한다고 말한다. 그러나 바라밀에는 여섯 가지가 있는데 왜 여기서 한 가지만을 말하고 있는가?) (해탈과 관련해서) 여섯 가지 완성 즉, 육바라밀(六

波羅密)이 있는데, 이것들은 ① 재물에 대한 보시(財施)이건 ② 두려움 없음에 대한 보시(無畏施)이건 ③ 가르침에 대한 보시(法施)이건 무엇인가 주는 모든 것(布施)에 공통되는 것이다. 첫째는 (재물에 대한 보시는 하나의 요소로 오로지 보시〔布施〕이고), 두 번째는 (두려움 없음에 대한 보시는 두 가지 요소로 지계〔持戒〕와 인욕〔忍辱〕이다.) 세 번째는 (가르침에 대한 보시는 세 가지로 정진〔精進〕, 선정〔禪定〕, 지혜〔智慧〕이다.) 이러한 길이 '의존하지 않는 길'이라 불린다.(dānaṃ pāramitāṣatkam āmiṣābhayadharmataḥ, ekadvayatrayeṇeha pratipat sā 'pratiṣṭhitā. : 檀義攝於六 資生無畏法 此中一二三 名爲修行住) 따라서 금강경에서의 보시는 대품반야경(大品般若經第一序)에서 언급하고 있는 육바라밀은 다음과 같다. ① 보시바라밀(布施波羅密多 : Dānapāramitā) : 보시에는 옷이나 재물을 보시하는 재시(財施)와 진리를 설하는 법시(法施)와 두려움을 없애고 마음을 평안하게 하는 무외시(無畏施)가 있다. ② 지계바라밀(持戒波羅密 : śīlapāramitā) : 계율을 준수하는 것, ③ 인욕바라밀(忍辱波羅密 : kṣāntipāramitā) : 고난을 감내하는 것, ④ 정진바라밀(精進波羅密 : viriyapāramitā) : 악하고 불건전한 것을 버리고 선하고 건전한 것을 실천하는 것, ⑤ 선정바라밀(禪定波羅密 : dhyānapāramitā) : 명상을 통해 마음의 안정을 얻는 것, ⑥ 지혜바라밀(智慧波羅密 : prajñāpāramitā) : 사물의 무상하고 괴롭고 실체가 없음을 깨닫는 것. 대비바사론(大毘婆沙論第178)에 따르면 사바라밀(四波羅密)로 분류할 경우에는 인욕바라밀은 지계바라밀에 선정바라밀은 지혜바라밀에 소속된다. 해심밀경(解深密經第4)에 따르면, 보시, 지계, 인욕은 증상계학(增上戒學)에, 선정은 증상심학(增上心學)에, 지혜는 증상혜학(增上慧學)에 소속된다. 해심밀경(解深密經第4)에 따르면, 앞의 세 바라밀은 중생을 유익하게 하기 위한 것이다. 보시는 중생에게 베풀어 필요한 자구를 얻게 하고, 지계는 중생에게 손해, 핍박, 뇌란이 일어나지 않게 하고, 인욕은 손해, 핍박, 뇌란을 참을 수 있게 한다. 뒤의 세 바라밀은 번뇌를 치료하기 위한 것이다. 정진은 번뇌나 잠재적 경향이 완전히 제거되지 않더라고 용맹으로 선하고 건전한 것을 행하게 하여 번뇌에 흔들리지 않게 한다. 선정은 번뇌를 영원히 끊게 만든다. 지혜는 잠재적인 경향마저 끊게 만든다. 대승장엄경론(大乘莊嚴經論第7)에 따르면, 전후(前後), 상하(上下), 세추(細麤)로 육바라밀을 차제를 구분하고 있다. 전후는 재물에 눈을 돌리지 않는 까닭으로 계율을 지킬 수 있으며, 계율을 지키는 까닭으로 인욕을 일으킬 수 있으며, 인욕을 일으키는 까닭으로 정진을 일으킬 수 있으며, 정진을 일으키는 까닭으로 선정을 일으킬 수 있으며, 선정을 일으키는 까닭으로 참다운 진리를 이해하는 지혜를 완성시킬 수 있다. 상하로 구분 할 때에는 하는 보시 상은 지계, 하는 인욕 상은 정진, 하는 선정 상은 지혜, 세추로 구분 할 때에는 추는 보시 세는 지계, 추는 인욕 세는 정진, 추는 선정 세는 지혜이다. 그러나 이러한 반야바라밀에 대한 지식에 대한 섬세한 분류는 초기불교인 니까야의 기본적인 내용을 토대로 하지 않고서는 그 의미를 충분히 알기가 어렵다. 왜냐하면 이 내용은 역사적인 부처님께서 직접 설한 여덟 가지 성스러운 길(팔정도)의 내용의 대승적인 변용일 뿐이기 때문이다. 여덟 가지의 수행은 불교에서 세 가지 배움(三學)을 닦기 위한 것이다. 이 여덟 가지의 각 요소들은 일반적으로 세 가지의 순서적 다발로 구분된다. 이것은 육바라밀이 대비바사론에서 세 가지 배움으로 분류되는 것과 동일하다. ① 계행의 다발(戒蘊 : sīlakkhandha) : 올바른 언어, 올바른 행위, 올바른 생활 (보시, 지계, 인욕바라밀) ② 집중의 다발(定蘊 : samādhikkhandha) : 올바른 정진, 올바른 새김, 올바른 집중 (정진, 선정바라밀) ③ 지혜의 다발(慧蘊 : paññakkhandha) : 올바른 견해, 올바른 사유 (지혜바라밀), 이 여덟 가지의 성스러운 길(八聖道)의 순서는 그러나 세 가지 배움과는 순서가 다르다. ① 올바른 견해(正見 : sammādiṭṭhi), ② 올바른 사유(正思惟 : sammāsaṅkappo), ③ 올바른 언어(正語 : sammāvācā) ④ 올바른 행위(正行 : sammākammanto), ⑤ 올서는 안 됩니다.34) 즉 형상에 의존하여 보시해서는 안되며, 소리, 향기, 맛, 감촉, 사물에 의존하여 보시를 해서도 안 됩니다.35)

바른 생활(正命 : sammā-ājīvo), ⑥ 올바른 정진(正精進 : sammāvāyāmo, ⑦ 올바른 새김(正念 : sammāsati) ⑧ 올바른 집중(正定 : sammāsamādhi). 그 이유는 올바른 견해와 올바른 사유는 지혜를 구성하는 것으로 시작이자 궁극적인 도달점이기도 하기 때문이다. 이것은 가르침의 실천에서의 수레바퀴와 같은 것이다. 지혜를 구성하는 것으로 올바른 견해는 괴로움의 생성과 소멸에 관해 아는 것을 말하고, 올바른 사유는 자비에 입각한 사유를 말한다. 계행을 구성하는 올바른 언어, 올바른 행위, 올바른 생활은 계행에 입각한 삶을 말하는 것이고, 올바른 정진은 악하고 불건전한 것을 줄여가고 선하고 건전한 것을 늘여 가는 것이다. 올바른 새김은 마음이 지금 여기에 현존하는 것이며 분별적인 사유나 숙고에 휩싸이지 않고 일어나는 사건을 관찰하는 것이다. 올바른 집중은 삼매는 건전한 집중으로 일상적으로 흐트러진 마음의 흐름을 내적인 통일로 향하게 한다. 이러한 마음의 집중은 바람 없는 곳에서 타오르는 램프의 고요한 불꽃에 비유되는 안정된 마음의 과정이다. 집중되지 않은 마음은 마치 물이 말라버린 마른 땅에 버려진 물고기가 파닥거리는 것에 비유된다. 집중되지 않은 마음의 상태에서 우리의 의식은 이 생각에서 저 생각으로 치닫는다. 그리고 마음의 대상은 임의적인 생각의 파문에 왜곡되어 나타난다. 그러나 잘 집중된 마음은 명상의 주제인 대상에 초점을 맞추어 그 속에 침투하고 거기에 흡수되어 그것과 하나가 된다. 그래서 정신적 장애의 제거와 마음새김의 확립이라는 삼매의 과정에 수반되는 올바른 집중은 마음의 멈춤(止 : samatha) 관찰(觀 : vipassanā)이라는 두 가지 계기를 갖고 있다. 팔정도가 육바라밀과 다른 것은 단지 대승불교의 보시, 지계, 인욕은 올바른 언어, 올바른 행위, 올바른 생활보다 현실에서의 자비에 입각하도록 실천을 강조하는 것이 다를 뿐이다.

34) na kvacit pratiṣṭhitena dānaṃ dātavyam : 아쌍가와 바쑤반두는 주석에서 '(그렇다면, 사물에 의존하지 말고 보시를 해야 한다는 것은 무엇을 뜻하는 것인가) 그 (깨달음을 향한 님은) ① 자기 자신이 실제로 존재하며 (자기가 행한 착한 일에 대한) 대가를 받아야 한다고 ② (노력한 행위의) 결과를 이루어야 한다고 집착하지 않는다. (자기 자신에 대한 애착 때문에) 수행을 하지 않는 것과 (올바른 수행과는) 다른 어떤 것을 목표로 하는 수행의 (두 가지 모두)는 피해야 한다.(이것은 어떻게 보시가 실천되어야 하는가를 말한 것이다. 법문은 그것에 관련한 마음가짐에 관하여 말한다.)(ātmabhāve pratikṛtau vipāke cāpy asaktatā, apravṛttitadanyārthapravṛttiparivarjane)'라고 기술하고 있다.

35) na rūpa-śabda-gandha-rasa-spraṣṭavya-dharmeṣu pratiṣṭhitena dānaṃ dātavyam. : 지각의 대상으로서 육경(六境 : 色聲香味觸法)에 의존하여 보시해서는 안 된다는 뜻이다. 법(法 : dharma)에는 여러 가지 의미가 있지만, 여기에서는 정신적인 대상을 말한다. 여기서는 감각적인 쾌락의 대상에 의존하여 보시를 해서는 안 된다는 것을 강조하기 위해 육경을 도입한 것이다. 이러한 육경에 대하여 초기경전(SN. IV. 157-158)의 가르침을 살펴볼 필요가 있다. "수행승들이여, 시각에 의해 인식되는 형상들은 훌륭하고 아름답고 마음에 들고 사랑스럽고 감각적 쾌락을 자극하고 애착의 대상이다. 수행승들이여, 이것이 거룩한 이의 규범에는 바다라고 불린다. 신들의 세계, 악마들의 세계, 범천들의 세계, 성직자들과 수행자들의 후예, 그리고 왕들과 백성들의 세계는 여기에 대부

2. 쑤부띠여, 깨달음을 향한 위대한 님은 무엇보다도 인상에 대한 지각에 의존하지 않는 길을 따라,36) 그와 같이 보시를 해야

분 침몰하여 실타래처럼 엉키고 종기로 덮힌 것과 같이 되고, 문자풀이나 밥바자 풀과 같이 되어, 괴로운 곳, 나쁜 곳, 타락한 곳으로의 윤회를 벗어날 수 없다. 수행승들이여, 청각에 의해 인식되는 소리들은 훌륭하고 아름답고 마음에 들고 사랑스럽고 감각적 쾌락을 자극하고 애착의 대상이다. 수행승들이여, 이것이 거룩한 이의 규범에는 바다라고 불린다. 신들의 세계, 악마들의 세계, 범천들의 세계, 성직자들과 수행자들의 후예, 그리고 왕들과 백성들의 세계는 여기에 대부분 침몰하여 실타래처럼 엉키고, 종기로 덮힌 것과 같이 되고, 문자풀이나 밥바자 풀과 같이 되어 괴로운 곳, 나쁜 곳, 타락한 곳으로의 윤회를 벗어날 수 없다. 수행승들이여, 후각에 의해 인식되는 냄새들은 훌륭하고 아름답고 마음에 들고 사랑스럽고 감각적 쾌락을 자극하고 애착의 대상이다. 수행승들이여, 이것이 거룩한 이의 규범에는 바다라고 불린다. 신들의 세계, 악마들의 세계, 범천들의 세계, 성직자들과 수행자들의 후예, 그리고 왕들과 백성들의 세계는 여기에 대부분 침몰하여 실타래처럼 엉키고, 종기로 덮힌 것과 같이 되고, 문자 풀이나 밥바자 풀과 같이 되어 괴로운 곳, 나쁜 곳, 타락한 곳으로의 윤회를 벗어날 수 없다. 수행승들이여, 미각에 의해 인식되는 맛들은 훌륭하고 아름답고 마음에 들고 사랑스럽고 감각적 쾌락을 자극하고 애착의 대상이다. 수행승들이여, 이것이 거룩한 이의 규범에서는 바다라고 불린다. 신들의 세계, 악마들의 세계, 범천들의 세계, 성직자들과 수행자들의 후예, 그리고 왕들과 백성들의 세계는 여기에 대부분 침몰하여 실타래처럼 엉키고, 종기로 덮힌 것과 같이 되고, 문자 풀이나 밥바자 풀과 같이 되어 괴로운 곳, 나쁜 곳, 타락한 곳으로의 윤회를 벗어날 수 없다. 수행승들이여, 촉각에 의해 인식되는 감촉들은 훌륭하고 아름답고 마음에 들고 사랑스럽고 감각적 쾌락을 자극하고 애착의 대상이다. 수행승들이여, 이것이 거룩한 이의 규범에서는 바다라고 불린다. 신들의 세계, 악마들의 세계, 범천들의 세계, 성직자들과 수행자들의 후예, 그리고 왕들과 백성들의 세계는 여기에 대부분 침몰하여 실타래처럼 엉키고, 종기로 덮힌 것과 같이 되고, 문자 풀이나 밥바자 풀과 같이 되어 괴로운 곳, 나쁜 곳, 타락한 곳으로의 윤회를 벗어날 수 없다. 수행승들이여, 정신에 의해 인식되는 대상들은 훌륭하고 아름답고 마음에 들고 사랑스럽고 감각적 쾌락을 자극하고 애착의 대상이다. 수행승들이여, 이것이 거룩한 이의 규범에서는 바다라고 불린다. 신들의 세계, 악마들의 세계, 범천들의 세계, 성직자들과 수행자들의 후예, 그리고 왕들과 백성들의 세계는 여기에 대부분 침몰하여 실타래처럼 엉키고, 종기로 덮힌 것과 같이 되고, 문자 풀이나 밥바자 풀과 같이 되어 괴로운 곳, 나쁜 곳, 타락한 곳으로의 윤회를 벗어날 수 없다."

36) yathā na nimitta-saṃjñāyām api pratitiṣṭhet : 맛지마니까야(MN. I. 180-181)에서 부처님은 이것에 대해 다음과 같이 설명한다. "이렇게 오신 님, 공양 받을만한 님, 올바로 원만히 깨달은 님은… 시각으로 형상을 보지만 그 인상에 집착하지 않고 그 특징에 집착하지 않습니다. 만약 그가 시각능력을 다스리지 않으면 탐욕, 근심, 악하고 불건전한 상태가 그를 침입할 것이므로, 절제의 길을 따르고, 시각능력을 보호하고, 시각능력을 수호합니다. 그는 청각으로 소리를 듣지만 그 인상에 집착하지 않고 그 특징에 집착하지 않습니다. 만약 그가 청각능력을 다스리지 않으면 탐욕, 근심, 악하고 불건전한 상태가 그를 침입할 것이므로, 절제의 길을 따르고, 청각능력을 보호하고, 청각능력을 수호합니다. 그는 후각으로 냄새를 맡지만 그 인상에 집착하지 않고 그 특징에 집착하지 않습니다. 만약 그가 후각능력을 다스리지 않으면 탐욕, 근심, 악하고 불건전한 상태가 그를 침입할 것이므로, 절제의 길을 따르고, 후각능력을 보호하고, 후각능력을 수호합니다. 그는

하기 때문입니다.37)

3. 그것은 무슨 까닭입니까?

쑤부띠여, 깨달음을 향한 님이 어떠한 것에도 의존하지 않고 보시를 하면, 쑤부띠여, 그 공덕의 다발38)은 크기를 헤아리기

미각으로 맛을 맛보지만 그 인상에 집착하지 않고 그 특징에 집착하지 않습니다. 만약 그가 미각능력을 다스리지 않으면 탐욕, 근심, 악하고 불건전한 상태가 그를 침입할 것이므로, 절제의 길을 따르고, 미각능력을 보호하고, 미각능력을 수호합니다. 그는 촉각으로 감촉을 느끼지만 그 인상에 집착하지 않고 그 특징에 집착하지 않습니다. 만약 그가 촉각능력을 다스리지 않으면 탐욕과 근심, 그리고 악하고 불건전한 상태가 그를 침입할 것이므로, 절제의 길을 따르고, 촉각능력을 보호하고, 촉각능력을 수호합니다. 그는 정신으로 사물을 인식하지만 그 인상에 집착하지 않고 그 특징에 집착하지 않습니다. 만약 그가 정신능력을 다스리지 않으면 탐욕과 근심, 그리고 악하고 불건전한 상태가 그를 침입할 것이므로, 절제의 길을 따르고, 정신능력을 보호하고, 정신능력을 수호합니다. 그는 이 고귀한 감각능력을 수호하고, 안으로 허물이 없는 행복을 느낍니다." 붓다고싸(Vism. I. 53-59)에 따르면, 인상(相 : nimitta)은 새김없이 사물을 파악할 때에 오염된 사유에 불을 지필 수 있는 대상의 가장 두드러진 특질이다. 특징(隨相 : anubyañjana)은 첫 지각의 접촉이 절제되지 않을 때, 그 다음으로 주의력을 빼앗는 상세한 특질이다. 이 인상에 대한 지각을 꾸마라지바는 상(相)으로 현장은 상상(相想)으로 번역했다. 이 단어야말로 우리나라 스님들이나 선객들이 일반적으로 사용하는 '상을 내지 말라'는 말의 '상'에 가장 가까운 말로 탐진치에 물든 우리의 마음에 비치는 대상의 겉모습을 말한다.

37) evaṃ hi subhūte bodhisattvena mahāsattvena dānaṃ dātavyaṃ yathā na nimitta-saṃjñāyām api pratitiṣṭhet : 아쌍가와 바쑤반두는 주석서에서 지각에 의존하지 않고 보시를 하라는 말에 관하여 다음과 같이 주석을 달고 있다. ① (보시와 관련하여) 세 가지 수레바퀴(三輪 : 보시물, 보시자, 수혜자)의 관점에서 마음을 닦는 것, ② (실체로서 존재한다는 가정 하에 부여된) 대상의 인상(印象)에서 마음을 멀리하는 것, ③ (보시가 없다면 공덕도 없다라고 생각하는 것과 같은) 잇달아 계속해서 일어나는 의심을 제거해야 한다.(pragraho maṇḍale tredhā nimittāc cittavāraṇam, uttarottarasaṃdehajanmataś ca nivāraṇā)' 아쌍가와 바쑤반두가 언급한 첫 번째 이론을 '삼륜공적(三輪空寂)' '삼륜청정(三輪淸淨)'이라고 한다. 삼륜(三輪), 즉 주는 사람(施者) 받는 사람(受者) 주는 물건(施物)의 청정함을 뜻하며, 실제로는 '내가 누구에게 무엇을 주었다'라는 세 가지 지각에 집착하지 않고 보시를 실천하는 것을 의미했다.

38) puṇya-skandha : 꾸마라지바는 복덕(福德), 현장은 복덕취(福德聚)라고 번역했다. 한글 번역에서는 '복덕의 쌓임'정도로 번역하는 것이 좋을 것 같지만, 역자는 굳이 '공덕의 다발'이라고 번역했다. 한역에서 취(聚)라는 한 쓰깐다(skandha)는 일반적으로는 온(蘊)이라고 번역되는 것으로 '뭉쳐진 다발'이라는 뜻을 지닌다. 단순한 쌓임이 아니라 '신경의 다발'이나 '인지의 다발'처럼 인연 지어진 것이므로 여기서 '공덕의 다발'이라고 다소 생경한 번역을 시도한 것이다. 범어의 관용적 용례를 따라 '여러 가지 공덕'이라고 번역할 수도 있다. 그러나 '공덕의 다발은 다발이 아니므로'라는 이 경의 문장이 '여러 가지 공덕은 여러 가지가 아니므로'라고 환원될 수 없으므로 관용적인 번역은 제외했다.

가 쉽지 않기 때문입니다.

4. 쑤부띠여, 어떻게 생각합니까?
동쪽 허공의 크기를 헤아리기가 쉽겠습니까?"
쑤부띠는 여쭈었습니다.
[쑤부띠] "세존이시여, 그렇지 않습니다."

5. 세존께서 말씀하셨습니다.
[세존] "이와 같은 방법으로 남쪽, 서쪽, 북쪽, 상하, 그 사이 방향, 그 모든 시방의 허공의 크기를 헤아리기가 쉽겠습니까?"
쑤부띠는 여쭈었습니다.
[쑤부띠] "세존이시여, 그렇지 않습니다."

6. 세존께서 말씀하셨습니다.
[세존] "쑤부띠여, 바로 그와 같이 깨달음을 향한 님이 어떠한 것에도 의존하지 않고 보시를 하면, 그 공덕의 다발은 쑤부띠여, 크기를 헤아리기가 쉽지 않습니다.

7. 쑤부띠여, 이와 같이 깨달음을 향한 님의 삶에 들어선 사람은 인상에 대한 지각에 의존하지 않는 길을 따라, 보시를 해야 합니다."

5. 새겨서 참답게 보라〔如理實見分〕

1. [세존] "쑤부띠여, 그대는 어떻게 생각합니까?
어떤 특징39)을 갖추었다고 해서 여래라고 볼 수 있습니까?"

---

39) lakṣaṇa : 한역에는 '상(相)'이라 했는데 그렇게 되면, 니밋따(nimitta)라고 하는 지각대상으로서의 상과 구분이 되지 않는다. 여기서는 부처님의 외형적인 특징, 즉 상호를 의미한다. 부처님에게만 있고 범부에게는 없는 외형적 특징으로는 서른 두 가지의 일반적

2. 쑤부띠는 여쭈었습니다.
[쑤부띠] "세존이시여, 그렇지 않습니다. 어떤 특징을 갖추었다고 해서 여래라고 볼 수는 없습니다.40)

3. 그것은 무슨 까닭입니까?
세존이시여, 여래께서 '특징의 갖춤'에 대해 말씀하신 것은 실제로는 '특징이 아닌 것을 갖춘 것'을 가르치신 것입니다."

4. 이와 같이 여쭙자 세존께서 장로 쑤부띠에게 말씀하셨습니다.
[세존] "쑤부띠여, 특징을 갖춘 것에는 허망함이 있고, 특징이 아닌 것을 갖춘 것에는 허망함이 없습니다.41) 그러므로 우리

인 외형적 특징(三十二相)과 여든 가지의 세부적인 외형적 특징(八十種好)이 있는데 합해서 상호(相好)라고 한다. 그러나 금강경의 본문에서는 서른 두 가지의 외형적 특징만을 문제 삼고 있다. 단지 바쑤반두의 주석에서 부처님의 여든 가지의 세부적인 외형적 특징을 거론하고 있는데, 이 주석에서 말한 여든 가지의 특징에는 외형적인 것이 아닌 '중생의 근기에 맞게 법을 설하는 것'등의 정신적인 특징도 포함된다. 서른 두 가지의 외형적 특징에 관해서는 13장에서 직접 언급되므로 그곳에서 주석을 달아 설명하기로 하고, 여든 가지의 특징에 관해서는 이 책의 4편 '금강바라밀경론송'에서 주석을 달아 설명하기로 한다.

40) no hīdaṃ bhagavan, na lakṣaṇa-sampadā tathāgato draṣṭavyaḥ : 아쌍가와 바쑤반두는 주석에서 '(어떤 사람은 보시가 사물의 존재에 대한 믿음이 없이 실천된다면, '어떻게 깨달은 님이 될 수 있다는 희망을 가지고 그것을 실천할 수 있겠는가?'라고 물을 수 있다. 그러므로 법문은 다음과 같이 외형적 특징 등에 관해 언급한다.) (사람들은 보시 등의 공덕에 의해서 깨달은 님이 된다고 생각하고 있다. 그러므로 그러한 가정을 논박하기 위해, 화신에게 특수한 외형적 특징, 즉 특징의 완전성은 부정된다. 사실상 법신은 생성되지 않고 특징이 거기에 부과되지 않는다.) 조건지어진 것(有爲)이라고 생각한다면, 외형적 특징을 갖춘다는 것 자체가 부정된다. (조건지어진 것은 생겨나고 유지하고 사라지는 것의) 세 가지의 특징을 지니지만, 그러한 특징이 없는 것이 여래이다. (이러한 깨달은 님의 초월성, 의존하지 않는 보시 등의 개념은 파악하기가 매우 어려워 미래에 그것을 믿으려고 하는 사람이 매우 적을 것이다.)(saṃskṛtatvena saṃkalpya saṃpat prāptau nivāryate, trailakṣaṇyānyathābhāvāt tadabhāvāt tathāgataḥ)' 라고 기술하고 있다.

41) yāvat subhūte lakṣaṇasampat tāvan mṛṣā, yāvad alakṣaṇasampat tāvan na mṛṣeti : 이 문장에 관해서 아쌍가와 바쑤반두의 주석에서도 직접적인 언급은 없다. 이것에 대해서는 독일의 막스 발레서는 '특징의 완성이 있는 한, 그만큼 허망하며, 무특징의 완성이 있는 만큼, 그만큼 허망하지 않습니다(Die Vollkommenheit der Merkmale besteht, ist Irrtum: wenn Nicht-Merkmalvollkommenheit besteht, ist kein Irrtum)'라고 번역했다. 서장어역은 아예 특징에 대하여 서른 두 가

는 '특징이 없는 특징'을 통해서 여래를 보아야 합니다."42)

6. 놀라운 법 누가 바로 믿으랴〔正信希有分〕

1. 이렇게 말씀하자, 장로 쑤부띠는 세존께 이와 같이 여쭈었습니다.

[쑤부띠] "세존이시여, 미래의 시대, 마지막 시기, 마지막 시간, 마지막 오백 년,43) 올바른 가르침이 무너지는 때에, 이와 같

지 특징이라고 언급하고 있다. '쑤부띠여, 서른 두 가지 특징이 있는 만큼 그만큼 허망하고, 서른 두 가지 특징이 없는 한, 그만큼 허망하지 않다(rab 'byor ji tsam du mtsan phun sum tshogs pa 'de tsam du brdzun no. ji tsam du mtsan phun sum tshogs pa med pa de tsam du mi brdzun te.). 그러나 이 모든 번역은 상호가 없는 법신(法身)을 염두에 두고 번역한 것인데, 금강경의 일관된 논리 '여래가 X라고 하신 것은 X가 아닌 것을 가르친 것이다'라는 것과는 모순이 된다. 이것은 X가 개념적이나 감각적으로나 지각의 대상이 되어서는 안 된다는 것을 말하는 것이다. 오직 깨달음을 향한 서원과 부처님의 가르침만이 상호나 특징을 뛰어넘어 허망하지 않다는 것을 말하는 것이다. 따라서 역자는 '무특징을 갖추는 한 허망하지 않다'라는 서장어역이나 현대어역들은 역자의 생각으로는 '특징이 아닌 것을 갖추는 한 허망하지 않다'라고 번역한다.

42) hi lakṣaṇa-alakṣaṇatas tathāgato drāṣṭavyaḥ : 이 부분에 대한 전통적인 한역에는 두 가지가 있다. 꾸마라지바의 '약견제상비상 즉견여래(若見諸相非相 卽見如來)'와 현장의 '여시이상비상 관응여래(如是以相非相 應觀如來)'가 있다. 이 두 번역은 문법적으로 동일하다. 그러나 범어 원문이나 한역만으로는 상비상(lakṣaṇa-alakṣaṇatas: 相非相)의 복합어의 해석 방법에 따라 의미를 달리하므로 그 뜻을 짐작하기가 어렵다. 일반적으로 우리나라에서는 '상이 상이 아닌 것을 보면, 여래를 본다'라고 번역하고 있다. 범어에서 보다 정확히 번역했으리라고 추측되는 서장어 역에서는 병렬복합어(相違釋: dvadva)으로 분석하여 한역 식으로 하자면, '여래를 상과 비상으로 보아야 한다(de bžin gśegs pa la mtsan daṅ mtsan ma med par blta'o)'라고 되어 있다. 콘즈의 영역은 전자의 해석(Hence the Tathagata is to be seen from no-marks as marks)을 취하고 있다. 서장어 역은 하나의 현상을 볼 때 그 원인(因)과 계기(緣) 그리고 결과(果)를 동시성을 인식하는 인식방법론을 밝힌 것이다. 이 문구에 대하여 조금 중도적이긴 하지만 하와이 대학에서 만난 카루파하나 교수는 격한정복합어(依仕釋: tatpuruṣa)로 해석하여 '상의 비상을 통해서 여래를 보아야 한다.'라고 주장했다. 역자는 동격한정복합어(持業釋: Kermadhāraya)로 해석하여 이와 같이 '특징이 없는 특징을 통해서 여래를 보아야 한다'라고 번역한다.

43) paścimāyāṃ pañca-śatyāṃ : 부처님께서 돌아가신 후 오 백 년간은 '정법(正法)'이 세상에 행해졌고, 가르침(敎)과 수행(修行)과 깨달음(證)의 셋이 존재했던 시기이고, 다

은 경전의 구절이 설해지면, 진실한 지각44)을 일으키는 어떠한 뭇삶들이 있겠습니까?"

2. 그러자 세존께서 말씀하셨습니다.

[세존] "쑤부띠여, 그렇게 말하지 마십시오. 미래의 시대, 마지막 시기, 마지막 시간, 마지막 오백 년, 올바른 가르침이 무너지는 시기에도, 이와 같은 경전의 구절들이 설해지면, 그것들에 대하여 진실한 지각을 일으키는 어떠한 뭇삶들이 있을 것입니다.

3. 쑤부띠여, 더 나아가 미래의 시대, 마지막 시기, 마지막 시간, 마지막 오백 년, 올바른 가르침이 무너지는 때에도, 덕성을 갖추고 계행을 갖추고 지혜를 갖춘45) 깨달음을 향한 위대

음의 오 백 년간은 정법에 유사한 '상법(像法)'이 행해졌고, 가르침과 수행은 있으나 깨달음은 없는 시기이고, 그 이후는 '말법(末法)'의 시대로서 가르침은 있으나 수행도 깨달음도 없는 법멸(法滅)의 시대가 온다고 말해졌다. 이 과정에 대해서는 콘즈의 책(Buddhist Texts through the Ages, 1954)을 보라. 그러나 불멸 후 매 오 백 년마다 열악하지만, 그러나 결정적인 개혁적인 변화가 일어난다고 했다. 대승불교가 일어날 때에 바쑤반두는 이렇게 썼다. '시대가 다가온다. 무명의 성난 파도가 넘치고 부처님의 가르침이 최후의 숨을 거두는 것처럼 보이는 시대가!' 말법의 시대를 상정하는 것은 모든 대승경전의 기제로 보아 명백한 일이다. '금강경'도 이 관념을 받아서 말법의 오 백 년대에 불교가 어지러워지고, 변동이 일어난다고 기술하고 있다. 그러나 '상법'이란 말은 이 경전에서 나오고 있지 않다.

44) bhūta-samjñam : 아쌍가와 바쑤반두는 다음과 같이 주석을 달고 있다. (어떤 사람들은 '왜 지혜를 지닌 자로서의 깨달음을 향한 님이 계행과 덕성을 지닌 자와는 별도로 논의되고 있는가'라고 물을 수 있다. 그 대답은 다음의 진실한 지각이라는 것은 자명한 것이라는 사실에서 찾을 수 있다.) (법문에 귀를 기울일 때) ① 법문에 대한 믿음, ② 그것에 대한 기쁨 ③ 어귀가 아닌 경전의 의미의 이해, 그리고 ④ 올바로 가르쳐진 것에 대한 파악이라는 (이 네 가지) 이유로 진실에 대한 지각이 그들 (보살들에게) 있는 것이다. (adhimuktivaśāt teṣāṃ bhūtasaṃjñā prasādataḥ, yathārutāgrahāt saṃyag deśitatvasya codgrahāt.)'

45) guṇavantaḥ śīlavantaḥ prajñavantaś ca bhaviṣyanti : 여기에 아쌍가와 바쑤반두는 다음과 같이 주석을 달고 있다. 이 최악의 시대에 원인과 결과의 관계가 심오하다는 것을 가르치는 것은 (계율, 덕성, 지혜의) 세 가지의 필요한 성품을 갖춘 깨달음을 향한 님이 있기 때문에 헛된 것은 아니다. (sahetuphalagāmbhīryadeśanāsmin yugādhame, na niṣphalā yataḥ santi bodhisattvās trayānvitāḥ)', 그들은

한 님들이 있을 것이며, 이와 같은 경전의 구절들이 설해지면, 그것들에 대하여 진실한 지각을 일으킬 것입니다.

4. 그리고 쑤부띠여, 이들 깨달음을 향한 위대한 님들은 결코 단 한 분의 깨달은 님께만 예배드리거나 단 한 분의 깨달은 님 아래서 착하고 건전한 것의 뿌리를 심지 않을 것입니다. 오히려 쑤부띠여, 깨달음을 향한 위대한 님들은 수십만 깨달은 님께 예배드리고, 수십만 깨달은 님 아래서 착하고 건전한 것의 뿌리를 심을 것입니다. 이러한 법문의 구절이 설해질 때에, 그들은 청정한 한마음도 성취할 것입니다.

5. 쑤부띠여, 여래께서는 깨달은 님의 지혜로 그들을 알고, 쑤부띠여, 여래께서는 깨달은 님의 눈으로 그들을 보고, 쑤부띠여, 여래께서는 그들을 완전히 파악하고 있습니다. 쑤부띠여, 그들은 모두 헤아릴 수 없고 셀 수 없는 공덕의 다발을 이루고 얻게 될 것입니다.

6. 그것은 무슨 까닭입니까?
쑤부띠여, 이 모든 깨달음을 향한 위대한 님들에게는 자아에 대한 지각이 일어나지 않으며, 존재에 대한 지각이 일어나지

전생에 (세 가지의) 배움으로 부처님을 섬겼고 부처님 앞에 선근(善根)을 심었다. 그래서 그들은 다른 부처님들에게 계행을 갖춘 자, 덕을 지닌 자라고 불린다 (śikṣayopāsānāt pūrvaṃ kuśalasyāvaropaṇāt, śīlavanto 'nyabuddheṣu guṇavantaś ca kī rtitāḥ), (법문은 깨달음을 향한 님이 왜 계율을 갖춘 자, 덕성을 지닌 자인가를 설명하면서 세 번째의 별칭인 지혜를 지닌 자에 대하여 다음과 같이 설명한다.) 그들은 주체〔인〕와 객체〔法〕에 관한 지각을 버렸기 때문에 지혜를 지닌 자라고 불린다. 그 지각은 그 대상이 여덟 가지 (즉, 자아, 존재, 생명, 영혼, 법, 법이 아닌 것, 지각, 지각이 아닌 것「ātman, sattva, jīva, pudgala, dharma, adharma, saṃjñā, asaṃjñā)이므로 여덟 가지이다.(sapudgaleṣu dharmeṣu saṃjñāyā viprahāṇataḥ, prajñāvantaś ca saṃjñāyā aṣṭadhāṣṭārthabhedataḥ)' 여기서 여덟 가지에 관해서는 곧 경전에서 이어진다.

않으며, 생명에 대한 지각이 일어나지 않으며, 영혼에 대한 지각이 일어나지 않기 때문입니다.[46]

7. 또한 쑤부띠여, 이 깨달음을 향한 위대한 님들에게는 법에 대한 지각도 없으며,[47] 법이 아닌 것에 대한 지각도 없습니다.[48] 쑤부띠여, 나아가 그들에게는 지각도 일어나지 않고 지각이 아닌 것도 일어나지 않습니다.[49]

---

46) na hi subhūte teṣāṁ bodhisattvānāṁ mahāsattvānām ātma-samjñā pravartate na sattva-saṁjñā na jīva-saṁjñā na pudgala-saṁkñā pravartate : 아쌍가와 바쑤반두는 앞에서 언급했듯이 이 네 가지의 지각에 관해 다음과 같이 주석을 달고 있다. '① (다섯 가지 존재의 다발〔五蘊〕과는) 별도의 존재(ātman), ② 상속하는 존재(sattva), ③ 생의 마지막까지 지속하는 존재(jīva), 그리고 ④ 새로운 존재형태로 윤회하는 존재(pudgala)이라는 지각이 있으므로 자아(ātma)에 대한 지각에는 네 가지가 있다(pṛthagbhāvena saṃtatyā vṛtter ājīvitasthiteḥ, punaś ca gatilīnatvād ātmasaṃjñā caturvidhā)' 여기서 이러한 개념적인 지각을 부정하는 것은 전통적으로 소승불교에서 주장한다고 전해지는 '인무아(人無我, 실체로서의 개인존재의 부정)'를 설명하는 것이다.

47) na-api teṣāṁ subhūte bodhisattvānāṁ ṁahā-sattvānāṁ dharma-saṁjñā pravartate, : 아쌍가와 바쑤반두는 이 네 가지 법에 대한 지각(dharma-saṁjñā)에 관해 다음과 같이 주석하고 있다. ① (파악하는 것「grāhaka : 能取」도 파악되는 것「grāhya : 所取」에 대한 지각도 성립할 수 없고, 법이 아닌 것에 대한 지각도 불가능하므로) 모든 법은 존재하지 않으므로 ② (지각이 없는 공으로서의) 존재가 아닌 것이 있으므로 ③ (무엇인가 자명하게) 정의될 수 있는 것이 없으므로 ④ (무엇인가를 정의하는데) 언어의 관례적인 사용에 의존하므로, (법에 대한 지각이 실제로 불가능하지만), 법에 대한 지각에는 (법에 대한 지각, 법이 아니라는 것에 대한 지각, 개념적인 지각, 개념적이 아닌 지각)의 네 가지가 있다. (sarvābhāvād abhāvasya sadbhāvān nābhilāpyataḥ, abhilāpaprayogāc ca dharmasaṃjñā caturvidhā)' 여기서 이러한 법에 대한 지각을 부정하는 것은 전통적으로 대승불교에서 설해진다고 하는 '법무아(法無我)'를 의미하는 것이다. 보디루찌(菩提流支) 역에서는 법상(法相)', 꾸마라지바(鳩摩羅什) 역에서는 '취법상(取法相)'이라고 했다. 소승불교는 '인무아(人無我, 실체로서의 개인존재의 부정)'을 설하는데 대해서, 대승불교는 '법무아(法無我, 개인존재의 구성요소인 오온 하나하나의 실체성마져 부정하는 것)'를 설한다. 여기서는 대승불교의 초기경전답게 '인무아'와 '법무아'가 모두 설해지고 있다.

48) pravartate, evaṁ na-adharma-samjñā. : 다양한 법에 대한 부정은 바로 공(空)의 세계를 열지만, 공은 가능한 지각대상이 아니라는 사실을 의미한다.

49) na-api teṣāṁ subhūte saṁjñā na-asaṁjñā pravarteta : 개념적인 지각은 사물에 속성을 부여하는데, 그것이 그 사물 속에 있지 않다는 것을 알기 때문에 그들은 개념적인 지각을 부정하지만, 인식하는 지각이 궁극적인 것이 아님을 앎에도 불구하고, 일반사람처럼 일상적으로 사물을 지각하므로 지각이 아닌 것도 일으키지 않는다고 한 것이다.

8. 그것은 무슨 까닭입니까?
만약 쑤부띠여, 그들 깨달음을 향한 위대한 님들이 법에 대한 지각을 가진다면, 그들은 그것 때문에 또한 자아에 집착하게 되는 것이고, 존재에 집착하고, 생명에 집착하고, 영혼에 집착하게 되는 것입니다. 만약 법이 아닌 것에 대한 지각[50]을 가진다고 하더라도, 그들은 그 때문에 또한 자아에 집착하게 되는 것이고, 존재에 집착하고, 생명에 집착하고, 영혼에 집착하게 되는 것입니다.

9. 그것은 무슨 까닭입니까?
깨달음을 향한 위대한 님이라면, 법에도 집착하지 않아야 하며, 법이 아닌 것에도 집착하지 않아야 하기 때문입니다.[51]

10. 그러므로 여래께서 그러한 의미로 이와 같이 '뗏목의 비유에 대한 법문을 아는 자들은 법마저 버려야 하거늘, 하물며 법이 아닌 것임에랴?'[52]라고 말씀하셨던 것입니다."

---

50) 서장본에는 분명히 chos bdag med par 'du śes 라고 되어 있는데, 이는 '법무아(法無我)의 지각'이란 뜻으로 문맥상 그 의미가 들어맞지 않는다. bdag이 빠져야 한다.

51) na khalu punaḥ subhūte bodhisattvena mahāsattvena dharma udgr ahītavyo na-adharmaḥ. : 아쌍가와 바쑤반두는 여기에 관해 다음과 같이 주석하고 있다. '(그러나 법문에서 이미 언급되어 있고 여래에 의해서만 알려지고 보여진 그 뭇삶들이란 무엇인가? 법문은 깨달음을 향한 님들에게 성취된 결과들은 여래에 의해서 알려진다고 말한다. 그것들은 추측되는 것이 아니라 여래에 의하여 곧바로 알려진다. 그것은 다음과 같다.) 깨달은 님들은 (깨달음을 향한 님의 상기에 언급된 성품을 그들이 가져오는) 결과 때문에 헤아리지 않고 단지 (깨달은 님들에게 고유하고 그들의) 서원에서 유래하는 지혜로써 알아봅니다.(사람들은 본다고 하면 지혜 때문이라고 하고, 보지 못한다고 하면 육안으로 보기 때문이라고 말할 것이다.) 이익과 명예를 바라는 사람들에게 (덕성을 지닌 자라든가 계행을 지닌 자라는 것과 같은) 주장하는 것을 논파하기 위해 (법문에서) 이렇게 말씀하신 것이다.'(phalato na mitā buddhaiḥ praṇidhijñānalakṣitāḥ, lābhasatkārakāmānāṃ tadvādavinivṛttaye).

52) kolopamaṁ dharma-paryāyam ājānadbhir dharmā eva prahātavyaḥ prāg eva-adharmā iti : 여기에 아쌍가와 바쑤반두는 다음과 같이 주석을 달고 있다. '(이러한 까닭에 뗏목의 비유를 말씀하셨으니 법에 대한 그 비밀한 뜻은 무엇인가?) (법문

7. 깨달은 것도 설한 것도 없나니〔無得無說分〕

1. 또한 세존께서 장로 쑤부띠에게 말씀하셨습니다.
[세존] "쑤부띠여, 어떻게 생각하십니까?
여래께서 위없이 바르고 원만한 깨달음이라고53) 분명하게 깨달아 얻은 어떠한 법이 있다고 생각합니까, 또는 여래께서 설하신 어떤 다른 법이 있다고 생각하십니까?"

2. 이렇게 말씀하시자 장로 쑤부띠는 세존께 이와 같이 여쭈었습니다.
[쑤부띠] "세존이시여, 제가 세존께서 말씀하신 뜻을 이해하기로는, 여래께서 위없이 바르고 원만한 깨달음이라고 분명하게

에 설명된 대로) 법을 파악한다는 것은 (그 의미를 취했을 때에) 그것에 의존해서는 안되며, (동시에 거기에) 순응해서 다시 (다른 언덕에 도달하면 버려야하는) 뗏목처럼 버려져야 한다는 것이다. 이것이 (파악되자마자 버려져야 한다는) 법에 대한 비밀한 뜻인 것이다. (asthānād ānukūlyāc ca dharmeṣv adhigamasya hi, kolasyeva parityāgo dharme saṃdhis tato mataḥ.)' 그러나 초기경전(MN.I.135)에서 부처님의 비유가 훨씬 쉽고 적절하다. : "수행승들이여, 예를 들어 어떤 사람이 여행길을 가는데 커다란 홍수를 만났다. 이 언덕은 위험하고 두렵고, 저 언덕은 안온하고 두려움이 없는데, 이 언덕으로부터 저 언덕으로 가는 나룻배도 없고 다리도 없었다. 그래서 그는 생각했다. '내가 풀과 나무와 가지와 잎사귀를 모아서 뗏목을 엮어서 그 뗏목에 의지하여, 두 손과 두 발로 노력해서 안전하게 전 언덕으로 건너가면 어떨까?' 그래서 그 사람은, 수행승들이여, 풀과 나무와 가지와 잎사귀를 모아서 뗏목을 엮어서 그 뗏목에 의지하여 두 손과 두 발로 노력해서 안전하게 저 언덕으로 건너갔다. 그가 저 언덕에 도달했을 때에 다음과 같이 생각했다. '내가 이 뗏목을 머리에 이거나 어깨에 메고 갈 곳으로 가 버릴까?' 수행승들이여, 어떻게 생각하느냐? 그 사람은 이와 같이 해서 그 뗏목에 대해 해야할 일을 행했는가? 세존이시여, 그렇지 않습니다. 수행승들이여, 어떻게 하면 그 사람이 그 뗏목에 대해 해야할 일을 행하는 것인가? 수행승들이여, 이 때에 그 사람이 저 언덕에 도달했을 때에 이와 같이 생각했다. '이제 나는 이 뗏목을 육지로 예인해 놓거나 물 속에 침수시키고 갈곳으로 가버릴까?' 수행승들이여, 이와 같이 하면 그 사람은 뗏목에 대해 해야할 일을 행한 것이다. 이와 같이 수행승들이여, 도탈(度脫)하기 위하여, 집착(執着)하지 않기 위하여, 뗏목의 비유를 설했다. 수행승들이여, 참으로 뗏목에의 비유를 아는 너희들은 법(法)마저 버려야 하거늘, 하물며 비법(非法)이랴."

53) anuttarā samyaksambodhi : 꾸마라지바의 한역으로는 아뇩다라삼막삼보리(阿耨多羅三藐三菩提)이다. 이것은 초기불교에는 등장하지 않는 개념으로 보아 대승불교를 내세운 금강경의 독특한 새로운 선언적인 개념이다.

깨달아 얻은 어떠한 법도 없으며 또한 여래께서 설하신 어떠한 다른 법도 없습니다.

3. 그것은 무슨 까닭입니까?
여래께서 분명하게 깨달아 설하신 이 법은 파악될 수 없고 말해질 수 없으며, 법도 아니고 법이 아닌 것도 아니기 때문입니다.[54]

4. 그것은 무슨 까닭입니까?
거룩한 님[55]들은 조건지어지지 않은 것(無爲)을 닦아온 이들이기 때문입니다."[56]

---

54) yo'sau tathāgatena dharmo 'bhisambuddho deśito vā, agrāhyaḥ so'na bhilapyaḥ, na sa dharmo na-adharmaḥ : 아쌍가와 바쑤반두는 다음과 같이 주석을 달고 있다. '(그러나 다른 의문이 생겨날 수 있다. 만약에 앞에서 말한 것과 같이 깨달은 님을 외형적인 특징인 상호를 갖춘 것으로써 알 수 없다면, 깨달은 님은 나타나지 않기 때문에, 어떻게 샤끼야무니 여래가 위없이 바르고 원만한 깨달음을 바르고 원만하게 깨닫고, 가르침을 설하였다는 것을 경전들은 긍정하였는가? 이 전통적인 관점은 여기서 긍정하는 관점, 즉 실현되어야 할 깨달음도 없고 설해져야 할 가르침도 없다는 것과 모순된다. 그 모순에 대한 설명은 다음과 같다.) 화현에 의해서 깨달은 님이 아니며, 또한 그에 의해서 어떠한 법도 설해진 바가 없다. 반대로 어떠한 법도 두 가지의 (앞에서 말해진 법이건 법이 아닌 것이건) 어떠한 방식으로든 파악되지 않는다라고 설해졌다. 언어의 길을 뛰어넘으므로 표현될 수 없다.'(nairmāṇikena no buddho dharmo nāpi ca deśitaḥ, deśitas tu dvayāgrāhyo 'vācyo 'vākpathalakṣaṇāt.)

55) ārya-pudgalāḥ : 성자(聖者)들, 또는 참사람을 뜻하는데 그 종류에는 네 쌍으로 여덟이 되는 참사람(四雙八輩)이 있다. 참사람에는 성스러운 진리의 흐름에 들어가는 사람(豫流向)과 진리의 흐름에 든 사람(豫流果), 천상에 갔다가 열반에 들기 위해 다시 한번 욕계로 돌아오는 지위를 향하는 사람(一來向)과 그 지위를 얻은 사람(一來果), 천상에 가서 해탈하여 욕계로 돌아오지 않는 지위를 향하는 사람(不還向)과 그 지위를 얻은 사람(不還果), 그리고 최종적으로 이 생에서 열반을 얻는 지위를 향하는 사람(阿羅漢向)과 그 지위를 얻은 사람(阿羅漢果)이 있다.

56) asaṁskṛta-prabhāvitā hy āryapudgalāḥ : 무위(無爲 : asaṁskṛta)는 도가적인 무위자연(無爲自然)과는 다르며, 조건지어지지 않은 것으로 열반을 지칭한다. 불교에서는 개념적으로는 무위조차 연기법안에 들어와 있다. 발레서(Walleser)의 독역(das Nichtgewirkte)은 타당한 번역이라고 생각된다. 이기영 박사가 이와 관련해서 '성자들은 단순한 현상적 존재로부터 높이 올라가 무한정한 절대자의 지위에 올라가 그 자체로서 자라고 있기 때문이다'라고 해석한 것은 타당하지 않을 뿐만 아니라 너무 지나친 것이다. 꾸마라지바는 '모든 성현이 모두 무위법으로서 차별이 있다(一切賢聖 皆以無爲法而有差別)'라고 번역했다. 이에 비해 현장은 '모든 성현이 무위의 소현인 까닭이다.(以諸賢聖補

8. 법문에 의지해 나타날 뿐〔依法出生分〕

1. 세존께서 말씀하셨습니다.

[세존] "쑤부띠여, 어떻게 생각하십니까? 만약 어떤 훌륭한 아들, 훌륭한 딸이 삼천대천세계의 이 우주[57]를 칠보로서 채워서 그것을 이렇게 오신 님, 거룩한 님, 올바로 원만히 깨달은 님들에게 보시한다면, 그 훌륭한 가문의 아들이나 훌륭한 가문의 딸은 그것을 인연으로 아주 많은 공덕의 다발을 이루겠습니까?"

2. 쑤부띠는 여쭈었습니다.

[쑤부띠] "세상에 존경받는 님이시여, 그렇습니다. 올바른 길로 잘 가신 님이여, 그렇습니다. 그 훌륭한 가문의 아들이나 훌륭한 가문의 딸이 그것을 인연으로 공덕의 다발을 아주 많이 이룰 것입니다.

特伽羅 皆是無爲之所顯故)'라고 번역하고 있다. 붓다고싸도 청정도론(Vism. 509)에서 무위를 '원인이 없는 것(hetuno abhāva)'이라고 했는데, 이러한 열반에 대한 잘못된 인식으로 말미암아, 콘즈의 영역에서도 절대(an Absolute)라고 번역한 것은 잘못된 것이다. 더구나 현장역에서 '고귀한 이들이 무위의 소현(無爲之所顯)이다'라고 한 것도 문제가 있다. 그래서 역자는 '조건지어지지 않은 것을 닦아나간다'는 의미로 번역한다. 초기경전(제46 무위쌍윳따 : SN. IV. 359-373)에는 무위가 무엇을 의미하고 '무위에 도달하는 길이 무엇인가'에 대해 상세히 설명되고 있다. 대표적인 설명은 다음과 같다. '수행승들이여, 무위란 어떠한 것인가? 수행승들이여, 탐욕이 소멸하고 성냄이 소멸하고 어리석음이 소멸하면 그것을 수행승들이여, 무위라고 한다. 수행승들이여, 무위로 이끄는 길이란 어떠한 것인가? 여덟 가지 성스러운 길이다. 이것을 수행승들이여, 무위로 이끄는 길이라 한다.'

57) trisahasra-maha-sahasra-loka-dhatu : 한역에서는 삼천 대천 세계(三千大天世界)라고 한다. 세계를 천 개 모은 것을 소천(小千) 세계라고 하고, 소천 세계를 천 개 모은 것을 중천(中千) 세계, 중천 세계를 천 개 모아서 대천세계(大千世界)라고 한다.이 대천세계는 천을 세 번 한다고 하여 삼천대천세계라고도 하는 것이다. 천의 삼승(三乘)의 세계, 곧 십억(十億)의 세계인데, 무한한 수를 가리키기 때문에 '무한히 넓은 세계'라고 본다.

3. 그것은 무슨 까닭입니까?
세존이시여, 여래께서 말씀하신 '공덕의 다발'은 모두, '다발이 아닌 것'이라고 가르치신 것입니다. 여래께서는 그렇게 '공덕의 다발, 공덕의 다발'에 대해 설하십니다."

4. 세존께서 말씀하셨습니다.
[세존] "그렇지만 또한 쑤부띠여, 어떤 훌륭한 아들, 훌륭한 딸이 삼천대천세계의 이 우주를 칠보로서 채워서 그것을 이렇게 오신 님, 거룩한 님, 올바로 원만히 깨달은 님들에게 보시하고, 또 어떤 이는 이 법문으로부터 사행시 한 게송[58]이라도 받아들여, 그것을 다른 사람에게 상세히 가르치고 설명해준다면,[59] 그가 그것을 인연으로 헤아릴 수 없고 셀 수 없는 훨씬 많은 공덕의 다발을 이룰 것입니다.[60]

---

58) catuṣpādikām gāthām : 한역에서는 사구게(四句偈)라고 한다. 이 사구게에 대해서는 항간에 오해가 많다. 원래 사구게는 범문 가운데 사행시를 말한다. 금강경에서는 꾸마라지바역의 '약이색견아 이음성구아 시인행사도 불능견여래(若以色見我 以音聲求我 是人行邪道 不能見如來)'라는 사행시와 '일체유위법 여몽환포영 여로역여전 응작여시관(一切有爲法 如夢幻泡影 如露亦如電 應作如是觀)'라는 사행시만이 금강경 사구게이다. 범본 금강경에는 위의 시 앞에 하나의 시가 더 부가되어 있는데 그 시의 현장역은 아래와 같다. '응관불법성 응도사법신 법성비소식 고피불능료(應觀佛法性 卽導師法身 法性非所識 故彼不能了)'. 이들 사구게에 대한 범본 번역은 이 책의 범장한 금강경을 참고하기 바란다. 따라서 금강경 사구게는 세 가지가 있는 셈이다. 선사들 사이에 잘 알려진 '약견제상비상 즉견여래(若見諸相非相 卽見如來)'라든가 '응무소주 이생기심(應無所住 而生起心)'은 금강경의 한 구절일 뿐, 사구게는 아니다. 그러나 산문까지도 게송으로 취급하여 금강경을 삼백송반야경(三百頌般若經)이라고 하므로 사구게라고 하는 것도 무리는 아니다.

59) parebhyo vistareṇa deśayet samprakāśayed : 서장본에는 '다른 사람에게 올바로 받아들여 올바로 잘 가르치면(gžan dag la yaṅ dag par 'chaṅ ciṅ yan dag par rab tu ston na)'으로 되어 있다.

60) tato nidānaṁ bahutaraṁ puṇyaskandhaṁ prasunuyād aprameyam asaṁkhyeyam. : 아쌍가와 바쑤반두는 다음과 같이 주석을 달고 있다. (그러나 비록 법은 파악될 수도 가르쳐질 수도 없으나 실재하지 않는 것은 아니다. 그것은 존재한다. 그래서 법문에서는 다음과 같이 법이 무익하지 않다고 말한다.) (자신을 위해) 법을 받아들이고 (다른 사람들에게) 그것을 가르치는 것은 무익한 일이 아니다. 왜냐하면 그것으로 많은 공덕을 모으기 때문이다. 그러나 그것이 깨달음을 보여주지 않는 한, 공덕에 불과하다.

5. 그것은 무슨 까닭입니까?
그것은 이렇게 오신 님, 거룩한 님, 올바로 깨달은 님의 위없이 바르고 원만한 깨달음도 여기서 출현했고 세상에 존경받는 깨달은 님들도 여기서 출현했기 때문입니다.[61]

6. 그것은 또한 무슨 까닭입니까?
쑤부띠여, 여래께서 '깨달은 님의 법,[62] 깨달은 님의 법'에 대해 말씀하신 것은 '깨달은 님의 법이 아닌 것'이라고 여래께서 가르치신 것입니다. 그러므로 말하자면, '깨달은 님의 법'인 것입니다."

9. 한 경지도 얻은 것 없네〔一相無相分〕

1. [세존] "쑤부띠여, 어떻게 생각합니까? 흐름에 든 님[63]에게

(왜냐하면 경전은 공덕의 다발에 관해서 이야기하는데, 그것은 무엇을 나르는 어깨의 다발이 아니라 더미로서의 다발을 의미하기 때문이다.) 그러나 (법의 수용과 법을 다른 사람에게 가르치는 것의 양자는) 깨달음을 도울 수는 있다.(grahaṇadeśaṇā cāsya nāpārthā puṇyasaṃgrahāt, puṇyaṃ bodhyanupastaṃbhād upastaṃbhād dvayasya ca)

61) ato nirjātā hi subhūte tathāgatānām arhatāṁ samyaksambuddhānām anuttarā samyaksambodhir, ato nirjātāś ca buddhā bhavavantaḥ. : 아쌍가와 바쑤반두는 다음과 같이 주석을 달고 있다. (그래서 법문은 지체없이 다음과 같이 위없는 깨달음에 관해 설한다.) (법을 배워서 법을 다른 사람에게 가르치는 것에서 유래하는) 공덕의 성취는 (조건지어지지 않은 진리의 몸〔法身〕인) 자성(自性)을 얻을 수 있는 원인이 되므로, 그것과는 다른 것 (즉, 화현의 몸〔化身〕)이 거기서 출현할 뿐 아니라, 깨달은 님의 가르침의 순수성〔唯一性〕을 보여주므로 (법에 대한 보시야말로) 최상의 것이다.(agrāhyānabhilāpyatvaṃ svaphalānām anudgrahāt| dvayāvaraṇanirmokṣāt subhūtāv araṇādvayam)

62) buddhadharmā : 제불법(諸佛法)을 말한다. 독일어역에서는 부처님의 성품들(Buddhaeigenschaften)이라고 번역했다.

63) srotāpanna : 음역하면 수다원(須陀洹), 의역하면 예류(預流) 또는 입류(入流)라고 한다. '미혹을 끊고 성자의 부류에 든 사람'을 의미한다. 육조(六祖)대사는 이를 두고 다음과 같이 설명했다. '역류(逆流)라고 한다. 생사의 흐름을 거슬러 올라가 대상경계에 물들지 않고 한결같이 무루(無漏)의 업을 닦아 거칠고 무거운 번뇌가 생기지 않게 되고 지옥,

'내가 흐름에 든 님의 경지를 얻었다'는 생각이 일어납니까?"

2. 쑤부띠는 여쭈었습니다.

[쑤부띠] "세존이시여, 그렇지 않습니다. 흐름에 든 님에게는 '내가 흐름에 든 님의 경지를 얻었다'는 생각이 일어나지 않습니다.64)

3. 그것은 무슨 까닭입니까?

세존이시여, 그는 어떠한 대상도 얻지 않았으므로 흐름에 든

축생, 수라 등의 몸을 받지 않는 경지를 말한다.' 참고로 초기불교에서는 이하 이 장에서 언급하는 네 부류의 성인(四雙八輩 : cattāri purisayugāni aṭṭha purisapuggalā)이 있는데, 이 중에서 진리의 흐름에 든 경지를 향하는 자(預流向 : sotāpattimagga)와 흐름의 경지에 도달한 자(預流果 : sotāpattiphala)를 첫째, 흐름에 든 자(預流者 : sotāpattipanna)라고 한다. 이들은 열 가지 장애(十結 : dasa saṁyojjanāni) 가운데 ① 존재무리에 실체가 있다는 환상(有身見 : sakkāyadiṭṭhi), ② 모든 일에 대한 의심(疑 : vicikicchā), ③ 미신과 터부에 대한 집착(戒禁取 : sīlabhataparāmāsa)에서 벗어나야 한다. 둘째, 천상에 갔다가 한번 돌아와서 해탈하는 경지를 향하는 자(一來向 : sakadāgāmīmagga)와 한번 돌아오는 경지에 도달한 자(一來果 : sakadāgāmīphala)는 한번 돌아오는 자(一來者 : sakadāgāmī)로서 열 가지 장애 가운데 위의 세 가지와 더불어 ④ 감각적 쾌락에 대한 욕망(欲貪 : kāmarāga), ⑤ 마음의 분노(有對 : paṭigha)를 거의 끊어야 한다. 셋째, 천상에 가서 거기서 해탈하므로 이 세상으로 돌아오지 않는 경지를 향하는 자(不還向 : anāgamī-magga)와 돌아오지 않는 경지에 이른 자(不還果 : anāgamīphala)는 돌아오지 않는 자(不還者 : anāgamī)라고 불린다. 그들은 위의 다섯 가지 장애를 완전히 끊은 자이다. 넷째, 거룩한 이의 경지를 향하는 자(阿羅漢向 : arahattamagga)와 거룩한 이의 경지에 도달한 자(阿羅漢果 : arahattaphala)는 거룩한 이(阿羅漢 : arahat)라고 불린다. 위의 다섯 가지의 繫縛은 물론 ⑥ 미세한 물질계에 대한 욕망(色貪 : rūparāga), ⑦ 비물질적 세계에 대한 욕망(無色貪 : arūparāga), ⑧ 자만하는 마음(慢 : māna), ⑨ 흥분과 회한(掉擧惡作 : uddhaccakukkucca), ⑩ 진리를 모르는 것(無明 : avijjā)을 벗어나기 시작했거나 완전히 벗어난 자를 말한다. 또 다른 설명으로는 Pps. I. 171에 따르면, 여기에 언급된 버림은 '제거에 의한 버림(samucchedappahāna)', 즉 출세간적인 길에 의한 완전한 근절로 이해되어야 한다. 다음과 같은 순서로 거룩한 길을 따라 열 여섯 가지 더러움이 버려진다. ① 흐름에 든 경지로 향하는 자에게서 除去되는 것 : 격분(makkho), 저주(paḷāso), 질투(issā), 인색(macchariyaṃ), 사기(māyā), 기만(sāṭheyyan), ② 돌아오지 않는 경지로 향하는 자에게 제거되는 것 : 악의(byāpādo), 화냄(kodho), 원한(upanāho), 방일(pamādo), ③ 거룩한 이의 경지로 향하는 자에게 제거되는 것 : 욕심내는 것과 부정한 탐욕(abhijjhā-visamalobho), 고집(thambo), 선입견(sārambho), 자만(māno), 오만(atimāno), 교만(mado)이다.

64) 서장어 번역에는 누락되어 있다.

님이라고 하기 때문입니다. 형상과 소리와 냄새와 맛과 감촉과 마음의 대상들을 얻지 않았기 때문에 흐름에 든 님이라고 말합니다.

4. 만약 세존이시여, 흐름에 든 님에게 '내가 흐름에 든 님의 경지를 얻었다'는 생각이 일어난다면, 그는 그것 때문에 또한 자아에 집착하게 되는 것이고, 존재에 집착하고, 생명에 집착하고, 영혼에 집착하게 되는 것입니다."

5. 세존께서 말씀하셨습니다.
[세존] "쑤부띠여, 어떻게 생각합니까? 한번 돌아오는 님에게 '내가 한번 돌아오는 님65)의 경지를 얻었다'는 생각이 일어납니까?"

6. 쑤부띠는 여쭈었습니다.
[쑤부띠] "세존이시여, 그렇지 않습니다. 한 번 돌아오는 님에게는 '내가 한 번 돌아오는 님의 경지를 얻었다'는 생각이 일어나지 않습니다.

---

65) sakṛdāgāmin : 음역하면 사다함(斯陀含), 의역하면 '일래자(一來者)'라고 한다. 깨달음을 얻은 성자는 다시 태어남을 받는 일은 없으나 이 경지에 이르면 다시 한 번 세계에 태어나서 깨닫고, 그 이후에는 다시 어떤 세계에든지 태어나는 일이 없는 경지이므로 '한 번 오는 자(一來)'라고 한다. 인간 세상에 있으면서 이 경지를 얻으면 반드시 천상의 세계에 가서 다시 인간의 세계에 돌아와 열반을 얻으며, 천상의 세계에 있으면서 이 과를 얻으면 반드시 인간의 세상으로 왔다가 다시 천상으로 가서 열반에 든다. 이와 같이 천상이나 인간 세계를 한번 왕래하는 까닭에 일왕래과(一往來果)라고 한다. 육조(六祖)대사는 이 사다함의 경지를 두고 다음과 같이 설명했다. "삼계의 번뇌가 다 끊어진 까닭에 사다함이라고 한다. 한 번 왕래한다는 뜻이다. 행(行)이 천상으로부터 도리어 인간에게로 왔다가, 태어나기를 인간으로부터 했다가 죽기를 도리어 천상에 태어나는 것으로 끝마친다. 생사를 벗어나 삼계의 업이 다 끝나는 것을 일컬어 사다함과라고 이름한다. 대승의 사다함이란 눈으로 여러 경계를 보고, 마음에 한 번의 생멸이 있을 뿐 두 번째의 생멸이 없다. 그러므로 일왕래라고 한다. 앞의 생각이 그릇된 것을 일으켰다면 뒤의 생각이 곧 멈추게 된다. 앞의 생각에 집착이 있었다면 뒤의 생각에서 떠난다. 그리하여 실은 왕래가 없기 때문에 사다함이라고 말한다."

7. 그것은 무슨 까닭입니까?

세존이시여, 한 번 돌아오는 님의 경지라고 할만한 어떠한 것도 없기 때문입니다. 그래서 그를 한 번 돌아오는 님이라고 말합니다."66)

8. 세존께서 말씀하셨습니다.

[세존] "쑤부띠여, 어떻게 생각합니까? 돌아오지 않는 님에게 '나는 돌아오지 않는 님67)의 경지를 얻었다'라는 생각이 일어납니까?"

9. 쑤부띠는 여쭈었습니다.

[쑤부띠] "세존이시여, 그렇지 않습니다. 돌아오지 않는 님에게 '내가 돌아오지 않는 님의 경지를 얻었다'라는 생각이 일어나지 않습니다.

10. 그것은 무슨 까닭입니까?

세존이시여, 돌아오지 않는 님의 경지라고 할만한 어떠한 것도 없

---

66) na hi sa kaścid dharmo yaḥ sakṛdāgāmitvam āpannaḥ. tenocyate sakṛdāgāmi-iti. : 서장본에는 이와 같이 부가되어 있다. "만약 한번 돌아오는 님이 이처럼 '나는 다시 한번 돌아오는 님의 경지를 얻었다'고 생각하면, 그것은 자아에 대한 집착인 것이며, 존재에 대한 집착인 것이며, 생명에 대한 집착인 것이며, 영혼에 대한 집착인 것이다.(bcom ldan 'das gal te lan cig phyir 'oṅ ba 'di sñam du bdag gis lan cig phyir 'oṅ 'bras bu thob po sñam du sems par gyur na de ñid de'i bdag tu 'dzin par 'gyur lags so. sems can du 'dzin pa daṅ srog tu 'dzin pa daṅ gaṅ zag tu 'dzin par 'gyur lags so.)"

67) anāgāmin : 음역하여 아나함(阿那含), 의역하면 '불환(不還) 또는 불래(不來)가 된다. 감각적인 쾌락의 세계(欲界)의 번뇌를 모두 끊어버린 성자를 말한다. 이 성자는 욕계의 번뇌를 모두 끊고서 사후에는 미세한 물질의 세계(色界)나 비물질적인 세계(無色界)인 하느님나라에 태어나 거기서 열반에 들므로 다시 이 세상에 태어나는 일이 없으므로 돌아오지 않는 님이라고 불린다. 육조(六祖)대사는 이 경지를 새롭게 해석했다. "불환(不還) 또는 출욕(出欲)이라고 한다. 출욕이란 바깥으로는 욕심을 가질만한 대상을 보지 않고, 안으로는 욕심이라고 정할 만한 것이 없기 때문이고, 불래(不來)라고 함은 욕계를 향해 생을 받지 않는 까닭이다. 그러나 실은 욕심도 없는 것이다. 또 불환(不還)이라고 이름하는 것은 욕심의 습기가 영원히 끊어지고 이제는 결정코 와서 생을 받지 않기 때문이다."

기 때문입니다. 그래서 그를 돌아오지 않는 님이라고 말합니다."

11. 또한 세존께서 말씀하셨습니다.
[세존] "쑤부띠여, 어떻게 생각합니까? 거룩한 님에게 '내가 거룩한 님[68]의 경지를 얻었다'라는 생각이 일어납니까?"

12. 쑤부띠는 여쭈었습니다.
[쑤부띠] "세존이시여, 그렇지 않습니다. 거룩한 님에게 '내가 거룩한 님의 경지를 얻었다'라는 생각이 일어나지 않습니다.

13. 그것은 무슨 까닭입니까?
세존이시여, 거룩한 님의 경지라고 할만한 어떠한 것도 없기 때문입니다. 그러므로 그를 거룩한 님이라고 말합니다.

14. 만약 거룩한 님에게 이처럼 '나는 거룩한 님의 경지를 얻었다'라는 생각이 일어난다면, 그는 그것 때문에 또한 자아에 집착하게 되는 것이고, 존재에 집착하고, 생명에 집착하고, 영혼에 집착하게 되는 것입니다.

15. 그것은 무슨 까닭입니까?
세존이시여, 이렇게 오신 님, 거룩한 님, 올바로 원만히 깨달은 님께서는 저를 평화로운 삶을 사는 최상의 님[69]이라고 선언

68) arhat : 음역하면 아라한(阿羅漢), 의역하면 '응공(應供)'이라고 한다. 원어의 어원적(語源的) 의의는 '가치있는 사람으로서, 세상의 존경과 공양(供養)을 받을 만한 사람'이란 뜻이다. 본래는 불타(佛陀)의 '열 가지 이름(十號)' 가운데 하나이다. 육조대사는 이 아라한의 경지와 관련해서 다음과 같이 서술했다. "무쟁(無諍)이라고 한다. 끊어야할 번뇌가 없고, 떠나야할 탐내는 마음(貪心)과 성내는 마음(瞋心)이 없고, 정(情)에 거슬림과 순함(違順)이 없고, 생각하는 주관과 객관이 다 비어 있어, 내외가 항상 고요하니 이를 이름하여 아라한이라고 한다."

69) araṇāvihāriṇām agryo : 원래 뜻은 '다툼이 없는 상태에 머무는 사람 가운데 최고의 사람'이다. 서장어역에는 '번뇌가 없는 곳에 머무는 사람들 가운데 최고의 사람(ñon moṅs pa med par gnas pa rnam kyi mchog tu bstan)'이라고 되어 있다. 이것은 앞서도 언급했지만 쑤부띠(Subhūti)를 지칭한 것이다. 그는 자애의 명상(mettājhān

하셨습니다. 세존이시여, 저는 탐욕에서 벗어난 거룩한 님입니다. 그렇지만, 세존이시여, 저에게는 '나는 거룩한 님이다. 나는 탐욕에서 벗어난 님이다'라는 생각이 일어나지 않습니다.

16. 만약 세존이시여, 저에게 '나는 거룩한 님의 경지를 얻었다'는 생각이 일어났다면, 여래께서 저에 대해 '훌륭한 가문의 아들, 쑤부띠는 평화로운 삶을 사는 최상의 님으로 어디에도 머무르지 않는다. 그러므로 그를 평화로운 삶을 사는 님, 평화로운 삶을 사는 님이라고 한다'라고 선언하시지 않았을 것입니다."70)

10. 불국토를 장엄하려면〔莊嚴淨土分〕

1. 이와 같이 세존께서 말씀하셨습니다.

[세존] "쑤부띠여, 어떻게 생각합니까? 여래가 이렇게 오신 님, 거룩한 님, 올바로 원만히 깨달은 님이신 디빵까라71)로부터 배웠던

---

a)을 닦아 거룩한 님(阿羅漢)이 되었다. 그는 법을 가르치는데 차별이나 한계가 없어 '평화로운 삶을 사는 최상의 님(無爭第一 : araṇavihārinaṃ aggo)' 그리고 '보시할 만한 가치 있는 사람들 가운데 위없는 님(dakkhineyyānaṃ aggo)'라고 불렸다. 그는 탁발할 때에 집집마다에서 자비의 명상을 닦았으므로 그에게 주어지는 보시는 위없는 공덕을 낳았다.

70) 아쌍가와 바쑤반두는 다음과 같이 주석을 달고 있다. (법문에서는 모든 성인들이 조건을 뛰어넘은 존재로 규정되었다. 그러나 법문에서 진리의 흐름에 든 님은 흐름에 든 경지를 얻는다고 말한다. 이것은 모순이 아닌가. 아니다. 이것에 대하여 다음과 같이 설명한다.) (즉 네 쌍으로 여덟이 되는 참사람들 가운데) 아무도 과보를 자신의 것으로 취하지 않기 때문에, 어떠한 법도 파악하거나 언어로 가르칠 수 없다. (왜냐하면, 모든 것의 자성은 조건지어지지 않은 것이고, 자아 등이 그 과보에 참여하는 것이 있다는 임의의 가정이 잘못된 지각에서 생겨나는 것이기 때문이다.) 그들은 (도덕적인 오염과 지적 오염의) 두 가지 장애에서 벗어났기 때문에, 쑤부띠도 두 가지 장애에서 벗어나 평화로운 자〔無爭〕라고 불린다.(agrāhyānabhilāpyatvaṃ svaphalānām anudgrahāt, dvayāvaraṇ anirmokṣāt subhūtāv araṇādvayam)'

71) Dīpaṇkara : 디빵까라 부처님(燃燈佛), 또는 정광여래(錠光如來)라고도 한다. 역사적인 부처님인 샤끼야무니 부처님 이전의 과거세에 출현한 스물 네 부처님 가운데 첫 번째

어떠한 법이라도 있습니까?"72)

2. 쑤부띠는 여쭈었습니다.

[쑤부띠] "세존이시여, 그렇지 않습니다. 여래께서 이렇게 오신 님, 거룩한 님, 올바로 원만히 깨달은 님이신 디빵까라에게서 배운 어떠한 법도 결코 없습니다."73)

부처님이다. Buv.. 207과 Mhv. I. 5에 따르면, 그는 람마바띠(Rammavatī)에서 왕 쑤데바(Sudeva)와 어머니 쑤메다(Sumedhā)사이에 태어났다. 그는 가장으로서 1000년간을 항싸(Haṃsā), 꼰짜(Koñcā), 마유라(Mayūrā)의 궁전에서 살았고, 아내 빠두마(Padumā)와 아들 우싸바칸다(Usabhakhandha)를 두었다. 그는 이후 코끼리를 타고 출가하여 십 개월간 고행을 닦아 깨달음을 얻었다. 그의 보리수는 삡팔리(Pipphalī)나무였다. 그 때에 길상초를 제공한 자는 사명외도였던 쑤난다(Sunanda)였다. 그는 많은 외도를 교화시켰고 팔만 사천의 아라한의 시중을 받았다. 그는 3-4 미터정도의 키를 갖고 있었고 십 만 년의 나이에 난다라마(Nandārāma)에서 완전한 열반에 들었다. 그의 제자로는 수행승 쑤망갈라(Sumaṅgala)와 띳싸(Tissa), 수행녀 난다(Nandā)와 쑤난다(Sunandā), 재가의 남자신도로는 따빳쑤(Tapassu)와 발리까(Ballika), 여자신도로는 씨리마(Sirimā)와 쏘나(Soṇā)가 유명했다. 그리고 그의 시자는 싸가따(Sāgata)였다. 디빵까라 여래가 완전한 열반에 드신 후에 그의 가르침은 10만년간 지속되었다. 샤끼야무니 부처님이 전생에 쑤메다(Sumedha)라고 하는 아마라바띠(Amaravatī)의 부유한 바라문이었을 때에 출가하여 히말라야에서 대단한 고행자가 되었다. 그가 람마(Ramma)시를 방문하였을 때에 사람들이 디빵까라 여래를 위해 길을 장식하고 있었다. 디빵까라 여래는 그 나라 왕의 아들로서 왕의 귀의와 호의를 받으며 두루 가르침을 설하고 계셨다. 서른 두 가지 상호를 갖춘 거룩한 디빵까라 여래를 만난 젊은 바라문 쑤메다는 환희심을 느끼고 미래에 부처님이 될 것을 서원한다. 그는 부처님께 바치기 위해 그 동안 모은 돈인 500 깔루빠하나라는 엄청나게 비싼 댓가를 지불하고 어떤 바라문 처녀에게서 연꽃 다섯 송이를 사게 된다. 그것을 인연으로 쑤메다는 이 처녀와 세세생생 부부의 연을 맺게 된다. 쑤메다는 처녀와 함께 그 꽃송이들을 디빵까라 여래가 지나갈 때에 뿌린다. 그런데 그 꽃들은 다른 사람이 뿌린 꽃과는 달리 땅에 떨어지지 않는다. 디빵까라 여래의 신통력에 의해서 그 꽃들은 차양처럼 디빵까라 여래의 머리를 화려하게 장식하게 된다. 이 장엄한 광경을 본 젊은 바라문은 더욱 환희심을 느끼고 자신의 사슴가죽옷을 벗어 땅에 깔고는 디빵까라 여래의 발에 엎드려 자신의 머리카락으로 디빵까라 여래의 발에 묻은 흙을 닦아드린다. 디빵까라 여래는 인연이 무르익은 것을 보고 그 젊은 바라문에게 장차 먼 미래에 샤끼야 족의 까삘라국에 태어나 자신과 같은 부처가 되어 샤끼야무니라고 불리고 진리의 수레바퀴를 굴리며 중생을 제도하게 될 것이라고 수기를 준다.

72) 서장어역에는 반어법을 쓰고 있다. '있지 않았을까'(de gaṅ yaṅ ma mchis so)

73) na-asti sa kaścid dharmo yas tathāgatena dīpaṅkarasya tathāgatasya-arhataḥ samyaksambuddhasya-antikād udgṛhītaḥ : 아쌍가와 바쑤반두는 다음과 같이 주석을 달고 있다 : (앞장의 진술은 샤끼야무니 부처님이 디빵까라 부처님로부터 법을 받았다는 경전과 모순이 된다. 그러나 거기에 사실상 모순은 존재하지 않는다. 그것에 관하여 다음과 같이 설명한다.) 샤끼야무니 부처님은 디빵까라 부처님에게서

3. 그래서 세존께서 말씀하셨습니다.

[세존] "쑤부띠여, 만약 어떤 깨달음을 향한 님이라도 이처럼 '나는 불국토의 장엄[74]을 이룩할 것이다'고 말한다면 그는 그렇지 않은 것을 말하는 것입니다.[75]

4. 그것은 무슨 까닭입니까?

쑤부띠여, 여래께서 '불국토의 장엄, 불국토의 장엄'에 대해 말씀하신 것은 '장엄이 아닌 것'이라고 가르치신 것입니다.[76] 그러므로 말하자면, '불국토의 장엄'인 것입니다.

5. 그러므로 쑤부띠여, 깨달음을 향한 위대한 님은 이처럼 의존하지 않는 마음을 일으켜야 합니다.[77] 어떠한 것에도 의존하

어떻게 바르고 원만하게 깨달을 수 있는가에 대한 어떠한 가르침도 언설로서 받지 못했다. 그러므로 깨달음 속에서 언설로서 파악되거나 표현된 것은 아무 것도 없다는 사실이 증명되었다.(buddhadīpaṃkarāgrāhād vākyenādhigamasya hi, tataś cādhigame siddhā agrāhyānabhilāpyatā.)'

74) kṣetra-vyūhāḥ : 구마라집(鳩摩羅什), 보디루찌(菩提流支)의 번역에는 '장엄불토(莊嚴佛土)'라고 되어 있어 '불토의 장엄'이라고 번역했다. 끄셰뜨라(kṣetra)는 땅이나 토지를 뜻하는데 여기서는 '불토(佛土)'는 '불국토'를 의미한다.

75) yaḥ kaścid subhūte bodhisattva evaṃ vaded : ahaṃ kṣetra-vyūhān niṣpādayiṣyāmi-iti. savitathaṃ vadet : Dim. 47에 따르면, ① '나'라는 진술에 포함된 어떠한 진술도 사실상 잘못이다. 왜냐하면, 나라는 것이 실제 세계에서 일치하는 것은 아무 것도 없기 때문이다. ② 불국토는 물질적인 것이 아니고 그 장엄은 객관적인 것이 아니다. 그것은 부처님의 삼매에서 생겨나는 정신적 구조물이다.

76) avyūhās te tathāgatena bhāṣitāḥ : 아쌍가와 바쑤반두는 다음과 같이 주석을 달고 있다. (만약에 그렇다면, 어떻게 깨달음을 향한 님이 불국토에 참여할 수 있고 또한 공덕을 쌓은 결과로 이루어진 공덕의 몸〔報身〕이 가르침의 제왕〔法王〕으로 여겨질 수 있는가?) 불국토를 취하는 것은 불가능하다. 왜냐하면 그것은 (깨달은 님의) 지혜의 흐름을 말한 것에 불과하기 때문이다. (조건지어지지 않은 것〔無爲〕의 관점에서) 어떠한 형상과 일치할 수 있는 것을 발견할 수 없기 때문에, 불국토의 장엄은 장엄이 아니라고 여겨진다. (jñānaniṣyandavijñaptimātratvāt kṣetranodgrahaḥ, avigrahatvād agratvād avyūhaṃ vyuhatā matā)

77) apratiṣṭhitaṃ cittam utpādayitavyaṃ : 꾸마라지바의 번역에서 응무소주 이생기심(應無所住 而生其心)이라고 한다. 선가에서는 혜능 스님이 이 말을 듣고 발심하여 출가했으므로 유명해진 구절이다. 야부(冶父)는 다음과 같은 시로 표현하였다 : 산사의 고요한 밤에 말없이 앉으니(山堂靜夜坐無言), 고요하고 두렷함 본래 스스로 그러하네(寂寂

지 않는 마음을 일으켜야 합니다. 형상에 의존하지 않고, 소리, 향기, 맛, 감촉, 사물에도 의존하지 않는 마음을 일으켜야 합니다.[78]

6. 쑤부띠여, 예를 들어 몸을 거대한 몸으로 타고난[79] 사람이 있어서, 그가 산의 제왕 쑤메루[80]와 같이 커다란 인격의 존재[81]를 지녔다고 합시다. 쑤부띠여, 어떻게 생각합니까? 그것은 커다란 인격의 존재이겠습니까?"

7. 쑤부띠는 여쭈었습니다.

[쑤부띠] "세상에 존경받는 님이시여, 클 것입니다. 올바른 길로 잘 가신 님이시여, 그의 인격의 존재는 매우 클 것입니다.

寥寥本自然). 어인 일로 서풍은 임야를 흔드는가(何事西風動林野). 한 마리 외로운 기러기 긴 하늘에 울고 가네.(一聲寒雁淚長天).

78) na rūpapratiṣṭhitaṃ cittam utpādayitavyaṃ, na śabda-gandha-rasa-spraṣṭavya-dharma-pratiṣṭhitaṃ cittaṃ utpādayitavyam.na rūpapratiṣṭhitaṃ cittam utpādayitavyaṃ : 금강경에서는 자아, 존재, 생명, 영혼과 같은 개념적인 지각만이 부정되는 것이 아니라 실제로는 감각적인 지각의 대상도 부정되는 것을 알 수 있다. 그것은 '토끼뿔'과 같은 존재하지 않는 것에 대한 개념적인 지각만이 아니라 불꽃을 돌리면 불꽃의 화환인 선화륜(旋火輪)을 우리가 지각하지만 실재로는 불꽃만이 존재하는 것과 같다. 감각적인 지각도 무상의 세계에서는 존재하지 않는 것에 대한 지각인 것이다.

79) upeta-kayo : '몸을 갖추고'라는 뜻이다. 나까무라 하지메〔金剛. 141〕는 '몸을 갖춘다'는 것은 당연한 것으로서 의미를 이루지 못하므로 '그 몸이 잘 갖추어져 있고'란 뜻일 것이며, 그런 의미에서 외형상의 훌륭한 특징, 삼십이상(三十二相)이 갖추어져 있는 것을 말했을 것으로 해석하고 있다.

80) sumeruḥ : 음역하여 수미산(須彌山)이라고 한다. 인도의 우주관에 의하면 세계의 중심이 되는 큰 산이다. 세계의 제일 밑에는 풍륜(風輪)이 있고, 그 위에 수륜(水輪), 그 위에 금륜(金輪), 그 위에 수미산을 중심으로 사방의 여덟 산(八山), 그 사이로 여덟 바다(八海)가 있고, 수미산 위로 여러 하늘세계가 펼쳐진다고 한다. 이 세계의 중심이 되는 산이 수미산이며, 그 산의 정상에 맞닿은 하늘이 제석천이 사는 도리천이다.

81) ātmabhāva : 글자 그대로 하자면 '자아의 존재'나 '영혼의 존재' 또는 '자성'이라는 뜻인데 불교범어에서는 '몸'이나 '몸체'라는 말로도 쓰인다. 여기서는 앞에서 몸체라는 말이 쑤메루산에 대하여 별도의 용어인 kāya라는 말로 사용되고 있으므로 문맥상 모든 현대어역에서처럼 '자아의 존재'로 환원하여 번역하는 것이 옳다고 생각한다. 법신(法身)의 존재는 그 크기를 설정할 수 없다는 것과 관계되기 때문이다.

8. 그것은 무슨 까닭입니까?
세존이시여, 여래께서 '인격의 존재, 인격의 존재'에 대해 말씀하신 것은 '존재가 아닌 것'을 가르치신 것입니다.[82] 그러므로 말하자면, '인격의 존재'인 것입니다. 세존이시여, 그것은 존재도 아니고 존재가 아닌 것도 아니기 때문입니다. 그러므로 말하자면, '인격의 존재'인 것입니다."[83]

11. 무위의 복덕이 뛰어나니〔無爲福勝分〕

1. 세존께서 말씀하셨습니다.
[세존] "쑤부띠여, 어떻게 생각합니까? 만약 큰 강인 갠지스 강[84]의 모래알 수만큼의 바로 그만큼의 갠지스 강들이 있다면 그 가운데 모래알도 또한 많겠습니까?"

---

82) abhāvaḥ sa tathāgatena bhāṣitaḥ : 아쌍가와 바쑤반두는 주석에서 그 이유를 다음과 같이 서술하고 있다. (마음은 어디에도 의존하지 말아야 한다. 그러므로 깨달은 님은 산의 제왕 쑤메루가 스스로를 쑤메루라고 말하지 않듯이, 다음과 같이 자신을 가르침의 제왕이라고 파악하지 말아야 한다.) 쑤메루 산이 자신을 산의 제왕이라고 파악하지 않듯이 (어떠한 깨달은 님도) 자신을 (그 위대성에도 불구하고) (자신을 과보의 조건 속에 있는) 공덕의 몸〔報身〕이라고 파악하지 않는다. (어떠한 경우에도 파악의 활동이 허용되지 않기 때문이다.) 사실상 번뇌가 소멸되었을 뿐만 아니라 업력의 소멸에 의해서 특징지어진 상태이기 때문이다.(sumeror iva rājatve saṃbhoge nāsti codgrahaḥ, sāśratvena cābhāvāt saṃskṛtatvena cāsya hi.)'

83) na hi bhagavan sa bhāvo na-abhāvaḥ. tenocyate ātma-bhāva iti. : ātmabhāva는 글자 그대로 하자면 '자아의 존재'나 '영혼의 존재' 또는 '자성'이라는 뜻인데 불교범어에서는 '몸'이나 '몸체'라는 말로도 쓰인다. 여기서는 앞에서 몸체라는 말이 쑤메루산에 대하여 별도의 용어인 kāya라는 말로 사용되고 있으므로 문맥상 모든 현대어 역에서처럼 '인격의 존재'로 번역하는 것이 옳다고 생각한다. 독역는 '자아의 존재'로 택하고 있다. 법신(法身)의 존재는 지각의 대상이 아니고 그 크기를 설정할 수 없다는 것과 관계되기 때문이다.

84) Gaṅgā : 음역하여 항하(恒河)라고 한다. 히말라야산에서 비롯된 갠지스 강(Ganges)의 하류 넓은 대하(大河)를 강가라고 한다. 이 강의 이름은 지혜의 여신의 이름이기도 하고, 어머니의 강이기도 하다. 인도인에게는 정신적 고향과도 같다.

2. 쑤부띠는 여쭈었습니다.

[쑤부띠] "그 갠지스 강도 매우 많겠는데, 하물며 그 갠지스 강들 가운데 있는 모래알은 말해 무엇하겠습니까?"

3. 세존께서 말씀하셨습니다.

[세존] "쑤부띠여, 이것이 내가 그대에게 일러줄 것입니다. 쑤부띠여, 이것이 내가 그대에게 알릴 것입니다. 만약 어떤 여인이나 어떤 남자이든지 그러한 갠지스 강들의 모래알만큼의 세계를 일곱 가지 보물들[85]로써 가득 채워서 이렇게 오신 님, 거룩한 님, 올바로 원만히 깨달은 님에게 보시한다면, 쑤부띠여, 어떻게 생각합니까? 그 여자나 그 남자가 그것을 바탕으로 해서 많은 공덕의 다발을 이루겠습니까?"

4. 쑤부띠는 여쭈었습니다.

[쑤부띠] "세상에 존경받는 님이시여, 그렇습니다. 올바른 길로 잘 가신 님이시여, 그렇습니다. 그 남자나 그 여자가 그것을 원인으로 헤아릴 수 없고 셀 수 없는 공덕의 다발을 이룰 것입니다."

5. 세존께서 말씀하셨습니다.

[세존] "그러나 쑤부띠여, 한 여인이나 한 남자가 세계를 일곱 가지 보물들로써 가득 채워서 이렇게 오신 님, 거룩한 님, 올바로 원만히 깨달은 님에게 보시하는 것보다, 한 훌륭한 가문의

---

85) sapta-ratna : 일곱 종류의 보석인데 대충 귀중한 보석을 의미하므로 경전상에는 이설이 존재하지만 일반적으로 가장 잘 알려진 칠보로는 이와 같은 것들이 있다. ① 금(金 : suvarṇa) ② 은(銀 : rūpya) ③ 유리(瑠璃 : vaidurya) ④ 수정(頗黎 : sphatika) ⑤ 옥돌(硨磲 : musāragalva) ⑥ 산호(赤珠 : lohita muktikā) ⑦ 마노(瑪瑙 : aśmagarbha).

아들이나 한 훌륭한 가문의 딸이 이 법문으로부터 단지 사행시 한 게송이라도 받아들여 다른 사람에게 가르치고 설명해준다면, 그가 그것을 인연으로 헤아릴 수 없고 셀 수 없는 훨씬 많은 공덕의 다발을 이룰 것입니다."[86]

12. 바른 가르침 두루 존경하며〔尊重正敎分〕

1. [세존] "쑤부띠여, 또한 이 법문으로부터 단지 사행시 한 게송이라도 받아들이거나 가르치거나 설명하는 사람이 있는 지방이 있다면, 그 지방은 신들[87]과 인간들[88]과 아수라들[89]이

---

86) ayam eva tato nidānaṃ bahutaraṃ puṇyaskandhaṃ prasunuyād aprameyam asaṃkhyeyam. : 아쌍가와 바쑤반두는 복덕을 강조하는 동일한 예가 재차 여기서 주어진 것에 대하여 다음과 같이 주석을 달고 있다. (앞장에서 '자아는 존재하지 않으며, 존재하지 않는 것이 진정한 자아이다'는 법문의 진술을 말한다. 그렇다면, 법문에서 공덕에 관하여 말하였는데 어떻게 달리 같은 주제로 다시 돌아갈 것인가?) (공덕의 위대성 속에 있는) 다양성을 표현하고 그 특수성을 설명하기 위해 (법문은 공덕의 주제로 다시 돌아왔다.) 그러므로 (그것에 대한 믿음이 증가하도록) 두 번 째 가르침이 다음과 같은 것이 앞선 것을 능가하는 것을 보여주기 위해서 하나의 예를 통해서 주어졌다.(bahutvabhedakhyātyarthaṃ viśeṣasya ca siddhaye, paurvāparyeṇa puṇyasya punar dṛṣṭāntadeśanā).' 여기서 전자는 부처님은 깨달음을 지지하지 않는 공덕에 관해서 말했다면 후자는 깨달음을 지지할 수 있는 공덕에 관해서 말하는 것이다.

87) deva : 신 또는 신계를 말하는데 천(天) 또는 천상(天上)이라고도 한역한다. 인간세계보다 더욱 좋은 과보를 받는 곳이다. 그러나 여기에도 욕계의 하늘나라(欲界天), 미세한 물질적 세계(色界天), 비물질적 세계(無色界天)의 하느님 나라가 있다. 상세한 것은 이 책의 부록을 보기 바란다.

88) mānuṣa : 인간. 인간은 윤회하는 존재의 세계에서 욕계에 속한다. 상세한 것은 이 책의 부록을 참고하기 바란다.

89) asura : 음역하면 아수라(阿修羅), 의역하면 비천(非天), 비류(非類) 또는 부단정(不端正)이 된다. 일반적으로 악마를 뜻한다. 그러나 아수라는 원래 인도에서 가장 오래된 신의 하나로 태양신 아후라(Ahura)를 의미했다. 초기의 리그 베다에서는 가장 뛰어난 성령(性靈)의 뜻으로 사용되었다. 그러나 베다 중기이후에서는 무서운 귀신, 싸우기를 좋아하는 악신으로 무서운 형상으로 표현되어진다. 그 이유는 인도아리안 족이 우랄 산맥 남쪽에서 펀잡지방으로 이동하는 과정에서 태양신 아후라를 숭배하던 자들과 그렇지 않은 자들이 싸워 한 부류는 페르시아로 한 부류는 인도로 이동하게 되었기 때문이다. 페르시아

사는 모든 세계를 위한 성지90)가 될 것입니다.

2. 하물며 그들 누군가가 이 법문을 남김없이 받아들여 마음에

의 배화교에서는 아직도 태양신 아후라 마즈다(Ahura Mazda)를 최고신으로 섬기고 있다. 그러나 인도에서는 적의 최고신이기 때문에 악마로 격하되었다.

90) caitya : 한역에서는 탑묘(塔廟)라고 번역한다. 짜이띠야(*sk.* caitya, *pali* cetiya)는 일반적으로 묘소를 가리키는 것으로 불타 이전부터 있었다. 쌍윳따니까야(SN. V. 258)와 디가니까야(DN. II. 102~107)에 부처님이 완전한 열반에 들기 전 마지막 여로에서 탑묘의 아름다움을 찬양한 시가 등장한다.

탑묘[Cetiya : SN. V. 258]라는 경의 내용은 아래와 같다. "이와 같이 나는 들었다. 한때 세존께서 베쌀리의 마하바나에 있는 꾸따가라쌀라에 계셨다. 그때 세존께서 아침 일찍 옷을 입고 발우와 가사를 들고 베쌀리로 탁발하러 들어갔다. 베쌀리에서 탁발을 하고 식사를 마친 뒤 탁발에서 돌아와 존자 아난다를 불렀다. '아난다여, 좌구를 들고 대낮을 보내러 짜빨라 탑묘가 있는 곳을 찾아가자.' '세존이시여, 그렇게 하겠습니다.' 존자 아난다는 세존께 대답하고 좌구를 들고 세존의 뒤를 따라 나섰다. 세존께서 마침내 짜빨라 탑묘가 있는 곳을 찾아 가까이 다가가서 펴놓은 자리에 앉으셨다. 존자 아난다는 세존께 인사를 드리고 한쪽에 물러앉았다. 한쪽에 물러앉자 세존께서 존자 아난다에게 이와 같이 말했다. '아난다여, 베쌀리는 아름답다. 우데나 탑도 아름답다. 고따마까 탑도 아름답다. 쌋땀바 탑도 아름답다. 바후뿟따까 탑도 아름답다. 싸라다다 탑도 아름답다. 짜빨라 탑도 아름답다. 아난다여, 누구든지 네 가지 신통의 기초를 닦고 익히고 수레로 삼고 토대로 삼아 확립하고 쌓아나가고 잘 성취했다고 하자. 아난다여, 그가 원한다면 한 우주기나 한 우주기 남짓 머물 수 있을 것이다. 아난다여, 여래께서 네 가지 신통의 기초를 닦고 익히고 수레로 삼고 토대로 삼아 확립하고 쌓아나가고 잘 성취했다. 아난다여, 그가 원한다면 한 우주기나 한 우주기 남짓 머물 수 있을 것이다.' 세존께서 이러한 광대한 징조를 보이고 광대한 출현을 나타내셨으나 존자 아난다는 그것을 꿰뚫어 볼 수가 없었다."

짜빨라탑묘(Cāpalacetiya), 우데나탑묘(Udenacetiya), 싸란다탑묘(Sārandada cetiya)는 고따마 부처님 이전의 탑묘로 야차(夜叉)에게 받쳐진 것이다. 나중에 불교사원이 여기에 건립되었다고 한다. 그리고 쌋땀바탑묘(Sattambacetiya)는 베쌀리 서부에 있는 탑으로, 고따마 부처님 이전부터 신들에게 바쳐진 탑묘였는데, 베나레스(Kāsi)의 왕인 끼끼(Kiki)의 일곱 공주가 라자가하(Rājagaha)를 떠나 그곳에서 수행 정진했다. 그래서 '일곱 망고 탑(Sattambacetiya)'이라고 불렸다.

바후뿟따까탑묘(Bahuputtakacetiya)는 베쌀리 근교 북쪽의 탑묘로 고따마 붓다 이전부터 있었다. 원래 많은 가지를 갖고 있는 니그로다(Nigrodha) 나무가 있었는데, 많은 사람들이 그 나무의 신들에게 자식을 위한 기도를 행했다. 그래서 그 탑묘가 지어졌다. 이들 모든 탑들은 부처님이 방문한 이후부터는 부처님을 기리는 탑묘가 되었다. 이렇게 탑묘에 대한 부처님의 찬양으로 볼 때 탑신앙은 매우 오래된 전통을 갖고 있음을 알 수 있다. 우리 나라의 절이란 말의 어원이 바로 이 짜이띠야라는 설도 있다.

초기불교에서는 불타나 불제자의 유골을 모신 거대한 무덤을 스투파(stupa : 塔)라고 부르고, 그 밖의 다른 성물(聖物) 즉, 발우, 경전 등을 넣은 건물을 짜이띠야(caitya : 塔廟)라고 불러 양자를 구별해 왔다. 그러나 후세에서 이 두 가지를 혼동하여 하나의 개념으로 쓰이게 되었다. 석존의 사리는 여덟 곳에 나뉘어져서 탑 속에 봉안되었다. 서기전 3세기 경 아쇼카왕은 인도 전역에 8만 4천이나 되는 탑을 쌓았다고 전해진다.

새기고 독송하고 숙달해서 다른 사람들에게 상세히 설명해준다면 더 말해 무엇하겠습니까? 쑤부띠여, 그들에게 위없는 경이로움이 성취될 것입니다.

3. 그리고 쑤부띠여, 그 지방에 '스승'이 머물거나 어떤 다른 현명한 스승이 머물 것입니다."[91]

13. 여법하게 받아 지니라〔如法受持分〕

1. 이렇게 말씀하시자 장로 쑤부띠는 세존께 이와 같이 여쭈었습니다.

[쑤부띠] "세존이시여, 그러면 이 법문을[92]은 무엇이라고 부르고 어떻게 마음에 새겨야 합니까?"

2. 이와 같이 여쭙자 세존께서 존자 쑤부띠에게 다음과 같이 말씀하셨습니다.

[세존] "쑤부띠여, 이 법문은 '지혜의 완성'이라고 부르고 그와 같이 새겨야 합니다.

3. 그것은 무슨 까닭입니까?

쑤부띠여, 여래께서 '지혜의 완성'이라고 말씀하신 바로 그것은 여래께서 '완성이 아닌 것'을 가르치신 것입니다. 그러므로 말

---

91) 서장어역에는 '그 지방에는 스승이나 라마와 같은 적당한 분이 머문다 (sa phyogs de na ston pa'am bla ma lta bu gaṅ yaṅ ruṅ par gnas so).'라고 되어 있다.

92) dharma-paryāyaḥ : 보디루찌(菩提流支)와 현장(玄奘)은 '이 법문'이라고 번역했고, 급다(笈多)는 '이 세존법 (此世尊法)'이라고 번역했다. 나집(羅什)은 '차경(此經)' 진제(眞諦)는 '시경전(是經典)이라고 번역했다. 그러므로 '법문(法門)'을 구체적으로 말하면 '경전'이란 뜻이 되는 것이다.

하자면 '지혜의 완성'인 것입니다.

4. 쑤부띠여, 어떻게 생각합니까? 여래께서 가르치신 어떠한 법이라도 있습니까?"

5. 쑤부띠는 여쭈었습니다.
[쑤부띠] "세존이시여, 그렇지 않습니다. 여래께서 가르치신 어떠한 법도 없습니다."

6. 세존께서 말씀하셨습니다.
[세존] "쑤부띠여, 어떻게 생각합니까? 삼천대천세계에 있는 낱낱의 땅의 티끌93)의 숫자를 생각해본다면, 그것들이 많겠습니까?"

7. 쑤부띠는 여쭈었습니다.
[쑤부띠] "세상에 존경받는 님이시여, 땅의 티끌은 많겠습니다. 올바른 길로 잘 가신 님이시여, 땅의 티끌은 많겠습니다.

8. 그것은 무슨 까닭입니까?
세존이시여, 여래께서 말씀하신 '땅의 티끌'에 대해 말씀하신 것은 '티끌이 아닌 것'을 가르치신 것입니다. 그러므로 말하자면, '티끌'인 것입니다. 그리고 여래께서 이러한 '세계'에 대해 말씀하신 것은 '세계가 아닌 것'이라고 가르치신 것입니다. 그러므로 말하자면, '세계'인 것입니다."

9. 세존께서 말씀하셨습니다.
[세존] "쑤부띠여, 어떻게 생각합니까? 이렇게 오신 님, 거룩한

---

93) rajas : 한역에서는 '미진(微塵)'이라고 한다. 서장어역에서는 원자(原子 : rdul phra rab)의 뜻으로도 해석할 수 있다

님, 올바로 원만히 깨달은 님을 위대한 사람이 갖춘 서른 두 가지의 특징94)을 통해서 볼 수 있다고 생각합니까?"

10. 쑤부띠는 여쭈었습니다.

[쑤부띠] "세존이시여, 그렇지 않습니다. 이렇게 오신 님, 거룩한 님, 올바로 원만히 깨달은 님을 위대한 사람이 갖춘 서른 두

---

94) dvātriṃśan-mahāpuruṣa-lakṣaṇāni : 삼십이상(三十二相)이라고 한역한다. 삼십이상은 아래와 같다. ① uṣṇiṣa-śariraska : 정성육계상(頂成肉髻相) 머리 위에 육계가 있다. ② pradakṣināvarta-keśa : 발모우선상(髮毛右旋相) 머리의 모든 털이 오른쪽으로 감겨있는 것이다. ③ sama-lalāṭa : 전액평정상(前額平正相) 이마가 바르고 평평한 것이다. ④ ūrṇā-keśa : 미간백호상(眉間白豪相) 미간에 부드러운 흰털이 오른쪽으로 감겨있는 것이다. ⑤ abhinīla-netra : 안색여감청상(眼色如紺青相) 눈동자가 검푸른 색깔을 하고 있다. ⑥ catvāriṃsad-danta : 구사십치상(具四十齒相) 일반인의 치아가 32개인데 비해 부처님의 치아는 40개의 치아가 있다. ⑦ sama-danta : 치제평상(齒齊平相) 평평하고 가지런한 치아가 있다. ⑧ avilala-danta : 치제밀상(齒齊密相) 간격없이 들어찬 가지런한 치아가 있다. ⑨ suśukla-danta : 아치선백유광명상(牙齒鮮白有光明相) 희고 빛나는 치아가 있다. ⑩ rasa-rasāgrata : 인중진액득상미상(咽中津液得上味相) 타액 즐기는 위없는 맛이 있다. ⑪ siṃha-hanu : 사자협차상(獅子頰車相) 외도를 파하기 위해 악골이 사자와 같다. ⑫ prabhūta-tanu-jihva : 광장설상(廣長舌相) 혀가 부드럽고 길어서 얼굴을 덮을 만하고 혀끝은 귀까지 닿을 수 있다. ⑬ brahma-svara : 범음성상(梵音聲相) 낭낭하고 청정한 목소리가 있다. ⑭ susaṃvṛta-skandha : 견박원만상(肩膊圓滿相) 어깨가 둥글고 풍만하다. ⑮ sapta-utsada : 칠처충만상(七處充滿相) 양손과 양발과 양어깨와 머리의 일곱 곳이 충만하고 융기가 돋아 있다 ⑯ citāntarāṃsa : 양액만상(兩腋滿相) 겨드랑이 아래의 근육이 원만하여 요철이 없다. ⑰ sūkṣma-suvarṇa-cchavi : 신금색피부세활상(身金色皮膚細滑相) 몸의 색이 금색이고 피부가 부드럽고 매끄럽다. ⑱ anavanata-pralamba- bāhutā : 수마슬상(手摩膝相) 손이 길어서 무릎 아래로 내려온다. ⑲ siṃha-purvārdha - kāya : 신여사자상(身如獅子相) 몸의 상반신이 위풍당당하여 사자와 같다. ⑳ nyagrodha- parimaṇḍala : 신분원만상(身分圓滿相) 몸의 키와 활짝 핀 팔의 길이가 같다 ㉑ loma-pradakṣināvarta : 신모우선상(身毛右旋相) 모든 몸의 털이 오른 쪽으로 감겨 있다. ㉒ ūrdhvaga-roma : 신모상미상(身毛上靡相) 모든 몸의 털이 위쪽 향해 있다. ㉓ kośopagata-vasti-guhya : 세봉장밀상(勢峯藏密相) 성기가 몸속에 감춰져 있다. ㉔ suvartita-ūru : 퇴원만상(腿圓滿相) 넓적다리가 둥글다. ㉕ utsaṅga-pāda : 족질단후상(足趺端厚相) 발의 복사뼈가 돌출되어 있다 ㉖ mṛdu-taruṇa-hasta-pāda-tala : 수족세연상(手足細軟相) 손과 발이 부드럽다 ㉗ jālāvanaddha-hasta-pāda : 수족만망상(手足縵網相) 마디가 격자문양처럼 가지런한 손발을 갖고 있다. ㉘ dīrgha-aṅguli : 수지섬장상(手指纖長相) 손가락이 길고 섬세하다. ㉙ cakrāṅkita-hāstapada : 수족천폭륜상(手足千輻輪相) 손바닥과 발바닥에 수레바퀴(法輪) 모양이 있다. ㉚ supratiṣṭhita-pāda : 족안평상(足安平相) 땅바닥에 적응해서 안착되는 발을 갖고 있다. ㉛ āyata-pāda-pārṣṇi : 족근만족상(足跟滿足相) 발꿈치가 원만하고 풍만하다 ㉜ aiṇeya-jaṅgha : 천여녹왕상(腨如鹿王相) 장딴지가 사슴처럼 섬세하다.

가지의 특징을 통해서 볼 수 없습니다.

11. 그것은 무슨 까닭입니까?
여래께서 '서른 두 가지의 위대한 사람의 특징'에 대해 말씀하신 것은 여래께서 '특징이 아닌 것'을 가르치신 것입니다. 그러므로 말하자면, '서른 두 가지의 위대한 사람의 특징'인 것입니다."

12. 세존께서 말씀하셨습니다.
[세존] "쑤부띠여, 한 여인이나 한 남자가 날마다 갠지스강에 있는 모래알 만큼 많이 자신의 몸을 희생하고 이처럼 갠지스강의 모래알을 세는 횟수 만큼의 무한한 시간 동안 그 자신의 몸을 희생하는 것보다, 누군가가 이 법문으로부터 사행시 한 게송이라도 받아들여 다른 사람들에게 가르치고 상세히 설명해 준다면, 그가 그것을 인연으로 헤아릴 수 없고 셀 수 없는 훨씬 많은 공덕의 다발을 이룰 것입니다."95)

---

95) yaś ceto dharma-paryāyād antaśaś catuṣpādikām api gāthām udgṛhya parebhyo deśayet samprakāśayed, ayam eva tato nidānaṃ bhutaraṃ puṇya-skandhaṃ prasunuyād aprameyam asaṃkhyeyam. : 아쌍가와 바쑤반두는 법보시가 일반적인 보시보다 탁월한 것임을 다음과 같이 설하고 있다. (앞에서 부처님은 깨달음을 돕지 않는 공덕에 관해서 말했고 지금은 깨달음을 도울 수 있는 공덕에 관해서 말한다는 것을 강조한다. 그렇다면, 깨달음을 도울 수 있는 보시, 그 위없는 공덕은 무엇인가? 그것은 다음과 같다.) (법의 보시는 다른 보시보다 수승하다.) 왜냐하면 ① 그것은 두 가지(가르침이 행해진 장소와 가르침을 행한 자)를 가치 있게 만들기 때문이다. ② (어떠한 법도 설해지지 않기 때문에) 그 흐름이 매우 큰 과보가 있기 때문이다. ③ (다른 보시 보다 모든 종류의 오염을 끊기 때문에) 번뇌를 없앰의 원인이기 때문이다. ④ (그 목표가 위없는 깨달음의 구현이고 외형적인 특징이 아닌 한) 보다 열등한 과보를 극복하기 때문이다.(dvayasya pātrikaraṇān niṣyandatvamahatvataḥ, asaṃkleś asya hetutvād dhīnābhibhavanād api). (그러나 이것은 앞에서 말해진 것처럼 법신은 모든 특징이 없으므로 잘못된 지각일 수 있다.) ⑤ (보시의 실천이 결과적으로 미래에 가져오는 자기 자신의 몸에 대한 향수도 훌륭하지만, 반면에 법의 보시로부터 유래하는 공덕이, 무수한 몸을 포기하게 만드는 한, 몸이 본질적으로 고통스럽다는 것을 깨닫고), 저열한 공덕의 실천으로부터 보다 높은 고통의 과보를 얻을 수 있기 때문이다. ⑥ (쑤부띠가 예전에 들어본 적이 없다고 하는) 그 목표는 도달하기 어렵고 (지혜의 완성은

14. 지각을 여읜 평안〔離相寂滅分〕

1. 이 때에 장로 쑤부띠는 가르침에 감동을 받아 눈물을 흘렸습니다.

2. 그는 눈물을 흘린 뒤에 세존께 여쭈었습니다.
[쑤부띠] "세상에 존경받는 님이시여, 놀라운 일입니다. 올바른 길로 잘 가신 님이시여, 아주 놀라운 일입니다. 여래께서 참으로 최상의 삶96)에 들어선 자들의 이익을 위해, 최선의 삶97)에 들어선 자들의 이익을 위해 이 법문을 말씀하셨습니다.

3. 세존이시여, 저에게 지혜가 생겨난 이래, 이와 같은 법문을

완성이 아니라는) 그 뜻은 높기 때문이다. ⑦ 그 내용의 한계는 알려지지 않았기 때문이다. ⑧ (진실한 지각이라는) 그 가르침은 다른 교파에게 공통되지 않기 때문이다.(tatphalaśreṣṭhaduḥkhatvād durlabhārthottamārthataḥ, jñeyāpāramitatvāc ca parāsādhāraṇatvataḥ). ⑨ (지각하는 자나 지각되는 것에 관련해서 잘못된 견해가 가르침에서 발견되지 않는 한, 그리고 깨달음을 향한 님이 존재하지 않음에 대한 깨달음에도 불구하고 두려움을 느끼지 않는 한) 그것은 깊고 심오하기 때문이다. ⑩ 다른 학파의 경전에 비해 탁월하기 때문이다. ⑪ 위대하고 순수한 부처님의 혈맥을 계승한다. ⑫ 그러므로 (지혜를 닦는 것에서 오는) 공덕이야말로 (일반적인) 공덕보다 수승하다.(gāḍhagaṃbhīrabhāvāc ca parasūtraviśiṣṭataḥ, mahāśu- ddhānvayatvāc ca puṇyāt puṇyaṃ viśiṣyate).

96) agra-yāna : 중앙아시아본, 서장본, 코오탄본에는 없다. 그래서 나까무라 하지메는 한역에서는 현장본에만 있어 후세에 부가되었을 가능성이 많다고 했다. 그러나 아쌍가와 바쑤반두의 주석에는 이것에 대해 언급한 대목이 있다. (그러나 지혜의 닦는 것은 고통스럽지만 결코 고통의 원인이라고 불릴 수 없다. 이 점은 다음과 같은 두 게송에서 분명해진다.) (깨달음에 이르는 길을 닦는) 어려운 수행을 참아내는 능력〔忍辱〕은 ① 거기에 (열반의 상태와 공존하는) 착하고 건전한 것(善)이 있고 ② 그것에서 유래하는 공덕을 헤아리기 어렵기 때문에 최상의 일이라 불린다.(sahiṣṇutā ca caryāyāṃ duṣkarāyāṃ śubhā yataḥ, tadguṇāparimāṇatvād agrārthena nirucyate). ③ 더구나 이 가르침에는 자아에 대한 지각이든 분노의 지각이든지 그것들이 자리잡을 터전이 없으므로 괴로움의 조건을 허용할 가능성은 없기 때문이다. ④ 깨달음에 이르는 길의 실천은 만족을 수반하고 자비로워서 괴로움을 그 과보로 삼지 않기 때문이다. (ātmāvyāpādasaṃjñāyā abhāvād duḥkhatā na ca, sasukhā karuṇābhāvāc caryā 'duḥkhaphalā tataḥ)

97) śreṣṭha-yāna : 이것은 최상승과 동의어이다. 역시 후세에 대승불교가 발달하면서 부가된 것일 것이다.

들어본 적이 없습니다.

4. 세존이시여, 이 경전이 설해질 때, 깨달음을 향한 님들이 그 것을 듣고 진실한 지각을 일으키게 되면, 그들에게 위없는 경이로움이 성취될 것입니다.

5. 그것은 무슨 까닭입니까?
세존이시여, '진실한 지각'이란 실제로 '지각이 아닌 것'입니다. 그러므로 여래께서 '진실한 지각, 진실한 지각'에 대해 가르칩니다.

6. 세존이시여, 세존께서 저에게 이 법문을 설하시는 지금 제가 이 법문을 이해하고 거기에 전념하는 것은 어렵지 않습니다.

7. 그러나 세존이시여, 미래의 시대, 마지막 시기, 마지막 시간, 마지막 오백 년, 올바른 가르침이 무너질 때에도 어떤 뭇삶들이 있어서, 세존이시여, 이 법문을 받아들여 마음에 새기고 독송하고 숙달해서 다른 사람에게 상세히 설명해준다면, 그들에게 위없는 경이로움이 성취될 것입니다.

8. 세존이시여, 그리고 또한 그들에게는 참으로 자아에 대한 지각이 일어나지 않고, 존재에 대한 지각, 생명에 대한 지각, 영혼에 대한 지각도 일어나지 않으며, 또한 그들에게는 어떠한 지각도 지각이 아닌 것도 일어나지 않을 것입니다.

9. 그것은 무슨 까닭입니까?
세존이시여, 자아에 대한 지각이라는 것은 실제로 지각이 아니기 때문이며, 존재에 대한 지각, 생명에 대한 지각, 영혼에 대한 지각도 실제로 지각이 아니기 때문입니다. 그것은 무슨 까닭입니까? 세존이신 깨달은 님들은 모든 지각에서 벗어나[98] 계시기 때문입니다."

10. 이와 같이 여쭙자 세존께서 장로 쑤부띠에게 다음과 같이 말씀하셨습니다.

[세존] "쑤부띠여, 그렇습니다, 쑤부띠여, 그렇습니다. 여기 이 경전이 설해질 때, 뭇삶들이 떨며 두려워하지 않고 전혀 무서워하지 않는다면, 그들에게 위없는 경이로움이 성취될 것입니다.

11. 그것은 무슨 까닭입니까?

쑤부띠여, 여래께서 '궁극적인 완성'에 대해 말씀하신 것은 '완성이 아닌 것'을 가르치신 것입니다.[99] 쑤부띠여, 이와 같이

---

98) sarva-saṃjñā apagatā : Ud. 8에 따르면, 부처님은 바히야(Bāhiya)에게 이와 같이 말한다. 바히야여, 그 경우에 그대는 이와 같이 스스로 수행해야 한다. '보여진 때는 오로지 보여진 것이 있을 뿐이며, 들려진 때는 오로지 들려진 것이 있을 뿐이며, 사유된 때는 오로지 사유된 것이 있을 뿐이며, 인식된 때는 오로지 인식된 것이 있을 뿐이다. 보여진 때는 오로지 보여진 것이 있을 뿐이며, 들려진 때는 오로지 들려진 것이 있을 뿐이며, 사유된 때는 오로지 사유된 것이 있을 뿐이며, 인식된 때는 오로지 인식된 것이 있을 뿐이므로, 바히야여, 그대는 거기에 없다. 바히야여, 그대는 거기에 없으므로 바히야여, 그대는 이 세상에도, 저 세상에도, 그 사이에도 없다. 그 자체가 괴로움의 종식이다.(diṭṭhe diṭṭhamattaṃ bhavissati, sute sutamattaṃ bhavissati, mute mutamattaṃ bhavissati, viññāte viññātamattaṃ bhavissati. yato kho te bāhiya tato tvaṃ bāhiya na tattha, yato tvaṃ bāhiya nev'attha, tato tvaṃ bāhiya nev'idha na huraṃ na ubhayamantarena, es'evanto dukkhass'āti)'

99) 이 문장은 길기트 범본과 동투르키스탄본 범본 그리고 서장본에서는 다음과 같은 문장을 채택하고 있다. "쑤부띠여, 여래께서 이것을 '궁극적인 완성'이라고 가르치신 것입니다.(〔길기트, 동투르키스탄본〕 parama-pāramiteyaṃ subhūte tathāgatena bhāṣitā. = 〔서장본〕 rab 'byor pha rol tu phyin pa 'di ni de bžin gśegs pas gsuṅs te)을 따른다. 현대어역에서는 콘즈의 영역이 이 서장어에 따라서 번역한 것이다. 그러나 기타의 막스 뮐러본에는 "쑤부띠여, 여래께서 '궁극적인 완성'이라고 하신 것은 '완성이 아닌 것'을 가르치신 것입니다.(tat kasya hetoḥ? parama-pāramiteyaṃ subhūte tathāgatena bhāṣitā yaduta-apāramitā.)"라고 되어 있고 꾸마라지바와 현장의 번역(〔羅什〕 非第一波羅蜜 〔玄奘〕 是名第一波羅蜜.如來說最勝波羅蜜多 卽非波羅蜜多 是故如來說名最勝波羅蜜多)은 바로 이것을 따르고 있다. 그러나 길기트 범본과 동투

여래께서 말씀하신 궁극적인 완성은 또한 세상에 존경받는 님, 헤아릴 수 없는 깨달은 님들께서 가르치신 것입니다. 그러므로 그것을 '궁극적인 완성'이라고 말합니다.

12. 더구나 쑤부띠여, 여래께서 '인욕의 완성100)'이라고 한 것도 실제로는 완성이 아닌 것입니다.

13. 그것은 무슨 까닭입니까?

쑤부띠여, 까링가의 왕101)이 나의 몸 마디 마디에서 살점을 떼어낼 때, 그 당시에도 나에게는 자아에 대한 지각이나 존재에 대한 지각이나 생명에 대한 지각, 또는 영혼이란 지각이 없었으며, 어떠한 지각도 지각이 아닌 것도 없었기 때문입니다.102)

르키스탄본이 간략하고 보다 원형에 가까운 것이고 이 문단에서의 내용의 흐름과 맞는 것처럼 보이지만 궁극적인 완성(婆羅密多) 곧 지혜의 완성 즉 반야바라밀다를 의미하며, 그것도 개념적으로 파악되어서는 안됨으로 다른 곳에서 '지혜의 완성'이 '완성이 아닌 것'을 가르친 것이라는 내용과의 형평성을 고려할 때에 막스 뮐러본이나 한역, 하레즈의 불어역과 막스 발레서의 독역이 옳은 것이다.

100) kṣāntipāramitā : 아쌍가와 바쑤반두는 주석에서 다음과 같이 진술하고 있다. (어떤 깨달음을 향한 님들은 육바라밀을 실천하는데 암시된 고통 때문에 위없는 깨달음을 실현하려는 서원을 버리는 것이 가능하다. 이러한 의문을 제거하기 위해 경전은 모든 지각을 버려야 한다고 설하고 있다. 왜냐하면 수행의 고통 때문에 서원이 단념될 수 있다고 표현한 사람이 아니라 표현하지 않은 사람만이 모든 지각을 버려서 마음이 어디에도 의존하지 않기 때문이다. 다음의 게송의 목적이 그것이다.) 사실상 강인한 노력은 (깨달음에 도달하려는) 마음을 포기하지 않고, 인내의 완성「kṣāntipāramitā : 忍辱波羅密」을 닦는 가운데, 그리고 (깨달음의 실현, 보시의 성취 등과 같은 어디에도 의존하지 않는 마음을 토대로 하는 모든 것의) 도구가 되는 방편 가운데 이루어진다.(cittātyāgābhinirhāre yatnaḥ kāryo dṛḍho yataḥ, kṣāntipāramitāprāptau tatprāyogika eva ca)

101) kaliṅga-rāja : 한역에서 음역하면 가리왕(歌利王) 또는 갈리왕(羯利王)이라고 하며 의역하여 악왕(惡王)이라 한다. 그런데 이 단어는 현존 범본(kaliṅga-rāja)이나 서장본(kaliṅka'i rgyal po)을 기준으로 한 것이나 한역과는 잘 일치하지 않는 감을 준다. 코오탄어본이나 길기트본에는 깔리왕(kali-rāja)으로 되어 있어 한역과 잘 어울리며 의미상으로도 악왕과 일치한다. 왜냐하면 깔리신은 악마의 신이기 때문이다.

102) kācit saṃjñā vā-asaṃjñā vā babhūva : 아쌍가와 바쑤반두는 다음과 같이 주석을 달고 있다. (깨달음을 향한 님의 기본적인 성품으로서 어디에도 의존하지 않는 마음은 깨달음을 성취하려는 서원과 육바라밀의 실천이 뭇삶의 이익을 위하여 이루어져야 한

14. 그것은 무슨 까닭입니까?
쑤부띠여, 만약 내게 그 때에 자아에 대한 지각이 생겨났다면, 내게 그 때에 분노에 대한 지각이 생겨났을 것이고, 그와 마찬가지로 존재에 대한 지각이나 생명에 대한 지각이나 영혼에 대한 지각이 생겨났다면 내게 그 때에 분노라는 지각이 생겨났을 것이기 때문입니다.

15. 그것은 무슨 까닭입니까?
나는 과거 오백세의 세상을 '인욕을 가르치는 님'103)라는 이름의 선인으로 살았던 것을 꿰뚫어 압니다. 그 때에도 역시 나에게는 자아에 대한 지각이 생겨나지 않았으며, 존재에 대한 지각, 생명에 대한 지각, 영혼에 대한 지각도 생겨나지 않았습니다.

16. 쑤부띠여, 그러므로 깨달음을 향한 위대한 님은 모든 지각을 버리고 나서 위없는 바르고 원만한 깨달음을 향해 마음을 일으켜야 할 것입니다.

17. 그는 형상에 마음을 의존하지 않고 마음을 일으켜야 하며 소리, 냄새, 맛, 감촉 및 정신의 대상에도 의존하지 않고 마음을 일으켜야 합니다. 법에도 의존하지 않고, 법이 아닌 것에도 의존하지 않고, 그 어떠한 것에도 의존하지 않고 마음을 일으켜야

다는 법문의 내용과 모순이 된다. 그러므로 적어도 존재하는 어떤 생각에 의존해야 하는 것이 아닌가?) 올바른 실천은 그것이 유익함의 원인이 되는 한, 뭇삶들에게 유익한 것으로 여겨지지만, (올바른 실천을 하려면) 뭇삶들이 실재로 존재한다는 인상에서 벗어나야 하는 것을 알아야 한다.(pratipattiś ca sattvārthā vijñeyā hetubhāvataḥ, sattvavastunimittāt tu vijñeyā parivarjitā)

103) kṣantivādin : '인욕을 가르치는 자'란 뜻이다. 현대어 역에는 간혹 '관용(tolerlance)을 가르치는 자'라고 되어있기도 하다.

합니다.104)

18. 그것은 무슨 까닭입니까?
모든 의존되어 있는 것들은 실제로 의존되어 있는 것이 아니기 때문입니다.

19. 그러므로 여래께서는 '깨달음을 향한 님은 의존함이 없이 보시를 해야 한다. 그는 형상, 소리, 냄새, 맛, 촉감, 사물에 의존하지 않고 보시를 해야 한다'라고 말씀하셨습니다.

20. 더 나아가, 쑤부띠여, 깨달음을 향한 님이 이러한 길을 따라 보시를 베푸는 것은 모든 뭇삶의 이익을 위해서입니다.

21. 그것은 무슨 까닭입니까?
쑤부띠여, 이와 같은 '뭇삶에 대한 지각'은 실제로 '지각이 아닌 것'입니다. 여래께서 말씀하신 '모든 뭇삶들'도 마찬가지로 실제로 뭇삶이 아닙니다.105)

---

104) na adharma-pratiṣṭhitaṃ cittam utpādayitavyam : 서장어역에는 '법이 아닌 것(adharma)에도 의존하지 않고 마음을 일으켜야 한다'라고 번역하고 있다. 아쌍가와 바쑤반두는 다음과 같이 주석을 달고 있다. (그런데 의문이 생겨난다. 성자들은 소위 조건지어지지 않은 것으로부터 나타난 것이라면, 어떻게 불성(佛性)이 어디에도 의존하지 않는 마음에 의해서 깨달아지는가? 깨달음이 실현 될 때 마음은 어딘가에 의존해야 한다. 더구나 이 깨달음이 영원하고 없는 곳이 없다면, 어떤 때는 깨닫고 어떤 때는 못 깨닫는 이유는 무엇인가?) 진여는 언제나 어디에나 있지만, 무지하기 때문에 마음이 어딘가에 의존해 있는 자들에게 깨달아지지 않는다. 그러나 반대로 올바른 지혜 때문에 마음이 아무 데도 의존하지 않는 사람에게 깨달아진다. (——————alā bhatā, ajñānāt sapratiṣṭhena jñānād anyena lābhatā : 常時諸處有 於眞性不獲 由無知有住 智無住得眞)'

105) yā caiṣā subhūte sattva-saṃjñā saiva-asaṃjñā. ya evaṃ te sarva-sattvās tathāgatena bhāṣitās ta eva-asattvāḥ : 아쌍가와 바쑤반두는 다음과 같이 주석을 달고 있다. (그렇다면 존재의 진정한 특징은 무엇인가?) (우리가 존재이라고 부르는 것은 실제로는 존재의) 다발에 적용되는 명칭에 지나지 않는다. (그래서 그 자체에 대한 지각을 떠나 있고 어떠한 본질도 결여되어 있다.) (주체〔人〕나 객체〔法〕에 대한 두 가지) 그 지각은 승리자 (즉, 깨달은 님)에게서는 완전히 제거되었다. 그러므로 깨달은 님께서 진실한 견해를 갖고 있는 한, (주체나 객체와 같은) 그것은 존재하지 않는다. (nāmaskandhāś ca tadvastu tatsaṃjñāpagamāj jine, tadabhāvo hi buddhān

22. 그것은 무슨 까닭입니까?

쑤부띠여, 여래께서는 진실에 입각해서 말씀하시며, 진리에 입각해서 말씀하시며, 있는 그대로 말씀하시지, 여래께서는 그것과 다른 것을 말씀하시지 않고, 여래께서는 있는 그대로가 아닌 것을 말씀하시지 않기 때문입니다.106)

23. 그러나 그럼에도 불구하고, 쑤부띠여, 여래께서 분명하게 깨달아 얻고 가르친 법에 관해 말하자면, 그렇기 때문에 진실도 없고, 거짓도 없습니다.107)

āṃ tattvadarśanayogataḥ)

106) bhūtavādī subhūte tathāgataḥ satyavādī tathāvādy ananyathāvādī tathāgataḥ. na vitathavādī tathāgataḥ. : 아쌍가와 바쑤반두는 다음과 같이 주석을 달고 있다. (그러나 정말 그러하고 어떠한 실천도 존재하지 않는다면, 깨달아진 결과 즉 깨달음에 원인은 없는 것을 뜻하게 되는데, 그렇다면, 길은 과보에 대한 원인이 아닌가? 분명히 아니다. 법문은 진실에 관해 말하기 때문이다.) 그 길은 (조건지어진 것으로 형성된 것이 되는 불성으로 구성된) 과보에 대한 원인이라는 생각에 의존하지 않는다. 그것은 결코 과보에 대한 수단적인 원인이 아니다. 왜냐하면 (이러한 가르침을 베푼) 깨달은 님들은 언제나 진실을 말씀하시기 때문이다. 그들이 천명하는 진실은 네 가지인 것을 알아야 한다. (phalāpratiṣṭhito mārgas tatphalasyāpi kāraṇam, buddhānāṃ bhūtavāditvāt tac ca jñeyaṃ caturvidham) ① (깨달은 님이 되려는) 서원, ② 소승의 가르침, ③ 대승의 가르침, ④ 깨달은 님께서 말씀하신 모든 (예언적인) 수기에 포함된 가르침은 바로 결코 거짓으로 밝혀지지 않는 것이다. (pratijñā hīnayānasya mahāyānasya deśanā, sarvavyākaraṇānāṃ ca na visaṃvādini yataḥ)' (이것이 진실에 입각한 말씀, 진리에 입각한 말씀, 있는 그대로의 말씀, 그것과 다르지 않은 말씀의 네 가지 표현을 설명하는 것이다.) 여기서 ① 은 bhūtavādī와 ②는 satyavādī와, ③은 tathāvādī와 , ④는 ananyathāvādi와 관계된다. 이러한 진술은 쌍윳따니까야(SN. II. 26)에서 연기에 관한 일반적 특성을 정의하는 다음과 같은 네 가지 특성과 일치한다 : '무명(無明)을 조건으로 형성(行)이 생겨난다'는 것과 같이 거기서 여실한 것(如性 : tathatā), 허망하지 않은 것(不離如性 : avitathatā), 다른 것이 아닌 것(不異性 : annaññathatā), 이것을 조건으로 하는 것(此緣性 : idapaccayatā), 그것을 수행승들이여, 연기라고 부른다.(avijjāpaccayā bhikkhave saṅkharā iti kho bhikkhave yā tatratathatā avitathatā anaññathatā idapaccayatā ayaṁ vuccati bhikkhave paṭiccasamuppādo)

107) na tatra satyaṃ na mṛṣā : 아쌍가와 바쑤반두는 다음과 같이 주석을 달고 있다. (그러나 법문에서 '여래의 가르침이 진실이나 거짓이란 말로 표현할 수 없다'는 사실에 관하여 어떻게 이해할 수 있을까?) (이러한 말의 배후에 존재하는 어떠한 것도 없는 한, 실제로 존재하는 것으로) 어떠한 것에도 도달할 수 없기 때문에 이러한 가르침은 진실이 아니고 그것이 (깨달음에 도달했다는 사실과) 일치하는 한, 거짓도 아니다. 그

24. 쑤부띠여, 사람은 어둠 속에서는 아무 것도 볼 수 없습니다. 깨달음을 향한 님이 사물에 빠져108) 보시를 하는 것도 바로 그와 같다고 보아야 합니다.

25. 쑤부띠여, 눈 있는 사람은 밤이 밝아져서 해가 뜨면, 여러 가지 모습을 볼 수 있습니다. 깨달음을 향한 님이 사물에 빠지지 않고 보시를 하는 것도 바로 그와 같다고 보아야 합니다.109)

26. 쑤부띠여 또한, 참으로 훌륭한 가문의 아들들이나 훌륭한 가문의 딸들이 있어 법문을 받아들여 마음에 새기고 독송하고 숙달해서 다른 사람에게 상세히 설명해줄 것입니다.110) 쑤부띠여, 여래께서

것은 (그것들이 본질과 일치하는 것처럼 문자적 의미에 따라) 언어를 취하려는 경향을 치료하기 위해 설해진 것이다. (aprāpter ānukulyāc ca na satyā na mṛṣā matā, yathārutaniveśasya pratipakṣeṇa deśanā)' (그러므로 경전에서 여래께서 진실을 말한다(bhūtavādi)와 그 뒤에 진실도 거짓도 없다는 것(na satyaṃ, na mṛṣā)을 붙인 것은 모순이 아니다.) 역자의 견해로는 이것은 견해에의 집착(見取 : diṭṭhupādāna)을 부정한 것이다. 즉 선입견[先入見 : purimadiṭṭhi]이나 증상견[增上見 : uttaradiṭṭhi]에의 집착을 부정한 것이다. 붓다고싸(Srp. II. 14)에 의하면 '자아와 세계는 영원하다. 이것이야말로 진리이고 다른 것은 거짓이다'와 같은 진술에서 '이것이야말로 진리'라는 주장은 선입견이고 '다른 것은 거짓'이라는 입장은 증상견이라고 할 수 있다. 진리도 거짓도 없다는 것은 영원한 자아와 세계를 실체로 인정할 때에 생겨나는 선입견이나 증상견일 수 있다.

108) vastu-patita : 사물에 마음이 사로잡힌 상태로 집착(執着)된 것을 말한다

109) evam avastu-patito bodhisattvo draṣṭavyo yo'vastu-patito dānaṃ parityajati. : 아쌍가와 바쑤반두는 다음과 같이 주를 달고 있다. (깨달은 님은 진여에서 나타났으므로 그 때문에 의존하는 마음이 있으면 진여를 증득할 수가 없다. 그래서 이와 같이 말한다.) 무지는 어둠과 같고 지혜는 빛과 같다고 말해진다. (태양이 어둠을 몰아내는 예에서처럼, 잘못된 지각에 대한) 치료와 (어둠과 같은) 그 반대의 예는 각각 깨달음의 획득과 깨달음의 상실을 드러내기 때문이다.(tamaḥprakāśam ajñānam ālokavan mataṃ, pratipakṣavipakṣasya lābhahānyāmukkhatvataḥ : 無智有如闇 當閑智若明 能對及所治 得失現前故)'

110) api tu khalu punaḥ subhūte ye kulaputrā vā kuladuhitaro vemaṃ dharma-paryāyam udgrahīṣyanti dhārayiṣyanti vācayiṣyanti paryavāpsyanti parebhyaś ca vistareṇa samprakāśayiṣyanti. : 아쌍가와 바쑤반두는 다음과 같이 주석을 달고 있다. 법에 따른 올바른 실천에서 어떠한 공덕이 얻어지고, 그 (올바른) 실천이 어떻게 업력에 영향을 줄 것인가가 이제 설해진다.(yādṛśya pratipattyā ——————————, yat karmikā ca sā dharme pratipattis tad ucyate.= chos la

는 깨달은 님의 지혜로 그들을 알고 있으며, 쑤부띠여, 깨달은 님의 지혜로 그들을 알고, 쑤부띠여, 여래께서는 깨달은 님의 눈으로 그들을 보고 있습니다.111)

27. 쑤부띠여, 이들 모든 뭇삶들은 헤아릴 수 없고 셀 수 없는 공덕의 다발을 이루고 성취할 것입니다."112)

---

sgrub pa ji lta bus, bsod nams ci 'dra 'thob pa daṅ, las ni gaṅ daṅ ldan pa de, sgrub pa yin te de brjod do. = 由如是正行 獲如是福量 於法正行者 業用今當說).(법문에 설명된) 문장이 구성하는 가르침은 (올바른 실천과 관련해서) 세 가지가 있다. 가르침을 받아들이고 가르침을 마음에 새기고 다른 사람에게 설명하는 것입니다. 그 의미는 자신이나 다른 사람에게서 배우거나 생각함으로서 획득될 수 있다.(vyañjane trividhā dharmadharatve śrutavistare, arthasya parato 'dhyātmam āptau śravaṇa-cintanāt : 於文有三種 受持聞廣說 義得由從他 及已聞思故).

111) SN. III. 152에 따르면, "수행승들이여, 나는 알지 못하고 보지 못하는 자가 아니라 알고 또한 보는 자에게 번뇌가 소멸한다는 사실에 관해 말한다.(jānato ham bhikkhave passato āsavānaṃ khayaṃ vadāmi no ajanato apassato.)" 언제나 '알고 또한 본다'는 것이 문제이지, 믿는다는 것은 별로 의미를 지니지 못한다. 붓다의 가르침은 언제나 '와서 보라(ehipassika)'이지 '와서 믿으라'가 아니다. 진리를 깨달은 사람에 관하여 경전의 어느 곳에서든지 언급되고 있는 말이 있다. SN. V. 423에 따르면, 부처님은 '더러움 없고 깨끗한 진리의 눈(法眼)을 떴다.(virajaṃ vītamalaṃ dhammacakkhuṃ udapādi)' '또한 SN. V. 423에서 부처님은 말씀하신다. '나는 이것이 최후의 삶이며 다시는 태어나지 않는다라고 흔들림 없이 마음에 의한 해탈을 이루어 앎과 봄을 성취했다.(ñāṇañca pana me dassanaṃ udapādi akuppā me cetovimutti ayam anti-mā jāti natthidāni punabhavo). 부처님의 가르침에서 앎과 봄은 가장 중요한 가르침이다. 봉사가 붉은 신호등 앞에서는 서고 푸른 신호등 앞에서는 가야 한다는 앎을 갖고 있어도 실제 신호등 앞에서는 봄이 없으면, 그의 앎은 소용이 없다. 그리고 어린아이가 신호등을 앞에서 붉은 신호등이나 푸른 신호등을 볼 수 있어도 붉은 신호등 앞에서 서야 하고 푸른 신호등 앞에서 갈 수 있다는 앎이 없으면 그의 봄은 아무런 소용이 없다.

112) sarve te subhūte sattvā aprameyam asaṃkhyeyaṃ puṇya- skandhaṃ pravişyanti pratigrahīṣyanti : 아쌍가와 바쑤반두의 주석에 따르면 다음과 같다 : 이 (가르침을 파악하려고 하는 행위)는 자신을 정신적으로 성숙시킨다. 그리고 (다른 사람에게 설명하면) 다른 중생들을 정신적으로 성숙시킨다. 그러므로 하나의 공덕은 다른 공덕보다 본래의 위대성 때문만이 아니라 축적되는 데 필요한 오랜 (위대한) 시간 때문에 탁월하다. (———————————paripācane, vastukālamahatvena puṇyāt puṇyaṃ viśiṣyate. = 'di ni bdag smin byed gžan ni, sems can yoṅs su smin byed yin, dṅos daṅ dus ni che ba'i phyir, bsod nams las ni bsod nams 'phags. = 此謂熟內已 餘成他有情 由事時大成 望福福殊勝).'

15. 배우고 가르치는 큰 공덕〔持經功德分〕

1. [세존] "쑤부띠여, 또한, 한 여인이나 한 남자가 아침에 갠지스강의 모래알 수만큼 많이 자신의 몸을 희생하고, 점심때에 이와 같이 갠지스강의 모래알 수만큼 많이 자신의 몸을 희생하고, 저녁때에도 갠지스강의 모래알 수만큼 많이 자신의 몸을 희생하고 이러한 방법으로 수많은 백천 꼬띠니유따 겁의 시간 동안113) 무수한 자신의 몸을 희생하는 것보다, 누군가가 이 법문을 듣고 비방하지 않는다면, 그가 그것을 인연으로 훨씬 많은 헤아릴 수 없고 셀 수 없는 공덕의 다발을 이룰 것입니다.

2. 하물며 그 법문을 기록하고 받들어서 마음에 새기고 독송하고 숙달해서 다른 사람에게 상세히 설명하는 사람은 말해 무엇하겠습니까?

3. 또한 쑤부띠여, 이 법문은 실로 불가사의하고 다른 법문과 견줄 수가 없습니다. 여래께서는 최상의 삶에 들어선 뭇삶들의 행복을 위해서, 최선의 삶에 들어선 뭇삶들의 행복을 위해서 이 법문을 가르쳤습니다.

4. 이 법문을 받들어 마음에 새기고 독송하고 숙달하여 다른 사람에게 상세히 설명해주는 이들을, 쑤부티여, 깨달은 님의 지혜로 알고, 쑤부띠여, 여래께서는 깨달은 님의 눈으로 보고, 여래께서는 그들을 완전히 파악하고 있습니다.

---

113) bahūni kalpa-koṭi-niyuta-śatasahasrāṇi : 꾸마라지바의 한역에서는 무량백천만억겁(無量百千萬億劫)이라고 의역했다. 수많은 백천 꼬띠니유따의 겁이란 뜻이다. 이 숫자와 금강경의 숫자에 대해서는 이 책의 주석 116을 보라.

5. 쑤부띠여, 이들 모든 뭇삶들은 헤아릴 수 없는 공덕의 다발을 성취할 것입니다. 그들은 불가사의하며 비교할 수 없고 측량할 수 없으며 한계가 없는 공덕의 다발을 성취할 것입니다.

6. 쑤부띠여, 이들 모든 뭇삶들도 이와 같은 길을 따라 깨달음을 얻게 될 것입니다.[114]

7. 그것은 무슨 까닭입니까?
자아에 대한 견해가 있거나 존재에 대한 견해가 있거나 생명에 대한 견해가 있거나 영혼에 대한 견해가 있는 저열한 성향의 뭇삶들은 이 법문을 알아들을 수 없기 때문입니다. 또한 깨달음을 향한 님이 되기로 서원하지 않은 뭇삶들 역시 이 법문을 알아듣거나 받아들이고 마음에 새기고 독송하고 숙달할 수 없습니다. 결코 될 수가 없습니다.

8. 더 나아가, 쑤부띠여, 어떠한 지방이라도 이 경전이 설해지는 곳은 신들과 인간들과 아수라들이 사는 모든 세계가 예배하는 장소가 될 것입니다. 그 지방은 오른쪽으로 돌며 경배하는 장소가 될 것이니, 곧 그 지방은 탑묘가 있는 곳처럼 숭배하는 장소가 될 것입니다."

---

114) sarve te subhūte sattvāḥ samāṃśena bodhiṃ dharayiṣyanti : 우이하쿠쥬(宇井百壽)는 현장의 한역이 어깨에 관련된 것이라고 생각하여 samāṃśena는 svāṃśena의 오기라고 생각하여 '자기의 어깨에 보리(菩提)를 걸머질 것이다'라고 번역했다. 콘즈는 율장(VN. II. 259)을 참고해서 eka-aṃsena(한쪽을 향해서)라는 용례를 고려하여 'carry along an equal share of enlightenment' 라고 번역했다. 그러나 서장본에는 '일체 중생은 나의 깨달음을 어깨에 짊어질 것이다(sems can de dag thams cad ṅa'i byaṅ chub phrag pa la thogs par 'gyur ro)'라고 되어 있다. 역자는 막스 발레서의 독어역(in gleicherweise die Erleuchtung behalten)을 따라 번역한다. 그리고 막스 뮐러본에는 이 문장의 뒤가 '깨달음을 받아들여 새기고 설명할 것이다(bodhiṃ dharayiṣyanti vācayisanti paryavāpsyanti)'로 되어 있는데 이것을 깨달음 대신에 법문이 목적어로 왔을 때에만 적합한 말이다. 다른 범본이나 서장어에는 끝의 추가된 두 단어가 없고 문맥상 어울리지 않으므로 생략한다.

16. 청정하지 못한 업장을 맑히네〔能淨業障分〕

1. [세존] "쑤부띠여, 그런데 훌륭한 가문의 아들들이나 훌륭한 가문의 딸들이 바로 이와 같은 경전을 받아들이고, 마음에 새기고, 독송하고, 숙달하고, 통달하여 다른 사람에게 상세히 설명해준다면, 그들은 핍박당할 것입니다. 그것도 심하게 핍박당할 것입니다.

2. 그것은 무슨 까닭입니까?
쑤부띠여, 이들 뭇삶들은 전생에서 저지른 청정하지 못한 업장들 때문에 불행한 상황에[115] 떨어질 것이기 때문입니다. 그렇더라도 그들은 현세에 핍박당함으로서 전생에서 저지른 청정하지 못한 업을 소멸시키고 깨달은 님의 깨달음에 이를 것입니다.

3. 쑤부띠여, 나는 과거세에 헤아릴 수 없고 또한 측량할 수 없는 세월 전에 이렇게 오신 님, 거룩한 님, 올바로 원만히 깨달은 님이신 디빵까라보다 훨씬 이전에, 다른 팔십사만 꼬띠니유따[116]의 깨달은 님들을 기쁘게 했고, 흡족하게 했고, 실망시키지 않은 것을 꿰뚫어 압니다.

---

115) apāya : 꾸마라지바는 악도(惡道), 현장은 악취(惡趣)라고 번역했다. 악도는 지옥, 아귀, 축생의 삼악도를 말한다. 이 책의 부록 윤회의 세계를 참고하기 바란다.

116) catur-aśīti-buddha-koṭi-niyuta-śatasahasrāṇi : 이것에 대해 꾸마라지바의 한역(八百四千萬億那由他)과 현장의 한역(八十四俱胝那庾多百千)이 다르다. 직역(直譯)하면 '팔십사×백천억조배'가 된다. 참고로 금강경에 나오는 표현을 숫자로 환산하자면 다음과 같다. 구지(俱胝 : koṭi): 최상의 첨단이라는 말로 10의 16승에 해당. 항하사(恒河沙 : gaṅgānadī vālukā): 갠지스강의 모래알 만큼이라는 뜻, 숫자로는 10의 52승에 해당, 아승지(阿僧祇 : asaṃkhya): 셀 수 없다는 뜻, 숫자로는 10의 56승에 해당, 나유타(那由陀 : niyuta): 숫자로는 10의 60승에 해당, 천억 등의 수의 이름이나 확실치 않음. 부가사의(不可思議 : acintya): 10의 64승에 해당. 무량대수(無量大數 : aparimāṇa): 한량없다는 뜻으로 10의 68승에 해당. 따라서 여기서 말하는 숫자꼬띠니유따(俱胝那庾多 : koṭi-nayuta)는 10의 76승에 해당하는 것이다.

4. 쑤부띠여, 내가 그들 거룩한 깨달은 님들을 기쁘게 하고, 흡족하게 하고, 실망시키지 않는 것과, 그리고 미래의 시대, 마지막 시기, 마지막 시간, 마지막 오백 년, 올바른 가르침이 무너질 때에도 이와 같은 경전들을 받아들여 마음에 새기고 독송하고 숙달하여 다른 사람에게 상세히 설명하는 것과 비교하면, 쑤부띠여, 이 공덕의 다발에 비해 앞의 공덕의 다발은 백 분의 일에도 천 분의 일에도 십만 분의 일에도 꼬띠 분의 일에도 백 꼬띠 분의 일에도 십만 꼬띠 분의 일에도 십만 꼬띠니유따 분의 일에도 못미치고,117) 수량에서도, 구분에서도, 계산에서도, 비교에서도, 유추에서도, 비유에서도118) 감당하지 못합니다.

5. 또한 쑤부띠여, 만약 내가 그 훌륭한 가문의 아들들이나 훌륭한 가문의 딸들이 얼마나 많이 공덕의 다발을 이루고 성취하는지, 그 훌륭한 가문의 아들들이나 훌륭한 가문의 딸들이 갖게 되는 공덕의 다발에 대해 가르치면, 뭇삶들은 미쳐버리거나 마음이 혼란될 것입니다.

6. 그렇기 때문에, 쑤부띠여, 여래께서 이 법문이 불가사의하다고 말했지만, 그것에서 유추할 수 있는 과보도119) 불가사의한

---

117) śatatamīm api kalāṃ nopaiti, sahasratamīm api śatasahasratamīm api koṭitamīm api koṭiśatatamīm api koṭiśatahasratamīm api koṭi-niyuta-śatasahasratamīm api : 인도의 숫자 고띠니유따에 대하여는 이책 116의 주석을 보라.

118) samkhyām api kalām api gaṇanām api upamām apy upaniṣadam api yāvad aupamyam api : 수량〔samkhya〕, 구분〔kala〕, 계산(gaṇanām), 비유〔upamā〕, 유비〔類比, upanisad〕, 비교〔aupamya〕. 다만 서장어역은 유비(upanisad)를 동기(動機:rgyu)로 해석하고 있다.

119) asya-acintya eva vipākaḥ : 아쌍가와 바쑤반두는 이러한 법문의 바른 실천의 효과에 관하여 다음과 같이 그 특성을 기술하고 있다. (앞에서 올바른 행위의 실천과 관련된 영향이 언급되었다. 이제 가르침과 관련된 영향에는 어떠한 것이 있는가를 묻는다면, 다음과 같은 게송들이 그것을 설명한다.) ① (대부분의 일반사람들이) 헤아리기 어려운 특성, ② (소승에게는 공유되지 않고, 대승만이 갖고 있는) 특수성, ③ 최상의

것이 바로 그와 같습니다."

17. 나 없음을 깨달아야〔究竟無我分〕

1. 이 때에 장로 쑤부띠는 세존께 이와 같이 여쭈었습니다.
[쑤부띠] "깨달음을 향한 님의 삶에 들어서려는 사람은 어떻게 뜻을 세워야 하며, 어떻게 실천해야 하며, 어떻게 마음을 닦아야 합니까?"

2. 세존께서 말씀하셨습니다.120)
[세존] "쑤부띠여, 여기 깨달음을 향한 님의 삶의 길에 들어선 사람은 이와 같이 '나는 모든 존재를 완전한 열반의 세계를 향해 완전한 열반에 들게 하리라. 그래서 모든 존재를 완전한 열반에 들게 하였더라도 결코 어떠한 뭇삶도 완전한 열반으로 들게 하지 않은 것이다'라고 마음을 일으켜야 합니다.

3. 그것은 무슨 까닭입니까?
쑤부띠여, 만약 깨달음을 향한 님에게 존재에 대한 지각이 생

삶을 영위하려는 위대한 사람들의 실천성, ④ 배우기 어려운 특성, ⑤ 최상의 세계(界)를 끝까지 닦아나가는 능력이 있다. (agocaratvaṃ kaivalyaṃ mahātmāśritatā tathā, durlabhaśravatā caiva dhātupuṣṭir anuttarā) 그리고 ⑥ 최상의 가르침을 파악하는 능력, ⑦ 가르침이 설해지고 숭배되는 곳을 청정하게 하는 능력, (15장 끝) ⑧ 모든 오염을 제거하는 능력, ⑨ 곧바른 앎을 빨리 실현하는 능력이 있다.(————— pātratāśraye, śodhanāvarṇānāṃ ca kṣiprābhijñātvam eva ca) ⑩ 다양한 세계에서 성취되는 그 과보는 아주 위대하지만, (가르침의 실천으로 멸시당하는 등의) 이 모든 과보들은 가르침에 따른 실천의 업보들이라고 불린다.(vicitralokasaṃpatti vipākaḥ sumahānn api, karmāṇi etāni dharme pratipatter matāni)'

120) 서장본에는 '이와 같이 여쭙자 세존께서 장로 쑤부띠에게 다음과 같이 말씀하셨습니다(de skad ces gsol pa daṅ, bcom ldan 'das kyis tshe daṅ ldan pa rab 'byor la 'di skad ces bka' stsal to)'

겨나면 그를 보살이라고 말할 수 없습니다. 또한 마찬가지로 생명이라는 지각이나 영혼이라는 지각이 생겨나도, 그를 깨달음을 향한 님이라고 말할 수 없습니다.121)

4. 그것은 무슨 까닭입니까?
쑤부띠여, 깨달음을 향한 님의 삶에 들어선 자라고 이름 부를 만한 어떠한 것도 없기 때문입니다.

5. 쑤부띠여, 어떻게 생각합니까? 여래가 디빵까라 여래와 함께 있었을 때, 그에게서 위없이 바르고 원만한 깨달음이라고 분명하게 깨달아 얻은 어떠한 법이 있습니까?"

6. 이렇게 말씀하시자 존자 쑤부띠는 세존께 여쭈었습니다.
[쑤부띠] "제가 세존께서 말씀하신 뜻을 이해하기로는, 세존이시여, 여래가 이렇게 오신 님, 거룩한 님, 바르고 원만하게 깨달으신 님이신 디빵까라와 함께 있었을 때, 그에게서 위없이 바르고 원만한 깨달음이라고 분명하게 깨달아 얻은 어떠한 법도 없습니다."

7. 이렇게 여쭙자 세존께서 장로 쑤부띠에게 이와 같이 말씀하

---

121) sacet subhūte bodhisattvasya sattva-saṃjñā pravateta, na sa bodhisattva iti vaktavyaḥ. jīva-saṃjñā va yāvat pudgala-saṃjñā vā, pravarteta, na sa bodhisattva iti vaktavyaḥ.tat kasya hetoḥ? na-asti subhūte sa kaścid dharmo yo bodhisattva-yāna-samprasthito nāma. : 아쌍가와 바쑤반두는 다음과 같이 주석을 달고 있다. (부처님께서 세 가지 종류의 올바른 실천이 있다고 말씀하셨지만, 바로 이 주제에 관하여 쑤부띠가 다른 질문을 했는데, 어떠한 것인가?) 바른 실천을 수행하면, 사람은 가정하길 '나는 보살이다' (또는 나는 법을 실천한다 또는 나는 마음을 닦았다)고 지각을 일으키는데, 이것이 마음의 장애이다.(왜냐하면 실제로는 보살이라고 하는 것은 없기 때문이다.) 마음은 마땅히 아무 곳에도 의존하지 말아야 한다. (—————— bodhisattvakalpanā, cittāvaraṇam ākhyātaṃ yac cittam apratiṣṭhitaṃ. =sgrup pa so so bdag raṅ la, byaṅ chub sems dpar rtog pa yin, mi gnas sems ni gaṅ yin pa'i, sems kyi sgrib pa yin par bstan. = 於內心修行 存我爲菩薩 此卽障於心 違於不住道)

셨습니다.

[세존] "쑤부띠여, 그렇습니다. 쑤부띠여, 그렇습니다. 쑤부띠여, 여래가 이렇게 오신 님, 거룩한 님, 바르고 원만하게 깨달으신 님 이신 디빵까라와 함께 있었을 때, 그로부터 위없이 바르고 원만한 깨달음이라고 분명하게 깨달아 얻은 어떠한 법도 없습니다.122)

8. 더구나 만약 쑤부띠여, 여래가 디빵까라 여래와 함께 있었을 때, 위없이 바르고 원만한 깨달음이라고 분명하게 깨달아 얻은 어떠한 법이 있다면, 디빵까라 여래가 나에게 '청년이여, 그대는 미래에 샤끼야무니라고 불리며, 이렇게 오신 님, 거룩한 님, 올바로 원만히 깨달은 님이 될 것이다'라고 선언하지 말아야 합니다.

9. 쑤부띠여, 여래께서 이렇게 오신 님, 거룩한 님, 올바로 원만히

---

122) na-asti sa bhagavan kaścid dharmo yas tathāgatena dīpaṅkarasya tathāgatasya-arhataḥ samyaksambuddhasya antikād anuttarāṃ samyaksambodhim abhisambuddhaḥ. : 아쌍가와 바쑤반두는 다음과 같이 주석을 달고 있다. (이제 우리는 논의해야 한다. 법문에서 깨달음을 향한 님은 없다라고 했다. 깨달음을 향한 님이 없다면 어떻게 샤끼야무니 부처님께서 디빵까라 부처님 시대에 수행을 할 수 있었을까?) 내가 미래에 부처가 될 것이라고 디빵까라 여래께서 수기했지만, 나는 디빵까라 여래 당시에 나는 최상의 수행을 닦지 않았다. (왜냐하면, 내가 깨달음을 얻은 것이 있다면, 나에게 수기가 주어지지 않았을 것이기 때문이다. 더구나 깨달음을 향한 님이 깨달은 님이 되기를 서원하면서, 그 때에 깨달은 것이 없다고 한다면, 깨달은 님은 없다는 것을 뜻합니다. 이것은 존재하지 않는 것에 대한 잘못된 지각이다. 이러한 잘못된 지각을 피하기 위해 부처님은 진실진여(眞實眞如)라고 한다. 이 때에 진실은 '거짓 없음'을 의미하고 진여는 '다른 것으로 변할 수 없음'을 뜻한다.) 만약 반대로 깨달음이 실현된다고 생각한다면 이것은 잘못된 진술이다. 사실상 깨달음은 (실현되어야할 깨달음과 같은 법이 없는 것과 마찬가지로 수행될 수 있는 것이 없다는 의미에서) 실천과 동일하다. (만약 깨달음이 얻어질 수 있는 것이라면) 그 경우에는 진실이 아니며 무엇인가가 만들어진 것이다. (paścādvyākaraṇān no ca caryā dīpaṃkare parā, bodhis tac caryayā tulyā na sa —————— : = phyi nas kyaṅ ni luṅ bstan phyir, mar me mdzad las spyod mchog min, byaṅ chub de yi spyod daṅ 'dra, byas pa'i mtshan ñid kyis mi bden = 以後時授記 然燈行非上 菩提彼行等 非實有爲相).'

깨달은 님 디빵까라 여래와 함께 있었을 때, 위없이 바르고 원만한 깨달음이라고 분명하게 깨달아 얻은 어떠한 법이 없습니다. 이러한 까닭에 디빵까라 여래께서 나에게 '청년이여, 그대는 미래에 샤끼야무니라고 불리며, 이렇게 오신 님, 거룩한 님, 올바로 원만히 깨달은 님이 될 것이다'라고 선언하신 것입니다.

10. 그것은 무슨 까닭입니까?

쑤부띠여, 이렇게 오신 님이라고 하는 것은 참으로 '있는 그대로'[123]를 뜻하는 명칭이며, 쑤부띠여, 이렇게 오신 님이라고

---

123) bhūta-tathatā : 한역에서 현장은 진실진여(眞實眞如)라고 번역했다. 서장어역에서는 'yaṅ dag pa de bžin ñid'라고 한다. 우주의 만물의 보편적이고 영원한 진리를 가리킨다. 연기에 관한 일반적 특성을 정의하는 다음과 같은 문구는 12연기의 구체적 지분 상호간의 연기에 관한 언급을 예로 들어 그 특성을 표명하고 있다. 쌍윳따니까야(SN. II. 26)에 따르면, '무명(無明)을 조건으로 형성(行)이 생겨난다'는 것과 같이 거기서 여실한 것(如性 : tathatā), 허망하지 않은 것(不離如性 : avitathatā), 다른 것이 아닌 것(不異性 : annaññathatā), 이것을 조건으로 하는 것(此緣性 : idapaccayatā), 그것을 수행승들이여, 연기라고 부른다.(avijjāpaccayā bhikkhave saṅkharā iti kho bhikkhave yā tatratathatā avitathatā anaññathatā idapaccayatā ayaṁ vuccati bhikkhave paṭiccasamuppādo) 이 문장에 일치하는 북전의 『잡아함』에 나타난 귀절은 '이러한 모든 법은 법의 정해짐(住), 법의 공(空), 법의 여법이(如法爾), 법의 불리여(不離如), 법의 불이여(不異如), 심제진실(審諦眞實)하며, 부전도(不顚倒)이며, 이와 같은 수순연기(隨順緣起)로 이를 연생법이라고 한다'라고 되어 있어[1] 빠알리 경문보다는 연기에 관한 특성의 설명이 법의 정해짐(法住)이 여법이(如法爾)의 정의에 포함된다면 법의 공, 심제진실, 부전도 등의 개념이 추가되고 있음을 볼 수 있다. 이것들에 관해서는 별도로 논할 것이다. 연기는 있는 그대로의 것 즉 여실한 것(tathatā : 如法爾)이다. 이것은 연기의 객관성을 지적한 것이다. 현대에 허무주의적 태도를 보이고 있는 집단들은 인과적 연관이라는 개념을 '미신의 대상(Pearson), 유추적 허구(Vaihinger), 미신(Wittgenstein), 신화(Toulmin)'라고 선언하고 있다. 이러한 경향은 붕게(Bunge, M., 『Causality and Modern Science』 333)에 따르면 '인과적 설명을 포함한 모든 종류의 설명을 거부하고 기술(記述)을 선호하는 현상론자의 입장과 일치하는 것이다. 이러한 경향은 구체적 사건들 사이의 특히, 발생적 연결(genetic bonds)의 존재를 부정하려는 것은 모든 주관주의를 지지하기 위해 절대로 필요한 것이다.' 그러나 붓다는 쌍윳따니까야(SN. II. 25)에서 분명히 그러한 주관주의적 태도를 거부하고 인과법칙의 객관적 명징성을 다음과 같이 주장하고 있다. "수행승들이여, 연기란 무엇인가? 수행승들이여, 태어남을 조건으로 늙음과 죽음이 생겨나는 것으로, 여래가 출현하거나 여래가 출현하지 않거나 그 도리는 정해져 있으며 법으로 확립되어 있으며 법으로 결정되어 있으며 이것을 조건으로 하는 것이다. 여래는 그것을 잘 깨닫고 이해하며 잘 깨닫고 이해하고 나서 설명하고 가르치고 시설하고 앞에 두고 드러내고 분별하고 명확히 해서 '너희들은 보라'고 말한다. (katamo ca bhikkh

하는 것은 '생겨남이 없음[124]'을 뜻하는 명칭이며, 쑤부띠여, 이렇게 오신 님은 '대상의 끊어짐[125]'을 뜻하는 명칭이며, 쑤부띠여, 이렇게 오신 님은 '궁극적으로 생겨남이 없음[126]'을 뜻하는 명칭입니다. 그것은 무슨 까닭입니까? 쑤부띠여, 이 '생겨남이 없음'이 바로 최상의 진리이기 때문입니다.

11. 쑤부띠여, 만약 누군가가 '이렇게 오신 님, 거룩한 님, 올바로 깨달은 님께서는 위없이 바르고 원만한 깨달음을 분명하게 깨달아 얻었다'고 말한다면, 그는 그렇지 않은 것을 말하는 것이며, 쑤부띠여 그는 있지 않은 것을 취하여 나를 비방하는 것입니다.

12. 그것은 무슨 까닭입니까.
쑤부띠여, 여래께서 위없이 바르고 원만한 깨달음이라고 분명하게 깨달아 얻은 그 어떠한 법도 없기 때문입니다.

13. 그리고 여래께서 분명하게 깨달아 가르친 법에는, 그러한 까닭으로 진리도 거짓도 없습니다. 그러므로 여래께서 '모든 법들은 깨달은 님의 법들이다'라고 가르칩니다.[127]

---

ave paṭiccasamuppādo. jātipaccayā bhikkhave jarā-maraṇam uppāda vā Tathāgatānam anuppādā vā Tathāgatānaṁ, ṭhitā va sā dh-ātu dhammaṭṭhitatā dhammaniyāmatā idappaccayatā. taṁ Tathāgato abhisamb-ujjhati abhisameti. abhisambujjhitvā abhisametvā ācikkhati deseti paññapeti pa-ṭṭhapeti vivarati vibhajati uttānīkaroti passathāti cāha)" 여기서 '여래가 출현하거나 여래가 출현하지 않거나 그 도리는 정해져 있다'는 것은 곧 인과율(causal law)의 보편타당성을 의미한다.

124) anutpāda-dharmatā : 현장은 무생법성(無生法性)이라고 번역했다. 진여에서 보면, 생기(生起)라는 현상은 속수법(俗數法)이다. 그 본질(法性)은 무생(無生)이다.

125) dharmoccheda : 현장은 영단도로(永斷道路)라고 했다. 나까무라 하지메는 '존재의 단절'이라고 했는데 그렇게 되면 부처님께서 부정한 단멸론을 긍정하는 셈이 된다. 역자는 법(法)을 마음의 대상이라고 보아 '대상의 끊어짐'이라고 본다.

126) atyanta-anutpanna : 현장(玄奘)은 '필경불생(畢竟不生)'이라고 번역했다. 이것은 불생(不生)이야말로 궁극적인 것을 말해 준다.

127) yaś ca subhūte tathāgatena dharmo'bhisambuddho deśito vā, tatra na sat

14. 그것은 무슨 까닭입니까?
쑤부띠여, 여래께서 '모든 법들'에 대해 말씀하신 것은 '법들이 아닌 것'을 가르치신 것입니다. 그러므로 '모든 법들은 깨달은 님의 법들이다'라고 말합니다. 쑤부띠여, 그것은 이를테면, 어떤 사람이 몸을, 아주 큰 몸으로 타고난 것과 같습니다."128)

15. 존자 쑤부띠는 여쭈었습니다.
[쑤부띠] "여래께서 어떤 사람에 대해 '몸을 아주 큰 몸으로 타고났다'에 대해 말씀하신 것은 '몸이 아닌 것'을 가르치신 것입니다.129) 그러므로 그에 대해 '몸을 큰 몸으로 타고났다'고 말합

---

yaṃ na mṛṣā, tasmāt tathāgato bhāṣate sarvadharmā buddha-dharmā it i. : 아쌍가와 바쑤반두는 다음과 같이 주석을 달고 있다. (그런데 이것은 완전한 깨달음에 도달할 가능성에 대한 완전한 부정인가? 경전은 대답한다. 부처님에 의해 깨달아진 것은 진실도 아니고 거짓도 아니다.) (모든 법이) 어떠한 특징이 없는 것으로 특징지어지는 한, (그 법들은) 거짓이 아닌 것으로 특징지어진다. 그러므로 모든 법은 깨달은 님의 법과 같다. 그래서 법의 특징은 존재하지 않는 것이다. (———————— na mṛṣā paridīpitā, dharmās tato buddhadharmāḥ sarve 'bhāvasvalakṣaṇā ḥ). = de'i mtshan med pa'i mtshan ñid kyis, rdzun pa med ces yoṅs su bstan, de phyir chos rnams saṅs rgyas chos, thams cad dṅos med raṅ mts han ñid. = 彼卽非相相 以不虛妄說 是法諸佛法 一切自體相)

128) tad yathā-api nāma subhūte puruṣo bhaved upetakāyo mahākāyaḥ. : 아쌍가와 바쑤반두는 다음과 같이 주석을 달고 있다. (그렇다면 몸을 갖추었는데, 위대한 몸을 갖추었다는 뜻은 무엇인가?) 그러나 법신(法身)을 가지고 있으므로 깨달은 님은 인간과 유사하게 여겨진다. 그는 (도덕적 장애「kleśa-āvaraṇa : 煩惱障」나 지성적 장애「jñeya-āvaraṇa : 所知障」의 두 가지의 장애가 없고 (진여의 성품을 지녀, 실체의 몸이 아니므로) 원만하기 때문에 그 몸은 모든 곳에 가득 차 있다.(dharmakāyena buddhas tu mataḥ saḥ puruṣopamaḥ, nirāvaraṇato ———————— (= saṅs rgyas chos kyi skur bžed de, mi de daṅ ni 'dra ba yin, sku ni sgrib pa med daṅ ldan, thams cad du ni 'gro ba daṅ = 謂以法身佛 應知喩丈夫 無障圓具身 是遍滿性故)'

129) yo'sau bhagavaṃs tathāgatena puruṣo bhāṣita upetakāyo mahakāya iti, a kāyaḥ sa bhagavaṃs tathāgatena bhāṣitaḥ : 아쌍가는 다음과 같이 주석을 달고 있다. 그러나 이 몸은 덕성의 위대함을 갖추고 있기 때문에 위대한 몸이라고 여겨진다. 깨달은 님은 존재가 없는 몸을 지니므로 몸이 아닌 존재라고 말해진다. (guṇamahāt myataś cāpi mahākāyaḥ sa eva hi, abhāvakāyabhāvāc ca akāyo 'sau nirucya te)

니다."

16. 세존께서 말씀하셨습니다.

[세존] "쑤부띠여, 그렇습니다. '내가 뭇삶을 완전한 열반에 들게 하리라'라고 말하는 깨달음을 향한 님이 있다면, 그는 '깨달음을 향한 님'이라고 말할 수 없습니다.[130]

17. 그것은 무슨 까닭입니까?

쑤부띠여, 깨달음을 향한 님이라고 이름 부를 만한 어떠한 것이 있습니까?"

18. 쑤부띠는 여쭈었습니다.

[쑤부띠] "세존이시여, 없습니다. 깨달음을 향한 님이라고 이름 부를 만한 어떠한 것도 없습니다."

19. 세존께서 말씀하셨습니다.

[세존] "여래께서 '뭇삶, 뭇삶'에 대해 말씀하신 것은, '뭇삶이 아닌 것'을 가르치신 것입니다. 그러므로 말하자면, '뭇삶'입니다. 그렇기 때문에 여래께서는 '모든 법들에는 자아가 없으며,[131] 모든 법들에는

---

130) yo bodhisattvo evaṃ vaded, ahaṃ sattvān parinirvāpayiṣyāmi-iti. na sa bodhisattva iti vaktavyaḥ : 아쌍가와 바쑤반두는 다음과 같이 주석을 달고 있다. (이제 다음과 같은 의문 즉, '깨달음을 향한 님이 없다면, 부처님에 의해서 깨달아진 완전한 깨달음은 없으며, 열반이나 극락으로 이끌어질 어떠한 중생도 없다'는 생각이 일어날 것이다. 그렇다면 중생을 열반으로 들게 하거나 극락에 보내려고 맹세한 깨달음을 향한 님의 서원은 무엇인가? 다음과 같은 게송이 그 의문에 대답한다.) ① 법계에 대하여 이해하지 못하는 것, ② 중생을 열반으로 이끈다는 생각, ③ 불국토를 청정하게 하려는 견해, 이러한 것들은 전도된 망상에 지나지 않는다.(dharmadhātāv akuśalaḥ sattvanirvāpaṇe matiḥ, kṣetrānāṃ śodhane caiva———— : = chos kyi dbyiṅs la mi mkhas pa, sems can mya ṅan 'da' ba daṅ, žiṅ rnams dag par bya bar sems, des na phyin ci log pa yin. = 不了於法界 作度有情心 及淸淨土田 此名爲誑妄)

131) nirātmānaḥ sarva-dharmā : 꾸마라지바역에는 일체법무아(一切法無我)라고 되어 있다. 초기경전(AN. 1. 188)에 보면 일체법의 무아에 관하여 다음과 같이 서술하고 있다. '이것은 나의 것이 아니고, 내가 이것이 아니며, 이것은 나의 자아가 아니다(n'e

존재가 없고, 생명이 없고, 영혼이 없다'[132]라고 가르칩니다.[133]

20. 쑤부띠여, 어떤 깨달음을 향한 님이 '나는 불국토를 장엄할 것이다'라고 말한다면, 그에 대해서도 같은 방식으로[134] 설명되어야 합니다.

21. 그것은 무슨 까닭입니까?

쑤부띠여, 여래께서 '불국토의 장엄, 불국토의 장엄'에 대해 말씀하신 것은 '장엄이 아닌 것'을 가르치신 것입니다. 그러므로 여래께서는 '불국토의 장엄'을 말씀하셨습니다.

22. 쑤부띠여, 그렇지만 이렇게 오신 이, 거룩한 님, 올바로 원만히 깨달은 님은 어떤 깨달음을 향한 님이 '모든 법은 실체가 없는 것. 모든 법은 실체가 없는 것'이라고 전념하면, '깨달음을 향한 위대한 님이 될 것이다'라고 선언했습니다."

---

taṁ mama n'eso 'ham asmi na me so attā)' 아쌍가는 여기에 다음과 같이 주석을 달고 있다. 뭇삶이건 깨달음을 향한 님이건 모든 법을 자각하여 실체가 없음(無我)을 지혜로 이해하면, 성인이건 성인이 아니건 지혜로운 자라고 불린다.(sattvānāṃ bodhisattvānāṃ dharmān yaś ca nairātmakān, buddhyā 'dhimucyate 'nārya āryo dhīmān sa kathyate).

132) niḥsattvāḥ nirjīvā niṣpudgalāḥ sarva-dharmā : 막스뮐러 교정본에는 '모든 것에 개체도 인격적 존재도 개인이라는 것도 없다(nirjīvā niṣpoṣā niṣpudgalāḥ sarva-dharmā)'로 되어 있다.

133) 이 단락은 서장어역에는 단지 '세존께서 말씀하셨습니다. 쑤부띠여, 그러므로 여래는 모든 법에는 존재가 없으며 생명이 없으며 영혼이 없다고 말씀하셨습니다(bcom ldan 'das kyis bka' stsal pa. rab 'byor de bas na de bžin gśegs pas chos thams cad ni sems can med pa, srog med pa, gaṅ zag med pa'o žes gsuṅs so)'라고 되어 있다.

134) so'pi tathaiva : '이 사람도 또한 마찬가지로'의 뜻이다. 중앙아시아본, 서장본에는 모두 '진실이 아니다. 이와 같이 생각해야 한다'라고 되어 있다. 코오탄어 역문에는 '그는 깨달음을 향한 님(菩薩)이라고 말해질 수 없다'라고 되어 있다.

18. 모두 하나로 꿰뚫어 보고〔一體同觀分〕

1. 세존께서 말씀하셨습니다.
[세존] "쑤부띠여, 어떻게 생각합니까?
여래께서 육신의 눈을135) 갖고 있습니까?"

2. 쑤부띠가 여쭈었습니다.
[쑤부띠] "세존이시여, 그렇습니다. 여래께서 육신의 눈을 갖고 계십니다."136)

3. 세존께서 말씀하셨습니다.
[세존] "쑤부띠여, 어떻게 생각합니까?
여래께서 하늘의 눈137)을 갖고 있습니까?"

4. 쑤부띠가 여쭈었습니다.
[쑤부띠] "세존이시여, 그렇습니다. 여래께서 하늘의 눈을 갖고

---

135) māṃsā-cakṣuḥ : 육안으로는 물질의 거친 모습을 본다. 쑷따니빠따의 주석서(Prj. II. 42)에 따르면, 부처님에게는 다섯 가지의 눈이 있다. ① 자연의 눈(肉眼 : pakaticakkhu), ② 하늘의 눈(天眼 : dibbacakkhu), ③ 지혜의 눈(慧眼 : paññācakkhu, ④ 보편의 눈(普眼 : samantacakkhu), ⑤ 부처의 눈(佛眼 : buddhacakkhu)이다. 여기 금강경에서는 자연의 눈이 육안(肉眼)으로, 보편의 눈이 법안(法眼)으로 바뀌었다.

136) saṃvidyate tathāgatasya māṃsā-cakṣuḥ : 사람이 어떠한 법도 보지 않는 한 그만큼 깨닫게 된다면 부처님은 아무런 법도 보지 않는 것이다. 그러나 이것은 부처님이 눈이 없다는 것을 의미하지는 않는다. 아쌍가와 바쑤반두는 다음과 같이 주석을 달고 있다. '(어떠한 법도 보지 않는 한, 그만큼 깨닫는다면, 부처님은 아무런 법도 보지 않는 자이다. 그러나 이것은 부처님이 눈이 없다는 것을 의미하지는 않는다.) 어떠한 법도 보지 않더라도, 이것이 부처님에게 눈이 없다는 것을 의미하지는 않는다. 왜냐하면 깨달은 님의 눈은 다섯 가지이며 그것과는 다른 허망한 것을 보기 때문이다.(nopalambhe 'pi dharmāṇāṃ cakṣur na hi na vidyate, buddhānāṃ pañcadhā tac ca vitathārthasya darśanāt)'

137) divyaṃ cakṣuḥ : 천안(天眼)을 말한다. 하늘나라(天趣)에 나거나 또는 선정(禪定)을 닦아서 얻게 되는 눈을 말한다. 미세한 사물이나 먼 곳에 있는 것도 볼 수 있으며, 또 넓게 볼 수 있어, 중생들이 미래에 태어나고 죽는 모습까지도 볼 수 있는 눈이라고 한다. 인간의 현실생활에서 선정을 닦아 얻는 천안을 수득천안(修得天眼), 천상 중의 색계천(色界天)에 태어나서 얻는 천안을 생득천안(生得天眼)이라고 한다.

계십니다.

5. 세존께서 말씀하셨습니다.
[세존] "쑤부띠여, 어떻게 생각합니까?
여래께서 지혜의 눈을138) 갖고 있습니까?"

6. 쑤부띠가 여쭈었습니다.
[쑤부띠] "세존이시여, 그렇습니다. 여래께서 지혜의 눈을 갖고 계십니다."

7. 세존께서 말씀하셨습니다.
[세존] "쑤부띠여, 어떻게 생각합니까.
여래께서 진리의 눈을139) 갖고 있습니까?"

8. 쑤부띠가 여쭈었습니다.
[쑤부띠] "세존이시여, 그렇습니다.
여래께서 진리의 눈을 갖고 계십니다."

9. 세존께서 말씀하셨습니다.
[세존] "쑤부띠여, 어떻게 생각합니까?
여래께서 깨달은 님의 눈을140) 갖고 있습니까?"

10. 쑤부띠는 여쭈었습니다.
[쑤부띠] "세존이시여, 그렇습니다.

---

138) prājñā-cakṣuḥ : 혜안(慧眼)을 말한다. 대승불교에서는 일체의 현상이 공하고 정해진 특징이 없다는 것을 보는 눈이다. 그러나 초기불교에서의 지혜의 눈은 두 가지, 즉 집중의 지혜(samādhipaññā)와 통찰의 지혜(vipassanapaññā)를 갖는다. 집중의 지혜는 혼미 함이 없이 분명히 아는 것이고 통찰의 지혜는 특징을 꿰뚫어 대상을 아는 것이다.

139) dharma-cakṣuḥ : 법안(法眼). 가르침에 대하여 명료히 알아서 제법(諸法)을 비추어보는 눈을 말한다.

140) buddha-cakṣuḥ : 불안(佛眼). 네 가지 눈을 모두 갖춘 부처님의 눈을 말한다.

여래께서 깨달은 님의 눈을 갖고 계십니다."

11. 세존께서 말씀하셨습니다.

[세존] "쑤부띠여, 어떻게 생각합니까.
여래께서는 '큰 갠지스강에 있는 모래알 수만큼의 그 많은 모래알'이라고 말씀하시곤 했습니까?"

12. 쑤부띠는 여쭈었습니다.

[쑤부띠] "세상에 존경받는 님이시여, 그렇습니다. 바른 길로 잘 가신 님이시여, 그렇습니다. 여래께서 그러한 모래알에 관해 말씀하셨습니다."141)

13. 세존께서 말씀하셨습니다.

[세존] "쑤부띠여, 어떻게 생각합니까.
큰 갠지스강에 있는 모래알 수만큼의 갠지스강들이 있는데 그들 가운데 모래알 수만큼 많은 세계들이 있다면 그 세계들은 매우 많다고 생각합니까?"

14. 쑤부띠는 여쭈었습니다.

[쑤부띠] "세상에 존경받는 님이시여, 그렇습니다. 올바른 길로 잘 가신 님이시여, 그렇습니다. 그 세계는 매우 많을 것입니다."

15. 세존께서 말씀하셨습니다.

[세존] "쑤부띠여, 얼마나 많은 뭇삶들이 이 세계들 가운데 있더라도 나는 그들의 다양한 마음의 흐름142)을 분명히 알고 있습

---

141) 이 단락에서 여기까지 서장어역에서는 모두 생략되어 있는데 그 이유는 다음에 오는 내용과 중복되기 때문이다.

142) citta-dhārā : 현장(玄奘)역은 '심류주(心流注)', 진제(眞諦)는 '심상속성(心相續性)'이라고 번역했다. 서양철학적인 견해로 '마음의 흐름'은 잠재의식이나 의식의 흐름을

니다.

16. 그것은 무슨 까닭입니까?
쑤부띠여, 여래가 '마음의 흐름, 마음의 흐름'에 대해 설한 것은 '흐름이 아닌 것'을 가르친 것입니다. 그러므로 말하자면, '마음의 흐름'인 것입니다.

17. 그것은 무슨 까닭입니까?
쑤부띠여, 과거의 마음도 인식되지 않고, 미래의 마음도 인식되지 않고, 현재의 마음도 인식되지 않기 때문입니다."143)

19. 공덕은 온 법계에 두루 미치네〔法界通化分〕

1. [세존] "쑤부띠여, 어떻게 생각합니까?

뜻한다. 그러나 초기불교의 철학자들에 따르면 잠재의식과 의식은 두 개의 형태로 공존하는 것이 아니다. 우리는 의식의 형태가 어떠하든 일상적으로 그 의식을 경험하지 않는 순간은 없다. 의식의 순간은 연속적으로 빨리 변하므로 인간 지식의 한계로는 거의 인식될 수 없을 뿐이다. 이러한 의식의 흐름을 바방가(有分 : bhavaṅga)라고 한다. 단지 우리에게 물질적 정신적 대상이 마음 속에 들어 올 때에 이 바방가는 잠재의식으로 사라지는 것처럼 보일 뿐이다.

143) atītaṃ cittaṃ nopalabhyate, anāgataṃ cittaṃ nopalabhyate, pratyutpannaṃ cittaṃ nopalabhyate : 한역에서는 과거심불가득 현재심불가득 미래심불가득(過去心不可得 現在心不可得 未來心不可得)이라고 한다. 대승불교에서 용수는 다음과 같이 설명한다. 과거는 이미 지나간 것이고 미래는 아직 오지 않아서 존재하지 않으며 그 존재하지 않는 것들 사이에 있는 현재가 존재할 리가 없으므로 과거, 현재, 미래는 모두 인식될 수 없는 것이다. 선불교에서는 이 구절이 화두가 되어 덕산(德山)스님이 용담스님을 만나 깨우침을 받게 된 유명한 구절이다. 아쌍가와 바쑤반두의 주석에서는 다음과 같이 적고 있다. '이러한 의식의 다양한 관념들은 올바른 새김(正念)에 의해서 사라지기 때문에 얻을 수 없다 : (허망한 것은 무엇인가?) 다양한 잘못된 관념들은 새김의 영역에서 제거되기 때문에, 그들의 흐름(또는 마음의 흐름으로 암시된 흐름)은 무엇이든지 주처를 찾지 못한다. (과거, 미래, 현재는 그 속에 지속성을 갖고 있으나 존재하지 않기 때문이다.) 그러므로 그것들은 허망이라고 부른다. (nānāvithatavijñapteḥ smṛtyupasthānavarjanāt, nirādhāraprabandho 'syā vitathā 'to nirucyate).'

어떤 훌륭한 가문의 아들 또는 훌륭한 가문의 딸이 이 삼천대천세계를 칠보로서 가득 채워 그것을 이렇게 오신 님, 거룩한 님, 올바로 원만히 깨달은 님에게 보시하면, 그 훌륭한 가문의 아들이나 훌륭한 가문의 딸은 그것으로 인해서 아주 많은 공덕의 다발을 이루겠습니까?"144)

2. 쑤부띠는 여쭈었습니다.
[쑤부띠] "세상에 존경받는 님이시여, 많겠습니다. 올바른 길로 잘 가신 님이시여, 많을 것입니다."

3. 세존께서 말씀하셨습니다.
[세존] "쑤부띠여, 그렇습니다. 쑤부띠여, 그렇습니다.
그 훌륭한 가문의 아들이나 훌륭한 가문의 딸은 그것을 인연으로 해서 많은 공덕의 다발을 이룰 것입니다."

4. 그것은 무슨 까닭입니까?
쑤부띠여, 여래가 '공덕의 다발, 공덕의 다발'에 대해 설한 것은 여래께서 '다발이 아닌 것'을 가르친 것입니다.145) 그러므

---

144) tato nidānaṃ bahu puṇyaskandhaṃ prasunuyāt? : 아쌍가와 바쑤반두는 다음과 같이 주석했다. (그런데 왜 법문은 여기에 공덕의 다발에 관하여 새로운 예를 삽입했는가? 다음과 같이 주장할 수 있다. 정신적인 순간들의 흐름으로서 그러한 것들이 없다면 공덕의 다발은 의심할 바 없이 불가능하다. 이러한 공덕이 잘못된 가정이라면, 어떻게 덕성이 유지될 수 있을까? 그 대답은 정신적인 상태의 흐름과 같은 것은 없다는 사실이 공덕의 다발을 부정한다는 것은 아니라는 것이다.) 공덕이 올바른 앎을 돕는 한, 공덕의 다발에는 허망함이 없다는 사실을 알아야 한다. 그러므로 이러한 공덕의 중요성을 설명하기 위해서 바로 그러한 공덕과 관련하여 다른 예를 들고 있다. (많은 공덕의 다발은 존재의 다발로서의 집착다발처럼 받아들여져서는 안 된다. 왜냐하면 이것은 올바른 지혜에 도움이 되지 않기 때문이다.)(jñānasyādhārato jñeyā puṇye vi tathatā na ca, tataḥ puṇyanimittaṃ hi punar dṛṣṭāntakīrtanam).여기서 집착다발은 오취온(五取蘊 : pañca upadānaskandha)을 말하는데, 이것은 존재의 다발이 '이것은 나의 것이고, 이것이야말로 나이고, 이것은 나의 자아이다'라는 형태로 취착된 것을 말한다.

145) 이 때에 공덕의 다발(puṇyaskandha)의 다발(skandha)은 구성적 요소의 다발(取蘊 : upādhānaskandha)로 받아들여져서는 안 된다. 왜냐하면 이것은 올바른 인식

로 말하자면 '공덕의 다발'인 것입니다. 그러나 만약 공덕의 다발이라는 것이 존재한다면, 여래께서 '공덕의 다발, 공덕의 다발'에 대해 말씀하시지 않았을 것입니다."

20. 형상과 특징을 떠나서〔離色離相分〕

1. [세존] "쑤부띠여, 어떻게 생각합니까? 형상적인 몸을 성취했다고 해서 여래라고 볼 수 있습니까?"

2. 쑤부띠는 여쭈었습니다.
[쑤부띠] "세존이시여, 그렇지 않습니다. 형상적인 몸을 성취했다고 해서 여래라고 볼 수 없습니다.146)

3. 그것은 무슨 까닭입니까?
세존이시여, 여래께서 '형상적인 몸의 성취, 형상적인 몸의 성취'에 대해 말씀하신 것은 '성취가 아닌 것'을 가르치신 것입니다. 그러므로 말하자면 '형상적인 몸의 성취'인 것입니다."

을 지지하지 않기 때문이다.

146) no hīdaṃ bhagavan, na rūpa-kāya-pariniṣpattyā tathāgato draṣṭavyaḥ : 아쌍가와 바쑤반두는 여기에 다음과 같이 주석을 달고 있다. (그러나 이렇게 강변할 수 있다. 만약 깨달은 님이 조건지어지지 않은 존재라면, 낮거나 높은 특징을 지녔다고 어떻게 말할 수 있는가? 이 질문에 답변하기 위해 법문은 부처님은 육체적인 형태의 완전성이나 상호의 완전성으로 나타나지 않는다라고 진술한다. 여기 주석에서 설해진 것처럼, 육체는 여든 네 가지의 부수적인 외형적 특징으로 이해된다. 부처님은 육체적인 형태의 완전성은 사실상 완전성이 아니며 특징의 완전성은 완전성이 아니다라고 대답한다. 이 의미는 무엇인가?) 진리의 몸〔法身〕의 성취는 부수적인 외형적 특징「八十種好)」이라고 말해지지 않으며, 일차적인 외형적 특징「三十二相」의 성취도 아니다. 왜냐하면 그것은 몸이 없는 것으로 성취된다고 여겨지기 때문이다.(na dharmakāya niṣpattir anuvyañjanam ucyate, na ca lakṣaṇasampattis tad akāyatvato m atā).'

4. 세존께서 말씀하셨습니다.
[세존] "쑤부띠여, 어떻게 생각합니까? 어떠한 특징을 갖추었다고 해서 여래라고 볼 수 있습니까?"

5. 쑤부띠는 여쭈었습니다.
[쑤부띠] "세존이시여, 그렇지 않습니다. 어떠한 특징을 갖추었다고 해서 여래라고 볼 수 없습니다.

6. 그것은 무슨 까닭입니까?
세존이시여, 여래께서 '특징의 갖춤'에 대해 말씀하신 것은, 여래께서 '특징이 아닌 것'을 가르치신 것입니다. 그러므로 말하자면, '특징의 갖춤'인 것입니다." 147)

21. 설했지만 설한 것이 없네〔非說所說分〕

1. 세존께서 말씀하셨습니다.
[세존] "쑤부띠여, 어떻게 생각합니까? 여래가 '내가 가르침을 설했다'고 생각합니까?"

2. 쑤부띠는 여쭈었습니다.
[쑤부띠] "그렇지 않습니다. 세존이시여, 여래는 '내가 가르침을

---

147) yaiṣā bhagavaṃl lakṣaṇa-sampat tathāgatena bhāṣitā. tenocyate lakṣaṇa-sampad iti : 아쌍가와 바쑤반두는 다음과 같이 주석을 달고 있다. '반면에 이 양자의 성취(즉 외형적인 몸의 완성과 외형적 특징의 성취)는 법신 자체와 다르지도 않기 때문에 이 두 가지의 성취가 여래가 아니라고 생각해서도 안 된다. (그러한 공존은 상반되는 것으로서의 두 가지 존재가 초월되어지는 사실을 지시하기 때문에 법문은 한번 더 '완성'을 강조한다.) (dharmakāyāvinirbhāgān na dvayaṃ na tathāgataḥ, sampattir ucyate bhūyo dvayaṃ nāsty astitā tataḥ).'

설했다'라고 생각하지 않습니다."

3. 세존께서 말씀하셨습니다.

[세존] "쑤부띠여, 누군가가 '여래께서 설법하셨습니다'라고 말한다면, 그는 그렇지 않은 것을 말한 것이며, 있지 않은 것을 취하여 나를 비방하는 것입니다.

4. 그것은 무슨 까닭입니까?

쑤부띠여, '설해진 가르침, 설해진 가르침'이라고 하지만 '설해진 가르침'이라고 인식될 수 있는 어떠한 것도 존재하지 않습니다."148)

5. 이렇게 말씀하신 뒤에 존자 쑤부띠는 세존께 다음과 같이 여쭈었습니다.

[쑤부띠] "세존이시여, 미래의 시대, 마지막 시기, 마지막 시간, 마지막 오백 년, 올바른 가르침이 무너질 때에도 이와 같은 법을 듣고 진실한 믿음을 내는 어떠한 뭇삶들이 있겠습니까?"

6. 세존께서 말씀하셨습니다.

[세존] "쑤부띠여, 그들은 뭇삶도 아니고 뭇삶이 아닌 것도 아닙니다.149)

---

148) na-asti sa kaścid dharmo yo dharma-deśanā namo palabhyate : 아쌍가와 바쑤반두는 다음과 같이 주석을 달고 있다. (그러나, 자, 이렇게 물을 수도 있다. 만약에 부처님에게 이 두 완전성이 결여되어 있다면, 부처님의 가르침이 어떻게 가능할 것인가?) 여래와 마찬가지로 그의 가르침도 존재한다고 볼 수 없다. 그의 가르침은 (법문에서 설해진 가르침, 설해진 가르침이라고 반복적으로 암시하는 말과 그 의미의) 두 가지라고 여겨진다. (법문에는 설해진 가르침으로 여겨질 만한 어떠한 것도 없다는 사실을 부가한다.) 왜냐하면 가르침은 법계와 구별되지 않으며 그 자신의 특징을 지니고 있지 않기 때문이다.(————————kalpitā, dharmakāyāvinirbhāgād deśanāpy asvalakṣaṇā. =saṅs rgyas bžin du bstan med phyir, bstan pa rnam pa gñis las brtags, chos kyi dbyaṅs las dbyer med pas, bstan pa'ṅ raṅ gi mtshan ñid med = 如來說亦無 說二是所執 由不離法界 說亦無自性).

149) bhagavān āha : na te subhūte sattvā na-asattvāḥ : 아쌍가와 바쑤반두는 다음

7. 그것은 무슨 까닭입니까?
쑤부띠여, 여래가 '뭇삶, 뭇삶'에 대해 설한 것은 '뭇삶이 아닌 것'을 가르친 것입니다. 그런 까닭으로 여래는 '뭇삶'에 대해 설했습니다."

22. 법은 얻어질 수 없으니〔無法可得分〕

1. [세존] "쑤부띠여, 어떻게 생각합니까?
여래가 위없이 바르고 원만한 깨달음이라고 분명하게 깨달아 얻은 어떠한 법이라도 있습니까?"

2. 쑤부띠는 여쭈었습니다.
[쑤부띠] "세존이시여, 그렇지 않습니다. 여래께서 위없이 바르고 원만한 깨달음이라고 분명하게 깨달아 얻은 어떠한 법도 없습니다."

과 같이 주석을 달고 있다. (그러나 그렇다면, 반론할 수 있다. 부처님이 스승으로 존재하지 않는다면, 법신과 일치하는 그의 가르침도 존재하지 않을 것이다. 그러한 심오한 이론을 믿는 사람은 누구인가? 그래서 법문은 진술한다. 뭇삶도 아니고 뭇삶이 아닌 것도 아니다.) 가르치는 자나 가르쳐진 것의 심오함을 믿는 자가 없는 것은 아니다. 그들은 뭇삶도 아니고 뭇삶이 아닌 것도 아니다. (여기서 뭇삶은) 성자로서의 특징이 없는 대부분의 일반사람의 특징을 소유한 자들을 (의도한 것이고) 뭇삶이 아닌 존재는 성자의 지위를 가진 자들을 (의도하는 것이다.) (이것은 대부분의 일반사람과 관련해서 뭇삶은 뭇삶이 아닌 것을 의미한다. 그러나 성자의 지위와 관련해서 그들은 뭇삶이 아닌 것이 아니다. 그러므로 부처님께서 뭇삶이 아닌 것에 대하여 말할 때, 대부분의 일반사람들에 관련해서 언급하는 것이지만, 뭇삶이 아닌 것이 아닌 존재라고 말할 때는 성자들에 관련해서 언급하는 것이다.) (deśyadaiśikagāṃbhīryaśraddhā na ca na santi hi, na sattvā nāpi cāsattvās te 'nāryārya ———————— : =ston dań bśad bya zab pa la, dad med pa ni ma yin te, de dag 'phags min 'phags ldan phyir, sems can med min sems can min, = 所說說自深 非無能信者 非衆生衆生 非聖非不聖)'

3. 세존께서 말씀하셨습니다.
[세존] "쑤부띠여, 그렇습니다. 쑤부띠여, 그렇습니다. 거기에는 아주 미세한 법조차도 없으며, 얻을 수 없습니다. 그러므로 말하자면, '위없이 바르고 원만한 깨달음'인 것입니다."150)

23. 맑은 마음으로 착함을 행하라〔淨心行善分〕

1. [세존] "쑤부띠여, 그리고 그 법은 평등하며 거기에 아무런 차별도 없습니다. 그러므로 말하자면, '위없이 바르고 원만한 깨달음'인 것입니다.

2. 위없이 바르고 원만한 깨달음은, 평등하여 거기에 자아가 없고, 존재가 없고, 생명이 없고, 영혼이 없기 때문에, 모든 착하고 건전한 법을 통해서 분명하게 깨달아지는 것입니다.

3. 그것은 무슨 까닭입니까?
쑤부띠여, 여래가 '착하고 건전한 법, 착하고 건전한 법'에 대해 설하신 것은, 여래가 '법이 아닌 것'을 가르친 것입니다. 그러므로 말하자면 '착하고 건전한 법'인 것입니다."151)

---

150) api tu khalu punaḥ subhūte samaḥ sa dharmo na tatra kiṃcid viṣamaṃ : 아쌍가와 바쑤반두는 다음과 같이 주석을 달고 있다. (만약에 위없는 깨달음과 같은 그러한 것이 없다면, 법문은 왜 계속해서 위없이 바르고 원만한 깨달음에 관해서 언급하고 있는가? 법문은 말한다. 그것은 존재하지 않는다.) 깨달음은 위없는 것으로 알아야 한다. 왜냐하면, (그것을 초월하는) 가장 작은 법도 없기 때문이다. 이것은 법계가 증장할 수는 없지만, 반대로 청정하고 평등한 자성이 존재한다는 사실에 의존한다. (그것은 또한 자아가 없고 어떠한 생성도 용납되지 않는 적멸과 같은 특징과 선하고 건전한 법이 완전히 완성되어 깨달음 이외에 선한 법의 완성이 있을 수 없는, 최상의 의미〔第一義諦〕에 의존한다.) (——————jñeyā bodhir anuttarā, na vṛddh yā dharma dhātau hi śuddhisāmyāt svalakṣaṇāt : 少法無有故 無上覺應知 由法界不增 淸淨平等性)'

24. 공덕을 지혜에 견주랴〔福智無比分〕

1. [세존] "쑤부띠여, 또한 한 여인이나 한 남자가 삼천대천세계에서 가장 큰 쑤메루 산 만큼의 칠보 더미를 모아서 이렇게 오신 님, 거룩한 님, 올바로 원만히 깨달은 님에게 보시한다고 합시다.

2. 그리고 한 훌륭한 가문의 아들이나 한 훌륭한 가문의 딸이 이 지혜의 완성이란 법문으로부터 사행시 한 게송이라도 받아들여 다른 사람에게 가르쳤다면,152) 쑤부띠여, 앞의 공덕의 다발은 뒤의 공덕의 다발의 백분의 일 등에도 미치지 못하며 또한 비유를 감당할 수 없게 됩니다."153)

---

151) kuśalā dharmāḥ kuśalā dharmā iti subhūte adharmāś caiva te tathāgatena bhāṣitāḥ. tenocyante kuśalā dharmā iti : 아쌍가와 바쑤반두는 다음과 같이 주석을 달고 있다. (법문에서 언급된 선하고 건전한 법의 특징은 무엇인가? 법이 없다는 진술과 모순이 되는 것은 아닌가?) 방편으로 위없는 법이므로, 번뇌에 지배되는 것이 없는 한, 그 반대로서의 착하고 건전한 법도 있을 수 없다. 그러므로 이러한 법이 착하고 건전한 법이라고 불린다. (왜냐하면, 그 본성이 상대적이 아니라 궁극적으로 착하고 건전하기 때문이다.) (upāyānuttaratvāc ca sāsravatvād adharmataḥ, śubhā na dharmā—— ——————. =thabs kyaṅ bla na med pa'i phyir, zag daṅ chos pa chos min phyir, dge ba'i chos rnams ma yin no. de phyir de ñid dge ba'i chos. = 及方便無上 由漏性非法 是故非善法 由此名爲善)

152) yaś ca kula- putro vā kuladuhitā vā vetaḥ prajñāpāramitāyā dharma-paryāyād antaśaś catuṣpādikām api gāthām udgṛhya parebhyo deśayed : 이것에 대해 아쌍가와 바쑤반두는 다음과 같이 주석을 달고 있다. (그러나 만약에 착한 건전한 법들이 깨달음에 공헌하는 것으로 이해된다면, 가르치고 가르쳐지는 법들은 설해지지 않은 것(無記)으로서 깨달음에 공헌할 수 없다. 그러한 의문은 다음과 같은 게송에서 해소된다.) 가르치는 것이 설해지지 않은 것〔無記〕이라고 하여도 (깨달음에) 공헌하지 않는 것으로 여겨져서는 안 된다. 그러므로 가르침의 보석만이 다른 보석보다 탁월하다. (naiva cāvyākṛtve 'pi deśanā 'prāptaye matā, dharmaratnaṃ tataś caikaṃ ratnād anyād viśiṣyate).

153) asya subhūte puṇya-skandhasya paurvakaḥ puṇya-skandhaḥ śatatamīm api kalāṃ nopaiti yāvad upaniṣadam api na kṣamate : 아쌍가와 바쑤반두는 다음과 같이 주석을 달고 있다. '(그래서 지혜에서 유래하는 공덕이 법문에서 언급하고 있는 어떤 다른 공덕보다도 비교할 수 없을 정도로 탁월하다.) 계산이나 세력이나 종류나 관계와 같은 (네 가지) 차별의 결정으로 보아서도 아무리 조사해도 그것과 비교할

25. 교화한 뭇삶이 없네〔化無所化分〕

1. [세존] "쑤부띠여, 어떻게 생각하십니까?
여래에게 '내가 뭇삶을 해탈시켰다'는 생각이 일어납니까? 쑤부띠여, 결코 그렇게 보아서는 안됩니다.

2. 그것은 무슨 까닭입니까?
쑤부띠여, 여래에 의해 해탈한 어떠한 뭇삶도 존재하지 않기 때문입니다.154)

3. 쑤부띠여, 만약 여래가 해탈시킨 어떠한 뭇삶이 있다면, 여래는 그것 때문에 또한 자아에 집착하게 되는 것이고, 존재에 집착하고, 생명에 집착하고, 영혼에 집착하게 되는 것입니다.155)

수 있는 것은 이 세상에 아무 것도 없다. (saṃkhyāprabhavajātīnāṃ saṃbandhas ya viśeṣaṇe, —— ———— labhyate. = graṅs daṅ mthun daṅ rigs rnams daṅ, 'brel ba dag gi khyad par ni, brtags kyaṅ 'jig rten thams cad na, dpe byar ruṅ ba mi rñed do. = 於諸算勢類 因亦有差殊 尋思於世間 喩所不能及)'

154) na-sati subhūte kaścit sattvo yas tathāgatena parimocitaḥ : 아쌍가와 바쑤반두는 다음과 같이 주석을 달았다. '(누군가 이렇게 항변할 수 있다. 법의 본성이 순수한 일치라면, 아무도 그곳으로 이끌 사람도 이끌어질 수 있는 사람도 없다. 이것은 그의 목표가 존재의 해탈이라는 부처님의 말씀과 모순이 되는 것이다. 이러한 반론을 무마하기 위해 법문은 말한다. 여래에 의하여 해탈한 자는 없다.) 이름과 더불어 개인을 구성하는 존재의 다발(五蘊)은 법계의 밖에 있지 않는 한, (번뇌와 보리〔覺〕가 같다 즉) 법계가 평등하기 때문에 뭇삶은 승리자〔佛〕에 의해서 해탈되지 않는다. (samatvād dharmadhātoś ca na sattvā mocitā jinaiḥ, sahanāmnā yataḥ skandhā dharmadhātvabahirgatāḥ).'

155) yadi punaḥ subhūte kaścit sattvo'bhaviṣyat yas tathāgatena parimocitaḥ syāt, sa eva tathāgatasya-ātma-graho'bhaviṣyat. sattva-grāho jīva-grāhaḥ pudgala-grāho 'bhaviṣyat : 아쌍가와 바쑤반두는 다음과 같이 주석을 달았다. (존재의 다발 가운데 해탈되어야 할 영혼이 있다고 가정한다면, 중생이 있다는 것이 사실일 것이다. 그래서 법문은 말한다. 자아에 대한 집착은 집착이 아니다.) 어떠한 것이든 법의 존재에 집착한다면, 자아의 존재에 집착하는 것과 같은 동일한 오류를 범하는 것입니다. 해탈되어야할 뭇삶의 존재에 집착한다면, 그것은 집착의 대상이 없는 잘못된 집착이 될 것이다.(ātmagrāhasamo doṣas ta————, ————grāhe hi agrāhagrāhatā matā. = bkrol bya'i sems can 'dzin na ni, de la chos su

4. 쑤부띠여, 여래께서 '자아에 대한 집착'이라고 하신 그것은 '집착이 아닌 것'을 가르치신 것입니다. 그런데 어리석은 일반인들이156) 집착하고 있습니다.

5. 그리고 쑤부띠여, 여래께서 '어리석은 일반인'에 대해 말씀하신 것은 대부분의 '일반인이 아닌 것'을 가르치신 것입니다. 그러므로 그를 '어리석은 일반인'이라고 말합니다."

26. 법신은 특징이 없다〔法身非相分〕

1. [세존] "쑤부띠여, 어떻게 생각합니까?
어떤 특징을 갖추었다고 해서 여래라고 볼 수 있습니까?"

2. 쑤부띠는 여쭈었습니다.
[쑤부띠] "세존이시여, 그렇지 않습니다. 제가 세존께서 말씀하신 뜻을 이해하기로는, 특징을 갖추었다고 해서 여래라고 볼 수 없습니다."

3. 세존께서 말씀하셨습니다.
[세존] "쑤부띠여, 훌륭합니다. 훌륭합니다. 쑤부띠여, 그렇습니다. 그렇습니다. 특징을 갖추었다고 해서 여래라고 볼 수 없습니다.

'dzin 'gyur te, bdag tu 'dzin daṅ ṅes pa mtshuṅs, gzuṅ du med pas 'dzin par bśes. = 若起於法執 與我執過同 定執脫有情 是無執妄執).

156) bāla-pṛthagjanā : 한역에서 꾸마라지바는 '범부(凡夫)', 현장은 우부이생(愚夫異生)이라고 하고 있다. bāla는 '어리석은'이란 뜻이고 pṛthagjanā는 '다른 씨족의 사람 → 낮은 계급의 사람 → 민중'을 뜻한다.

4. 그것은 무슨 까닭입니까?
쑤부띠여, 특징을 갖추었다고 해서 여래라고 본다면 전륜성왕[157]도 여래일 것입니다. 그러므로 특징을 갖추었다고 해서 여래라고 볼 수 없습니다."[158]

5. 그러자 존자 쑤부띠는 세존께 이와 같이 여쭈었습니다.
[쑤부띠] "제가 여래께서 말씀하신 바의 뜻을 이해하기로는, 특징을 갖추었다고 해서 여래라고 볼 수 없습니다."

6. 그리고 이 때에 세존께서 이와 같은 시를 읊으셨습니다.

[세존] "형상을 통해서 나를 보고
소리로 나를 듣는 자들은
잘못된 길에 빠졌나니
그들은 나를 보지 못하리라.[159]

---

157) cakravartī rājā : 전륜성왕(轉輪聖王). 고대인도의 전설적인 임금이다. 삼십이상(三十二相)을 갖추고 그가 즉위할 때에는, 하늘에서 윤보(輪寶)를 얻어서 그것을 굴려 전 인도를 정복한다고 한다. 수레는 일종의 무기였다. 전륜성왕에 대한 전설은 힌두교도, 불교도, 자이나교도들을 통해 공통된 것이었다.

158) tasmān na lakṣaṇa-sampadā tathāgato draṣṭavyaḥ : 아쌍가와 바쑤반두는 다음과 같이 주석을 달고 있다. (이제 이와 같이 강변할 수 있다. 당신은 여래가 특징의 완성을 통해서 보여질 수 없다고 말했다. 왜냐하면 그는 조건지어지지 않은〔無爲〕 법신이기 때문이다. 그러므로 결코 여래인 법신은 우리에게 공덕의 완성을 알게 만드는 외형적 특징의 완성으로부터 유추될 수 없다. 그러므로 법문은 말한다. 어떻게 생각하는가?) 결코 눈에 보이는 육신으로서 여래를 유추할 수 없다. 왜냐하면 그는 법신이기 때문이다. (특징을 법신과 공유하지만) 전륜성왕은 (단지 특징을 갖추었다고 해서 부처를 지시한다면, 일어날 수 있는 것처럼) 여래로 여겨질 수 없다. (na caiva rūpakāyena so 'numeyas tathāgataḥ, dharmakāyo yataś cakravartī mābhūtī tathāgataḥ).

159) 초기불교의 성전(Theg. 469)에 동일한 종류의 시가 있다. 라꾼따까 밧디야(Lakuntaka Bhaddiya) 장로(長老)는 다음과 같이 읊는다. '형상으로 나를 헤아리는 자, 소리로서 나를 구하는 자, 욕망과 탐욕에 종속된 자, 그러한 자는 나를 알지 못하리(ye māṃ rūpeṇa pāmiṃsu, ye ca ghoseṇa anvagū| chanda-rāga-vasupetā na māṃ janenti janā)'

법에서 깨달은 님을 보아야 하리.
법신들이야말로 스승들이네.160)
법의 특성은 식별될 수 없으니
그것은 대상으로 의식할 수 없으리."161)

27. 파괴나 단멸은 없으리〔無斷無滅分〕

1. [세존] "쑤부띠여, 어떻게 생각합니까?
여래께서 특징을 갖춤으로써 위없이 바르고 원만한 깨달음을 분명하게 깨달아 얻었습니까? 쑤부띠여, 그대는 결코 그렇게 보아서는 안됩니다.

2. 그것은 무슨 까닭입니까?
쑤부띠여, 여래께서 특징을 갖춤으로써 위없이 바르고 원만한

---

160) dharmato buddhā draṣṭavyā, dharmakāyā hi nayakāḥ : 아쌍가와 바쑤반두는 다음과 같이 주석을 달고 있다. (특징의 완성은 분명히 축적된 공덕의 성숙이지만, 다음과 같은 법문에 언급된 것처럼 위없는 깨달음의 원인은 아니다.) 완전한 공덕의 축적과 그 성숙에 의한 (위대한 사람의) 특징을 통해서 법신이 얻어진다고 할 수 없다. 사실상 (그 양자의 경우) 그 의미가 서로 다르다. (na ca lakṣaṇavaipākyapuṇy————————, dharmakāyasya lābho hi upāyo yad vilakṣaṇaḥ. = mtshan ni rnam par smin pa yi, bsod nams phun sum tshog pa las, chos sku 'thob par mi bžed do, thabs daṅ mtshan ñid mi 'dra phyir. = 卽具相果報 圓滿福不許 能招於法身 由方便異性).' (지혜는 법신의 바로 그 본질이며, 법신은 공덕과는 일치할 수 없다.) 아쌍가와 바쑤반두가 여기서 '그 의미가 서로 다르다는 것은 '지혜는 법신의 바로 그 본질이며, 법신은 공덕과는 일치할 수 없다'라는 뜻이다.'

161) dharmatā ca na vijñeyā, na sa śakyā vijānituṃ : 아쌍가와 바쑤반두는 다음과 같이 주석을 달고 있다. 대부분의 일반 사람은 부처님을 알 수가 없다. 왜냐하면 그들은 형상을 보고 목소리를 듣기 때문이다. 그러나 사실상 진여법신은 (종잡을 수 없는) 의식의 영역을 뛰어넘고 있다. (rūpānuśravamātreṇa na buddhajñāḥ pṛthagjanaḥ, tathatādharmakāyo hi yato 'vijñānagocaraḥ)

깨달음을 분명하게 깨달아 얻은 것이 아니기 때문입니다.

3. 또한 쑤부띠여, 아무도 그대에게 이와 같이 '깨달음을 향한 님의 삶에 들어선 님들은 어떠한 법의 파괴나 단멸을 설하고 있다'라고 말하지 못할 것입니다. 쑤부띠여, 그대도 결코 그렇게 보아서는 안됩니다.

4. 그것은 무슨 까닭입니까?
깨달음을 향한 님의 삶에 들어선 님들은 어떠한 법의 파괴나 단멸을 설한 일이 없기 때문입니다."162)

28. 갖지도 탐하지도 않으니〔不受不貪分〕

1. [세존] "쑤부띠여, 또한 한 훌륭한 가문의 아들이나 한 훌륭한 가문의 딸이 갠지스강의 모래알만큼의 세계를 칠보로 가득 채워서 이렇게 오신 님, 거룩한 님, 올바로 원만히 깨달은 님에게 보시하는 것보다, 깨달음을 향한 님이 실체 없음(無我)과 생겨나지 않음(不生)의 진리를 인내하여 얻는다면, 그가 그것을 인연으로 헤아릴 수 없고 셀 수 없는 훨씬 많은 공덕의 다발을

---

162) na bodhisattva-yāna-samprasthitaiḥ kasyacid dharmasya vināśaḥ prajñapto nocchedaḥ : 아쌍가와 바쑤반두는 다음과 같이 주석을 달고 있다. (누군가 공덕이 깨달음으로 인도하지 않는 한 깨달음을 향한 님의 윤리적인 노력은 과보를 가져올 수 없다고 주장할 지 모른다. 이러한 의심을 제거하기 위해 법문은 '어떻게 생각하는가' 라고 말한다.) (모든 법이 생겨나지 않는다는 깨달음으로 이루어진) 최상의 인욕을 갖춘다고 할지라도 공덕이 결코 망실되지 않고 그 과보가 단절되는 일이 없다. 왜냐하면 티끌 없는 것(즉 진여에 대한 깨달음)을 얻기 때문이다.(na ca puṇyas ————————————, kṣāntilābhe 'pi nocchedo nirmalasyāsya lābhataḥ. = bsod nams chud zar 'gyur ba med, de yi 'bras bu'ṅ 'chad mi 'gyur, dge ni dri med thob pas na, bzod pa thod kyaṅ chad mi 'gyur = 基福不失亡 果報不斷絶 得忍亦不斷 以獲無垢故)

이룰 것입니다.

2. 쑤부띠여, 그러나 깨달음을 향한 위대한 님이라면 공덕의 다발을 가지면 안 될 것입니다.”

3. 존자 쑤부띠는 여쭈었습니다.
[쑤부띠] “세존이시여, 틀림없이 깨달음을 향한 님이라면 공덕의 다발을 가지면 안 될 것입니다.”

4. 세존께서 말씀하셨습니다.
[세존] “쑤부띠여, ‘갖게 될 것’이라는 것은 ‘갖게 될 것이 아닌 것’입니다. 그러므로 말하자면, ‘갖게 될 것’인 것입니다.”163)

29. 여래는 그대로 평안하네〔威儀寂靜分〕

1. [세존] “쑤부띠여, 또한 진실로 누군가가 ‘여래께서 가시거나 오시거나 서시거나 앉으시거나 누우신다’라고 말한다면, 쑤부띠여, 그는 내 가르침의 의미를 알지 못하는 것입니다.164)

---

163) parigrahītavyaḥ subhūte nodgrahītavyaḥ tenocyate parigrahītavyaḥ : 아쌍가와 바쑤반두는 다음과 같이 주석을 달고 있다. ‘다시 공덕이 (헛되지 않다는 것을) 설명하기 위해 이러한 가르침이 제시되었다. 그러나 이 공덕이 (깨달음은 조건지어지지 않은 것〔無爲〕이므로) 과보로 이끌지 않기 때문에, 어떠한 취함이든지 무엇인가 가지는 것은 아니다. (이것은 사실상 잘못된 견해이다.)(punaḥ puṇyanimittaṃ hi tasmād dṛṣṭāntadeśanā, tat puṇyasya 'vipakatvān nodgrahaḥ saparigrahaḥ).’

164) api tu khalu punaḥ subhūte yaḥ kaścid evaṃ vadet : tathāgato gacchati vā āgacchati vā, tiṣṭhati vā niṣīdati vā śayyāṃ vā kalpayati, na me subhūte sa bhāṣitasya-arthaṃ ājānāti : 아쌍가와 바쑤반두는 다음과 같이 주석을 달고 있다. (그러나 만약 깨달음을 향한 님이 자신을 위해 공덕의 과보를 취하지 않으면 어떻게 이 과보가 알려지고 어떻게 부처님의 가시적인 행위가 설명될 수 있는가?) 그들이 축적한 공덕의 신비스러운 과보와 뭇삶의 교화는 깨달은 님들이 시방 세계에서 (어디서든지 언제든지) 저절로(無功用 : anābhoga)으로 성취한 일이다.(tan nirmāṇaph alaṃ teṣāṃ puṇya――――, anābhogena yat karma budddhāḥ kurvanti dikṣu

2. 그것은 무슨 까닭입니까?
쑤부띠여, 여래는 '어느 곳으로도 가지 않으신 님, 또는 어느 곳에서도 오지 않으신 님'을 말합니다.165) 그러므로 그를 '이렇게 오신 님, 거룩한 님, 올바로 원만히 깨달은 님'이라고 말합니다."

30. 대상적 실체에 대한 집착을 버리고〔一合理相分〕

1. [세존] "쑤부띠여, 또한 훌륭한 가문의 아들이나 훌륭한 가문의 딸들이 크나큰 삼천대천세계의 땅의 티끌 수만큼의 세계를 어마어마한 힘으로 아주 미세한 원자 크기의 집합이라고 불리는 티끌로 만든다면,166) 쑤부띠여, 어떻게 생각합니까? 그 원자의 집합이 많겠습니까?"

---

ca : = de dag gi ni bsod nams de'i, 'bras bu sprul daṅ sems can gdul, saṅs rgyas rnams gyi 'phrin las 'di, lhun gyis grub pa phyogs na mdzad = 彼福招化果 作利有情事 彼事由任運 成佛現諸方)'

165)tathāgata iti subhūte ucyate na kvacid-gato na kutaścid āgatoḥ : 아쌍가와 바쑤반두는 다음과 같이 주석을 달고 있다. 그들의 가고 오는 분명한 행위는 화현(化顯)에 의해서 성취되지만, 실제로 깨달은 님들은 언제나 부동이다. 그들이 법계에 머무는 것은 그것과 동일하지도 다르지도 않다고 설해진다.(gatyādayas tu nirmāṇair buddhās tv avicalāḥ sadā, dharmadhātau ca tatsthānaṃ naikatvānyatvato mataṃ)'

166) yaś ca khalu subhūte kulaputro vā kuladuhitā vā yāvantas trisāhasramahāsāhasre lokadhātau pṛthivī-rajāṃsi tāvatāṃ loka-dhātūnām evaṃrūpaṃ maṣiṃ kuryāt yāvad evam asaṃkhyeyena viriyeṇa tad yathā'pi nāma paramāṇu-saṃcayaḥ : 아쌍가와 바쑤반두는 다음과 같이 주석을 달고 있다 : (그러면 법문에 등장하는 원자의 가르침의 의미는 무엇인가?) (법문이 우주를) 원자의 티끌로 환원하는 것은 (예로 언급할 때에) 그 의미를 분명히 나타내는 것이다. 곧 '티끌로 환원한다는 것'은 번뇌의 파괴가 일어날 수 있는 것을 보려주려는 것이다.(rajomaṣīkriyā dhātor dṛṣṭāntas tasya dyotakaḥ, maṣīkaraṇatā kleśakṣayasyeha nidarśanam).

2. 쑤부띠는 여쭈었습니다.

[쑤부띠] "세상에 존경받는 님이시여, 그렇습니다. 올바른 길로 잘 가신 님이시여, 그렇습니다. 아주 미세한 원자의 집합은 매우 많겠습니다.

3. 그것은 무슨 까닭입니까.

세존이시여, 만약 '아주 미세한 많은 원자의 집합'이 있다면, 세존께서 '아주 미세한 많은 원자의 집합'에 대해 말씀하지 않으셨을 것입니다.

4. 그것은 무슨 까닭입니까.

세존이시여, 여래께서 여래께서 '아주 미세한 원자의 집합'에 대해 말씀하신 것은 여래께서 '집합이 아닌 것'을 가르치신 것입니다. 그러므로 말하자면 '아주 미세한 원자의 집합'인 것입니다.

5. 또한 여래께서 '삼천대천세계'에 대해 말씀하신 것은 여래께서 '세계가 아닌 것'을 가르치신 것입니다. 그러므로 말하자면 '삼천대천세계'인 것입니다.

6. 그것은 무슨 까닭입니까?

세존이시여, 세계가 존재한다면 그것은 대상적 실체에 대해 집착하고 있는 것입니다.167) 여래께서 '대상적 실체에 대한 집

---

167) saced bhagavan loka-dhātur abhaviṣyat. sa eva piṇḍa-grāho 'bhaviṣyat : 역자가 대상적 실체라고 번역한 삔다(piṇḍa)는 어원적으로 덩어리를 말한다. 이 덩어리에 대한 집착을 꾸마라지바는 '일합상(一合相)'이라고 했고, 현장은 '일합집(一合執)'이라고 번역했다. 그것은 모든 것을 하나 하나가 구성된 전체라고 보고, 그것이 실체(實體)라고 집착하는 것이다. 콘즈가 '물질적 객체(a material object)'라고 했다. 아쌍가와 바쑤반두는 다음과 같이 주석을 달고 있다. '원자의 집적으로서의 대상적 실체〔一合相〕가 없다는 사실은 사물에 단일성이 없다는 것을 지시하며, 집적의 조건이 존재한다는 것은 다양성이 없다는 것을 지시한다. (원자들이 티끌로 분해되게 될 때와 마찬가지로, 원자들은 자신들로 이루어진 사물과 동일하지도 다르지도 않게 된다. 왜

착'에 대해 말씀하신 것은 여래께서 '집착이 아닌 것'을 가르치신 것입니다. 그러므로 말하자면 '대상적 실체에 대한 집착'인 것입니다."

7. 세존께서 말씀하셨습니다.

[세존] "쑤부띠여, 대상적 실체에 대한 파악은 실제 내용이 없는 언어적 관습, 언어적 표현168)의 문제입니다. 그것은 법도

냐하면 원자들은 사물의 상이한 두 조건을 대표한다고 할지라도, 부분과 전체는 하나가 다른 하나 없이는 생각될 수 없기 때문이다. 이와 같이 또한 깨달은 님의 경지와 법계는 동일하지도 차별적이지도 않다.) (asaṃcayatvāpiṇḍatvam anekatva-ni darśanam, saṃhatasthānatā tasmin nānyatve ca nidarśanam).'

168) anabhilapyaḥ : 현장은 불가희론(不可戱論)이라고 번역했다. 맛지마니까야(MN. I. 111~112)에는 인식과정에 대한 설명을 통해서 그러한 희론의 조건적 발생에 관해 상세히 서술하고 있다. '벗이여, 눈과 형상을 조건으로 시각의식이 생겨난다. 이 세 가지의 만남이 접촉이다. 접촉을 조건으로 감수가 생겨나며, 감수하는 것을 지각하며, 지각한 것을 추론하며, 추론한 것을 희론하며, 희론한 것을 인연으로 과거, 미래, 현재에서 형상이 눈을 통해 인식되어야 할 때에 인간에게 희론에 의한 개념적 판단이 행해진다.(cakkhuñ c'āvuso paṭicca rūpe ca uppajjati cakkhuviññāṇaṁ, tiṇṇaṁ sa ṅgati phasso, phassapaccayā vedanā, yaṁ vedeti taṁ sañjānāti, yaṁ sañjā nāti taṁ vitakketi, yaṁ vitakketi taṁ papañceti, yaṁ papañceti tatonidān a-ṁ purisaṁ papañcasaññāsaṅkhā samudācaranti atītānāgatapaccuppanne su cakkhuviññeyyesu rūpesu)' 여기서 분명한 것은 연기법의 비인칭적 문안으로 시작하다가 중간에 '감수한 것을 지각하며(yaṁ vedeti taṁ sañjānāti)'라고 삼인칭 단수의 문구로 나가는 것은 깔루빠하나(Kalupahana, Buddhist Philosophy. 21)가 지적했듯이 인식주체의 활동을 암시하는 것이긴 하지만, 여기에 자아가 개입되어 있는 것이다. 더구나 '희론한 것을 인연으로 인간에게 희론에 의한 개념적 판단이 일어난다(yaṁ papañceti tatonidānaṁ purisaṁ papañcasaññāsaṅkhā samudācara nti)'는 희론에 의한 개념적 지각판단(papañcasaññā saṅkhā)이 조건적으로 발생한다는 문구는 금강경에 말하는 지각이 무엇인가를 잘 보여준다. 희론된 지각으로 특징지어지는 개념(papañca-sañña-saṅkhā)은 감각기관에 의해 식별되는 감각대상을 공략하여 인간을 지배하게 된다. 이러한 현상은 마술사가 뼈다귀에 생명을 불어넣었기 때문에 거기서 부활한 호랑이가 오히려 마술사를 잡아먹는 형식을 취하고 있다. 초기경전상에서는 자아의식과 깊이 연관되어 있는 사유의 희론적 성격을 간파하고 희론의 소멸은 곧 자아의식의 소멸을 통해 이루어진다고 진술하고 있다. 숫타니파타(Stn. 91 6)에서 세존께서는 '나는 생각하는 자이다'라는 희론적 개념(papañcasaṅkhā)의 뿌리를 완전히 잘라버리라고 말씀하셨습니다. '나는 생각하는 자이다(mantā asmī)'라는 확산적 경향의 사고는 경전(Stn. 530)은 안팎의 질병의 뿌리인 희론적인 명색을 이해하여 모든 질병의 뿌리의 속박으로부터 해탈하면 그로 인해 달관한 자, 곧 진여자라고 불려진다라고 말하고 있다. 희론은 '나는 존재한다라는 자아의식(asmīti papañcitaṁ)'에 기반을 두고 있는 일상적 지각의 확산, 즉 망상을 의미한다. 이러한 망상은 개인적으로든

아니며 법이 아닌 것도 아닙니다. 그런데 어리석은 대부분의 사람들이 그것에 집착하고 있는 것입니다."169)

31. 주관적 세계에 머물지 않고〔知見不生分〕

1. [세존] "그것은 무슨 까닭입니까,

사회적으로든 모든 질병의 근원이다. 맛지마니까야(MN. I. 109)에 따르면, 이것이 개인적으로 나타나면 탐욕(rāga), 진에(dosa), 의치(moha)을 수반하고 사회적으로 나타나면 싸움(kalaha), 논쟁(viggaha), 언쟁(vivāda), 자만과 교만(mānātimāna), 중상(pesuñña), 질투(issā), 인색(macchariya)을 수반한다. 붓다고싸(Suv. II. 721)에 의하면, 환희(abhinanditabbaṁ), 주장(abhivaditabbaṁ), 집착(ajjhosetabbaṁ)에 '이것은 나의 것이다(etaṁ mama), 내가 이것이다(eso'ham asmi), 이것이 나의 자아이다(eso me attā)'라는 자아의식이 개입되는 희론의 세 가지 특성을 형성하며 이것들의 확장에 의해서 세 가지의 희론, 즉 갈애희론, 아만희론, 견해희론이 성립한다. 희론이 연생을 수반한다는 의미는 모든 실제적 사태들이 개념적인 언어를 통해 인위적으로 조작되어 범주화된다는 의미이다. 이러한 희론의 측면인 견해희론(diṭṭhipapañca)에는 사견(micchādiṭṭhi) 정견(sammādiṭṭhi)도 포함된다. 붓다는 그것에 관해 답변하지 않고 '설명될 수 없는 것(無記 : avyakata)'으로 남겨놓았다. 이러한 무기설 가운데 대표적인 것으로 맛지마니까야(MN. I. 426~432)의 예를 들 수 있다. ① 세계는 영원하다(sassato loko). ② 세계는 영원하지 않다(asassato loko). ③ 세계는 유한하다(antavā loko). ④ 세계는 무한하다(anantavā loko).⑤ 영혼은 몸과 같다(taṁ jīvaṁ taṁ sarīraṁ).⑥ 영혼은 몸과 다르다(aññaṁ jīvaṁ aññaṁ sarīraṁ). ⑦ 여래는 사후에 존재한다(hoti tathāgato paraṁ maraṇā). ⑧ 여래는 사후에 존재하지 않는다(na hoti tathāgato paraṁ maraṇā). ⑨ 여래는 사후에 존재하기도 하고 존재하지 않기도 한다(hoti ca na hoti tathāgato paraṁ maraṇā). ⑩ 여래는 사후에 존재하지도 않고 존재 안 하지도 않는다(n'eva hoti na hoti tathāgato paraṁ maraṇā). 위와 같은 설해지지 않은 무기는 사견희론(邪見戱論)에 속하고 금강경에서 나와 있는 피안에 도달했을 때에는 버려야하는 것은 정견희론(正見戱論)에 속한다.

169) piṇḍagrāhaś caiva subhūte 'vyavahāro 'nabhilapyaḥ. na sa dharmo na-adharmaḥ. sa ca bālapṛthagjanair udgṛhītaḥ : 아쌍가와 바쑤반두는 다음과 같이 주석을 달고 있다. (그러나 대부분의 일반사람들이 실재로 파악할 수 없는 것을 파악하려고 생각하는 것일까?) 오직 세속적인 지식만을 소유하기 때문에, 대부분의 일반사람은 (그들은 위의 예에서 언급된 원자의 집적이나 물질의 관념, 이 모든 것에 실재적인 것과는 다른) 전도된 방식으로 집착한다. 사실상 깨달음이 (자아와 법의 세계) 양자를 버림으로서 획득되는 것은 아니다. 왜냐하면 그 양자는 존재하지 않고 (따라서 버려질 수 없기) 때문이다.(vyavahāramātratāyā bālānām udgraho 'nyathā, dvayābhāvān na bodhyāptiḥ prahāṇād ātmadharmayoḥ).

쑤부띠여, 누군가가 '여래께서 자아에 대한 견해를 설했다'고 말한다면, 그리고 '여래께서 존재에 대한 견해, 생명에 대한 견해, 영혼에 대한 견해를 설했다'고 말한다면, 쑤부띠여, 그는 진실을 말하는 것입니까?"

2. 쑤부띠는 여쭈었습니다.
[쑤부띠] "세상에 존경받는 님이시여, 그렇지 않습니다. 올바른 길로 잘 가신 님이시여, 그렇지 않습니다. 그는 진실을 말하는 것이 아닙니다.

3. 그것은 무슨 까닭입니까?
세존이시여, 여래께서 '자아에 대한 견해'에 대해 말씀하신 것은 여래께서 '견해가 아닌 것'을 가르치신 것입니다. 그러므로 말하자면, '자아에 대한 견해'인 것입니다."170)

4. 세존께서 말씀하셨습니다.
[세존] "쑤부띠여, 실로 깨달음을 향한 님의 삶에 들어선 이는 이와 같이 모든 법을 알고, 또한 보고, 거기에 전념해야 합니다. 그리고 법에 대한 지각이나 법이 아닌 것에 대한 지각에 의존하지 않는 것에 대해서도 이와 같이 알고, 또한 보고, 거기에 전념해야 합니다.171)

---

170) yā sā bhagavann ātma-dṛṣṭis tathāgatena bhāṣitā, adṛṣṭiḥ tathāgatena bhāṣitā. tenocyate ātma-dṛṣṭir iti. : 견해에 관하여 아쌍가와 바쑤반두는 제거되어야 할 장애라고 주석을 달고 있다. (그래서 그것은 원자나 깨달음으로 이끄는 법의 요소를 버림이 아니라 그것들과 관련된 잘못된 견해를 제거하는 것이다.) 그러므로 (자아의 존재나 법의 요소를 긍정하는) 견해와 비현실적이고 잘못 생각된 어떤 것의 관념에서 유래하는 (어떤 것에 대한 부정인) '견해가 아닌 것'의 두 가지 견해가 있다. (이 두 가지 견해들은) 섬세한 장애인데, (모두 진리에 대한) 앎에 의해 제거된다.(tasmād dṛṣṭir adṛṣṭiś ca nairarthyābhūtakalpataḥ, sūkṣmam āvaraṇaṃ hy etat tathā jñānāt prahīyate).

171) tathā ca jñātavyā draṣṭavyā adhimoktavyāḥ, yathā na dharma- saṃjñā pra

5. 그것은 무슨 까닭입니까?
쑤부띠여, 여래께서 여래께서 '법에 대한 지각, 법에 대한 지각'에 대해 말씀 하신 것은 '지각이 아닌 것'을 가르치신 것입니다. 그러므로 말하자면 '법에 대한 지각'인 것입니다."

32. 조건지어진 것은 참이 아닐세〔應化非眞分〕

1. [세존] "쑤부띠여, 또한 마지막으로 깨달음을 향한 위대한 님이 헤아릴 수 없고 셀 수 없는 세계를 칠보로써 채워서 이렇게 오신 님, 거룩한 님, 올바로 원만히 깨달은 님에게 보시하는 것보다, 한 훌륭한 가문의 아들이나 한 훌륭한 가문의 딸이 지혜의 완성 법문 가운데 사행시 한 게송이라도 받아들여 마음에 새기고 독송하고 숙달하여 다른 사람에게 상세히 설명해준다면, 그가 그것을 인연으로 헤아릴 수 없고 셀 수 없는 훨씬 많은 공덕의 다발을 이룰 것입니다.[172]

---

tyupasthāhe : 서장어역에서 이 문장의 번역은 '무엇보다도 법에의 지각에 의존하지 않고 알아야 한다(ci nas chos su 'du śes pa la mi gnas par śes par bya'o)'라고 되어 있다. 아쌍가와 바쑤반두는 주석에서 이와 같이 말하고 있다. (법문에서 '법에 대한 지각이나 법이 아닌 것에 대한 지각에도 의존하지 않고, 그렇게 알고 보고 전념해야 합니다'라는 이 말의 의미는 무엇인가?) (장애는) 두 가지 (세간적인 진리(saṃvṛti-satya : 俗諦)와 출세간적인 진리paramartha-satya : 勝義諦)에 대한) 지혜와 선정으로 제거되어야 한다는 것을 말한다.(jñānadvayasamādhānapraheyaṃ tac ca deśitam)

172) ayam eva tato nidānaṃ bahutaraṃ puṇya- skandhaṃ prasunuyād aprameyam asaṃkhyeyam : 이 법문에서처럼 진리의 깨달음으로 이끄는 지혜의 선물에서 유래한 공덕은 어떻든 대단히 크다. 아쌍가와 바쑤반두는 자신의 주석에서 말한다. (진리의 깨달음으로 이끄는 지혜의 보시에서 유래한 공덕은 어떻든 대단히 크다. 법문에 설해져 있듯이) 그러한 (번뇌가 없는) 공덕은 다함이 없는 것이다. 왜냐하면 (비록 여래는 초월적인 부동 속에서 영원히 쉬지만) 깨달은 님의 화현〔化身〕을 통해서 설명되기 때문이다.(nirmāṇaiḥ kaśaṇāt puṇyaṃ tad buddhānāṃ na nākṣayaṃ).

2. 그는 어떻게 설명하겠습니까?173) 드러내지 않도록 설명할 것입니다. 그러므로 말하자면 '그는 이와 같이 설명할 것입니다.'174)

'별들처럼, 허깨비처럼, 등불처럼
환상처럼, 이슬처럼, 거품처럼
꿈처럼, 번개처럼, 구름처럼,
이처럼 조건지어진 것을 보아야 하리.'"175)

---

173) kathaṃ ca samprakāśayet? : 아쌍가와 바쑤반두는 다음과 같이 주석을 달고 있다. (법문에서 '그러면 어떻게 설명해야 합니까?'라는 것은 어떤 뜻을 밝힌 것인가?) 여래들께서 (중생의 유익을 위해 법을) 설할 때에 그들은 '나는 화현되었다'라고 말하는 것과 같은 자아(의 존재)를 설하지 않는다. 그리고 그들이 자아를 설하지 않기 때문에, (모든 뭇삶을 지극히 공경하는 마음을 내어 뭇삶을 이롭게 하므로) 이러한 설법은 진실한 것이다. (nirmito 'smīti cātmānaṃ kāśayantas tathāgatāḥ, prakaśayan ti nātmānaṃ tasmāt sā kāśanā satī).

174) yathā na prakāśayet. tenocyate samprakāśayed iti : 이 문장은 서장어역에서는 '올바로 잘 드러내도록 하려면, 올바로 잘 드러내지 않도록 올바로 잘 드러내야 한다.(ji ltar yaṅ dag par rab tu ston ce na, ji ltar yaṅ dag par rab tu mi ston pa de bžin du yaṅ dag par rab tu ston pa žes bya'o)'라고 되어 있다. 아쌍가와 바쑤반두는 다음과 같이 주석을 달고 있다. (그러나 깨달은 님들이 무수하게 화현되어 끝없이 가르침을 설한다면, 그들은 어떻게 열반에 머물 수 있을 수 있는가?) 여래 속에서 깨달아진 열반은 조건적으로 형성된 것이나 또는 그와는 다른 어떤 것이 아니다. (그들은 열반의 상태에 머물더라도 그들은 화신으로 나타나 뭇삶을 유익하게 할 수 있다. 그러나 실재로 그들은 열반이나 윤회 속에 어디에도 머물지 않는다.) (조건지어진 것의 업력에 의해서) 생성되는 것에 관하여 올바른 지혜로 철저한 조사하면, 이 모든 것은 (다음과 같이) 아홉 가지 방법으로 일어나기 때문이다.(saṃskāro na tathā nā nyaṃ nirvāṇṃ hi tathāgate, navadhā saṃbhūtasyeha saṃyagjñānaparikṣaṇ āt)

175) tārakā timiraṃ dīpo, māyāvaśyāya budbudaṃ, supinaṃ vidyud abhraṃ ca, evaṃ draṣṭavyaṃ saṃskṛtam : 이것에 대한 아쌍가와 바쑤반두의 주석은 아홉 개의 비유를 분명히 언급하고 있다. (윤회하는 존재의 요소의 특징에 관하여 다음과 같은 아홉 가지 관점에서) 고려되어야 한다. ① (모든 정신적 요소(caita)는, 태양이 떠오르면 별들이 사라지듯이 올바른 지식이 깨달아지면, 사라지는) 견해(見)와 관련해서, ② (백내장을 가진 사람에 의해서 눈앞에 있는 머리카락들이 있는 것처럼 사물들이 잘못 인식되었기 때문에) 지각의 대상(相)과 관련해서, ③ (사물이 보여지는 한 번뇌가 생겨나기 때문에 등불과 같은) 정신(識)과 관련해서, ④ (이 세계를 구성하는 요소들은 환술에서 나타나는 사물들과 같이 본질적으로 비실재적인) 감각(居處)과 관련해서, ⑤ (이슬처럼 짧은 시간 지속하는) 신체(身)와 관련하여, ⑥ (향수자와 향수와 피향수자와 관련한 세 가지에서 유래하기 때문에 거품과 같은) 경험(受用)과 관련하여, ⑦

(꿈과 같이 그들은 오직 기억으로 남은) 과거(過去)와 관련하여, ⑧ (순간적이라 섬광처럼 재빨리 사라지기 때문에) 현재(現在)와 관련해서, ⑨ (잠재의식「ālayavijñāna : 阿賴耶識」이 발전하는 요소의 모든 씨앗을 포함하므로 구름과 같은) 미래(未來)와 관련하여 고려되어야 한다.(dṛṣṭir nimittaṃ vijñānaṃ pratiṣṭhādehabhogatā, atītaṃ vartamānaṃ ca parikṣyaṃ cāpy anāgatam). 그리고 사물에 대한 올바른 이해가 성취된다면, 다음과 같은 유익함이 있다고 아쌍가와 바쑤반두는 주석을 달고 있다. (사물에 대한 올바른 지혜가 성취된다면, 어떠한 유익이 얻어질 수 있는가?) ① 그 인상들 (즉, 정신적인 형성), ② 그 과보 (그 속에서 세계를 체험하고, 그것에 의해서 자신을 체험하는 몸), ③ 그 흐름(즉, 시간의 지속에 의해서 달라지는 흐름)의 세 가지 관점에서 (조건지워진 세계의 놀이를) 철저하게 관찰할 때에, 조건지어진 세계에서 완전히 순수하게 자유로울 수 있다. (즉 조건지어진 것[有爲]의 번뇌에 물들지 않는 한, 그 사람은 열반의 상태에 있을 것이다) (lakṣaṇasyopabhogasya pravṛtteś ca parīkṣaṇāt, nirmalāṃ teṣu vaśitāṃ saṃskāreṣu samāpnute) ① tārakā : 꾸마라지바역에는 이 단어가 누락되어 있고 현장역에는 별(星)이라고 되어 있다. 콘즈는 별의 의미를 네 가지로 해석하고 있다. 첫째, 별은 멀리 떨어져 도달할 수 없는 것으로 모든 법도 소유할 수가 없는 것이다. 둘째, 우주의 광대한 허공에서 볼 때 별은 보잘것 없어 없는 것과 같다. 셋째, 별은 태양이 없을 때, 즉 무지의 어둠 속에서만 보이는 것이다. 넷째, 별이 유성을 의미한다면 순간적으로 존속하는 무상한 것이다. 바쑤반두는 주석에서 "태양이 빛날 때에 별이 사라지는 것처럼, 모든 정신적인 요소들은 올바른 인식이 실현될 때에 사라진다."라고 하고 있다. ② timira : 꾸마라지바역에는 누락되어 있고 현장은 예(翳)라고 했다. 이것은 눈병환자가 보는 허깨비를 의미한다. 현장은 번역에서 눈병환자가 현실을 바로 보지 못하게 하는 가리개 정도로 해석한 것 같다. 따라서 이 단어는 철학적으로 무지를 뜻한다고 볼 수 있다. 그밖에 '어둠'이나 '백내장'을 의미한다. 주석서(UM. 583)은 '백내장이 눈을 압도하는 것처럼 무지는·통찰력이 없거나 잘못된 통찰력으로 존재들을 압도한다'라고 기록하고 있다. 무지한 자는 탐진치에 가려 잘못된 인식을 갖게 된다. ③ dīpo : 꾸마라지바역에는 누락되어 있고 현장은 등불(燈)이라고 번역하고 있다. 등불은 연료가 공급되는 한도에서 타오른다. 마찬가지로 세계는 우리의 갈애가 남아 있는 한 타오른다. 또한 등불은 바람에 의해 꺼지기 쉬운 것으로 무상하다는 것을 의미한다. ④ māyā : 꾸마라지바나 현장이 모두 환(幻)이라고 번역하는 것이다. 이 세상은 환상과 같다. 바쑤반두의 말대로 조건지워진 것들의 세계는 무지에 의해서 만들어진 것으로 신뢰할 만한 것이 아니다. 무지는 실재적이진 않지만 우리의 모든 행동의 조건이 되며 생노병사의 세계를 만들어 낸다. ⑤ avaśyāya : 꾸마라지바나 현장역에 모두 이슬(露)로 되어 있다. 이 단어는 기후에 따라 이슬이나 서리를 의미한다. 이슬이나 서리도 태양광선 아래서는 곧 증발하여 사라진다. 이 세계는 이슬처럼 올바른 인식이 생겨나면 사라진다. ⑥ budbuda : 꾸마라지바나 현장역에 모두 거품(泡)이라고 되어 있다. 이것은 특히 존재의 다발(五蘊)가운데 느낌에 해당한다. 사물의 느낌은 바쑤반두에 의하면, 향유자 피향유자 향유와 관계되므로 모든 즐거움이 괴로움은 포말처럼 무상한 것이다. ⑦ supinaṃ : 꾸마라지바나 현장 모두 꿈(夢)이라고 했다. 깨달음의 경지에서 볼 때에 우리의 일상적인 경험은 모두 비실재적인 꿈과 같다. 바쑤반두에 의하면 꿈은 오직 기억으로 남은 과거와 관련하여 설해진 것이다. 용수(龍樹)는 주석서(Mpps. 373-5)에서 꿈에 관해 다음과 같이 보다 상세히 말한다. ⓐ사람들은 꿈속에는 어떻한 실체가 없음에도 꿈꾸는 동안은 꿈속에서 보는 사물의 실체가 있다고 믿는다. 잠이 깨면 삶들은 그 꿈이 헛된 것을 알고 자신을 비웃는다. 마찬가지로 감각적 쾌락에 속박되어 꿈꾸는 듯한 상태에 빠진 사람은 존재하지 않는 사물에 대한 믿음을 갖고 있다. 그러나 깨달음의 길을 알고 깨닫는 순간에

3. 이와 같이 세존께서 말씀하시자, 환희에 찬 장로 쑤부띠와 수행승들, 수행녀들, 청신사들, 청신녀들, 그리고 보살들과 그 밖의 신들과 인간들과 아수라들과 간다르바들의 모든 세계가 세존의 가르침을 듣고 기뻐했습니다.

번개처럼 자르는 거룩한 지혜의 완성이 끝났습니다.[176]

그 속에 어떠한 실재도 없다는 것을 이해하고는 자신을 비웃는다. ⓑ 꿈꾸는 사람은 꿈의 힘에 의지해서 없는 것을 보게 된다. 마찬가지로 무지에서 생기는 꿈같은 상태의 힘으로 나와 남, 여자와 남자등과 같이 존재하지 않는 여러 가지의 사물을 보게된다. ⓒ 꿈속에서 사람들은 즐거울 만한 어떤 것도 없음에도 불구하고 기뻐하고 괴로워할 만한 어떤 것도 없음에도 불구하고 화를 내고 두려워할 만한 어떤 것도 없음에도 불구하고 무서워한다. ⑧ vidyud : 꾸마라지바나 현장 모두 번개(電)라고 했다. 번개야말로 순간적으로 지속했다가 사라지는 것이다. 그것은 섬광이기도 하다. 상좌불교의 철학자들은 모든 존재가 섬광처럼 순간적으로 생겨났다가 사라진다고 설명한다. 바쑤반두는 섬광처럼 생겨났다 사라지는 것은 특히 현재와 관련해서 설해진 것이라고 한다. ⑨ abhra : 꾸마라지바나 현장 모두 구름(雲)이라고 했다. 세계의 사물들은 언제나 모습을 바꾸지만 모두가 구름처럼 무상하고 동일한 세속적인 변화이다. 사물의 변화는 우리의 진정한 행복인 열반과는 상관이 없는 것이다. 바쑤반두에 의하면 모든 요소의 종자를 포함하며 발전하는 아뢰야식이 나타내는 미래와 관련하여 설한 것이다.

176) 여기서 끝나지 않고 한역에서는 꾸마라지바본 – 유통본에는 없지만, 고려대장경과 신수대장경에서 – 에는 다음과 같은 진언(眞言)이 있다. 那謨婆伽跋帝 鉢喇壤波羅弭多曳· 唵伊利底 伊室利 輸盧馱 毘舍耶 毘舍耶 莎婆訶. 이 진언을 역자가 범어로 복원하면 확실치는 않지만 서장본에 따라 "namo bhagavate, prajñāpāramitāye, oṃ iriti, iśili, śuriti, viṣaya, viṣaya, svāhā"가 될 수 있을 것이다. 그리고 그 의미는 확실히 밝혀진 것은 없지만 필자가 추측하건데 '세존께 귀의합니다. 옴 일체법불가득의 반야바라밀에 귀의하오니 청정이여 속히 구현되어지이다. 축복이 있기를!'라는 뜻인 것 같다. 서장본에는 다음과 같은 진언이 부가되어 있다. na mo bha ga va te, pra jñā pā ra mi tā ye, oṃ na tad ti ta, i li śi, i li śi, mi li śi, mi li śi, bhi na yan, bhi na yan, na mo bha ga va te, pra ty aṃ pra ti, i ri ti, i ri ti, mi ri ti, mi ri ti, śu ri ti, śu ri ti, u śu ri, u śu ri, bhu yu ye, bhu yu ye, svā hā. 또한 이 진언 뒤에는 '금강을 능단하는 이 정수를 한 번 염송하는 자는 금강경을 만구천번 읽은 자와 같을 것이다. 축복이 있기를!(rdo rje gcod pa'i sñiṅ po 'di lan gcig bzlas pas rdo rje gcod pa khri dgu stoṅ bklags pa daṅ mñam par 'gyur ro. bkra śis)'라는 말이 부가되어 있다. 바쑤반두(世親)가 능단금강반야바라밀경론(能斷金剛般若波羅密經論) 말미에 추가한 게송으로, 처음에 추가한 게송 2개와 더불어 아쌍가(無着)의 원래의 게송 77개와 합하면, 80개가 된다. '모든 부처님의 보기 드문 진리의 말씀과 헤아릴 수 없는 사구게의 뜻을 〔아쌍가〕 존자에게 듣고 널리 설명하여 그 공덕을 회향하여 수많은 뭇삶들에게 베풀리라.(諸佛稀有摠持法 不可稱量深句義 從尊者聞及廣說 廻此福德施群生)'

제3장

梵·藏·漢 금강경 주해

<제3장 梵·藏·漢 금강경 주해>은 범본 가운데 주로 막스 뮐러(Max Müller)본과 콘즈(E. Conze)본을 저본으로 하고 기타본은 콘즈본의 교열에 반영된 투찌(G. Tucci)의 길기트본이나 파르기터(Pargiter)의 동투르키스탄 본을 참고하여 재편집한 것이다. 각주에 서장본과 꾸마라지바(羅什)의 한역본, 현장(玄奘)의 한역본을 병기하였다.

서장본은 북경판 서장대장경(西藏大藏經)과 서소니특본(西蘇尼特本)의 금강반야경을 비교하여 교열하였으며, 되도록 범본에 맞게 재구성하여 주석으로 달았다. 그러나 이 서장본은 한역에 비해 범본을 충실하게 반영하고 있지만 완전히 동일한 것이 아니고 범본의 반복을 간추린 부분도 많다.

꾸마라지바(羅什)의 한역본은 번역이 유려하여 널리 유통되는 경전이다. 그러나 이 한역본은 범본보다 훨씬 간략하며, 고려대장경이나 신수대장경에나와 있는 것은 명나라 이후 우리 나라에 유통되고 있는 것과는 약간의 차이가 있다. 현행 유통본에 부가된 것은 괄호 안에 넣었다.

현장(玄奘)의 한역본은 범본보다 길어서 현행 유통되는 범본보다 후대에 성립된 것으로 알려져 있다. 그러나 내용상 사상적이고 논리적인 흐름은 원래의 범본과 가장 잘 일치하는 것으로 평가된다.

고귀한 지혜의 완성에 귀의하나이다.

1. 법회가 열리기까지〔法會因有分〕

1. 이와 같이 나는 들었습니다. 한 때에 세존께서 슈라바스띠에 있는 제따 숲 아나타삔디까 승원에 천이백오십 인의 많은 수행승의 무리와 매우 많은 깨달음을 향한 위대한 님과 함께 계셨습니다.(evaṃ mayā śrutam. ekasmin samaye bhagavān śrāvastyāṃ viharati sma jetavane 'nāthapiṇḍikasya-ārāme mahatā bhikṣu-saṅghena sārddham ardhatrayo daśabhir bhikṣu-śataiḥ sambahulaiś ca bodhisattvair mahāsattvaiḥ.)177)

2. 이 때에 세존께서 아침 일찍 법복을 두르고 가사를 수하고 발우를 들고 큰 도시 슈라바스띠로 탁발하러 들어가셨습니다.(atha khalu bhagavān pūrvāhṇa-kāla-samaye nivāsya pātracīvaram ādāya śrāvastīṃ mahānagarīṃ piṇḍāya prāvikṣat.)178)

---

177)〔西藏語〕'di skad bdag gis thos pa. dus cig na, bcom ldan 'das mñan yod na rgyal bu rgyal byed kyi tshal, mgon med zas sbyin gyi kun dga' ra ba na. dge sloṅ stoṅ ñis brgya lṅa bcu'i dge sloṅ gi dge' dun chen po daṅ, byaṅ chub sems dpa' sems dpa' chen po rab tu maṅ po dag daṅ thabs gcig tu bžugs te.〔羅什〕如是我聞 一時佛在舍衛城祇樹給孤獨園 與大比丘衆千二百五十人俱〔玄奘〕如是我聞 一時薄伽梵在室羅筏城 住誓多林給孤獨園 與大苾芻千二百五十人俱.

178)〔西藏語〕de nas bcom ldan 'das sṅa dro'i dus kyi tse śam thabs daṅ chos gos sku la gsol te lhun bzed ba snams nas mñan yod kyi groṅ kyer chen por bsod sñom kyi phyir bśegs so.〔羅什〕爾時世尊 食時著衣持鉢 入舍衛大城乞食〔玄奘:〕爾時世尊 於日初分 整理裳服 執持衣鉢 入室羅筏大城乞食

3. 세존께서 큰 도시 슈라바스띠에서 탁발을 하러 들어가셔서, 걸식을 마치고, 공양을 드신 뒤에 다시 돌아와서, 발우와 가사를 거두시고, 두 발을 씻으시고, 결가부좌를 하시고, 몸을 곧게 세우시고, 앞을 향해 주의력을 집중시키며, 마련된 자리에 앉으셨습니다. (atha khalu bhagavañ śrāvastīṃ mahā-nagarīṃ piṇḍāya caritvā, kṛta-bhakta-kṛtyaḥ paścādb hakta-piṇḍapāta-pratikrāntaḥ pā tracīvaraṃ pratiśā mya pādau prakṣalya nyaṣīdat prajñapta eva-āsane paryaṅkam ābhujya ṛjuṃ kāyaṃ praṇidhāya, pratimu khīṃ smṛtim upasthāpya.)[179]

4. 그러자 많은 수행승들이 세존께서 계신 곳을 찾았습니다. 가까이 가서 세존의 두 발에 머리를 조아리고, 세존께서 계신 곳을 오른쪽으로 세 번 돌아, 한 쪽으로 물러앉았습니다. (atha khalu sambahulā bhikṣavo yena bhagavāṃs tenopas amkraman upasamkramya bhagavataḥ pādau śirobh ir abhivandya bhagavantaṃ triṣpradakṣiṇīkṛtyaikān te nyaṣīdan.)[180]

---

179) 〔西藏語〕 dė nas bcom ldan 'das mñan yod kyi groṅ kyer chen por bsod sño m kyi phyir gśegs nas žal zas mjug tu gsol to, zas kyi bya ba mdzad de, zas phyi ma'i bsod sñoms spaṅs pas, lhuṅ bzed daṅ chos gos bžag nas žabs bsil te, gdaṅ bśams pa ñid la skyil mo kruṅ bcas nas sku dran por sraṅ ste, dran pa mṅon du bžag nas bžug so. 〔羅什〕 於其城中 次第乞已 還至本處 飯食訖 收衣鉢 洗足已 敷座而坐 〔玄奘〕時 薄伽梵 於其城中 行乞食已 出還本處 飯食訖 收衣鉢 洗足已 敷如常座 結跏趺坐 端身正願 住對面念

180) 〔西藏語〕 de nas dge sloṅ maṅ pos bcom ldan 'das ga la ba der soṅ ste lhags nas, bcom ldan 'das kyi žabs la mgo bos phyag 'tsal te, bcom ldan 'das la lan gsum bskor ba byas nas phyogs gcig tu 'khod do. 〔羅什〕 漏落 〔玄奘〕 時 諸苾芻 來詣佛所到已 頂禮世尊雙足 右繞三陛 退坐一面

2. 쑤부띠가 가르침을 청하니〔善賢起請分〕

1. 그 때에 장로 쑤부띠가 그 모임에 와서 함께 앉았습니다. 그리고 장로 쑤부띠는 자리에서 일어나, 한쪽 어깨에 가사를 걸치고, 오른쪽 무릎을 땅에 대고, 세존께서 계신 쪽으로 합장하여, 세존께 여쭈었습니다. (tena khalu punaḥ samayena-āyuṣmān subhūtis tasyām eva parṣadi samnipatito 'bhūt saṃniṣaṇṇaḥ. atha khalv āyuṣmān subhūtir utthāya-āsanād, ekāsam uttarāsaṅgaṃ kṛtvā, dakṣiṇaṃ jānu-maṇḍalaṃ pṛthivyāṃ pratiṣṭhāpya, yena bhagavāṃs tena-añjaliṃ praṇamya bhagavantam etad avocat.)[181]

2. [쑤부띠] "세상에 존경받는 님이시여, 놀라운 일입니다, 올바른 길로 잘 가신 님이시여, 아주 놀라운 일입니다. 이렇게 오신 님, 거룩한 님, 올바로 원만히 깨달은 님께서 깨달음을 향한 위대한 님들에게 참으로 크나큰 호의로 호의를 베푸시며, 이렇게 오신 님, 거룩한 님, 올바로 원만히 깨달은 님께서 참으로 깨달음을 향한 위대한 님들에게 크나큰 은혜로 은혜를 베푸셨습니다. (ācaryaṃ bhagavan parama-āścaryaṃ sugata, yāvad eva tathāgatena-arhatā samyaksambuddhena b

---

181) 〔西藏語〕 yaṅ de'i tshe gnas brtan rab 'byor 'khor de ñid du 'dus par gyur nas 'dug go. de nas tshe daṅ ldan pa rab 'byor stan las laṅs te, bla gos phrag pa gcig tu gzar nas, pus mo gyas pa'i lha ṅa sa la btsugs te. bcom ldan 'das ga la ba de logs su thal mo sbyar ba btud nas, bcom ldan 'das ga la ba de logs su thal mo sbyar ba btud nas. bcom ldan 'das la 'di skad ces gsol to. 〔羅什〕 時長老須菩提 諸大衆中 卽從座起 偏袒右肩 右膝著地 合掌恭敬 而白佛言 〔玄奘〕 具壽善現 亦於如是衆會中座 爾時衆中 具壽善現 從座而起 偏袒一肩 右膝著地 向佛恭敬 而白佛言

odhisattvā mahāsattvā anuparigṛhītāḥ paramena-anugraheṇa, yāvad eva tathāgatena-arhatā samyaksambuddhena bodhisattvā mahāsattvāḥ parīnditāḥ paramayā parīndanayā.)[182]

3. 세존이시여, 한 훌륭한 가문의 아들이나 한 훌륭한 가문의 딸이 깨달음을 향한 님의 삶에 들어서면 어떻게 뜻을 세워야 하며, 어떻게 실천해야 하며, 어떻게 마음을 닦아야 합니까?" (tat kathaṃ bhagavan bodhisattva-yāna-samprasthitena kulaputreṇa vā kuladuhitrā vā sthātavyaṃ kathaṃ pratipattavyaṃ kathaṃ cittaṃ pragrahītavyam?)"[183]

4. 이렇게 여쭙자 세존께서 장로 쑤부띠에게 말씀하셨습니다. [세존] "쑤부띠여, 훌륭하십니다. 훌륭하십니다. 쑤부띠여, 그대가 말한 것과 같습니다. 쑤부띠여, 여래께서는 깨달음을 향한 위대한 님들에게 크나큰 호의로 호의를 베풀며, 여래께서는 깨달음을 향한 위대한 님에게 크나큰 은혜로 은혜를 베풉니다. (evam ukte bhagavān āyuṣmantaṃ subhūtim etad av

---

182) 〔西藏語〕 bcom ldan 'das de bžin gśegs pa dgra bcom pa yaṅ dag par rdzogs pa'i saṅs rgyas gyis byaṅ chub sems dpa' sems dpa' chen po rnam la phan gdags pa'i dam pa ji sñed pas phan gdags pa daṅ, de bžin gśegs pa dgra bcom pa yaṅ dag par rdzogs pa'i saṅs rgyas kyis, byaṅ chub sems dpa' sems dpa' chen po rnam la yoṅ su gtad pa'i dam pa ji sñed pas yoṅs su gtad na. bcom ldan 'das ṅo tshar lags so. bde bar gśegs pa ṅo mtshar lags so. 〔羅什〕 希有世尊 如來善護念諸菩薩 善咐囑諸菩薩 〔玄奘〕 希有世尊 乃至如來應正等覺 能以最勝攝受 攝受諸菩薩摩訶薩 乃至如來應正等覺 能以最勝付囑 付囑諸菩薩摩訶薩

183) 〔西藏語〕 bcom ldan 'das byaṅ chub sems dpa' theg pa la yaṅ dag par žugs pas ji ltar gnas par bgyi. ji ltar bsgrub par bgyi. ji ltar sems rab tu bzuṅ par gyi. 〔羅什〕 世尊 善男子善女人 發阿褥多羅三藐三菩心 應云何住 云何降伏其心 〔玄奘〕 世尊 諸有發趣菩薩乘者 應云何住 云何修行 云何攝伏其心 作是語已

ocat : sādhu sādhu subhūte, evam etad yathā vadasi. anuparigṛhītās tathāgatena bodhisattvā mahāsattvāḥ parameṇa-anugraheṇa, parīnditās tathāgatena bodhisattvā mahāsattvāḥ paramayā parīndanayā)[184)]

5. 그러므로 쑤부띠여, 잘 듣고 마음에 새겨야 합니다. 깨달음을 향한 님의 삶에 들어서면, 어떻게 뜻을 세워야 하고 어떻게 실천해야 하고 어떻게 마음을 닦아야 하는지 내가 그대에게 설하겠습니다." (tena hi subhūte śṛṇu sādhu ca suṣṭhu ca manasikuru, bhāṣiṣye 'haṃ te yathā bodhisattva-yāna-samprasthitena sthātavya yathā pratipattavyaṃ yathā cittaṃ pragrahītavyam.)"[185)]

6. [쑤부띠] "세존이시여, 말씀하십시오."
장로 쑤부띠는 세존께 대답하고 귀를 기울였습니다. (evaṃ bhagavann ity āyuṣmān subhūtir bhagavataḥ pratya śrauṣīt.)[186)]

---

184) 〔西藏語〕 de skad ces gsol pa daṅ. bcom ldan 'das kyis tshe daṅ ldan pa rab 'byor la 'di skad ces bka' stsal to. rab 'byor legs so legs so. rab 'byor de de bžin no. de de bžin te. de bžin gśegs pas byaṅ chub sems dpa' sems dpa' chen po rnams la phan gdags pa'i dam pas phan gdags so. de bžin gśegs pas byaṅ chub sems dpa' sems dpa' chen po rnams la yoṅs su gtad pa'i dam pas yoṅs su gtad do. 〔羅什〕 佛言 善哉善哉 須菩提 如汝所說 如來善護念諸菩薩 善咐囑諸菩薩 〔玄奘〕 爾時世尊 告具壽善現曰 善哉善哉 善現 如是如是 如汝所說 乃至如來應正等覺 能以最勝攝受 攝受諸菩薩摩訶薩 乃至如來應正等覺 能以最勝付囑 付囑諸菩薩摩訶薩

185) 〔西藏語〕 rab 'byor de'i phyir ñon la legs par rab tu yid la zuṅs śig daṅ. byaṅ chub sems dpa'i theg pa la yaṅ dag par žugs pas ji lta gnas par bya ba daṅ ji ltar bsgrub par bya ba daṅ ji ltar sems rab tu gzuṅ par bya ba ṅas khyod la bśad do. 〔羅什〕 汝令諦聽 當爲汝說 善男子善女人 發阿褥多羅三藐三菩提心 應如是住 如是降伏其心 〔玄奘〕 是故善現 汝應諦廳 極善作意 吾當爲汝分別解說 諸有發趣菩薩乘者 應如是住 如是修行 如是攝伏其心

186) 〔西藏語〕 bcom ldan 'das de de bžin no žes gsol nas, tshe daṅ ldan pa rab

3. 대승의 바른 뜻은 무엇인가〔大乘正宗分〕

1. 세존께서 말씀하셨습니다.
[세존] "쑤부띠여, 여기 깨달음을 향한 위대한 님의 삶에 들어서면 누구나 이와 같이 '생명이 모여 형성되어 알에서 난 것이나, 태에서 난 것이나, 습기에서 난 것이나, 홀연히 생겨난 것이거나, 형상이 있거나, 형상이 없거나, 지각이 있거나 지각이 없거나, 지각이 있는 것도 아니고 지각이 없는 것도 아닌 것이나 간에 뭇삶이란 개념 아래 파악되는 뭇삶의 세계에 뭇삶들이 존재하는 한, 그 뭇삶들이 어떠한 모습을 나투더라도, 이 모든 뭇삶을 나는 완전한 열반의 세계를 향해 완전한 열반에 들게 하리라. 그러나 이와 같이 무량한 뭇삶들을 완전한 열반에 들게 하였더라도 결코 어떠한 뭇삶도 완전한 열반에 들게 하지 않은 것이다'라고 마음을 일으켜야 합니다. (bhagavān etad avocat : iha subhūte bodhisattva-yāna-samprasthitena evaṃ cittam utpādayitavyam. yāvantaḥ subhūte sattvāḥ sattvadhātau sattva-saṃgraheṇa saṃgṛhītā aṇḍa-jā vā jarāyu-jā vā saṃsveda-jā vaupapādukā vā, rūpiṇo vā-arūpiṇo vā, saṃjñino vā-asaṃjñino vā, naiva saṃjñino na-asaṃjñino, yāvan kaścit sattvadhātuprajñapyamānaḥ prajñapyate, te ca mayā sarve 'nupadhiśeṣe nirvāṇa-dhātau parinirvāpayitavyāḥ.evam aparimāṇan api sattvān parinirvāpya na kaścit sattvaḥ parinirvāpito bhavati.)187)

'byor bcom ldan 'das kyi ltar mñan pa daṅ. 〔羅什〕唯然世尊 願樂欲聞〔玄奘〕具壽善現白佛言 如是如是 世尊 願樂欲聞

2. 그것은 무슨 까닭입니까?
만약 쑤부띠여, 깨달음을 향한 님이 '뭇삶'에 대한 지각을 일으키면 그는 깨달음을 향한 님이라고 할 수 없기 때문입니다. (tat kasya hetoḥ? sacet subhūte bodhisattvasya sattva-saṃjñā pravarteta, na sa bodhisattva iti vaktavyaḥ.)[188]

3. 그것은 무슨 까닭입니까?
쑤부띠여, 그가 자아에 대한 지각을 일으키거나, 존재에 대한 지각을 일으키거나 생명에 대한 지각을 일으키거나, 영혼에 대한 지각을 일으키면, 깨달음을 향한 님이라고 할 수 없기 때문입니다." (tat kasya hetoḥ? na sa subhūte bodhisattvo vaktavyo yasya-ātma-saṃjñā pravarteta, sattva-saṃjā vā jīva-saṃjñā vā pudgala-saṃjñā vā pravarteta.)"[189]

---

187) 〔西藏語〕 bcom ldan 'das kyis tshe daṅ ldan par rab 'byor la 'di skad ces bka' stsal to. rab 'byor 'di la byaṅ chub sems dpa' theg pa la yaṅ dag par žugs pas, 'di sñam du bdag gis sems can ji tsam sems can du bsdu bas bsdus pa sgo ṅa las skyes pa'am mṅal las skyes pa'am, drod gśer las skyes pa'am, rdzus te skyes pa'am, gzugs can nam, gzugs can ma yin pa'am, 'du śes can nam, 'du śes med pa'am, 'du śes med du śes med min nam, sems can gyi khams ji tsam sems can du gdags pas btags pa de dag thams cad phuṅ po lhag ma med pa'i mya ṅan las 'das pa'i dbyiṅs su yoṅs su mya ṅan las bzla'o. de ltar sems can tshad med pa yoṅs su mya ṅan las bzlas kyaṅ, sems can gaṅ yaṅ yoṅs su mya naṅ las bzlas par gyur pa med do, sñam du sems bskyed par bya'o. 〔羅什〕 佛告須菩提 諸菩薩摩訶薩 應如是降伏起心 所有一切衆生之類 若卵生 若胎生 若濕生 若化生 若有色 若無色 若有想 若無想 若非有想非無想 我皆令入無餘涅槃 而滅度之 如是滅度無量無數無邊衆生 實無衆生得滅度者 〔玄奘〕 佛言善現 諸有發趣菩薩乘者 應當發趣如是之心 所有諸有情 有情攝所攝 若卵生 若胎生 若濕生 若化生 若有色 若無色 若有想 若無想 若非有想非無想 乃至有情界 施設所施設 如是一切 我當皆令於無餘依妙涅槃界 而般涅槃 雖度如是無量有情 永滅度已 而無有情得滅度者

188) 〔西藏語〕 de ci'i phyir že na. rab 'byor gal te byaṅ chub sems dpa' sems can du 'du śes 'jug na, de byaṅ chub sems dpa' žes mi bya ba'i phyir ro| 〔羅什〕 漏落 〔玄奘〕 何以故 善現 若諸菩薩摩訶薩 有情想轉 不應說名菩薩摩訶薩.

4. 실천하되 의존함이 없이〔妙行無住分〕

1. [세존] "또한 쑤부띠여, 깨달음을 향한 님은 대상에 의존하여 보시를 하거나 다른 어떤 것에 의존하여 보시를 해서는 안 됩니다. 즉 형상에 의존하여 보시해서는 안되며, 소리, 향기, 맛, 감촉, 사물에 의존하여 보시를 해서도 안 됩니다.(api tu khalu punaḥ subhūte na bodhisattvena vastu-pratiṣṭhitena dānaṃ dātavyam, na kvacit pratiṣṭhitena dānaṃ dātavyam, na rūpa-pratiṣṭhitena dānaṃ dātavyam, na śabda-gandha-rasa-spraṣṭavya-dharmeṣu pratiṣṭhitena dānaṃ dātavyam.)[190]

2. 쑤부띠여, 깨달음을 향한 위대한 님은 무엇보다도 인상에 대한 지각에 의존하지 않는 길을 따라, 그와 같이 보시를 해야 하기 때문입니다.(evaṃ hi subhūte bodhisattvena mahāsattvena dānaṃ dātavyaṃ yathā na nimitta-saṃjñāyām api pratitiṣṭhet.)[191]

---

189)〔西藏語〕de ci'i phyir že na. rab 'byor gaṅ bdag tu 'du śes 'jug gam, sems can du 'du śes 'jug gam, srog tu 'du śes 'jug gam. gaṅ zag tu 'du śes 'jug na, de byaṅ chub sems dpa' śes mi bya ba'i phyir ro.〔羅什〕何以故 須菩提 若菩薩有我相人相衆生相壽者相 卽非菩薩〔玄奘〕所以者何 善現 若諸菩薩摩訶薩 有情想轉 如是命者想 士夫想 補特伽羅想 意生想 摩納婆想 作者想 壽者想轉 當知亦爾 何以故 善現 無有少法 名爲發趣菩薩乘者

190)〔西藏語〕yaṅ rab 'byor byaṅ chub sems dpas dṅos po la ni gnas par sbyin par bya'o. ci la yaṅ mi gnas par sbyin pa sbyin par bya'o. gzugs la yaṅ mi gnas par sbyin pa sbyin par bya'o. de bžin du sgra daṅ drid daṅ ro daṅ reg bya daṅ, chos la yaṅ mi gnas par sbyin par bya'o.〔羅什〕復次須菩提 菩薩於法 應無所住 行於布施 所謂 不住色布施 不住聲香味觸法布施〔玄奘〕復次善現 若菩薩摩訶薩 不住於事 應行布施 都無所住 應行布施 不住於色 應行布施 不住聲香味觸法應行布施

191)〔西藏語〕rab 'byor ci nas kyaṅ mtshan mar 'du śes pa la yaṅ mi gnas pa de ltar byaṅ chub sems dpas sbyin pa sbyin no.〔羅什〕須菩提 菩薩 應如是布

3. 그것은 무슨 까닭입니까?
쑤부띠여, 깨달음을 향한 님이 어떠한 것에도 의존하지 않고 보시를 하면, 그 공덕의 다발은 크기를 헤아리기가 쉽지 않기 때문입니다.(tat kasya hetoḥ? yaḥ subhūte'pratiṣṭhito dānaṃ dadāti, tasya subhūte puṇya-skandhasya na sukaraṃ pramāṇam udgrahītum.)[192]

4. 쑤부띠여, 어떻게 생각합니까?
동쪽의 허공의 크기를 헤아리기가 쉽겠습니까?"
쑤부띠는 여쭈었습니다.
[쑤부띠] "세존이시여, 그렇지 않습니다." (tat kiṃ manyase subhūte sukaraṃ pūrvasyāṃ diśy ākāśasya pramāṇam udgrahītum? subhūtir āha:no hīdaṃ bhagavan.)[193]

5. 세존께서 말씀하셨습니다.
[세존] "이와 같은 방법으로 남쪽, 서쪽, 북쪽, 상하, 그 사이 방향, 그 모든 시방의 허공의 크기를 헤아리기가 쉽겠습니까?"
쑤부띠는 여쭈었습니다.
[쑤부띠] "세존이시여, 그렇지 않습니다."(bhagavān āha : evam dakṣiṇa-paścima-uttara-āsvadha-ūrdhvaṃ digvi

---

施 不住於相〔玄奘〕善現 如是菩薩摩訶薩 如不住相想 應行布施

192)〔西藏語〕de ci'i phyir že na. rab 'byor byaṅ chub sems dpa' gaṅ mi nas par sbyin pa sbyin pa de'i bsod nams kyi phuṅ po ni, rab 'byor tshad gyuṅ bar sla ba ma yin pa'i phyir ro.〔羅什〕何以故 若菩薩不住相布施 其福德 不可思量〔玄奘〕何以故 善現 若菩薩摩訶薩 都無所住 而行布施 其福德聚 不可取量

193)〔西藏語〕rab 'byor 'di ji sñam du sems. śar phyogs gyi nam mkha'i tshad gzuṅ bar sla sñam mam. rab 'byor gyis gsol pa. bcom ldan 'das de ni ma lags so.〔羅什〕須菩提 於意云何 東方虛空可思量不 不也世尊〔玄奘〕佛告善現 於汝意云何 東方虛空可思量不 善現答言 不也世尊

dikṣu samantād daśasu dikṣu sukaram ākāśasya pramāṇam udgrahītum? subhūtir āha : no hīdaṃ bhagavan.)[194]

6. 세존께서 말씀하셨습니다.

[세존] "쑤부띠여, 바로 그와 같이 깨달음을 향한 님이 어떠한 것에도 의존하지 않고 보시를 하면, 그 공덕의 다발은 크기를 헤아리기가 쉽지 않습니다. (bhagavān āha : evam eva subhūte yo bodhisattvo'pratiṣṭhito dānaṃ dadāti, tasya subhūte puṇya-skandhasya na sukaram pramāṇam udgrahītum.)[195]

7. 쑤부띠여, 그러므로 깨달음을 향한 님의 삶에 들어선 사람은 인상에 대한 지각에 의존하지 않는 길을 따라, 그와 같이 보시를 해야 합니다." (evaṃ hi subhūte bodhisattva-yāna-samprasthitena dānaṃ dātavyaṃ yathā na nimitta-saṃjāyām api pratitiṣṭhet.)[196]

---

194) 〔西藏語〕 bcom ldan 'das kyis bka' stsal pa. rab 'byor de bžin du lho daṅ. nub daṅ byaṅ daṅ sted daṅ og gi phyogs daṅ phyog mtsams daṅ, phyog bcu'i nam mkha'i tshad gzuṅ bar sla sñam mam. rab 'byor gyis gsol pa. bcom ldan 'das de ni ma lags so. 〔羅什〕 須菩提 南西北方四維上下虛空 可思量不 不也世尊 〔玄奘〕 善現 如是南西北方四維上下 周遍十方一切世界虛空 可取量不 不也世尊

195) 〔西藏語〕 bcom ldan 'das kyis bka' stsal pa. rab 'byor de bžin du byaṅ chub sems dpa' gaṅ la yaṅ mi gnas par sbyin pa sbyin pa de'i bsod nams kyi phuṅ po ni rab 'byor tsad gzuṅ bar sla ba ma yin pa'i phyir ro. 〔羅什〕須菩提 菩薩 無住相布施福德 亦復如是 不可思量 〔玄奘〕佛言善現 如是如是 若菩薩摩訶薩 都無所住 而行布施 其福德聚 不可取量

196) 〔西藏語〕 脫落 〔羅什〕須菩提 菩薩 但應如所教住 〔玄奘〕亦復如是 菩薩 如是如不住相想 應行布施

5. 새겨서 참답게 보라〔如理實見分〕

1. [세존] "쑤부띠여, 그대는 어떻게 생각합니까?
어떤 특징을 갖추었다고 해서 여래라고 볼 수 있습니까?" (tat kiṃ manyase subhūte lakṣaṇa-sampadā tathāgato draṣṭavyaḥ)197)

2. 쑤부띠는 여쭈었습니다.
[쑤부띠] "세존이시여, 그렇지 않습니다. 어떤 특징을 갖추었다고 해서 여래라고 볼 수는 없습니다. (subhūtir āha : no hīdaṃ bhagavan, na lakṣaṇa-sampadā tathāgato draṣṭavyaḥ)198)

3. 그것은 무슨 까닭입니까?
세존이시여, 여래께서 '특징의 갖춤'에 대해 말씀하신 것은 실제로는 '특징이 아닌 것을 갖춘 것'을 가르치신 것입니다." (tat kasya hetoḥ? yā sā bhagavan lakṣaṇasampat tathāgatena bhāṣita saiva-alakṣaṇa-sampat.)199)

4. 이와 같이 여쭈자 세존께서 장로 쑤부띠에게 말씀하셨습니다.

---

197)〔西藏語〕rab 'byor 'di ji sñam du sems. mtsan phun sum tshogs pas de bžin gśegs par blta bar bya sñam mam.〔羅什〕須菩提 於意云何 可以身相 見如來不〔玄奘〕佛告善現 於汝意云何 可以諸相具足 觀如來不

198)〔西藏語〕rab 'byor gyi gsol pa. bcom ldan 'das de ni ma lags so. mtsan phun sum tshogs pas de bžin gśegs par blta bar mi bgyi lags so.〔羅什〕不也世尊 可以身相 見如來不〔玄奘〕善現答言 不也世尊 不應以諸相具足 觀於如來

199)〔西藏語〕de ci'i slad du že na. de bžin gśegs pas mtsan phun sum tshogs pa gaṅ gsuṅs pa de ñid mtsan phun sum tshogs pa ma mchis pa'i slad du'o.〔羅什〕何以故 如來所說身相 卽非身相〔玄奘〕何以故 如來說諸相具足卽非諸相具足 說是語已

[세존] "쑤부띠여, 특징을 갖춘 것에는 허망함이 있고, 특징이 아닌 것을 갖춘 것에는 허망함이 없습니다. 그러므로 우리는 '특징이 없는 특징'을 통해서 여래를 볼 수 있습니다." (evam ukte bhagavān āyuṣmantaṃ subhūtim etad avocat : yāvat subhūte lakṣaṇasampat tāvan mṛṣā, yāvad ala kṣaṇasampat tāvan na mṛṣeti hi lakṣaṇa-alakṣaṇatas tathāgato drāṣṭavyaḥ.)[200]

6. 놀라운 법 누가 바로 믿으랴〔正信希有分〕

1. 이렇게 말씀하시자, 장로 쑤부띠는 세존께 다음과 같이 여쭈었습니다.

[쑤부띠] "세존이시여, 미래의 시대, 마지막 시기, 마지막 시간, 마지막 오백 년, 올바른 가르침이 무너지는 때에, 이와 같은 경전의 구절이 설해지면, 진실한 지각을 일으키는 어떠한 뭇삶이라도 있겠습니까?" (evam ukte āyuṣmān subhūtir bhaga vantam etad avocat : asti bhagavan kecit sattvā bha viṣyanty anāgate 'dhvani paścime kāle paścime samay e paścimāyāṃ pañca-śatyāṃ saddharma-vipralopa-kāl e vartamāne, ya imeṣv evaṃrūpeṣu sūtrāntapadeṣu bh

---

200) 〔西藏語〕 de skad ces gsol pa daṅ. bcom ldan 'das kyis tshe daṅ ldan pa rab 'byor la 'di skad ces bka' stsal to. rab 'byor ji tsam du mtsan phun sum tshogs pa 'de tsam du brdzun no. ji tsam du mtsan phun sum tshogs pa med pa de tsam du mi brdzun te, de ltar de bžin gśegs pa la mtsan daṅ mtsan ma med par blta'o. 〔羅什〕 佛告須菩提 凡所有相 皆是虛妄 若見諸相非相 卽見如來 〔玄奘〕 佛復告具壽善現言 善現 乃至諸相具足 皆是虛妄 乃至非相具足 皆非虛妄 如是以相非相 應觀如來 說是語已

āṣyamāṇeṣu bhūtasaṃjñām utpādayiṣyanti.)[201]

2. 그러자 세존께서 말씀하셨습니다.

[세존] "쑤부띠여, 그렇게 말하지 마십시오. 미래의 시대, 마지막 시기, 마지막 시간, 마지막 오백 년, 올바른 가르침이 무너지는 시기에도, 이와 같은 경전의 구절들이 설해지면, 그것들에 대하여 진실한 지각을 일으키는 어떠한 뭇삶들이 있을 것입니다. (bhagavān āha : mā subhūte tvam eva vocaḥ. asti kecit sattvā bhaviṣyanty anāgate 'dhvani paścime kāle paścime samaye paścimāyāṃ pañcaśatyāṃ saddharma-vipralope vartamāne, ya imeṣv evaṃrūpeṣu sūtrāntapadeṣu bhāṣyamāṇeṣu bhūta-saṃjñām utpādayiṣyanti.)[202]

3. 쑤부띠여, 더 나아가 미래의 시대, 마지막 시기, 마지막 시간, 마지막 오백 년, 올바른 가르침이 무너지는 때에도, 덕성을 갖추고 계행을 갖추고 지혜를 갖춘 깨달음을 향한 위대한 님들이 있을 것이며, 이와 같은 경전의 구절들이 설해지면, 그

---

201) 〔西藏語〕 da skad ces bka' stsal pa daṅ. bcom ldan 'das la tse daṅ ldan pa rab 'byor gyi 'di skad ces gsol to. bcom ldan 'das ma oṅs pa'i dus lṅa brgya'i tha ma la dam pa'i chos rab tu rnam par 'jig par 'gyur ba na sems can gaṅ la la dag 'di lta bu'i mdo ste'i tshig bśad pa dag la yaṅ dag par 'du śes skyed par 'gyur ba 'byuṅ ba lta mchis lags sam. 〔羅什〕 須菩提 白佛言 世尊 頗有衆生 得聞如是言說章句 生實信不 〔玄奘〕 具壽善現 復白佛言 世尊 頗有有情 於當來世 後時後分後五百歲 正法將滅 時分轉時聞說如是色經典句 生實想不

202) 〔西藏語〕 bcom ldan 'das kyis bka' stsal pa. rab 'byor khyod 'di skad du. ma oṅs pa'i dus lṅa brgya'i tha ma la dam pa'i chos rab tu rnam par 'jig par 'gyur ba na sems can gaṅ la la dag 'di lta bu'i mdo sde'i tshig bśad pa dag la yaṅ dag par 'du śes skyed par 'gyur ba 'byuṅ ba lta mchis lags sam žes khyod de skad ma zer cig. 〔羅什〕 佛告須菩提 莫作是說 如來滅後 後五百世 有持戒修福者 於此章句 能生信心 以此爲實 〔玄奘〕佛告善現 勿作是說 頗有有情 於當來世 後時後分後五百歲 正法將滅 時分轉時 聞說如是色經典句 生實想不

것들에 대하여 진실한 지각을 일으킬 것입니다. (api tu khal
u puna subhūte bhaviṣyanty anāgate 'dhvani bodhis
attvā mahāsattvāḥ paścime kāle paścime samaye paś
cimāyāṃ pañca-śatyāṃ saddharma-vipralope vartam
āne guṇavantaḥ śīlavantaḥ prajñavantaś ca bhaviṣya
nti, ya imeṣv evaṃrūpeṣu sūtrāntapadeṣu bhāṣyamāṇ
eṣu bhūtasamjñam utpādayiṣyanti.)[203]

4. 그리고 쑤부띠여, 이들 깨달음을 향한 위대한 님들은 결코 단 한 분의 깨달은 님께만 예배드리거나 단 한 분의 깨달은 님 아래서 착하고 건전한 것의 뿌리를 심지 않을 것입니다. 오히려 쑤부띠여, 깨달음을 향한 위대한 님들은 수십만 깨달은 님께 예배드리고, 수십만 깨달은 님 아래서 착하고 건전한 것의 뿌리를 심을 것입니다. 이러한 법문의 구절이 설해질 때에, 그들은 청정한 한마음까지도 성취할 것입니다. (na khalu pun
as te subhūte bodhisattvā mahāsattvā ekabuddha-p
aryupāsitā bhaviṣyanti, na-ekabuddha-avaropita-k
uśala-mūlā bhaviṣyanti, api tu khalu punaḥ subhūte
anekabuddha-śatasahasra-paryupāsitā anekabuddh
a-śatasahasra-avaropita-kuśalamūlās te bodhisattv
ā mahāsattvā bhaviṣyanti, ya imeṣv eva rūpeṣu sūtrā
ntapadeṣu bhāṣyamāṇeṣv ekacitta-prasādam api pra
tilapsyante.)[204]

---

203) 〔西藏語〕 rab 'byor ma oṅs pa'i dus lṅa brgya tha ma la dam pa'i chos rab tu rnam par 'jig par 'gyur ba na byaṅ chub sems dpa' chen po tshul khrims daṅ ldan pa yon tan daṅ ldan pa śes rab daṅ ldan pa dag 'byuṅ ste. 〔羅什〕 漏落 〔玄奘〕 然復善現 有菩薩摩訶薩 於當來世 後時後分後五百歲 正法將滅 時分轉時 具足尸羅具德具慧.

5. 쑤부띠여, 여래께서는 깨달은 님의 지혜로 그들을 알고, 쑤부띠여, 여래께서는 깨달은 님의 눈으로 그들을 보고, 쑤부띠여, 여래께서는 그들을 완전히 파악하고 있습니다. 쑤부띠여, 그들은 모두 헤아릴 수 없고 셀 수 없는 공덕의 다발을 이루고 얻게 될 것입니다. (jñātās te subhūte tathāgatena buddha-jñānena, dṛṣṭās te subhūte tathāgatena buddha-cakṣuṣā, buddhās te subhūte tathāgatena. sarve te subhūte 'prameyam asamkhyeyaṁ puṇyaskandhaṁ prasaviṣyanti pratigrahīṣyanti)[205]

6. 그것은 무슨 까닭입니까?
쑤부띠여, 이 모든 깨달음을 향한 위대한 님들에게는 자아에 대한 지각이 일어나지 않으며, 존재에 대한 지각이 일어나지 않으며, 생명에 대한 지각이 일어나지 않으며, 영혼에 대한 지각이 일어나지 않기 때문입니다. (tat kasya heto? na hi subhūte teṣāṁ bodhisattvānāṁ mahāsattvānām ātma-s

---

204) 〔西藏語〕 rab 'byor byaṅ chub sems dpa' sems dpa' chen po de dag kyaṅ saṅs rgyas gcig la bsñen bkur byas pa ma yin, saṅs gyas gcig la dge ba'i rtsa ba bskyed pa ma yin gyi. rab 'byor saṅ rgyas 'bum phrag du ma la bsñen bkur byas śiṅ saṅs rgyas 'bum phrag du ma la dge ba'i rtsa ba dag bskyed pa'i byaṅ chub sems dpa' sems dpa' chen po de dag byuṅ ṅo. rab 'byor gaṅ dag 'di lta bu'i mdo sde'i tshig bśad pa dag la sems daṅ ba gcig tsam rñed par 'gyur ba 〔羅什〕 當知是人 不於一佛二佛三四五佛 而種善根 已於無量千萬佛所 種諸善根 聞是章句 乃至一念生淨信者 〔玄奘〕 佛復善現 彼菩薩摩訶薩 非於一佛所 承事供養 非於一佛所 種諸善根 然復善現 彼菩薩摩訶薩 於其非一百千佛所 承事供養 非於一百千佛所 種諸善根 乃至聞說如是色經典句 當得一淨信心

205) 〔西藏語〕 de dag ni de bžin gśegs pas mkhyen to. rab 'byor de dag ni de bžin gśegs pas gzigs te. rab 'byor sems can de dag thams cad ni bsod nams kyi phuṅ po dpag tu med pa skyed ciṅ yoṅs su sdud par 'gyur ro. 〔羅什〕 須菩提 如來悉知悉見是諸衆生 得如是無量福德 〔玄奘〕 善現 如來以其佛智 悉已彼知 如來以其佛眼 悉已彼知 善現 如來悉已覺彼 一切有情 當生無量無數福聚 當攝無量無數福聚

amjñā pravartate na sattva-saṁjñā na jīva-saṁjñā na pudgala-saṁkñā pravartate.)[206]

7. 또한 쑤부띠여, 이 깨달음을 향한 위대한 님들에게는 법에 대한 지각도 없으며, 법이 아닌 것에 대한 지각도 없습니다. 쑤부띠여, 나아가 그들에게는 지각도 일어나지 않고 지각이 아닌 것도 일어나지 않습니다. (na-api teṣāṁ subhūte bodhisa ttvānāṁ ṁahāsattvānāṁ dharmasaṁjñā pravartate, e vaṁ na-adharmasamjñā. na-api teṣāṁ subhūte saṁjñ ā na-asaṁjñā pravarteta.)[207]

8. 그것은 무슨 까닭입니까?
만약 쑤부띠여, 그들 깨달음을 향한 위대한 님들이 법에 대한 지각을 가진다면, 그들은 그것 때문에 또한 자아에 집착하게 되는 것이고, 존재에 집착하고, 생명에 집착하고, 영혼에 집착하게 되는 것입니다. 만약 법이 아닌 것에 대한 지각을 가진다고 하더라도, 그들은 그 때문에 또한 자아에 집착하게 되는 것이고, 존재에 집착하고, 생명에 집착하고, 영혼에 집착하게 되는 것입니다. (tat kasya hetoḥ? sacet subhūte teṣāṁ bo dhisattvānāṁ mahāsattvānāṁ dharmasaṁjñā pravart

206) 〔西藏語〕 de ci'i phyir že na. rab 'byor byaṅ chub sems dpa' sems dpa' chen po de dag ni bdag tu 'du śes 'jug par mi 'gyur žiṅ sems can du 'du śes pa ma yin srog tu 'du śes pa ma yin te gaṅ zag tu 'du śes 'jug par mi 'gyur ba'i phyir ro. 〔羅什〕 何以故 是諸衆生 無復我相人相衆生相壽者相 〔玄奘〕 何以故 善現 彼菩薩摩訶薩 無我想轉 無有情想 無命者想 無士夫想 無補特伽羅想 無意生想 無摩納婆想 無作者想 無受者想轉

207) 〔西藏語〕 rab 'byor byaṅ chub sems dpa' sems dpa' chen po de dag kyaṅ cho s su 'du śes pa daṅ chos me par yaṅ 'du śes mi 'jug ste de dag ni 'du śes daṅ 'du śes med par yaṅ 'jug par mi 'gyur ro. 〔羅什〕 無法相亦無非法相 〔玄奘〕 善現 彼菩薩摩訶薩 無法想轉 非無法想轉 無想轉 亦無非想轉

eta, sa eva teṣām ātmagrāho bhavet, sattvagrāho jīvagrāhaḥ pudgalagrāho bhavet, saced adharmasamjñā pravarteta, sa eva teṣām ātmagrāho bhavet, sattvagrāho jīvagrāhaḥ pudgalagrāha iti.)[208]

9. 그것은 무슨 까닭입니까?
깨달음을 향한 위대한 님이라면, 법에도 집착하지 않아야 하며, 법이 아닌 것에도 집착하지 않아야 하기 때문입니다. (tat kasya hetoḥ? na khalu punaḥ subhūte bodhisattvena mahāsattvena dharma udgrahītavyo na-adharmaḥ.)[209]

10. 그러므로 여래께서는 그러한 의미로 이와 같이 '뗏목의 비유에 대한 법문을 아는 자들은 법마저 버려야 하거늘, 하물며 법이 아닌 것임에랴?'라고 말씀하셨던 것입니다." (tasmād iyaṁ tathāgatena sandhāya vāg bhāṣitā : kolopamaṁ dharma-paryāyam ājānadbhir dharmā eva prahātavyāḥ prāg eva-adharmā iti.)[210]

---

208) 〔西藏語〕 de ci'i phyir že na. rab 'byor gal te byaṅ chub sems dpa' sems pa chen po de dag ni chos su 'du śes 'jug na yaṅ de ñid de dag gi bdag tu 'dzin pa 'gyur žiṅ sems can du 'dzin pa daṅ srog tu 'dzin pa daṅ gaṅ zag tu 'dzin par 'gyur pa'i phyir ro. gal te chos bdag med par 'du śes 'jug na yaṅ de ñid de dag gi bdag tu 'dzin par 'gyur žiṅ sems can du 'dzin pa daṅ srog tu 'dzin pa daṅ gaṅ zag tu 'dzin par 'gyur pa'i phyir ro. 〔羅什〕 何以故 是諸衆生若心取相 則爲著我人衆生壽者 何以故 若取法相 卽著我人衆生壽者 若取非法相卽 著我人衆生壽者 〔玄奘〕 所以者何 善現 若菩薩摩訶薩 有法想轉 彼卽應有我執 有情執 命者執 補特伽羅等執 若有非法想轉 彼亦應有我執 有情執 命者執 補特伽羅等執

209) 〔西藏語〕 de ci'i phyir že na. rab 'byor byaṅ chub sems dpa' sems pa chen dpas chos kyaṅ log par gzuṅ par mi bya ste. chos ma yin pa yaṅ mi gzuṅ ba'i phyir ro. 〔羅什〕 是故 不應取法 不應取非法 〔玄奘〕 何以故 善現 不應取法 不應取非法

210) 〔西藏語〕 de bas na de las dgoṅs te de bžin gśegs pas chos kyi rnam graṅs

7. 깨달은 것도 설한 것도 없나니〔無得無說分〕

1. 또한 세존께서 장로 쑤부띠에게 말씀하셨습니다.
[세존] "쑤부띠여, 어떻게 생각하십니까?
여래께서 위없이 바르고 원만한 깨달음이라고 분명하게 깨달아 얻은 어떠한 법이 있다고 생각합니까, 또는 여래께서 설하신 어떠한 다른 법이 있다고 생각하십니까?" (punar aparaṁ bhagavān āyuṣmantam subhūtim etad avocat : tat kiṁ manyase subhūte, asti sa kaścid dharmo yas tathāgatena-anuttarā samyaksambodhir ity abhisambuddhaḥ, kaścid vā dharmas tathāgatena deśitaḥ?)[211]

2. 이렇게 말씀하시자 장로 쑤부띠는 세존께 이와 같이 여쭈었습니다.
[쑤부띠] "세존이시여, 제가 세존께서 말씀하신 뜻을 이해하기로는, 여래께서 위없이 바르고 원만한 깨달음이라고 분명하게 깨달아 얻은 어떠한 법도 없으며 또한 여래께서 설하신 어떠한 다른 법도 없습니다. (evam ukta āyuṣmān subhūtir bha

---

'di gziṅs lta bur śes pa rnam kyi chos rnam kyaṅ spaṅ bar bya na chos ma yin pa rnam lta ci smos žes gsuṅs so. 〔羅什〕 以是義故 如來常說 汝等比丘 知我說法 如筏喩者 法尙應捨 何況非法 〔玄奘〕 是故 如來密意而說筏喩法門 諸有智者 法尙應斷 何況非法

211) 〔西藏語〕 gžan yaṅ bcom ldan 'das kyis tshe daṅ ldan pa rab 'byor la 'di skad bka' stsal to. rab 'byor 'di ji sñam du sems. de bžin gśegs pas gaṅ bla na med pa yaṅ dag par rdzogs pa'i byaṅ chub tu mṅon bar rdzogs par saṅs rgyas pa'i chos de gaṅ yaṅ yod sñam mam. de bžin gśegs pas chos de gaṅ yaṅ bstan sñam mam. 〔羅什〕 須菩提 於意云何 如來得阿褥多羅三藐三菩提耶 如來有所說法耶 〔玄奘〕 復復具壽善現言 於汝意云何 頗有少法 如來應正等覺證得阿褥多羅三藐三菩提耶 頗有少法 如來應正等覺 是所說耶

gavantam etad avocat : yathā-aham bhagavan bhagavato bhāṣitasya-artham ājānāmi, na-asti sa kaścid dharmo yas tathāgatena-anuttarā samyaksambodhir ity abhisambuddhaḥ, na-asti dharmo yas tathāgatena deśitaḥ.)[212]

3. 그것은 무슨 까닭입니까?
여래께서 분명하게 깨달아서 설하신 이 법은 파악될 수 없고 말해질 수 없으며, 법도 아니고 법이 아닌 것도 아니기 때문입니다. (tat kasya hetoh? yo 'sau tathāgatena dharmo 'bhisambuddho deśito vā, agrāhyaḥ so 'nabhilapyaḥ, na sa dharmo na-adharmaḥ.)[213]

4. 그것은 무슨 까닭입니까?
거룩한 님들은 조건지어지지 않은 것(無爲)을 닦아온 이들이기 때문입니다." (tat kasya hetoḥ? asaṁskṛta-prabhāvitā hy ārya-pudgalāḥ.)[214]

---

212) 〔西藏語〕 de skad ces bka' stsal pa daṅ bcom ldan 'das la tshe daṅ ldan pa rab 'byor gyis 'di skad ces gsol to. bcom ldan 'das bdag gyis bcom ldan 'das kyis gsuṅs pa'i don 'tshal ba ltar na de bžin gśegs pas gaṅ bla na med pa yaṅ dag par rdzog pa'i byaṅ chub tu mṅon par rdzogs par saṅs rgyas pa'i chos de gaṅ yaṅ ma mchis lags so. de bžin gśegs pas bstan pa'i chos de gaṅ yaṅ ma mchis lags so. 〔羅什〕 須菩提言 如我解佛所說義 無有定法名阿耨多羅三藐三菩提 亦無有定法如來可說 〔玄奘〕 善現答言 世尊 如我解佛所說義者 無有少法如來應正等覺 證得阿耨多羅三藐三菩提 亦無有少法 是如來應正等覺所說

213) 〔西藏語〕 'di ci'i slad du že na. de bžin gśegs pas chos de gaṅ yaṅ mṅon par rdzogs par saṅs rgyas pa'am btsan pa de ni gzuṅ du ma mchis brjod du ma mchis te. de ni chos kyaṅ ma lags. chos ma mchis pa yaṅ ma lags pa'i slad du'o. 〔羅什〕 何以故 如來所說法 皆不可取不可說 非法非非法 〔玄奘〕 何以故 世尊 如來應正等覺所證所說所思惟法 皆不可取不可宣說 非法非非法

214) 〔西藏語〕 de ci'i slad du že na. phags pa'i gaṅ zag rnams ni 'dus ma bgyis kyis rab tu phye ba'i slad du'o. 〔羅什〕 所以者何 一切賢聖 皆以無爲法而有差別 〔玄奘〕 何以故 以諸賢聖補特伽羅 皆是無爲之所顯故

8. 법문에 의지해 나타날 뿐〔依法出生分〕

1. 세존께서 말씀하셨습니다.

[세존] "쑤부띠여, 어떻게 생각하십니까? 만약 한 훌륭한 가문의 아들이나 한 훌륭한 가문의 딸이 삼천대천세계의 이 우주를 칠보로써 채워서 그것을 이렇게 오신 님, 거룩한 님, 올바로 원만히 깨달은 님들에게 보시하면, 그 훌륭한 가문의 아들, 훌륭한 가문의 딸은 그것을 인연으로 아주 많은 공덕의 다발을 이루겠습니까?" (bhagavān āha : tat kiṁ manyase subhūte yaḥ kaścit kulaputro vā kuladuhitā vemaṁ kṛtvā tathāgatebhyo 'rhadbhyaḥ samyaksambuddhebhyo dānaṁ dadyāt, api nu sa kulaputro vā kuladuhitā vā tato nidānaṁ bahutaraṁ puṇya-skandham prasunuyāt?)[215]

2. 쑤부띠는 여쭈었습니다.

[쑤부띠] "세상에 존경받는 님이시여, 그렇습니다. 올바른 길로 잘 가신 님이여, 그렇습니다. 그 훌륭한 가문의 아들이나 훌륭한 가문의 딸이 그것을 인연으로 공덕의 다발을 아주 많이 이룰 것입니다. (subhūtir āha : bahu bhagavan bahu sugata sa kulaputro vā kuladuhitā vā tato nidānaṁ puṇ

215) 〔西藏語〕 bcom ldan 'das kyis bka' stsal pa'. rab 'byor 'di ji sñam du sems. rigs kyi bu 'am rigs kyi bu mo gaṅ la la žig gis stoṅ gsum gyis stoṅ chen po'i 'jig rten gyi khams 'di rin po che sna bdun gyis rab tu gaṅ bar byar te sbyan pa byin na rigs kyi bu'am rigs kyi bu mo de gži de las bsod nams kyi phuṅ po maṅ du bskyed sñam mam. 〔羅什〕 須菩提 於義云何 若人滿三千大天世界七寶 以用布施 是人所得福德 寧爲多不 〔玄奘〕 佛告善現 於汝義云何 若善男子或善女人 以此三千大天世界盛滿七寶 持用布施 是善男子或善女人 由此因緣所生福聚 寧爲多不

ya-skandhaṁ prasunuyāt.)[216]

3. 그것은 무슨 까닭입니까?

세존이시여, 여래께서 말씀하신 '공덕의 다발'은 모두, '다발이 아닌 것'이라고 가르치신 것입니다. 여래께서는 그렇게 '공덕의 다발, 공덕의 다발'에 대해 설하십니다." (tat kasya hetoḥ? yo 'sau bhagavan puṇyaskandhas tathāgatena bhāṣi taḥ, a-skandhaḥ sa tathāgatena bhāṣitaḥ. tasmāt tat hāgato bhāṣate : puṇyaskandhaḥ puṇyaskandha iti .)[217]

4. 세존께서 말씀하셨습니다.

[세존] "그렇지만 또한 쑤부띠여, 한 훌륭한 가문의 아들이나 한 훌륭한 가문의 딸이 삼천대천세계의 이 우주를 칠보로써 채워서 그것을 이렇게 오신 님, 거룩한 님, 올바로 원만히 깨달은 님들에게 보시하는 것보다, 누군가가 이 법문에서 사행시 한 게송이라도 받아들여 그것을 다른 사람에게 상세히 가르치고 설명해준다면, 그가 그것을 인연으로 헤아릴 수 없고 셀 수 없는 훨씬 많은 공덕의 다발을 이룰 것입니다. (bhagavān āha : yaś ca khalu punaḥ subhūte kulaputro vā kuladuhitā vemaṁ trisāhasramahāsāhasraṁ lokadhātuṁ sa

---

216) 〔西藏語〕 rab 'byor gyis bsol pa. bcom ldan 'das maṅ lags so. bde bar gśegs pa maṅ lags so. rigs bu'am rigs kyi bu mo de de'i gži las bsod nams kyi phuṅ po maṅ du bskyed do. 〔羅什〕 須菩提言 甚多世尊 〔玄奘〕 善現答言 甚多世尊 甚多善逝 是善男子或善女人 由此因緣所生福聚 其量甚多

217) 〔西藏語〕 de ci'i slad du že na. bsod nams kyi phuṅ po de ñid phuṅ po ma mchis pa'i slad ste. de bas na de bžin gśegs pas bsod nams kyi phuṅ po bsod nams kyi phuṅ po žes gsungs so. 〔羅什〕 何以故 是福德卽非福德性 是故如來說福德多 〔玄奘〕 何以故 世尊 福德聚福德聚者 如來說爲非福德聚 是故如來說名福德聚福德聚

ptaratna-paripūrṇaṁ kṛtvā tathāgatebhyo 'rhadbhyaḥ samyaksambuddhebhyo dānaṁ dadyāt, yaś ceto dharmaparyāyad antaśaś catuṣpādikām api gāthām udgṛhya parebhyo vistareṇa deśayet samprakāśayed, ayam eva tato nidānaṁ bahutaraṁ puṇyaskandhaṁ prasunuyād aprameyam asaṁkhyeyam.)[218]

5. 그것은 무슨 까닭입니까?
그것은 이렇게 오신 님, 거룩한 님, 올바로 원만히 깨달은 님의 위없이 바르고 원만한 깨달음도 여기서 출현했고, 세상에 존경받는 깨달은 님들도 여기서 출현했기 때문입니다. (tat kasya hetoḥ? ato nirjātā hi subhūte tathāgatānām arhatāṁ samyaksambuddhānām anuttarā samyaksambodhir, ato nirjātāś ca buddhā bhavavantaḥ.)[219]

6. 그것은 또한 무슨 까닭입니까?
쑤부띠여, 여래께서 '깨달은 님의 법, 깨달은 님의 법'에 대해

---

218) 〔西藏語〕 bcom ldan 'das kyis bka' stsal. rab 'byor rigs kyi bu'am rigs kyi bu mo gaṅ gis stoṅ gsum gyi stoṅ chen po'i jig rten gyi khams 'di rin po che sna bdun gyis rab tu gaṅ bar byas te sbyin pa byin pa bas, gaṅ gis chos kyi rnam graṅs 'di las tha na tshig bži ba'i tshig su bcad pa tsam bzuṅ nas gžan dag la yaṅ dag par 'chaṅ ciṅ yaṅ dag par rab tu ston na gži de las bsod nams kyi phuṅ po ches maṅ du graṅs med dpag tu med pa bskyed do. 〔羅什〕 若復有人 於此經中 受持乃至四句揭等 爲他人說 其福勝彼 〔玄奘〕 佛復告善現言 善現 若善男子或善女人 以此三千大天世界盛滿七寶 持用布施 若若善男子或善女人 於此法門 乃至四句伽陀 受持讀誦 究竟通利 及廣爲他宣說 開示如理作意 由是因緣所生福聚 甚多於前 無量無數

219) 〔西藏語〕 de ci'i phyir že na. rab 'byor de bžin gśegs pa dgra bcom pa yaṅ dag par rdzogs pa'i saṅs rgyas rnams kyi bla na med pa yaṅ dag par rdzogs pa'i byaṅ chub ni 'di las byuṅ ste saṅs rgyas bcom ldan 'das rnams kyaṅ 'di las skyes pa'i phyir ro. 〔羅什〕 何以故 須菩提 一切諸佛 及諸佛阿褥多羅三藐三菩提法 皆從此經出 〔玄奘〕 何以故 一切如來應正等覺 阿褥多羅三藐三菩提法 皆從此經出 諸佛世尊皆從此經生

가르치신 것은 깨달은 님의 여래께서 '법이 아닌 것'을 가르치신 것입니다. 그러므로 말하자면 '깨달은 님의 법'인 것입니다." (tat kasya hetoḥ? buddhadharmā buddhadharmā iti subhūte 'buddhadharmāś caiva te tathāgatena bhāṣitāh. tenocyante buddhadharmā iti.)220)

9. 한 경지도 얻은 것 없네〔一相無相分〕

1. [세존] "쑤부띠여, 어떻게 생각합니까? 흐름에 든 님에게 '내가 흐름에 든 님의 경지를 얻었다'는 생각이 일어납니까?" (tat kiṁ manyase subhūte, api nu srotāpannasyaivaṁ bhavati : mayā srotāpatti-phalaṁ prāptam iti?)221)

2. 쑤부띠는 여쭈었습니다.

[쑤부띠] "세존이시여, 그렇지 않습니다. 흐름에 든 님에게는 '내가 흐름에 든 님의 경지를 얻었다'는 생각이 일어나지 않습니다. (subhūtir āha : no hīdaṃ bhagavan, na srota-āpannasyaivaṃ bhavati : mayā srotāpatti-phalaṃ prāptaṃ iti.)222)

---

220) 〔西藏語〕 de ci'i phyir že na. rab 'byor saṅs rgyas kyi chos rnams saṅs rgyas kyi chos rnams žes bya ba ni saṅs rgyas kyi chos de dag med par de bžin gśegs par gsuṅs pa'i phyir te des ni saṅs rgyas kyi chos rnams žes bya'o. 〔羅什〕 須菩提 所謂佛法者 卽非佛法 〔玄奘〕 所以者何 善現 諸佛法諸佛法者 如來說爲非諸佛法 是故如來說名諸佛法諸佛法

221) 〔西藏語〕 rab 'byor 'di ji sñam du sems. rgyun tu žugs pa 'di sñam du bdag gis rgyun du žugs pa'i 'bras bu thob po sñam du sems sñam mam. 〔羅什〕 須菩提 於意云何 須多洹 能作是念 我得須多洹果不 〔玄奘〕 佛告善現 於汝意云何 諸預流者 頗作是念 我能證得預流果不

222) 〔西藏語〕 rab 'byor gyis gsol pa. bcom ldan 'das de ni ma lags so. 〔羅什〕

3. 그것은 무슨 까닭입니까?

세존이시여, 그가 어떠한 대상도 얻지 않았으므로 흐름에 든 님이라고 하기 때문입니다. 그는 형상, 소리, 냄새, 맛, 감촉, 마음의 대상들을 얻지 않았기 때문에 흐름에 든 님이라고 말합니다. (tat kasya hetoḥ? na hi sa bhagavan kaṃcid dharman āpannaḥ. tenocyate srotāpanna iti. na rūpam āpanno na śabdān na gandhān na rasān na spraṣṭavyān na dharmān āpannaḥ. tenocyate srotāpanna iti.)[223]

4. 만약 세존이시여, 흐름에 든 님에게 '내가 흐름에 든 님의 경지를 얻었다'는 생각이 일어나면, 그는 그것 때문에 또한 자아에 집착하게 되는 것이고, 존재에 집착하고, 생명에 집착하고, 영혼에 집착하게 되는 것입니다." (saced bhagavan srota-āpannasyaivaṃ bhaven : mayā srotāpatti-phalaṃ prāptam iti. sa eva tasya-ātmagrāho bhavet sattvagrāho jīvagrāhaḥ pudgalagrāho bhaved iti.)[224]

5. 세존께서 말씀하셨습니다.

須菩提言 不也世尊〔玄奘〕善現答言 不也世尊 不作是念 我能證得預流之果.

223)〔西藏語〕de ci'i phyir že na. bcom ldan 'das de ni ci la yaṅ žugs pa ma mchis pa'i slad du ste des na rgyun du žugs pa žes bgyi'o. gzugs la yaṅ ma žugs, sgra la yaṅ ma lags dri la yaṅ ma lags, ro la yaṅ ma lag, reg bya la yaṅ ma lags chos rnams la yaṅ žugs te. des na rgyun du žugs pa žes bgyi'o. 〔羅什〕何以故 須多洹 名爲入流 而無所入 不入色聲香味觸法 是名須多洹〔玄奬〕何以故 世尊 諸預流者 無少所預故名預流 不預色聲香味觸法故名預流

224)〔西藏語〕de ci'i slad du že na. bcom ldan 'das gal te rgyun du žugs pa 'di sñam du bdag gis rgyun du žugs pa'i 'bras bu thob po sñam du sems par gyur na de ñid de'i bdag tu 'dzin par 'gyur lags so. sems can du 'dzin pa dan srog tu 'dzin pa daṅ gaṅ zag tu 'dzin par 'gyur lags so.〔羅什〕漏落〔玄奘〕世尊 若預流者 作如是念 我能證得預流之果 卽爲執我有情命者士夫補特伽羅等

[세존] "쑤부띠여, 어떻게 생각합니까? 한 번 돌아오는 님에게 '내가 한 번 돌아오는 님의 경지를 얻었다'는 생각이 일어납니까?" (bhagavān āha : tat kiṃ manyase subhūte, api nu sakṛdāgāmina evaṃ bhavati : mayā sakṛdāgāmiphalam prāptam iti?)[225]

6. 쑤부띠는 여쭈었습니다.

[쑤부띠] "세존이시여, 그렇지 않습니다. 한 번 돌아오는 님에게는 '내가 한 번 돌아오는 님의 경지를 얻었다'라는 생각이 일어나지 않습니다. (subhūtir āha : no hīdaṃ bhagavan, na sakṛdāgāmina evaṃ bhavati : mayā sakṛdāgāmiphalam prāptam iti.)[226]

7. 그것은 무슨 까닭입니까?

세존이시여, 한 번 돌아오는 님의 경지라고 할만한 어떠한 것도 없기 때문입니다. 그래서 그를 한 번 돌아오는 님이라고 말합니다." (tat kasya hetoḥ? na hi sa kaścid dharmo yaḥ sakṛdāgāmitvam āpannaḥ. tenocyate sakṛdāgāmi-iti.)[227]

---

225) 〔西藏語〕 bcom ldan 'das kyis bka' stsal pa. rab 'byor 'di ji sñam du sems. lan cig phyir 'oṅ ba 'di sñam du bdag gis lan cig phyir 'oṅ ba'i 'bras bu thob po sñam du sems sñam mam. 〔羅什〕 須菩提 於意云何 斯多含 能作是念 我得斯多含果不 〔玄奘〕 佛告善現 於汝意云何 諸一來者 頗作是念 我能證得一來果不

226) 〔西藏語〕 rab 'byor gyis gsol pa. bcom ldan 'das de ni ma lags so. de ci'i slad du že na. gaṅ lan cig phyir 'oṅ ba ñid du žugs pa'i chos de gaṅ yaṅ ma mchis pa'i slad du ste des na lan cig phyir 'oṅ ba žes bgyi'o. 〔羅什〕 須菩提言 不也世尊 〔玄奘〕 善現答言 不也世尊 不作是念 我能證得一來之果

227) 〔西藏語〕 bcom ldan 'das gal te lan cig phyir 'oṅ ba 'di sñam du bdag gis lan cig phyir 'oṅ 'bras bu thob po sñam du sems par gyur na de ñid de'i bdag tu 'dzin par 'gyur lags so, sems can du 'dzin pa daṅ srog tu 'dzin pa daṅ gaṅ zag tu 'dzin par 'gyur lags so. 〔羅什〕 何以故 斯多含 名一往來 而實無往來 是名斯多含 〔玄奘〕 何以故 世尊 諸一來者 無少所預故名一來

8. 세존께서 말씀하셨습니다.

[세존] "쑤부띠여, 어떻게 생각합니까? 돌아오지 않는 님에게 '나는 돌아오지 않는 님의 경지를 얻었다'는 생각이 일어납니까?" (bhagavān āha : tat kiṃ manyase subhūte, api nv anāgāmina evaṃ bhavati : mayā-anāgāmiphalam prāptam iti?)[228]

9. 쑤부띠는 여쭈었습니다.

[쑤부띠] "세존이시여, 그렇지 않습니다. 돌아오지 않는 님에게는 '내가 돌아오지 않는 님의 경지를 얻었다'는 생각이 일어나지 않습니다. (subhūtir āha : no hīdaṃ bhagavan, na-anāgāmina evaṃ bhavati : mayā anāgāmiphalam prāptam iti.)[229]

10. 그것은 무슨 까닭입니까?

세존이시여, 돌아오지 않는 님의 경지라고 할만한 어떠한 것도 없기 때문입니다. 그래서 그를 돌아오지 않는 님이라고 말합니다." (tat kasya hetoḥ? na hi sa kaścid dharmo yo 'nāgāmitvam āpannaḥ. tenocyate'nāgāmi-iti.)[230]

---

228) 〔西藏語〕 bcom ldan 'das kyis bka' stsal pa. rab 'byor 'di ji sñam du sems. phyir mi 'oṅs ba 'di sñam du bdag gis phyir mi 'oṅ ba'i 'bras bu thob po sñam du sems sñam mam. 〔羅什〕 須菩提 於意云何 阿那含 能作是念 我得阿那含果不 〔玄奘〕 佛告善現 於汝意云何 諸不還者 頗作是念 我能證得不還果不

229) 〔西藏語〕 rab 'byor gyis gsol pa. bcom ldan 'das de ni ma lags so. 〔羅什〕 須菩提言 不也世尊 〔玄奘〕 善現答言 不也世尊 不作是念 我能證得不還之果

230) 〔西藏語〕 de ci'i slad du že na. gaṅ phyir mi 'oṅ ba ñid du žugs pa'i chos de gaṅ yaṅ ma mchis pa'i slad du ste de'i phyir phyir mi 'oṅ ba žes bgyi'o. 〔羅什〕 何以故 阿那含 名爲不來 而實無不來 是名阿那含 〔玄奘〕 何以故 世尊 諸不還者 無少所預故名不還

11. 또한 세존께서 말씀하셨습니다.
[세존] "쑤부띠여, 어떻게 생각합니까? 거룩한 님에게 '내가 거룩한 님의 경지를 얻었다'는 생각이 일어납니까?" (tat kiṁ manyase subhūte, api nv arhata evaṁ bhavati : mayā -arhattvaṁ prāptam iti?)231)

12. 쑤부띠는 여쭈었습니다.
[쑤부띠] "세존이시여, 그렇지 않습니다. 거룩한 님에게는 '내가 거룩한 님의 경지를 얻었다'는 생각이 일어나지 않습니다. (subhūtir āha : no hīdaṃ bhagavan, na-arhata evaṃ bhavati : mayā-arhattvaṃ prāptaṃ iti.)232)

13. 그것은 무슨 까닭입니까?
세존이시여, 거룩한 님의 경지라고 할만한 어떠한 것도 없기 때문입니다. 그러므로 그를 거룩한 님이라고 말합니다. (tat kasya hetoḥ? na hi sa bhagavan kaścid dharmo yo'rhan nāma. tenocyate'rhann iti.)233)

14. 만약 세존이시여, 거룩한 님에게 이와 같이 '내가 거룩한 님의 경지를 얻었다'는 생각이 일어난다면, 그는 그것 때문에 또한 자아에 집착하게 되는 것이고, 존재에 집착하고, 생명에 집착하고, 영혼

---

231) 〔西藏語〕 bcom ldan 'das kyis bka' stsal pa. rab 'byor 'di ji sñam du sems. dgra bcom pa 'di sñam du bdag gis dgra bcom pa ñid thob po sñam du sems sñam mam. 〔羅什〕 須菩提 於意云何 阿羅漢 能作是念 我得阿羅漢道不 〔玄奘〕 佛告善現 於汝意云何 諸阿羅漢 頗作是念 我能證得阿羅漢不

232) 〔西藏語〕 rab 'byor gyi gsol pa. bcom ldan 'das de ni ma lags so. 〔羅什〕 須菩提言 不也世尊 〔玄奘〕 善現答言 不也世尊 諸阿羅漢 不作是念 我能證得阿羅漢性

233) 〔西藏語〕 de ci'i slad du že na. gaṅ dag dgra bcom pa žes(2) bgyi ba'i chos de gaṅ yaṅ ma mchis pa'i slad du'o. 〔羅什〕 何以故 實無有法 名阿羅漢 〔玄奘〕 何以故 世尊 以無少法名阿羅漢 由是因緣 名阿羅漢

에 집착하게 되는 것입니다. (saced bhagavan arhata evaṃ bhaven : mayā-arhattvaṃ prāptam iti. sa eva tasya-āt magrāho bhavet sattvagrāho jīvagrāhaḥ pudgalagrāho bhavet.)[234]

15. 그것은 무슨 까닭입니까?
세존이시여, 이렇게 오신 님, 거룩한 님, 올바로 원만히 깨달은 님께서는 저를 평화로운 삶을 사는 최상의 님이라고 선언하셨습니다. 세존이시여, 저는 탐욕에서 벗어난 거룩한 님입니다. 그렇지만, 세존이시여, 저에게는 '나는 거룩한 님이다. 나는 탐욕에서 벗어난 님이다'라는 생각이 일어나지 않습니다. (tat kasya hetoḥ? aha m asmi bhagavaṃstathāgatena-arhatā samyaksambu ddhena-araṇā-vihāriṇām agryo nirdiṣṭaḥ. aham asmi b hagavann arhan vītarāgaḥ. na ca me bhagavann evaṃ bhavati : arhann asmy ahaṃ vītarāga iti.)[235]

16. 만약 세존이시여, 저에게 '나는 거룩한 님의 경지를 얻었다'는 생각이 일어났다면, 여래께서 저에 대해 '훌륭한 가문의 아들, 쑤부띠는 평화로운 삶을 사는 최상의 님으로 어디에도 머무르지 않는

---

234) 〔西藏語〕 bcom sdan 'das gal te dgra bcom pa 'di sñam du bdag gis dgra bcom pa ñid thob po sñam du sems par gyur na de ñid de'i bdag tu 'dzin par 'gyur lags so. sems can du 'dzin ba daṅ srog tu 'dzin pa daṅ gaṅ zag tu 'dzin par 'gyur lags so. 〔羅什〕 世尊 若阿羅漢作是念 我得阿羅漢道 卽爲著我人衆生壽者 〔玄奘〕 世尊 若阿羅漢 作如是念 我能證得阿羅漢性 卽爲執我有情命者士夫補特伽羅等

235) 〔西藏語〕 bcom ldan 'das bdag ni de bžin gśegs pa dgra bcom pa yaṅ dag par rdzogs pa'i saṅs rgyas kyis ñon moṅs pa med par gnas pa rnam kyi mchog tu bstan te, bcom ldan 'das bdag 'dod chags daṅ bral ba dgra bcom pa lags kyaṅ, bcom ldan 'das bdag 'di sñam du bdag ni dgra bcom pa'o sña m du mi sems lags so. 〔羅什〕 世尊 佛說我得無諍三昧 人中最爲第一 是第一離欲阿羅漢 我不作是念 我是離欲阿羅漢 〔玄奘〕 所以者何 世尊 如來應正等覺說我得無諍住 最爲第一 世尊 我雖是阿羅漢 永離貪欲 而我未曾作如是念 我得阿羅漢 永離貪欲

다. 그러므로 그를 평화로운 삶을 사는 님, 평화로운 삶을 사는 님이라고 한다'라고 선언하시지 않았을 것입니다." (sacen mama bhagavann evaṃ bhaven : mayā-arhattvaṃ prāptam iti. na māṃ tathāgato vyākariṣyad : araṇā-vihāriṇām agryaḥ subhūtiḥ kulaputro na kvacid viharati, tenocyate' raṇāvihāry araṇā-vihāri-iti.)236)

10. 불국토를 장엄하려면〔莊嚴淨土分〕

1. 이와 같이 세존께서 말씀하셨습니다.
[세존] "쑤부띠여, 어떻게 생각합니까? 여래께서 이렇게 오신 님, 거룩한 님, 올바로 원만히 깨달은 님이신 디빵까라에게서 배운 어떠한 법이라도 있습니까?"(bhagavān āha : taṭ kiṃ manyase subhūte, asti sa kaścid dharmo yas tathāgatena dīpaṅkarasya tathāgatasya-arhataḥ samyaksambuddhasya-antikād udgṛhītaḥ?)237)

---

236) 〔西藏語〕 bcom ldan 'das gal te 'di snam du bdag gis dgra bcom pa ñid thob bo sñam du sems par gyur na de bžin gśegs pas bdag la rigs kyi bu rab 'byor ni ñon mons pa med par gnas pa rnams kyi mchog yin te, ci la yaṅ mi gnas pas na ñon moṅs pa med par gnas pa ñon moṅs pa med par gnas pa žes luṅ mi ston lags so. 〔羅什〕 世尊 我若作是念 我得阿羅漢道 世尊卽佛說須菩提 是樂阿蘭那行者 以須菩提實無所行 而名須菩提 是樂阿蘭那行 〔玄奘〕 世尊 我若作如是念 我得阿羅漢 永離貪欲者 如來不應記說我言 善現 善男子得無諍住 最爲第一 以都無所住 是故如來說名無諍住無諍住

237) 〔西藏語〕 bcom ldan 'das kyis bka' stsal pa. rab 'byor 'di ji sñam du sems. de bžin gśegs pas de bžin gśegs pa dgra bcom pa yaṅ dag par rdzog pa'i saṅs rgyas mar me mdzad las gaṅ blaṅs pa'i chos de gaṅ yaṅ yod sñam mam. 〔羅什〕 佛告須菩提 於意云何 如來昔在燃燈佛所 於法有所得不 〔玄奘〕 佛告善現 於汝意云何 如來昔在燃燈如來應正等覺所 頗於少法 有所取不

2. 쑤부띠는 여쭈었습니다.

[쑤부띠] "세존이시여, 그렇지 않습니다. 여래께서 이렇게 오신 님, 거룩한 님, 올바로 원만히 깨달은 님이신 디빵까라에게서 배운 어떠한 법도 결코 없습니다." (subhūtir āha : no hīdaṃ bhagavan, na-asti sa kaścid dharmo yas tathāgatena dīpaṅkarasya tathāgatasya-arhataḥ samyaksambuddhasya-antikād udgṛhītaḥ.)[238]

3. 그래서 세존께서 말씀하셨습니다.

[세존] "쑤부띠여, 만약 어떤 깨달음을 향한 님이라도 이와 같이 '나는 불국토의 장엄할 것이다'라고 말한다면 그는 그렇지 않은 것을 말하는 것입니다. (bhagavān āha : yaḥ kaścid subhūte bodhisattva evaṃ vaded : ahaṃ kṣetravyūhān niṣpādayiṣyāmi-iti, savitathaṃ vadet.)[239]

4. 그것은 무슨 까닭입니까?

쑤부띠여, 여래께서 '불국토의 장엄, 불국토의 장엄'에 대해 말씀하신 것은 '장엄이 아닌 것'이라고 가르치신 것입니다. 그러한 까닭으로 그것을 '불국토의 장엄'이라고 말합니다. (tat kasya hetoḥ? kṣetravyūhāḥ kṣetravyūhā iti subhūte, 'vyūhās te tathāgatena bhāṣitāḥ. tenocyate kṣetravyūhā

---

238) 〔西藏語〕 rab 'byor gyis gsol pa. bcom ldan 'das de ni ma lags so. de bžin gśegs pas de bžin gśegs pa dgra bcom pa yaṅ dag par rdzogs pa'i saṅs rgyas mar me mdzad las gaṅ blaṅs pa'i chos de gaṅ yaṅ ma mchis lags so. 〔羅什〕 不也世尊 如來在燃燈佛所 於法實無所得 〔玄奘〕 善現答言 不也世尊 如來昔在燃燈如來應正等覺所 都無所法而有所取

239) 〔西藏語〕 bcom ldan 'das kyis bka' stsal pa. rab 'byor byaṅ chub sems dpa' gaṅ la la žig 'di skad du, bdag gis žiṅ bkod ba rnams bsgrub par bya'o žes zer na de ni mi bden par smra'o. 〔羅什〕 須菩提 於意云何 菩薩 莊嚴佛土不 不也世尊 〔玄奘〕 佛告善現 若菩薩作如是言 我當成辨佛土功德莊嚴 如是菩薩非眞實語

iti.)[240]

5. 그러므로 쑤부띠여, 깨달음을 향한 위대한 님은 이처럼 의존하지 않는 마음을 일으켜야 합니다. 어떠한 것에도 의존하지 않는 마음을 일으켜야 합니다. 형상에 의존하지 않고, 소리, 향기, 맛, 감촉, 사물에도 의존하지 않는 마음을 일으켜야 합니다. (tasmāt tarhi subhūte bodhisattvena mahāsatt venaivaṃ apratiṣṭhitaṃ cittam utpādayitavyaṃ yan na kvacit-pratiṣṭhitaṃ cittam utpādayitavyaṃ na śa bda-gandha-rasa-spraṣṭavya-dharma-pratiṣṭhitaṃ c ittaṃ utpādayitavyam.)[241]

6. 쑤부띠여, 예를 들어 몸을 거대한 몸으로 타고난 사람이 있어서, 그가 산의 제왕 쑤메루와 같이 커다란 인격의 존재를 지녔다고 합시다. 쑤부띠여, 어떻게 생각합니까? 그것은 커다란 인격의 존재이겠습니까?" (tad yathāpi nāma subhūte pu ruṣo bhaved upetakāyo mahākāyo yat tasyaivaṃrūpa ātmabhāvaḥ syāt tad yathāpi nāma sumeruḥ parvata rājā, tat kiṃ manyase subhūte api nu mahān sa ātm

240) 〔西藏語〕 de ci'i phyir že na. rab 'byor žiṅ bkod pa rnam žiṅ bkod pa rnams žes bya ba ni bkod pa de dag med par de bžin gśegs pas gsuṅs pa'i phyir te des na žiṅ bkod pa rnams žes bya'o. 〔羅什〕 何以故 莊嚴佛土者 卽非莊嚴 是名莊嚴 〔玄奘〕 何以故 善現 佛土功德莊嚴 佛土功德莊嚴者 如來說非莊嚴 是故如來說名佛土功德莊嚴佛土功德莊嚴

241) 〔西藏語〕 rab 'byor de lta bas na byaṅ chub sems dpa' sems dpa' chen po 'di ltar mi gnas par sems bskyed par bya'o. ci la yaṅ mi gnas par sems bskyed par bya'o. gzugs la yaṅ mi gnas par sems bskyed par bya'o. sgra daṅ dri daṅ ro daṅ reg bya daṅ chos la yaṅ mi gnas par sems bskyed par bya'o. 〔羅什〕 是故須菩提 諸菩薩摩訶薩 應如是生淸淨心 不應住色生心 不應住聲香味觸法生心 應無所住 而生起心 〔玄奘〕 是故善現 菩薩如是都無所住應生其心 不住非色應生其心 不住聲香味觸法應生其心 不住非聲香味觸法應生其心 都無所住應生其心

abhāvo bhavet?)[242]

7. 쑤부띠는 여쭈었습니다.

[쑤부띠] "세상에 존경받는 님이시여, 클 것입니다. 올바른 길로 잘 가신 님이시여, 그의 인격의 존재는 매우 클 것입니다. (subhūtir āha : mahān sa bhagavan mahān sugata sa ātmabhāvo bhavet.)[243]

8. 그것은 무슨 까닭입니까?

세존이시여, 여래께서 '인격의 존재, 인격의 존재'에 대해 말씀하신 것은 '존재가 아닌 것'을 가르치신 것입니다. 그러므로 말하자면, '인격의 존재'인 것입니다. 세존이시여, 그것은 존재도 아니고 존재가 아닌 것도 아니기 때문입니다. 그러므로 말하자면, '인격의 존재'인 것입니다." (tat kasya hetoḥ? ātma-bhāva ātmabhāva iti bhagavan abhāvaḥ sa tathāgatena bhāṣitaḥ. tenocyate ātma-bhāva iti. na hi bhagavan sa bhāvo na-abhāvaḥ. tenocyate ātma-bhāva iti.)[244]

---

242) 〔西藏語〕 rab 'byor 'di lta ste dper na skyes bu žig lus 'di lta bur gyur te 'di lta ste ri'i gyal po ri rab tsam du gyur na. rab 'byor 'di ji sñam du sems. lus de che pa yin sñam mam.〔羅什〕 須菩提 譬如有人 身如須彌山王 於意云何 是身爲大不 〔玄奘〕 佛告善現 如有士夫具身大身其色自體 假使譬如妙高山王 善現 於汝意云何 彼之自體 爲廣大不

243) 〔西藏語〕 rab 'byor gyis gsol pa. bcom ldan 'das lus de tse ba lags so. bde bar gśegs pa lus de che ba lags so. 〔羅什〕 須菩提言 甚大世尊 〔玄奘〕 善現答言 彼之自體 廣大世尊 廣大善逝

244) 〔西藏語〕 bcom ldan 'das lus de tse ba lags so. bde bar gśegs pa lus de che ba lags so. de ci'i slad du že na. de bžin gśegs pas de dṅos po ma mchis par gsuṅs pa'i slad du ste des na lus žes bgyi'o. de dṅos po ma mchis par de bžin gśegs pas gsuṅs te des na lus žes bya'o. 〔羅什〕何以故 佛說非身 是名大身 〔玄奘〕何以故 世尊 彼之自體 如來說非彼體 故名自體 非以彼體 故名自體

11. 무위의 복덕이 뛰어나니〔無爲福勝分〕

1. 세존께서 말씀하셨습니다.

[세존] "쑤부띠여, 어떻게 생각합니까? 만약 큰 강인 갠지스 강의 모래알 수만큼, 바로 그만큼의 갠지스 강들이 있다면 그 가운데 모래알도 또한 많겠습니까?" (bhagavān āha : tat kiṃ manyase subhūte yāvatyo gaṅgāyāṃ mahānadyāṃ vāl ukās tāvatya eva gaṅgānadyo bhaveyuḥ, tāsu yā vālu kā api nu tā bahavyo bhaveyuḥ?)[245]

2. 쑤부띠는 여쭈었습니다.

[쑤부띠] "그 갠지스 강들도 매우 많겠는데, 하물며 그 갠지스 강들 가운데 있는 모래알은 말해 무엇하겠습니까?" (subhūti r āha : tā eva tāvad bhagavan bahavyo gaṅgānadyo b haveyuḥ, prāg eva yās tāsu gaṅgānadīṣu vālukāḥ.)[246]

3. 세존께서 말씀하셨습니다.

[세존] "쑤부띠여, 이것이 내가 그대에게 일러줄 것입니다. 쑤부띠여, 이것이 내가 그대에게 알릴 것입니다. 만약 어떤 여인이나 어떤 남자이든지 그러한 갠지스 강들의 모래알 수만큼의 세계를 일곱 가지 보물들로써 가득 채워서 이렇게 오신 님, 거

---

245) 〔西藏語〕 bcom ldan 'das kyi bka' stsal pa. rab 'byor 'di ji sñam du sems. gaṅgā'i kluṅ gi bye ma ji sñed pa gaṅgā'i kluṅ yaṅ de sñed kho nar gyur na de dag gi bye ma gaṅ yin pa de dag maṅ ba yin sñam mam. 〔羅什〕 須菩提 如恒河中所有沙數 如是沙等恒河 於意云何 是諸恒河沙 寧爲多不 〔玄奘〕 佛告善現 於汝意云何 乃至殑伽河中所有沙數 假使有如是沙等殑伽河 是諸殑伽河沙 寧爲多不

246) 〔西藏語〕 rab 'byor gyis gsol pa. bcom ldan 'das gaṅgā'i kluṅ de dag ñid kyaṅ maṅ lags na de dag gyi bye ma lta smos kyaṅ ci 'tshal. 〔羅什〕 須菩提言 甚多世尊 但諸恒河 尙多無數 何況其沙 〔玄奘〕 善現答言 甚多世尊 甚多善逝 諸殑伽河 尙多無數 何況其沙

룩한 님, 올바로 원만히 깨달은 님에게 보시한다면, 쑤부띠여, 어떻게 생각합니까? 그 여자나 그 남자가 그것을 원인으로 많은 공덕의 다발을 이루겠습니까?" (bhagavān āha : ārocayā mi te subhūte prativedayāmi te yāvatyas tāsu gaṅgā-nadīṣu vālukā bhaveyus, tāvato loka-dhātūn kaścid e va strī vā puruṣo vā sapta-ratna-paripūrṇaṃ kṛtvā ta thāgatebhyo 'rhadbhyaḥ samyaksambuddhebhyo dā naṃ dadyāt, tat kiṃ manyase subhūte, api nu sā strī vā puruṣo vā tato nidānaṃ bahu puṇyas kandhaṃ pr asunuyāt?)[247]

4. 쑤부띠는 여쭈었습니다.

[쑤부띠] "세상에 존경받는 님이시여, 그렇습니다. 올바른 길로 잘 가신 님이시여, 그렇습니다. 그 남자나 그 여자가 그것을 원인으로 헤아릴 수 없고 셀 수 없는 공덕의 다발을 이룰 것입니다." (subhūtir āha : bahu bhagavan bahu sugata strī vā puruṣo vā tato nidānaṃ puṇyaskandhaṃ prasunu yād aprameyam asaṃkhyeyam.)[248]

---

247) 〔西藏語〕 bcom ldan 'das kyis bka' stsal pa. rab 'byor khod mos par bya'o. khyod kyis khoṅ du chud par bya'o. gaṅgā'i kluṅ de dag gi bye ma ji sñed pa de sñed kyi 'jig rten gyi khams skyes pa'am bud med la la žig gis rin po che sna bdun gyis rab tu gaṅ bar byas te de bžin gśegs pa dgra bcom pa yaṅ dag par rdzogs pa'i saṅs rgyas rnams la sbyin pa byin na, rab 'byor 'di ji sñam du sems. skyes pa'am bud med de gži de las bsod nams maṅ du skyed sñam mam. 〔羅什〕 須菩提 我今實言告汝 若有善男子善女人 以七寶滿爾所恒河沙數三千大天世界 以用布施 得福多不 〔玄奘〕 佛言善現 吾今告汝開覺於汝 假使若有善男子或善女人 以妙七寶盛滿爾所殑伽河沙數等世界 奉施如來應正等覺 善現 於汝意云何 是善男子或善女人由此因緣所生福聚 寧爲多不

248) 〔西藏語〕 rab 'byor kyis gsol pa. bcom ldan 'das maṅ lags so. bde bar gśegs pa maṅ lags so. skyes pa'am bud med de gži de das bsod nams maṅ du bskyed pa lags so. 〔羅什〕 須菩提言 甚多世尊 〔玄奘〕 善現答言 甚多世尊 甚多善逝

5. 세존께서 말씀하셨습니다.

[세존] "그러나 쑤부띠여, 한 여인이나 한 남자가 세계를 일곱 가지 보물들로써 가득 채워서 이렇게 오신 님, 거룩한 님, 올바로 원만히 깨달은 님에게 보시하는 것보다, 한 훌륭한 가문의 아들이나 한 훌륭한 가문의 딸이 이 법문으로부터 단지 사행시 한 게송이라도 받아들여 다른 사람에게 가르치고 설명해준다면, 그가 그것을 인연으로 헤아릴 수 없고 셀 수 없는 훨씬 많은 공덕의 다발을 이룰 것입니다." (bhagavān āha : yaś ca khalu punaḥ subhūte strī vā puruṣo vā tāvato lokadh ātun sapta-ratna-paripūrṇaṃ kṛtvā tathāgatebhyo 'r hadbhyaḥ samyaksambuddhebhyo dānaṃ dadyāt, ya ś ca kulaputro vā kuladuhitā veto dharmaparyāyād a ntaśaś catuṣpādikām api gātham udgṛhya parebhyo deśayed samprakāśyayed, ayam eva tato nidānaṃ ba hutaraṃ puṇyaskandhaṃ prasunuyād aprameyam a saṃkhyeyam.)[249]

是善男子或善女人 由此因緣所生福聚 其量甚多

249) 〔西藏語〕 bcom ldan 'das kyis bka' stsal pa. rab 'byor gaṅ gis 'jig rten gyi khams de sñed rin po sna bdun gyis rab tu gaṅ bar byas te de bžin gśegs pa dgra bcom pa yaṅ dag par rdzogs pa'i saṅs rgyas rnams la sbyin pa byi n pa bas, gaṅ gis chos kyi rnam graṅs 'di las tha na tshig bži pa'i tshigs su bcad btsam bzuṅ nas, gžan dag la yaṅ dag par rab tu bśad de, yaṅ dag par rab tu bstan na de ñid gži de las bsod nams ches maṅ du graṅs med dpag tu med pa bskyed do. 〔羅什〕 佛告須菩提 若善男子善女人 於此經中 乃至受持四句揭等 爲他人說 以此福德勝前福德 〔玄奘〕 佛復告善現 若以七寶盛滿爾所沙等世界 奉施如來應正等覺 若善男子或善女人 於此法門 乃至四句伽陀 受持讀誦 究竟通利 及廣爲他宣說 開示如理作意 由是因緣所生福聚 甚多於前無量無數

12. 바른 가르침 두루 존경하며〔尊重正敎分〕

1. [세존] "쑤부띠여, 또한 이 법문으로부터 단지 사행시 한 게송이라도 받아들이거나 가르치거나 설명하는 사람이 있는 지방이 있다면, 그 지방은 신들과 인간들과 아수라들이 사는 모든 세계를 위한 성지가 될 것입니다. (api tu khalu punaḥ su bhūte yasmin pṛthivī-pradeśa ito dharma-paryāyād antaśaś catuṣpadikām api gāthām udgṛhya bhāṣyeta vā samprakāśyeta vā, sa pṛthivī-pradeśaś caityabhūt o bhavet sa-deva-mānuṣa-asurasya lokasya.)250)

2. 하물며 그들 누군가가 이 법문을 남김없이 받아들여 마음에 새기고 독송하고 숙달해서 다른 사람들에게 상세히 설명해준다면 더 말해 무엇하겠습니까? 쑤부띠여, 그들에게 위없는 경이로움이 성취될 것입니다. (kaḥ punar vādo ya imaṃ dha rmaparyāyaṃ sakalasamāptaṃ dhārayiṣyanti vācayiṣ yanti paryavāpsyanti parebhyaś ca vistareṇa sampr akāśayiṣyanti? parameṇa te subhūte āścaryeṇa sama nvāgatā bhaviṣyanti.)251)

---

250)〔西藏語〕 yaṅ rab 'byor sa phyogs gaṅ na chos kyi rnam graṅs 'di las tha na tshig bži pa'i tshigs su bcad pa tsam 'don tam ston pa'i sa phyogs de lha daṅ mi daṅ lha ma yin bcas pa'i 'jig rten tu gyur pa yin na.〔羅什〕 復次須菩提 隨說是經 乃至四句揭等 當知此處 一切世間天人阿修羅 皆應供養 如佛塔廟〔玄奘〕 復次善現 若地方所 於此法門 乃至爲他宣說 開示四句伽陀 此地方所 尙爲世間諸天及人阿素洛等之所供養 如佛靈廟

251)〔西藏語〕 su žig chos kyi rnam graṅs 'di len pa daṅ 'bri ba daṅ, 'dzin pa daṅ 'chaṅ pa daṅ klog pa daṅ. kun chub par byed pa daṅ, tshul bžin du yid la byed pa de ṅo mtshar rab daṅ ldan par 'gyur ba lta ci smos te.〔羅什〕 何況有人 盡能受持讀誦 須菩提 當知是人 成就最上第一希有之法〔玄奘〕 何況有能於此法門 具足究竟書寫 受持讀誦 究竟通利 及廣爲他宣說 開示如理作意 如是有情 成就最勝希有功德

3. 그리고 쑤부띠여, 그 지방에는 '스승'이 머물거나 어떤 다른 현명한 스승이 머물 것입니다." (tasmiṃś ca subhūte pṛthi vī-pradeśe śāstā viharaty anyatara-anyataro vā vijñ aguru-sthānīyaḥ.)[252]

13. 여법하게 받아 지니라〔如法受持分〕

1. 이렇게 말씀하시자 장로 쑤부띠는 세존께 이와 같이 여쭈었습니다.
[쑤부띠] "세존이시여, 그러면 이 법문을 무엇이라고 부르고 어떻게 마음에 새겨야 합니까?" (evaṃ ukta āyuṣmān subhū tir bhagavantam etad avocat : ko nāma-ayaṃ bhaga van dharmaparyāyāḥ, kathaṃ cainaṃ dhārayāmi ?)[253]

2. 이와 같이 여쭙자 세존께서 존자 쑤부띠에게 다음과 같이 말씀하셨습니다.
[세존] "쑤부띠여, 이 법문은 '지혜의 완성'이라고 부르고 이와 같이 마음에 새겨야 합니다. (evaṃ ukte bhagavān āyuṣm āntaṃ subhūtim etad avocat : prajñāpāramitā nāma-

---

252) 〔西藏語〕 sa phyogs de na ston pa'am bla ma lta bu gaṅ yaṅ ruṅ par gnas so. 〔羅什〕 若是經典所在之處 則爲有佛 若尊重弟子 〔玄奘〕 此地方所大師所住 或隨一一尊重處所 若諸有智同梵行者 說是語已

253) 〔西藏語〕 de skad ces bka' stsal pa daṅ, bcom ldan 'das la tse daṅ ldan pa rab 'byor gyi 'di skad ces gsol to. bcom ldan 'das chos kyi rnam graṅs 'di'i miṅ ci lags. 'di ji ltar gzuṅ bar gyi. 〔羅什〕 爾時 須菩提白佛言 世尊 當何名此經 我等云何奉持 〔玄奘〕 具壽善現 復白佛言 世尊當何名此法門 我當云何奉持

ayaṃ subhūte dharmaparyāyaḥ, evaṃ cainaṃ dhāraya.)[254]

3. 그것은 무슨 까닭입니까?
쑤부띠여, 여래께서 '지혜의 완성'이라고 말씀하신 바로 그것은 여래께서 '완성이 아닌 것'을 가르치신 것입니다. 그러므로 말하자면, '지혜의 완성'인 것입니다. (tat kasya hetoḥ? yaiva subhūte prajñāpāramitā tathāgatena bhāṣitā saiva-apāramitā tathāgatena bhāṣitā. tenocyate prajñāpāramiteti.)[255]

4. 쑤부띠여, 어떻게 생각합니까? 여래께서 가르치신 어떠한 법이라도 있습니까?" (tat kiṃ manyase subhūte api nv asti sa kaścid dharmo yas tathāgatena bhāṣitaḥ)[256]

5. 쑤부띠는 여쭈었습니다.
[쑤부띠] "세존이시여, 그렇지 않습니다. 여래께서 가르치신 어떠한 법도 없습니다." (subhūtir āha : no hīdaṃ bhagavan, na-asti sa kaścid dharmo yas tathāgatena bhāṣita

---

254) 〔西藏語〕 de skad ces gsol pa daṅ. bcom ldan 'das kyis tshe daṅ ldan pa rab 'byor la 'di skad ces bka' stsal to. rab 'byor chos kyi rnam graṅs 'di'i miṅ śes rab kyi pha rol tu phyin pa žes bya ste 'di de ltar zuṅs śig. 〔羅什〕 佛告須菩提 是經名爲金剛般若波羅密 以是名字 汝當奉持 〔玄奘〕 作是語已 佛告善現言 具壽 今此法門 名爲能斷金剛般若波羅密多 如是名字 汝當奉持.

255) 〔西藏語〕 de ci'i phyir že na. rab 'byor de bžin gśegs pas śes rab kyi pha rol tu phyin pa gaṅ gsuṅs pa de ñid pha rol tu phyin pa med pa'i phyir te. des na śes rab kyi pha rol tu phyin pa žes bya'o. 〔羅什〕 所以者何 須菩提 佛說般若波羅密 則非般若波羅密 (是名佛說般若波羅密) 〔玄奘〕 何以故 善現 如是般若波羅密多 如來說爲非般若波羅密多 是故如來說名般若波羅密多

256) 〔西藏語〕 rab 'byor 'di ji sñam du sems. de bžin gśegs pas gaṅ gsuṅs pa'i chos de gaṅ yaṅ yod sñam mam. 〔羅什〕 須菩提 於意云何 如來有所說法不 〔玄奘〕 須菩提 於汝意云何 頗有少法 如來可說不

ḥ.)257)

6. 세존께서 말씀하셨습니다.
[세존] "쑤부띠여, 삼천대천세계에 있는 낱낱의 땅의 티끌의 숫자를 생각해본다면, 그것들이 많겠습니까?" (bhagavān āha : tat kiṃ manyase subhūte, yavat trisāhasramahāsāhasre lokadhātau pṛthivīrajaḥ kaccit tad bahu bhavet?)258)

7. 쑤부띠는 여쭈었습니다.
[쑤부띠] "세상에 존경받는 님이시여, 땅의 티끌이 많겠습니다. 올바른 길로 잘 가신 님이시여, 땅의 티끌이 많겠습니다. (subhūtir āha : bahu bhagavan bahu sugata pṛthivīrajo bhavet.)259)

8. 그것은 무슨 까닭입니까?
세존이시여, 여래께서 '땅의 티끌'에 대해 말씀하신 것은 여래께서 '티끌이 아닌 것'을 가르치신 것입니다. 그러므로 말하자면 '티끌'인 것입니다. 그리고 여래께서 이러한 '세계'에 대해 말씀하 것은 '세계가 아닌 것'을 가르치신 것입니다. 그러므로 말하자면, '세계'인 것입니다." (tat kasya hetoḥ? yat tat bhagavan pṛthivī-rajas tathāgatena bhāṣitam arajas t

---

257) 〔西藏語〕 rab 'byor gyis gsol pa. bcom ldan 'das de bžin gśegs pas gaṅ gsuṅs pa'i chos de gaṅ yaṅ ma mchis lags so. 〔羅什〕 須菩提白佛言 世尊 如來無所說 〔玄奘〕 善現答言 不也世尊 無有少法如來可說

258) 〔西藏語〕 bcom ldan 'das kyis bka' stsal pa. rab 'byor 'di ji sñam du sems. stoṅ gsum gyi stoṅ chen po'i 'jig rten gyi khams na sa'i rdul ji sñed yod pa de maṅ ba yin sñam mam. 〔羅什〕 須菩提 於意云何 三千大天世界所有微塵 是爲多不 〔玄奘〕 佛告善現 乃至三千大天世界大地微塵 寧爲多不

259) 〔西藏語〕 rab 'byor gyi gsol pa. bcom ldan 'das sa'i rdul de maṅ lags so. bde bar gśegs pa maṅ lags so. 〔羅什〕 須菩提言 甚多世尊 〔玄奘〕 善現答言 此地微塵 甚多世尊 甚多善逝

ad bhagavaṃs tathāgatena bhāṣitam. tenocyate pṛthivīraja iti. yo'py asau lokadhātus tathāgatena bhāṣito 'dhātuḥ sa tathāgatena bhāṣitaḥ. tenocyate lokadhātur iti.)[260]

9. 세존께서 말씀하셨습니다.

[세존] "쑤부띠여, 어떻게 생각합니까? 이렇게 오신 님, 거룩한 님, 올바로 원만히 깨달은 님을 서른 두 가지의 특징을 통해서 볼 수 있다고 생각합니까?" (bhagavān āha : tat kiṃ manyase subhūte dvātriṃśan-mahāpuruṣa-lakṣaṇais tathāgato'rhan samyaksambuddho draṣṭavyaḥ?)[261]

10. 쑤부띠는 여쭈었습니다.

[쑤부띠] "세존이시여, 그렇지 않습니다. 이렇게 오신 님, 거룩한 님, 올바로 원만히 깨달은 님을 위대한 사람이 갖춘 서른 두 가지의 위대한 사람의 특징을 통해서 볼 수 없습니다. (subhūtir āha : no hīdaṃ bhagavan, na dvātriṃśan-mahāpuruṣa-lakṣaṇais tathāgato'rhan samyaksambuddho draṣṭavyaḥ.)[262]

---

260) 〔西藏語〕 de ci'i slad du že na. bcom ldan 'das sa'i rdul gaṅ lags pa de rdul ma mchis par de bžin gśegs pas gsuṅs pa'i slad tu ste. des na sa'i rdul žes bgyi'o. 'jig rten gyi khams gaṅ lags pa de khams ma mchis par de bžin gśegs pas gsuṅs pa'i slad tu ste. des na 'jig rten gyi khams žes bgyi'o. 〔羅什〕 須菩提 諸微塵 如來說非微塵 是名微塵 如來說世界 非世界 是名世界 〔玄奘〕 佛言善現 大地微塵 如來說非微塵 是故如來說名大地微塵 諸世界如來說非世界 是故如來說名世界

261) 〔西藏語〕 bcom ldan 'das kyis bka' stsal pa. rab 'byor 'di ji sñam du sems. skyes bu chen po'i mtsan sum cu rtsa gñis po de dag gis de bžin gśegs pa dgra bcom pa yaṅ dag par rdzogs pa'i saṅs rgyas su bta bar bya sñam mam. 〔羅什〕 須菩提 於意云何 可以三十二相 見如來不 〔玄奘〕 佛告善現 於汝意云何 應以三十二相 觀於如來應正等覺不

262) 〔西藏語〕 rab 'byor gyis gsol pa. bcom ldan 'das de ni ma lags so. 〔羅什〕

11. 그것은 무슨 까닭입니까?
여래께서 '서른 두 가지의 위대한 사람의 특징'에 대해 말씀하신 것은 여래께서 '특징이 아닌 것'을 가르치신 것입니다. 그러므로 말하자면, '서른 두 가지의 위대한 사람의 특징'인 것입니다." (tat kasya hetoḥ? yāni hi tani bhagavan dvātriṃśan-mahāpuruṣa-lakṣaṇāni tathāgatena bhāṣitāny, alakṣanāni tāni bhagavaṃs tathāgatena bhāṣitāni. tenocyate dvātriṃśan-mahāpuruṣa-lakṣaṇāni-iti)[263]

12. 세존께서 말씀하셨습니다.
[세존] "쑤부띠여, 한 여인이나 한 남자가 날마다 갠지스강에 있는 모래알 만큼 많이 자신의 몸을 희생하고 이처럼 갠지스강의 모래알을 세는 횟수 만큼의 무한한 시간 동안 그 자신의 몸을 희생하는 것보다, 누군가가 이 법문으로부터 사행시 한 게송이라도 받아들여 다른 사람들에게 가르치고 상세히 설명해준다면, 그가 그것을 인연으로 헤아릴 수 없고 셀 수 없는 훨씬 많은 공덕의 다발을 이룰 것입니다." (bhagavān āha : yaś ca khalu punaḥ subhūte, strī vā puruṣo vā dine dine gaṅgānadīvālukā-samān ātmabhāvān parityajet, evaṃ parityajan gaṅgānadīvālukā-samān kalpāṃs tān ātmabh

---

不也世尊 不可以三十二相 得見如來〔玄奘〕不也世尊 不應以三十二大士夫相 觀於如來應正等覺

263)〔西藏語〕de ci'i slad du že na. skyes bu chen po'i mtsan sum cu rtsa gñis gaṅ dag de bžin gśegs pas gsuṅs pa de dag mtsan ma mchis par de bžin gśegs pas gsuṅs pa'i slad du ste. des na skyes bu chen po'i mtshan sum cu rtsa gñis po rnams žes bgyi'o.〔羅什〕何以故 如來說三十二相 卽是非相 是名三十二相〔玄奘〕何以故 世尊 三十二大士夫相 如來說爲非相 是故如來說名三十二大士夫相.

āvan parityajet. yaś ceto dharmaparyāyād antaśaś catuṣpādikām api gāthām udgṛhya parebhyo deśayet samprakāśayed, ayam eva tato nidānaṃ bhutaraṃ puṇyaskandhaṃ prasunuyād aprameyam asaṃkhyeyam.)[264]

14. 지각을 여읜 평안〔離相寂滅分〕

1. 이 때에 장로 쑤부띠는 가르침에 감동을 받아 눈물을 흘렸습니다. (atha khalv āyuṣmān subhūtir dharmavegena-aśrūṇi prāmuñcat.)[265]

2. 그는 눈물을 흘린 뒤에 세존께 여쭈었습니다.

[쑤부띠] "세상에 존경받는 님이시여, 놀라운 일입니다. 올바른 길로 잘 가신 님이시여, 아주 놀라운 일입니다. 여래께서 참으로 최상의 삶에 들어선 자들의 이익을 위해, 최선의 삶에 들어선 자들의 이익을 위해, 이 법문을 말씀하셨습니다. (so 'śrūṇi pramṛjya bhagavantam etad avocat : āścaryaṃ bhaga

---

264) 〔西藏語〕 bcom ldan 'das kyis bka' stsal pa. rab 'byor skyes pa'am bud med gaṅ la la žig gis lus gaṅgā'i kluṅ gi bye ma sñed yoṅs su btan pa bas, gaṅ gis chos kyi rnam graṅs 'di las tha na tshig bži pa'i tshigs su bcad pa tsam bžun ste, gžan dag la yaṅ dag par bstan na de gži de las bsod nams ches maṅ du graṅs med dpag tu med pa bskyed do. 〔羅什〕 須菩提 若有善男子善女人 以恒河沙等身命布施 若復有人 於此經中 乃至受持四句偈等 爲他人說 其福甚多 〔玄奘〕 佛復告善現言 假使若有善男子或善女人 於日日分 捨施殑伽河沙等自體 如是經殑伽河沙等劫數捨施自體 復有善男子或善女人 於此法門 乃至四句伽陀 受持讀誦 究竟通利 及廣爲他宣說 開示如理作意 由是因緣所生福聚 甚多於前 無量無數

265) 〔西藏語〕 des nas tshe daṅ ldan pa rab 'byor chos kyi mchi ma phyuṅ ste. 〔羅什〕 爾時須菩提 聞說是經 深解義趣 涕淚悲泣. 〔玄奘〕 爾時具壽善現 聞法威力 悲泣墮淚.

van parama-āścaryaṃ sugata, yāvad ayaṃ dharmaparyāyas tathāgatena bhāṣito 'grayāna-saṃprasthitānāṃ arthāya, śreṣṭhayāna-saṃprasthitānāṃ arthāya.)[266]

3. 세존이시여, 저에게 지혜가 생겨난 이래, 이와 같은 법문을 들어본 적이 없습니다. (yato me bhagavañ jñānam utpannam, na mayā bhagavān jātv'evaṃrūpo dharmaparyāyaḥ śrutapūrvaḥ.)[267]

4. 세존이시여, 이 경전이 설해질 때, 깨달음을 향한 님들이 그것을 듣고 진실한 지각을 일으키게 되면, 그들에게 위없는 경이로움이 성취될 것입니다. (prameṇa te bhagavann āścaryeṇa samanvāgatā bodhisattvā bhaviṣyanti ya iha sūtre bhāṣyamāṇe śrutvā bhūtasaṃjñām utpādayiṣyanti.)[268]

5. 그것은 무슨 까닭입니까?
세존이시여, 진실한 지각이란 실제로 지각이 아닌 것입니다. 그러므로 여래께서 '진실한 지각, 진실한 지각'에 대해 가르칩니다. (tat kasya hetoḥ? yā caiṣā bhagavan bhūtasaṃj

---

266) 〔西藏語〕 des mchi ma phyis nas, bcom ldan 'das la 'di skad ces gsol to. chos kyi rnam graṅs 'di de bžin gśegs pa ji sñed pas gsuṅs pa ni, bcom ldan 'das ṅo mtshar lags so. bde bar gśegs pa ṅo mtshar lags so. 〔羅什〕 而白佛言 希有世尊 佛說如是甚深經典 〔玄奘〕 俛仰捫淚 而白佛言 甚奇希有世尊 最極希有善逝 如來今者所說法門 普爲發趣最上乘者 作諸義利 普爲發趣最上乘者 作諸義利.

267) 〔西藏語〕 bcom ldan 'das bdag gi ye śes skyes tshun chad bdag gis chos kyi rnam graṅs 'di sṅon nam yaṅ ma thos pa lags so. 〔羅什〕 我從昔來所得慧眼, 未曾得聞如是之經 〔玄奘〕 世尊 我昔生智以來 未曾得聞如是法門.

268) 〔西藏語〕 de ci'i slad du že na. bcom ldan 'das mdo sde bśad pa 'di la yaṅ dag par 'du śes skyed par 'gyur ba'i sems can de dag ni ṅo mtshar rab daṅ ldan par gyur lags so. 〔羅什〕 世尊 若復有人 得聞是經 信心淸淨 則生實相 當知是人 成就第一希有功德 〔玄奘〕 世尊 若諸有情 說如是甚深經典 生眞實想 當知成就最勝希有

ñā saiva-abhūtasaṃjñā. tasmāt tathāgato bhāṣate bhūtasaṃjñā bhūtasaṃjñeti.)[269]

6. 세존이시여, 세존께서 저에게 이 법문을 설하시는 지금 제가 이 법문을 이해하고 거기에 전념하는 것은 어렵지 않습니다. (na mama bhagavan duṣkaraṃ yad aham imaṃ dharmaparyāyaṃ bhāṣyamāṇam avakalpayāmy adhimucye.)[270]

7. 그러나 세존이시여, 미래의 시대, 마지막 시기, 마지막 시간, 마지막 오백 년, 올바른 가르침이 무너질 때에도 어떤 뭇삶들이 있어서, 이 법문을 받아들여 마음에 새기고 독송하고 숙달해서 다른 사람에게 상세히 설명해준다면, 그들에게 위없는 경이로움이 성취될 것입니다. (ye'pi te bhagavan sattvā bhaviṣyaty anāgate'dhvani paścime kāle paścime kāle paścime samaye paścimāyāṃ pañcaśatyāṃ saddharmavipralope vartamāne, ya imaṃ bhagavan dharmaparyāyam udgrahīṣyanti dhārayīṣyanti vācayiṣyanti paryavāpsyanti parebhyaś ca vistareṇa samprakāśayiṣyanti. te parama-āścaryeṇa samanvāgatā bhaviṣyanti.)[271]

---

269) 〔西藏語〕 de ci'i slad du že na. bcom ldan 'das yaṅ dag par 'du śes pa gaṅ lags pa de ñid 'du śes ma mchis pa'i slad du ste. des na yaṅ dag par 'du śes žes de bžin gśegs pas gsuṅs so. 〔羅什〕 世尊 是實相者 則是非相 是故如來說名實相 〔玄奘〕 何以故 世尊 諸眞實想眞實想者 如來說爲非想 是故如來說名 眞實想眞實想

270) 〔西藏語〕 bcom ldan 'das bdag chos kyi rnam graṅs 'di bśad pa la rtog ciṅ mos pa ni bdag la ṅo mtsar ma lags kyi. 〔羅什〕 世尊 我今得聞如是經典 信解受持 不足爲難 〔玄奘〕 世尊 我今聞說如是法門 領悟信解 未爲希有

271) 〔西藏語〕 bcom ldan 'das slad ma'i tshe slad ma'i dus lṅa brgya'i tha ma la sems can gaṅ dag chos kyi rnam graṅs 'di len pa daṅ. 'dri ba daṅ 'dzin

8. 세존이시여, 그리고 또한 그들에게는 참으로 자아에 대한 지각이 일어나지 않고, 존재에 대한 지각, 생명에 대한 지각, 영혼에 대한 지각도 일어나지 않으며, 또한 그들에게는 어떠한 지각도, 지각이 아닌 것도 일어나지 않을 것입니다. (api tu khalu punar bhagavan na teṣām ātmasaṃjñā pravartiṣyate, na sattvasaṃjñā na jīvasaṃjñā na pudgalasaṃjñā pravartiṣyate. na-api teṣāṃ kācit saṃjñā na-asaṃjñā pravartate.)[272]

9. 그것은 무슨 까닭입니까?
세존이시여, 자아에 대한 지각이라는 것은 실제로 지각이 아니기 때문이며, 존재에 대한 지각, 생명에 대한 지각, 영혼에 대한 지각도 실제로 지각이 아니기 때문입니다. 그것은 무슨 까닭입니까? 세존이신 깨달은 님들은 모든 지각에서 벗어나 계시기 때문입니다." (tat kasya hetoḥ? yā sa bhagavann ātmasaṃjñā saiva-asaṃjñā, yā sattvasaṃjñā jīvasaṃjñā pudgalasaṃjñā saiva-asaṃjñā. tat kasya hetoḥ? sarva-saṃjñā-apagatā hi buddhā bhagavantaḥ.)[273]

---

pa daṅ 'chad pa daṅ. klog pa daṅ kun chub par byed pa de dag ni ṅo mtshar rab daṅ ldan par 'gyur lags so. 〔羅什〕 若當來世 後五百世 其有衆生 得聞是經信解受持 是人卽位 第一希有 〔玄奘〕 若諸有情 於當來世 後時後分後五百歲 正法將滅時分轉時 當於如是甚深法門 領悟信解 受持讀誦 究竟通利 及廣爲他宣說 開示如理作意 當知成就最勝希有

272) 〔西藏語〕 yaṅ bcom ldan 'das de dag ni bdag tu 'du śes 'jug par mi 'gyur žiṅ, sems can du 'du śes pa daṅ srog tu 'du śes pa daṅ, gaṅ zag tu 'du śes 'jug par mi 'gyur lags so. 〔羅什〕 何以故 此人無我相無人相無衆生相無壽者相 〔玄奘〕 何以故 世尊 彼諸有情無我想轉 無有情想 無命者想 無士夫想 無補特伽羅想 無意生想 無摩納婆想 無作者想 無受者想轉.

273) 〔西藏語〕 de ci'i phyir že na. bcom ldan 'das bdag tu 'du śes pa daṅ, sems

10. 이렇게 여쭙자 세존께서 장로 쑤부띠에게 이와 같이 말씀하셨습니다.

[세존] "쑤부띠여, 그렇습니다, 쑤부띠여, 그렇습니다. 여기 이 경전이 설해질 때, 뭇삶들이 떨며 두려워하지 않고 전혀 무서워하지 않는다면, 그들에게 위없는 경이로움이 성취될 것입니다.(evam ukte bhagavān āyuṣmantaṃ subhūtim etad avocat : evam etad subhūte evam etad. parama-āśca rya-samanvāgatās te sattvā bhaviṣyanti ya iha subh ūte sūtre bhāṣyamāne nottrasiṣyanti na samtrasiṣya nti na saṃtrāsam āpatyante.)[274]

11. 그것은 무슨 까닭입니까?

쑤부띠여, 여래께서 '궁극적인 완성'에 대해 말씀하신 것은 '완성이 아닌 것'을 가르치신 것입니다. 쑤부띠여, 이와 같이 여래께서 말씀하신 궁극적인 완성은 또한 세상에 존경받는 님, 헤아릴 수 없는 깨달은 님들께서 말씀하신 것입니다. 그러므로 그것을 '궁극적인 완성'이라고 말합니다. (tat kasya hetoḥ? parama-pāramiteyaṃ subhūte tathāgatena bhāṣitā y

---

can du 'du śes pa daṅ srog tu 'du śes pa daṅ, gaṅ zag tu 'du śes pa gaṅ lags pa de ñid 'du śes thams cad daṅ bral ba'i slad du'o. de ci'i slad du že na. saṅs rgyas bcom ldan 'das rnams ni 'du śes thams cad daṅ bral ba'i slad du'o. 〔羅什〕 所以者何 我相卽是非相人相衆生相壽者相 卽是非相 何以故 離一切相 則名諸佛 〔玄奘〕 所以者何 世尊 諸我想卽是非想 諸有情想命者想士夫想補特伽羅想意生想摩納婆想作者想 受者想轉 卽是非想 何以故 諸佛世尊 離一切想 作是語已

274) 〔西藏語〕 de skad ces gsol pa daṅ, bcom ldan 'das kyis tse daṅ ldan pa rab 'byor la 'di skad ces bka' stsal to. rab 'byor de de bžin no. de de bžin te. sems can gaṅ dag mdo sde 'di bśad pa la mi skrag ciṅ mi dṅaṅ la kun du dṅaṅ bar mi 'gyur ba de dag ni ṅo mtshar rab daṅ ldan par 'gyur ro. 〔羅什〕 佛告須菩提 如是如是 若復有人 得聞是經 不驚不怖不畏 當知是人 甚爲希有 〔玄奘〕 爾時世尊 告具壽善現言 如是如是 善現 若諸有情 聞說如是甚深經典 不驚不懼無有怖畏 當知成就最勝希有

aduta-apāramitā. yāṃ ca subhūte tathāgataḥ parama-pāramitāṃ bhāṣate, tām aparimāṇā-api buddhā bhagavanto bhāṣante, tenocyate parama-pāramiteti.)[275]

12. 또한 쑤부띠여, 여래께서 '인욕의 완성'이라고 한 것도 실제로 완성이 아닌 것입니다. (api tu khalu punaḥ subhūte yā tathāgatasya kṣāntipāramitā saiva-apāramitā.)[276]

13. 그것은 무슨 까닭입니까?
쑤부띠여, 까링가의 왕이 나의 몸 마디 마디에서 살점을 떼어낼 때, 그 당시에도 나에게는 자아에 대한 지각이나 존재에 대한 지각이나 생명에 대한 지각, 또는 영혼이란 지각이 없었으며, 어떠한 지각도 지각이 아닌 것도 없었기 때문입니다. (tat kasya hetoḥ? yadā me subhūte kaliṅga-rājā-aṅgapratyaṅga-māṃsāny acchaitsīt, tasmin samaya ātmasaṃjñā vā sattvasaṃjñā vā jīvasaṃjñā vā pudgalasaṃjñā vā na-api kācit saṃjñā vā-asaṃjñā vā babhūva.)[277]

---

275) 〔西藏語〕 de ci'i phyir że na. rab 'byor pha rol tu phyin pa 'di ni de bžin gśegs pas gsuṅs te. pha rol tu phyin pa dam pa gaṅ de bžin gśegs pas gsuṅs pa de saṅs rgyas bcom ldan 'das dpag tu med pa rnams kyis kyaṅ gsuṅs pa'i phyir te. des na pha rol tu phyin pa žes bya'o. 〔羅什〕 何以故 須菩提 如來說第一波羅蜜 非第一波羅蜜 是名第一波羅蜜 〔玄奘〕 何以故 善現 如來說最勝波羅蜜多 謂般若波羅密多 善現 如來所說最勝波羅密多 無量諸佛世尊 所共宣說 故名最勝波羅蜜多 如來說最勝波羅蜜多 卽非波羅密多 是故如來說名最勝波羅蜜多

276) 〔西藏語〕 yaṅ rab 'byor de bžin gśegs pas bzod pa'i pha rol tu phyin pa gaṅ gsuṅs pa de ñid pha rol tu phyin pa med do. 〔羅什〕 須菩提 忍辱波羅蜜 如來說非忍辱波羅蜜 (是名忍辱波羅蜜) 〔玄奘〕 復次善現 如來說忍辱波羅蜜多 卽非波羅蜜多 是故如來說忍辱波羅密多

277) 〔西藏語〕 de ci'i phyir że na. rab 'byor gaṅ gi tshe kaliṅga'i rgyal pos ṅa'i yan lag daṅ ñiṅ lag rnams bcad par gyur pa de'i tshe, ṅa la bdag tu 'du śes sam sems can du 'du śes sam srog tu 'du śes sam, gaṅ zag tu 'du śes kyaṅ ma byuṅ žin, ṅa la 'du śes ci yaṅ med la, 'du śes med par gyur pa yaṅ ma yin pa'i phyir ro. 〔羅什〕 何以故 須菩提 如我昔爲歌利王割裁身體 我於爾時 無

14. 그것은 무슨 까닭입니까?

쑤부띠여, 만약 내게 그 때에 자아에 대한 지각이 생겨났다면, 내게 그 때에 분노에 대한 지각이 생겨났을 것이고, 그와 마찬가지로 만약 존재에 대한 지각이나 생명에 대한 지각이나 영혼에 대한 지각이 생겨났다면 내게 그 때에 분노라는 지각이 생겨났을 것이기 때문입니다. (tat kasya hetoḥ? sacen me subhūte tasmin samaya ātmasaṃjñā-abhaviṣyad vyāpādasaṃjñā-api me tasmin samaye 'bhaviṣyat, sacet sattvasaṃjñā jīvasaṃjñā pudgalasaṃjñā-abhaviṣyad, vyāpādasaṃjñā-api me tasmin samaye 'bhaviṣyat.)[278]

15. 그것은 무슨 까닭입니까?

나는 과거 오백세의 세상을 '인욕을 가르치는 님'라는 이름의 선인으로 살았던 것을 꿰뚫어 압니다. 그 때에도 역시 나에게는 자아에 대한 지각이 생겨나지 않았으며, 존재에 대한 지각이나 생명에 대한 지각, 영혼에 대한 지각이 생겨나지 않았습니다. (tat kasya hetoḥ? abhijānāmy ahaṃ subhūte 'tīte 'dhvani pañca-jāti-śatāni yad ahaṃ kṣantivādī ṛṣir abhūvam. tatra-api me na-ātmasaṃjñā babhūva,

---

我相無人相無衆生相無壽者相〔玄奘〕何以故 善現 如昔過去世曾爲羯利王斷支節肉 我於爾時 都無我想或有情想或命者想或士夫想或補特伽羅想或意生想或摩納婆想或作者想或受者想 我於爾時 都無有想 亦非無想

278)〔西藏語〕de ci'i phyir že na, rab 'byor gal te de'i tshe ṅa la bdag tu 'du śes byuṅ na. de'i tshe gnod sems kyi 'du śes kyaṅ 'byuṅ la. sems can du 'du śes pa daṅ, srog tu 'du śes pa daṅ, gaṅ zag tu 'du śes byuṅ na de'i che gnod sems kyi 'du śes kyaṅ 'byuṅ ba'i phyir ro.〔羅什〕何以故 我於往昔節節支解時 若有我相人相衆生相壽者相 應生瞋恨〔玄奘〕何以故 善現 我於爾時 若有我想 卽於爾時應有恚想 我於爾時 若有有情想命者想士夫想補特伽羅想意生想摩納婆想作者想受者想 卽於爾時應有恚想

na sattvasaṃjñā na jīvasaṃjñā na pudgalasaṃjñā ba bhūva.)[279]

16. 쑤부띠여, 그러므로, 깨달음을 향한 위대한 님은, 모든 지각을 버리고 나서, 위없는 바르고 원만한 깨달음에 대해 마음을 일으켜야 합니다. (tasmāt tarhi subhūte bodhisattvena mahās attvena sarva-saṃjñā-vivarjayitvā-anuttarāyāṃ sam yaksambuddhau cittam utpādayitavyam.)[280]

17. 그는 형상에 마음을 의존하지 않고 마음을 일으켜야 하며 소리, 냄새, 맛, 감촉 및 정신의 대상에도 의존하지 않고 마음을 일으켜야 합니다. 법에도 의존하지 않고, 법이 아닌 것에도 의존하지 않고, 그 어떠한 것에도 의존하지 않고 마음을 일으켜야 합니다. (na rū pa-pratiṣṭhitaṃ cittam utpādayitavyam, na śabda-ga ndha-rasa-spraṣṭavya-dharma-pratiṣṭhitaṃ cittam u tpādayitavyam. na dharma-pratiṣṭhitaṃ cittam utpā dayitavyam. na adharma-pratiṣṭhitaṃ cittam utpāda yitavyam. na kvacit pratiṣṭhitaṃ cittam utpādayitav yam.)[281]

---

279) 〔西藏語〕 rab 'byor ṅas mṅon par śes te 'das pa'i dus na ṅa tshe rabs lṅa brgyad bzod pa smra ba žes bya ba'i draṅ sroṅ du gyur pa de na yaṅ. ṅa la bdag tu 'du śes ma byuṅ, sems can du 'du śes pa daṅ, srog tu 'du śes pa daṅ. gaṅ zag tu 'du śes pa ma byuṅ ṅo. 〔羅什〕 須菩提 又念過去於五百世 作忍辱仙人 於爾所世 無我相無人相無衆生相無壽者相 〔玄奘〕 何以故 善現 我憶過去五百世中 曾爲自號忍辱仙人 我於爾時 都無我想 無有情想無命者想無士夫想無補特伽羅想無意生想無摩納婆想無作者想無受者想 我於爾時 都無有想 亦非無想

280) 〔西藏語〕 rab 'byor de lta bas na byaṅ chub sems dpa' sems dpa' chen pos 'du śes thams cad rnam par spaṅs te bla na med pa yaṅ dag par rdzogs pa'i byaṅ chub tu sems bskyed par bya'o. 〔羅什〕 是故須菩提 菩薩應離一切相發阿褥多羅三藐三菩提心 〔玄奘〕 是故善現 菩薩摩訶薩 遠離一切想 應發阿褥多羅三藐三菩提心

281) 〔西藏語〕 gzugs la yaṅ gnas par sems bskyed par bya'o. sgra daṅ dri daṅ

18. 그것은 무슨 까닭입니까?
모든 의존되어 있는 것들은 실제로 의존되어 있는 것이 아니기 때문입니다. (tat kasya hetoḥ? yat pratiṣṭhitaṃ tad eva-apratiṣṭhitam.)[282]

19. 그러므로 여래께서는 '깨달음을 향한 님은 의존함이 없이 보시를 해야 한다. 그는 형상, 소리, 냄새, 맛, 촉감, 사물에 의존하지 않고 보시를 해야 한다'라고 말씀하셨습니다. (tasmād eva tathāgato bhāṣate : apratiṣṭhitena bodhisattvena dānaṃ dātavyam. na rūpa-śabda-gandha-rasa-spraṣṭavya-dharma-pratiṣṭhitena dānaṃ dātavyam.)[283]

20. 더 나아가, 쑤부띠여, 깨달음을 향한 님은 모든 뭇삶의 이익을 위해서 이와 같이 보시를 해야 합니다. (api tu khalu punaḥ subhūte bodhisattvenaivaṃrūpo dāna-parityāgaḥ sarva-sattvānām arthāya.)[284]

21. 그것은 무슨 까닭입니까?

---

ro daṅ reg bya la yaṅ mi gnas par sems bskyed par bya'o. chos la yaṅ mi gnas par sems bskyed par bya'o. ci la yaṅ mi gnas par sems bskyed par bya'o. 〔羅什〕 不應住色生心 不應住聲香味觸法生心 應生無所住心 〔玄奘〕 不住於色 應生其心 不住非色 應生其心 不住聲香味觸法 應生其心 不住非聲香味觸法 應生其心 都無所住 應生其心

282) 〔西藏語〕 de ci'i phyir že na. gnas pa gaṅ yin pa de ñid mi gnas pa'i phyir te. 〔羅什〕 若心有住 則爲非住 〔玄奘〕 何以故 善現 諸有所住 則爲非住

283) 〔西藏語〕 des na de bžin gśegs pas 'di skad du. byaṅ chub sems dpas ci la yaṅ mi gnas par sbyin pa sbyin par bya'o žes gsuṅs so. 〔羅什〕 是故 佛說菩薩心不應住色布施 〔玄奘〕 是故 如來說諸菩薩 應無所住 而行布施 不應住色聲香味觸法 而行布施.

284) 〔西藏語〕 yaṅ rab 'byor byaṅ chub sems dpas 'di ltar sems can thams cad kyi don gyi phyir sbyin pa yoṅs su gtaṅ bar bya'o. 〔羅什〕 須菩提 菩薩爲利益一切衆生 應如是布施 〔玄奘〕 復次善現 菩薩摩訶薩 爲諸有情作義利故 應當如是 棄捨布施

쑤부띠여, '뭇삶에 대한 지각'은 단지 지각만은 아닙니다. 여래께서 '모든 뭇삶들'이라고 하신 것은 마찬가지로 뭇삶들만은 아닙니다. (tat kasya hetoḥ? yā caiṣā subhūte sattvasaṃjñā saiva-asaṃjñā. ya evaṃ te sarvasattvās tathāgatena bhāṣitās ta eva-asattvāḥ.)[285]

22. 그것은 무슨 까닭입니까?
쑤부띠여, 여래께서는 진실에 입각해서 말씀하시며, 진리에 입각해서 말씀하시며, 있는 그대로 말씀하시지, 여래께서는 그것과 다른 것을 말씀하시지 않고, 여래께서는 있는 그대로가 아닌 것을 말씀하시지 않기 때문입니다. (tat kasya hetoḥ? bhūtavādī subhūte tathāgataḥ satyavādī tathāvādy ananyathāvādī tathāgataḥ, na vitathavādī tathāgataḥ.)[286]

23. 그러나 그럼에도 불구하고, 쑤부띠여, 여래께서 분명하게 깨달아 얻거나 가르치거나 사유한 법에는 그러한 이유로 진리나 거짓이 없습니다. (api tu khalu punaḥ subhūte yas tathāgatena dharmo 'bhisambuddho deśito nidhyāto, na tatra satyaṃ na mṛṣā.)[287]

---

285) 〔西藏語〕 sems can du 'du śes pa gaṅ yin pa de ñid kyaṅ 'du śes med pa ste. de bžin gśegs pas sems can thams cad ces gaṅ dag gsuṅs pa de, sems can de dag ñid kyaṅ med pa'o. 〔羅什〕 如來說一切諸相 卽是非相 又說一切衆生 則非衆生. 〔玄奘〕 何以故 善現 諸有情想 卽是非想 一切有情 如來卽說爲非有情.

286) 〔西藏語〕 de ci'i phyir że na. rab 'byor de bžin gśegs pa ni yaṅ dag par gsuṅ pa, bden par gsuṅ ba, de bžin ñid du gsuṅ ba ste. de bžin gśegs pa ni log par gsuṅ ba ma yin pa'i phyir ro. 〔羅什〕 須菩提 如來是眞語者實語者 如語者不誑語者不異語者 〔玄奘〕 善現 如來是實語者諦語者 如語者不異語者

287) 〔西藏語〕 yaṅ rab 'byor de bžin gśegs pas chos gaṅ yaṅ mṅon par rdzogs par saṅs rgyas pa'am bstan pa de la bden pa yaṅ med rdzun pa yaṅ med do. 〔羅什〕 須菩提 如來所得法 此法無實無虛 〔玄奘〕 復次善現 如來現前等所證法 或所說法 或所思法 卽於其中 非諦非妄

24. 쑤부띠여, 사람은 어둠 속에서는 아무 것도 볼 수 없습니다. 깨달음을 향한 님이 사물에 빠져 보시를 하는 것도 바로 그와 같다고 보아야 합니다. (tadyathā-api nāma subhūte puruṣo 'ndhakāra-praviṣṭo, na kiṃcid api paśyet, evaṃ vastupatito bodhisattvo draṣṭavyo yo vastupatito dānaṃ parityajati.)[288]

25. 쑤부띠여, 눈 있는 사람은 밤이 밝아져서 해가 뜨면, 여러 가지 모습을 볼 수 있습니다. 깨달음을 향한 님이 사물에 빠지지 않고 보시를 하는 것도 바로 그와 같다고 보아야 합니다. (tadyathā-api nāma subhūte cakṣuṣmān puruṣaḥ prabhātāyāṃ rātrau sūrye'bhyudgate nānāvidhāni rūpāṇi paśyet, evam avastupatito bodhisattvo draṣṭavyo yo'vastupatito dānaṃ parityajati.)[289]

26. 쑤부띠여 또한, 참으로 훌륭한 가문의 아들들이나 훌륭한 가문의 딸들이 있어 법문을 받아들여 마음에 새기고 독송하고 숙달해서 다른 사람에게 상세히 설명해줄 것입니다. 쑤부띠여, 여래께서는 깨달은 님의 지혜로 그들을 알고 있으며, 쑤부띠여, 여래께서는 깨

---

288) 〔西藏語〕 rab 'byor 'di lta ste dper na, mig daṅ ldan pa'i mi žig mun par žugs nas ci yaṅ mi mthoṅ ba de bžin du, gaṅ dṅos por lhuṅ ba sbyin pa yoṅs su gtoṅ pa'i byaṅ chub sems dpa' blta bar bya'o. 〔羅什〕 須菩提 若菩薩心住於法 而行布施 如人入闇 卽無所見 〔玄奘〕 善現 譬如士夫 入於闇室 都無所見 當知菩薩 若墮於事 謂墮於事 而行布施 亦復如是

289) 〔西藏語〕 yaṅ rab 'byor 'di lta ste dper na, nam laṅs te ñi ma śar nas mig daṅ ldan pa'i mis gzugs rnam pa sna tshogs dag mthoṅ ba de bžin du, gaṅ dṅos por ma lhun bas sbyin pa yoṅs su gtoṅ ba'i byaṅ chub sems dpa' blta par bya'o. 〔羅什〕 若菩薩心不住法 而行布施 如人有目 日光明照 見種種色 〔玄奘〕 善現 譬如明眼 士夫 過夜曉已 日光出時 見種種色 當知菩薩 若墮於事 謂墮於事 而行布施 亦復如是

달은 님의 눈으로 그들을 보고 있습니다. (api tu khalu punaḥ subhūte ye kulaputrā vā kuladuhitaro vemaṃ dharma paryāyam udgrahīṣyanti dhārayiṣyanti vācayiṣyanti pa ryavāpsyanti parebhyaś ca vistareṇa samprakāśayiṣya nti, jñātās te subhūte tathāgatena buddhajñānena, dṛst ās te subhūte tathāgatena buddhacakṣuṣā.)290)

27. 쑤부띠여, 이들 모든 뭇삶들은 헤아릴 수 없고 셀 수 없는 공덕의 다발을 이루고 성취할 것입니다." (sarve te subhūte sattvā aprameyam asaṃkhyeyaṃ puṇyaskandhaṃ praviṣyant i pratigrahīṣyanti.)291)

15. 배우고 가르치는 큰 공덕〔持經功德分〕

1. [세존] "쑤부띠여, 또한, 한 여인이나 한 남자가 아침에 갠지스강의 모래알 수만큼 많이 자신의 몸을 희생하고, 점심때에 이와 같이 갠지스강의 모래알 수만큼 많이 자신의 몸을 희생하고, 저녁때에도 갠지스강의 모래알 수만큼 많이 자신의 몸을 희생하고 이러한 방법으로 수많은 백천 꼬띠니유따 겁의 시간

290) 〔西藏語〕 yaṅ rab 'byor rigs kyi bu'am rigs kyi bu mo gaṅ dag chos kyi rna m graṅs 'di len pa daṅ, 'dzin pa daṅ 'chaṅ ba daṅ, klog pa daṅ kun chub par byed pa daṅ, gžan dag la rgya cher yaṅ dag par rab tu ston pa de dag ni de bžin gśegs pas mkhyen, de bžin gśegs pas gzigs te. 〔羅什〕 須菩提 當來之世 若有善男子善女人 能於此經 受持讀誦 則爲如來 以佛智慧 悉知是人悉見是人 〔玄奘〕 復次善現 若善男子或善女人 於此法門 受持讀誦究竟通利 及廣爲他宣說 開示如理作意 則爲如來以其佛智 悉知是人 則爲如來以其佛眼 悉見是人

291) 〔西藏語〕 sems can de dag thams cad ni bsod nams kyi phuṅ po dpag tu med pa skyed par 'gyur ro. 〔羅什〕 皆得成就無量無邊功德 〔玄奘〕 如是有情 一切當生無量福聚

동안 무수한 자신의 몸을 희생하는 것보다, 누군가 이 법문을 듣고 비방하지 않는다면, 그가 그것을 인연으로 훨씬 많은 헤아릴 수 없고 셀 수 없는 공덕의 다발을 이룰 것입니다. (yaś ca khalu punaḥ subhūte strī vā puruṣo vā pūrva-āḥṇa-kāla-samaye gaṅgānadī-vālukā-samān ātmabhāvān parityajet, evaṃ madhya-āḥṇa-kāla-samaye gaṅgānadī-vālukā-samān ātmabhāvān parityajet, sāya-āḥṇa-kāla-samaye gaṅgānadī-vālukā-samān ātmabhāvān parityajet, anena paryāyeṇa bahūni kalpa-koṭi-niyuta-śatasahasrāṇy ātmabhāvān parityajet, yaś cemaṃ dharmaparyāyaṃ śrutvā na pratikṣipet, ayam eva tato nidānaṃ bahutaraṃ puṇyaskandhaṃ prasunuyād aprameyam asaṃkhyeyam.)[292]

2. 하물며 그 법문을 기록하고 받아들여 마음에 새기고 독송하고 숙달해서 다른 사람에게 상세히 설명하는 사람은 말해 무엇하겠습니까? (kaḥ punar vādo yo likhitvodgṛhṇīyād dhārayed vācayet paryavāpsyāt parebhyaś ca vistareṇa samprakāśayet.)[293]

---

292) 〔西藏語〕 yaṅ rab 'byor skyes pa'am bud med gaṅ žig sṅa dro'i dus kyi tshe lus gaṅgā'i kluṅ gi bye ma sñed yoṅs su gtoṅ la, phyed kyi dus daṅ phyi dro'i dus kyi tshe yaṅ lus gaṅgā'i kluṅ gi bye ma sñed yoṅs su gtoṅ ste, rnam graṅs 'di lta bur bskal pa bye ba khrag khrig 'bum phrag du mar lus yoṅs su gtoṅ ba bas, gaṅ gis chos kyi rnam graṅs 'di thos nas mi spoṅ na de ñid gži de las bsod nams ches maṅ du graṅs med dpag tu med pa bskyed na. 〔羅什〕 須菩提 若有善男子善女人 初日分 以恒河沙等身布施 中日分 復以恒河沙等身布施 後日分 亦以恒河沙等身布施 如是無量百千萬億劫 以身布施 若夫有人 聞此經典 信心不逆 其福勝彼 〔玄奘〕 假使善男子或善女人 日初時分 以殑伽河沙等自體布施 中日時分 復以殑伽河沙等自體布施 日後時分 亦以殑伽河沙等自體布施 由此異門 經於俱胝那由陀百千劫 以自體布施 若有聞如是法門 不生非謗 由此因緣 所生福聚 尚多於前 無量無數

3. 또한 쑤부띠여, 이 법문은 실로 불가사의하고 다른 법문과 견줄 수가 없습니다. 여래께서는 최상의 삶에 들어선 뭇삶들의 행복을 위해서, 최선의 삶에 들어선 뭇삶들의 행복을 위해서 이 법문을 가르쳤습니다. (api tu khalu punaḥ subhūte 'cintyo 'tulyo 'yam dharmapryāyaḥ. ayaṃ ca subhūte dharmaparyāyās tathāgatena bhāṣito 'grayāna-samprasthitānāṃ sattvānām arthāya śreṣṭhayāna-samprasthitānāṃ sattvānām arthāya.)[294]

4. 이 법문을 받아들여 마음에 새기고 독송하고 숙달하여 다른 사람에게 상세히 설명해주는 이들을, 쑤부띠여, 여래께서는 깨달은 님의 지혜로 알고, 쑤부띠여, 여래께서는 깨달은 님의 눈으로 보고, 여래께서는 그들을 완전히 파악하고 있습니다. (ya imaṃ dharmaparyāyam udgrahīṣyanti dhārayiṣyanti vācayiṣyanti paryavāpsyanti parebhyaś ca vistareṇa samprakāśayiṣyanti, jñātās te subhūte tathāgatena buddhajñānena, dṛṣtās te subhūte tathāgatena buddha-cakṣuṣā, buddhās te tathāgatena.)[295]

---

293) 〔西藏語〕 gaṅ gis yi ger bris nas len pa daṅ, 'dzin pa daṅ 'chan pa daṅ, klog pa daṅ kun chub par byed pa daṅ, gžan dag la rgya cher yaṅ dag par rab tu ston pa lta ci smos. 〔羅什〕 何況書寫 受持讀誦 爲人解說. 〔玄奘〕 何況能於如是法門 具足畢竟書寫 受持讀誦 究竟通利 及廣爲他宣說 開示如理作意.

294) 〔西藏語〕 yaṅ rab 'byor chos kyi rnam graṅs 'di ni bsam gyis mi khyab ciṅ mtsuṅs pa med de. 'di'i rnam par smin pa yaṅ bsam gyis mi khyab pa ñid du rig par bya'o. chos kyi rnam graṅs 'di ni theg pa mchog la yaṅ dag par žugs pa'i sems can rnams kyi don daṅ theg pa phul du phyin pa la yaṅ dag par žugs pa'i sems can nams kyi don gyi phyir de bžin gśegs pas gsuṅs so. 〔羅什〕 須菩提 以要言之 是經有不可思議不可稱無量無邊功德 如來 是爲發大乘者說 爲發最上乘者說 〔玄奘〕 復次善現 如是法門 不可思議 不可稱量 應當希冀 不可思議所感異熟 善現 如來宣說如是法門 爲欲饒益聚最上乘諸有情故 爲欲饒益聚最勝乘諸有情故

295) 〔西藏語〕 gaṅ dag chos kyi rnam graṅs 'di len pa daṅ, dzin pa daṅ 'chaṅ ba

5. 쑤부띠여, 이들 모든 뭇삶들은 헤아릴 수 없는 공덕의 다발을 성취할 것입니다. 그들은 불가사의하며 비교할 수 없고 측량할 수 없으며 한계가 없는 공덕의 다발을 성취할 것입니다. (sarve te subhūte sattvā aprameyeṇa puṇyaskandhena samanvāgatā bhaviṣyanti, acintyeṇa-atulyena-amāpyena-aparimāṇena-puṇyaskandhena samanvāgatā bhaviṣyanti.)[296]

6. 쑤부띠여, 이들 모든 뭇삶들도 이와 같은 길을 따라 깨달음을 얻게 될 것입니다.(sarve te subhūte sattvāḥ samāṃśena bodhiṃ dharayiṣyanti)[297]

7. 그것은 무슨 까닭입니까?
자아에 대한 견해가 있거나 존재에 대한 견해가 있거나 생명에 대한 견해가 있거나 영혼에 대한 견해가 있는 저열한 성향의 뭇삶들은 이 법문을 알아들을 수 없기 때문입니다. 또한 깨달음을 향한 님이 되기로 서원하지 않은 뭇삶들 역시 이 법문을 알아듣거나 받아들이고 마음에 새기고 독송하고 숙달할 수 없

---

daṅ klog pa daṅ kun chub par byed pa daṅ gžan dag la rgya cher yaṅ dag par rab tu ston pa de dag ni de bžin gśegs pas mkhyen, de bžin gśegs pas gzigs te.〔羅什〕若有人 能受持讀誦 廣爲人說 如來悉知是人悉見是人〔玄奘〕善現 若有於此法門 受持讀誦 究竟通利 及廣爲他宣說 開示如理作意 則爲如來以其佛智 悉知是人 則爲如來以其佛眼 悉見是人 則爲如來悉覺是人

296)〔西藏語〕sems can de dag thams cad ni bsod nams kyi phuṅ po dpag tu med pa daṅ ldan pa daṅ ldan pa 'gyur. bsod nams kyi phuṅ po bsam gyi mi khyab pa daṅ mtshuṅs pa med pa daṅ gžan du med pa daṅ. tshad med pa daṅ ldan par 'gyur te.〔羅什〕皆得成就不可量不可稱無量無邊不可思議功德〔玄奘〕如是有情一切 成就無量福聚 皆得成就不可思議不可稱量無邊功德聚

297)〔西藏語〕sems can de dag thams cad ṅa'i byaṅ chub phrag pa la thogs par 'gyur ro.〔羅什〕如是人等 卽爲荷擔如來阿褥多羅三藐三菩提〔玄奘〕善現 如是一切有情 其肩荷擔如來無上正等菩提

습니다. 결코 될 수가 없습니다. (tat kasya hetoḥ? na hi śakyaṃ subhūte 'yaṃ dharmaparyāyo hīna-adhimukt ikaiḥ sattvaiḥ śrotuṃ na-ātmadṛṣtikair na sattvadṛṣt ikair na jīvadṛṣtikair na pudgaladṛṣtikaiḥ. na bodhis attva-pratijñaiḥ sattvaiḥ śakyam ayaṃ dharmaparyā yaḥ śrotuṃ vodgrahītuṃ vā dhārayituṃ vā vācayituṃ vā paryavāptuṃ vā. nedaṃ sthānaṃ vidyate.)298)

8. 더 나아가, 쑤부띠여, 어떠한 지방이라도 이 경전이 설해지는 곳은 신들과 인간들과 아수라들이 사는 모든 세계가 예배하는 장소가 될 것입니다. 그 지방은 오른쪽으로 돌며 경배하는 장소가 될 것이니, 곧 그 지방은 탑묘가 있는 곳처럼 숭배하는 장소가 될 것입니다." (api tu khalu punaḥ subhūte pṛthivīpadeś a idaṃ sūtraṃ prakāśayiṣyate, pūjanīyaḥ sa pṛthivīpa deśo bhaviṣyati, sa-devamānuṣa-asurasya lokasya, v andanīyaḥ pradakṣinīyaś ca sa pṛthivīpadeśo bhaviṣya ti, caityabhūtaḥ sa pṛthivīpadeśo bhaviṣyanti.)299)

---

298) 〔西藏語〕 de ci'i phyir že na. rab 'byor dman pa la mos pa rnams kyis chos kyi rnam graṅs 'di mñan par mi nus te. bdag tu lta ba rnams kyis ma yin, sems can du lta ba rnams kyis ma yin, srog tu lta ba rnams kyis ma yin žiṅ gaṅ zag tu lta ba rnams kyis mñan pa daṅ blaṅ ba daṅ gzuṅ ba daṅ klog pa daṅ kun chub par byed mi nus te. de ni gnas med pa'i phyir ro. 〔羅什〕 何以故 須菩提 若樂小法者 著我見人見衆生見壽者見 卽於此經 不能聽受讀誦 爲人解說 〔玄奘〕 何以故 善現 如是法門 非諸下劣信解有情所能聽聞 非諸我見 非諸有情見 非諸命者見 非諸補特伽羅見 非諸意生見 非諸摩納婆見 非諸作者見 非諸受者見 所能聽聞此等若能受持讀誦 究竟通利 及廣爲他宣說 開示如理作意 無有是處

299) 〔西藏語〕 yaṅ rab 'byor sa phyogs gaṅ na mdo sde 'di ston pa'i sa phyogs de lha daṅ mi daṅ lha ma yin du bcas pa'i jig rten gyis mchod par bya bar 'os bar 'gyur ro. sa phyogs de phyag bya bar 'os pa daṅ, bskor ba bya bar 'os par 'gyur te. sa phyogs de bskor ba bya bar 'os par 'gyur te. de mchod rten lta bur 'gyur ro. 〔羅什〕 須菩提 在在處處 若有此經 一切世間天人阿修羅所應供養 當知此處 卽爲是塔 皆應恭敬 作禮圍繞 以諸華香 而散其處 〔玄奘〕 復次善現 若地方

16. 청정하지 못한 업장을 맑히네〔能淨業障分〕

1. [세존] "쑤부띠여, 그런데 훌륭한 가문의 아들들이나 훌륭한 가문의 딸들이 바로 이와 같은 경전을 받아들이고, 마음에 새기고, 독송하고, 숙달하고, 통달하여 다른 사람에게 상세히 설명해준다면, 그들은 핍박당할 것입니다. 그것도 심하게 핍박당할 것입니다. (api tu ye te subhūte kulaputrā vā kulad uhitaro vemān evaṃūpān sūtrāntān udgrahīṣyanti dh ārayiṣyanti vācayiṣyanti paryavāpsyanti yoniśaś ca manasikariṣyanti, parebhyaś ca vistareṇa samprakā śayiṣyanti, te paribhūtā bhaviṣyanti. suparibhūtāś c a bhaviṣyanti.)[300]

2. 그것은 무슨 까닭입니까?
쑤부띠여, 이들 뭇삶들은 전생에서 저지른 청정하지 못한 업장들 때문에 불행한 상황에 떨어질 것이기 때문입니다. 그렇더라도 그들은 현세에 핍박당함으로서 전생에서 저지른 청정하지 못한 업을 소멸시키고 깨달은 님의 깨달음에 이를 것입니다. (tat kasya hetoḥ? yāni ca teṣāṃ subhūte sattvānāṃ p aurvajanmikāny aśubhāni karmāṇi kṛtāny apāyasaṃ vartanīyani, dṛṣṭa eva dharme tayā paribhūtatatayā tāni paurvajanmikāny aśubhāni karmāṇi kṣapayiṣya

---

所 聞此經典 此地方所 當爲世間 諸天及人阿素洛等支所供養 禮敬右繞 如佛靈廟

300) 〔西藏語〕 yaṅ rab 'byor rigs kyi bu'am rigs kyi bu mo gaṅ dag 'di lta bu'i mdo sde'i tshig 'di dag len pa daṅ 'dzin pa daṅ 'chaṅ ba daṅ klog pa daṅ, kun chub par byed pa de dag ni mnar bar 'gyur. śin tu mnar 'gyur ro. 〔羅什〕 復次須菩提 善男子善女人 受持讀誦此經 若爲人輕賤 〔玄奘〕 復次善現 若善男子善女人 於此經典受持讀誦 究竟通利 及廣爲他宣說 開示如理作意 若遭輕毀 極遭輕毀

nti, buddha-bodhiṃ ca-anuprāpsyanti)[301]

3. 쑤부띠여, 나는 과거세에, 헤아릴 수 없고 또한 측량할 수 없는 세월 전에 이렇게 오신 님, 거룩한 님, 올바로 원만히 깨달은 님이신 디빵까라보다 훨씬 이전에, 다른 팔십사만 꼬띠니유따의 깨달은 님들을 기쁘게 했고, 흡족하게 했고, 실망시키지 않은 것을 꿰뚫어 압니다. (abhijānāmy ahaṃ subhūte 'tīte-dhvany asaṃkhyeyaiḥ kalpair asaṃkhyeyatarair dīpaṅkarasya tathāgatasya-arhataḥ samyaksambuddhasya pareṇa paratareṇa catur aśīti-buddha-koṭi-niyuta-śatasahasrāṇy abhūvan ye mayā āragitā āragyā na virāgitāḥ.)[302]

4. 쑤부띠여, 내가 그들 거룩한 깨달은 님들을 기쁘게 하고, 흡족하게 하고, 실망시키지 않는 것과, 그리고 미래의 시대, 마지막 시기, 마지막 시간, 마지막 오백 년, 올바른 가르침이 무너질 때에도 이와 같은 경전들을 받아들이고, 마음에 새기고, 독송하고, 숙달하여 다른 사람에게 상세히 설명하는 것과 비교

---

301) 〔西藏語〕 de ci'i phyir že na. rab 'byor sems can de dag ni tshe rabs sṅa ma'i mi dge ba'i las ṅan soṅ du skye bar 'gyur ba gaṅ dag byas pa de dag tshe 'di ñid la mnar bas tshe rabs sṅa ma'i mi dge ba'i las de dag 'byaṅ bar 'gyur te. saṅs rgyas kyi byaṅ tshub kyaṅ thob par 'gyur ro. 〔羅什〕 是人先世罪業 應墮惡道 以今世人輕賤故 先世罪業 卽爲消滅 當得阿耨多羅三藐三菩提 〔玄奘〕 所以者何 善現 是諸有情 宿生所造諸 佛淨業 感應惡趣 以現法中遭輕毁故 宿生所造諸不淨業 皆悉消盡 當得 無上正等菩提

302) 〔西藏語〕 rab 'byor nas mṅon par śes te. 'das pa'i dus bskal pa graṅs med pa'i yaṅ ches graṅs med pa na de bžin gśegs pa dgra bcom pa yaṅ dag par rdzogs pa'i saṅs rgyas mar me mdzad kyi sṅa rol gyi yaṅ ches sṅa rol na saṅs rgyas bye ba khrag khrig bum phrag brgyas cu rtsa bži dag byuṅ ba nas mñes par byas te mi mñes par ma byas nas thugs byuṅ bar ma byas te. 〔羅什〕 須菩提 我念過去無量阿僧祇劫 於燃燈佛前 得値八百四千萬億那由他諸佛 悉皆供養承事 無空過者 〔玄奘〕 何以故 善現 我念憶過去於無數劫復過無數 於燃燈如來應正等覺 先復過先 曾値八十四俱胝那庾多百千諸佛 悉皆承事 旣承事已 皆無違犯.

하면, 쑤부띠여, 이 공덕의 다발에 비해 앞의 공덕의 다발은 백 분의 일에도 천 분의 일에도 십만 분의 일에도 꼬띠 분의 일에도 백 꼬띠 분의 일에도 십만 꼬띠 분의 일에도 십만 꼬띠니유따 분의 일에도 못미치고, 수량에서도, 구분에서도, 계산에서도, 비교에서도, 유추에서도, 비유에서도 감당하지 못합니다. (yac ca mayā subhūte te buddhā bhagavanta-ārāgitā āragya na viragitā, yacca paścime kāle paścime samaye paścimāyāṃ pañcaśatyaṃ saddharma-vipralopa-kāle vartamāna imān evaṃrūpān sūtrāntān udgrahīṣyanti dhārayiṣyanti vācayiṣyanti paryavāpsyanti parebhyaś ca vistareṇa samprakāśayiṣyanti, asya khalu punaḥ subhūte puṇya-skandhasya-antikād asau paurvakaḥ puṇyaskandhaḥ śatatamīm api kalāṃ nopaiti, sahasratamīm api śatasahasratamīm api koṭitamīm api koṭiśatatamīm api koṭiśatahasratamīm api koṭi-niyuta-śatasahasratamīm api, saṃkhyām api kalām api gaṇanām api upamām apy upaniṣadam api yāvad aupamyam api na kṣamate.)[303]

---

303) 〔西藏語〕 rab 'byor saṅs rgyas bcom ldan 'das de dag mñes par byas pa nas thugs byuṅ bar ma byas gaṅ yin pa daṅ. phyi ma'i dus lṅa brgya'i tha mar gyur pa na mdo sde 'di len pa daṅ 'dri ba daṅ 'dzin pa daṅ 'chaṅ ba daṅ klog ba daṅ, kun chub par byed pa gaṅ yin pa las, rab 'byor bsod nams kyi phuṅ po 'di la bsod nams kyi phuṅ po sṅa mas brgya'i char yaṅ ñe par mi 'gro, stoṅ gi cha daṅ, 'bum gyi cha daṅ, graṅs daṅ tshad daṅ bgraṅ ba daṅ dpe daṅ zla daṅ rgyur yaṅ mi bzod do. 〔羅什〕 若復有人 於後末世 能受持讀誦此經 所得功德 於我所供養諸佛功德 百分不及一 千萬億分 乃至算數譬喩 所不能及 〔玄奘〕 善現 我於如是 諸佛世尊 皆得承事 旣承事已 皆無違犯 若諸有情 後時後分後五百歲 正法將滅 時分轉時 於此經典受持讀誦 究竟通利 及廣爲他宣說 開示如理作意 善現 我先福聚 於此福聚 百分計之所不能及 如是千分若百千分 若倶胝百千分 若倶胝那由他百千分 若數分若計分若算分若喩分 若嗚波尼殺曇分 亦不能及

5. 또한 쑤부띠여, 만약 내가 그 훌륭한 가문의 아들들이나 훌륭한 가문의 딸들이 얼마나 많이 공덕의 다발을 이루고 성취하는지, 그 훌륭한 가문의 아들들이나 훌륭한 가문의 딸들이 갖게 되는 공덕의 다발에 대해 가르치면, 뭇삶들은 미쳐버리거나 마음이 혼란스러울 것입니다. (sacet punaḥ subhūte teṣām kulaputrāṇāṃ kuladuhitrīṇāṃ vā-ahaṃ puṇyaskandhaṃ bhāṣeyam, yāvat te kulaputrā vā kuladuhitaro vā tasmin samaye puṇyaskandhaṃ prasaviṣyanti pratigrahīṣyanti, unmādaṃ sattvā anuprāpnuyuś cittavikṣepaṃ vā gaccheyuḥ.)[304]

6. 참으로 쑤부띠여, 그렇기 때문에 쑤부띠여, 여래께서 이 법문이 불가사의하다고 말했지만, 그것에서 유추할 수 있는 과보도 불가사의한 것이 바로 그와 같습니다." (api tu khalu punaḥ subhūte 'cintyo 'yaṃ dharmaparyāyas tathāgatena bhāṣitaḥ, asya-acintya eva vipākaḥ pratikāṅkṣitavyaḥ)[305]

---

304) 〔西藏語〕 rab 'byor gal te de'i tshe rigs kyi bu'am rigs kyi bu mo gaṅ dag bsod nams kyi phuṅ po ji sñed rab tu 'dzin par 'gyur pa'i rigs kyi bu'am rigs kyi bu mo de dag gi bsod nams kyi phuṅ po ṅas brzod na sems can rnams myos myos po 'gyur žiṅ sems 'khrugs par 'gyur ro. 〔羅什〕 須菩提 若善男子善女人 於後末世 有受持讀誦此經 所得功德 我若具說者 或有人聞 心卽狂亂 狐疑不信 〔玄奘〕 善現 我若具說 當於爾時 是善男子或善女人 所生福聚 乃至是善男子或善女人 所攝福聚 有諸有情 則便迷悶 心惑狂亂

305) 〔西藏語〕 yaṅ rab 'byor chos kyi rnam graṅs 'di bsam gyi mi khyab ste, 'di'i rnam par smin pa yaṅ bsam gyis mi khyab pa ñid du rig par bya'o. 〔羅什〕 須菩提 當知是經義 不可思議 果報亦不可思議 〔玄奘〕 是故善現 如來宣說如是法門 不可思議不可稱量 應當希冀不可思議所感異熟

17. 나 없음을 깨달아야〔究竟無我分〕

1. 이 때에 장로 쑤부띠는 세존께 이와 같이 여쭈었습니다.
[쑤부띠] "깨달음을 향한 님의 삶에 들어선 사람은 어떻게 뜻을 세워야 하며, 어떻게 실천해야 하며, 어떻게 마음을 닦아야 합니까?"(atha khalv āyuṣmān subhūtir bhagavantam et ad avocat : kathaṃ bhagavan bodhisattvayāna-sam prasthitena sthātavyam, kathaṃ pratipattavyam, k athaṃ cittaṃ pragrahītavyam?)[306]

2. 세존께서 말씀하셨습니다.
[세존] "쑤부띠여, 여기 깨달음을 향한 님의 삶의 길에 들어선 사람은 이와 같이 '나는 모든 존재를 완전한 열반의 세계를 향해 완전한 열반에 들게 하리라. 그래서 모든 존재를 완전한 열반에 들게 하였더라도 결코 어떠한 뭇삶도 완전한 열반으로 들게 하지 않은 것이다'라고 마음을 일으켜야 합니다. (bhagavā n āha : iha subhūte bodhisattvayāna-samprasthiten aivaṃ cittaṃ utpādayitavyaṃ : sarve sattvā mayā-a nupadhiśeṣe nirvaṇadhātau parinirvapayitavyāḥ, ev aṃ ca sattvān parinirvāpya, na kaḍcit sattvaḥ parini rvāpito bhavati.)[307]

---

306) 〔西藏語〕 de nas bcom ldan 'das la tshe daṅ ldan pa rab 'byor gyis skad ces gsol to. bcom ldan 'das byaṅ chub sems dpa'i theg pa la yaṅ dag par žugs pa rnams kyis ji ltar gnas par bgyi, ji ltar bsgrub par bgyi, ji ltar sems rab tu gzuṅ par bgyi. 〔羅什〕 爾時須菩提 白佛言 世尊 善男子善女人 發阿耨多羅三藐三菩提心 云何應住 云何降伏其心 〔玄奘〕 爾時具壽善現 復白佛言 世尊 諸有發趣菩薩乘者 應云何住 云何修行 云何攝伏其心.

307) 〔西藏語〕 de skad ces gsol pa daṅ. bcom ldan 'das kyis tshe daṅ ldan pa rab 'byor la 'di skad ces bka' stsal to. rab 'byor 'di la byaṅ chub sems dpa'i

3. 그것은 무슨 까닭입니까?

쑤부띠여, 만약 깨달음을 향한 님에게 존재에 대한 지각이 생겨나면 그를 보살이라고 말할 수 없습니다. 또한 마찬가지로 생명이라는 지각이나 영혼이라는 지각이 생겨나면 그를 깨달음을 향한 님이라고 할 수 없습니다. (tat kasya hetoḥ? sac et subhūte bodhisattvasya sattvasaṃjñā pravateta, na sa bodhisattva iti vaktavyaḥ. jīvasaṃjñā va yāvat pudgalasaṃjñā vā pravarteta, na sa bodhisattva iti vaktavyaḥ.)[308]

4. 그것은 무슨 까닭입니까?

쑤부띠여, 깨달음을 향한 님의 삶에 들어선 사람이라고 이름 부를 만한 어떠한 것도 없기 때문입니다. (tat kasya hetoḥ? na-asti subhūte sa kaścid dharmo yo bodhisattva-yāna-samprasthito nāma.)[309]

---

theg pa la yaṅ dag par žugs pas 'di sñam du bdag gis sems can thams cad phuṅ po lhag ma med pa'i mya ṅan las 'das pa'i dbyiṅs su mya ṅan las bzla' o. de ltar sems can tshad med pa yoṅs su mya ṅan las bzlas kyaṅ sems can gaṅ yaṅ yoṅs su mya ṅan las bzlas par gyur pa med do sñam du sems bskyed par bya'o. 〔羅什〕 佛告須菩提 善男子善女人 發阿褥多羅三藐三菩提(心)者 當生如是心 我應滅度一切衆生 滅度一切衆生已而無有一衆生 實滅度者 〔玄奘〕 佛告善現 諸有發趣菩薩乘者 當應發起如是之心 我當皆令一切有情 於無餘依妙涅槃界 而般涅槃 雖度如是一切有情 令滅度已 而無有情得滅度者)

308) 〔西藏語〕 de ci'i phyir žes na. rab 'byor gal te byaṅ chub sems dpa' sems can 'du śes 'jug na de byaṅ chub sems dpa' žes mi bya la. gaṅ zag gi bar du 'du śes 'jug na yaṅ de byaṅ chub sems dpa' žes mi bya ba'i phyir ro. 〔羅什〕 何以故 須菩提 若菩薩有我相人相衆生相壽者相 則非菩薩 〔玄奘〕 何以故 善現 若諸菩薩摩訶薩 有情想轉 不應說名菩薩摩訶薩

309) 〔西藏語〕 de ci'i phyir že na. rab 'byor byaṅ chub sems dpa'i theg pa la yaṅ dag par žugs pa žes bya ba'i chos de gaṅ yaṅ med pa'i phyir ro. 〔羅什〕 所以者何 須菩提 實無有法 發阿褥多羅三藐三菩提(心)者 〔玄奘〕 所以者何 若諸菩薩摩訶薩 不應說言有情想轉 如是命者想士夫想補特伽羅想意生想摩納婆想作者想受者想轉 當知亦爾 何以故 善現 無有少法 名爲發趣菩薩勝者

5. 쑤부띠여, 어떻게 생각합니까? 여래가 디빵까라 여래와 함께 있었을 때, 그에게서 위없이 바르고 원만한 깨달음이라고 분명하게 깨달아 얻은 어떠한 법이라도 있습니까?" (tat kiṃ manyase subhūte asti sa kaścid dharmo yas tathāgatena dīpaṅkarasya tathāgatasya-antikād anuttarāṃ samyaksambodhim abhisambuddhaḥ?)[310]

6. 이렇게 말씀하시자 존자 쑤부띠는 세존께 여쭈었습니다. [쑤부띠] "제가 세존께서 말씀하신 뜻을 이해하기로는, 세존이시여, 여래가 이렇게 오신 님, 거룩한 님, 바르고 원만하게 깨달으신 님이신 디빵까라와 함께 있었을 때, 그에게서 위없이 바르고 원만한 깨달음이라고 분명하게 깨달아 얻은 어떠한 법도 없습니다." (evaṃ ukta āyuṣmān subhūtir bhagavantam etad avocat : yathā-ahaṃ bhagavan bhagavato bhāṣitasya-artham ājānāmi, na-asti sa bhagavan kaścid dharmo yas tathāgatena dīpaṅkarasya tathāgatasya-arhataḥ samyaksambuddhasya antikād anuttarāṃ samyaksambodhim abhisambuddhaḥ.)[311]

---

310) 〔西藏語〕 rab 'byor 'di ji sñam du sems. de bžin gśegs pas de bžin gśegs pa mar me mdzad las gaṅ bla na med pa yaṅ dag par rdzogs pa'i byaṅ chub tu mṅon par rdzogs par saṅs rgyas pa'i chos de gaṅ yaṅ yod sñam mam. 〔羅什〕 須菩提 於意云何 如來於燃燈佛所 有法得阿褥多羅三藐三菩提不 〔玄奘〕 佛告善現 於汝意云何 如來昔於燃燈如來應正等覺所 頗有少法能證阿褥多羅三藐三菩提不 作是語已

311) 〔西藏語〕 de skad ces bka' stsal pa daṅ bcom ldan 'das la tse daṅ ldan pa rab 'byor gyis 'di skad ces gsol to. bcom ldan 'das de bžin gśegs pa mar me mdzad las gaṅ bla na med pa yaṅ dag pa'i byaṅ chub tu mṅon par rdzogs par saṅs rgyas pa'i chos de gaṅ yaṅ ma mchis so. 〔羅什〕 不也世尊 如我解佛所說義 佛於燃燈佛所 無有法得阿褥多羅三藐三菩提 〔玄奘〕 具壽善現 白佛言 世尊 如我解佛所說義者 如來昔於燃燈如來應正等覺所 無有小法 能證阿褥多羅三藐三菩提 說是語已

7. 이렇게 여쭙자 세존께서 장로 쑤부띠에게 이와 같이 말씀하셨습니다.
[세존] "쑤부띠여, 그렇습니다. 쑤부띠여, 그렇습니다. 쑤부띠여, 여래가 이렇게 오신 님, 거룩한 님, 바르고 원만하게 깨달으신 님이신 디빵까라와 함께 있었을 때, 그로부터 위없이 바르고 원만한 깨달음이라고 분명하게 깨달아 얻은 어떠한 법도 없습니다. (evaṃ ukte bhagavān āyuṣmantam subhūtim etad avocat : evam etat subhūte evam etat, na-asti subhūte sa kaścid dharmo yas tathāgatena dīpaṅkarasya tathāgatasya-arhataḥ samyaksambuddhasya-antikād anuttarāṃ samyaksambodhim abhisambuddhaḥ.)[312]

8. 더구나 만약 쑤부띠여, 여래가 디빵까라 여래와 함께 있었을 때, 분명하게 깨달아 얻은 어떠한 법이 있다면, 디빵까라 여래가 나에게 '청년이여, 그대는 미래에 샤끼야무니라고 불리며, 이렇게 오신 님, 거룩한 님, 올바로 원만히 깨달은 님이 될 것이다'라고 선언하시지 않아야 했습니다. (sacet punaḥ subhūte kaścid dharmas tathāgatena-abhisambuddho 'bhaviṣyat, na māṃ dīpaṅkaras tathāgato vyākariṣyad : bhaviṣyasi tvaṃ māṇava-anāgate 'dhvani śākyamunir

---

312) 〔西藏語〕 de skad ces gsol pa daṅ bcom ldan 'das kyis tse daṅ ldan pa rab 'byor la 'di skad ces bka' stsal to. rab 'byor de de bžin no. de de bžin te. de bžin gśegs pas de bžin gśegs pa mar me mdzad las gaṅ bla na med pa yaṅ dag par rdzogs pa'i byaṅ chub tu mṅon par rdzogs par saṅs rgyas pa'i chos de gaṅ yaṅ med do. 〔羅什〕 佛言 如是如是 須菩提 實無有法 如來得阿耨多羅三藐三菩提 〔玄奘〕 佛告具壽善現言 如是如是 先賢 如來昔於燃燈如來應正等覺所 無有小法 能證阿耨多羅三藐三菩提

nāma tathāgato'rhan samyaksambuddha iti.)[313]

9. 쑤부띠여, 여래가 이렇게 오신 님, 거룩한 님, 올바로 원만히 깨달은 님이신 디빵까라 여래와 함께 있었을 때, 위없이 바르고 원만한 깨달음이라고 분명하게 깨달아 얻은 어떠한 법이 없습니다. 이러한 까닭에 디빵까라 여래께서 나에게 '청년이여, 그대는 미래에 샤끼야무니라고 불리며, 이렇게 오신 님, 거룩한 님, 올바로 원만히 깨달은 님이 될 것이다'라고 선언하셨습니다. (yasmāt tarhi subhūte tathāgatena-arhatā samyaksambuddhena na-asti sa kaścid dharmo yo 'nuttarāṃ samyaksambodhim abhisambuddhas, tasmād ahaṃ dīpaṅkareṇa tathāgatena vyākṛto : bhaviṣyasi tvaṃ māṇava-anāgate 'dhvani śākyamunir nāma tathāgato'rhan samyaksambuddhaḥ.)[314]

10. 그것은 무슨 까닭입니까?
쑤부띠여, 이렇게 오신 님이라고 하는 것은 참으로 '있는 그대

---

313) 〔西藏語〕 rab 'byor gal te de bžin gśegs pas gaṅ mṅon par rdzogs par saṅs rgyas pa'i chos 'ga' žig yod par gyur na. de bžin gśegs pa mar me mdzad kyis ṅa la. bram ze'i kye'u khyod ma 'oṅs pa'i dus na de bžin gśegs pa dgra bcom pa yaṅ dag par rdzogs pa'i saṅs rgyas śakya thub pa žes bya bar 'gyur ro žes luṅ mi ston pa žig na. 〔羅什〕 須菩提 若有法如來得阿褥多羅三藐三菩提者 燃燈佛 卽不與我(受)授記 汝於來世 當得作佛 號釋迦牟尼 〔玄奘〕 何以故 善現 如來昔於燃燈如來應正等覺所 若有少法能證阿褥多羅三藐三菩提者 燃燈如來應正等覺 不應授我記言 汝摩納婆 於當來世 名釋迦牟尼如來應正等覺

314) 〔西藏語〕 rab 'byor 'di ltar de bžin gśegs pas gaṅ bla na med pa yaṅ dag pas rdzogs pa'i byaṅ chub tu mṅon par rdzogs par saṅs rgyas pa'i chos de gaṅ yaṅ med par de'i phyir de bžin gśegs pa mar me mdzad kyis ṅa la. bram ze'i kye'u khyod ma 'oṅs pa'i dus na de bžin gśegs pa dgra bcom pa yaṅ dag par rdzogs pa'i saṅs rgyas śakya thub pa žes bya bar 'gyur ro žes luṅ bstan to. 〔羅什〕 以實無有法 得阿褥多羅三藐三菩提 是故燃燈佛 與我(受)授記 作是言 汝於來世 當得作佛 號釋迦牟尼 〔玄奘〕 善現 以如來無有少法能證阿褥多羅三藐三菩提者 是故燃燈如來應正等覺 授我記言 汝摩納婆 於當來世 名釋迦牟尼如來應正等覺.

로'를 뜻하는 명칭이며, 쑤부띠여, 이렇게 오신 님은 '생겨남이 없음'을 뜻하는 명칭이며, 쑤부띠여, 이렇게 오신 님은 '대상의 끊어짐'을 뜻하는 명칭이며, 쑤부띠여, 이렇게 오신 님은 '궁극적으로 생겨남이 없음'을 뜻하는 명칭입니다. 그것은 무슨 까닭입니까? 쑤부띠여, 이 '생겨남이 없음'이 바로 최상의 진리이기 때문입니다. (tat kasya hetoḥ? tathāgata iti subhūte bhūtatathatāyā etad adhivacanaṃ, tathāgata iti subhūte anutpādadharmatāyā etad adhivacanam, tathāgata iti subhūte dharmocchedasyaitad adhivacanam, tathāgata iti subhūte atyanta-anutpannasyaitad adhivacanam, tat kasya hetoḥ? eṣa subhūte 'nutpādo yaḥ paramārthaḥ.)[315]

11. 쑤부띠여, 누군가가 '이렇게 오신 님, 거룩한 님, 올바로 원만히 깨달은 님께서 위없이 바르고 원만한 깨달음을 분명하게 깨달아 얻었다'고 말한다면, 그는 그렇지 않은 것을 말하는 것이며, 쑤부띠여 그는 있지 않은 것을 취하여 나를 비방하는 것입니다. (yaḥ kaścit subhūta evaṃ vadet : tathāgatena-arhatā samyaksambuddhena-anuttarā samyaksambodhir abhisambuddheti, sa vitathaṃ vadet, abhyācakṣīta māṃ sa subhūte asatodgṛhītena.)[316]

---

315) 〔西藏語〕 de ci'i phyir že na. rab 'byor de bžin gśegs pa žes pa ni yaṅ dag pa'i de bžin ñid kyi tshig bla dags yin pa'i phyir ro. 〔羅什〕 何以故 如來者 卽諸法如義 〔玄奘〕 所以者何 善現 言如來者 卽是眞實眞如增語 言如來者 卽是無生法性增語 言如來者 卽是永斷道路增語 言如來者 卽是畢竟不生增語 何以故 善現 若實無生卽最勝義.

316) 〔西藏語〕 rab 'byor gaṅ la la žig 'di skad du, de bžin gśegs pa dgra bcom pa yaṅ dag par rdzogs pa'i saṅs rgyas bla na med pa yaṅ dag par rdzogs pa'i byaṅ chub tu mṅon par rdzogs par saṅs rgyas so žes zer na de log par smra ba yin no. 〔羅什〕 若有人 言如來得阿耨多羅三藐三菩提 須菩提 實無有法 佛得

12. 그것은 무슨 까닭입니까.
쑤부띠여, 여래께서 위없이 바르고 원만한 깨달음이라고 분명하게 깨달아 얻은 그 어떠한 법도 없습니다. (tat kasya hetoḥ? na-asti subhūte sa kaścid dharmo yas tathāgatena-anuttarāṃ samyaksambodhim abhisambuddhaḥ.)[317]

13. 그리고 여래께서 분명하게 깨달아 가르친 법에는 그러한 이유로 진리도 거짓도 없습니다. 그러한 까닭에 여래께서는 '모든 법들은 깨달은 님의 법들이다'라고 가르칩니다. (yaś ca subhūte tathāgatena dharmo 'bhisambuddho deśito vā, tatra na satyaṃ na mṛṣā. tasmāt tathāgato bhāṣate sarvadharmā buddhadharmā iti.)[318]

14. 그것은 무슨 까닭입니까?
쑤부띠여, 여래께서 '모든 법들'에 대해 말씀하신 것은 '법들이 아닌 것'을 가르치신 것입니다. 그러므로 '모든 법들은 깨달은 님의 법들이다'라고 말합니다. 쑤부띠여, 그것은 이를테면, 몸을, 아주 큰 몸으로 타고난 사람과 같습니다. (tat kasya hetoḥ? sarva-dharmā iti subhūte adharmās tathāgatena

---

阿耨多羅三藐三菩提〔玄奘〕善現 若如是說 如來應正等覺能證阿耨多羅三藐三菩提者當知此言 爲不眞實

317)〔西藏語〕de ci'i phyir že na. rab 'byor de bžin gśegs pas gaṅ bla na med pa yaṅ dag par rdzogs pa'i byaṅ chub tu mṅon par rdzogs par saṅs rgyas pa'i chos de gaṅ yaṅ med pa'i phyir ro.〔羅什〕脫落〔玄奘〕所以者何 善現 由彼謗我 起不實執 何以故 善現 無有少法 如來應正等覺能證阿耨多羅三藐三菩提

318)〔西藏語〕rab 'byor de bžin gśegs pas chos gaṅ mṅon par rdzogs par saṅs rgyas 'am bstan pa de la bden pa yaṅ med, brdzun pa yaṅ med de. de bas na de bžin gśegs pas chos thams cad saṅs rgyas kyi chos žes gsuṅs so.〔羅什〕須菩提 如來所得阿耨多羅三藐三菩提 於是中無實無虛 是故 如來說一切法 皆是佛法〔玄奘〕善現 如來現前等所證法 或所說法 或所思法 卽於其中 非諦非妄 是故 如來說一切法 皆是佛法

bhāṣitā. tasmād ucyante sarva-dharmā buddha-dharmā iti. tad yathā-api nāma subhūte puruṣo bhaved upetakāyo mahākāyaḥ.)[319]

15. 존자 쑤부띠는 여쭈었습니다.

[쑤부띠] "여래께서 어떤 사람에 대해 '몸을 아주 큰 몸으로 타고났다'라고 말씀하신 것은 '몸이 아닌 것'을 가르치신 것입니다. 그러므로 그에 대해 '몸을 큰 몸으로 타고났다'고 말합니다." (āyuṣmān subhūtir āha : yo'sau bhagavaṃs tathāgatena puruṣo bhāṣita upetakāyo mahakāya iti, akāyaḥ sa bhagavaṃs tathāgatena bhāṣitaḥ. tanocyate upetakāyo mahakāya iti.)[320]

16. 세존께서 말씀하셨습니다.

[세존] "쑤부띠여, 그렇습니다. '내가 뭇삶을 완전한 열반에 들게 하리라'라고 말하는 깨달음을 향한 님이 있다면, 그는 '깨달음을 향한 님'이라고 말할 수 없습니다. (bhagavān āha : evam etat subhūte, yo bodhisattvo evaṃ vaded : ahaṃ sattvān parinirvāpayiṣyāmi-iti. na sa bodhisattva iti vaktavyaḥ.)[321]

---

319) 〔西藏語〕 rab 'byor chos thams cad ces bya ba ni de dag thams cad chos med pa yin te. des na chos thams cad saṅs rgyas kyi chos žes bya'o. rab 'byor 'di lta ste dper na skyes bu žig mi'i lus daṅ žin lus chen por gyur pa bžin no. 〔羅什〕 須菩提 所言一切法者 卽非一切法 是故名一切法. 須菩提 譬如人身長大 〔玄奘〕 善現 一切法一切法者 如來說非一切法 是故如來說名一切法一切法 佛告善現 譬如士夫具身大身.

320) 〔西藏語〕 tshe daṅ ldan pa rab 'byor gyis gsol pa. bcom ldan 'das de bžin gśegs pas skyes bu mi'i lus daṅ ldan žiṅ lus chen po žes gaṅ gsuṅs pa de de bžin gśegs pas lus ma mchis par gsuṅs te. des na lus daṅ ldan žiṅ lus chen po žes bgyi'o. 〔羅什〕 須菩提言 世尊 如來說人身長大 卽爲非大身 是名大身 〔玄奘〕 具壽善現 卽白佛言 世尊 如來所說士夫具身大身 如來說爲非身 是故說名具身大身

17. 그것은 무슨 까닭입니까?
쑤부띠여, 깨달음을 향한 님이라고 이름 부를 만한 어떠한 것이 있습니까?" (tat kasya hetoḥ? asti subhūte sa kaścid dharmo yo bodhisattvo nāma?)[322]

18. 쑤부띠는 여쭈었습니다.
[쑤부띠] "세존이시여, 없습니다. 깨달음을 향한 님이라고 이름 부를 만한 어떠한 것도 없습니다." (subhūtir āha : no hīdaṃ bhagavan, na-asti sa kaścid dharmo yo bodhisattvo nāma)[323]

19. 세존께서 말씀하셨습니다.
[세존] "쑤부띠여, 여래께서 '뭇삶, 뭇삶'에 대해 말씀하신 것은, 뭇삶이 아닌 것'이라고 가르치신 것입니다. 그러므로 말하자면, '뭇삶'인 것입니다. 그러므로 여래께서는 '모든 법들에는 자아가 없으며, 모든 법들에는 존재가 없고, 생명이 없고, 영혼이 없다'라고 가르칩니다. (bhagavān āha : sattvāḥ sattvā iti subhūte asattvās te tathāgatena bhāṣitās, tenocyate sattvā iti. tasmāt tathāgato bhāṣate : nirātmānaḥ sarvadharmā niḥsattvāḥ nirjīvā niṣpudgalāḥ sarvadharmā it

---

321) 〔西藏語〕 bcom ldan 'das kyis bka' stsal pa. rab 'byor de de bžin no. de de bžin te. byaṅ chub sems dpa' gaṅ 'di skad du, bdag gis sems can rnams yoṅs su mya ṅan las bzla'o, žes zer na de byaṅ chub sems dpa' žes mi bya'o. 〔羅什〕 須菩提 菩薩亦如是 若作是言 我當滅度無量衆生 卽不名菩薩 〔玄奘〕 佛言善現 如是如是 若諸菩薩作如是言 我當滅度無量有情 是則不應說名菩薩.

322) 〔西藏語〕 de ci'i phyir že na. rab 'byor byaṅ chub sems dpa' žes bya ba'i chos de gaṅ yaṅ yod sñam mam. 〔羅什〕 何以故 須菩提 〔玄奘〕 何以故 善現 頗有少法名菩薩不

323) 〔西藏語〕 rab 'byor gyis gsol pa. bcom ldan 'das de ni ma lags so. 〔羅什〕 實無有法 名爲菩薩 〔玄奘〕 善現答言 不也世尊 無有少法名爲菩薩

i.)[324]

20. 쑤부띠여, 어떤 깨달음을 향한 님이 '나는 불국토를 장엄할 것이다'라고 말한다면, 그에 대해서도 같은 방식으로 설명되어야 합니다. (yaḥ subhūte bodhisattva evaṃ vaded : ahaṃ kṣetravyūhān niṣpādayiṣyāmi-iti, so 'pi tathaiva vaktavyaḥ.)[325]

21. 그것은 무슨 까닭입니까?
쑤부띠여, 여래께서 '불국토의 장엄, 불국토의 장엄'에 대해 말씀하신 것은 '장엄이 아닌 것'을 가르치신 것입니다. 그러므로 말하자면, '불국토의 장엄'인 것입니다. (tat kasya hetoḥ? kṣetravyūhā kṣetravyūhā iti subhūte 'vyūhā te tathāgatena bhāṣitāḥ, tenocyate kṣetravyūhā iti.)[326]

22. 쑤부띠여, 어떤 깨달음을 향한 님이 '모든 법은 실체가 없는 것, 모든 법은 실체가 없는 것'이라고 전념하면, '이렇게 오신 이, 거룩한 님, 올바로 원만히 깨달은 님께서는 깨달음을 향한 위대한 님'이라고 선언하셨습니다." (yaḥ subhūte bodhisattvo nirātmān

---

324) 〔西藏語〕 bcom ldan 'das kyis bka' stsal pa. rab 'byor de bas na de bžin gśegs pas chos thams cad ni sems can med daṅ, srog med daṅ, gaṅ zag med pa'o žes gsuṅs so. 〔羅什〕 是故 佛說一切法 無我無人無衆生無壽者 〔玄奘〕 佛告善現 有情有情者 如來說非有情故 名有情 是故如來說一切法無有有情 有命者無有士夫無有補特伽羅等

325) 〔西藏語〕 rab 'byor byaṅ chub sems gaṅ žig 'di skad du, bdag gis žin bkod pa rnams bsgrub po žes zer na de yaṅ de bžin du brjod par mi bya'o. 〔羅什〕 須菩提 若菩薩作是言 我當莊嚴佛土 是不名菩薩 〔玄奘〕 善現 若諸菩薩 作如是言 我當成辨佛土功德莊嚴 亦如是說

326) 〔西藏語〕 de ci'i phyir že na. rab 'byor žin bkod pa rnams žin bkod pa rnams žes bya ba ni de dag bkod pa med par de bžin gśegs pas gsuṅs pa'i phyir te des na žiṅ bkod pa rnams žes bya'o. 〔羅什〕 何以故 如來說莊嚴佛土者 卽非莊嚴 是名莊嚴 〔玄奘〕 何以故 佛土功德莊嚴佛土功德莊嚴者 如來說非莊嚴 是故如來說名佛土功德莊嚴佛土功德莊嚴

o dharmā nirātmāno dharmā ity adhimucyate, sa tathā gatena-arhatā samyaksambuddhena bodhisattvo mahāsattva ity ākhyātaḥ.)[327]

18. 모두 하나로 꿰뚫어 보고〔一體同觀分〕

1. 세존께서 말씀하셨습니다.

[세존] "쑤부띠여, 어떻게 생각합니까? 여래께서 육신의 눈을 갖고 있습니까?" (bhagavān āha : tat kiṃ manyase subhūte, saṃvidyate tathāgatasya māṃsā-cakṣuḥ?)[328]

2. 쑤부띠가 여쭈었습니다.

[쑤부띠] "세존이시여, 그렇습니다. 여래께서 육신의 눈을 갖고 계십니다." (subhūtir āha : evam etad bhagavan, saṃvidyate tathāgatasya māṃsā-cakṣuḥ.)[329]

3. 세존께서 말씀하셨습니다.

[세존] "쑤부띠여, 어떻게 생각합니까? 여래께서 하늘의 눈을 갖고 있습니까?" (bhagavān āha : tat kiṃ manyase sub

---

327) 〔西藏語〕 rab 'byor byaṅ chub sems dpa' gaṅ žig 'di skad du chos rnams ni bdag med pa, chos rnams ni bdag med pa'o žes mos pa de ni de bžin gśegs pa dgra bcom pa yaṅ dag par rdzogs pa'i saṅs rgyas kyis byaṅ chub sems dpa' sems dpa' chen po žes brjod do. 〔羅什〕 須菩提 若菩薩 通達無我法者 如來說明眞是菩薩 〔玄奘〕 善現 若諸菩薩 於無我法無我法深信解者 如來應正等覺 說爲菩薩菩薩

328) 〔西藏語〕 rab 'byor 'di ji sñam du sems. de bžin gśegs pa la śa'i spyan mṅa' sñam mam. 〔羅什〕 須菩提 於意云何 如來有肉眼不 〔玄奘〕 佛告善現 於汝意云何 如來等現有肉眼不

329) 〔西藏語〕 rab 'byor gyis gsol pa. bcom ldan 'das de de ltar lags te. de bžin gśegs pa la śa'i spyan mṅa'o. 〔羅什〕 如是世尊 如來有肉眼 〔玄奘〕 善現答言 如是世尊 如來等現有肉眼

hūte, saṃvidyate tathāgatasya divyaṃ cakṣuḥ?)[330]

4. 쑤부띠가 여쭈었습니다.

[쑤부띠] "세존이시여, 그렇습니다. 여래께서 하늘의 눈을 갖고 계십니다. (subhūtir āha : evam etad bhagavan, saṃvi dyate tathāgatasya divyaṃ cakṣuḥ.)[331]

5. 세존께서 말씀하셨습니다.

[세존] "쑤부띠여, 어떻게 생각합니까? 여래께서 지혜의 눈을 갖고 있습니까?" (bhagavān āha : tat kiṃ manyase sub hūte, saṃvidyate tathāgatasya prājñā-cakṣuḥ?)[332]

6. 쑤부띠가 여쭈었습니다.

[쑤부띠] "세존이시여, 그렇습니다. 여래께서 지혜의 눈을 갖고 계십니다." (subhūtir āha : evam etad bhagavan, saṃvi dyate tathāgatasya prajñā-cakṣuḥ.)[333]

7. 세존께서 말씀하셨습니다.

[세존] "쑤부띠여, 어떻게 생각합니까. 여래께서 진리의 눈을 갖고 있습니까?" (bhagavān āha : tat kiṃ manyase subh

---

330) 〔西藏語〕 bcom ldan 'das kyis bka' stsal pa. rab 'byor 'di ji sñam du sems. de bžin gśegs pa la lha'i spyan mṅa' sñam mam. 〔羅什〕 須菩提 於意云何 如來有天眼不 〔玄奘〕 佛告善現 於汝意云何 如來等現有天眼不

331) 〔西藏語〕 rab 'byor gyis gsol pa. bcom ldan 'das de de ltar lags te. de bžin gśegs pa la lha'i spyan mṅa'o. 〔羅什〕 如是世尊 如來有天眼 〔玄奘〕 善現答言 如是世尊 如來等現有天眼

332) 〔西藏語〕 bcom ldan 'das kyis bka' stsal pa. rab 'byor 'di ji sñam du sems. de bžin gśegs pa la śes rab kyi spyan mṅa' sñam mam. 〔羅什〕 須菩提 於意云何 如來有慧眼不 〔玄奘〕 佛告善現 於汝意云何 如來等現有慧眼不

333) 〔西藏語〕 rab 'byor gyis gsol pa. bcom ldan 'das de de ltar lags te. de bžin gśegs pa la śes rab kyi spyan mṅa'o. 〔羅什〕 如是世尊 如來有慧眼 〔玄奘〕 善現答言 如是世尊 如來等現有慧眼

ūte, saṃvidyate tathāgatasya dharma-cakṣuḥ?)334)

8. 쑤부띠가 여쭈었습니다.

[쑤부띠] "세존이시여, 그렇습니다. 여래께서 진리의 눈을 갖고 계십니다."(subhūtir āha : evam etad bhagavan, saṃvidyate tathāgatasya dharma-cakṣuḥ.)335)

9. 세존께서 말씀하셨습니다.

[세존] "쑤부띠여, 어떻게 생각합니까? 여래께서 깨달은 님의 눈을 갖고 있습니까?" (bhagavān āha : tat kiṃ manyase subhūte, saṃvidyate tathāgatasya buddha-cakṣuḥ?)336)

10. 쑤부띠는 여쭈었습니다.

[쑤부띠] "세존이시여, 그렇습니다. 여래께서 깨달은 님의 눈을 갖고 계십니다." (subhūtir āha : evam etad bhagavan, saṃvidyate tathāgatasya buddha-cakṣuḥ.)337)

11. 세존께서 말씀하셨습니다.

[세존] "쑤부띠여, 어떻게 생각합니까. 여래께서는 '큰 갠지스강에 있는 모래알 수만큼의 그 많은 모래알'이라고 말씀하시곤

---

334) 〔西藏語〕 bcom ldan 'das kyis bka' stsal pa. rab 'byor 'di ji sñam du sems. de bžin gśegs pa la chos kyi spyan mṅa' sñam mam. 〔羅什〕 須菩提 於意云何 如來有法眼不 〔玄奘〕 佛告善現 於汝意云何 如來等現有法眼不

335) 〔西藏語〕 rab 'byor gyi gsol pa. bcom ldan 'das de de ltar lags te. de bžin gśegs pa la chos kyi spyan mṅa'o. 〔羅什〕 如是世尊 如來有法眼 〔玄奘〕 善現答言 如是世尊 如來等現有法眼

336) 〔西藏語〕 bcom ldan 'das kyis bka' stsal pa. rab 'byor 'di ji sñam du sems. de bžin gśegs pa la saṅs rgyas kyi spyan mṅa' sñam mam. 〔羅什〕 須菩提 於意云何 如來有佛眼不 〔玄奘〕 佛告善現 於汝意云何 如來等現有佛眼不.

337) 〔西藏語〕 rab 'byor gyis gsol pa. bcom ldan 'das de de ltar lags te de bžin gśegs pa la saṅs rgyas kyi spyan mṅa'o. 〔羅什〕 如是世尊 如來有佛眼 〔玄奘〕 善現答言 如是世尊 如來等現有佛眼

했습니까?"(bhagavān āha : tat kiṃ manyase subhūte, yāvantyo gaṅgāyāṃ mahā-nadyāṃ vālukā, api nu tā vālukās tathāgatena bhāṣitāḥ?)[338]

12. 쑤부띠는 여쭈었습니다.

[쑤부띠] "세상에 존경받는 님이시여, 그렇습니다. 바른 길로 잘 가신 님이시여, 그렇습니다. 여래께서 그러한 모래알에 관해 말씀하셨습니다." (subhūtir āha : evam etad bhagavann, evam etad sugata, bhāṣitās tathāgatena vālukāḥ.)[339]

13. 세존께서 말씀하셨습니다.

[세존] "쑤부띠여, 어떻게 생각합니까. 큰 갠지스강에 있는 모래알 수만큼의 갠지스강들이 있는데, 그들 갠지스강들의 모래알 수만큼 많은 세계들이 있다면 그 세계들은 매우 많다고 생각합니까?" (bhagavān āha : tat kiṃ manyase subhūte yāvantyo gaṅgāyāṃ mahā-nadyāṃ vālukās tavantya eva gaṅgā-nadyo bhaveyuḥ, tāsu yā vālukās tāvataś ca lokadhātavo bhaveyuḥ, kaccid bahavas te lokadhātavo bhaveyuḥ?)[340]

---

338) 〔西藏語〕 漏落 〔羅什〕 須菩提 於意云何 如恒河中所有沙 佛說是沙不 〔玄奘〕 佛告善現 於汝意云何 乃至殑伽河中所有諸沙 如來說是沙不

339) 〔西藏語〕 漏落 〔羅什〕 如是世尊 如來說是沙 〔玄奘〕 善現答言 如是世尊 如是善逝 如來說是沙

340) 〔西藏語〕 bcom ldan 'das kyis bka' stsal pa. rab 'byor 'di ji sñam du sems. gaṅgā'i kluṅ gi bye ma ji sñed pa gaṅgā'i kluṅ yaṅ de sñed kyi 'jig rten gyi khams su gyur na jig rten gyi khams de dag maṅ ba yin sñam mam.〔羅什〕 須菩提 於意云何 如一恒河中所有沙 有如是沙等恒河 是諸恒河沙所有沙數佛世界 如是寧爲多不 〔玄奘〕 佛言善現 於汝意云何 乃至殑伽河中 所有沙數 假使有如是等殑伽河 乃至是諸殑伽河中所有沙數 假使有如是等世界 是諸世界 寧爲多不

14. 쑤부띠는 여쭈었습니다.
[쑤부띠] "세상에 존경받는 님이시여, 그렇습니다. 올바른 길로 잘 가신 님이시여, 그렇습니다. 그 세계는 매우 많겠습니다." (subhūtir āha : evam etad bhagavann, evam etad su gata, bahavas te lokadhātavo bhaveyuḥ.)341)

15. 세존께서 말씀하셨습니다.
[세존] "쑤부띠여, 얼마나 많은 뭇삶들이 그 세계들 가운데 있더라도 나는 그들의 다양한 마음의 흐름을 분명히 알고 있습니다. (bhagavān āha : yavantaḥ subhūte teṣu lokadhātu ṣu sattvās teṣām ahaṃ nānābhāvāṃ cittadhārāṃ prajā nāmi.)342)

16. 그것은 무슨 까닭입니까?
쑤부띠여, 여래께서 '마음의 흐름, 마음의 흐름'에 대해 말씀하신 것은 '흐름이 아닌 것'을 가르치신 것입니다. 그러므로 말하자면, '마음의 흐름'인 것입니다. (tat kasya hetoḥ? cittad hārā cittadhāreti subhūte adhāraiṣā tathāgatena bhā ṣitās. tenocyate cittadhāreti.)343)

---

341) 〔西藏語〕 rab 'byor gyis gsol pa. bcom ldan 'das de de ltar lags te. 'jig rten gyi khams de dag maṅ lags so. 〔羅什〕 甚多世尊 〔玄奘〕 善現答言 如是世尊 如是善逝 是諸世界 基數甚多

342) 〔西藏語〕 bcom ldan 'das bka' stsal pa. rab 'byor 'jig rten gyi khams de dag na sems can ji sñed yod pa de dag gi bsam pa tha dad pa'i sems kyi rgyun ṅas rab tu śes so. 〔羅什〕 佛告須菩提 爾所國土中所有衆生 若干種心 如來悉知 〔玄奘〕 佛言善現 乃至爾所諸世界中所有有情 彼諸有情各有種種 其心流注 我實能知

343) 〔西藏語〕 de ci'i phyir že na. rab 'byor sems kyi rgyun sems kyi rgyun žes bya ba ni de rgyun med par de bžin gśegs pas gsuṅs pa'i phyir te. des na sems kyi rgyun žes bya'o. 〔羅什〕 何以故 如來說諸心 皆爲非心 是名爲心 〔玄奘〕 何以故 善現 心流注心流注者 如來說非流注 是故如來說名心流注心流注.

17. 그것은 무슨 까닭입니까?
쑤부띠여, 과거의 마음도 인식되지 않고, 미래의 마음도 인식되지 않고, 현재의 마음도 인식되지 않기 때문입니다." (tat kasya hetoḥ? atītaṃ subhūte cittaṃ nopalabhyate, anāgataṃ cittaṃ nopalabhyate, pratyutpannaṃ cittaṃ nopalabhyate.)[344]

19. 온 법계에 두루 미치네〔法界通化分〕

1. [세존] "쑤부띠여, 어떻게 생각합니까?
어떤 훌륭한 가문의 아들 또는 훌륭한 가문의 딸이 이 삼천대천세계를 칠보로써 가득 채워 그것을 이렇게 오신 님, 거룩한 님, 올바로 원만히 깨달은 님에게 보시하면, 그 훌륭한 가문의 아들이나 훌륭한 가문의 딸은 그것으로 인해서 아주 많은 공덕의 다발을 이루겠습니까?" (tat kiṃ manyase subhūte yaḥ kaścit kulaputro vā kuladuhitā vemaṃ trisāhasramahāsāhasraṃ lokadhātuṃ saptaratna-paripūrṇaṃ kṛtvā tathāgatebhyo 'rhadbhyaḥ samyaksambuddhebhyo dānaṃ dadyāt, api nu sa kulaputro va kuladuhitā vā tato nidānaṃ bahu puṇyaskandhaṃ prasunuyāt?)[345]

---

344) 〔西藏語〕 de ci'i phyir že na. rab 'byor 'das pa'i sems kyaṅ dmigs su med, ma 'oṅs pa'i sems kyaṅ dmigs su med, da ltar byuṅ ba'i sems kyaṅ dmigs su med pa'i phyir ro. 〔羅什〕 所以者何 須菩提 過去心不可得 現在心不可得 未來心不可得 〔玄奘〕 所以者何 善現 過去心不可得 現在心不可得 未來心不可得

345) 〔西藏語〕 rab 'byor 'di ji sñam du sems. gaṅ gis ston gsum gyi stoṅ chen

2. 쑤부띠는 여쭈었습니다.
[쑤부띠] "세상에 존경받는 님이시여, 많겠습니다. 올바른 길로 잘 가신 님이시여, 많겠습니다."(subhūtir āha : bahu bhag avān bahu sugata.)346)

3. 세존께서 말씀하셨습니다.
[세존] "쑤부띠여, 그렇습니다. 쑤부띠여, 그렇습니다.
그 훌륭한 가문의 아들이나 훌륭한 가문의 딸은 그것을 인연으로 해서 많은 공덕의 다발을 이룰 것입니다. (bhagavān āh a : evam etat subhūte evam etat, bahu sa kulaputro vā kuladuhitā vā tato nidānaṃ puṇya-skandhaṃ pra sunuyād.)347)

4. 그것은 무슨 까닭입니까?
쑤부띠여, 여래께서는 여래께서 '공덕의 다발, 공덕의 다발'이라고 말씀하신 것은 '다발이 아닌 것'이라고 가르쳤습니다. 그러므로 말하자면, '공덕의 다발'인 것입니다. 그러나 만약 공덕의 다발이라는 것이 존재한다면, 여래께서 '공덕의 다발, 공덕의 다발'에 대해 말씀하시지 않을 것입니다." (tat kasya het

---

po'i 'jig rten gyi khams 'di rin po che sna bdun gyi rab tu gaṅ bar byas te sbyin pa byin pa rigs kyi bu'am rigs kyi bu mo de gźi de las bsod nams maṅ du bskyed dam.〔羅什〕須菩提 於意云何 若有人滿三千大天世界七寶 以用布施 是人以是因緣 得福多不〔玄奘〕佛告善現 於汝意云何 若善男子善女人 以此三千大天世界盛滿七寶 奉施如來應正等覺 是善男子或善女人 由是因緣所生福聚 寧爲多不

346)〔西藏語〕rab 'byor gyis gsol pa. bcom ldan 'das maṅ lags so. bde bar gśegs pa maṅ lags so.〔羅什〕如是世尊〔玄奘〕善現答言 甚多世尊 甚多善逝

347)〔西藏語〕bcom ldan 'das kyis bka' stsal pa. rab 'byor de de bžin no. de de bžin te. rigs kyi bu'am rigs kyi bu mo de gźi de las bsod nams kyi phuṅ po maṅ du bskyed do.〔羅什〕此人以是因緣 得福甚多〔玄奘〕佛言善現 如是如是 善現 彼善男子或善女人 由此因緣 所生福聚 其量甚多

oḥ? puṇya-skandhaḥ puṇya-skandha iti subhūte askandhaḥ sa tathāgatena bhāṣitaḥ. tenocyate puṇya-skandha iti. sacet subhūte puṇya-skandho 'bhaviṣyan, na tathāgato 'bhāṣiṣyat puṇya-skandhaḥ puṇya-skandha iti.)348)

20. 형상과 특징을 떠나서〔離色離相分〕

1. [세존] "쑤부띠여, 어떻게 생각합니까? 형상적인 몸을 성취했다고 해서 여래라고 볼 수 있습니까?" (tat kiṃ manyase subhūte rūpakāya-pariniṣpattyā tathāgato draṣṭavyaḥ?)349)

2. 쑤부띠는 여쭈었습니다.
[쑤부띠] "세존이시여, 그렇지 않습니다. 형상적인 몸을 성취했다고 해서 여래라고 볼 수 없습니다. (subhūtir āha : no hīdaṃ bhagavan, na rūpakāya-pariniṣpattyā tathāgato draṣṭavyaḥ.)350)

---

348)〔西藏語〕yaṅ rab 'byor gal te bsod nams kyi phuṅ po bsod nams kyi phuṅ por gyur na. bsod nams kyi phuṅ po bsod nams kyi phuṅ po žes de bžin gśegs pas mi gsuṅ ṅo.〔羅什〕須菩提 若福德有實 如來不說得福德多 以福德無故 如來說得福德多〔玄奘〕何以故 善現 若有福聚 如來不說福聚福聚

349)〔西藏語〕rab 'byor 'di ji sñam du sems. gžugs kyi sku yoṅs su grub pas de bžin gśegs par blta par bya sñam mam.〔羅什〕須菩提 於意云何 佛可以具足色身見不 不也〔玄奘〕佛告善現 於汝意云何 可以色身圓實 觀如來不

350)〔西藏語〕rab 'byor gyis gsol pa. bcom ldan 'das de ni ma lags so. gzugs kyi sku yoṅs su grub pas de bžin gśegs par blta bar(3) mi bgyi lags so.〔羅什〕世尊 如來不應 以具足色身見〔玄奘〕善現答言 不也世尊 可以色身圓實 觀於如來

3. 그것은 무슨 까닭입니까?
세존이시여, 여래께서 '형상적인 몸의 성취, 형상적인 몸의 성취'에 대해 말씀하신 것은 '성취가 아닌 것'이라고 가르치신 것입니다. 그러므로 말하자면, '형상적인 몸의 성취'인 것입니다." (tat kasya hetoḥ? rūpakāya-pariniṣpattī rūpakāya-pariniṣpattir iti bhagavan apariniṣpattir eṣā tathāgatena bhāṣitā. tenocyate rūpakāya-pariniṣpattir iti.)351)

4. 세존께서 말씀하셨습니다.
[세존] "쑤부띠여, 어떻게 생각합니까? 특징을 성취했다고 해서 여래라고 볼 수 있습니까?" (bhagavān āha : tat kiṃ manyase subhūte, lakṣaṇa-sampadā tathāgato draṣṭavyaḥ?)352)

5. 쑤부띠는 여쭈었습니다.
[쑤부띠] "세존이시여, 그렇지 않습니다. 특징을 성취했다고 해서 여래라고 볼 수 없습니다. (subhūtir āha : no hīdaṃ bhagavan, na lakṣaṇa-sampadā tathāgato draṣṭavyaḥ.)353)

---

351) 〔西藏語〕 de ci'i phyir že na. bcom ldan gzugs kyi sku yoṅs su grub pa žes bgyi ba ni de yoṅs su grub pa ma mchis par de bžin gśegs pas gsuṅs pa'i slad du ste. des na gzugs kyi sku yoṅs su grub pa žes bgyi'o. 〔羅什〕 何以故 如來說具足色身 卽非具足色身 是名具足色身 〔玄奘〕 何以故 世尊 色身圓實色身圓實者 如來說非圓實 是故如來說名 色身 圓實 色身圓實

352) 〔西藏語〕 bcom ldan 'das kyis bka' stsal pa. rab 'byor 'di ji sñam du sems. mtsan phun sum tshogs pas de bžin gśegs par blta bar bya sñam mam. 〔羅什〕 須菩提 於意云何 如來可以具足諸相見不 〔玄奘〕 佛告善現 於汝意云何 可以諸相具足 觀如來不

353) 〔西藏語〕 rab 'byor gyis gsol pa. bcom ldan 'das de ni ma lags so. de ci'i slad du že na. mtsan phun sum tshogs pas de bžin gśegs par blta bar mi bgyi lags so. 〔羅什〕 不也世尊 如來不應以具足諸相見 〔玄奘〕 善現答言 不也世尊 不

6. 그것은 무슨 까닭입니까?
세존이시여, 여래께서 '특징의 갖춤'에 대해 말씀하신 것은, 여래께서 '특징이 아닌 것'을 가르치신 것입니다. 그러므로 말하자면, '특징의 갖춤'인 것입니다." (tat kasya hetoḥ? yaiṣā bhagavaṃl lakṣaṇa-sampat tathāgatena bhāṣitā, alakṣaṇa-sampad eṣā tathāgatena bhāṣitā. tenocyate lakṣaṇa-sampad iti.)[354]

21. 설했지만 설한 것 없네〔非說所說分〕

1. 세존께서 말씀하셨습니다.
[세존] "쑤부띠여, 어떻게 생각합니까? 여래께서 '내가 가르침을 설했다'라고 생각합니까?"(bhagavān āha : tat kiṃ manyase subhūte, api nu tathāgatasyaivaṃ bhavati : mayā dharmo deśita iti?)[355]

2. 쑤부띠는 여쭈었습니다.
[쑤부띠] "그렇지 않습니다. 세존이시여, 여래께서 '내가 가르침

可以諸相具足 觀於如來

354)〔西藏語〕de ci'i slad du žes na. de bžin gśegs pas mtsan phun sum tshogs pa gaṅ gsuṅs pa de phun sum tshogs pa ma mchis par de bžin gśegs pas gsuṅs pa'i slad du ste. des na mtsan phun sum tshogs pa žes bgyi'o.〔羅什〕何以故 如來說諸相具足 卽非具足 是名諸相具足〔玄奘〕何以故 世尊 諸相具足諸相具足者 如來說爲非相具足 是故如來說名 諸相具足 諸相具足

355)〔西藏語〕bcom ldan 'das kyis bka' stsal pa. rab 'byor 'di ji sñam du sems. de bžin gśegs pas 'di sñam du ṅas chos bstan to žes dgoṅs so sñam na.〔羅什〕須菩提 汝勿謂如來作是念 我當有所說法〔玄奘〕佛告 善現 於汝意云何 如來頗作是念 我當有所說法耶

을 설했다'라고 생각하지 않습니다."(subhūtir āha : no hīd aṃ bhagavan, na tathāgatasyaivaṃ bhavati : mayā dharmo deśita iti.)[356)]

3. 세존께서 말씀하셨습니다.
[세존] "쑤부띠여, 누군가가 '여래께서 가르침을 설했다'라고 말한다면, 그는 그렇지 않은 것을 말한 것이며, 있지 않은 것을 취하여 나를 비방하는 것입니다. (bhagavān āha : yaḥ sub hūte evaṃ vadet : tathāgatena dharmo deśita iti, sa vitathaṃ vadet, abhyācakṣīta māṃ sa subhūte 'satod gṛhitena.)[357)]

4. 그것은 무슨 까닭입니까? 쑤부띠여, '설해진 가르침, 설해진 가르침'이라고 하지만 '설해진 가르침'이라고 인식될 만한 어떠한 것도 존재하지 않습니다." (tat kasya hetoḥ? dharmad eśanā dharmadeśaneti subhūte, na-asti sa kaścid dh armo yo dharmadeśanā namo palabhyate.)[358)]

5. 이렇게 말씀하시자 존자 쑤부띠는 세존께 이와 같이 여쭈었습니다.

---

356) 〔西藏語〕 rab 'byor de de ltar mi blta ste. de bžin gśegs pas gaṅ bstan pa'i chos de gaṅ yaṅ med pa'i phyir ro. 〔羅什〕 莫作是念 〔玄奘〕 善現 汝今勿當作如是觀

357) 〔西藏語〕 rab 'byor su žig 'di skad du, de bžin gśegs pas chos bstan to žes zer na, rab 'byor de ni med pa daṅ log par zin pas ṅa la skur bar 'gyur ro. 〔羅什〕 何以故 若人言如來有所說法 卽爲謗佛 不能解我所說故 〔玄奘〕 善提 若有人言如來實能說法 汝應當知 是人由非實有及以邪執 起誹謗我

358) 〔西藏語〕 de ci'i phyir že na. rab 'byor chos bstan pa žes bya ba ni gaṅ chos bstan pa žes bya bar dmigs par gyur ba'i chos de gaṅ yaṅ med pa'i phyir ro. 〔羅什〕 須菩提 說法者 無法可說 是名說法 〔玄奘〕 何以故 善現 說法說法者 無法可得 故名說法

[쑤부띠] "세존이시여, 미래의 시대, 마지막 시기, 마지막 시간, 마지막 오백 년, 올바른 가르침이 무너질 때에도 이와 같은 법을 듣고 진실한 믿음을 내는 어떠한 뭇삶들이 있겠습니까?" (evam ukta āyuṣmān subhūtir bhagavantam etad avocat : asti bhagavan kecit sattvā bhaviṣyanty anāgate' dhvani paścime kāle paścime samaye paścimāyāṃ pañcaśatyaṃ saddharma-vipralope vartamāṇe ya imān evaṃrūpāñ dharmāñ śrutvā-abhiśraddadhāsyanti ?)[359]

6. 세존께서 말씀하셨습니다.
[세존] "쑤부띠여, 그들은 뭇삶도 아니고 뭇삶이 아닌 것도 아닙니다.(bhagavān āha : na te subhūte sattvā na-asattvāḥ.)[360]

7. 그것은 무슨 까닭입니까?
쑤부띠여, 여래께서 '뭇삶, 뭇삶'에 대해 말씀하신 것은 '뭇삶이 아닌 것'을 가르치신 것입니다. 그러므로 말하자면, '뭇삶'입니다." (tat kasya hetoḥ? sattvāḥ sattvā iti subhūte sarve te subhūte asattvās tathāgatena bhāṣitāḥ tenocyante sattvā iti.)[361]

---

359) 〔西藏語〕 de nas bcom ldan 'das la tshe daṅ ldan pa rab 'byor gyis 'di skad ces gsol to. bcom ldan 'das ma 'oṅs pa'i dus na sems can gaṅ dag 'di lta bu'i chos bśad pa'i 'di thos nas mṅon par yid ches par 'gyur ba 'byuṅ ba lta mchis lags sam. 〔羅什〕 爾時慧命須菩提 白佛言 世尊 頗有衆生 於未來世 聞說是法 生信心不 〔玄奘〕 爾時具壽善現 白佛言 世尊 於當來世 後時後分後五百世 正法將滅時分轉時 頗有有情 聞說如是色類法已 能深身不

360) 〔西藏語〕 bcom ldan 'das kyis bka' stsal pa. rab 'byor de dag sems can yaṅ ma yin sems can med pa yaṅ ma yin no. 〔羅什〕 佛言須菩提 彼非衆生 非不衆生 〔玄奘〕 佛言善現 彼非有情 非不有情

22. 법은 얻어질 수 없으니〔無法可得分〕

1. 〔세존〕 "쑤부띠여, 어떻게 생각합니까?
여래께서 위없이 바르고 원만한 깨달음이라고 분명하게 깨달아 얻은 어떠한 법이라도 있습니까?" (tat kiṃ manyase subhūte, api nuv asti sa kaścid dharmo yas tathāgatena - anuttarāṃ samyaksambuddhim abhisambuddhaḥ?)[362]

2. 쑤부띠는 여쭈었습니다.
[쑤부띠] "세존이시여, 그렇지 않습니다. 여래께서 위없이 바르고 원만한 깨달음이라고 분명하게 깨달아 얻은 어떠한 법도 없습니다." (āyuṣmān subhūtir āha : no hīdaṃ bhagavan na-asti sa bhagavan kaścid dharmo yas tathāgatena-anuttarāṃ samyaksambodhim abhisambuddhaḥ.)[363]

3. 세존께서 말씀하셨습니다.
[세존] "쑤부띠여, 그렇습니다. 쑤부띠여, 그렇습니다. 거기에는 아주 미세한 법도 존재하지 않으며 얻을 수 없습니다. 그러

---

361) 〔西藏語〕 de ci'i phyir že na. rab 'byor sems can rnams žes bya ba ni de bžin gśegs pas de dag sems can med par gsuṅs pa'i phyir te. de bas na sems can rnams žes bya'o. 〔羅什〕 何以故 須菩提 衆生衆生者 如來說非衆生 是名衆生 〔玄奘〕 何以故 善現 一切有情者 如來說非有情故 名一切有情

362) 〔西藏語〕 rab 'byor 'di ji sñam du sems. de bžin gśegs pas gaṅ bla na med pa yaṅ dag par rdzogs pa'i byaṅ chub tu mṅon par rdzogs par saṅs rgyas pa'i chos de gaṅ yaṅ yod sñam mam. 〔羅什〕 須菩提 白佛言 世尊 佛得阿耨多羅三藐三菩提 〔玄奘〕 佛告善現 於汝意云何 頗有少法 如來應正等覺現證 無上正等菩提耶

363) 〔西藏語〕 tshe daṅ ldan pa rab 'byor gyis gsol pa. bcom ldan 'das de bžin gśegs pas gaṅ bla na med pa yaṅ dag par rdzogs pa'i chos de gaṅ yaṅ ma mchis so. 〔羅什〕 爲無所得耶 〔玄奘〕 具壽善現 白佛言 世尊 如我解佛所說義者 無有少法如來應正等覺 現證無上正等菩提

므로 말하자면, '위없이 바르고 원만한 깨달음'인 것입니다." (bhagavān āha : evam etat subhūte evam etat, aṇur api tatra dharmo na saṃvidyate nopalabhyate. tano cyate 'nuttarā samyaksambuddhir iti.)364)

23. 맑은 마음으로 착함을 행하라〔淨心行善分〕

1. [세존] "쑤부띠여, 그리고 그 법은 평등하며 거기에 아무런 차별도 없습니다. 그러므로 말하자면, '위없이 바르고 원만한 깨달음'인 것입니다. (api tu khalu punaḥ subhūte samaḥ sa dharmo, na tatra kiṃcid viṣamaṃ. tenocyate'nutt arā samyaksambuddhir iti.)365)

2. 위없이 바르고 원만한 깨달음은, 평등하여 거기에 자아가 없고, 존재가 없고, 생명이 없고, 영혼이 없기 때문에, 모든 착하고 건전한 법을 통해서 분명하게 깨달아지는 것입니다. (nirāt matvena niḥsattvatvena nirjīvatvena niṣpudgalatve na samā sānuttarā samyaksambodhiḥ sarvaiḥ kuśala ir dharmair abhisambudhyate.)366)

---

364) 〔西藏語〕 bcom ldan 'das kyi bka' stsal pa. rab 'byor de de bžin no. de de bžin te. de la chos cuṅ zad kyaṅ med śiṅ mi dmigs te, des na bla na med pa yaṅ dag par rdžogs pa'i byaṅ chub ces bya'o. 〔羅什〕 佛言 如是如是 須菩提 我於阿褥多羅三藐三菩提 乃至無有少法可得 是名阿褥多羅三藐三菩提 〔玄奘〕 佛言善現 如是如是 於中 少法無有無得 故名無上正等菩提

365) 〔西藏語〕 yaṅ rab 'byor chos de ni mñam pa ste de la mi mñam pa gaṅ yaṅ med pas des na bla ma med pa yaṅ dag par rdzogs pa'i byaṅ chub ces bya'o. 〔羅什〕 復次須菩提 是法平等 無有高下 是名阿褥多羅三藐三菩提 〔玄奘〕 復次善現 是法平等 於其中間 無不平等 故名無上正等菩提

366) 〔西藏語〕 bla ma med pa yaṅ dag par rdzogs pa'i byaṅ chub ni bdag med

3. 그것은 무슨 까닭입니까?
쑤부띠여, 여래께서 '착하고 건전한 법, 착하고 건전한 법'에 대해 말씀하신 것은, 여래께서 '법이 아닌 것'을 가르치신 것입니다. 그러므로 말하자면, '착하고 건전한 법'인 것입니다." (tat kasya hetoḥ? kuśalā dharmāḥ kuśalā dharmā iti subhūte adharmāś caiva te tathāgatena bhāṣitāḥ. tenocyante kuśalā dharmā iti.)[367]

24. 공덕을 지혜에 견주랴〔福智無比分〕

1. [세존] "쑤부띠여, 또한 한 여인이나 한 남자가 삼천대천세계에서 가장 큰 쑤메루 산 만큼의 칠보 더미를 모아서 이렇게 오신 님, 거룩한 님, 올바로 원만히 깨달은 님에게 보시했다고 합시다. (yaś ca khalu punaḥ subhūte strī vā puruṣo vā yāvantas trisāhasra-mahāsāhasre lokadhātau sumeravaḥ parvatarājānas tāvato rāśīn saptānāṃ ratnānām abhisaṃhṛtya tathāgatebhyo 'rhadbhyaḥ samyaksambuddhebhyo dānaṃ dadyāt,)[368]

---

pa daṅ. sems can med pa daṅ, srog med pa daṅ, gaṅ zag med par mñam pa ste. dge ba'i chos thams cad kyi mṅon par rdzogs par saṅs rgyas so.〔羅什〕以無我無人無衆生無壽者 修一切善法 卽得阿耨多羅三藐三菩提〔玄奘〕以無我性無有情性無命者性無士夫性無補特伽羅等性平等 故名無上正等菩提 一切善法 無不現證 一切善法 無不妙覺

367)〔西藏語〕rab 'byor dge ba'i chos rnams dge ba'i chos rnams žes bya ba de dag ni de bžin gśegs pas chos de med pa ñid du gsuṅs te. des na dge ba'i chos rnams žes bya'o.〔羅什〕須菩提 所言善法者 如來說(卽)非善法 是名善法〔玄奘〕善現 善法善法者 如來一切說爲非法 是故如來說名善法善法

368)〔西藏語〕yaṅ rab 'byor rigs kyi bu'am rigs kyi bu mo gaṅ la la žig gis stoṅ

2. 그리고 한 훌륭한 가문의 아들이나 한 훌륭한 가문의 딸은 이 지혜의 완성이란 법문으로부터 사행시 한 게송이라도 받아들여 다른 사람에게 가르쳤다면, 쑤부띠여, 앞의 공덕의 다발은 뒤의 공덕의 다발의 백분의 일 등에도 미치지 못하며 또한 비교조차 할 수 없을 것입니다." (yaś ca kulaputro vā kula duhitā vā vetaḥ prajñāpāramitāyā dharmaparyāyād a ntaśaś catuṣpādikām api gāthām udgṛhya parebhyo d eśayed, asya subhūte puṇya-skandhasya paurvakaḥ puṇyaskandhaḥ śatatamīm api kalāṃ nopaiti yāvad upaniṣadam api na kṣamate.)[369]

---

gsum gyi stoṅ chen pa'i 'jig rten gyi khams na ri'i rgyal por ra ba dag ji sñed yod pa de tsam gyi rin po che sna bdun gyi phuṅ po mṅon par bsdus te sbyin byin pa bas.〔羅什〕須菩提 若三千大天世界中 所有諸須彌山王 如是等七寶聚 有人持用布施〔玄奘〕復次善現 若善男子或善女人 集七寶聚量等三千大天世界 其中所有妙高山王 持用布施

369)〔西藏語〕gaṅ gis śes rab kyi pha rol tu phyin pa 'di las tha na tshig su bcad pa gcig tsam yaṅ bzuṅ nas gžan dag la yaṅ bstan na, rab 'byor bsod nams kyi phuṅ po sṅa ma des brgya'i char yaṅ ñe bar mi 'gro ba nas rgyu'i bar du yaṅ mi bzod do.〔羅什〕若人以此般若波羅密經 乃至四句偈等 受持讀誦 爲他人說 於前福德 百分不及一 百千萬億分 乃至算數譬喩 所不能及〔玄奘〕若善男子或善女人 於此般若波羅密多經中 乃至四句伽他 受持讀誦 究竟通利 及廣爲他宣說 開示如理作意 善現 前說福聚 於此福聚 百分計之所不能及 如是千分若百分若俱胝百分 若俱胝那庾多百千分 若數分若計分若算分若喩分若烏波尼殺曇分 亦不能及

25. 교화한 뭇삶이 없네〔化無所化分〕

1. [세존] "쑤부띠여, 어떻게 생각하십니까?
여래께서 '내가 뭇삶을 해탈시켰다'는 생각이 일어납니까? 쑤부띠여, 결코 그렇게 보아서는 안됩니다. (tat kiṃ manyase subhūte api nu tathāgatasyaivaṃ bhavati : mayā sat tvāḥ primocita iti? na khalu punaḥ subhūte evaṃ dr aṣṭavyam.)[370)]

2. 그것은 무슨 까닭입니까?
쑤부띠여, 여래에 의해 해탈한 어떠한 뭇삶도 존재하지 않기 때문입니다. (tat kasya hetoḥ? na-sati subhūte kaścit sattvo yas tathāgatena parimocitaḥ.)[371)]

3. 쑤부띠여, 만약 여래가 해탈시킨 어떠한 뭇삶이 있다면, 여래는 그것 때문에 또한 자아에 집착하게 되는 것이고, 존재에 집착하고, 생명에 집착하고, 영혼에 집착하게 되는 것입니다. (yadi punaḥ subhūte kaścit sattvo 'bhaviṣyat yas tat hāgatena parimocitaḥ syāt, sa eva tathāgatasya-ātm agraho 'bhaviṣyat. sattvagrāho jīvagrāhaḥ pudgalagr āho 'bhaviṣyat.)[372)]

---

370)〔西藏語〕rab 'byor 'di ji sñam du sems. de bžin gśegs pas 'di sñam du nas sems can rnams bkrol lo žes dgoṅs so sñam na. rab 'byor de ltar mi blta'o. 〔羅什〕須菩提 於意云何 汝等勿謂如來作是念 我當度衆生〔玄奘〕佛告善現 於汝意云何 如來頗作是念 我當度脫諸有情耶

371)〔西藏語〕de ci'i phyir že na. rab 'byor de bžin gśegs pas gaṅ bkrol ba'i sems can de dag gaṅ yaṅ med pa'i phyir ro.〔羅什〕須菩提 莫作是念 何以故 實無有衆生 如來度者〔玄奘〕善現 汝今勿當作如是觀 何以故 善現 無少有情 如來度者

372)〔西藏語〕rab 'byor gal te de bžin gśegs pas sems can gaṅ la la žig bkrol bar gyur na de ñid de bžin gśegs pa'i bdag tu 'dzin par 'gyur. sems can du

4. 쑤부띠여, 여래께서 '자아에 대한 집착'이라고 하신 그것은 '집착이 아닌 것'을 가르치신 것입니다. 그런데 어리석은 일반인들이 집착하고 있습니다. (ātmagraha iti subhūte agrāha eṣa tathāgatena bhāṣitaḥ. sa ca bālapṛthagjanair udgṛhītaḥ.)373)

5. 그리고 쑤부띠여, 여래께서 '어리석은 일반인'에 대해 말씀하신 것은 대부분의 '일반인이 아닌 것'을 가르치신 것입니다. 그러므로 말하자면 '어리석은 일반인'인 것입니다." (bālapṛthagjanā iti subhūte ajanā eva te tathāgatena bhāṣitāḥ. tenocyante bālapṛthagjanā iti.)374)

26. 법신은 특징이 없다〔法身非相分〕

1. [세존] "쑤부띠여, 어떻게 생각합니까?
어떤 특징을 갖추었다고 해서 여래라고 볼 수 있습니까?" (tat kiṃ manyase subhūte, lakṣaṇa-sampadā tathāgato draṣṭavyaḥ?)375)

'dzin pa daṅ, srog tu 'dzin pa daṅ, gaṅ zag tu 'dzin par 'gyur ro. 〔羅什〕 若有衆生如來度者 如來卽有我人衆生壽者 〔玄奘〕 善現 若有有情如來度者 如來卽應有其我執 有有情執 有命者執 有士夫執有補特伽羅等集

373) 〔西藏語〕 rab 'byor bdag tu 'dzin ces bya ba ni. de 'dzin pa med par de bžin gśegs pas gsuṅs na. de yaṅ byis pa so so'i skye bo rnams kyi bzuṅ no. 〔羅什〕 須菩提 如來說有我者 卽非有我 而凡夫之人 以爲有我 〔玄奘〕 善現 我等執者 如來說爲非執 故名我等執 而諸愚夫異生强有此執

374) 〔西藏語〕 rab 'byor byi pa so so'i skye bo žes bya ba ni de dag skye bo med pa ñid du de bžin gśegs pas gsuṅs te. des na byis pa so so'i skye bo rnams žes bya'o. 〔羅什〕 須菩提 凡夫者 如來說卽非凡夫 (是名凡夫) 〔玄奘〕 善現 愚夫異生者 如來說爲非生 故名愚夫異生

2. 쑤부띠는 여쭈었습니다.

[쑤부띠] "세존이시여, 그렇지 않습니다. 제가 세존께서 말씀하신 뜻을 이해하기로는, 특징을 갖추었다고 해서 여래라고 볼 수 없습니다." (subhūtir āha : no hīdaṃ bhagavan, yathā-ahaṃ bhagavato bhāṣitasya-artham ājānāmi na lakṣaṇa-sampadā tathāgato draṣṭavyaḥ.)[376]

3. 세존께서 말씀하셨습니다.

[세존] "쑤부띠여, 훌륭합니다. 훌륭합니다. 쑤부띠여, 그렇습니다. 그렇습니다. 특징을 갖추었다고 해서 여래라고 볼 수 없습니다. (bhagavān āha : sādhu sādhu subhūte, evam etat subhūte evam etad, yathā vadasi : na lakṣaṇa-sampadā tathāgato draṣṭavyaḥ.)[377]

4. 그것은 무슨 까닭입니까?

쑤부띠여, 특징을 갖추었다고 해서 여래라고 본다면 전륜성왕도 여래일 것입니다. 그러므로 특징을 갖추었다고 해서 여래라고 볼 수 없습니다."(tat kasya hetoḥ? sacet punaḥ subhūte lakṣaṇa-sampadā tathāgato draṣṭavyo 'bhaviṣyad, rājā-api cakravartī tathāgato 'bhaviṣyat. tasmān n

---

375) 〔西藏語〕 rab 'byor 'di ji sñam du sems. mtsan phun sum tshogs pas de bžin gśegs par blta bar bya sñam mam. 〔羅什〕 須菩提 於意云何 可以三十二相 觀如來不 〔玄奘〕 佛告善現 於汝意云何 可以諸相具足 觀如來不

376) 〔西藏語〕 rab 'byor gyis gsol pa bcom ldan 'das ni ma lags so. 'di ji sñam du sems. mtsan phun sum tshogs pas de bžin gśegs par blta bar mi bgyi lags so. 〔羅什〕 須菩提言 如是如是 以三十二相 觀如來 〔玄奘〕 善現答言 如我解佛所說義者 不應以諸相具足 觀於如來

377) 〔西藏語〕 bcom ldan 'das kyis bka' stsal pa. rab 'byor de de bžin no. de de bžin te. mtsan phun sum tshogs pas de bžin gśegs par blta bar mi bya'o. 〔羅什〕 脫落 〔玄奘〕 佛言善現 善哉善哉 如是如是 如汝所說 不應以諸相具足觀於如來

a lakṣaṇasampadā tathāgato draṣṭavyaḥ.)[378]

5. 그러자 존자 쑤부띠는 세존께 이와 같이 여쭈었습니다. [쑤부띠] "제가 여래께서 말씀하신 바의 뜻을 이해하기로는, 특징을 갖추었다고 해서 여래라고 볼 수 없습니다."(āyuṣmān subhūtir bhagavantam etad avocat : yathā-ahaṃ bhagavato bhāṣitasya-artham ājānāmi, na lakṣaṇasampadā tathāgato draṣṭavyaḥ.)[379]

6. 그리고 이 때에 마침 세존께서 이와 같은 시를 읊으셨습니다.(atha khalu bhagavāṃs tasyaṃ velāyām ime gāthe abhāṣata.)[380]

[세존] "형상을 통해서 나를 보고
소리로 나를 듣는 자들은
잘못된 길에 빠졌나니
그들은 나를 보지 못하리라.

(ye māṃ rūpeṇa ca-adrākṣur, ye māṃ ghoṣeṇa ca-anvayuḥ. mithyā-prahāṇa-prasṛtā, na māṃ drakṣyanti te j

---

378) 〔西藏語〕 rab 'byor gal te mtsan phun sum tshogs pas de bžin gśegs par 'gyur na 'khor la sgyur ba'i rgyal po yaṅ de bžin gśegs par 'gyur te. de bas na mtsan phun sum tshogs pas de bžin gśegs par blta bar mi bya'o. 〔羅什〕 佛言須菩提 若以三十二相觀如來者 轉輪聖王卽是如來 〔玄奘〕 善現 若以諸相具足觀如來者 轉輪聖王應是如來

379) 〔西藏語〕 de nas bcom ldan 'das la tshe daṅ ldan pa rab 'byor gyis 'di skad ces gsol to. bcom ldan 'das bdag gis ji ltar bcom ldan 'das kyis gsuṅs pa'i don 'tshal ba ltar na mtsan phun sum tshogs pas de bžin gśegs par blta bar mi bgyi lags so. 〔羅什〕 須菩提 白佛言 世尊 如我解佛所說義 不應以三十二相觀如來 〔玄奘〕 是故不應以諸相具足觀於如來 如是應以諸相非相觀於如來

380) de nas bcom ldan 'das kyis de'i tshe tshigs su bcad pa 'di dag bka' stsal to. 〔羅什〕 爾時世尊 而說偈言 〔玄奘〕 爾時世尊 而說頌日

anāḥ.)[381]

법에서 깨달은 님을 보아야 하리.
법신들이야말로 스승들이네.
법의 특성은 식별될 수 없으니
그것은 대상으로 의식할 수 없으리."

(dharmato buddhā draṣṭavyā, dharmakāyā hi nay akāḥ. dharmatā ca na vijñeyā, na sa śakyā vijānit uṃ.)[382]

27. 파괴나 단멸은 없으리〔無斷無滅分〕

1. [세존] "쑤부띠여, 어떻게 생각합니까?
여래께서 특징을 갖춤으로써 위없이 바르고 원만한 깨달음을 분명하게 깨달아 얻었다고 생각합니까? 쑤부띠여, 그대는 결코 그렇게 보아서는 안됩니다. (tat kiṃ manyase subhūt e, lakṣaṇasampadā tathāgatena anuttarā samyaksa mbodhir abhisambuddhā? na khalu punas te subhūt e evaṃ draṣṭavyam.)[383]

---

381) 〔西藏語〕 gaṅ dag ṅa la gzugs su mthoṅ, gaṅ dag ṅa la sgrar śes pa, log pa'i lam du žugs ba ste, skye bo de dag ṅa mi thoṅ. 〔羅什〕 若以色見我 以音聲求我 是人行邪道 不能見如來 〔玄奘〕 諸以色觀我 以音聲尋我 彼生履邪斷 不能當見我

382) 〔西藏語〕 saṅs rgyas rnams ni chos ñid lta. 'dren pa rnams ni chos kyi sku. chos ñid śes par bya min pas. de ni rnam par śes(3) mi nus. 〔나즙〕 漏落 〔玄奘〕 應觀佛法性 卽導師法身 法性非所識故彼不能了.

383) 〔西藏語〕 rab 'byor 'di ji sñam du sems. mtsan phun sum tshogs pas de bži n gśegs pa dgra bcom pa yaṅ dag par rdzogs pa'i byaṅ chub tu mṅon par rdzogs par saṅs rgyas so sñam du 'dzin na. rab 'byor khyod kyis de ltar

2. 그것은 무슨 까닭입니까?
쑤부띠여, 여래께서 특징을 갖춤으로써 위없이 바르고 원만한 깨달음을 분명하게 깨달아 얻은 것이 아니기 때문입니다. (tat kasya hetoḥ? na hi subhūte lakṣaṇasampadā tathāgatena anuttarā samyaksambodhir abhisambuddhā syāt.)[384]

3. 또한 쑤부띠여, 아무도 그대에게 이와 같이 '깨달음을 향한 님의 삶에 들어선 님들은 어떠한 법의 파괴나 단멸을 설하고 있다'라고 말하지 못할 것입니다. 쑤부띠여, 그대도 결코 그렇게 보아서는 안됩니다. (na khalu punas te subhūte kaścid evaṃ vaded : bodhisattvayāna-sampratisthitaiḥ kasyacid dharmasya vināśaḥ prajñapta ucchedo veti. na khalu punas te subhūte evaṃ draṣṭavyaṃ.)[385]

4. 그것은 무슨 까닭입니까?
깨달음을 향한 님의 삶에 들어선 님들은 어떠한 법의 파괴나 단멸을 설한 일이 없기 때문입니다." (tat kasya hetoḥ? na bodhisattva-yāna-samprasthitaiḥ kasyacid dharmas

---

bar mi bya ste. 〔羅什〕 須菩提 汝若作是念 如來不以具足相故 得阿褥多羅三藐三菩提 須菩提 莫作是念 〔玄奘〕 佛告善現 於汝意云何 如來應正等覺 以諸相具足 現證無上正等覺耶 善現 汝今勿當作如是觀

384) 〔西藏語〕 rab 'byor mtsan phun sum tshogs pas byaṅ chub tu mṅon par rdzogs par saṅs rgyas pa med do. 〔羅什〕 如來不以具足相故 得阿褥多羅三藐三菩提 〔玄奘〕 佛告善現 於汝意云何 如來應正等覺 以諸相具足 現證無上正等覺耶 善現 汝今勿當作如是觀

385) 〔西藏語〕 rab 'byor khyod 'di sñam du byaṅ chub sems dpa'i theg pa la yaṅ dag par žugs pa rnams kyis chos gaṅ la la žig rnam par bśig pa'am chad par btags pa'o sñam du 'dzin na. rab 'byor de de ltar blta bar mi bya ste. 〔羅什〕 須菩提 汝若作是念 發阿褥多羅三藐三菩提(心)者 說諸法斷滅 莫作是念 〔玄奘〕 復次善現 如是發趣菩薩乘者 頗施設小法 若壞若斷耶 善現 汝今勿當作如是觀

ya vināśaḥ prajñapto nocchedaḥ.)[386]

28. 갖지도 탐하지도 않으니〔不受不貪分〕

1. [세존] “쑤부띠여, 또한 한 훌륭한 가문의 아들이나 한 훌륭한 가문의 딸은 갠지스강의 모래알만큼의 세계를 칠보로 가득 채워서 이렇게 오신 님, 거룩한 님, 올바로 원만히 깨달은 님에게 보시하는 것보다, 깨달음을 향한 님이 실체 없음(無我)과 생겨나지 않음(不生)의 진리를 인내하여 얻는다면, 그가 그것을 인연으로 헤아릴 수 없고 셀 수 없는 훨씬 많은 공덕의 다발을 이룰 것입니다. (yaś ca khalu punaḥ subhūte kulaputro vā kuladuhitā vā gaṅgānadī-vālukā-samāṃl lokadhātūn sapta-ratnaparipūrṇān kṛtvā tathāgatebhyo'rhadbhyaḥ samyaksambuddhebhyo dānaṃ dadyāt. yaś ca bodhisattvo nirātmakeṣv anutpattikeṣu dharmeṣu kṣāntiṃ pratilabhate, ayam eva tato nidānaṃ bahutaraṃ puṇyaskandhaṃ prasaved aprameyam asamkhyeyam.[387]

---

386) 〔西藏語〕 byaṅ chub sems dpa'i theg pa la yaṅ dag par žugs pa rnams kyis chos gaṅ yaṅ rnam par bśig pa'am chad par btags pa med do. 〔羅什〕 何以故 發阿褥多羅三藐三菩提心者 於法不說斷滅相 〔玄奘〕 諸有發趣菩薩乘者 終於施設少法若壞若斷

387) 〔西藏語〕 yaṅ rab 'byor rigs kyi bu'am rigs kyi bu mo gaṅ gis 'jig rten gyi khams gaṅgā'i kluṅ gi bye ma sñed dag rin po che sna bdun gyis rab tu gaṅ bar byas te sbyin byin pa bas, byaṅ chub sems dpa' gaṅ gis chos kyi rnam graṅs 'di bdag med ciṅ skye ba med pa la bzod pa thob na de ñid gži de las bsod nams kyi phuṅ po ches maṅ du graṅs med dpag tu med pa bskyed de. 〔羅什〕 須菩提 若菩薩 以滿恒河沙等世界七寶 (持用)布施 若復有人 知一切法無我 得成於忍 此菩薩 勝前菩薩所得功德 (何以故) 須菩提 以諸菩薩 不受福德故

2. 쑤부띠여, 그러나 깨달음을 향한 위대한 님은 공덕의 다발을 가질 수 없습니다." (na khalu punaḥ subhūte bodhisattvena mahāsattvena puṇyaskandhaḥ parigrahītavyaḥ.)[388]

3. 존자 쑤부띠는 여쭈었습니다.
[쑤부띠] "세존이시여, 깨달음을 향한 님은 공덕의 다발을 가질 수 없습니까?" (āyuṣmān subhūtir aha : nanu bhagavan bodhisattvena puṇyaskandhaḥ parigrahītavyaḥ?)[389]

4. 세존께서 말씀하셨습니다.
[세존] "쑤부띠여, '갖게 될 것'이라는 것은 '갖게 될 것이 아닌 것'입니다. 그러므로 말하자면, '갖게 될 것'인 것입니다." (bhagavān āha : parigrahītavyaḥ subhūte nodgrahītavyaḥ. tenocyate parigrahītavya iti.)[390]

〔玄奘〕 復次善現 若善男子或善女人 以殑伽河等世界盛滿七寶 奉施如來應正等覺 若有菩薩 於諸無我無生法中 獲得堪忍 由是因緣 所生福聚 甚多於彼 復次善現 菩薩不應攝受福聚

388) 〔西藏語〕 yaṅ rab 'byor byaṅ chub sems dpa' rnams kyis bsod nams kyi phuṅ po yoṅs su gžuṅ bar mi bya'o. 〔羅什〕 漏落 〔玄奘〕 復次善現 菩薩不應攝受福聚

389) 〔西藏語〕 che daṅ ldan pa rab 'byor gyis gsol pa. bcom ldan 'das byaṅ chub sems dpas bsod nams kyi phuṅ po yoṅs su gzuṅ bar mi bgyi lags sam. 〔羅什〕 須菩提 白不言 世尊 云何菩薩不受福德 〔玄奘〕 具壽善現 卽白佛言 世尊 云何菩薩不應攝受福聚

390) 〔西藏語〕 bcom ldan 'das kyis bka' stsal pa. rab 'byor yoṅs su gzuṅ mod kyi log par mi gzuṅ ste. des na yoṅs su gzuṅ pa žes bya'o. 〔羅什〕 須菩提 菩薩所作福德 不應貪著 是故說不受福德 〔玄奘〕 佛言善現 所應攝受 不應攝受 是故說名所應攝受

29. 여래는 그대로 평안하네〔威儀寂靜分〕

1. [세존] "쑤부띠여, 또한 진실로 누군가가 '여래께서 가시거나 오시거나 서시거나 앉으시거나 누우신다'라고 말한다면, 쑤부띠여, 그는 내 가르침의 의미를 알지 못하는 것입니다. (api tu khalu punaḥ subhūte, yaḥ kaścid evaṃ vadet : tathāgato gacchati vā āgacchati vā, tiṣṭhati vā niṣīdati vā śayyāṃ vā kalpayati, na me subhūte sa bhāṣitasya-arthaṃ ājānāti.)391)

2. 그것은 무슨 까닭입니까?
쑤부띠여, 여래는 '어느 곳으로도 가지 않으신 님, 또는 어느 곳에서도 오지 않으신 님'을 말합니다. 그러므로 그를 '이렇게 오신 님, 거룩한 님, 올바로 원만히 깨달은 님'이라고 말합니다." (tat kasya hetoḥ? tathāgata iti subhūte ucyate na kvacid-gato na kutaścid āgatoḥ. tenocyate tathāgato'rhan samyak sambuddha iti.)392)

---

391) 〔西藏語〕 yaṅ rab 'byor gaṅ la la žig 'di skad du. de bžin gśegs pa bžud dam, byon tam, bžeṅs sam, bžugs sam, mnal bar mdzad do žes zer na des ṅas bśad pa'i don mi śes so. 〔羅什〕 須菩提 若有人言 如來若來若去若坐若臥 是人不解 我所說義 〔玄奘〕 復次善現 若有說言 如來若去若來若住若坐若臥 是人不解 我所說義

392) 〔西藏語〕 de ci'i phyir že na. rab 'byor de bžin gśegs pa žes bya ba ni gar yaṅ ma bžud, gaṅ nas kyaṅ ma byon pa'i phyir te. des na de bžin gśegs pa dgra bcom pa yaṅ dag par rdzogs pa'i saṅs rgyas žes bya'o. 〔羅什〕 何以故 如來者 無所從來 亦無所去 故名如來 〔玄奘〕 何以故 善現 言如來者 卽是眞實眞如增語 都無所去 無所從來 故名如來應正等覺

30. 대상적 실체에 대한 집착을 버리고〔一合理相分〕

1. [세존] "쑤부띠여, 또한 훌륭한 가문의 아들이나 훌륭한 가문의 딸이 크나큰 삼천대천세계의 땅의 티끌만큼의 세계를 어마어마한 힘으로 아주 미세한 원자 크기의 집합이라고 불리는 티끌들로 만들었다면, 쑤부띠여, 어떻게 생각합니까? 그 원자의 집합이 많겠습니까?" (yaś ca khalu subhūte kulaputro vā kuladuhitā vā yāvantas trisāhasramahāsāhasre lokadhātau pṛthivī-rajāṃsi tāvatāṃ lokadhātūnām evaṃ rūpaṃ maṣiṃ kuryāt yāvad evam asaṃkhyeyena vīriyeṇa tad yathā 'pi nāma paramāṇusaṃcayaḥ. tat kiṃ manyase subhūte, api nu bahuḥ sa paramāṇusaṃcayo bhavet?)[393]

2. 쑤부띠는 여쭈었습니다.

[쑤부띠] "세상에 존경받는 님이시여, 그렇습니다. 올바른 길로 잘 가신 님이시여, 그렇습니다. 아주 미세한 원자의 집합은 매우 많을 것입니다. (subhūtir āha : evam etat bhagavan, evam etat sugata, bahuḥ sa paramāṇusaṃcayo bhavet.)[394]

---

393) 〔西藏語〕 yaṅ rab 'byor rigs kyi bu'am rigs kyi bu mo gaṅ la la žig gis stoṅ gsum gyi stoṅ chen po'i 'jig rten gyi khams na sa'i rdul ji sñed yod pa de dag 'di lta ste dper na rdul phra rab kyi tshogs bžin du phye mar byas na. rab 'byor de ji sñam du sems. rdul phra rab kyi tshogs de maṅ ba yin sñam mam. 〔羅什〕 須菩提 若善男子善女人 以三千大天世界 碎爲微塵 於意云何 是微塵中 寧爲多不 〔玄奘〕 復次善現 若善男子或善女人 乃至三千大天世界 大地極微塵量等世界 卽以如是無數世界 色像爲墨如極微聚 善現 於汝意云何 是極微聚 寧爲多不

394) 〔西藏語〕 rab 'byor gyis gsol pa. bcom ldan 'das de de ltar lags te. rdul phra rab kyi tshogs de maṅ lags so. 〔羅什〕 甚多世尊 〔玄奘〕 善現答言 是極微聚 甚多世尊 甚多善逝

3. 그것은 무슨 까닭입니까.
세존이시여, 만약 '아주 미세한 많은 원자의 집합'이 있다면, 세존께서 '아주 미세한 많은 원자의 집합'에 대해 말씀하지 않으셨을 것입니다. (tat kasya hetoḥ? saced bhagavan paramāṇusaṃcayo 'bhaviṣyat, na bhagavan avakṣyat paramāṇusaṃcaya iti.)[395]

4. 그것은 무슨 까닭입니까.
세존이시여, 여래께서 '아주 미세한 원자의 집합'에 대해 말씀하신 것은 여래께서 '집합이 아닌 것'을 가르치신 것입니다. 그러므로 말하자면, '아주 미세한 원자의 집합'인 것입니다. (tat kasya hetoḥ? yo 'sau bhagavan paramāṇusaṃcayas tathāgatena bhāṣitaḥ. asaṃcayaḥ sa tathāgatena bhāṣitaḥ. tenocyate paramāṇusaṃcaya iti.)[396]

5. 또한 여래께서 '삼천대천세계'에 대해 말씀하신 것은 여래께서 '세계가 아닌 것'이라고 가르치신 것입니다. 그러므로 말하자면, '삼천대천세계'인 것입니다.(yaś ca tathāgatena bhāṣitas trisāhasra-mahāsāhasro lokadhātur iti. adhātuḥ sa tathāgatena bhāṣitaḥ. tenocyate trisāhasra-mahāsāhasro lokadhātur iti.)[397]

---

395) 〔西藏語〕 de ci'i slad du že na. bcom ldan 'das gal te rdul gyi tshogs śig mchis par gyur na bcom ldan 'das kyis rdul phra rab kyi tshogs žes bka' mi stsal pa'i slad du'o. 〔羅什〕 何以故 若是微塵衆實有者 佛卽不說 是微塵衆. 〔玄奘〕 何以故 世尊 若極微聚 是實有者 佛不應說爲極微聚.

396) 〔西藏語〕 de ci'i slad du že na. bcom ldan 'das kyis rdul phra rab kyi tshogs žes gaṅ gsuṅs pa de tshogs ma mchis par de bžin gśegs pas gsuṅs pa'i slad du ste. des na rdul phra rab kyi tshogs žes bgyi'o. 〔羅什〕 所以者何 佛說微塵衆 卽非微塵衆 是名微塵衆 〔玄奘〕 所以者何 如來說極微聚 卽爲非聚 故名極微聚.

6. 그것은 무슨 까닭입니까?
세존이시여, 세계가 존재한다면 그것은 대상적 실체에 대한 집착하고 있는 것입니다. 여래께서 '대상적 실체에 대한 집착'에 대해 말씀하신 것은 여래께서 '집착이 아닌 것'을 가르치신 것입니다. 그러므로 말하자면, '대상적 실체에 대한 집착'인 것입니다. (tat kasya hetoḥ? saced bhagavan lokadhātur abhaviṣyat. sa eva piṇḍagrāho'bhaviṣyat, yaś ca piṇḍagrāhaś tathāgatena bhāṣitaḥ, agrāhaḥ sa tathāgatena bhāṣitaḥ. tenocyate piṇḍagrāha iti.)[398]

7. 세존께서 말씀하셨습니다.
[세존] "쑤부띠여, 대상적 실체에 대한 파악은 실제 내용이 없는 언어적 관습, 언어적 표현의 문제입니다. 그것은 법도 아니며 법이 아닌 것도 아닙니다. 그런데 어리석은 대부분의 사람들이 그것에 집착하고 있는 것입니다." (bhagavān āha : piṇḍagrāhaścaiva subhūte'vyavahāro'nabhilapyaḥ. na sa dharmo na-adharmaḥ. sa ca bālapṛthagjanair udgṛhītaḥ.)[399]

---

397) 〔西藏語〕 de bžin gśegs pas stoṅ gsum gyi stoṅ chen po'i 'jig rten gyi khams žes gaṅ gsuṅs de khams ma mchis par de bžin gśegs pas stoṅ gsum gyi stoṅ chen po'i 'jig rten gyi khams žes bgyi'o. de ci'i slad du že na. bcom ldan 'das gal te 'jig rten gyi khams śig mchis par gyur na de ñid ril por 'dzin par 'gyur ba'i slad du'o. 世尊 如來所說三千大天世界 卽非世界 是名世界 〔玄奘〕 如來說三千大天世界 卽非世界 故名三千大天世界

398) 〔西藏語〕 de ci'i slad du že na. bcom ldan 'das gal te 'jig rten gyi khams śig mchis par gyur na de ñid ril por 'dzin par 'gyur ba'i slad du'o. de ci'i slad du že na. de bžin gśegs pas ril por 'dzin par gaṅ gsuṅs pa de 'dzin pa ma mchis par de bžin gśegs pas gsuṅs te. des na ril por 'dzin pa žes bgyi'o. 〔羅什〕 何以故 若世界實有者 卽是一合相 如來說一合相 卽非一合相 是名一合相 〔玄奘〕 何以故 世尊 若世界是實有者 卽是一合執 如來說一合執 卽爲非執 是名一合執

399) 〔西藏語〕 bcom ldan 'das kyis bka' stsal pa. rab 'byor ril por 'dzin pa ñid

31. 주관적 세계에 머물지 않고〔知見不生分〕

1. [세존] "그것은 무슨 까닭입니까.
쑤부띠여, 누군가가 '여래께서 자아에 대한 견해를 설했다'고 말한다면, 그리고 '여래께서 존재에 대한 견해, 생명에 대한 견해, 영혼에 대한 견해를 설했다'고 말한다면, 쑤부띠여, 그는 진실을 말하는 것입니까?"(tat kasya hetoḥ? yo hi kaścit subhūta evaṃ vaded : ātmadṛṣṭis tathāgatena bhāṣit ā, sattvadṛṣṭir jīvadṛṣṭiḥ pudgaladṛṣṭis tathāgatena b hāṣitā, api nu sa subhūte samyagvadamāno vadet ?)[400]

2. 쑤부띠는 여쭈었습니다.
[쑤부띠] "세상에 존경받는 님이시여, 그렇지 않습니다. 올바른 길로 잘 가신 님이시여, 그렇지 않습니다. 그는 진실을 말한 것이 아닙니다. (subhūtir āha : no hīdaṃ bhagavan no hī daṃ sugata, na samyagvadamāno vadet.)[401]

3. 그것은 무슨 까닭입니까?

---

ni tha sñad de. chos de ni brzod du med pa yin na de yaṅ byis pa so so'i skye bo rnams kyis bzuṅ ṅo. 〔羅什〕 須菩提 一合相者 卽是不可說 但凡夫之人 貪著其事 〔玄奘〕 佛言善現 此一合執 不可言說 不可戲論 然彼一切愚夫異生 强執是法

400) 〔西藏語〕 rab 'byor gaṅ la la žig 'di skad du. de bžin gśegs pas bdag tu lta bar gsuṅs. de bžin gśegs pas sems can du lta ba daṅ, srog tu lta ba daṅ, gaṅ zag tu lta bar gsuṅs so žes zer na, rab 'byor de yaṅ dag par smra bas smra ba yin nam. 〔羅什〕 須菩提 若人言 佛說我見人見衆生見壽者見 須菩提 於意云何 是人解我所說義不 〔玄奘〕 何以故 善現 若作是言 如來宣說我見有情見命者見士夫見補特伽羅見意生見摩納婆見作者見受者見 於汝意云何 如是所說 爲正語不

401) 〔西藏語〕 rab 'byor gyis gsol pa. bcom ldan 'das de ni ma lags so. bde bar gśegs pa de ni ma lags so. 〔羅什〕 不也世尊 是人不解如來所說義 〔玄奘〕 善現答言 不也世尊 不也善逝 如是所說 非爲正語

세존이시여, 여래께서 '자아에 대한 견해'에 대해 말씀하신 것은 여래께서 '견해가 아닌 것'을 가르치신 것입니다. 그러므로 말하자면, '자아에 대한 견해'인 것입니다." (tat kasya hetoḥ? yā sā bhagavann ātmadṛṣṭis tathāgatena bhāṣitā, adṛṣṭiḥ sā tathāgatena bhāṣitā, tenocyate ātmadṛṣṭir iti.)[402]

4. 세존께서 말씀하셨습니다.

[세존] "쑤부띠여, 실로 깨달음을 향한 님의 삶에 들어선 이는 이와 같이 모든 법을 알고, 또한 보고, 거기에 전념해야 합니다. 그리고 그는 법에 대한 지각이나 법이 아닌 것에 대한 지각에도 의존하지 않는 것에 대해서도 이와 같이 알고, 또한 보고, 거기에 전념해야 합니다. (bhagavān āha : evaṃ hi subhūte bodhisattvayāna samprasthitena sarvadharmā jñātavyā draṣṭavyā adhimoktavyāḥ. tathā ca jñātavyā draṣṭavyā adhimoktavyāḥ, yathā na dharmasaṃjñāyām api pratyupasthāhen na-adharmasaṃjñāyām.)[403]

5. 그것은 무슨 까닭입니까?

---

402) 〔西藏語〕 de ci'i slad že na. bcom ldan 'das de bžin gśegs pas bdag tu lta bar gaṅ gsuṅs pa de ni lta ba ma mchis par de bžin gśegs pas gsuṅs pa'i slad du ste. des na bdag tu lta ba žes bgyi'o. 〔羅什〕 何以故 世尊說我見人見衆生見壽者見 卽非我見人見衆生見壽者見 是名我見人見衆生見壽者見 〔玄奘〕 所以者何 如來所說我見有情見命者見士夫見補特伽羅見意生見摩納婆見作者見受者見 卽爲非見 故名我見乃至受者見

403) 〔西藏語〕 bcom ldan 'das kyis bka' stsal pa. rab 'byor 'di la byaṅ chub sems dpa'i theg pa la yaṅ dag par žugs pas 'di ltar chos thams cad śes par bya blta bar bya mos par bya ste. ci nas chos su 'du śes pa la mi gnas par śes par bya'o. 〔羅什〕 須菩提 發阿耨多羅三藐三菩提心者 於一切法 應如是知如是見如是信解 不生法相 〔玄奘〕 佛告善現 諸有發趣菩薩乘者 於一切法 應如是知 應如是見 應如是信解 如是不住法想

쑤부띠여, 여래께서 '법에 대한 지각, 법에 대한 지각'이라고 하신 이것은 '지각이 아닌 것'을 가르치신 것입니다. 그러므로 말하자면, '법에 대한 지각'인 것입니다." (tat kasya hetoḥ? dharmasaṃjñā dharmasaṃjñeti subhūte asaṃjñaiṣā tathāgatena bhāṣitā. tenocyate dharmasaṃjñeti.)[404]

32. 조건지어진 것은 참이 아닐세〔應化非眞分〕

1. [세존] "쑤부띠여, 또한 마지막으로 깨달음을 향한 위대한 님이 헤아릴 수 없고 셀 수 없는 세계를 칠보로써 채워서 이렇게 오신 님, 거룩한 님, 올바로 원만히 깨달은 님에게 보시하는 것보다, 한 훌륭한 가문의 아들이나 한 훌륭한 가문의 딸이 이 지혜의 완성 법문 가운데 사행시 한 게송이라도 받아들여 마음에 새기고 독송하고 숙달하여 다른 사람에게 상세히 설명해준다면, 그가 그것을 인연으로 헤아릴 수 없고 셀 수 없는 훨씬 많은 공덕의 다발을 이룰 것입니다. (yaś ca khalu punaḥ subhūtebodhisattva-mahāsattvo 'prameyān asaṃkhyeyāṃl lokadhātūn saptaratna-paripūrṇaṃ kṛtvā tathāgatebhyo 'rhadbhyaḥ samyaksambuddhebhyo dānaṃ dadyāt, yaś ca kulaputro vā kuladuhitā vetaḥ prajñāpāramitāya dharmaparyāyād antaśaś catuṣpādikām api gāthām udgṛhya dhārayed deśayed vācayet paryav

404) 〔西藏語〕 de ci'i phyir že na. rab 'byor chos su 'du śes chos su 'du śes žes bya ba ni de 'du śes med par de bžin gśegs pas gsuṅs pa'i phyir te. des na chos su 'du śes bya'o. 〔羅什〕 須菩提 所言法相者 如來說卽非法相 (是名諸相) 〔玄奘〕 何以故 善現 法想法想者 如來說爲非想 是故如來說名法想法想

āpnuyāt parebhyaś ca vistareṇa samprakāśayed, aya m eva tato nidānaṃ bahutaraṃ puṇyaskandhaṃ pra sunuyād aprameyam asaṃkhyeyam.)[405]

2 그는 어떻게 설명하겠습니까? 드러내지 않도록 설명할 것입니다. 그러므로 말하자면 '그는 이와 같이 설명할 것입니다.' (kathaṃ ca samprakāśayet? yathā na prakāśayet, te nocyate samprakāśayed iti.)[406]

'별들처럼, 허깨비처럼, 등불처럼
환상처럼, 이슬처럼, 거품처럼
꿈처럼, 번개처럼, 구름처럼
이처럼 조건지어진 것을 보아야 하리.'"

(tārakā timiraṃ dīpo, māyāvaśyāya budbudaṃ.
supinaṃ vidyud abhraṃ ca, evaṃ draṣṭavyaṃ saṃsk ṛtam.)[407]

---

405) 〔西藏語〕 yaṅ rab 'byor byaṅ chub sems dpa' sems dpa' chen po gaṅ gis 'jig rten gyi khams dpag tu med ciṅ graṅs med pa dag rin po che sna bdun gyi rab tu gaṅ bar byas te sbyin pa byin pa bas rigs kyi bu'am rigs kyi bu mo gaṅ gis śes rab kyi pha rol tu phyin pa 'di las tha na tshigs su bcad pa tsam bris nas 'dzin tam, 'chaṅ ṅam klog gam kun chub par byed dam, gžan dag la rgya cher yaṅ dag par rab tu ston na de ñid gži de las bsod nams ches maṅ du graṅs med dpag tu med pa bskyed do. 〔羅什〕 須菩提 若有人 滿無量阿僧祗世界七寶 持用布施 若有善男子善女人 發菩薩心者 持於此經 乃至四句偈等 受持讀誦 爲人演說 其福勝彼 〔玄奘〕 復次善現 若菩薩摩訶薩 以無量無數世界盛滿七寶 奉侍如來應正等覺 若善男子或善女人 於此般若波羅密多經中 乃至四句伽他 須菩提 受持讀誦 究竟通利 如理作意 及廣爲他宣說開示 由此因緣所生福聚 甚多於前無量無數

406) 〔西藏語〕 ji ltar yaṅ dag par rab tu ston ce na. ji ltar yaṅ dag par rab tu mi ston pa de bžin du yaṅ dag par rab tu ston te, de na yaṅ dag par rab tu ston pa žes bya'o. 〔羅什〕 云何爲人演說 不取於相 如如不動 何以故 〔玄奘〕 云何爲他 宣說開示 汝不爲他宣說開示 故名爲他宣說開示 爾時世尊 而說頌日

407) 〔西藏語〕 skar ma rab rib mar me daṅ. sgyu ma zil pa chu bur daṅ. rmi

3. 이와 같이 세존께서 말씀하시자, 환희에 찬 장로 쑤부띠와 수행승들, 수행녀들, 청신사들, 청신녀들, 그리고 보살들과 그 밖의 신들과 인간들과 아수라들과 간다르바들의 모든 세계가 세존의 가르침을 듣고 기뻐했습니다. (idam avocad bhagavān. āttamanāḥ sthavira subhūtis, te ca bhikṣu-bhikṣuṇy-upāsakopāsikās te ca bodhisattvāḥ sa-deva-mānuṣa-asura-gandharvaś ca loko bhagavato bhāṣitam abhyanandann iti.)[408]

번개처럼 자르는 거룩한 지혜의 완성이 끝났습니다.
(ārya-vajracchedikā bhagavatī prajñāpāramitā samāptā.)[409]

---

lam glog daṅ sprin lta bur. 'dus byas thams cad de ltar pa lta. 〔羅什〕 一切有爲法 如夢幻泡影 如露亦如電 應作如是觀 〔玄奘〕 諸和合所爲 如星翳燈幻 露泡夢電雲 應作如是觀

408) 〔西藏語〕 bcom ldan 'das kyis de skad ces bka' stsal nas. gnas brtan rab 'byor daṅ. dge slon de dag daṅ. byaṅ chub sems dpa' de dag daṅ. 'khor bži po dge slon daṅ dge slon ma daṅ. dge bsñen daṅ dge bsñen ma daṅ. lha daṅ mi daṅ lha ma yin daṅ. dri zar bcas pa'i 'zig rten yi raṅ ste. bcom ldan 'das kyis gsuṅs pa la mṅon par bstod do. 〔羅什〕 佛說是經已 長老須菩提 及諸比丘比丘尼 優婆塞優婆夷 一切世間天人阿修羅 聞佛所說 皆大歡喜 信受奉行 〔玄奘〕 時薄伽梵 說是經已 尊者善現 及諸苾芻苾芻尼鄔波迦鄔波斯迦 并諸世間天人阿素洛健達縛等 聞薄伽梵所說經已 皆大歡喜 信受奉行

409) 〔西藏語〕 'phags pa śes rab kyi pha rol tu phyin pa rdo rje gcod pa žes bya ba theg pa chen po'i mdo rdzogs so. 그리고 북경판 서장본은 범본과 같이 끝나지만, 서소니특(西蘇尼特)에서 발견된 서장본에는 다음과 같은 진언이 부가되어 있다 : na mo bha ga va te. pra jñā pā ra mi tā ye. oṃ na tad ti ta. i li śi. i li śi. mi li śi. mi li śi. bhi na yan. bhi na yan. na mo bha ga va te. pra ty aṃ pra ti. i ri ti. i ri ti. mi ri ti. mi ri ti. śu ru ti. śu ru ti. u śu ri. u śu ri. bhu yu ye. bhu yu ye. svā hā. 또한 이 진언 뒤에는 '금강을 능단하는 이 정수를 한 번 염송하는 자는 금강경을 만 구천 번 읽은 자와 같을 것이다. 길상이 있기를 바란다(rdo rje gcod pa'i sñiṅ po 'di lan gcig bzlas pas rdo rje gcod pa khri dgu stoṅ bklags pa daṅ mñam par 'gyur ro. bkra śis)'라는 말이 부가되어 있다. 〔羅什〕 金剛般若婆羅蜜經 眞言 那謨婆伽跋帝 鉢喇壤波羅弭多曳 唵伊利底 伊室利 輸盧馱 毘舍耶 毘舍耶 莎婆訶.

제4장

英·佛·獨 대조 금강경 주해

〈제4장 英·佛·獨 금강경>은 콘즈(Conze)의 영역본을 저본으로 하고, 하레즈(Harlez)의 불어역본과 막스 발레서(M. Walleser)의 독어역본을 각주에 병기하였다.
콘즈의 영역본은 영역으로서는 가장 유려하다고 평가되는데, 중요한 술어에서 서양철학의 관념론적인 술어를 차용하였기 때문에 불교 철학적인 측면에서 가르침이 왜곡될 소지도 있다. 예를 들어 절대(Absolute : 無爲)라든가 축복(bless: 具足) 등의 적절하지 않은 용어가 사용되고 있어서 하와이 대학의 칼루파하나(Kalupahana) 교수와 상의하여 다른 술어로 바꾸었고, 역자가 재구성한 범본에 맞도록 생략된 부분을 번역 첨가하거나 모두 복원한 것이다.

하레즈(Harlez)의 불어역본은 몇몇 구절의 번역에 문제점이 없는 것은 아니지만 현대어역으로는 가장 고본에 속한다. 범본을 저본으로 번역한 것이지만, 전체적인 내용으로 볼 때 서장의 금강경을 반영한 것으로 보인다.

막스 발레서(M. Walleser)의 독어역본은 역자가 재구성한 범본에 가장 일치하는데, 역자가 약간의 수정을 가했으나 논리적으로나 철학적으로 가장 완벽한 번역의 예로 평가받고 있다.

고귀한 지혜의 완성에 귀의하나이다.

1. 법회가 열리기까지〔法會因有分〕

1. 이와 같이 나는 들었습니다. 한 때에 세존께서 슈라바스띠에 있는 제따 숲 아나타삔디까 승원에 천이백오십 인의 많은 수행승의 무리와 매우 많은 깨달음을 향한 위대한 님과 함께 계셨습니다.(Thus I have heard. At one time, the Lord dwelt at Śrāvastī, in the Jeta Grove, in the monastery of Anāthapiṇḍika, together with a large gathering of monks, consisting of 1,250 monks, and with many Bodhisattvas, great beings.)410)

2. 이 때에 세존께서 아침 일찍 법복을 두르고 가사를 수하고 발우를 들고 큰 도시 슈라바스띠로 탁발하러 들어가셨습니다. (At that time, early in the morning the Lord dressed up, took his bowl and robe, and entered the great city of Śrāvastī to collect alms.)411)

---

410) 〔불어〕 C'est ainsi que je l'ai entendu dire. En une certaine circonstance, le bienheureux se trouvait à Śrāvastī, au bois de Jeta; au jardin de plaisance d'Anāthapiṇḍika, avec une grande assemblée de bhikṣhous, comptant 1,250 bhikṣhous et un nombre considérable de bodhisattwas; mahāsattvas. êtres supérieurs. 〔독어〕 So hörte Ich. Einst verweilte der Erhabene zu Śrāvastī, im Jetahaine, in dem Parke des Anāthapiṇḍika, zusammen mit einer großen Shar von Mönchen, mit 1, 250 Mönchen und gar vielen Bodhisattvas Mahāsattvas.

411) 〔불어〕 Or donc, s'étant habillé tout au matin, le bien heureux prit son écuelle et le vétement de religieux mendiant; puis se mit à circuler dans Śrāvastī, la grande ville; pour mendier sa nourriture. 〔독어〕 Da ging denn der

3. 세존께서 큰 도시 슈라바스띠에서 탁발을 하러 들어가셔서, 걸식을 마치고, 공양을 드신 뒤에 다시 돌아와서, 발우와 가사를 거두시고, 두 발을 씻으시고, 결가부좌를 하시고, 몸을 곧게 세우시고, 앞을 향해 주의력을 집중시키며, 마련된 자리에 앉으셨습니다. (After the Lord had entered the great city of Śrāvastī to collect alms, having eaten and returned from his round, the Lord put away his bowl and robe, washed his feet, and sat down on the seat arranged for him.)[412)]

4. 그러자 많은 수행승들이 세존께서 계신 곳을 찾았습니다. 가까이 가서 세존의 두 발에 머리를 조아리고, 세존께서 계신 곳을 오른쪽으로 세 번 돌아, 한 쪽으로 물러앉았습니다. (Then many monks approached to where the Lord was, saluted his feet with their heads, thrice walked round him to the right, and sat down on one side.)[413)]

Erhabene zur Zeit des Vormittags, nachdem er sein Untergewand angelegt und die Schale und das Obergewand genommen, nach Śrāvastī, der großen Stadt, um zu betteln.

412) [불어] L'ayant ainsi parcourue, ayant fait son repas et étant revenu de sa course pour sa nourriture; ayant mis au repos son écuelle et son manteau; et s'étant lavé les pieds, le bienheureux s'assit sur le siège magistral, les jambes pliées sous lui, le corps droit et la pensée fixée sur l'objet de sa méditation. [독어] Nachdem er der Erhabene nach Śrāvastī der großen Stadt, betteln gegangen war und gegessen hatte, und dann nach dem Verzehren der Bettelspeise zurückgekehrt war, legte er Schale und Obergewand beiseite, wusch sich die Füße und setzte sich nieder auf den ihm angewiesenen Sitz, mit untergeschlagenen Beinen, den Körper aufrecht haltend und sein Denken auf sich selbst richtend.

413) [불어] Alors de nombreux bhikshous assemblés s'envirent au lieu où était le bienheueux. En s'approchant; ils inclinèrent profondément la tête aux pieds du bienheureux; et ayant tourné trois fois en lui donnant la droite;

2. 쑤부띠가 가르침을 청하니〔善賢起請分〕

1. 그 때에 장로 쑤부띠가 그 모임에 와서 함께 앉았습니다. 그리고 장로 쑤부띠는 자리에서 일어나, 한쪽 어깨에 가사를 걸치고, 오른쪽 무릎을 땅에 대고, 세존께서 계신 쪽으로 합장하여, 세존께 여쭈었습니다. (Again at that time, the venerable Subhūti came to that assembly, and sat down. Then he rose from his seat, put his upper robe over one shoulder, placed his right knee on the ground, bent forth his folded hands towards the Lord.)414)

2. [쑤부띠] "세상에 존경받는 님이시여, 놀라운 일입니다. 올바른 길로 잘 가신 님이시여, 아주 놀라운 일입니다. 이렇게 오신 님, 거룩한 님, 올바로 원만히 깨달은 님께서 깨달음을 향한 위대한 님들에게 참으로 크나큰 호의로 호의를 베푸시며, 이렇게 오신 님, 거룩한 님, 올바로 원만히 깨달은 님께서 참으로 깨달음을 향한 위대한 님들에게 크나큰 은혜로 은혜를 베푸셨습니다. (It is wonderful O Lord, it is exceedingly wonder-

---

ils allèrent tous s'asseoir du même côté. 〔독어〕 Da schritten denn gar viele Bettelmönche dahin, wo der Erhabene war; nachdem sie hingeschritten, verehrten sie seine beiden Füße mit ihren Häuptern, und nachdem sie de n Erhabenen dreimal nach rechts umwandelt, setzten sie sich auf einer Seite nieder

414) 〔불어〕 Alors, en cette circonstance: Subhūti, à la longue vie, vint s'unir à cette assemblée et s'assit au milieu d'elle. Puis se levant de son siège, rejetant son manteau sur une épaule, posant à terre le genou droit et fais ant l'anjali devant le bienheureux, il lui adressa ces paroles. 〔독어〕 Zu jen er Zeit denn gesellte sich der ehrwürdige Subhūti zu jener Versammlung und setzte sich nieder. Da erhob sich der ehrwürdge Subhūti von seinem Sitze, legte das Obergewand über die eine Schulter, stellte die rechte Kni escheibe auf die Erde, senkte seine gefalteten Hände nach dem Erhabene n und sprach zu dem Erhabenen.

ful, O Wellgone, how much the bodhisattvas, the great beings, have been helped with the greatest help by the Tathāgata, the Arahat, the Fully Enlightened One, and how much the Bodhisattvas, the great beings, have been favoured with the highest favour by the Tathāgata, the Arahat, the Fully Enlightened One.)415)

3. 세존이시여, 한 훌륭한 가문의 아들이나 한 훌륭한 가문의 딸이 깨달음을 향한 님의 삶에 들어서면 어떻게 뜻을 세워야 하며, 어떻게 실천해야 하며, 어떻게 마음을 닦아야 합니까?" (How then, O Lord, should a son or daughter of good family, who have set out in the Bodhisattvavehicle, stand, how progress, how control their thoughts?)"416)

---

415) 〔불어〕 C'est merveilleux, ô Bienheureux! c'est suprêmement merveilleux, ô Sugata!, comment par toi vénérable Tathāgata, arhat complèment illuminé, ces bodhisattwas mahāsattwas ont été réunis à ta suite par la grâce qui les a saisis, Merveilleux! comment par ce vénérable Tathāgata, arhat compétement illuminé, ces bodhisattwas mahāsattwas ont été comblés de cette grâce suprême. 〔독어〕 Wundebar, Erhabener, höchst wunderbar, Wohlgegangener, ist es, wie durch den Sogegangenen, den Würdigen, vollkommen Erleuchteten die Bodhisattvas Mahāsattvas umfaßt werden, durch höchsten Beistand unterstützt werden! Wundebar, Erhabener, wie sie durch den Vollendeten, den Würdigen, vollkommen Erleuchteten durch höchsten Schirm bestützt werden.

416) 〔불어〕 Comment donc doit-il se déterminer, ô Bienheueux, le jeune homme ou la jeune fille comme il faut; appliqué à la pratique de la doctrine des bodhisattwas? Comment doit-il se mettre à l'oeuvre? Comment doit-il en comprendre l'idée? 〔독어〕 Wie soll daher, Erhabener, ein edler Sohn oder eine edle Tochter, nachdem er das Fahrzeug der Bodhisattvas bestiegen, sich verhalten? wie soll er hingelangen? wie soll er seine Gedanken richten?

4. 이렇게 여쭙자 세존께서 장로 쑤부띠에게 말씀하셨습니다. [세존] "쑤부띠여, 훌륭하십니다. 훌륭하십니다. 쑤부띠여, 그대가 말한 것과 같습니다. 쑤부띠여, 여래께서는 깨달음을 향한 위대한 님들에게 크나큰 호의로 호의를 베풀며, 여래께서는 깨달음을 향한 위대한 님에게 크나큰 은혜로 은혜를 베풉니다. (After these words the Lord said to the Venerable Subhūti : Well said, well said, Subhūti! So it is, Subhūti, so it is, as you say! The Tathāgata, Subhūti, has helped the Bodhisattvas, the great beings with the greatest help, and he has favoured them with the highest favour.)417)

5. 그러므로 쑤부띠여, 잘 듣고 마음에 새겨야 합니다. 깨달음을 향한 님의 삶에 들어서면, 어떻게 뜻을 세워야 하고 어떻게 실천해야 하고 어떻게 마음을 닦아야 하는지 내가 그대에게 설하겠습니다." (Therefore, Subhūti, listen well, and attentively! I will teach you those who have set out in the Bodhisattva-vehicle should stand, how progress, how control their thoughts.)"418)

---

417) 〔불어〕 Losque Subhūti, à la longue vie, eut ainsi parlé le bienheureux lui dit : Très bien, très bien, Subhūti! Il en est précisément ainsi, ô Parfait! Il en est comme tu le dis. Les Bodhisattwas Mahāsattwas ont été amenés; assemblés ici par le Tathāgata, par une faveur suprême qui les a saisis. Ils ont été par lui comblés d'une grâce suprême. 〔독어〕 Nach diesem Worte n sprach der Erhabene zu dem ehrwürdigen Subhūti also : Gut, gut! Subh ūti! so ist es Subhūti, so ist es, wie du sprichst. Unterstüzt durch den Tat hāgata sind die Bodhisattvas Mahāsattvas durch höchsten Beistand, ums chirmt von dem Tathāgata sind die Bodhisattvas Mahāsattvas durch höch sten Schirm.

418) 〔불어〕 Écoute donc, ô Excellent, et imprime ceci dans ton esprit, forteme

6. [쑤부띠] "세존이시여, 말씀하십시오."
장로 쑤부띠는 세존께 대답하고 귀를 기울였습니다. (So be it, O Lord', replied the Venerable Subhūti and listened.)[419]

3. 대승의 바른 뜻은 무엇인가〔大乘正宗分〕

1. 세존께서 말씀하셨습니다.
[세존] "쑤부띠여, 여기 깨달음을 향한 위대한 님의 삶에 들어서면 누구나 이와 같이 '생명이 모여 형성되어 알에서 난 것이나, 태에서 난 것이나, 습기에서 난 것이나, 홀연히 생겨난 것이거나, 형상이 있거나, 형상이 없거나, 지각이 있거나 지각이 없거나, 지각이 있는 것도 아니고 지각이 없는 것도 아닌 것이나 간에 뭇삶이란 개념 아래 파악되는 뭇삶의 세계에 뭇삶들이 존재하는 한, 그 뭇삶들이 어떠한 모습을 나투더라도, 이 모든 뭇삶을 나는 완전한 열반의 세계를 향해 완전한 열반에 들게 하리라. 그러나 이와 같이 무량한 뭇삶들을 완전한 열반에 들게 하였더라도 결코 어떠한 뭇삶도 완전한 열반에 들게 하지 않

---

nt, convenablement. Je te dirai comment l'homme appliqué à la doctrine des bodhisattwas doit se tenir; comment il doit s'y appliquer; comment il doit en comprendre la notion. 〔독어〕 Deshalb denn, Subhūti, höre wohl und gut und beherzige es! Ich werde dir sagen, wie er auf dem Fahrzeug der Bidhisattvas Befindlicher sich verhalten soll, wie er hingelangen, wie er die Gedanken lenken soll.

419) 〔불어〕 C'est bien, Bienheureux! dit Subhūti; puis il se mit à écouter le bienheureux. 〔독어〕 So sei es, Erhabener.' erwiderte der ehrwürdige Subhūti dem Erhabenen.

은 것이다'라고 마음을 일으켜야 합니다. (The Lord said : Here, Subhūti, someone who has set out in the vihicle of a Bodhisattva should produce a thought in this manner : as many beings as there are in the universe of beings, comprehended under the term 'beings' - egg-born, born from a womb, moisture-born, or spontaneously born; with form or without form; with perception, without perception, and with neither perception, nor non-perception, - as far as any conceivable form of beings is conceived : all these I must lead to Nirvāna without residual objectivity. And yet, although innumerable beings have thus been led to Nirvāṇa without residual objectivity, no being at all has been led to Nirvāṇa without residual objectivity.)420)

---

420) [불어] Le bienheux lui dit : C'est ainsi, ô Excellent, que cette notion doit être conçue par celui qui s'applique aux règles des Bodhisattwas. Tous les être, quels qu'ils soient, qui, dans l'élément général de l'être; ont été saisis de cette opération qui fait l'être particulier; qu'ils soient nés d'un oeuf ou d'une matrice, de l'humidité ou par génération spontanée, qu'ils aient une forme sensible ou bien ni l'un ni l'autre, et tout élément d'être dont on peu t acquérir la conaissance, tous doivent être plongés, quels qu'ils soient; dans l'élément du Nirvāna, tout sans exeption. Mais si même j'y plonge le s être en nombre illimité, aucun n'y est plongé en réalité. [독어] Der Erhab ene sprach zu ihm also : wer immer hier Subhūti, sich auf das Fahrzeug der Bodhisattvas gestellt hat, soll diesen Gedanken erwecken : 'Soviele L ebewesen in dem Elemente der Lebewesen durch dem Begriff 'Lebewesen' zusammengefaßt werden, eientstandene, oder mutterleibentstandene, od er schleimentstandene, oder durch wunderbaren Zufallentstandene, gest altete oder nichtgestaltete, mit Namen oder ohne Namen oder weder mit noch ohne Namen, welche Welt von Lebewesen immer erkannt wird, die alle sind durch mich im restlosen Nirvāṇa-Element zum Erlöschen zu bri ngen. Und so, nachdem auch unermeßliche Lebewesen zum völligen Erlös

2. 그것은 무슨 까닭입니까?
만약 쑤부띠여, 깨달음을 향한 님이 '뭇삶'에 대한 지각을 일으키면 그는 깨달음을 향한 님이라고 할 수 없기 때문입니다. (And why? If in the Bodhisattva, Subhūti, the notion of 'being' should take place, he could not called a 'Bodhi-being'.)421)

3. 그것은 무슨 까닭입니까?
쑤부띠여, 그가 자아에 대한 지각을 일으키거나, 존재에 대한 지각을 일으키거나 생명에 대한 지각을 일으키거나, 영혼에 대한 지각을 일으키면, 깨달음을 향한 님이라고 할 수 없기 때문입니다." (And why? He is not called a Bodhi-being, in whom the perception of a self should take place, in whom the perception of being, or the perception of soul or the perception of a person should take place.)"422)

---

chen gebracht sind, ist nicht irgendwelches Lebewesen zum völligen Erlö schen gebracht.

421) [불어] Quelle est la cause de ceci? C'est que, Subhūti, si un bodhisattwa croit à l'existence d'un être particulier, il n'est pas digne d'être appelé de ce nom. [독어] Aus welchem Grunde? Wenn, Subhūti, bei einem Bodhisatt va der Begriff von Lebewesen wirksam ist, so ist er nicht als Bodhisattva zu bezeichnen.

422) [불어] Pour quelle raison? Parce qu'il en est indigne celui qui a la fausse connaissance, la fausse aperception de l'égoïté, de l'existence, de la vie, de la personnalité. [불어] Aus welchem Grunde? Nicht ist, Subhūti, als Bo dhisattva zu bezeichnen, bei wem der Begriff von Lebewesen wirksam is t, oder der Begriff von Lebenden oder der Begriff von Person wirksam ist.

4. 실천하되 의존함이 없이〔妙行無住分〕

1. [세존] "또한 쑤부띠여, 깨달음을 향한 님은 대상에 의존하여 보시를 하거나 다른 어떤 것에 의존하여 보시를 해서는 안 됩니다. 즉 형상에 의존하여 보시해서는 안되며, 소리, 향기, 맛, 감촉, 사물에 의존하여 보시를 해서도 안 됩니다. (Moreover, Subhūti, a Bodhisattva who gives a gift should not be supported by an object, nor should he be supported anything. When he gives gifts he should not be supported by material form, nor by sounds, smells, tastes, touchables, or mind-objects.)423)

2. 쑤부띠여, 깨달음을 향한 위대한 님은 무엇보다도 인상에 대한 지각에 의존하지 않는 길을 따라, 그와 같이 보시를 해야 하기 때문입니다. (For, Subhūti, the Bodhisattva, the great being should give gifts in such a way that he is not supported by the perception of sign.)424)

3. 그것은 무슨 까닭입니까?
쑤부띠여, 깨달음을 향한 님이 의존함이 없이 보시를 하면, 그

---

423) 〔불어〕 En outre, sans aucun doute, ô Subhūti; un bodhisattwa qui fait fond sur la matière ne peut faire de dons utilement; de même s'il fait fond sur une chose quelconque; sur les formes, les conditions des sons; des od eurs, du goûter, du tact. 〔독어〕 Auch soll nicht, Subhūti, ein in der Realit ät befangener Bodhisattva Gabe spenden, nicht soll ein irgendwo befange ner Gabe spenden, nicht soll ein in Ton, Geruch, Geschmack, Tastbaren, den gedanklichen Objekten befangener Gabe spenden.

424) 〔불어〕 Mais, ô Subhūti, il pourra faire des dons utiles s'il ne fait font sur la conaissance d'aucun objet déterminé. 〔독어〕 So eben, Subhūti, soll ein Bodhisattva Mahāsattva Gabe spenden, daß auch er nicht im Begriff des Zeichnens steht.

공덕의 다발은 크기를 헤아리기가 어렵기 때문입니다. (And why? Because the heap of merit of that Bodhi-being, who unsupported gives a gift, is not easy to measure.)[425]

4. 쑤부띠여, 어떻게 생각합니까?
동쪽의 허공의 크기를 헤아리기가 쉽겠습니까?"
쑤부띠는 여쭈었습니다.
[쑤부띠] "세존이시여, 그렇지 않습니다." (What do you think, Subhūti, is the extend of space in the East easy to measure? - Subhūti replied : no indeed, O Lord.)[426]

5. 세존께서 말씀하셨습니다.
[세존] "이와 같은 방법으로 남쪽, 서쪽, 북쪽, 상하, 그 사이 방향, 그 모든 시방의 허공의 크기를 헤아리기가 쉽겠습니까?"
쑤부띠는 여쭈었습니다.
[쑤부띠] "세존이시여, 그렇지 않습니다." (The Lord asked : In like manner, is it easy to measure the extent of space in the South, West or North, downwards, upwards, in the intermediate directions, in all the ten directions all around? - Subhūti replied : no indeed,

---

425) [불어] Car, ô Subhūti, si ce bodhisattwa, qui ne s'appuie sur rien, donne généreusement, on ne peut facilement apprécier la mesure de ses mérites. [독어] Aus welchem Grunde? Wer, o Subhūti, sich nicht stützend, Gabe sp endet, dessen Menge von Verdiensten ist nicht leicht zu ermessen.

426) [불어] Penses-tu, ô Subhūti, que l'on puisse aisément prendre la mesure de l'empyrée au est? Non certainement, ô bienheureux, repondit Subhūti. [독어] Wie meinst du, Subhūti, ist es leicht, in östlicher Richtung des Wel traums Ausdehnung zu erfassen? Subhūti erwidert : Nein, Erhabener!

O Lord.)[427]

6. 세존께서 말씀하셨습니다.
[세존] "쑤부띠여, 바로 그와 같이 깨달음을 향한 님이 의존함이 없이 보시를 하면, 그 공덕의 다발은 크기를 헤아리기가 쉽지 않습니다. (The Lord said : Even so the heap of merit of that Bodhi-being who unsupported gives a gifts is not easy to measure.)[428]

7. 쑤부띠여, 이 때문에 깨달음을 향한 님의 삶에 들어선 사람은 인상에 대한 지각에 의존하지 않는 길을 따라, 그와 같이 보시를 해야 합니다." (That is why, Subhūti, those who have set out in the Bodhisattva-vehicle, should give gifts without being supported by the perception of the sign.)[429]

---

427) 〔불어〕 Ainsi, ô Subhūti, l'on puisse aisément prendre la mesure de l'empy rée au sud, au l'ouest, au nord, en bas, en haut, partout dans les cinq régions et dans les directions intermédiaires? Non certainement, ô bienhe ureux, repondit Subhūti. 〔독어〕 Der Erhabene sprach : So in südlicher, we stlicher, nördlicher Richtung, nach unten, nach oben, nach allen Richtun gen und Zwischenrichitungen, in den zehn Richitungen ringsherum : ist es da leicht, des Weltraums Ausdehnung zu erfassen? Subhūti erwidert e : Nein, Erhabener!

428) 〔불어〕 Ainsi, ô Subhūti, dit alors le bienheureux, quand un bodhisattwa fait des dons sans s'être appuyé sur rien, il est difficile de saisir la mesur e de ses mérites. 〔독어〕 Der Erhabene sprach : So eben, Subhūti, ist der Vorrat von Verdiensten eines Bodhisattva, der, der ohne sich auf die Wir klichkeit zu stützen, Gabe spendet, nicht leicht zu ermessen.

429) 〔불어〕 Ainsi, ô Subhūti, celui qui est appliqué à la règle des bodhisattwas doit donner de manière qu'il ne s'appuie sur aucune connaissance d'objet déterminé. 〔독어〕 So soll denn, Subhūti, ein auf das Fahrzeug der Bodhisa ttva Gestellter Gabe spenden, daß er sich auch nicht auf den Begriff von äußerer Wirklichkeit stützt.

5. 새겨서 참답게 보라〔如理實見分〕

1. [세존] "쑤부띠여, 그대는 어떻게 생각합니까? 어떤 특징을 갖추었다고 해서 여래라고 볼 수 있습니까?" (What do you think, Subhūti, can the Tathāgata be seen by the possession of his marks?)[430]

2. 쑤부띠는 여쭈었습니다.
[쑤부띠] "세존이시여, 그렇지 않습니다. 어떤 특징을 갖추었다고 해서 여래라고 볼 수는 없습니다. (Subhūti replied : No indeed, O Lord. The Tathāgata cannot be seen by the possession of his marks?)[431]

3. 그것은 무슨 까닭입니까?
여래께서 '특징의 갖춤'이라고 말씀하신 것은 실제로는 '특징이 아닌 것을 갖춘 것'입니다." (And why? What has been taught by the Tathāgata as the possession of marks, that is truly a possession of no-marks.)[432]

---

430) 〔불어〕 Qu'en penses-tu, Subhūti? Le Tathāgata doit-il être reconnu par une réunion en lui de signes extérieurs spéciaux? 〔독어〕 Wie meinst du, Subhūti, ist ein Sogegangener in der Vollkommenheit der Merkmale zu er blicken?

431) 〔불어〕 Subhūti répondit : Il n'en est poit ainsi; ô Bhagavan! le Tathāgata ne doit pas être reconnu par ces signes. 〔독어〕 Subhūti erwiderte : "Nicht so, Erhabener. Nicht ist der Sogegangene durch die Vollkommenheit der Merkmale zu erblicken.

432) 〔불어〕 Pourquoi cela? Parce que la réunion en lui de ces signes dont parle le Tathāgata n'en et point une, est une absence de signes extérieurs.〔독어〕 Aus welchem Grunde? Die Vollkommenheit der Merkmale, welche dur ch den Sogegangenen verkündet ist, ist eben Vollkommenheit der Nicht-Merkmale.

4. 이와 같이 여쭈자 세존께서 장로 쑤부띠에게 말씀하셨습니다.
[세존] "쑤부띠여, 특징을 갖춘 것에는 허망함이 있고, 특징이 아닌 것을 갖춘 것에는 허망함이 없습니다. 그러므로 우리는 '특징이 없는 특징'을 통해서 여래를 볼 수 있습니다" (When this has been said, the Lord said to the venerable Subhūti : Wherever there is possession of marks, there is fraud, wherever there is possession of no-marks, there is no fraud. Hence the Tathāgata is to be seen from no-marks as marks.)433)

6. 놀라운 법 누가 바로 믿으랴〔正信希有分〕

1. 이렇게 말씀하시자, 장로 쑤부띠는 세존께 다음과 같이 여쭈었습니다.
[쑤부띠] "세존이시여, 미래의 시대, 마지막 시기, 마지막 시간, 마지막 오백 년, 올바른 가르침이 무너지는 때에, 이와 같은 경전의 구절들이 설해지면, 진실한 지각을 일으키는 어떠한 뭇삶

---

433) 〔불어〕 A ces paroles le bienheureux dit à Subhūti : C'est que, Subhūti, en ce qui est conception de la survenance de signes extrérieurs, il y a illusion. En ce qui est absence de ces signes, il n'y a point d'erreur. Ainsi le Tathāgata doit être reconnu, aperçu par la présence et l'absence de marques particulières extérieures. 〔독어〕 Nach diesem Worten sprach der Erhabene zu dem ehrwürdigen Subhūti also : So lange, Subhūti, Die Vollkommenheit der Merkmale besteht, solange ist Irrtum; wenn Nicht-Merkmalvollkommenheit besteht, ist kein Irrtum. So ist durch Merkmallosigkeit der Merkmale der Sogegengene zu erblicken."

이라도 있겠습니까?" (When this has been said, the venerable Subhūti asked the Lord : O Lord, will there be any beings in the future period, in the last time, in the last epoch, in the last 500 years, at the time of collapse of the good doctrine who, when these words of the Sūtra are being taught, will produce a true perception?)434)

2. 그러자 세존께서 말씀하셨습니다.

[세존] "쑤부띠여, 그렇게 말하지 마십시오. 미래의 시대, 마지막 시기, 마지막 시간, 마지막 오백 년, 올바른 가르침이 무너지는 시기에도, 이와 같은 경전의 구절들이 설해지면, 그것들에 대하여 진실한 지각을 일으키는 어떠한 뭇삶들이 있을 것입니다. (The Lord replied : Do not speak thus, Subhūti! Yes, even then there will be such beings in the future period, in the last time, in the last epoch, in the last 500 years, at the time of collapse of the good doctrine who, when these words of the Sūtra are being taught, will produce a true perception.)435)

---

434) [불어] Subhūti à la longue vie, dit alors au bienheureux : Il arrivera, ô Bienheureux, n'est-ce pas, que certains être seront, à cette voie non encore fréquentée, à ce temps dernier, à cette dernière circonstance, à la dernière période de cinq cents ans, quand l'extinction de la bonne loi sera en cours, lesquels êtres manifesteront encore la connaissance de la nature de l'être en récitant les paroles des Sūtra, semblables à celles-ci? [독어] Nach diesem Worten sprach der ehrwürdige Subhūti zum Erhabenen also : Werden etwa, Erhabener, in künftiger Zeit Wesen sein, in dem letzen Zeitraum, in den letzten fünfhundert Jahren, zur Zeit des Verfalles der guten Lehre, welche, wenn diese dergestaltige Sūtrasätze vortragen werden, einen richigen Begriff erzeugen werden?

435) [불어] Le bienheureux répondit : Ne dis point cela, toi Subhūti! Il y aura

3. 쑤부띠여, 더 나아가 미래의 시대, 마지막 시기, 마지막 시간, 마지막 오백 년, 올바른 가르침이 무너지는 때에도, 덕성을 갖추고 계행을 갖추고 지혜를 갖춘 깨달음을 향한 위대한 님들이 있을 것이며, 이와 같은 경전의 구절들이 설해지면, 그것들에 대하여 진실한 지각을 일으킬 것입니다. (For even at that time, Subhūti, there will be Bodhisattvas who are gifted with good conduct, gifted with virtuous qualities, gifted with wisdom, and who, when these words of the Sūtra are being taught, will produce a true perception.)436)

4. 그리고 쑤부띠여, 이들 깨달음을 향한 위대한 님들은 결코 단 한 분의 깨달은 님께만 예배드리거나 단 한 분의 깨달은 님 아래서 착하고 건전한 것의 뿌리를 심지 않을 것입니다. 오히려 쑤부띠여, 깨달음을 향한 위대한 님들은 수십만 깨달은 님께 예배드리고, 수십만 깨달은 님 아래서 착하고 건전한 것의 뿌리를 심을 것입니다. 이러한 법문의 구절이 설해질 때에, 그

---

alors, ô Subhūti, dans cette voie où personne n'est encore entré, au dernier temps, au dernier moment, au dernier cinq-centenaire, quand l'extinction de la bonne loi sera en cours. 〔독어〕 Der Erhabene erwiderte : Sprich nicht so, Subhūti! Wohl werden in zukünftiger Zeit einige Lebewesen sein, in dem letzen Zeitraum, in den letzten fünfhundert Jahren, zur Zeit des Verfalles der guten Lehre, welche, wenn diese dergestaltige Sūtrasätze vortragen werden, einen richigen Begriff erzeugen werden.

436) 〔불어〕 Il y aura ô Subhūti, des bodhisattwas mahāsattwas doués de qualités excellentes, de vertus morales, de science, qui manifesteront la connaissance de la nature de l'être, en récitant des maximes semblables des sūtras. 〔독어〕 Ferner, Subhūti, werden in zukünftiger Zeit Bodhisattvas Mahāsattvas sein, in der letzten Zeit, im letzten Zeitabschnitt, in den lezten fünfhundert Jahren, zur Zeit des Verfalles der guten Lehre, befähigte, tugendhafte, erkenntnisbegabte, welche, wenn diese dergestaltete Sūtrasätze vortragen werden, einen richitigen Begriff erzeugen werden.

들은 청정한 한마음도 성취할 것입니다. (And these Bodhisattvas, the great beings, Subhūti, will not be such as have honoured only one single Buddha, nor such as have planted their roots of merit under one single Buddha only. On the contrary, Subhūti, those Bodhisattvas, who, when these words of the Sūtra are being taught, will find even one single thought of serene faith, they will be such as have honoured many hundreds of thousands of Buddhas.)437)

5. 쑤부띠여, 여래께서는 깨달은 님의 지혜로 그들을 알고, 쑤부띠여, 여래께서는 깨달은 님의 눈으로 그들을 보고, 쑤부띠여, 여래께서는 그들을 완전히 파악하고 있습니다. 쑤부띠여, 그들은 모두 헤아릴 수 없고 셀 수 없는 공덕의 다발을 이루고 얻게 될 것입니다. (Known they are, Subhūti, to the Tathāgata through his Buddha-cognition, seen they are, Subhūti, by the Tathāgata with his Buddha-eye, fully known they are, Subhūti, to the Tathāgata. And

---

437) 〔불어〕 Il n'y aura plus, ô Subhūti, aprés cela, des bodhisattwas mahāsattwas disciples d'un seul Bouddha, ni possédant le pricipe du salut par l'enseignement d'un seul Bouddha. Mais il y aura des bodhisattwas: disciples de plusieurs, de cent, de mille bouddhas, ayant reçu le principe du salut de plusieurs: de cent, de mille bouddhas et qui, en récitant les paroles des Sūtras, sous cette forme obtiendront le don suprême de l'unité parfaite de la pensée, de la pensée établie dans l'unité. 〔독어〕 Nicht fürwahr, Subhūti, weden jene Bodhisattvas Mahāsattvas nur einen Buddha bedient haben und nicht nur unter einem Buddha Verdienst angesammelt haben, vielmehr werden sie, Subhūti, viele Hunderttausende von Buddhas bedient und unter vielen Hunderttausenden von Buddhas Verdienst angesammelt haben, die Bodhisattvas Mahāsattvas, welche, wenn diese dergestaltete Sūtrasätze vorgetragen werden, in einem Gedanken Beruhigung finden werden.

they all, Subhūti, will beget and acquire an immeasurable and in calculable heap of merit.)438)

6. 그것은 무슨 까닭입니까?
쑤부띠여, 이 모든 깨달음을 향한 위대한 님들에게는 자아에 대한 지각이 일어나지 않으며, 존재에 대한 지각이 일어나지 않으며, 생명에 대한 지각이 일어나지 않으며, 영혼에 대한 지각이 일어나지 않기 때문입니다. (And why? Because, Subhūti, in these Bodhisattvas, the great beings, no perception of a self takes place, no perception of a being, no perception of a soul, no perception of a person.)439)

7. 또한 쑤부띠여, 이 깨달음을 향한 위대한 님들에게는 법에 대한 지각도 없으며, 법이 아닌 것에 대한 지각도 없습니다. 쑤부띠여, 나아가 그들에게는 지각도 일어나지 않고 지각이 아닌 것도 일어나지 않습니다. (Nor do these Bodhisattvas, the great beings, Subhūti, have a perception of a dhar-

---

438) 〔불어〕 Ceux-là, Subhūti, sont connu du Tathāgata par sa science de boud dha, d'illuminé. Ils sont vus par lui, de son oeil de bouddha. Eux tous, éclairés par le Tathāgata, produiront une masse de mérites en nombre inc ommensurable et ils en acquerront les fruits. 〔독어〕 Erkannt, o Subhūti, von dem Sogegangenen durch Buddhaerkennen, geschaut, o Subhūti, von dem Sogegangenen durch Buddhaauge, gekannt sind sie durch den Sogeg angenen. Sie alle werden, o Subhūti: unermeßlichen, unzähligen Verdiens tesvorrat erzeugen und erlangen.

439) 〔불어〕 Pourquoi cela? Ô Subhūti, chez ces bodhisattwas mahāsattwas ne règne plus la conception de l'individualité, ni celle de l'existence, de la vi e, ni de la personnalité, ni même celle de la loi essence de l'être. 〔독어〕 Aus welchem Grunde? Nicht nämlich, Subhūti, ist bei jenen Bodhisattvas Mahāsattvas der Begriff des Selbstes wirksam, nicht der Begriff des Lebe wesens, der Begriff des Lebenden, der Begriff der Person.

ma, or a perception of no-dharma. Moreover, Subhūti, no perception or non-perception, takes place in them.)440)

8. 그것은 무슨 까닭입니까?
만약 쑤부띠여, 그들 깨달음을 향한 위대한 님들이 법에 대한 지각을 가진다면, 그들은 그것 때문에 또한 자아에 집착하게 되는 것이고, 존재에 집착하고, 생명에 집착하고, 영혼에 집착하게 되는 것입니다. 만약 법이 아닌 것에 대한 지각을 가진다고 해도, 그들은 그 때문에 또한 자아에 집착하게 되는 것이고, 존재에 집착하고, 생명에 집착하고, 영혼에 집착하게 되는 것입니다. (And why? If, Subhūti, these Bodhisattvas, the great beings, should have a perception of a dharma, they would thereby seize on a self, seize on a being, seize on a soul, or seize on a person; if, Subhūti, they should have a perception of a no-dharma, they would also thereby seize on a self, seize on a being, seize on a soul, or seize on a person.)441)

---

440) 〔불어〕 Chez ces bodhisattwas mahāsattwas, ô Subhūti, il n'y pas davantage la connaissance de la non-existence de la loi: chez ces eux, ô Subhūti, il n'y a plus ni connaissance ni ignorance. 〔독어〕 Auch ist nicht Subhūti, ist bei jenen Bodhisattvas Mahāsattvas der Begriff des Dharma wirksam, so auch nicht der Begriff des Nicht-dharma : auch bei ihnen nicht der Begriff, nicht der Nicht-Begriff wirksam.

441) 〔불어〕 Comment cela? C'est que, ô Subhūti, si les bodhisattwas mahāsattwas avaient encore la connaissance expresse de la loi, il se saisiraient encore de l'âtman, de l'existence particulière, de la vie, de la personnalité. S'ils avaient encore la connaissance de la non-loi, il se saisiraient encore de l'individualité, de l'être, de la vie, de la personalité. 〔독어〕 Aus welchem Grunde? Wenn, o Subhūti, bei jenen Bodhisattvas Mahāsattvas der Begriff des dharma wirksam wäre, so wäre das bei ihnen Ergreifen eines Sel

9. 그것은 무슨 까닭입니까?
깨달음을 향한 위대한 님이라면, 법에도 집착하지 않아야 하며, 법이 아닌 것에도 집착하지 않아야 하기 때문입니다. (And why? Because a Bodhisattva, a great being, should not seize on either a dharma or a no-dharma.)[442]

10. 그러므로 여래께서는 그러한 의미로 이와 같이 '뗏목의 비유에 대한 법문을 아는 자들은 법마저 버려야 하거늘, 하물며 법이 아닌 것임에랴?'라고 말씀하셨던 것입니다." (Therefore this saying has been taught by Tathāgata with a hidden meaning : Those who know the discourse on dharma as like a raft, should forsake dharmas, still more so no dharmas.)[443]

---

bstes, Ergreifen eines Lebewesens, Ergreifen eines Lebenden, Ergreifen einer Person; wenn der Begriff der Nicht-dharma wirksam wäre, so wäre dies bei ihnen Ergreifen eines Selbstes, Ergreifen eines Lebewesens, Ergreifen eines Lebenden, Ergreifen einer Person.

442) [불어] Pourquoi cela? Parce qu'après ce temps le bodhisattwa mahāsattwa ne doit plus recevoir de loi ou non-loi. [독어] Aus welchem Grunde? Nicht ist, Subhūti, durch einen Bodhisattva Mahāsattva ein dharma zu erfassen, nicht ein Nicht-dharma

443) [불어] Ainsi fut prononcé ce discours par le Tathāgata sur cette matrière. Les notions des lois sont nécessairement abandonnées tuées en soi par ceux qui connaissent le cours naturel et nécessaire de la loi de l'être, semblable à un radeau; bien plus encore la non-existence de lois. [독어] Deshalb ist durch den Tathāgata der Gemeinde dieses Wort verkündet worden : Die, welche das Lehren des dharma als einem Floße gleich erkennen, sollen die dharma schon aufgeben, umsomehr die Nicht-dharmas.

7. 깨달은 것도 설한 것도 없나니〔無得無說分〕

1. 또한 세존께서 장로 쑤부띠에게 말씀하셨습니다.
[세존] "쑤부띠여, 어떻게 생각하십니까?
여래께서 '위없이 바르고 원만한 깨달음'이라고 분명하게 깨달아 얻은 어떠한 법이 있다고 생각합니까, 또는 여래께서 설하신 어떠한 다른 법이 있다고 생각하십니까?" (the Lord said to the venerable Subhūti : What do you think, Subhūti, is there any dharma which the Tathāgata has fully known as 'the utmost, right and perfect enlightenment', or is there any dharma which the Tathāgata has demonstrated?)444)

2. 이렇게 말씀하시자 장로 쑤부띠는 세존께 이와 같이 여쭈었습니다.
[쑤부띠] "세존이시여, 제가 세존께서 말씀하신 뜻을 이해하기로는, 여래께서 위없이 바르고 원만한 깨달음이라고 분명하게 깨달아 얻은 어떠한 법도 없으며 또한 여래께서 설하신 어떠한 다른 법도 없습니다. (After these words, the venerable Subhūti said thus to the Lord : O Lord, as I understand what the Lord has said, there is no dharma

---

444) 〔불어〕 Ensuite le bienheureux dit à Subūti, à la longue vie : Que penses-tu de cela, ô Subūti: y a-t-il une loi, appelée illumination suprême de l'intelligence, qui a reçu sa lumière par le Tathāgata, ou une loi révélée par le Tathāgata? 〔독어〕 Ferner sprach der Erhabener zu dem ehrwürdigen Subhūti dieses : Wie meinst du, Subhūti? Ist irgendwelcher dharma vorhanden, der durch den Tathāgata als 'vollkommene Erleuchtung' erkannt wurde, oder irgendein anderer dharma Zustand, der durch den Tathāgata gezeigt worden ist?

which the Tathāgata has fully known as 'the utmost, right and perfect enlightenment', and there is no dharma which the Tathāgata has demonstrated.)[445]

3. 그것은 무슨 까닭입니까?
여래께서 분명하게 깨달아 설하신 이 법은 파악될 수 없고 말해질 수 없으며, 법도 아니고 법이 아닌 것도 아니기 때문입니다. (And why? This dharma which the Tathāgata has fully known or demonstrated – it can not be grasped, it cannot be talked about, it is neither a dharma nor a no-dharma.)[446]

4. 그것은 무슨 까닭입니까?
거룩한 님들은 조건지어지지 않은 것(無爲)을 닦아온 이들이기 때문입니다." (And why? Because the Holy Persons are those, who have cultivated the dispositionally Unconditioned.)[447]

---

445) [불어] Subhūti répondit : Pour autant que je comprends, ô Bienheureux, le sens de ce qui a été dit par le bienheureux, il n'y a point de loi, dite illuminant l'intelligence, ayant reçu sa lumière du Tathāgata, qui ait été révélée par lui. [독어] Nach solchen Worten erwiderte der ehrwürdige Sub hūti dem Erhabenen dieses : Wie ich, o Erhabener, den den Sinn des vom Erhabener Gesprochenen verstehe, existiert nicht irgendwelcher dharm a, der durch den Tathāgata als 'unübertroffene vollkommene Erleuchtung' erkannt wurde; nicht existiert ein dharma, der von dem Tathāgata gezei gt worden ist.

446) [불어] Et pourquoi? Parce que la loi qui a été révélée par le Tathāgata est incompréhensible, et sans qualités particulières que l'on puisse exprimer. [독어] Aus welchem Grunde? Der dharma, der durch Tathāgata als 'vollko mmene Erleuchtet' gezeigt wurde, oder als unerfaßbar, oder als unausspr echbar, der ist nicht dharma und Nicht-dharma.

8. 법문에 의지해 나타날 뿐〔依法出生分〕

1. 세존께서 말씀하셨습니다.

[세존] "쑤부띠여, 어떻게 생각하십니까? 만약 한 훌륭한 가문의 아들이나 한 훌륭한 가문의 딸이 삼천대천세계의 이 우주를 칠보로써 채워서 그것을 이렇게 오신 님, 거룩한 님, 올바로 원만히 깨달은 님들에게 보시한다면, 그 훌륭한 가문의 아들, 훌륭한 가문의 딸은 그것을 인연으로 아주 많은 공덕의 다발을 이루겠습니까?" (The Lord then asked : What do you think, Subhūti, if a son or daughter of good family had filled this world system of 1,000 million worlds with the seven precious things, and then gave it as a gift to the Tathāgatas, Arhats, Fully Enlightened Ones, would a son or daughter of good family on the strength of that beget a great heap of merits?)448)

---

447) 〔불어〕 Et pourquoi? Ce n'est ni loi ni non-loi, parce que les entités supéri eures sont produites telles sans être réelles et parfaites pour cela. 〔독어〕 Aus welchem Grunde? Durch das Nichtgewirkte ausgezeichnet sind näml ich die Edlen.

448) 〔불어〕 Le bienheureux dit : Que penses-tu de cela, Subhūti? Si un fils de famille fait en sorte que l'élément du monde du trimillénaire ou du grand millénaire soit plein des sept biens précieux, des sept joyaux et qu'il les donne tels, en pur don, aux Tathāgatas, aux arhats, complètment illumin és, est-ce que ce fils ou cette fille de famille ferait ressortir de cette oeuvr e un grand amas de mérites? 〔독어〕 Der Erhabene sprach : Wie meinst d u, Subhūti? Irgendwelcher edle Sohn oder edle Tochter, welche dieses dre itausendmalvieltausendfache Weltelement mit den sieben Kostbarkeiten angefüllt hätte und es den Sogegangenen, Würdigen, vollkommen Erleuch teten als Gabe spendete, würde da dieser edle Sohn oder diese edle Tocht er einen großen Schatz, einen Verdienstesvorrat sich erzeugen?

2. 쑤부띠는 여쭈었습니다.
[쑤부띠] "세상에 존경받는 님이시여, 그렇습니다. 올바른 길로 잘 가신 님이여, 그렇습니다. 그 훌륭한 가문의 아들이나 훌륭한 가문의 딸이 그것을 인연으로 공덕의 다발을 아주 많이 이룰 것입니다." (Subhūti replied : Great, O Lord, great, O Well-Gone, would a son or daughter of good family on the strength of that beget a great heap of merits!)449)

3. 그것은 무슨 까닭입니까?
세존이시여, 여래께서 말씀하신 '공덕의 다발'은 모두, '다발이 아닌 것'이라고 가르치신 것입니다. 여래께서는 그렇게 '공덕의 다발, 공덕의 다발'에 대해 설하십니다." (And why? Whatever heap of merits, O Lord, has been spoken of the Tathāgata, that is spoken of by the Tathāgata as non-heap. That is how the Tathāgata speaks of 'heap of merits, heap of merits.')450)

4. 세존께서 말씀하셨습니다.
[세존] "그렇지만 또한 쑤부띠여, 한 훌륭한 가문의 아들이나 한

449) 〔불어〕 Subhūti répondit : Trés abondant, ô Bienheureux, trés abondant, ô Sugata, serait l'amas de mérites que produirait par cette oevre ce fils ou cette fille de famille. 〔독어〕 Subhūti sprach : Erhabener, jener edle Sohn oder edle Tochter würde einen gar großen Schatz, einen Verdienstesvorrat sich erzeugen.

450) 〔불어〕 Et pourquoi? Parce que cet amas de mérites dont parle le Tathāgata a été déclaré par lui un non-amas. C'est pourquoi le Tathāgata dit : C'est un amas, un vrai amas de mérites. 〔독어〕 Aus Welchem Grunde? Was, o Erhabener, als Verdienstesvorrat von dem Sogegengenen verkündet wurde, das ist vom Sogegangenen als Nicht-vorrat verkündet worden. Deshalb verkündet der Sogegangene : 'Verdienstesvorrat, Verdienstesvorrat'.

훌륭한 가문의 딸이 삼천대천세계의 이 우주를 칠보로써 채워서 그것을 이렇게 오신 님, 거룩한 님, 올바로 원만히 깨달은 님들에게 보시하는 것보다, 누군가가 이 법문에서 사행시 한 게송이라도 받아들여 그것을 다른 사람에게 상세히 가르치고 설명해준다면, 그가 그것을 인연으로 헤아릴 수 없고 셀 수 없는 훨씬 많은 공덕의 다발을 이룰 것입니다. (The Lord said : Subhūti, whosoever son or daughter of good family had filled this world system of 1,000 million worlds with the seven precious things, and then gave it as a gift to the Tathāgatas, Arhats, Fully Enlightened Ones, and whosoever was to take from this discourse on dharma but one stanza of four lines, and would demonstrate and illuminate it in full detail to others, then he would on the strength of that beget a greater heap of merit, immeasurable and incalculable.)[451]

---

451) 〔불어〕 Le bienheureux dit : En outre, si ce fils ou cette fille de famille remplissait ainsi des sept joyaux l'élément du monde du trimillénaire, du grand millénaire et livrait ainsi en don aux Tathāgatas, arhats complètment illuminés, et qu'un autre, prenant une simple Gāthā de quatre vers dans toute l'étendue de loi, l'enseignât aux autres complètement et l'expliquât en détail, celui-ci produirait ainsi un amas de mérites beaucoup plus abondant, un amas innombrable. 〔독어〕 Der Erhabene sprach : Und wenn ferner, Subhūti; ein edler Sohn oder eine edle Tochter dieses dreitausendmalvieltausendfache Weltelement mit den sieben Kostbarkeiten anfüllte und es den Sogegangenen, der Würdigen, der vollkommen Erleuchteten als Gabe gäbe, und wenn einer aus dem Lehrbuche hier von dem Ende weg nur eine vierfüßige Liedstrophe herausgriffe und sie anderen ausführlich darlegte, erklärte, der würde einen größeren Verdienstesvorrat als jener erzeugen, einen unermäßlichen, unzähligen.

5. 그것은 무슨 까닭입니까?
그것은 이렇게 오신 님, 거룩한 님, 올바로 원만히 깨달은 님의 위없이 바르고 원만한 깨달음도 여기서 출현했고, 세상에 존경받는 깨달은 님들도 여기서 출현했기 때문입니다. (And why? Because from it has issued the utmost, right and perfect enlightenment of Tathāgatas, Arhats, Fully Enlightened Ones, and from it have issued the Buddhas, the Lords.)452)

6. 그것은 또한 무슨 까닭입니까?
쑤부띠여, 여래께서는 '깨달은 님의 법, 깨달은 님의 법'에 대해 말씀하신 것은 '깨달은 님의 법이 아닌 것'이라고 여래께서 가르치신 것입니다. 그러므로 말하자면, '깨달은 님의 법'인 것입니다." (And why? For Tathāgata has taught that the dharma special to the Buddhas are just not a Buddha's special dharmas. That is why they are called 'the dharma special to the Buddhas.')453)

---

452) 〔불어〕 Et pourquoi? Parce que, ô Subhūti, c'est par là qu'est née pour ce monde l'illumination complètement que rien ne dépasse, des Tathāgatas, arhats complète illuminés: c'est par là aussi qu'ont été engendrés les boud dhas bienheureux. 〔독어〕 Aus welchem Grunde? Von hier aus entstanden nämlich, Subhūti, ist der Sogegangenen, der Würdigen, der vollkommen Erleuchteten un übertroffene vollkommene Erleuchtung, von hier aus ent standen sind die erhabenen Buddhas.

453) 〔불어〕 Comment cela? C'est que ces lois des bouddhas, proclamées telles, ô Subhūti, ont été en même temps déclarées non-lois des bouddhas par le Tathāgata. C'est pourquoi aussi elles ont été dites des lois de Bouddha. 〔독어〕 Aus Welchem Grunde? 'Buddha-Eigenschaften, Buddha-Eigenscha ften' sind eben, Subhūti, durch den Vollendeten als Nicht-Buddha-Eigens chaften verkündet worden.

9. 한 경지도 얻은 것 없네〔一相無相分〕

1. [세존] "쑤부띠여, 어떻게 생각합니까? 흐름에 든 님에게 '내가 흐름에 든 님의 경지를 얻었다'는 생각이 일어납니까?" (What do you think, Subhūti, does it occur to the Streamwinner, 'by me has the fruit of a streamwinner been attained'?)454)

2. 쑤부띠는 여쭈었습니다.
[쑤부띠] "세존이시여, 그렇지 않습니다. 흐름에 든 님에게는 '내가 흐름에 든 님의 경지를 얻었다'는 생각이 일어나지 않습니다. (Subhūti replied : No indeed, O Lord, it does not occur to the Streamwinner, 'by me has the fruit of a streamwinner been attained'?)455)

3. 그것은 무슨 까닭입니까?
세존이시여, 그가 어떠한 대상도 얻지 않았으므로 흐름에 든 님이라고 하기 때문입니다. 그는 형상, 소리, 냄새, 맛, 감촉, 마음의 대상들을 얻지 않았기 때문에 흐름에 든 님이라고 말합니다. (And why? Because, O Lord, he has not won

---

454) 〔불어〕 Que penses-tu maintenant de ceci, Subhūti? Appartient-il à celui qui est entré dans le courant de l'existence qui l'a atteint, de dire : J'ai acquis le fruit à recueillir dans ce courant? 〔독어〕 Wie meinst du, Subhūt i, denkt ein Śrotāpanna also : Durch mich die Frucht des Erreichens des Stromes erlangt worden?

455) 〔불어〕 Subhūti répondit : Non, ô Bienheureux, il n'appartient pas à celui qui est entré dans le courant de l'existence qui l'a atteint, de dire : J'ai acquis le fruit à recueillir dans ce courant? 〔독어〕 Subhūti erwiderte : Nic ht so, Erhabener! Nicht denkt ein zum Stromes Gelangter : Durch mich die Frucht des Erreichens des Stromes erlangt worden.

any dharma. Therefore is he called a Streamwinner. No material form has been won, no sounds, smells, tastes, touchables, or objects of mind. That is why, he is called a 'Streamwinner'.)456)

4. 만약 세존이시여, 흐름에 든 님에게 '내가 흐름에 든 님의 경지를 얻었다'는 생각이 일어난다면, 그것은 곧 그에게 자아에 대한 집착, 존재에 대한 집착, 생명에 대한 집착, 영혼에 대한 집착이 되는 것입니다." (If, O Lord, it would occur to a Streamwinner, by me has a Streamwinner's fruit been attained, then that would be in him a seizing on a self, seizing on a being, seizing on a soul, seizing on a person.)457)

5. 세존께서 말씀하셨습니다.

[세존] "쑤부띠여, 어떻게 생각합니까? 한 번 돌아오는 님에게 '내가 한 번 돌아오는 님의 경지를 얻었다'는 생각이 일어납니까?" (The Lord asked : What do you think, Subhūti,

456) 〔불어〕 Et pourquoi? pars que celui-là, ô Bienheureux, quel qu'il soit, n'a réellement acquis aucune condition; c'est pourquoi il est applé entré dans le courant de l'existence, l'ayant atteint. Il n'a réellement acquis les condi tions ni des formes, ni des sons, ni des odeurs, ni du goût, ni des sensatio ns du tact. 〔독어〕 Aus welchem Grunde? Denn nicht hat er, Erhabener, irgendwelchen Zustand erreicht. Deshalb wird er ein 'zum Strome Gelang ter' genannt. Nicht hat er Erscheinung erreicht, nicht hat er Töne, Gerüc he, Geschmäcke, nicht Tastbares, nicht gedankliche Objekte erreicht. De shalb wird er ein 'zur Strömung Gelangter' genannt.

457) 〔불어〕 Ô Bienheureux, si celui qui s'est engagé dans ce courant pouvait dire qu'il en acquis les mérites, il aurait saisi, acquis l'égoïté, l'être, la vie, la personnalité.〔독어〕 Wenn, Erhabener, ein zur Strömung Gelangter so dächte : 'Durch mich die Frucht des Erreichens der Strömung errecht.', so wäre das bei ihm ein Erfassen des Selbstes, ein Erfassen von Lebendem, das Erfassen einer Person.

does it occur to the Once-Returner, 'by me has the fruit of a Once-Returner been attained'?)[458]

6. 쑤부띠는 여쭈었습니다.

[쑤부띠] "세존이시여, 그렇지 않습니다. 한 번 돌아오는 님에게는 '내가 한 번 돌아오는 님의 경지를 얻었다'라는 생각이 일어나지 않습니다. (Subhūti replied : No indeed, O Lord, it does not occur to the Once-Returner, 'by me has the fruit of a Once-Returner been attained'.)[459]

7. 그것은 무슨 까닭입니까?

세존이시여, 한 번 돌아오는 님의 경지라고 할만한 어떠한 것도 없기 때문입니다. 그래서 그를 한 번 돌아오는 님이라고 말합니다." (And why? Because, O Lord, there is no dharma named 'Once-Returner'. Therefore is he called a Once-Returner.)[460]

---

458) [불어] Le bienheureux continua : Maintenant pensez-vous, Subhūti, qu'il appartienne à celui qui est à sa dernière renaissance de dire qu'il a acquis les fruits, mérites de cet état? [독어] Der Erhabener sprach : Wie meinst du, Subhūti, Denkt ferner ein Einmal-Wiederkehrender also : Durch mic h ist die Frucht des Einmal-Wiederkehrenden erreicht?

459) [불어] Subhūti répondit : Non certainment, ô Bienheureux, il n'appartien t pas à celui qui est à sa dernière renaissance de dire qu'il a acquis les fruits, mérites de cet état. [독어] Subhūti erwiderte : Nicht so, Erhabene r! Nicht denkt ein Einmal-Wiederkehrender also : Durch mich ist die Fru cht des Einmal-Wiederkehrenden erreicht.

460) [불어] Et pourquoi? Parce que Bienheureux, celui qui n'a plus à renaître qu'une fois n'a plus les conditions de l'existence sensible. C'est pourquoi il est appelé sakṛdāgamī 'qui vient une fois'. [독어] Aus welchem Grunde? Nicht nämlich, o Erhabener, existiert irgendwelcher Zustand, der zur Eig enschaft des Einmal-Wiederkehrenden gelangt wäre. Deshalb wird er 'Ei nmal-Wiederkehrender' genannt.

8. 세존께서 말씀하셨습니다.

[세존] "쑤부띠여, 어떻게 생각합니까? 돌아오지 않는 님에게 '나는 돌아오지 않는 님의 경지를 얻었다'는 생각이 일어납니까?" (The Lord asked : What do you think, Subhūti, does it occur to the Never-Returner, 'by me has the fruit of a Never-Returner been attained'?)461)

9. 쑤부띠는 여쭈었습니다.

[쑤부띠] "세존이시여, 그렇지 않습니다. 돌아오지 않는 님에게는 '내가 돌아오지 않는 님의 경지를 얻었다'는 생각이 일어나지 않습니다. (Subhūti replied : No indeed, O Lord, it does not occur to the Never-Returner, 'by me has the fruit of a Never-Returner been attained')462)

10. 그것은 무슨 까닭입니까?

세존이시여, 돌아오지 않는 님의 경지라고 할만한 어떠한 것도 없기 때문입니다. 그래서 그를 돌아오지 않는 님이라고 말합니다." (And why? Because, O Lord, there is no dharma named 'Never-Returner'. Therefore is he called a Never-Returner.)463)

---

461) 〔불어〕 Le bienheureux dit : Qu'en penses-tu, Subhūti? Appartient-il à celui qui ne revient plus à une nouvelle existence de dire qu'il a acquis le fruit de cette condition? 〔독어〕 Der Erhabener sprach : Wie meinst du, Subhūti, Denkt ferner ein Nicht-Wiederkehrender also : 'Durch mich ist die Frucht des Nicht-Wiederkehrenden erreicht'?

462) 〔불어〕 Subhūti répondit : Non cela n'est point, ô Bienheureux! non, il n'appartient pas même à celui qui ne revient plus de dire : J'ai acquis le fruit de l'état d'anāgamī. 〔독어〕 Subhūti erwiderte : Nicht so, Erhabener! Nicht denkt ein Nicht-Wiederkehrender also : 'Durch mich ist die Frucht des Nicht-Wiederkehrenden erreicht'.

11. 또한 세존께서 말씀하셨습니다.

[세존] "쑤부띠여, 어떻게 생각합니까? 거룩한 님에게 '내가 거룩한 님의 경지를 얻었다'는 생각이 일어납니까?" (The Lord asked : What do you think, Subhūti, does it occur to the Arhat, 'by me has Arhatship been attained'?)464)

12. 쑤부띠는 여쭈었습니다.

[쑤부띠] "세존이시여, 그렇지 않습니다. 거룩한 님에게는 '내가 거룩한 님의 경지를 얻었다'는 생각이 일어나지 않습니다. (Subhūti replied : No indeed, O Lord, it does not occur to the Arhat, 'by me has Arhatship been attained'?)465)

13. 그것은 무슨 까닭입니까?

세존이시여, 거룩한 님의 경지라고 할만한 어떠한 것도 없기 때문입니다. 그러므로 그를 거룩한 님이라고 말합니다. (And why? Because, O Lord, there is no dharma named 'Arhat'. Therefore is he called a Arhat.)466)

---

463) 〔불어〕 Et pourquoi? Parce que celui-là n'a plus de loi, plus de condition particulière. C'est pourquoi il est appelé anāgamī 'qui ne revient plus'. 〔독어〕 Aus welchem Grunde? Nicht nämlich existiert irgendwelcher Zustand, der zur Eigenschaft des Nicht-Wiederkehrenden gelangt wäre. Deshalb wird er 'Nicht-Wiederkehrender' genannt.

464) 〔불어〕 Le bienheureux dit : Que penses-tu de ceci, ô Subhūti? Un arhat peut-il croire qu'il a acquis par lui-même la condition d'arhat? 〔독어〕 Der Erhabener sprach : Wie meinst du, Subhūti? Denkt ein Würdiger also : Durch mich ist die Würdigkeit erreicht?

465) 〔불어〕 Subhūti répondit : Cela n'est point, Bienheureux! l'arhat même ne peut se dire cela avec vérité. 〔독어〕 Subhūti erwiderte : Nicht so, Erhabener! Nicht denkt ein Würdiger also : Durch mich ist die Würdigkeit erreicht.

14. 만약 세존이시여, 거룩한 님에게 이와 같이 '내가 거룩한 님의 경지를 얻었다'는 생각이 일어난다면, 그는 그것 때문에 또한 자아에 집착하게 되는 것이고, 존재에 집착하고, 생명에 집착하고, 영혼에 집착하게 되는 것입니다. (If, O Lord, it would occur to a Arhat, by me has Arhatship been attained, then that would be in him a seizing on a self, seizing on a being, seizing on a soul, seizing on a person.)467)

15. 그것은 무슨 까닭입니까?
세존이시여, 이렇게 오신 님, 거룩한 님, 올바로 원만히 깨달은 님께서는 저를 평화로운 삶을 사는 최상의 님이라고 선언하셨습니다. 세존이시여, 저는 탐욕에서 벗어난 거룩한 님입니다. 그렇지만, 세존이시여, 저에게는 '나는 거룩한 님이다. 나는 탐욕에서 벗어난 님이다'라는 생각이 일어나지 않습니다. (And why? I am, O Lord, the one whom the Tathāgatas, Arhats, Fully Enlightened Ones has pointed out as the foremost of those who dwell in Peace. I am, O Lord, an Arhat free from greed. And yet, O Lord, it does not occur to me, 'an Arhat am I and free

---

466) 〔불어〕 Et pourquoi? Ô Bienheureux, C'est qu'il n'y a pas une loi de conditi on, une réalité qui soit l'arhat: c'est pour cela qu'il porte ce nom. 〔독어〕 Aus welchem Grunde? Nicht nämlich, o Erhabener, existiert irgendwelches Ding, das Würdiger genannt würde. Deshalb wird er 'Würdiger' genannt.

467) 〔불어〕 Si l'arhat pouvait se dire : J'ai acquis la condition d'arhat, alors il voudrait encore prendre une égoïté, une exitence, une vie, une personn alité. 〔독어〕 Wenn, o Erhabener, ein Würdiger also dächte : 'Durch mich ist die Würdigkeit erreicht', so wäre also bei Ihm Erfassen eines Selbstes, Erfassen eines Lebewesens, Erfassen eines lebenden, Erfassen einer Pers on.

from greed.)468)

16. 만약 세존이시여, 저에게 '나는 거룩한 님의 경지를 얻었다'는 생각이 일어났다면, 여래께서 저에 대해 '훌륭한 아들, 쑤부띠는 평화로운 삶을 사는 최상의 님으로 어디에도 머무르지 않는다. 그러므로 그를 평화로운 삶을 사는 님, 평화로운 삶을 사는 님이라고 한다'라고 선언하시지 않았을 것입니다." (If, a Lord, it could occur to me that I have attained Arhatship, then the Tathāgata would not have declared of me that, Subhūti, this son of good family, who is the foremost of those who dwell in Peace, does not dwell anywhere; that is why he is called 'a dweller in Peace, a dweller in Peace'.)469)

---

468) [불어] Pourqoui cela? Ô Bienheureux, c'est que je suis désigné par le Tathāgata, arhat complètement illuminé, comme chef de ceux qui ne s'adonnent plus à la jouissance, et cependant, bien que je le sois, je ne puis pas dire : Je suis un arhat exempt de toute attache. [독어] Aus welchem Grunde? Ich bin, o Erhabener, durch den Sogegangenen, den Würdigen, den vollkommen Erleuchteten als der Vorderste unter den in der Selbstlosigkeit Wohnenden bezeichnet worden. Ich bin, o Erhabener, ein Würdiger, der Leidenschaften Lediger. Und nicht denke ich, Erhabener, also : Ich bin ein Würdiger, der Leidenschaften Lediger.

469) [불어] Si je pouvais me dire, ô Bienheureux, que j'ai acquis la condition d'arhat, le Tathāgata ne prédirait pas de moi que je serai Subhūti, homme distingué, chef de ceux qui ne sont plus attachés à la jouissance, qui ne se plaira plus en auqune jouissance. C'est pourquoi il est appelé détaché de la jouissance, détaché de la jouissance. [독어] Wenn Ich, Erhabener, so dächte : 'Durch mich ist die Würdigkeit erreicht', so hätte mich nicht ein Sogegangener ausersehen : Unter den in Streitlosigkeit Wohnenden ist der Vorderste Subhūti, der edle Sohn; nicht wohnt er irgendwo, deshalb wird er 'in der Streitlosigkeit wohnend, in der Streitlosigkeit wohnend' genannt.

10. 불국토를 장엄하려면〔莊嚴淨土分〕

1. 이와 같이 세존께서 말씀하셨습니다.
[세존] "쑤부띠여, 어떻게 생각합니까? 여래가 이렇게 오신 님, 거룩한 님, 올바로 원만히 깨달은 님이신 디빵까라에게서 배웠던 어떠한 법이라도 있습니까?" (That Lord asked : What do you think, Subhūti, is there any dharma 'which the Tathāgata has learned from Dīpaṅkara, the Tathāgatas, Arhats, Fully Enlightened Ones?)470)

2. 쑤부띠는 여쭈었습니다.
[쑤부띠] "세존이시여, 그렇지 않습니다. 여래께서 이렇게 오신 님, 거룩한 님, 올바로 원만히 깨달은 님이신 디빵까라에게서 배운 어떠한 법도 결코 없습니다." (Subhūti replied : Not so, O Lord, there is not any dharma, which the Tathāgata has learned from Dīpaṅkara, the Tathāgatas, Arhats, Fully Enlightened One.)471)

3. 그래서 세존께서 말씀하셨습니다.
[세존] "쑤부띠여, 만약 어떤 깨달음을 향한 님이라도 이와 같이

---

470) 〔불어〕 Le bienheureux dit : Qu'en penses-tu, ô Subhūti? Y a-t-il eu une condition d'existence dont se saisisse le Tathāgata, la recevant de Dīpaṅkara, le Tathāgata, l'arhat complètement illuminé? 〔독어〕 Der Erhabene sprach : Wie meinst du, Subhūti, existiert irgendwelcher dharma, der durch den Tathāgata von Dīpaṅkara, dem Sogegangenen, dem Würdigen, dem vollkommen Erleuchteten, angenommen worden ist?

471) 〔불어〕 Subhūti répondit : Ô Bienheureux, non, une condition semblable n'a point existé. Le Tathāgata, ne reçoit point d'existence par ce moyen. 〔독어〕 Subhūti, erwiderte : Nicht so, Erhabener! Nicht existiert irgendwelcher Dharma, der durch den Tathāgata von Dīpaṅkara, dem Sogegangenen, Würdigen, dem Vollkommen Erleuchteten, angenommen worden ist.

'나는 불국토의 장엄할 것이다'라고 말한다면 그는 그렇지 않은 것을 말하는 것입니다. (The Lord said : If any Bodhisattva would say, 'I will create harmonious Buddhafields', he would speak falsely.)472)

4. 그것은 무슨 까닭입니까?
쑤부띠여, 여래께서 '불국토의 장엄, 불국토의 장엄'에 대해 말씀하신 것은 '장엄이 아닌 것'이라고 가르치신 것입니다. 그러한 까닭으로 그것을 '불국토의 장엄'이라고 말합니다. (And why? 'The harmonies of Buddhafields, the harmonies of Buddhafields', Subhūti, as no-harmonies have they been taught by Tathāgata. Therefore he spoke of 'harmonious Buddhafields'.)473)

5. 그러므로 쑤부띠여, 깨달음을 향한 위대한 님은 이처럼 의존하지 않는 마음을 일으켜야 합니다. 어떠한 것에도 의존하지 않는 마음을 일으켜야 합니다. 형상에 의존하지 않고, 소리, 향기, 맛, 감촉, 사물에도 의존하지 않는 마음을 일으켜야 합니다. (Therefore then, Subhūti, the Bodhisattva, the

472) 〔불어〕 Le bienheureux dit : Tout bodhisattwa, Subhūti, qui dirait : 'Je produirai tous les développements successifs du champ de l'être', parlerait contrairement à la vérité. 〔독어〕 Der Erhabene sprach : Irgendein Bodhisattva, Subhūti, der so spräche : 'Ich werde Weltsysteme von harmonischen Buddha-Gefilden bewerkstelligen', der würde Unwahres sprechen.

473) 〔불어〕 Et pourquoi? On dit, ô Subhūti : développements des être, développements des être et ce ne sont point des développements des être, a dit le Tathāgata. C'est pourquoi on appelle cela 'développements des être'. 〔독어〕 Aus Welchen Grunde? Als 'Welten von harmonischen Buddha-Gefilden, Welten von harmonischen Buddha-Gefilden' sind, o Subhūti, durch den Tathāgata Nicht-Harmonien verkündet worden. Deshalb werden sie 'Welten von harmonischen Buddha-Gefilden' genannt.

great being, should produce an unsupported thought, i.e. a thought which is nowhere supported, a thought unsupported by material form, sounds, smells, tastes, touchables or mind-objects.)474)

6. 쑤부띠여, 예를 들어 몸을 거대한 몸으로 타고난 사람이 있어서, 그가 산의 제왕 쑤메루와 같이 커다란 인격의 존재를 지녔다고 합시다. 쑤부띠여, 어떻게 생각합니까? 그것은 커다란 인격의 존재이겠습니까?" (Suppose, Subhūti, there were a man endowed with a body, a huge body, so that he had a personal existence like Sumeru, king of mountains. Would that, Subhūti, be a huge personal existence?)475)

7. 쑤부띠는 여쭈었습니다.

[세존] "세상에 존경받는 님이시여, 클 것입니다. 올바른 길로 잘 가신 님이시여, 그의 인격의 존재는 매우 클 것입니다. (Subhūti replied : Yes, huge, O Lord, huge, O Well-gone,

---

474) 〔불어〕 C'est pourquoi, ô Subhūti, le bodhisattwa, mahāsattwa doit former en lui et manifester la résolution qu'il n'y ait jamais en lui de pensée, de volonté déterminée, qui s'applique à la forme extérieure des être, ni aux sons, aux odeurs, au tact. 〔독어〕 Deshalb denn, Subhūti, ist durch einen Bodhisattva, Mahāsattva ein nichtgestützter Gedanke zu erwecken, der ein nicht irgendworauf beruhendes Denken ist: nicht auf Erscheinung beruhendes Denken ist zu erzeugen, nicht auf Tönen, Gerüchen, Geschmäcken, Tastbaren, gedanklichen Zuständen beruhendes Denken ist zu erzeugen.

475) 〔불어〕 S'il se trouvait, par exemple, Subhūti, un être humain d'un corps élevé, d'une haute taille dont la forme, l'individualité serait comme est le Sumeru, le roi des montagnes, son individualité serait grande en réalité? 〔독어〕 Wie wenn zum Beispiel, o Subhūti, ein Mann wäre, mit außerordentlich großem Körper, dessen Umfang so groß wäre, wie der des Sumeru, des Bergfürsten : wie meinst du, Subhūti, wäre sein Umfang groß?

would his personal existence be.)476)

8. 그것은 무슨 까닭입니까?
세존이시여, 여래께서 '인격의 존재, 인격의 존재'에 대해 말씀하신 것은 '존재가 아닌 것'을 가르치신 것입니다. 그러므로 말하자면, '인격의 존재'인 것입니다. 세존이시여, 그것은 존재도 아니고 존재가 아닌 것도 아니기 때문입니다. 그러므로 말하자면, '인격의 존재'인 것입니다." (And why so? 'Personal existence, personal existence', as no existence has that been taught by the Tathāgata; for not, O Lord, is that existence or non-existence. Therefore is it called 'personal existence'.)477)

11. 무위의 복덕이 뛰어나니〔無爲福勝分〕

1. 세존께서 말씀하셨습니다.
[세존] "쑤부띠여, 어떻게 생각합니까? 만약 큰 강인 갠지스 강의 모래알 수만큼, 바로 그만큼의 갠지스 강들이 있다면 그 가

---

476) 〔불어〕 Subhūti répondit : Elle serait grande, Bienheureux, elle serait grande, Sugata! cette individualité telle que tu la dis. 〔독어〕 Subhūti erwiderte : Gar groß, Erhabener! Groß Sugata! wäre jenes Selbstsein.

477) 〔불어〕 Et pourqoui? Parce que Bienheureux, ce qu'on appelle une existence individualle; une existence d'égoïté a été déclarée n'être point une existence par le Tathāgata. C'est pourquoi on l'appelle existence individualle. Mais en réallité, ô Bienheureux, ce n'est ni une existence ni une non-existence; c'est porquoi on l'appelle existence individualle, égoïque. 〔독어〕 Aus welchem Grunde? Als 'Selbstsein, Selbstsein', Erhabener, ist jenes Nichtsein vom Vollendeten verkündet worden. Deshalb heißt es 'Selbstsein'. Aber, Erhabener, es ist nicht Sein oder Nicht-Sein, deshalb heißt es 'Selbstsein'.

운데 모래알도 또한 많겠습니까?" (The Lord asked : What do you think, Subhūti, if there were many Ganges rivers as there are grains of sand in the large river Ganges, would the grains of sand in them be many?)[478]

2. 쑤부띠는 여쭈었습니다.
[쑤부띠] "그 갠지스 강들도 매우 많겠는데, 하물며 그 갠지스 강들 가운데 있는 모래알은 말해 무엇하겠습니까?" (Subhūti replied : Those Ganges rivers would indeed be many, how much more would be the grains of sand in those Ganges rivers.)[479]

3. 세존께서 말씀하셨습니다.
[세존] "쑤부띠여, 이것이 내가 그대에게 일러줄 것입니다. 쑤부띠여, 이것이 내가 그대에게 알릴 것입니다. 만약 어떤 여인이나 어떤 남자이든지 그러한 갠지스 강들의 모래알 수만큼의 세계를 일곱 가지 보물들로써 가득 채워서 이렇게 오신 님, 거룩한 님, 올바로 원만히 깨달은 님에게 보시한다면, 쑤부띠여, 어떻게 생각합니까? 그 여자나 그 남자가 그것을 원인으로 많

---

478) [불어] Le bienheureux dit : Qu'en penses-tu, ô Subhūti? S'il y avait autant de fleuves tels que le Gange qu'il y a de grains de sable dans le Gange, le grand fleuve, les grains de sable qui se trouveraient dans tous ces Ganges seraient-ils pour cela en grand nombre? [독어] Der Erhabene sprach : Wie meinst du Subhūti, soviele Sandkörner in dem großen Gangesströme sind, wenn soviele Gangesströme wären, so wären wohl der Sandkörner, die in diesen wären, viele?

479) [불어] Subhūti répondit : Autant il y aurait de ces Ganges, d'autant plus il y aurait de grains de sable dans ces fleuves.[독어] Subhūti erwiderte : Jener Gangesströme, o Erhabener, wären es schon viele, um wieviel mehr der Sandkörner, die in jenen Gangesströmen wären.

은 공덕의 다발을 이루겠습니까?" (The Lord said : This is what I announce to you, Subhūti, this is what I make known to you, - if some woman or man had filled with the seven precious things as many world systems as there are grains of sand in those Ganges rivers, and would give them as a gift to the Tathāgatas, Arhats, fully Enlightend Ones - what do you think, Subhūti, would that woman or man on the strength of that beget a great heap of merit?)[480]

4. 쑤부띠는 여쭈었습니다.
[쑤부띠] "세상에 존경받는 님이시여, 그렇습니다. 올바른 길로 잘 가신 님이시여, 그렇습니다. 그 남자나 그 여자가 그것을 원인으로 헤아릴 수 없고 셀 수 없는 공덕의 다발을 이룰 것입니다." (Subhūti replied : Great, O Lord, great, O Well-gone. That woman or man would on the strength of that beget a great heap of merit, immeasurable and incalculable.)[481]

---

480) 〔불어〕 Le bienheureux reprit : Je vais te l'expliquer, Subhūti: je vais te le faire connaître. Si un homme ou une femme remplissait des sept joyaux autant de mond qu'il y a de grains de sable dans tous ces Ganges, puis les donnait en don aux Tathāgatas, arhats complètement illuminés, quel serait, penses-tu, l'amas de mérites que cet homme ou cette femme produ irait en retour? 〔독어〕 Der Erhabene sprach : Ich lasse dich gutheißen, ic h lasse dich wissen, Subhūti, soviele Sandkörner in jenen Gangesströmen wären, soviele Weltelemente mit den vier Kostbarkeiten gefüllt möchte je mand, ein Weib oder ein Mann, den Tathāgatas, den Würdigen, den vollk ommen Erleuchteten, als Gabe spenden : wie meinst du, Subhūti würde jenes Weib oder jener Mann einen Schatz, einen großen Verdiestesvorrat sich erzeugen?

481) 〔불어〕 Subhūti répondit : Nombreux, Bienheureux, très nombreux, Sugat

5. 세존께서 말씀하셨습니다.

[세존] "그러나 쑤부띠여, 한 여인이나 한 남자가 세계를 일곱 가지 보물들로써 가득 채워서 이렇게 오신 님, 거룩한 님, 올바로 원만히 깨달은 님에게 보시하는 것보다, 한 훌륭한 가문의 아들이나 한 훌륭한 가문의 딸이 이 법문으로부터 단지 사행시 한 게송이라도 받아들여 다른 사람에게 가르치고 상세히 설명해준다면, 그가 그것을 인연으로 헤아릴 수 없고 셀 수 없는 훨씬 많은 공덕의 다발을 이룰 것입니다." (The Lord said : But, Subhūti, If a woman or a man had filled this world system of 1,000 million worlds with the seven precious things, and then gave it as a gift to the Tathāgatas, Arhats, Fully Enlightened Ones, and if, on the otherhand, a son or daughter of good family has taken from this discourse on dharma but one stanza of four lines, and were to bear it, demonstrate and illuminate it in full detail to others, then this one would on the strength of that beget a greater heap of merit, immeasurable and incalculable.)482)

---

a! serait l'amas de mérites que cet homme ou cette femme produirant, inc ommensurable, innombrable. 〔독어〕 Subhūti erwiderte : Erhabener, gar v ielen, Sugata, einen großen Schatz, einen großen Verdienstesvorrat würd e sich jenes Weib oder jener Mann erzeugen, unermäßlichen, unzähligen.

482) 〔불어〕 Le bienheureux ajouta : Mais Subhūti, relativement à celui, homm e ou femme, qui donnerait ces mondes ainsi remplis aux Tathāgatas, l'ho mme ou la femme distingué qui enseignerait, qui expliquerait, aux autres un quatrain de l'exposé de la loi, obtiendrait un amas de mérites bien plu s considerable encore; celui-là serait incommensurable, innombrable. 〔독어〕 Der Erhabene sprach : Und wer frener, Subhūti, ein Weib oder ein Ma

12. 바른 가르침 두루 존경하며〔尊重正教分〕

1. [세존] "쑤부띠여, 또한 이 법문으로부터 단지 사행시 한 게송이라도 받아들이거나 가르치거나 설명하는 사람이 있는 지방이 있다면, 그 지방은 신들과 인간들과 아수라들이 사는 모든 세계를 위한 성지가 될 것입니다. (Moreover, Subhūti, that sport of earth where one has taken from this discourse on dharma but one stanza of four lines, taught or illuminated it, that sport of earth will be a veritable shrine for the whole world with it's gods men and Asuras.)483)

2. 하물며 그들 누군가가 이 법문을 남김없이 받아들여 마음에 새기고 독송하고 숙달해서 다른 사람들에게 상세히 설명해준다면 더 말해 무엇하겠습니까? 쑤부띠여, 그들에게 위없는 경이로움이 성취될 것입니다. (What then should we say of those who will bear in mind this discourse on dharma in it's entirety, who will recite, study, and illu-

---

nn, soviele Weltelemente mit dem sieben Kostbarkeiten füllte und sie Vollendeten, den Würdigen, den vollkommen Erleuchteten, als Gabe spendet, und wer ein edler Sohn oder eine edle Tochter, hier aus dem Lehrbuch am Ende auch nur eine vierfüßige Liedstrophe herausgriffe und sie anderen darlegte und erklärte, der würde einen größeren Schatz, mehr Verdienstesvorrat sich erzeugen, unermeßlichen, unzähligen.

483) 〔불어〕 En outre, Subhūti, cette partie de la terre dans laquelle serait prononcé ou expliqué ce quatrain de la loi, cette partie deviendrait un lieu sacré, un temple pour le monde réuni des dévas, des hommes et des asuras. 〔불어〕 Und ferner wahlich, Subhūti, an welchem Ort der Erde jemand hier aus dem Lehbuche am Ende auch nur eine vierfüßige Liedstrophe herausgriffe, sie verkündigte oder erklärte, dieser Ort der Erde würde ein Heiligtum sein für die Welt der Götter, Menschen und Asuras.

minate it in full detail for others! Most wonderfully blest, Subhūti, they will be!)[484]

3. 그리고 쑤부띠여, 그 지방에는 '스승'이 머물거나 어떤 다른 현명한 스승이 머물 것입니다." (And on that sport of earth, Subhūti, either the Teacher dwells, or a sage representing him.)[485]

13. 여법하게 받아 지니라〔如法受持分〕

1. 이렇게 말씀하시자 장로 쑤부띠는 세존께 이와 같이 여쭈었습니다.
[쑤부띠] "세존이시여, 그러면 이 법문을 무엇이라고 하고 어떻게 마음에 새겨야 합니까?" (After these words, the venerable Subhūti asked the Lord : What then, O Lord, is this discourse on dharma, and how should I bear it in mind?)[486]

---

484) 〔불어〕 Et ceux en outre qui soutiennent cet exposé de la loi tout entier, qui le réunissent, l'obtiennent entier par leurs recherches et l'expliquent complètement aux autres, Subhūti, ceux-là seront doués des pouvoirs sur humains les plus merveilleux. 〔독어〕 Um wie viel mehr, wenn jemand die ses Lehrbuch vollständig bewältigt, es behalten, es wiederholen, völlig ve rstehen, es anderen ausführlich erklären wird. Mit höchst Wunderbarem, Subhūti, werden jene versehen sein.

485) 〔불어〕 Et dans ce lieu de la terre on jouira de la dignité de maître, Subhūt i, ou bien on occupera la place de docteur de la science. 〔독어〕 Und an die sem Ort, Subhūti, wohnt ein Lehrer oder der Reihe nach derjenige, welch er die Stelle des verständigen Meisters einnimmt.

486) 〔불어〕 Lorsque le bienheureux eut ainsi parlé, Subhūti, à la longue vie, lui adressa ces paroles : Qual est, ô Bienheureux cet exposé, ce cours de

2. 이와 같이 여쭙자 세존께서 존자 쑤부띠에게 다음과 같이 말씀하셨습니다.
[세존] "쑤부띠여, 이 법문은 '지혜의 완성'이라고 부르고 그와 같이 마음에 새겨야 합니다. (After these words, the Lord said to the venerable Subhūti : This discourse on dharma, Subhūti, is called 'Wisdom which has gone beyond', and as such should you bear it in mind!)487)

3. 그것은 무슨 까닭입니까?
쑤부띠여, 여래께서 '지혜의 완성'에 대해 말씀하신 바로 그것은 여래께서 '완성이 아닌 것'을 가르치신 것입니다. 그러므로 말하자면, '지혜의 완성'인 것입니다. (And why? Subhūti, just that which the Tathāgata has taught as the wisdom which has gone beyond, just that he has taught as 'not gone beyond'. Therefore is it called 'Wisdom which has gone beyond'.)488)

---

la loi? Comment pourrais-je le maintenir? 〔독어〕 Nach diesen Worten sprach der ehrwürdige Subhūti zum Erhabenen also : Welches ist denn, Erhabener, jenes Lehrbuch, und wie soll Ich es erfassen?

487) 〔불어〕 Le bienheureuxm ainsi interpellé, dit à Subhūti : Ô Subhūti, Cet exposé de la loi est la Prajñāpāramitā. C'est elle que tu dois maintanir en viguer et honneur. 〔독어〕 Nach solchen Worten erwiderte der Erhabene dem ehrwürdigen Subhūti dieses : Die Vollkommenheit der Erkenntnis nämlich ist, o Subhūti, dieses Lehrbuch. Und so erfasse es!

488) 〔불어〕 Et pourquoi? Ô Subhūti, parce qu'elle a été dite par le Tathāgata traversée de la science et aussi non-traversée (la connaissance complète et la non-complète). C'est porquoi elle est appelée Prajñāpāramitā. 〔독어〕 Aus welchem Grunde? 'Die Vollkommenheit der Erkenntnis' nämlich, o Subhūti, die von dem Erhabenen verkündet worden ist, ist eben als Nicht-Vollkommenheit der Erkenntnis durch den Erhabenen verkündet worden.

4. 쑤부띠여, 어떻게 생각합니까? 여래께서 가르치신 어떠한 법이라도 있습니까?" (What do you think, Subhūti, is there any dharma which the Tathāgata has taught?)489)

5. 쑤부띠는 여쭈었습니다.
[쑤부띠] "세존이시여, 그렇지 않습니다. 여래께서 가르치신 어떠한 법도 없습니다." (Subhūti replied : No indeed, O Lord, there is not any dharma which the Tathāgata has taught.)490)

6. 세존께서 말씀하셨습니다.
[세존] "쑤부띠여, 삼천대천세계에 있는 낱낱의 땅의 티끌의 숫자를 생각해본다면, 그것들이 많겠습니까?" (The Lord said : When, Subhūti, you consider the number of particles of dust in this world system of 1,000 million worlds - would they be many?)491)

7. 쑤부띠는 여쭈었습니다.
[쑤부띠] "세상에 존경받는 님이시여, 땅의 티끌이 많을 것입니

Deshalb heißt sie 'Vollkommenheit der Erkenntnis'.

489) 〔불어〕 Et qu'en penses-tu encore, Subhūti? Est-ce cela une loi quelconque proférée par le Tathāgata? 〔독어〕 Wie meinst du nun, Subhūti, existiert nun irgendwelches Ding, das durch den Erhabenen verkündet wäre?

490) 〔불어〕 Subhūti répondit : Non, cela n'est point, Bienheureux, car ce n'est point une loi qui ait été proférée par le Tathāgata. 〔독어〕 Subhūti erwiderte : Nicht so, Erhabener! Nicht existiert irgend welches Ding, das durch den Erhabanen verkündet wäre

491) 〔불어〕 Que pences-tu, Subhūti? Est-ce que la poussière terrestre de la région du monde du trimillénaire du grand millénaire est abondante? 〔독어〕 Der Erhabene sprach : Wie meinst du, Subhūti, was in dem dreitausend malvieltausendfachen Weltelement Erdenstaub ist, das ist wohl viel?

다. 올바른 길로 잘 가신 님이시여, 땅의 티끌이 많을 것입니다. (Subhūti replied : Many, O Lord, many, O Well-gone. The number of particles of dust in this worlds would be many.)492)

8. 그것은 무슨 까닭입니까?
세존이시여, 여래께서 '땅의 티끌'에 대해 말씀하신 것은 '티끌이 아닌 것'을 가르치신 것입니다. 그러므로 말하자면, 티끌이인 것입니다. 그리고 여래께서 이러한 '세계'라고 하신 것은 세계가 아닌 것'을 가르치신 것입니다. 그러므로 말하자면, '세계'인 것입니다." (Because, O Lord, what was taught as particles of dust by the Tathāgata, as no-particles that was taught by Tathāgata. Therefore are they called 'particles of dust'. And this world-system the Tathāgata has taught as no-system. Therefore is it called a 'world-system'.)493)

9. 세존께서 말씀하셨습니다.
[세존] "쑤부띠여, 어떻게 생각합니까? 이렇게 오신 님, 거룩한

---

492) [불어] Subhūti répondit : Elle doit être abondante, Bienheureux, elle doit être abondante, Sugata! la poussière terrestre. [독어] Subhūti erwiderte : Viel Erhabener! Viel Sugata, wäre wohl jener Erdstaub.

493) [불어] Et pouquoi? Parce que, ô nBienheureux, cette poussière terrestre dont parla le Tathāgata est déclarée par lui non-poussière. C'est porquoi on l'appelle poussière terrestre. En outre, ce lieu; cet élément terrestre dont a parlé le Tathāgata a été déclaré par lui être un non-élément. C'est pourquoi il est appelé 'élément du monde'. [독어] Aus welchem Grunde? W as, o Erhabener, von den Erhabenen als Erdstaub verkündet wurde, das ist durch als Nicht-Staub verkündet worden. Deshalb wird es 'Erdstaub' genannt. Und was da als 'Weltelement' durch den Erhabenen verkündet ist, das ist durch den Erhabenen als 'Nicht-Element' verkündet. Deshalb wird es 'Weltelement' genannt.

님, 올바로 원만히 깨달은 님을 서른 두 가지의 특징을 통해서 볼 수 있다고 생각합니까?" (The Lord asked : What do you think, Subhūti, can the Tathāgata be seen by means of the thirty two marks of a great person ?)494)

10. 쑤부띠는 여쭈었습니다.
[쑤부띠] "세존이시여, 그렇지 않습니다. 이렇게 오신 님, 거룩한 님, 올바로 원만히 깨달은 님을 위대한 사람이 갖춘 서른 두 가지의 위대한 사람의 특징을 통해서 볼 수 없습니다.(Subhūti replied : No indeed, O Lord, the Tathāgata cannot be seen by means of the thirty two marks of a great person.)495)

11. 그것은 무슨 까닭입니까?
여래께서 '서른 두 가지의 위대한 사람의 특징'에 대해 말씀하신 것은 여래께서 '특징이 아닌 것'을 가르치신 것입니다. 그러므로 말하자면, '서른 두 가지의 위대한 사람의 특징'인 것입니다." (And why? Because those thirty two marks of great person which were taught by Tathāgata, they are re-

---

494) [불어] Le bienheureux dit : Penses-tu, ô Subhūti, que le Tathāgata, arhat parfaitement illuminé, doit être reconnu par les 32 marques extérieures de l'homme supérieur? [독어] Der Erhebene sprach : Wie meinst du Subhūti, ist durch die zweiunddreißig Merkmale eines großen Mannes ein Sogegangener, Würdiger, vollkommen Erleuchteter zu erschauen?

495) [불어] Non répondit Subhūti, il ne doit pas être manifesté par les 32 marques extérieures de l'homme supérieur, le Tathāgata, arhat parfaitement illuminé, [독어] Subhūti sprach : Nicht so Erhabener! Nicht durch die zweiunddreißig Merkmale eines großen Mannes ein Sogegangener, Würdiger, vollkommen Erleuchteter zu erschauen.

ally no-marks. Therefore are they called 'the thirty two marks of great person'.)[496]

12. 세존께서 말씀하셨습니다.

[세존] "쑤부띠여, 한 여인나 한 남자가 날마다 갠지스강에 있는 모래알 만큼 많이 자신의 몸을 희생하고 이처럼 갠지스강의 모래알을 세는 횟수 만큼의 무한한 시간 동안 그 자신의 몸을 희생하는 것보다, 누군가가 이 법문으로부터 사행시 한 게송이라도 받아들여 다른 사람들에게 가르치고 상세히 설명해준다면, 그가 그것을 인연으로 헤아릴 수 없고 셀 수 없는 훨씬 많은 공덕의 다발을 이룰 것입니다." (The Lord said : And again, Subhūti, suppose a woman or a man were to renounce day after day, personal being as many times as there are grains of sand in the river Ganges and so renouncing, would renounce personal being as many times for an aeon, as there are and suppose that someone else, after taking from this discourse on dharma but stanza of four lines, would demonstrate in detail full for others, then this one on the strength of that would beget a greater heap of merits, im measurable and incalculable.)[497]

---

496) [불어] Et pourquoi? Parce que Bienheureux, ces 32 marques énoncées par le Tathāgata ont été déclarées par lui être des nom-marques. C'est pourquoi on les appelle les 32 marques du Grand personage. [독어] Aus welchem Grunde? Die zweiunddreißig Merkmale eines großen Mannes nämlich, die von dem Tathāgata verkündet worden sind, die sind, o Erhabener, als Nicht-Merkmale durch den Erhabenen verkündet. Deshalb werden sie die 'zweiunddreißig Merkmale eines großen Mannes' genannt.

14. 지각을 여읜 평안〔離相寂滅分〕

1. 이 때에 장로 쑤부띠는 가르침에 감동을 받아 눈물을 흘렸습니다. (Therefore the impact of dharma moved the Venerable Subhūti to tears.)[498]

2. 그는 눈물을 흘린 뒤에 세존께 여쭈었습니다.
[쑤부띠] "세상에 존경받는 님이시여, 놀라운 일입니다. 올바른 길로 잘 가신 님이시여, 아주 놀라운 일입니다. 여래께서 참으로 최상의 삶에 들어선 자들의 이익을 위해, 최선의 삶에 들어선 자들의 이익을 위해, 이 법문을 말씀하셨습니다. (Having wiped away his tears, he thus spoke to the Lord : It is wonderful, O Lord, it is exceedingly wonderful, O Well-gone, how well the Tathāgata has taught this discourse on dharma.)[499]

---

497) 〔불어〕 Le bienheureux reprit : En outre, tout homme ou toute femme, Subhūti, qui renoncerait successivement à autant d'exisences égoïques qu'il y a de grains de sable dans le Gange, ou qui, abandonnant autant d'âges qu'il y a de grains de sable dans le Gange, abandonnerait autant d'existences égoïques, aurait beaucoup moins de mérite que celui qui prendrait et apprendrait, expliquerait aux autres un quatrain de l'exposé de la loi. L'amas de mérites de ce dernier serait de beaucoup supérieur; incomensurable, innomblrable. 〔독어〕 Der Erhabener sprach : Und wer wahrlich, ein Weib oder ein Mann, Tag für Tag an Zahl den Sandkörnern des Gangesstromes gleiche eigene Existenzen aufopferte und wer andersseits hier aus dem Lehrbuch am Ende auch nur eine vierfüßige Liedstrophe herausgriffe und sie anderen darlegte, der würde einen reichlicheren Schatz, Verdienstesvorrat erzeugen, unermäßlichen, unzähligen.

498) 〔불어〕 Alors l'āyuṣmān Subhūti, sous la vive impression de cette doctrine, versa des larmes. 〔독어〕 Da vergoß denn der erhwürdige Subhūti, von der Macht der Lehre, Tränen.

499) 〔불어〕 Puis il les essuya et dit au bienheureux : C'est une merveille, Bienheureux, une suprême merveille, Bienheureux, une supéreme merveille, que ce cours de la loi enseignée par le Tathāgata, pour le salut des êtres

3. 세존이시여, 저에게 지혜가 생겨난 이래, 이와 같은 법문을 들어본 적이 없습니다. (Since, O Lord, this cognition of mine had been produced in me, have I never before heard such a discourse on dharma.)[500)]

4. 세존이시여, 이 경전이 설해질 때, 깨달음을 향한 님들이 그것을 듣고 진실한 지각을 일으키게 되면, 그들에게 위없는 경이로움이 성취될 것입니다. (Most wonderfully, O Lord, blest will be those who, when this Sūtra is being taught, will produce a true perception.)[501)]

5. 그것은 무슨 까닭입니까?

세존이시여, '진실한 지각'이란 실제로 지각이 아닌 것입니다. 그러므로 여래께서 '진실한 지각, 진실한 지각'에 대해 가르칩니다. (And why? O Lord, that which is true perception, that is indeed no-perception. Therefore the Tathāgata teaches, 'true perception, true percep-

---

appliqués à la régle parfaite, à la marche en avant à la règle la plus exellente de toutes. 〔독어〕 Und, nachdem er Tränen vergossen, sprach er zum Erhabenen also : Wunderbar ist, Erhabener, höchst wunderbar, Sugata, daß dieses Lehrbuch durch den Tathāgata verkündet wurde, zum Wohle der Lebewesen, die sich im vordersten Fahrzeug befinden, zum Wohle derer, die sich im besten Fahrzeug befinden.

500) 〔불어〕 Ô Bienheureux, jamais depuis que j'ai acquis la science sacrée, jamais une loi semblable ne m'a été enseignée. 〔독어〕 Seitdem mir, o Erhabener, Erkenntnis aufgegangen ist, nicht ist durch mich, o Erhabener, je zuvor ein derartiges Lehrbuch gehört worden.

501) 〔불어〕 Ô Bienheureux, ils seront doués d'une puissance surhumaine supérieure à toute autre, les bodhisattwas qui, ayant entendu ce Sūtra alors qu'on le leur enseignait, ont acquis la vraie connaissance de l'être. 〔독어〕 Mit höchst Wunderbarem begabt, o Erhabener, werden die Bodhisattvas sein, welche hier, wenn das Sūtra verkündigt wird, es hören und einen richtigen Begriff bilden werden.

tion'.)[502]

6. 세존이시여, 세존께서 저에게 이 법문을 설하시는 지금 제가 이 법문을 이해하고 거기에 전념하는 것은 어렵지 않습니다. (It's not difficult for me, O Lord, to accept and believe this discourse on dharma, when it is being taught.)[503]

7. 그러나 세존이시여, 미래의 시대, 마지막 시기, 마지막 시간, 마지막 오백 년, 올바른 가르침이 무너질 때에도 어떤 뭇삶들이 있어서, 이 법문을 받아들여 마음에 새기고 독송하고 숙달해서 다른 사람에게 상세히 설명해준다면, 그들에게 위없는 경이로움이 성취될 것입니다. (But, O Lord, those beings, who will be in a future period, in the last time, in the last epoch, in the last 500 years, at the time of collapse of good doctrine, and who, O Lord, will take up this discourse on dharma, bear in mind, recite it, study it, and illuminate it in full detail for others, this will be most wonderfully blest.)[504]

---

502) [불어] Et pourquoi? Parce que, Bienheureux, cette connaissance de l'être est une non-connaissance de l'être. C'est pourquoi le Tathāgata dit d'elle : C'est la science de l'être, c'est la science de l'être. [독어] Aus welchem Grunde? Was hier, o Erhabener, richtiger Begriff ist, das eben ist nichtßrichtiger Begriff. Deshalb verkündigt der Erhabene 'richiger Begriff, richiger Begriff'.

503) [불어] Ce n'est point une merveille pour moi, Bienheureux, que je conçoive ce contenu de la loi ainsi énoncé et que j'en goûte la beauté. [독어] Nicht ist mir, o Erhabener, wunderbar, daß ich dieses Lehrbuch, wie es verkündet wird, erwäge und mich dazu hingezogen fühle.

504) [불어] Il y aura des être, ô Bienheureux, qui arriveront à la voie non encore battue, au dernier temps, au dernier moment, au dernir cinq-centenaire, losque la loi dépérira, et qui alors encore soutiendront la loi en toute

8. 세존이시여, 그리고 또한 그들에게는 참으로 자아에 대한 지각이 일어나지 않고, 존재에 대한 지각, 생명에 대한 지각, 영혼에 대한 지각도 일어나지 않으며, 또한 그들에게는 어떠한 지각도 지각이 아닌 것도 일어나지 않을 것입니다. (In them, O Lord, however, no perception of a self will take place, no perception of a being, no perception of a soul, or no perception of a person will take place, and again in them no paticular perception, no non-perception will take place.)[505]

9. 그것은 무슨 까닭입니까?

세존이시여, 자아에 대한 지각이라는 것은 실제로 지각이 아니기 때문이며, 존재에 대한 지각, 생명에 대한 지각, 영혼에 대한 지각도 실제로 지각이 아니기 때문입니다. 그것은 무슨 까닭입니까? 세존이신 깨달은 님들은 모든 지각에서 벗어나 계시기 때문입니다." (And why? That, O Lord, which is perception of self, that is indeed no perception. That

---

son étendue, la maintiendront en son entier et la communiqueront aux a utres, l'expliqueront en détail, ceux-là obtiendront la puissance magique la plus complète, l'être le plus mervilleux.〔독어〕 Jene Lebewesen aber, o Erhabener, die in zukünftiger Zeit sein werden, in dem letzten Zeitabsch nitt, in den letzten fünfhundert Jahren, zur Zeit des Verfalles der Lehre, welche dieses Lehrbuch, o Erhabener, erfassen werden, es behalten, es verkünden, es völlig verstehen und anderen ausführlich erkären werden, die werden mit höchstem Wunder begabt sein.

505) 〔불어〕 Aprés cela, ô bienheureux, il n'y aura plus pour eux ni conscience de l'égoïté, ni conscience de l'être, de la vie ou de la personalité, il n'y aura plus pour eux ni science ni absense de science, 〔독어〕 Aber es wird wahrli ch nicht, o Erhabener, in ihnen der Begriff des Selbstes wirksam sein, ni cht der Begriff des Lebewesens, nicht der Begriff des Lebenden, nicht der Begriff der Person wirksam, auch wird bei ihnen nicht irgenwelcher Begri ff oder Nicht-Begriff wirksam sein.

which is perception of a being, perception of a soul or perception of a person, that is indeed no perception. And why? Because the Buddhas, the Lords have left all perceptions behind.)[506)]

10. 이렇게 여쭙자 세존께서 장로 쑤부띠에게 이와 같이 말씀하셨습니다.

[세존] "쑤부띠여, 그렇습니다. 쑤부띠여, 그렇습니다. 여기 이 경전이 설해질 때, 뭇삶들이 떨며 두려워하지 않고 전혀 무서워하지 않는다면, 그들에게 위없는 경이로움이 성취될 것입니다. (The Lord said : So it is, Subhūti. Most wonderfully blest will be those beings who, on hearing this Sūtra, will not tremble, nor be frightened, or terrified.)[507)]

11. 그것은 무슨 까닭입니까?

쑤부띠여, 여래께서 '궁극적인 완성'에 대해 말씀하신 것은 '완

---

506) 〔불어〕 Et pourqoui? Parce que Bienheureux, cette connaissance de l'égoït é est une non-connaissance. Celle de la vie, de l'existence, de la personali té, l'est également. Comment cela? C'est que les bouddhas bienheureux so nt débarrassés de tout connaissance. 〔독어〕 Aus welchem Grunde? Was d a, Erhabener, Begriff des Selbstes ist, das eben ist Nicht-Begriff. Was Be griff des Lebewesens, Begriff des Lebenden, Begriff der Person ist, das eb en ist Nicht-Begriff. Aus welchem Grunde? Von allem Begriffe befreit nä mlich sind die Buddhas, die Erhabenen.

507) 〔불어〕 A ces mots, le bienheureux dit à Subhūti, il en est ainsi. Subhūti, il en est ainsi. ils seront dans un état merveilleux, supérieur, ceux qui, en entendant dire ce Sūtra, ne seront point saisis de crainte, ne seront pas transis d'effroi, ne tomberont pas dans un accés de frayeur. 〔독어〕 Na ch diesen Worten sprach der Erhabener zu dem ehrwürdigen Subhūti als o : So ist es Subhūti, so ist es! Mit höchstem Wunder begabt werden jene Lebewesen sein, welche, wenn hier, o Subhūti, das Sūtra verkündet wird, nicht erschrecken, sich nicht fürchten, sich nicht änstigen werden.

성이 아닌 것'을 가르치신 것입니다. 쑤부띠여, 이와 같이 여래께서 말씀하신 궁극적인 완성은 또한 세상에 존경받는 님, 헤아릴 수 없는 깨달은 님들께서 말씀하신 것입니다. 그러므로 말하자면, '궁극적인 완성'이라고 말합니다. (And why? The Tathāgata, Subhūti, has taught this as the highest perfection. And Subhūti, what the Tathāgata teaches as the highest perfection, that also the innumerable Blessed Buddhas do teach. Therefore is it called the 'highest perfection'.)[508]

12. 또한 쑤부띠여, 여래께서 '인욕의 완성'이라고 한 것도 실제로 완성이 아닌 것입니다. (Moreover, Subhūti, the Tathāgata's 'perfection of patience' is really no perfection.)[509]

13. 그것은 무슨 까닭입니까?

쑤부띠여, 까링가의 왕이 나의 몸 마디 마디에서 살점을 떼어낼 때, 그 당시에도 나에게는 자아에 대한 지각이나 존재에 대한 지각이나 생명에 대한 지각, 또는 영혼이란 지각이 없었으

---

508) [불어] Pourqoui cela? Parce que c'est la parfaite pāramitā, Subhūti, la parfaite arrivée au terme, déclarée par le Tathāgata, celle-là qui est une non-pāramitā. Celle-là, Subhūti, que le Tathāgata dit être la pāramitā suprême, les bouddhas bienheureux la déclarent indéfinie. C'est pourqoui elle s'appelle la pāramitā suprême. [독어] Aus welchem Grunde? Als höchste Vollkommenheit, Subhūti, ist nämlich durch den Tathāgata diese Nicht-Vollkommenheit verkündet worden. Und die höchste Vollkommenheit, die der Vollendete verkündet, die verkünden auch unermäßliche Buddhas, Erhabene. Deshalb heißt sie 'höchste Vollkommenheit'.

509) [불어] En outre, Subhūti, la Kṣāntipāramitā (perfection de la patience) du Tathāgata est aussi une non-pāramitā. [독어] Und ferner, Subhūti, was des Tathāgata Vollkommenheit der Geduld ist, das ist eben Nicht-Vollkommenheit.

며, 어떠한 지각도 지각이 아닌 것도 없었기 때문입니다. (And why? Because, Subhūti, when the king of Kalinga cut my flesh from every limb, at that time I had no perception of a self, no perception of a being, no perception of a soul, or no perception of a person.)510)

14. 그것은 무슨 까닭입니까?
쑤부띠여, 만약 내게 그 때에 자아에 대한 지각이 생겨났다면, 내게 그 때에 분노에 대한 지각이 생겨났을 것이고, 그와 마찬가지로 만약 존재에 대한 지각이나 생명에 대한 지각이나 영혼에 대한 지각이 생겨났다면 내게 그 때에 분노라는 지각이 생겨났을 것이기 때문입니다. (And why? If, Subhūti, at that time I have had a perception of a self, I would have had a peception of ill-will at that time. And so, If I had had a perception of a being, a perception of a soul, or a perception of a person, I would have had a peception of ill-will at that time.)511)

---

510) 〔불어〕 Comment cela? Si même Subhūti, le roi Kalinga me coupait en mor ceaux les membres, les articulations et les chairs, alors même je n'aurais conscience ni de mon égoïté, ni de l'existence, ni de la vie, ni de la person nalité, ni aucune connaissance ni non-connaissance. 〔독어〕 Aus welchem Grunde? Als Subhūti, der Kalinga-Fürst Glied um Glied mir das Fleisch abschnitt, da ist mir nicht der Begriff des Selbstes, oder der Begriff des Lebewesens, oder der Begriff des Lebenden, oder der Begriff der Person, nicht ist bei mir überhaupt irgendwelcher Begriff oder Nicht-Begriff vorh anden gewesen.

511) 〔불어〕 Comment cela? C'est que si, en cette circonstance, ô Subhūti, j'ava is conscience de mon égoïté, j'aurais en même temps celle de ma perversio n. Si j'avais connaissance de mon existence, de ma vie, de ma personnalit é, j'aurais en même temps celle de ma perversion. 〔독어〕 Aus welchem Gru nde? Wenn, o Subhūti, zu dieser Zeit der Begriff des Selbstes bei mir vor handen gewesen wäre, so wäre zu dieser Zeit auch der Begriff des Tötens

15. 그것은 무슨 까닭입니까?
나는 과거 오백세의 세상을 '인욕을 가르치는 님'라는 이름의 선인으로 살았던 것을 꿰뚫어 압니다. 그 때에도 역시 나에게는 자아에 대한 지각이 생겨나지 않았으며, 존재에 대한 지각이나 생명에 대한 지각, 영혼에 대한 지각이 생겨나지 않았습니다. (With my direct knowledge, I recall that in the past I have for five hundred of births led the life of the sage devoted to patience. Then also have I had no perception of a self, no perception of a being, no perception of a soul, or no perception a person.)[512]

16. 쑤부띠여, 그러므로, 깨달음을 향한 위대한 님은, 모든 지각을 버리고 나서, 위없는 바르고 원만한 깨달음에 대해 마음을 일으켜야 합니다. (Therefore then, Subhūti, the Bodhi-being, the great being, after he has got rid of all perception, should raise his thought to the utmost, right and perfect enlightenment.)[513]

---

gewesen. Wenn, der Begriff des Lebewesens, der Begriff des Lebenden, der Begriff der Person, bei mir vorhanden gewesen wäre, so wäre zu dieser Zeit auch der Begriff des Tötens vorhanden gewesen.

512) [불어] Et pourqoui? Je sais trés bien, Subhūti, que dans les àges écoulés, il y a de cela 500 générations, j'ai été le Ṛṣi Kṣantivādin. Et alors je n'avais conscience ni de l'égoïté, ni de l'existence, ni de la vie, ni de la personnalité. [독어] Aus welchem Grunde? Ich erinnere mich, Subhūti, in vergangenen Zeit an fünfhundert Geburten, als Ich der Weise Kṣantivādin war, Da auch hatte ich nicht den Begriff des Selbstes, nicht den Begriff des Selbstes, nicht den Begriff des Lebewesens, nicht den Begriff des Lebenden, nicht den Begriff der Person.

513) [불어] C'est porquoi, Subhūti, le bodhisattwa mahāsattwa doit, en rejetant toute connaissance particulière, appliquer son intelligence à la complèt

17. 그는 형상에 마음을 의존하지 않고 마음을 일으켜야 하며 소리, 냄새, 맛, 감촉 및 정신의 대상에도 의존하지 않고 마음을 일으켜야 합니다. 법에도 의존하지 않고, 법이 아닌 것에도 의존하지 않고, 그 어떠한 것에도 의존하지 않고 마음을 일으켜야 합니다. (He should produce a thought which is unsupported by material forms, sounds, smells, tastes, touchables, or mind-objects, unsupported by dharma, unsupported by no-dharma, unsupported by anything.)514)

18. 그것은 무슨 까닭입니까?
모든 의존되어 있는 것들은 실제로 의존되어 있는 것이 아니기 때문입니다. (And why? All supports has actually no support.)515)

19. 그러므로 여래께서는 '깨달음을 향한 님은 의존함이 없이 보시를 해야 한다. 그는 형상, 소리, 냄새, 맛, 촉감, 사물에 의존하지 않고 보시를 해야 한다'라고 말씀하셨습니다. (It is for this reason that the Tathāgata teaches : By an unsupported Bodhisattva should a gift be given, not by one

---

e illumination supérieure à toute. 〔독어〕 Deshalb denn, o Subhūti, soll ein Bodhisattva Mahāsattva allen Begriff fernhalten und zur unübertroffenen vollkommenen Erleuchtung den Gedanken erwecken.

514) 〔불어〕 Il ne doit point concevoir de pensée attachée à la forme extérieure, qui y ait sa base; il ne doit point non plus en concevoir qui soit appuyée sur les sons, l'odeur, le goût, le tact, ni même sur la loi ou la non-loi, ni sur quoi que ce soit. 〔독어〕 Nicht auf Erscheinung begründeten Gedanken soll er hervorrufen, nicht auf Töne, Gerüche, Geschmäcke, Tastbares, ged ankliche Objekte begründete Gedanken soll er hervorrufen.

515) 〔불어〕 Pourquoi cela? Parce que ce qui est déterminé en point est égaleme nt indéterminé. 〔독어〕 Aus welchem Grunde? Was begründet ist, das ist eben nicht-begründet.

who is supported by forms, sounds, smells, tastes, touchables, or mind-objects.)[516]

20. 더 나아가, 쑤부띠여, 깨달음을 향한 님은 모든 뭇삶의 이익을 위해서 이와 같이 보시를 해야 합니다. (And further, Subhūti, it is for the will of all beings that a Bodhisattva should give gifts in this manner.)[517]

21. 그것은 무슨 까닭입니까?
쑤부띠여, 이러한 '뭇삶에 대한 지각'은 실제로 '지각이 아닌 것'입니다. 여래께서 '모든 뭇삶들'이라고 말씀하신 것도 마찬가지로 실제로 뭇삶이 아닌 것입니다. (And why? This perception of a being, Subhūti, that is just a non-perception. Those all beings of whom the Tathāgata has spoken, they are indeed no beings.)[518]

22. 그것은 무슨 까닭입니까?
쑤부띠여, 여래께서는 진실에 입각해서 말씀하시며, 진리에 입

516) [불어] C'est pourqoui le Tathāgata dit que le bon don est fait par le bodhi sattwa qui n'est appuyé sur rien et nullement par celui qui s'appuie sur le son, l'odeur, le goût, le tact ou loi. [독어] Deshalb denn verkündet der Tathāgata : „ohne sich zu stützen soll der Bodhisattva Gabe spenden, nic ht auf Erscheinung, Töne, Gerüche, Geschmäche, Tastbares, gedankliche Objekte sich stützend soll er Gabe spenden.

517) [불어] En outre, Subhūti, le bodhisattwa doit renoncer à tout don de cett e nature, pour le bien de tous les êtres. [독어] Und ferner, Subhūti, hat durch einen Bodhisattva derartiges Aufopfern von Gaben zu geschehen, zum Heil aller Lebewesen.

518) [불어] Et pourquoi? Parce que, Subhūti, la connaissance de l'êtres est ell e-même une non-connaissance, Tous les êtres ainsi désignés par le Tathāg ata sont aussi des non-êtres. [독어] Aus welchem Grunde? Was hier, Sub hūti, Begriff von Lebewesen ist, das ist eben nicht-Begriff, die welche ebe n die dem Tathāgata 'alle Lebewesen' genannt werden, sind nicht eben Ni cht-Lewebesen.

각해서 말씀하시며, 있는 그대로 말씀하시지, 여래께서는 있는 그대로가 아닌 것을 말씀하시지 않기 때문입니다. 여래께서는 그것과 다른 것을 말씀하시지 않습니다. (And why? Because, Subhūti, the Tathāgata speaks in accordance with reality, speaks the truth, speaks of what is, not otherwise. A Tathāgata does not speak falsely.)[519]

23. 그러나 그럼에도 불구하고, 쑤부띠여, 여래께서 분명하게 깨달아 얻거나 가르치거나 사유한 법에는, 그렇기 때문에 진실도 없고, 거짓도 없습니다. (But nevertheless, Subhūti, with regard to that dharma which the Tathāgata has fully known and demonstrated, on account of that there is neither truth nor fraud.)[520]

24. 쑤부띠여, 사람은 어둠 속에서는 아무 것도 볼 수 없습니다. 깨달음을 향한 님이 사물에 빠져 보시를 하는 것도 바로 그와 같다고 보아야 합니다. (In the darkness, Subhūti, a man could not see anything. Just so should be viewed a Bodhisattva, who has fallen among things, renounces a gift.)[521]

---

519) [불어] Comment cela? C'est que, ô Subhūti, le Tathāgata dit ce qui est, il dit la vérité, il les choses comme elles sont et non autrement, le Tathāg ata : il ne dit rien de faux, le Tathāgata. [독어] Aus welchem Grunde? Da s Wirkliche redet, o Subhūti, der Tathāgata; das Wahre redet, ist redet nicht anders redet der Tathāgata; nicht Falsches redet der Tathāgata.

520) [불어] En outre, Subhūti, la loi parfaitement comprise et enseignée par le Tathāgata; qui s'en est pénétré l'esprit, n'est ni vérité ni erreur. [독어] Und ferner, Subhūti, welcher Zustand immer durch den Sogegangenen zu r Erleuchtung gebracht, dargelegt, erwogen wurde, da ist nicht Wahres, nicht Falsces.

521) [불어] De même, ô Subhūti, qu'un homme enfoncé dans les ténébres ne sai

25. 쑤부띠여, 눈 있는 사람은 밤이 밝아져서 해가 뜨면, 여러 가지 모습을 볼 수 있습니다. 깨달음을 향한 님이 사물에 빠지지 않고 보시를 하는 것도 바로 그와 같다고 보아야 합니다. (A man with eyes, Subhūti, would, when the night becomes light and the sun has arisen, see manifold forms. Just so should be viewed a Bodhisattva who has not fallen among things, and who, without having fallen among things, renounces a gift.)[522]

26. 쑤부띠여 또한, 참으로 훌륭한 가문의 아들들이나 훌륭한 가문의 딸들이 있어 법문을 받아들여 마음에 새기고 독송하고 숙달해서 다른 사람에게 상세히 설명해줄 것입니다. 쑤부띠여, 여래께서는 깨달은 님의 지혜로 그들을 알고 있으며, 쑤부띠여, 여래께서는 깨달은 님의 눈으로 그들을 보고 있습니다. (Furthermore, Subhūti, those sons and daughters of good family who will take up this discourse on dharma, will bear it in mind, recite, study, and illuminate it in full detail for others, they have been known, Subhūti, by

---

t rien voir, ainsi doit être considéré le bodhisattwa qui, tombé dans le monde des corps, renonce à tout don. 〔독어〕 Wie nämlich zum Beispiel, Subhūti, ein Mann, der in die Dunkelheit eingetreten ist, nicht irgendetwas sehen würde, so ist der in die Dinglichkeit vesunkene Bodhisattva zu betrachten, der, in die Dinglichkeit versunken, Gabe spendet.

522) 〔불어〕 Ou bien, ô Subhūti, comme un homme, jouissant de la vue, qui, à la première clarté qui éclaire la nuit, au lever du soleil, voit des formes de différentes espéces, ainsi est le bodhisattwa qui, n'étant point enfoncé en ce monde corperel, renonce à tout don. 〔독어〕 Wie nämlich zum Beispiel, Subhūti, ein mit Augen vesehener Mensch bei hellwerdender Nacht, nach Aufgang der Sonne, vielgestaltige Dinge sehen würde, so ist ein in die Nicht-Dinglichkeit versunkener Bodhisattva zu betrachten, der, in die Nicht-Dinglichkeit versunken, Gabe spendet.

the Tathāgata with his Buddha-eye.)523)

27. 쑤부띠여, 이들 모든 뭇삶들은 헤아릴 수 없고 셀 수 없는 공덕의 다발을 이루고 성취할 것입니다." (All these beings, Subhūti, will beget and acquire an immeasurable and incalculable heap of merit.)524)

15. 배우고 가르치는 큰 공덕〔持經功德分〕

1. [세존] "쑤부띠여, 또한, 한 여인이나 한 남자가 아침에 갠지스강의 모래알 수만큼 많이 자신의 몸을 희생하고, 점심때에 이와 같이 갠지스강의 모래알 수만큼 많이 자신의 몸을 희생하고, 저녁때에도 갠지스강의 모래알 수만큼 많이 자신의 몸을 희생하고 이러한 방법으로 수많은 백천 꼬떠니유따 겁의 시간 동안 무수한 자신의 몸을 희생하는 것보다, 누군가 이 법문을 듣고 비방하지 않는다면, 그가 그것을 인연으로 훨씬 많은 헤아릴 수 없고 셀 수 없는 공덕의 다발을 이룰 것입니다. (And if,

---

523) 〔불어〕 Bien plus, Subhūti, les hommes ou les femmes distingués qui reçoivent, prennent la loi en étendue, la soutiennent, la rendent complète et cherchent à la possèder et expliquent aux autres entièrement, ceux-là, Subhūti, sont vus du Tathāgata, de l'oeil de son intelligence éclairée; ils sont connus du Tathāgata par sa science d'illumination, ils sont éclairés par le Tathāgata. 〔독어〕 Und Ferner, Subhūti, wenn irgendwelche edlen Söhne oder edlen Töchter dieses Lehrbuch lernen, es behalten, es hersagen, es völlig durchdringen, und es anderen ausführlich erklären werden, so sind diese, o Subhūti, von dem Tathāgata durch Buddha-Erkenntnis gekannt, sind, o Subhūti, durch den Tathāgata durch Buddha-Auge geschaut.

524) 〔불어〕 Tous ces être produiront, ô Subhūti, un amas de mérites incommensurable, innombrable et l'acquerront pour eux. 〔독어〕 Alle diese Lebewesen, o Subhūti, werden unermeßlichen, unzähligen Verdienstesvorrat erzeugen und erwerben.

Subhūti, a woman or a man should renounce in the morning his personal being as many times as there are grains of sand in the river Ganges, and if he should renounce his personal being at noon and renounce his personal being in the evening, and if in this way they should renounce all their belongings for many hundreds of thousands of millions of milliards of aeons; and someone else, on hearing this discourse on dharma, would not reject it; then this one would on the strength of that beget a greater heap of merit, immeasurable and incalculable.)[525)]

2. 하물며 그 법문을 기록하고 받아들여 마음에 새기고 독송하고 숙달해서 다른 사람에게 상세히 설명하는 사람은 말해 무엇하겠습니까?" (What then should we say of him who, after writing it, would learn it, bear it in mind, recite, study and illuminate it in full detail for others?)[526)]

---

525) [불어] En outre, ô Subhūti, si'une femme ou un homme renonçait le matin à autant d'existences égoïtiques qu'il y a de grains de sable dans le Ganges, s'il en faisait autant à midi; puis le soir, s'il renonçait aussi en ce même cours de temps aux existences personnelles, pendant des kalpas innombrables, des millions, des milliards, et si un autre, ayant entendu cet exposé de la loi, ne la rejetait pas, ce dernier acquerrait un amas de mérites trés considérable, un amas in commensurable, innombrable. [독어] Und wenn ferner, o Subhūti, ein Weib oder ein Mannm zur Zeit des Vormittages den Sandkörnern des Gangesstromes gleiche eigene Existenzen hingäbe, so auch zur Zeit des Mittags den Sandkörnern des Gangesstromes gleiche eigene Existenzen hingäbe und auf diese Weise während vieler hunderttausend Millionen Koṭis von Kalpas eigene Existenzen dahingäbe, und wenn andererseits jemand dieses Lehrbuch, nachdem er es gehört, nicht verwürfe, so würde dieser von den beiden reichlicheren Schatz und Verdienstesvorrat erzeugen, unermeßlichen, unzähligen.

3. 또한 쑤부띠여, 이 법문은 실로 불가사의하고 다른 법문과 견줄 수가 없습니다. 여래께서는 최상의 삶에 들어선 뭇삶들의 행복을 위해서, 최선의 삶에 들어선 뭇삶들의 행복을 위해서 이 법문을 가르쳤습니다. (Moreover, Subhūti, unthinkable and incomparable is this discourse on dharma. The Tathāgata has taught it for the wealth of beings who has set out in the best, in the most excellent vehicle.)[527]

4. 이 법문을 받아들여 마음에 새기고 독송하고 숙달하여 다른 사람에게 상세히 설명해줄 이들을, 쑤부띠여, 여래께서는 깨달은 님의 지혜로 알고, 쑤부띠여, 여래께서는 깨달은 님의 눈으로 보고, 여래께서는 그들을 완전히 파악하고 있습니다. (Those who will take up this discourse on dharma, bear it in mind, recite, study and illuminate it in full detail for others, the Tathāgata has known them with his Buddha-cognition, the Tathāgata has seen them with his Buddha-eye, the Tathāgata has fully

---

526) 〔불어〕 Combien plus encore celui qui, l'écrivant, la recueille, qui la maint ient, la consolide, la fait sienne et l'enseigne aux autres complètement! 〔독어〕 Was soll man erst sagen von dem, der, nachdem er es geschrieben, es lernt, es behält, es hersagt, völlig versteht und es ausführlich anderen erklärt?

527) 〔불어〕 En outre, ô Subhūti, il est inimaginable, incomparable cet ordre régulier de la loi. Il a été énoncé par le Tathāgata, pour le bien des êtres qui sont établis dans la voie la meilleure, dans la voie parfaite. 〔독어〕 Un d ferner, Subhūti, ist dieses Lehrbuch unbegreiflich, unvergleichbar. Auc h ist dieses Lehrbuch, Subhūti, durch den Tathāgata verkündet zum Wohl e der im vordersten Fahrzeug befindlichen Lebewesen, der im besten Fah rzeug befindlichen Lewewesen.

known them.)[528]

5. 쑤부띠여, 이들 모든 뭇삶들은 헤아릴 수 없는 공덕의 다발을 성취할 것입니다. 그들은 불가사의하며 비교할 수 없고 측량할 수 없으며 한계가 없는 공덕의 다발을 성취할 것입니다. (All these beings, Subhūti, come to possess an immeasurable heap of merit, they come to possess a heap of merit unthinkable, incomparable, measureless and illimitable.)[529]

6. 쑤부띠여, 이들 모든 뭇삶들도 이와 같은 길을 따라 깨달음을 얻게 될 것입니다. (All these beings, Subhūti, will carry along an equal share of enlightenment.)[530]

7. 그것은 무슨 까닭입니까?
자아에 대한 견해가 있거나 존재에 대한 견해가 있거나 생명에 대한 견해가 있거나 영혼에 대한 견해가 있는 저열한 성향의

---

528) 〔불어〕 Ceux qui l'accepteront le maintiendront, le consolideront, le feront leur et l'enseigneront aux autres complètement, en détail, sont connus du Tathāgata, ō Subhūti, par sa science illuminée de Bouddha; ils sont vus par son oeil de Bouddha; ils sont illuminés par le Tathāgata. 〔독어〕 Wer dieses Lehrbuch lernen, behalten, hersagen, völlig verstehen und andere n ausführlich erklären wird, der ist, o Subhūti, von dem Tathāgata durch Buddhaerkenntnis gekannt, der ist von dem Tathāgata durch Buddha-Au ge geschaut, und der ist von dem Tathāgata völlig verstanden.

529) 〔불어〕 Tous ces êtres seront doués d'une foule de mérites incommensurabl es, Subhūti, d'une masse de mérites inimaginable, incomparable, incomm ensurable. 〔독어〕 Alle diese Lebewesen, Subhūti, werden mit unermeßlich em Verdienstesvorrat versehen sein, werden mit undenkbarem, unvergei chbaren, unermeßlichem und unmeßbarem Verdienstesvorrat versehen se in.

530) 〔불어〕 Tous, ô Subhūti, posséederont, en quantité égale, une intelligence illuminée. 〔독어〕 Alle diese Lebewesen, Subhūti, werden in gleicherweise die Erleuchtung behalten.

뭇삶들은 이 법문을 알아들을 수 없기 때문입니다. 또한 깨달음을 향한 님이 되기로 서원하지 않은 뭇삶들 역시 이 법문을 알아듣거나 받아들이고 마음에 새기고 독송하고 숙달할 수 없습니다. 결코 될 수가 없습니다. (And why? Because it is not possible, Subhūti, that this discourse on dharma could be heard by beings of inferior resolve, nor by such as have a self in view, a being in view, a soul in view, or a person in view. Nor can beings who have not taken the pledge of Bodhi-beings either hear this discourse on dharma, or take it up, bear it in mind, recite or study it. That cannot be.)[531]

8. 더 나아가, 쑤부띠여, 어떠한 지방이라도 이 경전이 설해지는 곳은 신들과 인간들과 아수라들이 사는 모든 세계가 예배하는 장소가 될 것입니다. 그 지방은 오른쪽으로 돌며 경배하는 장소가 될 것이니, 곧 그 지방은 탑묘가 있는 곳처럼 숭배하는 장소가 될 것입니다." (Moreover, Subhūti, the sport of

---

531) [불어] Pourquoi cela? Parce que cet ordre de la loi ne peut être entendu d'aucun de ceux qui sont dépourvus d'attrait pour elle, ou qui arrétent leur vue sur l'égoïté, l'existence, la vie ou la personalité. Il ne peut être entendu davantage de quiconque applique sa connaissance à l'être dépourvu de science éclaire: celui-ci ne peut ni l'entendre, ni y adhérer, ni le maintenir, ni le consolider en soi, ni le faire sien. Ce n'est pas un point d'appui sensible. [독어] Aus welchem Grunde? Weil es nicht möglich ist, Subhūti, daß dieses Lehrbuch durch Lebewesen von geringer Hingabe gehört wird, durch solche, die in der Ansicht eines Selbstes, in der Ansicht eines Lebewesen, in der Ansicht eines Lebenden, in der Ansicht einer Person befangen sind. Nicht ist es möglich, daß dieses Lehrbuch durch Lebewesen gehört wird, die nicht das Verständnis der Bodhisattvas haben, daß es von ihnen gelernt, behalten, hergesagt oder völlig verstanden wird : nicht ist diese Möglichkeit vorhanden.

earth where this Sūtra will be revealed, that sport of earth will be worthy of worship by the whole world with it's Gods, men and Asuras, worthy of being saluted respectfully, worthy of being honoured by circumambulation, - like shrine will be that sport of earth.)[532]

16. 청정하지 못한 업장을 맑히네〔能淨業障分〕

1. [세존] "쑤부띠여, 그런데 훌륭한 가문의 아들들이나 훌륭한 가문의 딸들이 바로 이와 같은 경전을 받아들이고, 마음에 새기고, 독송하고, 숙달하고, 통달하여 다른 사람에게 상세히 설명해준다면, 그들은 핍박당할 것입니다. 그것도 심하게 핍박당할 것입니다. (And yet, Subhūti, those a son or daughter of good family, who will take up these very Sūtras, and will bear them in mind, recite and study them, they will be humbled, - well humbled they will be!)[533]

---

532) 〔불어〕 En outre, ô Subhūti, l'endroit de la terre où ce Sūtra sera expliqué deviendra un objet de louange; il sera digne de respect pour le monde des Dévas, des hommes et des Asuras; il sera digne d'honneur, cet endroit de la terre; il deviendra comme un lieu sacré. 〔독어〕 Und ferner, Subhūti, der Ort, an welchem dieses Lehrbuch verkündet werden wird, dieser Ort wird zu ehren sein von der ganzen Welt von Göttern, Menschen, und Dämonen, dieser Ort wird nach rechts zu umwandeln sein, wie ein Caitya wird dieser Ort sein.

533) 〔불어〕 De plus, Subhūti, les hommes et femme distingués qui recueilleront, maintiendront, accumuleront, ou feront leurs des Sūtras de ce genre, se les imprimeront au fond de l'esprit et les expliqueront complètement

2. 그것은 무슨 까닭입니까?

쑤부띠여, 이들 뭇삶들은 전생에서 저지른 청정하지 못한 업장들 때문에 불행한 상황에 떨어질 것이기 때문입니다. 그렇더라도 그들은 현세에 핍박당함으로서 전생에서 저지른 청정하지 못한 업을 소멸시키고 깨달은 님의 깨달음에 이를 것입니다. (And why? The impure deeds, Subhūti, which these beings have done in their former lives, and which are liable to lead them into the states of woe, - in this very life they will, by means of that humiliation, annul those impure deeds of their former lives, and they will reach the enlightenment of a Buddha.)534)

3. 쑤부띠여, 나는 과거세에, 헤아릴 수 없고 또한 측량할 수 없는 세월 전에 이렇게 오신 님, 거룩한 님, 올바로 원만히 깨달은 님이신 디빵까라보다 훨씬 이전에, 다른 팔십사만 꼬띠니유따의 깨달은 님들을 기쁘게 했고, 흡족하게 했고, 실망시키지 않은 것을 꿰뚫어 압니다. (With my direct knowledge,

---

aux autres, seront abaissés, trés abaissés. 〔독어〕 Und ferner, Subhūti, die Edlen Söhne oder edlen Töchter, welche diese dergestaltigen Sutrāntas lernen, behalten, hersagen, völlig verstehen und von Grund aus beherzigen und sie anderen ausführlich erklären werden, die werden überwunden haben, wohl überwunden haben.

534) 〔불어〕 Et pourquoi? Parce que, o Sūbhuti, les mauvaises actions commises par ces êtres dans les existences antérieures doivent être expiées, disparaître pour eux, et que, par cet abaissement, ces mauvaises actions sont arrêtées en leurs effets, anéanties; et ces êtres pourront aquérir la connaissance illuminative. 〔독어〕 Aus welchem Grunde? Die unreine Werke nämlich, o Sūbhuti, die von diesen Lebewesen in früheren Geburt getan wurden, zum Niedergange führend, diese in früherer Geburt gewirkten unreinen Werke werden, nachdem das Gesetz erschaut, durch das Überwunden haben dahinschwinden und werden zur Buddhaerleuchtung gelangen.

Subhūti, I recall that in the past period, long before Dīpaṅkara, the Tathāgatas, Arhats, Fully Enlightened Ones, during incalculable, quite incalculable aeons, I gave satisfaction by royal service to 84,000 million milliards of Buddhas, without ever becoming again estranged from them.)535)

4. 쑤부띠여, 내가 그들 거룩한 깨달은 님들을 기쁘게 하고, 흡족하게 하고, 실망시키지 않는 것과, 그리고 미래의 시대, 마지막 시기, 마지막 시간, 마지막 오백 년, 올바른 가르침이 무너질 때에도 이와 같은 경전들을 받아들이고, 마음에 새기고, 독송하고, 숙달하여 다른 사람에게 상세히 설명하는 것과 비교하면, 쑤부띠여, 이 공덕의 다발에 비해 앞의 공덕의 다발은 백 분의 일에도 천 분의 일에도 십만 분의 일에도 꼬띠 분의 일에도 백 꼬띠 분의 일에도 십만 꼬띠 분의 일에도 십만 꼬띠니유따 분의 일에도 못미치고, 수량에서도, 구분에서도, 계산에서도, 비교에서도, 유추에서도, 비유에서도 감당하지 못합니다.(But the heap of merit, Subhūti, from the satisfaction I gave to those Buddhas and Lords without again becoming estranged from them - compared with the

---

535) 〔불어〕 Je connais, ô Subhūti, les témoignages d'amitié, la joie que dans la voie du temps écoulé, dans des Kalpas innombrables et plus encore, an térieurs au Tathāgata, à l'arhat complètement illuminé, Dīpaṅkara, j'ai do nné 400 fois aux millions et milliards de bouddhas sans leur causer aucun e impression désagréable. 〔독어〕 Ich erinnere mich, Subhūti, in vergangene r Zeit, vor unzähligen Kalpas waren vierundachtzig mal hunderttausend Milliarden von Buddhas, die dem Dīpaṅkara, dem Tathāgata, Würdigen, vollkommen Erleuchteten nachfolgten, denen ich Freude bereitete, und d ie, nachdem sie erfreut waren, nicht Unwillen über mich empfanden.

heap of merit of those who in the last time, the last epoch, the last five hundred years, at the time of the collapse of the good doctrine, will take up these very Sūtras, bear them in mind, recite and study them, and will illuminate them in full detail for others, it does not approach one hundredth part, not one thousandth part, nor one hundred thousandth part, not a millionth part, nor a hundred millionth part, nor a thousand millionth part, nor a 100,000 millionth part. It does not bear number, nor fraction, nor counting, nor similarity. nor comparison, nor resemblance.)[536]

---

536) [불어] Et parce que, Subhūti, ces bouddhas ont été traités par moi de cette manière et parce qu'au dernier âge, au dernier moment, au dernier cinq-centenaire, alors que l'extinction de la loi sera en cours, ils adhéreront à ces Sūtras, ils les soutiendront, ils les accumuleront, ils les feront leurs, ils les feront connaître complètement aux autres, conséquemment en comparaison de cet amas de mérites, ô Subhūti, le précédent ne l'atteint, ne l'égale pas de la centième partie, ni de la millième, ni de la cent-millième, ni de la milliardième, ni de la millions de milliards près. Et cette infériorité ne pourrait atteindre pour s'exprimer, la dernière, la plus infime fraction, l'expression du nombre, de la partie, de la supputation, du calcul, de la comparaison tant soit peu approchant, de toute relation de comparaison. [독어] Und wenn, Subhūti, erhabenen Buddhas durch mich erfreut und, nachdem erfreut, nicht abgeneigt waren, und in der lezten Zeit, im letzten Zeitabschnitt, in dem letzten fünfhundert Jahren, zur Zeit des Verfalles der Lehre, andere diese derartigen Sutrāntas lernen, behalten, hersagen, völlig verstehen und anderen ausführlich mitteilen werden, so reicht gegenüber diesem Verdiestesvorrat, Subhūti, der früheren Verdiestesvorrat, auch nicht an den hundersten Teil heran, auch nicht an den tausendsten, den hunderttausendsten, an den millionsten, an den hundertmillionsten, an den hunderttausendmillionsten mal zehnmillionsten Teil. Es erträgt keine Zahl, keinen Teil, keine Rechnung, keinen Vergleich, keine Gleichsetzung, keine Analogie.

5. 또한 쑤부띠여, 만약 내가 그 훌륭한 가문의 아들들이나 훌륭한 가문의 딸들이 얼마나 많이 공덕의 다발을 이루고 성취하는지, 그 훌륭한 가문의 아들, 훌륭한 가문의 딸들이 갖게 되는 공덕의 다발에 대해 가르치면, 뭇삶들은 미쳐버리거나 마음이 혼란스러울 것입니다. (If moreover, Subhūti, I were to teach the heap of merit of those sons and daughters of good family, and how great a heap of merit they will at that time beget and acquire, beings would be come frantic and confused.)[537]

6. 그렇기 때문에 쑤부띠여, 여래께서 이 법문이 불가사의하다고 말했지만, 그것에서 유추할 수 있는 과보도 불가사의한 것이 바로 그와 같습니다." (Since, however, Subhūti, the Tathāgata has taught this discourse on dharma as unthinkable, so just an unthinkable karma-result should be expected from it.)[538]

---

537) [불어] Si apés cela, Subhūti, si je voulais exprimer le mérite de ces hommes et de ces femmes distingués et dire combien, en cette circonstance, ils produiront de mérites, combien ils en recueilleront, les être en gagneraient la folie, ils en arriveraient à la démence. [독어] Und wenn fernerm Subhūti, ich den Verdiendestvorrat jener edlen Söhne und edlen Töchter sagen wollte, wie sehr jene edlen Söhne und edlen Töchter zu jener Zeit Verdienstesvorrat erzeugen werden, erwerben werden, so würfen die Lebewesen außer Verstand geraten oder von Sinnen werden.

538) [불어] De plus, ô Subhūti, cette loi en tout son développement est déclarée par le Tathāgata inimaginable, incomparable, et ses fruits, mûris en leur incompréhensibilité, doivent être l'objet de tous les désirs. [독어] Und ferner, Subhūti, als unbegreiflich, unvergleichbar ist dieses Lehrbuch durch den Tathāgata verkündet worden, als un begreiflich muß auch seine Wirkung erwartet werden.

17. 나 없음을 깨달아야〔究竟無我分〕

1. 이 때에 장로 쑤부띠는 세존께 이와 같이 여쭈었습니다.

[쑤부띠] "깨달음을 향한 님의 삶에 들어선 사람은 어떻게 뜻을 세워야 하며, 어떻게 실천해야 하며, 어떻게 마음을 닦아야 합니까?"(At that time, the Elder Subhūti asked the Lord : How, O Lord, should one set out in the Bodhisattva-vehicle stand, how progress, how control his thought?)539)

2. 세존께서 말씀하셨습니다.

[세존] "쑤부띠여, 여기 깨달음을 향한 님의 삶의 길에 들어선 사람은 이와 같이 '나는 모든 존재를 완전한 열반의 세계를 향해 완전한 열반에 들게 하리라. 그래서 모든 존재를 완전한 열반에 들게 하였더라도 결코 어떠한 뭇삶도 완전한 열반으로 들게 하지 않은 것이다'라고 마음을 일으켜야 합니다. (The Lord replied : Here, Subhūti, someone who has set out in the Bodhisattva-vehicle should produce a thought in this manner : 'all beings I must lead to Nirvāṇa, into that Realm of Nirvāṇa which leaves nothing behind'; and yet, after beings have thus been led to Nirvāṇa, no being at all has been led to Nir-

539) 〔불어〕 Alors le vénérable Subhūti dit au Tathāgata : Comment celui qui s'est appliqué à la vraie doctrine de la Bodhi doit-il se maintenir? Comment doit-il la pratiquer? comment doit-il en concevoir la notion? 〔독어〕 Da sprach denn der ehrwürdige Subhūti zu dem Erhabenen also : Wie soll ein auf dem Fahrzeug der Bodhisattvas Befindlicher sich verhalten, wie soll er herankommen, wie soll er die Gedanken richten?

vāṇa.)[540]

3. 그것은 무슨 까닭입니까?
쑤부띠여, 만약 깨달음을 향한 님에게 존재에 대한 지각이 생겨나면 그를 보살이라고 말할 수 없습니다. 또한 마찬가지로 생명이라는 지각이나 영혼이라는 지각이 생겨나면, 그는 깨달음을 향한 님이라고 말할 수 없습니다. (And why? If, Subhūti, in a Bodhisattva the perception of a 'being' should take place, he could not be called a 'Bodhi-being'. And likewise, if the perception of a soul, or the perception of a person should take place in him, he could not be called a 'Bodhi-being'.)[541]

4. 그것은 무슨 까닭입니까?
쑤부띠여, 깨달음을 향한 님의 삶에 들어선 사람이라고 이름부를 만한 어떠한 것도 없기 때문입니다. (And why? Subh-

---

540) [불어] Le bienheureux dit : Voici, Subhūti, comment celui qui s'est appliqué à la vraie doctrine de la Bodhi doit en former en soi la conseption. Tous les êtres, sans exeption, doivent être jetés par moi dans le monde du Nirvāna, et en les lançant ainsi, il est vrai, toutefois, qu'aucun n'y est jeté. [독어] Der Erhabene sprach : Ein auf dem Fahrzeug der Bodhisattvas Befindlicher soll diesen Gedanken erwecken : 'Alle Lebewesen sind durch mich in den restlosen Nirvāṇa-Elemente zur Erlöschung zu bringen' : und wenn er so die Lebewesen zum völligen Erlöschen gebracht hätte, ist nicht irgendwelches Lebewesen zum Völligen Erlöschen gebracht.

541) [불어] Comment cela? C'est que, Subhūti: si la connaissance de l'être se produisait pour le bodhisattwa, il ne devrait plus être appelé de ce nom. Lorsque la connaissance de la vie, de la personnalité prévaut ainsi, il ne peut pas non plus être qualifié de bodhisattwa. [독어] Aus welchem Grunde? Wenn, o Subhūti, bei einem Bodhisattva der Begriff 'Lebewesen' wirksam ist, so ist er nicht als Bodhisattva zu bezeichnen. Oder wenn der Begriff der Lebenden und so fort bis zum Begriff der Person wirksam wäre, so wäre er nicht als Bodhisattva zu bezeichnen.

ūti, a particular thing named 'one who has set out in the Bodhisattva-vehicle', does not exist.)542)

5. 쑤부띠여, 어떻게 생각합니까? 여래가 디빵까라 여래와 함께 있었을 때, 그에게서 위없이 바르고 원만한 깨달음이라고 분명하게 깨달아 얻은 어떠한 법이라도 있습니까?" (What do you think, Subhūti, is there any dharma by which the Tathāgata, when he was with Tathāgata Dīpaṅkara, has fully known the utmost, right and perfect enlightenment?)543)

6. 이렇게 말씀하시자 존자 쑤부띠는 세존께 여쭈었습니다. [쑤부띠] "제가 세존께서 말씀하신 뜻을 이해하기로는, 세존이시여, 여래가 이렇게 오신 님, 거룩한 님, 바르고 원만하게 깨달으신 님이신 디빵까라와 함께 있었을 때, 그에게서 위없이 바르고 원만한 깨달음이라고 분명하게 깨달아 얻은 어떠한 법도 없습니다." (When this was said, the venerable Subhūti said thus to the Lord : As I, O Lord, understand the Lord's teaching, there is not any dharma by which, the Tathāgata, when he was with the Tathāgata

542) [불어] Ô Subhūti, car la doctrine qui s'appuie sur la régle pratique de bod hisattwa est une non-doctrine. [독어] Aus welchem Grunde? Es ist nicht, o Subhūti, irgendweche Dinge, das als auf dem Fahrzeug der Bodhisattva s befindlich bezeichnet werden könnte.

543) [불어] Qu'en penses-tu, Subhūti? Crois-tu qu'il y a une doctrine par laqu elle le Tathāgata Dīpaṅkara la science parfaite, l'illumination complète su périeure à tous, que le Tathāgata aurait fait briller à ses yeux? [독어] Wie meinst du, Subhūti, existiert irgendwecher dharma, der durch den Tathā gata von dem Tathāgata Dīpaṅkara her zur unübertroffenen vollkommene n Erleuchtung gebracht worden wäre?

Dīpaṅkara, has fully known the utmost, right and perfect enlightenment.)[544]

7. 이렇게 여쭙자 세존께서 장로 쑤부띠에게 이와 같이 말씀하셨습니다.

[세존] "쑤부띠여, 그렇습니다. 쑤부띠여, 그렇습니다. 쑤부띠여, 여래가 이렇게 오신 님, 거룩한 님, 바르고 원만하게 깨달으신 님이신 디빵까라와 함께 있었을 때, 그로부터 위없이 바르고 원만한 깨달음이라고 분명하게 깨달아 얻은 어떠한 법도 없습니다. (After these words, The Lord said to the venerable Subhūti : So it is, Subhūti, so it is. There, Subhūti, is not any dharma by which, the Tathāgata, when he was with the Tathāgata Dīpaṅkara, has fully known the utmost, right and perfect enlightenment.)[545]

---

544) 〔불어〕 Subhūti répondit : Pour autant que je comprenne la pensée: ô Bien heureux, le sens du bienheureux en ses discours, il n'y a pas de doctrine au moyen de laquelle il ait été parfaitment éclairé de l'illumination complète par le Tathāgata Dīpaṅkara, complètement illuminé. 〔독어〕 Nach diesem Worten sprach der ehrwürdige Subhūti zu dem Erhabenen also : Wie Ich den Sinn des von dem Erhabenen Gesprochenen verstehe, so existiert nicht, o Erhabener, irgendwelcher dharma, der durch den Tathāgata Dīpaṅkara her zur unübertroffenen vollkommenen Erleuchtung gebracht worden wäre.

545) 〔불어〕 Le bienheureux reprit à ces mots : C'est ainsi, Subhūti, c'est ainsi. il n'y a pas de doctrine au moyen de laquelle il ait été parfaitment éclairé de l'illumination complète par le Tathāgata Dīpaṅkara, complètement illuminé. 〔독어〕 Nach diesem Worten sprach der Erhabene zu dem ehrwürdigen Subhūti also : So ist es, Subhūti, so ist es. Nicht existiert, Subhūti, irgendwelcher dharma, der durch dem Tathāgata Dīpaṅkara, her, dem Tathāgata, Würdigen, vollkommen Erleuchteten, zur unübertroffenen vollkommenen Erleuchtung gebracht worden wäre.

8. 더구나 만약 쑤부띠여, 여래가 디빵까라 여래와 함께 있었을 때, 분명하게 깨달아 얻은 어떠한 법이 있다면, 디빵까라 여래가 나에게 '청년이여, 그대는 미래에 샤끼야무니라고 불리며, 이렇게 오신 님, 거룩한 님, 올바로 원만히 깨달은 님이 될 것이다'라고 선언하시지 않아야 했습니다. (The Lord said : Moreover If, Subhūti, there is any dharma by which, the Tathāgata, when he was with the Tathāgata Dīpaṅkara, has fully known the utmost, right and perfect enlightenment, the Tathāgata Dīpaṅkara should not have predicted of me : 'You, young Brahmin, will be in a future period a Tathāgatas, Arhats, Fully Enlightened, by the name of Śakyamuni! ')546)

9. 쑤부띠여, 여래가 이렇게 오신 님, 거룩한 님, 올바로 원만히 깨달은 님이신 디빵까라 여래와 함께 있었을 때, 위없이 바르고 원만한 깨달음이라고 분명하게 깨달아 얻은 어떠한 법이 없습니다. 이러한 까닭에 디빵까라 여래께서 나에게 '청년이여, 그대는 미래에 샤끼야무니라고 불리며, 이렇게 오신 님, 거룩한 님, 올바로 원만히 깨달은 님이 될 것이다'라고 선언하셨습니다. (There, Subhūti, is not any dharma by which,

---

546) 〔불어〕 S'il en était une, Subhūti, le Tathāgata Dīpaṅkara n'aurait pas prédit de moi : Tu seras le Tathāgata Śākyamuni, qui marcheras par la voie où l'homme n'a jamais mis le pied, l'arhat complètement illuminé. 〔독어〕 Wenn ferner, Subhūti, irgendwelcher dharma durch den Tathāgata zur vollkommenheit der Erleuchtung gebracht worden wäre, so hätte mich nicht der Tathāgata Dīpaṅkara vorherbestimmt : Du wirst, o Sohn des Manu, in künftiger Zeit der Śākyamuni genannte Tathāgata, Würdige, vollkommen Erleuchtete werden.

the Tathāgata, when he was with the Tathāgata Dīpaṅkara, has fully known the utmost, right and perfect enlightenment. It is for this reason that the Tathāgata Dīpaṅkara then predicted of me : 'You, young Brahmin, will be in a future period a Tathāgatas, Arhats, Fully Enlightened, by the name of Śakyamuni!')547)

10. 그것은 무슨 까닭입니까?
쑤부띠여, '이렇게 오신 님'이라고 하신 것은 '참으로 있는 그대로'를 뜻하는 명칭이며, 쑤부띠여, '이렇게 오신 님'은 '생겨남이 없음'을 뜻하는 명칭이며, 쑤부띠여, '이렇게 오신 님'은 '대상의 끊어짐'을 뜻하는 명칭이며, 쑤부띠여, '이렇게 오신 님'은 '궁극적으로 생겨남이 없음'을 뜻하는 명칭입니다. 그것은 무슨 까닭입니까? 쑤부띠여, 이 '생겨남이 없음'이 바로 최상의 진리이기 때문입니다. (And Why? Tathāgata, Subhūti, is synonymous with 'true Suchness'. Tathāgata, Subhūti, is synonymous with 'non-Arising'. Tathāgata, Subhūti, is synonymous with 'destruction of Object'. Tat-

547) [불어] C'est parce qu'il n'y avait point de doctrine de loi anoncée par le Tathāgata, arhat, Dīpaṅkara, complètement illuminé, qui ait appris la doctrine d'illumination complète, Subhūti, c'est pour cela que j'ai été prédit par le Tathāgata, Dīpaṅkara, disant : Tu seras le Tathāgata Śākyamuni, arhat complètement illuminé, qui marcheras par la voie qu'aucun homme n'a fréquentée. [독어] Weil daher, Subhūti, nicht irgendwecher dharma existiert, welcher durch den Tathāgata, den Würdigen, den vollkommen Erleuchteten zur unübertroffenen vollkommenen Erleuchtung erweckt wäre, deshalb wurde Ich durch den Tathāgata Dīpaṅkara vorherbestimmt : Du wirst, o Sohn des Manu, in künftiger Zeit der Śākyamuni genannte Tathāgata, Würdige, vollkommen Erleuchtete werden.

hāgata, Subhūti, is synonymous with 'ultimate non-Arising'. And why? Because the 'non-Arising' means the ultimate truth.)[548]

11. 쑤부띠여, 누군가가 '이렇게 오신 님, 거룩한 님, 올바로 원만히 깨달은 님께서 위없이 바르고 원만한 깨달음을 분명하게 깨달아 얻었다' 고 말한다면, 그는 그렇지 않은 것을 말하는 것이며, 쑤부띠여, 그는 있지 않은 것을 취하여 나를 비방하는 것입니다. (And whosoever, Subhūti, were to say, 'the Tathāgata has fully known the utmost, right and perfect enlightenment', he would speak falsely.)[549]

12. 그것은 무슨 까닭입니까.
쑤부띠여, 여래께서 위없이 바르고 원만한 깨달음이라고 분명하게 깨달아 얻은 그 어떠한 법도 없기 때문입니다. (And

548) 〔불어〕 Et pourqoui? Car, Subhūti, le titre de Tathāgata est un qualificatif formé pour exprimer la nature de l'être, Tathāgata est un qualificatif répo ndant à la condition de ce qui ne s'est pas encore produit; c'est une déno mination de l'exclusion de la production, de l'existence; c'est celle de la plus perpétuelle et complète non-production. Pourquoi en est-il ainsi? C'e st que, Subhūti, cette non-production, non-existence, est la chose essenti elle. 〔독어〕 Aus welchem Grunde 'Tathāgata', Subhūti? Die Bezeichnung der wahren Soheit ist 'Tathāgata', Subhūti, dies ist Bezeichnung des Nich tentstandenseins. 'Tathāgata', Subhūti, dies ist Bezeichnung der Vernich tung des Objekte. 'Tathāgata', Subhūti, dies ist Bezeichnung des durchau s Unentstandenen. Aus welchem Grunde? Dieses Nichtentstandensein, S ubhūti, ist der höchste Sinn.

549) 〔불어〕 Si quelqu'un disait, Subhūti; La connaissance illuminative complè te, supérieure à toute, a été reçue par le Tathāgata, arhat illuminé, celui-là s'exprimerait d'une manière erronée, il me qaulifierait d'un terme cont raire à la vérité. 〔독어〕 Wer immer, Subhūti, sagen würde, daß durch den Tathāgata den Würdigen, den vollkommen Erleuchteten, die unübertroff ene vollkommene Erleuchtung erweckt worden wäre, der würde Unwahre s reden, der würde, Subhūti, mit Unwahrem, das er gelernt, über mich reden.

why? There is not any dharma by which the Tathā-gata has fully known the utmost, right and perfect enlightenment.)[550)]

13. 그리고 여래께서 분명하게 깨달아 가르친 법에는, 그 때문에 진리도 거짓도 없습니다. 그러한 까닭에 여래께서 '모든 법들은 깨달은 님의 법들이다'라고 가르칩니다. (And that dharma which the Tathāgata has fully known and demonst-rated, on account of that there is neither truth nor fraud. Therefore the Tathāgata teaches, 'all dharmas are the Buddha's own dharmas'.)[551)]

14. 그것은 무슨 까닭입니까?
쑤부띠여, 여래께서는 '모든 법들'에 대해 말씀하신 것은 '법들'이 아닌 것'을 가르치신 것입니다. 그러므로 '모든 법들은 깨달은 님의 법들이다'라고 말합니다. 쑤부띠여, 그것은 이를테면, 몸을, 아주 큰 몸으로 타고난 사람과 같습니다. (And why? 'All dharmas', Subhūti, have as no-dharmas been taught by Tathāgata. Therefore all dharmas are called the Buddha's own dharmas. Just as a man, Subhūti,

---

550) 〔불어〕 Et pourquoi? Ô Sūbhuti, parce qu'il n'y a point de doctrine qui ait été apprise par le Tathāgata en illumination parfait. 〔독어〕 Aus wechem Grunde? Nicht existiert, o Subhūti, irgendwelcher dharma, der durch de n Tathāgata zur unübertroffenen vollkommenen Erleuchtung erweckt wor den wäre.

551) 〔불어〕 Toute doctrine reconnue, enseignée par le Tathāgata n'est ni vérité ni erreur. C'est pourquoi le Tathāgata dit : Toutes les doctrines sont doct rines de Bouddha. 〔독어〕 Und in dem dharma, Subhūti, der durch den Tat hāgata zur unübertroffenen vollkommenen Erleuchtung erweckt oder gez eigt wurde, da ist nicht Wahres, nicht Falsches. Deshalb sagt der Tathāg ata : Alle dharmas sind Buddhadharma.

might be endowed with a body, a huge body.)552)

15. 존자 쑤부띠는 여쭈었습니다.

[쑤부띠] "여래께서 '몸을 아주 큰 몸으로 타고났다'라고 어떤 사람에 대해 말씀하신 것은 '몸이 아닌 것'을 가르치신 것입니다. 그러므로 그를 '몸을 큰 몸으로 타고났다'고 말합니다." (Subhūti said : That man of whom the Tathāgata spoke as 'endowed with a body, a huge body', as a no-body he has been taught by Tathāgata. Therefore is he called, 'endowed with a body, a huge body'.)553)

16. 세존께서 말씀하셨습니다.

[세존] "쑤부띠여, 그렇습니다. '내가 뭇삶을 완전한 열반에 들게 하리라'라고 말하는 깨달음을 향한 님이 있다면, 그는 '깨달음을 향한 님'이라고 말할 수 없습니다. (The Lord said : So it is, Subhūti. The Bodhisattva who would say, 'I will lead beings to Nirvāṇa', he should not be called a 'Bodhi-being'.)554)

---

552) 〔불어〕 Comment cela? C'est que, Subhūti, toutes les doctrines sont des non-doctrines, déclarées telles par le Tathāgata. C'est pourqoui il est dit : Toutes les doctrines sont doctrines de Bouddha. C'est comme quand on dit d'un homme qui a acqui tout son corps, c'est un grand corps. 〔독어〕 Aus welchem Grunde? Alle dharmas, Subhūti, sind durch den Tathāgata als Nicht-dharmas verkündet. Deshalb heißen 'alle dharmas Buddhadharmas'. Wie wenn zum Beispiel, Subhūti, ein Mann wäre mit gar großem Körper.

553) 〔불어〕 Là-dessus Subhūti, remarqua : Cet homme dont vous parlez, Tathāgata, au corps formé, au grand corps, a été déclaré par le Tathāgata n'avoir point de corps. C'est pourqoui on peut dire : Corps formé, grand corps. 〔독어〕 Der ehrwürdige Subhūti sprach : Wer, o Erhabener, von dem Tathāgata, als Mann mit gar großem Körper bezeichnet worden ist, der ist, o Erhabener, als körperlos durch den Tathāgata bezeichnet worden, Deshalb heißt er, 'mit starkem Körper, mit großem Körper'.

17. 그것은 무슨 까닭입니까?
쑤부띠여, 깨달음을 향한 님이라고 이름 부를 만한 어떠한 것이 있습니까?" (And why? Is there, Subhūti, any dharma named 'Bodhi-being'?)[555]

18. 쑤부띠는 여쭈었습니다.
[쑤부띠] "세존이시여, 없습니다. 깨달음을 향한 님이라고 이름 부를 만한 어떠한 것도 없습니다." (Subhūti replied : No indeed, O Lord, there is not any dharma named 'Bodhi-being'.)[556]

19. 세존께서 말씀하셨습니다.
[세존] "여래께서 '뭇삶, 뭇삶'에 대해 말씀하신 것은, '뭇삶이 아닌 것'을 가르치신 것입니다. 그러므로 말하자면, '뭇삶'인 것입니다. 그렇기 때문에 여래께서는 '모든 법들에는 자아가 없으며, 모든 법들에는 존재가 없고, 생명이 없고, 영혼이 없다'라고 가르칩니다. (The Lord said : 'Beings, Beings', Subhūti, has been spoken of by the Tathāgata as 'non-beings'. Therefore it is called beings. Because

---

554) 〔불어〕 Le bienheureux dit : C'est ainsi, Subhūti, Le bodhisattwa qui dirai t : Je répandrai les être çà et là ne serait pas vrai bodhisattwa. 〔독어〕 Der Erhabene sprach : So ist es, Subhūti! Ein Bodhisattva, der so spräche : 'I ch werde die Lebewesen zum völligen Erlöschen bringen', der ist nicht als Bodhisattva zu bezeichnen.

555) 〔불어〕 Et porquoi? Est-il Subhūti, une condition, une loi d'existence qui soit le bodhisattwa? 〔독어〕 Aus welchem Grunde? Existiert, Subhūti, irge ndwelcher dharma, der Bodhisattva heiße?

556) 〔불어〕 Subhūti répondit : Non, Subhūti, il n'y pas une condition, une loi d'existence qui soit le bodhisattwa. 〔독어〕 Subhūti sprach : Nicht so, Sub hūti! Es existiert nicht irgendwelcher dharma, der Bodhisattva genannt würde.

of that the Tathāgata teaches, 'selfless are all dharmas, they have not the character of living beings, they are without a living soul, without personality'.)[557]

20. 쑤부띠여, 어떤 깨달음을 향한 님이 '나는 불국토를 장엄할 것이다'라고 말한다면, 그에 대해서도 같은 방식으로 설명되어야 합니다. (If any Bodhisattva should say, 'I will create harmonious Buddhafields', he too should not be described in the same way.)[558]

21. 그것은 무슨 까닭입니까?
쑤부띠여, 여래께서 '불국토의 장엄, 불국토의 장엄'에 대해 말씀하신 것은 여래께서 '장엄이 아닌 것'을 가르치신 것입니다. 그러므로 여래께서는 '불국토의 장엄'에 대해 말씀하셨습니다. (And why? 'The harmonies of Buddhafields, the harmonies of Buddhafields', Subhūti, as no harmonies have they been taught by the Tathāgata. Therefore he spoke of 'harmonious Buddhafields'.)[559]

---

557) 〔불어〕 Le bienheureux reprit : Ce qu'on appelle êtres sont des non-êtres, Subhūti! a dit le Tathāgata; c'est pourquoi ils sont appelés êtres. C'est pourqoui le Tathāgata dit : Toutes les conditions d'existence sont sans égoïté, sans vie, sans croissance; sans personalité. 〔독어〕 Der Erhabene sprach : Die 'Lebewesen, Lebewesen', Subhūti, sind durch den Tathāgata als Nicht-Lewebesen verkündet worden, deshalb werden sie 'Lebewesen' genannt. Deshalb verkündet der Erhabene : Ohne Selbst sind alle dharmas, ohne Lebendes, ohne Menschliches, ohne Person sind alle dharmas.

558) 〔불어〕 Le bodhisattwa qui dirait, ô Subhūti! : 'Je développerai l'extension du monde', parlerait d'une manière erronée. 〔독어〕 Ein Bodhisattva, o Subhūti, der so spräche : Ich werde 'elten von harmonischen Buddha-Gefilden schaffen', der spräche Unwahres.

559) 〔불어〕 Et pourquoi? Parce que, Subhūti, ce qu'on appelle le développemen

22. 쑤부띠여, 그렇지만 어떤 깨달음을 향한 님이 '모든 법은 실체가 없는 것. 모든 법은 실체가 없는 것'이라고 전념하면, 이렇게 오신 이, 거룩한 님, 올바로 원만히 깨달은 님께서는 '깨달음을 향한 위대한 님이 될 것'이라고 선언하셨습니다." (The Bodhisattva, however, Subhūti, who is intent on 'without self are the dharmas, without self are the dharmas', him the Tathāgatas, Arhats, Fully Enlightened Ones has declared to be a Bodhi-being, a great being.)560)

18. 모두 하나로 꿰뚫어 보고〔一體同觀分〕

1. 세존께서 말씀하셨습니다.
[세존] "쑤부띠여, 어떻게 생각합니까? 여래께서 육신의 눈을 갖고 있습니까?" (What do you think, Subhūti, does the fleshly eye of the Tathāgata exist?)561)

---

t du monde est un non-développement, déclaré tel par le Tathāgata. C'est pourquoi on l'appelle développement. 〔독어〕 Aus welchem Grunde? Als 'Welten von harmonischen Buddha-Gefilden, Welten von harmonischen Gefilden', o Subhūti, sind durch den Erhabenen Nicht-Harmonien verkündet worden. Deshalb werden sie, Welten von harmonischen Buddha-Gefilden genannt.

560) 〔불어〕 Et le bodhisattwa disposé à croire que toutes les conditions d'existence sont sans égoïté, celui-là est reconnu un vrai bodhisattwa par le Tathāgata, arhat complètement illuminé. 〔독어〕 Ein Bodhisattva, o Subhūti, der sich dem Gedanken hingäbe : 'Ohne Selbst sind die dharmas, ohne Selbst sind die dharmas', der ist durch den Tathāgata, den Würdigen, den vollkommen Erleuchteten als Bodhisattva Mahāsattva bezeichnet worden.

2. 쑤부띠가 여쭈었습니다.

[쑤부띠] "세존이시여, 그렇습니다. 여래께서 육신의 눈을 갖고 계십니다." (Subhūti replied : So it is, O Lord, the freshly eye of Tathāgata does exist.)562)

3. 세존께서 말씀하셨습니다.

[세존] "쑤부띠여, 어떻게 생각합니까? 여래께서 하늘의 눈을 갖고 있습니까?" (The Lord asked : What do you think, Subhūti, does the heavenly eye of the Tathāgata exist?)563)

4. 쑤부띠가 여쭈었습니다.

[쑤부띠] "세존이시여, 그렇습니다. 여래께서 하늘의 눈을 갖고 계십니다. (Subhūti replied : So it is, O Lord, the heavenly eye of Tathāgata does exist.)564)

5. 세존께서 말씀하셨습니다.

[세존] "쑤부띠여, 어떻게 생각합니까? 여래께서 지혜의 눈을 갖고 있습니까?" (What do you think, Subhūti, does

---

561) 〔불어〕 Qu'en penses-tu, Subhūti? Le Tathāgata a-t-il des yeux de chair? Subhūti répondit : Qui, il en est ainsi. Le Tathāgata a des yeux de chair. 〔독어〕 Der Erhabene sprach : Wie meinst du, Subhūti, ist des Tathāgata fleischliches Auge vorhanden?

562) 〔불어〕 Subhūti répondit : Qui, il en est ainsi, ô Bienheureux. Le Tathāgat a a des yeux de chair. 〔독어〕 Subhūti erwiderte : So ist es, Erhabener! De s Tathāgata fleischliches Auge ist vorhanden.

563) 〔불어〕 Qu'en penses-tu, Subhūti? Le Tathāgata a-t-il des yeux des célest es, divins? 〔독어〕 Der Erhabene sprach : Wie meinst du, Subhūti, ist des Tathāgata göttliches Auge vorhanden?

564) 〔불어〕 Subhūti répondit : Qui, il en est ainsi, ô Bienheureux. Le Tathāgat a a des yeux célestes, divins. 〔독어〕 Subhūti erwiderte : So ist es, Erhabe ner! Des Tathāgata göttliches Auge ist vorhanden.

the wisdom eye of the Tathāgata exist?)565)

6. 쑤부띠가 여쭈었습니다.
[쑤부띠] "세존이시여, 그렇습니다. 여래께서 지혜의 눈을 갖고 계십니다." (Subhūti replied : So it is, O Lord, the wisdom eye of Tathāgata does exist.)566)

7. 세존께서 말씀하셨습니다.
[세존] "쑤부띠여, 어떻게 생각합니까. 여래께서 진리의 눈을 갖고 있습니까?" (What do you think, Subhūti, does the Dharma-eye of the Tathāgata exist?)567)

8. 쑤부띠가 여쭈었습니다.
[쑤부띠] "세존이시여, 그렇습니다. 여래께서 진리의 눈을 갖고 계십니다." (Subhūti replied : So it is, O Lord, the Dharma-eye of Tathāgata does exist.)568)

9. 세존께서 말씀하셨습니다.
[세존] "쑤부띠여, 어떻게 생각합니까? 여래께서 깨달은 님의 눈을 갖고 있습니까?" (What do you think, Subhūti, does

---

565) [불어] Qu'en penses-tu, Subhūti? Le Tathāgata a-t-il des yeux de la sciencer? [독어] Der Erhabene sprach : Wie meinst du, Subhūti, ist des Tathāgata Erkenntnis-Auge vorhanden?

566) [불어] Subhūti répondit : Qui, il en est ainsi, ô Bienheureux. Le Tathāgat a a les yeux de la science.[독어] Subhūti erwiderte : So ist es, Erhabener! Des Tathāgata Erkenntnis-Auge ist vorhanden.

567) [불어] Qu'en penses-tu, Subhūti? Le Tathāgata a-t-il des yeux, la vue de la loi? [독어] Der Erhabene sprach : Wie meinst du, Subhūti, ist des Tathāgata Dharma-Auge vorhanden?

568) [불어] Subhūti répondit : Qui, il en est ainsi, ô Bienheureux. Le Tathāgat a a les yeux, la vue de la loi. [독어] Subhūti erwiderte : So ist es, Erhabener! Des Tathāgata Dharma-Auge ist vorhanden.

the Buddha-eye of the Tathāgata exist?)569)

10. 쑤부띠는 여쭈었습니다.

[쑤부띠] "세존이시여, 그렇습니다. 여래께서 깨달은 님의 눈을 갖고 계십니다." (Subhūti replied : So it is, O Lord, the Buddha-eye of Tathāgata does exist.)570)

11. 세존께서 말씀하셨습니다.

[세존] "쑤부띠여, 어떻게 생각합니까. 여래께서는 '큰 갠지스강에 있는 모래알 수만큼의 그 많은 모래알'이라고 말씀하시곤 했습니까?" (The Lord said : What do you think, Subhūti, has the Tathāgata used the phrase, 'as many grains of sand as there are in the great river Ganges'?)571)

12. 쑤부띠는 여쭈었습니다.

[쑤부띠] "세상에 존경받는 님이시여, 그렇습니다. 바른 길로 잘 가신 님이시여, 그렇습니다. 여래께서 그러한 모래알에 관해 말씀하셨습니다." (Subhūti replied : So it is, O Lord, so it is, O Well-gone! The Tathāgata said about such

---

569) 〔불어〕 Qu'en penses-tu, Subhūti? Le Tathāgata a-t-il aussi les yeux d'un Bouddha? 〔독어〕 Der Erhabene sprach : Wie meinst du, Subhūti, ist des Tathāgata Buddha-Auge vorhanden?

570) 〔불어〕 Subhūti répondit : Qui, il en est ainsi, ô Bienheureux. Le Tathāgat a a les yeux d'un Bouddha. 〔독어〕 Subhūti erwiderte : So ist es, Erhabene r! Des Tathāgata Buddha-Auge ist vorhanden.

571) 〔불어〕 Que penses-tu, Subhūti, s'il y avait autant de Ganges qu'il y a de grains de sable dans le Grand Fleuve de ce nom et que les grains de sable de ces Ganges seraient autant de mondes, y seraient-ils en grand nombl e? 〔독어〕 Der Erhabene sprach : Wie meinst du, Subhūti, soviele Sandkör ner in dem großen Gangesstrome sind, sind diese Sandkörner durch den Tathāgata verkündet?

grains of sand.)[572]

13. 세존께서 말씀하셨습니다.

[세존] "쑤부띠여, 어떻게 생각합니까. 큰 갠지스강에 있는 모래알 수만큼의 갠지스강들이 있는데, 그들 갠지스강들의 모래알 수만큼 많은 세계들이 있다면 그 세계들은 매우 많다고 생각합니까?" (The Lord asked : What do you think, Subhūti, if there were as many Ganges rivers as there are grains of sand in the great river Ganges, and if there were as many world systems as there are grains of sand in them, would those world systems be many?)[573]

14. 쑤부띠는 여쭈었습니다.

[쑤부띠] "세상에 존경받는 님이시여, 그렇습니다. 올바른 길로 잘 가신 님이시여, 그렇습니다. 그 세계는 매우 많겠습니다." (Subhūti replied : So it is, O Lord, so it is. O Wellgone. these world systems would be many.)[574]

---

572) 〔불어〕 Subhūti dit : Certainement; Bienheureux, certainment, Sugata! ces mondes seraient trés nombreux. 〔독어〕 Subhūti erwidert : So ist Erhabener, so ist es, Sugata. Verkündet sind durch den Tathāgata die Sandkörner.

573) 〔불어〕 Que penses-tu, Subhūti, s'il y avait autant de Ganges qu'il y a de grains de sable dans le Grand Fleuve de ce nom et que les grains de sable de ces Ganges seraient autant de mondes, y seraient-ils en grand nomble? 〔독어〕 Der Erhabene sprach : Wie meinst du, Subhūti, wenn ebensoviele Gangesströme wären, als in dem großen Ganesstrome Sandkörner sind, und ebensoviele Weltelemente wären, als in jenen Sandkörner, so wären wohl jener Weltelemente viele?

574) 〔불어〕 Subhūti dit : Certainement; Bienheureux, certainment, Sugata! ces mondes seraient trés nombreux. 〔독어〕 Subhūti erwiderte : So ist Erhabener, so ist es, Sugata. Der Weltelemente wären viele.

15. 세존께서 말씀하셨습니다.

[세존] "쑤부띠여, 얼마나 많은 뭇삶들이 그 세계들 가운데 있더라도 나는 그들의 다양한 마음의 흐름을 분명히 알고 있습니다. (The Lord said : As many beings as there are in these world systems, of them I know, in my wisdom, the manifold streams of thought.)575)

16. 그것은 무슨 까닭입니까?

쑤부띠여, 여래께서는 '마음의 흐름, 마음의 흐름'에 대해 말씀하신 것은 '흐름이 아닌 것'을 가르치신 것입니다. 그러므로 말하자면, '마음의 흐름'인 것입니다. (And why? 'streams of thought, streams of thought', Subhūti, as no-streams have they been taught by the Tathāgata. Therefore are they called 'streams of thought'.)576)

17. 그것은 무슨 까닭입니까?

쑤부띠여, 과거의 마음도 인식되지 않고, 미래의 마음도 인식되지 않고, 현재의 마음도 인식되지 않기 때문입니다." (And why? Past thought is not got at; future thought is

---

575) [불어] Le bienheureux continua : Eh bien, Subhūti, de tous les êtres, tout autant qu'il y en aurait dans ces mondes, je connaîtrais les natures différentes et les intelligences, les pensées. [독어] Der Erhabene sprach : Soviele Lebewesen in diesen Weltelementen sind, ich kenne deren verschiedenartigen Gedankenstrom.

576) [불어] Et comment? C'est que ceux qui sont dits portant en eux la pensées, ô Subhūti, les porte-pensées, comme on les appelle, ont été déclarés par le Tathāgata ne point la porter vraiment. C'est pourquoi on les appelle doués, porteurs d'intelligence, de pensée. [독어] Aus welchem Grunde? Als 'Gedankenstrom, Gedankenstrom', o Subhūti, ist durch den Tathāgata ein 'Nichtstrom' verkündet worden. Deshalb wird er 'Gedankenstrom' genannt.

not got at; present thought is not got at.)[577]

19. 공덕은 온 법계에 두루 미치네〔法界通化分〕

1. [세존] "쑤부띠여, 어떻게 생각합니까? 한 훌륭한 가문의 아들이나 한 훌륭한 가문의 딸이 이 삼천대천세계를 칠보로써 가득 채워 그것을 이렇게 오신 님, 거룩한 님, 올바로 원만히 깨달은 님에게 보시하면, 그 훌륭한 가문의 아들이나 훌륭한 가문의 딸은 그것으로 인해서 아주 많은 공덕의 다발을 이루겠습니까?" (What do you think, Subhūti, if a son or daughter of good family had filled this world system of 1,000 million worlds with the seven precious things, and then gave it as a gift to the Tathāgatas, Arhats, Fully Enlightened Ones, would they on the strength of that beget a great heap of merit?)[578]

---

577) 〔불어〕 Et pourquoi cela? C'est que la pensée passée ne se possède plus, Subhūti : la pensée future ne se possède pas; la pensée à laquelle on est appliqué, on ne peut la saisir, la garder. 〔독어〕 Aus welchem Grunde? Ein vergangener Gedanke, Subhūti, wird nicht wahrgenommen, ein zukünftiger Gedanke nicht wahrgenommen, ein gegenwärtiger Gedanke wird nicht wahrgenommen.

578) 〔불어〕 Qu'en penses-tu, Subhūti? Si un homme ou une femme vertueux et distingué faisait en sorte que ce monde du trimillénaire, du grand millénaire, fût rempli des sept joyaux et en ferait don aux Tathāgatas, arhats complètement illuminés, est-ce que cet homme ou cette femme produirait par là une grande masse de mérites? 〔독어〕 Wie meinst du, Subhūti? Wenn irgendein edle Sohn oder edle Tochter, dieses dreitausendmalvieltausendfache Weltelement mit den sieben Kostbarkeiten anfüllte, und es den Tathāgatas, Würdigen, vollkommen Erleuchteten als Gabe spendete, wür

2. 쑤부띠는 여쭈었습니다.
[쑤부띠] "세상에 존경받는 님이시여, 많겠습니다. 올바른 길로 잘 가신 님이시여, 많겠습니다." (Subhūti replied : they would be great, O Lord, they would be great, O Well-gone.)579)

3. 세존께서 말씀하셨습니다.
[세존] "쑤부띠여, 그렇습니다. 쑤부띠여, 그렇습니다. 그 훌륭한 가문의 아들이나 훌륭한 가문의 딸은 그것을 인연으로 해서 많은 공덕의 다발을 이룰 것입니다." (The Lord said : So it is, Subhūti, so it is. On the strength of that this a son or daughter of good family would beget a great heap of merit, immeasurable and incalculable)580)

4. 그것은 무슨 까닭입니까?
쑤부띠여, 여래께서 '공덕의 다발, 공덕의 다발'에 대해 말씀하신 것은 여래께서 '다발이 아닌 것'을 가르치신 것입니다. 그러므로 말하자면 '공덕의 다발'인 것입니다. 그러나 만약 공덕의 다발이라는 것이 존재한다면, 여래께서 '공덕의 다발, 공덕의 다발'에 대해 말씀하시지 않았을 것입니다." (And why?

---

de hieraus jener edle Sohn oder jene edle Tochter einen Schatz, einen gro ßen Verdienstesvorrat erzeugen?

579) [불어] Subhūti répondit : Certainement, Sugata, certainement, Bienheur eux, ils seraient trés nombreux. [독어] Subhūti erwiderte : Vielen, Erhabe ner! Vielen, Sugata!

580) [불어] Le bienheureux reprit : Oui, il en est ainsi, Subhūti, il en est ains i; ils produiraient une masse de mérites incommensurable, innombrable. [독어] So ist es, Subhūti! So ist es! Jener edle Sohn oder jene edle Tochte r würde sich einen großen Schatz, einen Verdienstesvorrat erzeugen, une rmeßlichen, unzähligen

'Heap of merit, heap of merit', Subhūti, as 'no heap' has it been taught by the Tathāgata. Therefore is it called a 'heap of merit'. But if, on the other hand, there were such a thing as a heap of merit, the Tathāgata would not have spoken of a 'heap of merit'.)581)

20. 형상과 특징을 떠나서〔離色離相分〕

1. [세존] "쑤부띠여, 어떻게 생각합니까? 형상적인 몸을 성취했다고 해서 여래라고 볼 수 있습니까? (What do you think, Subhūti, is the Tathāgata to be seen by means of the accomplishment of his form-body?)582)

2. 쑤부띠는 여쭈었습니다.
[쑤부띠] "세존이시여, 그렇지 않습니다. 형상적인 몸을 성취했다고 해서 여래라고 볼 수 없습니다. (Subhūti replied : No, indeed, O Lord. The Tathāgata is not to be seen by means of the accomplishment of his form-body.)583)

---

581) 〔불어〕 Comment cela? C'est, Subhūti, que cette masse de mérites a été déclarée par le Tathāgata être une non-masse. C'est porquoi elle est appel ée 'masse de mérites'. D'ailleurs, si c'était une masse de mérites, le Tathāg ata ne l'aurait pas appelée de ce nom, n'aurait pas dit : c'est une masse de mérités. 〔독어〕 Aus Welchem Grunde? Als 'Verdienstesvorrat, Verdiens tesvorrat', Subhūti, ist Nicht-Vorrat von dem Tathāgata verkündet. Desh alb heißt es Verdienstesvorrat. Wenn, o Subhūti, ein Verdienstesvorrat e xistierte, dann würde der Tathāgata nicht sagen : 'Verdienstesvorrat, Ver dienstesvorrat'.

582) 〔불어〕 Qu'en penses-tu, Subhūti? Le Tathāgata paraîtra-t-il sous une for me corporelle? 〔독어〕 Wie meinst du, Subhūti, ist ein Tathāgata in der Vol lendung des Erscheinungsleibes zu erschauen?

3. 그것은 무슨 까닭입니까?
세존이시여, 여래께서 '형상적인 몸의 성취, 형상적인 몸의 성취'에 대해 말씀하신 것은 '성취가 아닌 것'라고 가르치신 것입니다. 그러므로 말하자면, '형상적인 몸의 성취'인 것입니다." (And why? 'Accomplishment of his form-body, accomplishment of his form-body', this, O Lord, has been taught by Tathāgata as no accomplishment. Therefore is it called 'accomplishment of his form-body'.)[584]

4. 세존께서 말씀하셨습니다.
[세존] "쑤부띠여, 어떻게 생각합니까? 특징을 갖추었다고 해서 여래라고 볼 수 있습니까?" (The Lord said : What do you think, Subhūti, is the Tathāgata to be seen through his possession of marks?)[585]

5. 쑤부띠는 여쭈었습니다.
[쑤부띠] "세존이시여, 그렇지 않습니다. 특징을 갖추었다고 해서 여래라고 볼 수 없습니다." (Subhūti replied : No, indeed,

---

583) 〔불어〕 Subhūti répondit : Ce n'est point ainsi, Bienheureux: le Tathāgata ne doit pas être reconnu par la forme corporelle qu'il acquerra. 〔독어〕 Subhūti erwiderte : Nicht so, Erhabener! Nicht in der Vollendung des Erscheinungsleibes ist der Tathāgata zu schauen.

584) 〔불어〕 Car ce qu'on appelle revêtment de la forme corporelle n'en est point un d'aprés ce qu'a déclaré le Tathāgata, ô Bienheureux! C'est porquoi on l'appelle revétment, obtention de la forme corporelle. 〔독어〕 Aus welchem Grunde? Als 'Vollendung des Erscheinungsleibes, Vollendung des Erscheinungsleibes', o Erhebener, ist Nicht-Vollendung durch den Tathāgata verkündet. Deshalb wird sie 'Vollendung des Erscheinungsleibes' genannt.

585) 〔불어〕 Le bienheureux dit : Qu'en penses-tu, Subhūti? Le Tathāgata sera-t-il reconnu par la réunion en lui des marques extérieures propres? 〔독어〕 Der Erhabene sprach : Wie meinst du, Subhūti, ist in der Vollkommenheit der Merkmale ist der Tathāgata zu erblicken?

O Lord. The Tathāgata is not to be seen through his possession of marks?)[586]

6. 그것은 무슨 까닭입니까?
세존이시여, 여래께서 '특징의 갖춤'에 대해 말씀하신 것은, 여래께서 '특징이 아닌 것'을 가르치신 것입니다. 그러므로 말하자면, '특징의 갖춤'인 것입니다." (And why? This possession of marks, O Lord, which has been taught by Tathāgata as a no possession of marks this has been taught by Tathāgata. Therefore is it called 'possession of marks'.)[587]

21. 설했지만 설한 것 없네〔非說所說分〕

1. 세존께서 말씀하셨습니다.
[세존] "쑤부띠여, 어떻게 생각합니까? 여래에게 '내가 가르침을 설했다'라는 생각이 일어납니까?" (The Lord aske d : What do you think, Subhūti, does it occur to the Tathāgata, 'by me has Dharma been demon-

---

586) 〔불어〕 Subhūti répondit : Non, Bienheureux, non, le Tathāgata ne sera pa s reconnu par ces signes. 〔독어〕 Subhūti erwiderte : Nicht so, Erhabener, nicht in der Vollkommenheit der Merkmale ist der Tathāgata zu schauen.

587) 〔불어〕 Et pouqoui? Ô Bienheureux, car ce que le Tathāgata a appelé une acquisition, une réunion des marques extérieures, il l'a appelée une non-a cquisition de ces marques. C'est pourquoi on l'appelle acqusition des mar ques réunies. 〔독어〕 Aus welchem Grunde? Die Vollkommenheit der Merk male, o Erhabener, die von dem Erhabenen verkündet wurde, die ist als Nichtmerkmalvollkommenheit vom Tathāgata verkündet. Deshalb wird g esagt : 'Vollkommenheit der Merkmale'.

strated?')[588]

2. 쑤부띠는 여쭈었습니다.

[쑤부띠] "그렇지 않습니다. 세존이시여, 여래께서 '내가 가르침을 설했다'라고 생각하지 않습니다." (Subhūti replied : No, indeed, O Lord. It does not accur to the Tathāgata, 'by me has Dharma been demonstrated?')[589]

3. 세존께서 말씀하셨습니다.

[세존] "쑤부띠여, 누군가가 '여래께서 가르침을 설했다'라고 말한다면, 그는 그렇지 않은 것을 말한 것이며, 있지 않은 것을 취하여 나를 비방하는 것입니다. (Whosoever, Subhūti, would say, 'the Tathāgata has demonstrated Dharma', he would speak falsely, he would misrepresent me by seizing on what is not there.)[590]

4. 그것은 무슨 까닭입니까? 쑤부띠여, '설해진 가르침, 설해진 가르침'이라고 하지만 '설해진 가르침'이라고 인식될 수 있는 어떠한 것도 존재하지 않습니다." (And why? 'Demonstra-

---

588) 〔불어〕 Le bienheureux dit : Qu'un penses-tu, Subhūti? Appartient-il au Tathāgata de dire : La loi a été révélée par moi? 〔독어〕 Der Erhabene spra ch : Wie meinst du, Subhūti, denkt ein Tathāgata also : Durch mich ist d as Gesetz dargelegt?.

589) 〔불어〕 Subhūti répondit : Non, Bienheureux, cela ne lui appartient pas a u Tathāgata de dire : La loi a été révélée par moi. 〔독어〕 Subhūti erwidert e : Nicht denkt, o Erhabener, ein Tathāgata also : Durch mich ist das Ge setz dargelegt.

590) 〔불어〕 Le bienheureux continua : Celui qui dirait, Subhūti, que la loi a été révélée par le Tathāgata commettrait une erreur. Il me concevrait d'un e manière contraire à la vérité. 〔독어〕 Der Erhabebe sprach : Wer so sagt e, Subhūti : Durch den Tathāgata ist das Gesetz gelehrt. der würde Unwa hres sagen, der würde mit dem Unwahrem, das er gelernt, um mich heru mreden.

tion of dharma, demonstration of dharma', Subhūti, there is not any dharma which could be got at as a 'demonstration of dharma'.)591)

5. 이렇게 말씀하시자 존자 쑤부띠는 세존께 이와 같이 여쭈었습니다.
[쑤부띠] "세존이시여, 미래의 시대, 마지막 시기, 마지막 시간, 마지막 오백 년, 올바른 가르침이 무너질 때에도 이와 같은 법을 듣고 진실한 믿음을 내는 어떠한 뭇삶들이 있겠습니까?" (When this was said, the venerable Subhūti said to the Lord : Are there, O Lord, any beings in the in a future period, in the last time, in the last epoch, in the last 500 years, at the time of collapse of the good doctrine who, on hearing such dharmas, will truly believe?)592)

6. 세존께서 말씀하셨습니다.
[세존] "쑤부띠여, 그들은 뭇삶도 아니고 뭇삶이 아닌 것도 아닙니다. (The Lord replied : They, Subhūti, are neither

---

591) [불어] Pourquoi? On parle bien d'une révélation, d'un enseignement de la loi; mais il n'y a point de loi qui soit reçue comme une révélation de loi. [독어] Aus welchem Grunde? 'Gesetzeslehre, Gesetzeslehre', Subhūti, nicht existiert irgendwelches Ding, das als Gesetzeslehre wahrgenommen würde.

592) [불어] Quand il eut ainsi parlé, le fortuné Subhūti lui dit : Il arrivera, Bienheureux, qu'au dernier âge, au dernier temps, au dernier cinq-centenaire, lorsque l'extinction de la loi prévaudra, il y aura des êtres qui, entendant ces doctrines, y ajouteront foi.[독어] Nach diesem Worten sprach der ehrwürdige Subhūti zu dem Erhabenen also : Werden etwa, Erhabener, in künftiger Zeit, im letzten Zeitabschnitt, in den letzten füfhundert Jahren, zur Zeit des Verfalles der Lehre Lebewesen existieren, welche, nachdem sie diese derartigen Lehren gehört, glauben werden?

beings nor no-beings)[593]

7. 그것은 무슨 까닭입니까?
쑤부띠여, '뭇삶, 뭇삶'에 대해 말씀하신 것은 여래께서 '뭇삶이 아닌 것'을 가르치신 것입니다. 그러므로 여래께서는 '뭇삶'에 대해 설했습니다." (And why? 'Beings, beings', Subhūti, the Tathāgata has taught that they are all no-beings. Therefore has he spoken of 'all beings'.)[594]

22. 법은 얻어질 수 없으니〔無法可得分〕

1. [세존] "쑤부띠여, 어떻게 생각합니까?
여래께서 위없이 바르고 원만한 깨달음이라고 분명하게 깨달아 얻은 어떠한 법이라도 있습니까?" (What do you think, Subhūti, is there any dharma by which the Tathāgata has fully known the utmost, right and perfect enlightenment?)[595]

---

593) 〔불어〕 Le bienheureux répondit : Ces êtres, ô Subhūti, ne seront ni êtres ni non-êtres.〔독어〕 Der Erhabene sprach : Nicht sind sie, Subhūti, Lebewesen, nicht Nicht-Lebewesen.

594) 〔불어〕 Comment cela? Ô Subhūti, ce qu'on appelle êtres, êtres, a été déclaré non-êtres par le Tathāgata. C'est pourquoi ils ont été appelés êtres. 〔독어〕 Aus welchem Grunde? Als 'Lebewesen, Lebewesen', Subhūti, sind durch den Tathāgata alle diese Nicht-Lebewesen verkündet worden. Deshalb heißen sie 'Lebewesen'.

595) 〔불어〕 Qu'en penses-tu, Subhūti? Y a-t-il une loi reconnue par le Tathāgata comme l'illumination complète, supérieure à tout? 〔독어〕 Wie meinst du, Subhūti, existiert irgendwelches Ding, das durch den Tathāgata zur unübertroffenen vollkommenen Erleuchtung erweckt worden ist?

2. 쑤부띠는 여쭈었습니다.
[쑤부띠] "세존이시여, 그렇지 않습니다. 여래께서 위없이 바르고 원만한 깨달음이라고 분명하게 깨달아 얻은 어떠한 법도 없습니다." (Subhūti replied : No indeed, O Lord, there is not any dharma by which the Tathāgata has fully known the utmost, right and perfect enlightenment.)[596]

3. 세존께서 말씀하셨습니다.
[세존] "쑤부띠여, 그렇습니다. 쑤부띠여, 그렇습니다. 거기에는 아주 미세한 법도 존재하지 않으며 얻을 수 없습니다. 그러므로 말하자면, '위없이 바르고 원만한 깨달음'인 것입니다." (The Lord said : So it is, Subhūti, so it is. Not even the least dharma is there found or got at. Therefore is it called 'utmost, right and perfect enlightenment'.)[597]

---

596) 〔불어〕 Subhūti répondit : Non, Bienheureux, il n'y a pas une loi reconnu telle par le Tathāgata, comme l'illumination complète, supérieure à tout. 〔독어〕 Der ehrwürdige Subhūti sagte : Nicht so Erhabener! Nicht existier t, o Erhabener, irgendwelches Ding, das durch den Tathāgata zur unüber troffenen vollkommenen Erleuchtung erweckt worden ist.

597) 〔불어〕 Le Bienheureux répardit : C'est ainsi, Subhūti, c'est ainsi. il n'y a pas la moindre loi qui soit ainsi connue, qui soit ainsi reçue. C'est pourqu oi on l'appelle la parfait et dernière illumination de l'esprit. 〔독어〕 Der Er habene sprach : So ist es Subhūti! So ist es.! Auch ein winzig kleines Din g existiert nicht. wird nicht wahrgennommen. Deshalb wird gesagt : unü bertroffene vollkommene Erleuchtung.

23. 맑은 마음으로 착함을 행하라〔淨心行善分〕

1. [세존] "더 나아가 쑤부띠여, 그 법은 평등하며 거기에 아무런 차별도 없습니다. 그러므로 말하자면, '위없이 바르고 원만한 깨달음'인 것입니다. (Further more, Subhūti, equitable is that dharma, and nothing is therein inequitable. Therefore is it called 'utmost, right and perfect enlightenment'.)598)

2. 위없이 바르고 원만한 깨달음은, 평등하여 거기에 자아가 없고, 존재가 없고, 생명이 없고, 영혼이 없기 때문에, 모든 착하고 건전한 법을 통해서 분명하게 깨달아지는 것입니다. (Equitable through the absence of a self, a absence of being, a absence of soul, or a absence of person, the utmost, right and perfect enlightenment is fully known as the totality of all the wholesome dharmas.)599)

3. 그것은 무슨 까닭입니까?
쑤부띠여, '착하고 건전한 법, 착하고 건전한 법'에 대해 말씀

---

598) 〔불어〕 En outre, Subhūti, cette loi est uniforme et sans dissemblance. C'e st pourquoi elle est dite l'illumintion, la connaissance complète, suprême. 〔독어〕 Und ferner, Subhūti, gleich ist sich jenes Ding, nicht ist da irgende twas verschieden. Deshalb wird gesagt : unübertroffene vollkommene Erl euchtung.

599) 〔불어〕 Par l'absence d'égoïté, d'existence, de vie et de personnalité, elle est parfaitement uniforme. Cette connaissance parfaite, suprême, est rec onnue par ses principes salutaires. 〔독어〕 Infolge des Nichtseins eines Sel bstes, des Nichtseins eines Lebewesens, des Nichtseins eines Lebenden, des Nichtseins einer Person ist jene unübertroffene vollkommene Erleuch tung gleich durch alle guten Dinge erweckt.

하신 것은, 여래께서 '법이 아닌 것'을 가르치신 것입니다. 그러므로 말하자면, '착하고 건전한 법'인 것입니다." (And why? 'Wholesome dharmas, wholesome dharmas', Subhūti, yet as no-dharmas have they been taught by the Tathāgata. Therefore are they called 'wholesome dharmas'.)600)

24. 공덕을 지혜에 견주랴〔福智無比分〕

1. [세존] "쑤부띠여, 또한 한 여인이나 한 남자가 삼천대천세계에서 가장 큰 쑤메루 산 만큼의 칠보 더미를 모아서 이렇게 오신 님, 거룩한 님, 올바로 원만히 깨달은 님에게 보시했다고 합시다. (And again, Subhūti, if a woman or man had piled up the seven precious things until their bulk equalled that of all the sumerus, kings of mountains, in the world system of 1,000 million worlds, and would give them as a gift;)601)

---

600) 〔불어〕 Et comment? C'est que ces lois salutaires sont déclarées des non-lois par le Tathāgata, Subhūti. C'est pourquoi edles sont appelées lois salutaires par le Tathāgata. 〔독어〕 Aus welchem Grunde? Als 'gute Dinge, gute Dinge', Subhūti, sind Nicht-Dinge durch den Tathāgata verkündet worden. Deshalb werden sie 'gute Dinge'genannt.

601) 〔불어〕 En outre, Subhūti,si un homme ou une femme accumulait autant d'amas des sept joyaux qu'il y a, dans le monde du trimillénaire, du grand millénaire, de Sumerus rois des montagnes et qu'ils les donneraient aux Tathāgatas, arhats complètement illuminés, 〔독어〕 Und ferner, Subhūti, ein Weib oder ein Mann ebensoviele Haufen der sieben Kostbarkeiten anhäufte, als in dem dreitausendmalvieltausendfachen Weltelement Sumerus, Bergesfürsten, sind, und sie den Tathāgatas, Würdigen, vollkommen Erle

2. 그리고 다른 한편으로 한 훌륭한 가문의 아들이나 한 훌륭한 가문의 딸은 이 지혜의 완성이란 법문으로부터 사행시 한 게송이라도 받아들여 다른 사람에게 가르쳤다고 합시다. 그렇다면, 쑤부띠여, 앞의 공덕의 다발은 뒤의 공덕의 다발의 백분의 일 등에도 미치지 못하며 또한 비교조차 할 수 없을 것입니다." (and if, on the other hand, a son or daughter of good family would take up from this Prajñāpāramitā, this discourse on dharma, but one stanza of four lines, and demonstrate it to others, compared with his heap of merit the former heap of merit does not approach one hundredth part etc., until we come to, it will not bear any comparison.)602)

25. 교화한 뭇삶이 없네〔化無所化分〕

1. [세존] "쑤부띠여, 어떻게 생각하십니까?
여래에게 '내가 뭇삶을 해탈시켰다'는 생각이 일어납니까? 쑤부띠여, 결코 그렇게 보아서는 안됩니다. (What do you think,

---

uchteten als Gabe spendete.

602) 〔불어〕 si, d'un autre côté, un fils ou une fille de famille prenait un quatrain du cours de la loi, de la Prajñāpāramitā et l'enseignait aux autres, les mérites du premier n'atteindraient pas la centiéme partie de l'amas du second, car celui-ci n'adment aucune comparaison. 〔독어〕 und wenn ein edler Sohn oder ein edle Tochter hier aus der Vollkommenheit der Erkenntnis, dem Lehrbuche, am Ende auch nur eine vierfüßige Liedstropfe herausgriffe und anderen lehrte, so würde an diesen Verdienstesvorrat jener frühere Verdienstesvorrat auch nicht an den hundersten Teil heranreichen, unw. keine Gleichsetzung ertragen.

Subhūti, does it occur to a Tathāgata, 'by me have beings been set free'?)[603]

2. 그것은 무슨 까닭입니까?
쑤부띠여, 여래가 해탈시킨 어떠한 뭇삶도 존재하지 않기 때문입니다. (There is not any being whom the Tathāgata has set free.)[604]

3. 쑤부띠여, 만약 여래가 해탈시킨 어떠한 뭇삶이 있다면, 여래는 그것 때문에 또한 자아에 집착하게 되는 것이고, 존재에 집착하고, 생명에 집착하고, 영혼에 집착하게 되는 것입니다. (Again, if there had been any being whom the Tathāgata has set free, then surely there would have been on the part of the Tathāgata a seizing of a self, a seizing of a being, a seizing of a soul, a seizing of a person.)[605]

4. 쑤부띠여, 여래께서 '자아에 대한 집착'이라고 하신 그것은 '집착이 아닌 것'을 가르치신 것입니다. 그런데 어리석은 일

---

603) 〔불어〕 Qu'en penses-tu Subhūti? Le Tathāgata peut-il dire : Les êtres sont délivrés par moi? Si tu l'as pensé, on ne doit plus désormais considérer la chose de cette manière. 〔독어〕 Wie meinst Subhūti, denkt ein Tathāgata also : 'Durch mich ist das Lebewesen erlöst worden'? Nicht fürwahr, Subhūti, soll man so sehen.

604) 〔불어〕 Et comment? Ô Subhūti, il n'y a pas d'être qui ait été délivré par le Tathāgata. 〔독어〕 Aus welchem Grunde? Nicht existiert, Subhūti, irgendwelches Lebewesen, das durch den Tathāgata erlöst worden wäre.

605) 〔불어〕 S'il y en avait jamais, Subhūti, alors le Tathāgata reprendrait l'égoïté, la vie, l'existence, la personnalité. 〔독어〕 Wenn ferner, Subhūti, irgendwelches durch den Tathāgata erlöste Lebewesen existierte, so wäre das eben bei dem Tathāgata Erfassen eines Selbstes, Erfassen eines Lebewesens, Erfassen eines Lebenden, Erfassen einer Person.

반인들이 집착하고 있습니다. ('Seizing of a self', as a no-seizing, Subhūti, has that been taught by the Tathāgata. And yet the foolish common people have seized upon it.)[606]

5. 그리고 쑤부띠여, 여래께서 '어리석은 일반인'에 대해 말씀하신 것은 여래께서 '일반인이 아닌 것'을 가르치신 것입니다. 그러므로 말하자면, '어리석은 일반인'인 것입니다." ('Foolish common people', Subhūti, as really no people have they been taught by the Tathāgata. Therefore are they called 'foolish common people'.)[607]

26. 법신은 특징이 없다〔法身非相分〕

1. [세존] "쑤부띠여, 어떻게 생각합니까?
어떤 특징을 갖추었다고 해서 여래라고 볼 수 있습니까?" (What do you think, Subhūti, is the Tathāgata to be seen in terms of his possession of marks?)[608]

606) 〔불어〕 Or la prise de l'égoïté, Subhūti, a été déclarée par le Tathāgata être une non-prise. Elle est admise seulement par les gens inintelligents et vulgaires. 〔독어〕 Als 'Erfassen eines Selbstes', Subhūti, sind eben durch den Tathāgata Nicht-Erfassen bezeichnet worden. Und das wird von den unweisen gewöhnlichen Leuten gelernt.

607) 〔불어〕 Et, Subhūti, ces gens ne sont pas des gens, a dit le Tathāgata. C'e st porquoi ils sont dits les gens inintelligents et vulgaires.〔독어〕 Als 'unw eise gewöhnlichen Leute', Subhūti, sind eben durch den Tathāgata Nicht-Leute bezeichnet. Deshalb werden sie 'unweise gewöhnlichen Leute' gena nnt.

608) 〔불어〕 Qu'en penses-tu, Subhūti? Le Tathāgata doit-il être reconnu par les marques extérieures propres? 〔독어〕 Wie meinst du, Subhūti, ist der

2. 쑤부띠는 여쭈었습니다.
[쑤부띠] "세존이시여, 그렇지 않습니다. 제가 세존께서 말씀하신 뜻을 이해하기로는, 특징을 갖추었다고 해서 여래라고 볼 수 없습니다." (Subhūti replied : No indeed, O Lord. As I, O Lord, understand the Lord's teaching, the Tathāgata is not to be seen in terms of his possession of marks.)609)

3. 세존께서 말씀하셨습니다.
[세존] "쑤부띠여, 훌륭합니다. 훌륭합니다. 쑤부띠여, 그렇습니다. 그렇습니다. 특징을 갖추었다고 해서 여래라고 볼 수 없습니다. (The Lord said : Good, good, Subhūti, so it is. The Tathāgata is not to be seen in terms of his possession of marks.)610)

4. 그것은 무슨 까닭입니까?
쑤부띠여, 특징을 갖추었다고 해서 여래라고 본다면 전륜성왕도 여래일 것입니다. 그러므로 특징을 갖추었다고 해서 여래라고 볼 수 없습니다." (And why? If, Subhūti, the Tathāgata

---

Tathāgata durch die Vollkommenheit der Merkmale zu schauen?

609) [불어] Non répondit Subhūti : ô Bienheureux. cela n'est point. Si j'ai bien compris le sens des paroles du bienheureux, Subhūti, le tathāgata ne doit -il pas être recônnu par la réunion en lui des marques propres de beauté? [독어] Wie meinst du, Subhūti, ist der Tathāgata durch die Vollkommenh eit der Merkmale zu schauen?

610) [불어] Bien, bien: c'est ainsi, Subhūti, c'est ainsi, répondit le bienheureu x, c'est comme tu le dis.par la réunion en lui des marques propres de bea uté. [독어] Subhūti erwiderte: Nicht so, Erhabener. Wie Ich denn dem Sin n des von dem Erhabenen gesagten verstehe, ist der Tathāgata nicht dur ch die Vollkommenheit der Merkmale zu schauen.

could be recognized by his posession of marks, then also the universal monarch would be a Tathāgata. Therefore the Tathāgata is not to be seen in terms of his possession of marks.)[611]

5. 그러자 존자 쑤부띠는 세존께 이와 같이 여쭈었습니다. [쑤부띠] "제가 여래께서 말씀하신 뜻을 이해하기로는, 특징을 갖추었다고 해서 여래라고 볼 수 없습니다." (The venerable Subhūti then said to the Lord : As I, O Lord, understand the Lord's teaching, the Tathagāta is not to be seen through his possession of marks.)[612]

6. 이 때에 마침 세존께서 이와 같은 시를 읊으셨습니다. (Further the Lord taught on that occasion the following stanzas.)[613]

---

611) 〔불어〕 Et pourquoi? Si jamais, Subhūti, le Tathāgata était reconnu par des marques extérieures, alors le souverain au pouvoir supême serait aus si un tathāgata. C'est pourquoi ce n'est point par des marques extérieures que le Tathāgata devra être reconnu. 〔독어〕 Aus welchem Grunde? Wenn, o Subhūti, der Tathāgata durch die Vollkommenheit der Merkmale zu sch auen wäre, so würde auch ein das Rad der Weltherrschaft drehender Fürs t ein Tathāgata sein. Deshalb ist ein Tathāgata nicht durch die Vollkom menheit der Merkmale zu schauen.

612) 〔불어〕 Subhūti, à la longue vie, dit alors au bienheureux : Pour autant que je saisis le sens des paroles du bienheureux, le Tathāgata ne doit pas être reconnu par les marques spéciales. 〔독어〕 Der ehrwürdige Subhūti spr ach zum Erhabenen also : Wie ich den Sinn des vom Erhabenen Gesagten verstehe, ist der Tathāgata nicht durch die Vollkommenheit der Merkmal e zu schauen.

613) 〔불어〕 C'est ainsi que le Bienheureux disait en cette phrase, en cette stro phe. 〔독어〕Da sagte wahrlich der Erhabene zu dieser Zeit diese zwei Lied stropfen.

[세존] "형상을 통해서 나를 보고
소리로 나를 듣는 자들은
잘못된 길에 빠졌나니
그들은 나를 보지 못하리라.

(Those who by my form did see me, And those who followed me by voice, Wrong the efforts they engaged in, Me those people will not see.)[614)]

법에서 깨달은 님을 보아야하리.
법신들이야말로 스승들이네.
법의 특성은 식별될 수 없으니
그것은 대상으로 의식할 수 없으리."

(From the Dharma should one see the Buddhas, From the Dharmabodies comes their guidance. Yet Dharma's true nature cannot be discerned, And no one can be concious of it as an object.)[615)]

---

614) 〔불어〕 Ceux qui me voient par la forme, ceux qui m'attaignent par le son g. Suivent une fausse appréciation des choses, ces gens-là ne me verront point. 〔독어〕 Die mich durch die Erscheinung sahen, die mich durch Gerä usch hörten, In falsches Bestreben sind sie geraten, nicht werden mich jene Leute schauen.

615) 〔불어〕 Le Bouddha doit être reconnu par sa loi, car les chefs sont l'incarn ation de la loi. Mais l'essence selon la loi ne peut être connu, elle n'est point de nature à être distinguée et connue. 〔독어〕 Vom Gesetze aus ist der Buddha zu sehen, denn die Meister haben den Gestzesleib. Und das Wesen des Gesetzes ist nicht zu verstehen, und man kann es auch nicht verständlich machen.

27. 파괴나 단멸은 없으리〔無斷無滅分〕

1. [세존] "쑤부띠여, 어떻게 생각합니까?
여래께서 특징을 갖춤으로써 위없이 바르고 원만한 깨달음을 분명하게 깨달아 얻었습니까? 쑤부띠여, 그대는 결코 그렇게 보아서는 안됩니다. (What do you think, Subhūti, has the Tathāgata fully known the utmost, right and perfect enlightenment through his possession of marks? Not so should you see it, Subhūti.)616)

2. 그것은 무슨 까닭입니까?
쑤부띠여, 여래께서 특징을 갖춤으로써 위없이 바르고 원만한 깨달음을 분명하게 깨달아 얻은 것이 아니기 때문입니다. (And why? Because, Subhūti, the Tathāgata could surely not have fully known the utmost, right and perfect enlightenment through the possession of marks.)617)

3. 또한 쑤부띠여, 아무도 그대에게 이와 같이 '깨달음을 향한 님의 삶에 들어선 님들은 어떠한 법의 파괴나 단멸을 설하고 있다'라고 말하지 못할 것입니다. 쑤부띠여, 그대도 결코 그렇게

---

616) 〔불어〕 Que penses-tu, Subhūti? Crois-tu que l'illumination parfaite sera donnée par le Bouddha par la réunion en lui des marques spéciales? Si tu le penses, ne considère plus désormais la chose de cette façon. 〔독어〕 Wie meinst du, Subhūti, ist durch die Vollkommenheit der Merkmale von dem Erhabenen die unübertroffene vollkommene Erleuchtung erweckt worde n? Nicht wahrlich, Subhūti, ist so zu sehen.

617) 〔불어〕 Et pourquoi? Parce que cela n'est point, Subhūti, et que personne ne te dise plus jamais rien de semblable. 〔독어〕 Aus welchem Grunde? Ni cht nähmlich, Subhūti, könnte durch die Vollkommenheit der Merkmale von dem Tathāgata die unübertroffene vollkommene Erleuchtung erweckt worden sein.

보아서는 안됩니다. (Nor should anyone, Subhūti, say to you, 'those who have set out in the Bodhisattva-vehicle have expressed the destruction of a dharma, or its annihilation'. Not so should you see it, Subhūti!)618)

4. 그것은 무슨 까닭입니까?
깨달음을 향한 님의 삶에 들어선 님들은 어떠한 법의 파괴나 단멸을 설한 일이 없기 때문입니다." (And why? For those who have set out in the Bodhisattva-vehicle have not expressed the destruction of a dharma, or its annihilation.)619)

28. 갖지도 탐하지도 않으니〔不受不貪分〕

1. [세존] "쑤부띠여, 또한 참으로 한 훌륭한 가문의 아들이나 한 훌륭한 가문의 딸이 갠지스강의 모래알만큼의 세계를 칠보로 가득 채워서 이렇게 오신 님, 거룩한 님, 올바로 원만히 깨달은

618) 〔불어〕 ô Subhūti: Ce serait de la part de ceux qui sont engagés dans la voie des bodhisattwas une véritable destruction de toute loi, l'extirpation de la vraie doctrine. Ne considère plus jamais la chose ainsi. 〔독어〕 Auch möchte nicht irgendwer, Subhūti, dir so sagen : Durch die auf den Fahrzeug der Bodhisattvas Befindlichen ist irgendwelchen Dinges Vernichtung oder Zerstörung mitgeteilt worden. Nicht wahrlich, Subhūti, so zu sehen.

619) 〔불어〕 Et pourquoi? Subhūti, car celui qui manifeste un coeur complètement, suprêmement illuminé, ne prononce pas par cela même la destruction, la suppression de toute manifestation extérieure de la loi. 〔독어〕 Aus welchem Grunde? Durch die auf den Fahrzeug der Bodhisattvas Befindlichen ist nicht irgendwelchen Dinges Vernichtung oder Zerstörung mitgeteilt worden.

님에게 보시하는 것보다, 깨달음을 향한 님이 실체 없음(無我)과 생겨나지 않음(不生)의 진리를 인내하여 얻는다면, 그가 그것을 인연으로 헤아릴 수 없고 셀 수 없는 훨씬 많은 공덕의 다발을 이룰 것입니다. (And again, Subhūti, if a son or daughter of good family had filled with the seven precious things as many world systems as there are grains of sand in the river Ganges, and gave them as a gift to the Tathāgatas, Arhats, Fully Enlightened Ones, - and if on the otherhand a Bodhisattva would gain the patient acquiescence in dharmas which are nothing of themselves and which fail to be produced, then this latter would on the strength of that beget a greater heap of merit, immeasurable and incalculable.)620)

2 쑤부띠여, 그러나 깨달음을 향한 위대한 님이라면 공덕의 다발을 가지면 안 될 것입니다. (Moreover, Subhūti, the Bodhisattva should not acquire a heap of merit.)621)

---

620) [불어] En outre, Subhūti, si un fils ou une fille de famille remplissait des sept joyaux autant de mondes qu'il y a de grains de sable dans le Gange, le grand fleuve, et les donnait en don aux tathāgata, arhats illuminés, et si, d'autre part, un bodhisattwa mettait toute son attente, ses désirs dan s la condition des êtres sans égoïté, affranchis des renaissances, celui-ci produrait une masse de mérites de beaucoup supérieure, incommensurabl e, innombrable. [독어] Und ferner wahrlich, Subhūti, wenn ein edler Sohn oder eine edle Tochter den Sandkörnern des Gangesstromes gleiche Welte lemente mit den sieben Kostbarkeiten anfüllte, und den Tathāgatas, Wür digen, vollkommen Erleuchteten als Gabe spendete, und wenn ein Bodhis attva in den Selbstlosen und entstehungslosen Dingen Geduld erwürbe, so würde dieser letztere einen größeren Schatz, einen Verdienstesvorrat erzeugen, unermeßlichen, unzähligen.

3. 존자 쑤부띠는 여쭈었습니다.
[쑤부띠] "세존이시여, 틀림없이 깨달음을 향한 님이라면 공덕의 다발을 가지면 안 될 것입니다." (Subhūti said : Surely, O Lord, the Bodhisattva should not acquire a heap of merit?)622)

4. 세존께서 말씀하셨습니다.
[세존] "쑤부띠여, '갖게 될 것'이라는 것은 '갖게 될 것이 아닌 것'입니다. 그러므로 말하자면, '갖게 될 것'인 것입니다." (The Lord said : 'Should acquire', Subhūti, not 'should seize upon'. Therefore is it said, 'should acquire'.)623)

29. 여래는 그대로 평안하네〔威儀寂靜分〕

1. [세존] "쑤부띠여, 또한 진실로 누군가가 '여래께서 가시거나 오시거나 서시거나 앉으시거나 누우신다'라고 말한다면, 쑤부띠여, 그는 내 가르침의 의미를 알지 못하는 것입니다. (Whosoever, Subhūti, says that the Tathāgata goes or

---

621) 〔불어〕 Et Subhūti, ce bodhisattwa n'aurait plus besoin désormais d'acquérir des mérites. 〔독어〕 Aber nicht wahrlich, Subhūti, soll ein Bodhisattva Mahāsattva Verdienstesvorrat an sich nehmen.

622) 〔불어〕 Subhūti dit : Ainsi, Ô Bienheureux, il ne doit plus chercher à acquérir des mérites de tous côtés. 〔독어〕 Der ehrwürdige Subhūti sprach : Soll nicht, o Erhabener, ein Bodhisattva Verdienstesvorrat an sich nehmen?

623) 〔불어〕 Le bienheureux répondit : Ce que Subhūti, l'on cherche à acquérir ainsi ne doit pas être acquis, tenu; c'est pourquoi on dit qu'il faut chercher à l'acquérir de toutes manières. 〔독어〕 Der Erhabene sprach : Er soll ihn an sich nehmen, Subhūti, er soll ihn nicht an sich nehmen. Deshalb wird gesagt : Er soll ihn an sich nehmen.

comes, stands, sits or lies down, he does not understand the meaning of my teaching.)624)

2. 그것은 무슨 까닭입니까?
쑤부띠여, 여래는 '어느 곳으로 가지 않으신 님, 또는 어느 곳에서 오지 않으신 님'을 말합니다. 그러므로 그를 '이렇게 오신 님, 거룩한 님, 올바로 원만히 깨달은 님'이라고 말합니다." (And why? 'Tathāgata', Subhūti, is called one who has not gone anywhere, nor come from anywhere. Therefore is he called the 'Tathāgatas, Arhats, Fully Enlightened Ones'.)625)

30. 대상적 실체에 대한 집착을 버리고〔一合理相分〕

1. [세존] "쑤부띠여, 또한 훌륭한 가문의 아들이나 훌륭한 가문의 딸이 크나큰 삼천대천세계의 땅의 티끌만큼의 세계를 어마어마한 힘으로 아주 미세한 원자 크기의 집합이라고 불리는 티끌들로 만든다면, 쑤부띠여, 어떻게 생각합니까? 그 원자의

---

624) 〔불어〕 En outre, Subhūti, celui qui dirait encore : Le Tathāgata va ou arr ive, est debout ou assis, ou prépare sa couche, dort, celui-là ne comprend pas ce que je dis. 〔독어〕 Und wahrlich, Subhūti, wenn jemand sagte : 'Der Tathāgata geht, oder er kommt, oder er sthet; oder er sitzt, oder er liegt', so versteht er ncht, o Subhūti, denn Sinn des von Mir gesagten.

625) 〔불어〕 Et pourqoui? Parce que celui qui est dit Tathāgata ne va nulle par t, ne vient de nulle part, Subhūti; c'est pour cela qu'il est appelé le Tathā gata, arhat complètement illuminé. 〔독어〕 Aus welchem Grunde? Tathāga ta, Subhūti, wird von einem gesagt, der ncht irgendwohin gegangen, der nicht irgendwoher gekommen ist. Deshalb sagt man : Tathāgata, Würdig er, vollkommen Erleuchteter.

집합이 많겠습니까?" (And again, Subhūti, if a a son or daughter of good family were to grind as many world systems as there are particles of dust in this great world system of 1,000 million worlds, as finely as they can be ground with incalculable vigour, and in fact reduce them to something like a collection of atomic quantities, what do you think, Subhūti, would that be an enormous collection of atomic quantities?)626)

2. 쑤부띠는 여쭈었습니다.
[쑤부띠] "세상에 존경받는 님이시여, 그렇습니다. 올바른 길로 잘 가신 님이시여, 그렇습니다. 아주 미세한 원자의 집합은 매우 많을 것입니다. (Subhūti replied : So it is, O Lord, so it is, O Well-gone, enormous would that collection of atomic quantities be!)627)

3. 그것은 무슨 까닭입니까.
세존이시여, 만약 '아주 미세한 많은 원자의 집합'이 있다면, 세

---

626) 〔불어〕 En autre, Subhūti, si un fille de famille broyait en atomes la matière d'autant de monde qu'il y a de poussières dans le monde du trimillénaire, du grand millénaire et avec une force incalcurable en faisait un immense amas d'atomes, penses-tu, Subhūti, que cet amas d'atomes, serait considérable? 〔독어〕Und ferner, Subhūti, wenn ein edler Sohn oder eine edle Tochter, wieviele Erdstäubchen es in dem dreitausendmalvieltausendfachen Weltelement gibt, von eben sovielen Weltelementen Staub machte, wie es durch unermeßliche Stärke möglich wäre, zu dem, was 'Anhäufung kleinster Atome' genannt wird, wie meinst du, Subhūti, wäre diese Anhäufung kleinster Atome groß?

627) 〔불어〕 Certainment, Bienheureux: il en serait ainsi, Sugata! Ce dernier amas d'atomes serait immense. 〔독어〕 Subhūti sprach : So ist es, Erhabener! So ist es, Sugata! Groß wäre jene Anhäufung kleinster Atome.

존께서 '아주 미세한 많은 원자의 집합'에 대해 말씀하지 않으셨을 것입니다. (And why? If, O Lord, there had been an enormous collection of atomic quantities, the Lord would not have called it an 'enormous collection of atomic quantities'.)[628]

4. 그것은 무슨 까닭입니까.
세존이시여, 여래께서 '아주 미세한 원자의 집합'에 대해 말씀하신 것은 여래께서 '집합이 아닌 것'을 가르치신 것입니다. 그러므로 말하자면 '아주 미세한 원자의 집합'인 것입니다. (And why? What was taught by the Tathāgata as a 'collection of atomic quantities', as a no collection that was taught by tha Tathāgata. Therefore is it called a 'collection of atomic quantities'.)[629]

5. 또한 여래께서 '삼천대천세계'에 대해 말씀하신 것은 여래께서 '세계가 아닌 것'을 가르치신 것입니다. 그러므로 말하자면 '삼천대천세계'인 것입니다. (And what the Tathāgata taught as 'the world system of 1,000 million worlds', that he has taught as a no-system. Therefore is

---

628) [불어] Et porquoi? Parce que, ô Bienheureux, si cet amas d'atomes était immense, le Tathāgata n'aurait pas dit : C'est un immense amas d'atomes. [독어] Aus welchem Grunde? Wenn, o Erhabener, es eine große Anhäufung kleinster Atome gäbe, so würde der Erhanene nicht sagen 'Anhäufung kleinster Atome'.

629) [불어] Et comment cela? C'est que, ô Bienheureux, cet énorme amas d'atomes a été déclaré par le Tathāgata un non-amas et c'est pourquoi il est appelé un amas d'atomes. [독어] Aus welchem Grunde? Wenn, o Erhabener, von dem Tathāgata als 'Anhäufung kleinster Atome' verkündet wurde, das ist als Nicht-Anhäufung durch den Tathāgata verkündet. Deshalb wird gesagt : Anhäufung kleinster Atome.

it called 'the world system of 1,000 million worlds')630)

6. 그것은 무슨 까닭입니까?

세존이시여, 세계가 존재한다면 그것은 대상적 실체에 대해 집착하고 있는 것입니다. 여래께서 '대상적 실체에 대한 집착'에 대해 말씀하신 것은 여래께서 '집착이 아닌 것'을 가르치신 것입니다. 그러므로 말하자면 '대상적 실체에 대한 집착'인 것입니다. (And why? If, O Lord, there had been a world system, that would have been a case of seizing on an objective lump, and what was taught as 'seizing on an objective lump' by the Tathāgata, just as a no-seizing was that taught by Tathāgata. Therefore is it called 'seizing on an objective lump'.)631)

7. 세존께서 말씀하셨습니다.

[세존] "쑤부띠여, 또한 '대상적 실체에 대한 집착'은 실제 내용이 없는 언어적 관습, 언어적 표현의 문제입니다. 그것은 법도

---

630) [불어] Et ce monde du trimillénaire, grand millénaire, appelé ainsi par le Tathāgata, a été déclaré par lui être un non-monde. C'est pourquoi on l'appelle monde du trimillénaire, grand millénaire. [독어] Und Was durch den Tathāgata als 'dreitausendmalvieltausendfacher Weltelement' verkündet wurde, das ist als Nicht-Element durch den Tathāgata verkündet. Deshalb wird gesagt : dreitausendmalvieltausendfacher Weltelement.

631) [불어] Porquoi cela? Parce que, Bienheureux, si c'était une région du monde, alors on devrait aussi y chercher et prendre sa nourriture, et cette prise de nourriture a été déclarée une non-prise, un non-recevoir, par le Tathāgata. C'est pourquoi il est appelé 'qui reçoit, prend son pain'. [독어] Aus welchem Grunde? Wenn, o Erhabener, ein Weltelement bestände, so wäre das eben ein Erfassen von Stoff, und was eben als 'Erfassen von Stoff' durch den Erhabenen verkündet wurde, das ist eben als Nicht-Erfassen durch den Tathāgata verkündet. Deshalb wird gesagt : 'Erfassen von Stoff'.

아니며 법이 아닌 것도 아닙니다. 그런데 어리석은 대부분의 사람들이 그것에 집착하고 있는 것입니다." (The Lord added : And also, Subhūti, that 'seizing on an objective lump' is matter of linguistic convention, a verbal expression without factual content. It is not a dharma nor a no-dharma. And yet the foolish common people have seized upon it.)632)

31. 주관적 세계에 머물지 않고〔知見不生分〕

1. [세존] "그것은 무슨 까닭입니까,

쑤부띠여, 누군가가 '여래가 자아에 대한 견해를 설했다'고 말한다면, 그리고 '여래가 존재에 대한 견해, 생명에 대한 견해, 영혼에 대한 견해를 설했다'고 말한다면, 쑤부띠여, 그는 진실들을 말하는 것입니까?" (And why? Because, Subhūti, whosoever would say that the view of a self has been taught by the Tathāgata, and that the view of a being, the view of living soul, the view of a person has been taught by the Tathāgata, would he, Subhūti, be speaking right?)633)

---

632) 〔불어〕 Le bienheureux dit : Ô Subhūti, recevoir ainsi son pain n'est point une chose à faire, une rapport à avoir. C'est une chose sans nom, ce n'est ni pas bien; cela n'appartient, n'est à faire que par les gens inintelligents et grossiers. 〔독어〕 Der Erhabene sprach : Und ein Erfassen von Stoff, o Subhūti, ist nicht gemeinhin möglich, ist nicht anzugehen. Es ist nicht Ding, nicht Nicht-Ding. Und es wird nur von Kindern und unerfahrenen Leuten so aufgefaßt.

2. 쓰부띠는 여쭈었습니다.

[쓰부띠] "세상에 존경받는 님이시여, 그렇지 않습니다. 올바른 길로 잘 가신 님이시여, 그렇지 않습니다. 그는 진실을 말하는 것이 아닙니다. (Subhūti replied : No indeed, O Lord, no indeed, O Well-gone, he would not be speaking right.)634)

3. 그것은 무슨 까닭입니까?

세존이시여, 여래께서 '자아에 대한 견해'에 대해 말씀하신 것은 여래께서 '견해가 아닌 것'을 가르치신 것입니다. 그러므로 말하자면, '자아에 대한 견해'인 것입니다." (And why? That which has been taught by the Tathāgata as 'view of self', as a no-view has that been taught by the Tathāgata. Therefore is it called 'view of self'.)635)

4. 세존께서 말씀하셨습니다.

---

633) [불어] Comment cela? Celui qui dirait, Subhūti : Le Tathāgata a parlé de la vue de l'individualité, et Le Tathāgata a parlé de la vue de l'existence, de la vie, de la personnalité, celui-là parlerait-il Subhūti, avec vérité et justesse? [독어] Aus welchem Grunde? Wer nämlich, o Subhūti, so spräch e : 'Die Ansicht eines Selbstes, ist durch den Tathāgata verkündet, und die Ansicht eines Lebewesen, die Ansicht eines Lebenden, die Ansicht ei ner Person durch den Tathāgata verkündet', wurde der, o Subhūti, die Wa hrheit sprechen?

634) [불어] Subhūti répondit : Non, Bienheureux, non, Sugata! celui-là ne par lerait pas justement. [독어] Subhūti erwiderte : Nicht so, Erhabener! Nic ht so, Sugata! Nicht würde er die Wahrheit sprechen.

635) [불어] Pourquoi? Parce que, Bienheureux, la vue de l'individualité dont parle le Tathāgata a été déclarée par lui une non-vue. C'est pourquoi on l'appelle 'vue de l'individualité'. [독어] Aus welchen Grunde? Was, o Erha bener, als 'Glaube an ein Selbst' von dem Erhabenen verkündet worden ist, das ist als Nicht-Glaube durch den Tathāgata verkündet. Deshalb wir d gesagt : Glaube an ein Selbst.

[세존] "쑤부띠여, 실로 깨달음을 향한 님의 삶에 들어선 이는 이와 같이 모든 법을 알고, 또한 보고, 거기에 전념해야 합니다. 그리고 그는 법에 대한 지각이나 법이 아닌 것에 대한 지각에 의존하지 않는 것에 대해서도 이와 같이 알고, 또한 보고, 거기에 전념해야 합니다. (The Lord said : It is thus, Subhūti, that someone who has set out in the bodhisattva-vehicle should know all dharmas, view them, be intent on them. And he should know, view and be intent on them in such a way that he does set up neither the perception of a dharma, nor non-perception of dharma.)[636]

5. 그것은 무슨 까닭입니까?
쑤부띠여, 여래께서 '법에 대한 지각, 법에 대한 지각'에 대해 말씀하신 이것은 '지각이 아닌 것'을 가르치신 것입니다. 그러므로 말하자면 '법에 대한 지각'인 것입니다." (And why? 'Perception of dharma, perception of dharma', Subhūti, as no-perception has this been taught by the Tathāgata. Therefore is it called 'perception of dharma'.)[637]

---

636) 〔불어〕 Le bienheureux dit : Ainsi, ô Subhūti, l'homme engagé dans la voie, appliqué à la doctrine des bodhisattwas, doit connaître, toutes les natures, les considérer, exciter son affection vers elles, et il doit le faire de façon qu'il ne fasse fond ni sur la non-connaissance des lois, des essences, ni sur la non-connaissance. 〔독어〕Der Erhabene sprach : So nähmlich sind durch einen auf dem Fahrzeug der Bodhisattvas Stehenden, o Subhūti, alle Dinge zu erkennen, zu sehen, zu glauben. Und so sind sie zu erkennen, zu sehen, zu glauben, wie durch einen, der sich weder in Begriff eines Dinges, noch im Begriff eines Nicht-Dinges befindet.

637) 〔불어〕 Et Pourquoi? Parce que, Subhūti, la connaissance des essence a

32. 조건지어진 것은 참이 아닐세〔應化非眞分〕

1. [세존] "쑤부띠여, 또한 마지막으로 깨달음을 향한 위대한 님이 헤아릴 수 없고 셀 수 없는 세계를 칠보로써 채워서 이렇게 오신 님, 거룩한 님, 올바로 원만히 깨달은 님에게 보시하는 것보다, 한 훌륭한 가문의 아들이나 한 훌륭한 가문의 딸이 이 지혜의 완성 법문 가운데 사행시 한 게송이라도 받아들여 마음에 새기고 독송하고 숙달하여 다른 사람에게 상세히 설명해준다면, 그가 그것을 인연으로 헤아릴 수 없고 셀 수 없는 훨씬 많은 공덕의 다발을 이룰 것입니다. (And finally, Subhūti, if a Bodhisattva, a great being had filled world-systems immeasurable and incalculable with the seven precious things, and gave them as a gift to the Tathāgatas, Arhats, Fully Enlightened Ones, and if, on the other hand, a son or daughter of good family had taken from this Prajñāpāramitā, this discourse on dharma, but one stanza of four lines, and were to bear it in mind, recite, study and illuminate it in full detail for others, on the strength of that this latter would beget a greater heap of merit, immeasurable and incalculable.)[638]

été déclarée par le Tathāgata une non-connaissance. C'est pourquoi elle est appelée 'connaissance de l'essence des lois'. 〔독어〕 Aus welchem Grunde? O Subhūti, als 'Begriff des Dinges, Begriff des Dinges' ist durch Tathāgata ein Nicht-Begriff verkündet. Deshalb wird gesagt : Begriff des Dinges.

638) 〔불어〕 Enfin, ô Subhūti, si un bodhisattwa comblait des sept joyaux des mondes incommensurables, innombrables et les donnait ainsi en don aux tathāgatas, arhats complètement illuminés, et si, d'autre part, un fils ou

2. 그는 어떻게 설명하겠습니까? 드러내지 않도록 설명할 것입니다. 그러므로 말하자면 '그는 이와 같이 설명할 것입니다.' (And how would he illuminate it? So as not to reveal. Therefore is it said, 'he would illuminate'.)[639]

'별들처럼, 허깨비처럼, 등불처럼
환상처럼, 이슬처럼, 거품처럼
꿈처럼, 번개처럼, 구름처럼
이처럼 조건지어진 것을 보아야 하리.'"

(As stars, a fault of vision, as a lamp, A mock show, dew drops, or a bubble, A dream, a lightning flash, or cloud, So should one view what is conditioned.)[640]

---

une fille de famille, prenant un quatrain de la Prajñāpāramitā, le gardait en sa pensée, le faisait connaître, le comprenait entièrement, l'expliquait aux autres complètement, ce dernier acquerrait des mérites bien plus que le premier, ils seraient incommensurables, innombrables. [독어] Und wenn ferner, o Subhūti, ein Bodhisattva Mahāsattva unermeßliche, unzählige Weltelemente mit den sieben Kostbarkeiten anfüllte und sie den Tathāgata, Würdigen, vollkommen Erleuchteten als Gabe spendete, und wenn ein edler Sohn oder eine edle Tochter hier aus der Vollkommenheit der Erkenntnis, dem Lehrbuche, am Ende eine vierfüßige Liedstopfe herausgriffe, behielte, darlegte, hersagte, völlig verstände und anderen ausführlich erkärte, so würde dieser reichlicheren Schatz, Verdienstesvorrat erzeugen, unermeßlichen, unzähligen.

639) [불어] Et comment l'expliquerait-on? Comme ne l'expliquant pas, c'est porquoi on dit : l'expliquerait-on. [독어] Und wie sollte er erklären? Wie es zum Beispiel nicht erklärt ist, so soll er erklären. Deshalb wird gesagt : er erklärte.

640) [불어] Entièrement comme les étoiles et les ténèbres, comme une lampe, un fantôme, un grain de givre, une bulle d'eau, un songe, une lueur d'éclair. [독어] Die Sterne, Finsternis, ein Licht, ein Trug, Tau, eine Wasserblase, ein Traum, ein Blitzstrahl und eine Wolke, so soll man das Gewirkte betrachten.

3. 이와 같이 세존께서 말씀하시자, 환희에 찬 장로 쑤부띠와 수행승들, 수행녀들, 청신사들, 청신녀들, 그리고 보살들과 그 밖의 신들과 인간들과 아수라들과 간다르바들의 모든 세계가 세존의 가르침을 듣고 기뻐했습니다. (Thus spoke the Lord : Enraptured, the Elder Subhūti, the monks and nuns, the pious laymen and lay women and the Bodhisattvas, and the whole world with its Gods, men, Asuras and Gandharvas rejoiced in the Lord's teaching.)641)

번개처럼 자르는 거룩한 지혜의 완성이 끝났습니다.
(So is finished the noble vajracchedikā, the venerable perfection of wisdom)642)

---

641) 〔불어〕 Ainsi parla le bienheureux transporté, hors de lui. Et Subhūti le vénérable et les bhixus et les disciples des deux sexes et les bodhisattwa s, ainsi que les dévas, les hommes; les asuras; les gandharvas, applaudir ent aux paroles du bienheureux. 〔독어〕 Dies sprach der Erhabene erhobe nen Sinnes. Der Sthavira Subhūti und die Bettelmönche, die Nonnen, die Laienbrüder und Laienschwestern, die Bodhisattvas und die ganze Welt von Göttern, Menschen, Asuras und Gandharvas erfreute sich an dem, w as der Erhabene gesprochen.

642) 〔불어〕 Ainsi est achevée la noble Vajracchedikā, la vénérable et fortunée Prajñāpāramitā. 〔독어〕 So ist beendet die edlen Vajracchedikā, die erhabe nen Vollkommenheit der Erkenntnis!

제5장

능단금강반야바라밀다경논송

Vajracchedikā-prajñāpāramitā-sūtra-śāstra-kārikā

- 아쌍가(無着) 著 -

<제5장 능단금강반야바라밀다경논송>은 범문 금강경에 대한 아쌍가(無着 : Asaṅga)의 범문 주석을 다루고 있다.

투찌(G. Tucci)는 1950년경 네팔의 고르(Ṅor) 승원에서 '바즈라체디까 쁘랑냐빠라미따 쑤뜨라 샤스뜨라 까리까(Vajracchedikā-prajñāpāramitā-sūtra-śāstra-kārikā)'라는 단편을 발견하였다. 이 단편의 지은이는 아쌍가(無着 : Asaṅga)로 되어 있다. 당나라의 삼장법사인 의정(義淨)이 번역한 능단금강반야바라밀다경논송(能斷金剛般若波羅密多經論頌)의 원본이 바로 이것이다. 그러나 기타 다른 논송에서는 바쑤반두가 지은이로 되어 있기도 하다.

이 4장에서 역자는 아쌍가의 게송을 기본으로 삼고, 뜻을 명료하게 하기 위해 그에 대한 주석서인 바쑤반두의 능단금강반야바라밀경논석(能斷金剛般若波羅密經論釋)을 참고하여 본래 난해한 아쌍가의 게송을 이해 가능한 주석으로 재구성했다. 괄호 안에 부가한 것이 바쑤반두의 게송과 해석을 간추린 것이다.

그리고 아쌍가의 범어원문에 대한 해석을 돕기 위해 주석으로 게송에 대한 서장본을 달았고, 게송에 대한 한역은 논서인 금강반야바라밀경논(金剛般若波羅密經論) 가운데 보디루찌(流支) 번역본과 의정(義淨)의 능단금강반야바라밀다경논송(能斷金剛般若波羅密多經論頌)를 수록했다.

능단금강반야바라밀다경논송

(能斷金剛般若波羅密多經論頌)

(Vajracchedikā-prajñāpāramitā-sūtra-śāstra-kārikā)

1. (이 범문의 문구와 뜻과 차례를 세상의 무명에 빠진 지혜로는 알 수가 없습니다. 저희들을 가르치시는 한량없는 공덕으로 생겨난 님께 머리 숙여 예배를 드립니다.) (이와 같이 공덕을 갖춘 님에게 인사드리고 공경하여 그 두 발에 이마를 대어 예배합니다. 타기 어려운 깨달음의 수레를 타시고 간절한 마음으로 널리 중생을 제도하는 까닭입니다.)643)

▲1장 법회가 열리기까지〔法會因有分〕)의 끝

최상의 호의는 (깨달은 님의 특징이 성숙한 깨달음을 향한 님에게 부여된) 몸과 관련된 것임을 알아야 합니다. 최상의 은혜는 (깨달음을 향한 님은 대승의 삶을 저버리지 않을 뿐만 아니라 거기에 적응하려는 노력을 버리지 않기 때문에 공덕을) 얻거나 얻지 못하거나 간에 물러나지지 않는다는 것을 뜻합니다.644)

▲2장 쑤부띠가 가르침을 청하니〔善賢起請分〕의 끝

---

643) 바쑤반두(世親)가 능단금강반야바라밀경론(能斷金剛般若波羅密經論)등에서 처음에 추가한 2개의 게송인데, 말미에 추가한 1개의 게송과 더불어 아쌍가(無着)의 원래의 게송 77개와 합하면, 80개의 게송이 된다. 이 3개의 게송은 범본은 존재하지 않으므로 한역에서 싣는다. 〔流支〕 法門文句及次第 世間不解離明慧 大智通達教我等 歸命無量功德德身 應當敬彼如是尊 頭面禮足而頂戴 以能荷佛難勝事 攝受衆生利益故 〔義淨〕 此經文句義次第 世無明慧不能解 稽首於此教我等 無邊功德所生身 具如斯德應禮敬 彼之足跡頂戴持 覺轅難駕彼能乘 要心普利諸含識

644) 〔梵語〕 pramo'nugraho jñeyaḥ śārīraḥ saparigrahaḥ| prāptāprāptāvihānau ca paramā syāt parīndanā|| 〔西藏語〕 phan gdag pa yin dam pa ni| lus daṅ 'khor bcas žes par bya|| thob daṅ ma thob mi ñams pa| yoṅs su gtad pa'i dam pa yin|| 〔流支〕 巧護義應知 加彼身同行 不退得未得 是名善付囑 〔義淨〕 勝利益應知 於身并屬者 得未得不退 爲最勝付囑

2. (깨달음을 향한 님의) 마음속에 나타난 (깨달음을 목표로 하는) 이타의 의도는 좋은 덕성으로 가득 차 있는데 (네 가지가 있습니다.) ① (깨달음을 향한 님은 모든 중생을 구제하려고 마음을 일으켰기 때문에) 원대합니다. ② (깨달음을 향한 님의 목표는 모든 존재를 완전한 열반에 들게 하는 것이므로) 최상입니다. ③ (그럼에도 불구하고 어떠한 중생도 실제로 존재하지 않으므로) 자유롭습니다. ④ (깨달음을 향한 님이 개체가 존재한다고 생각하면 깨달음을 향한 님이라고 할 수 없기 때문에) 허물이 없습니다. 그것이 최상의 삶의 길을 나타냅니다.645)

▲3장 대승의 바른 뜻은 무엇인가〔大乘正宗分〕의 끝

3. (지혜의 완성이 어떻게 실천되어야하는가를 설명하면서 깨달음을 향한 님은 어떠한 것도 실체로 여기지 않는 보시의 완성을 실천해야 한다고 말합니다. 그러나 바라밀에는 여섯 가지가 있는데 왜 여기서 한 가지만을 말하고 있습니까?) (해탈과 관련해서) 여섯 가지 완성 즉, 육바라밀(六波羅密)이 있는데, 이것들은 ① 재물에 대한 보시(財施)이건 ② 두려움 없음에 대한 보시(無畏施)이건 ③ 가르침에 대한 보시(法施)이건 무엇인가 주는 모든 것(布施)에 공통되는 것입니다. 첫째는 (재물에 대한 보시는 하나의 요소로 오로지 보시〔布施〕이고), 두 번째는 (두려움 없음에 대한 보시는 두 가지 요소로 지계〔持戒〕와 인욕〔忍辱〕입니다.) 세 번째는 (가르침에 대한 보시는 세 가지로 정진〔精進〕, 선정〔禪定〕, 지혜〔智慧〕입니다.) 이러한 길이 '의존하지 않는 길'이라 불립니다.646)

---

645) 〔梵語〕 vipulaḥ paramo 'tyanto 'viparyastaś ca cetasi| upakārāśayaḥ sthānaṃ yāne 'smin guṇapūritaḥ|| 〔西藏語〕 sems la phan pa'i bsam pa ni| rgya chen mchog daṅ gtan du daṅ||phyin ci ma logs gnas pa ste| theg pa 'di la yon tan rdzogs|| 〔流支〕 廣大第一常 基心不顚倒 利益深心住 此乘功德滿 〔義淨〕 於心廣最勝 至極無顚倒 利益意樂處 此乘功德滿

646) 〔梵語〕 dānaṃ pāramitāṣatkam āmiṣābhayadharmataḥ| ekadvayatrayeṇeha

4. (그렇다면, 사물에 의존하지 말고 보시를 해야 한다는 것은 무엇을 뜻하는 것입니까?) 그는 (깨달음을 향한 님은) ① 자기 자신이 실제로 존재하며 (자기가 행한 착한 일에 대한) 대가를 받아야 한다고 ② (노력한 행위의) 결과를 이루어야 한다고 집착하지 않습니다. (자기 자신에 대한 애착 때문에) 수행을 하지 않는 것과 (올바른 수행과는) 다른 어떤 것을 목표로 하는 수행의 (두 가지 모두)는 피해야 합니다.647)

5. (이것은 어떻게 보시가 실천되어야 하는가를 말한 것이다. 법문은 그것에 관련한 마음가짐에 관하여 말합니다.) ① (보시와 관련하여) 세 가지 수레바퀴(三輪 : 보시물, 보시자, 수혜자)의 관점에서 마음을 닦는 것, ② (실체로서 존재한다는 가정 하에 부여된) 대상의 인상(印象)에서 마음을 멀리하는 것, ③ (보시가 없다면 공덕도 없다고 생각하는 것과 같은) 잇달아 계속해서 일어나는 의심을 제거해야 합니다.648)

▲4장 실천하되 의존함이 없이〔妙行無住分〕 끝)

6. (어떤 사람은 보시가 사물의 존재에 대한 믿음이 없이 실천된다면, '어떻게 깨달은 님이 될 수 있다는 희망을 가지고 그것을 실천할 수 있겠는가?'라

---

pratipat sā 'pratiṣṭhitā|| 〔西藏語〕 zaṅ ziṅ mi 'jigs chos kyi ni| sbyin pa pharol phyin drug ste|| gcig daṅ gñis daṅ gsum gyis ni| lam de 'dir ni mi gnas yin|| 〔流支〕 檀義攝於六 資生無畏法 此中一二三 名爲修行住 〔義淨〕 六度皆名施 有財無畏法 此中一二三 名修行不住

647)〔梵語〕 ātmabhāve pratikṛtau vipāke cāpy asaktatā| apravṛttitadanyārthapravṛttiparivarjane|| 〔西藏語〕 lus daṅ lan du phan 'dogs daṅ| rnam par smin la chags pa med|| mi 'jug pa daṅ gžan dag tu| 'jug pa yoṅs su spaṅ phyir ro|| 〔流支〕自身及報恩 果報斯不著 護存已不施 防求於異事 〔義淨〕爲自身報恩 果報皆不著 爲離於不起 及離爲餘行

648) 〔梵語〕 pragraho maṇḍale tredhā nimittāc cittavāraṇam| uttarottarasaṃdehajanmataś ca nivāraṇā|| 〔西藏語〕 'khor du rab tu 'dzin pa des| mtshan ma las ni sems bzlog daṅ|| phyir žiṅ the tshom skye ba las| sems ni bzlog par byed pa yin|| 〔流支〕 調伏彼事中 遠離取相心 及斷種種疑 亦防生成心 〔義淨〕 攝伏在三輪 於相心除遣 後後諸疑惑 隨生皆悉除

고 물을 수 있습니다. 그러므로 법문은 다음과 같이 외형적 특징 등에 관해 언급합니다.) (사람들은 보시 등의 공덕에 의해서 깨달은 님이 된다고 생각하고 있습니다. 그러므로 그러한 가정을 논박하기 위해, 화신에게 특수한 외형적 특징의 완전성은 부정됩니다. 사실상 법신은 생성되지 않고 특징이 거기에 부과되지 않습니다.) 조건지어진 것(有爲)이라고 생각한다면, 특징을 갖춘다는 것 자체가 부정됩니다. (조건지어진 것은 생겨나고 유지하다 사라지는 것의) 세 가지의 특징을 지니지만, 그러한 특징이 없는 것이 여래입니다.[649]

▲5장 새겨서 참답게 보라〔如理實見分〕의 끝

7. (이러한 깨달은 님의 초월성, 의존하지 않는 보시 등의 개념은 파악하기가 매우 어려워 미래에 그것을 믿으려고 하는 사람이 매우 적을 것입니다.) 이 최악의 시대에 원인과 결과의 관계가 심오하다는 것을 가르치는 것은 (계율, 덕성, 지혜의) 세 가지의 필요한 성품을 갖춘[650] 깨달음을 향한 님이 있기 때문에 헛된 것은 아닙니다.[651]

8. (다음 게송이 이어집니다.) 그들은 과거에 (세 가지의) 배움[652]으

---

649) 〔梵語〕 saṃskṛtatvena saṃkalpya saṃpat prāptau nivāryate| trailakṣaṇyā nyathābhāvāt tadabhāvāt tathāgataḥ|| 〔西藏語〕 'dus byas ñid du kun brtag s pas| 'byor pa'i 'thob pa bzlog par mdzad|| mtshan ñid gsum ni 'gyur ba'i phyir| de med pa ni de bžin gśegs|| 〔流支〕 分別有爲體 防彼成就得 三相異體故 離彼是如來 〔義淨〕 若將爲集造 妙相非勝相 三相遷異故 無此謂如來

650) śilavantaḥ, guṇavantaḥ, prajñāvantaḥ : 여기서 각각 계행, 덕성, 지혜가 다음에 나오는 세 가지의 배움(三學)과 관계가 있는지 분명치는 않지만, 덕성은 집중과 관계가 있고 나머지는 각각 일치하는 것 같다.

651) 〔梵語〕 sahetuphalagāmbhīryadeśanāsmin yugādhame| na niṣphalā yataḥ s anti bodhisattvās trayānvitāḥ|| 〔西藏語〕 dus na tshe na rgyu daṅ 'bras| bc as par zab par bstan pa ni|| byaṅ chub sems dpa' gsum ldan pa| yod pa'i phyir ma don med min|| 〔流支〕 說因果深義 於彼惡世時 不空以有實 菩薩三德備 〔義淨〕 因與果甚深 於彼惡時說 此非無利益 由三菩薩殊

652) trṇi śikṣāṇi : 한역에서 삼학(三學)이라고 한다. 계정혜(戒定慧)의 삼학을 말하는데, 이는 초기불교에서 이 여덟 가지의 성스러운 길(八正道)과 긴밀하게 연결된 개념이다. ① 계행의 다발(戒蘊 sīlakkhandha) : 올바른 언어, 올바른 행위, 올바른 생활,

로 다른 부처님들을 섬겼고 그들 앞에 착하고 건전한 뿌리〔善根〕를 심었습니다. 그래서 그들은 계율을 갖춘 자, 덕성을 지닌 자라고 불립니다.653)

9. (법문은 깨달음을 향한 님이 왜 계율을 갖춘 자, 덕성을 지닌 자인가를 설명하면서 세 번째의 별칭인 지혜를 지닌 자에 대하여 다음과 같이 설명합니다.) 그들은 주체(人)와 객체(法)에 관한 지각을 버렸기 때문에 지혜를 지닌 자라고 불립니다. 그 지각은 그 대상이 여덟 가지(즉, 자아, 존재, 생명, 영혼, 법, 법이 아닌 것, 지각, 지각이 아닌 것654))이므로 여덟 가지입니다.655)

---

② 집중의 다발(定蘊 samādhikkhandha) : 올바른 정진, 올바른 새김, 올바른 집중.
③ 지혜의 다발(慧蘊 paññakkhandha) : 올바른 견해, 올바른 사유.

그러나 이렇게 분류하면 계행→집중→지혜의 세 가지 배움의 계기가 여덟 가지 수행의 순서와 들어맞지 않게 되는데 그것이 우리에게 혼란을 불러일으킨다. 지혜는 올바른 견해와 올바른 의도를 수반하는 세 가지 배움의 최종단계지만, 올바른 견해와 올바른 의도는 예상 밖으로 경전 상에 팔정도의 최초의 두 단계를 구성하고 있다. 그렇지만 이러한 여덟 가지 수행의 순서는 부주의한 실수의 결과가 아니라 중요한 논리적 숙고에 의한 배려였다.

부처님은 마지막 설법(DN. I. 124)에서 반복해서 이러한 세 가지 배움에 관해 다음과 같이 말했다. "손으로 손을, 발로 발을 씻는 것처럼 지혜는 계행를 통해 씻겨지고 계행은 지혜를 통해 씻겨진다. 계행이 있는 곳에 지혜가 있고 지혜가 있는 곳에 계행이 있다.(seyyathā pi bho Gotama, hatthena vā hatthaṁ dhopeyya, pādena vā pādaṁ dhopeyya, evam eva kho bho Gotama sīlaparidhotā paññā, paññāparidhotaṁ sīlaṁ, yattha sīlaṁ tattha paññā, yattha paññā tattha sīlaṁ.)" 따라서 지혜를 구성하는 올바른 견해와 올바른 사유는, 세속적인 올바른 견해나 올바른 사유가 되면 여덟 가지 수행의 출발점이 되고 출세간적인 것이 되면 궁극적인 지혜에 해당하게 된다. 올바른 견해는 출발이자 종착이므로 여덟 가지 성스러운 길은 직선의 길이라기보다는 수레바퀴와 같다.

653) 〔梵語〕 śikṣayopāsānāt pūrvaṃ kuśalasyāvaropaṇāt| śīlavanto 'nyabuddheṣu guṇavantaś ca kīrtitāḥ|| 〔西藏語〕 sṅan chad saṅs rgyas gžan dag la| bslad pa'i sgo nas bsñen bkur byas|| dge ba dag kyaṅ bskyed pa'i phyir| khrims ldan yon tan ldan par bstan|| 〔流支〕 修戒於過去 及種諸善根 戒具於諸佛 亦說功德滿 〔義淨〕 由於先佛所 奉持於戒學 并植善根故 名具戒具德

654) 自我〔ātman〕, 存在・衆生〔sattva〕, 生命〔jīva〕, 靈魂〔人 : pudgala〕, 法〔dharma〕, 非法〔adharma〕, 知覺〔想 : saṃjñā〕, 非知覺〔非想 : asaṃjñā〕

655) 〔梵語〕 sapudgaleṣu dharmeṣu saṃjñāyā viprahāṇataḥ| prajñāvantaś ca saṃjñāyā aṣṭadhāṣṭārthabhedataḥ|| 〔西藏語〕 gaṅ zag chos daṅ bcas rnams kyi|

10. (그러므로 그것은 다음과 같습니다.) ① (존재의 다발656)과는) 별

'du śes spaṅs phyir śes rab ldan|| don brgyad yod pa'i bye brag gis| 'du śes rnams la brgyad du 'gyur||〔流支〕彼壽者及法 遠離於取相 亦說知彼相 依八八義別〔義淨〕能斷於我想 及以法想故 此名爲具慧 二四殊成八

656) pañca skandhā : 다섯 가지 존재의 다발〔五蘊〕이란 무엇인가?
① 물질의 다발(色蘊 : rūpaskandha). 물질의 다발이란 물질의 불가분리의 집합을 말하는데 전통적으로 네 가지 위대한 요소, 곧 땅, 물, 불, 바람과 그 유도물질을 말한다. 유도물질이라는 말에는 시각, 청각, 후각, 미각, 촉각, 정신의 물질적 감각능력(六根)과 거기에 대응하는 외부적 대상(六境)인 형상, 소리, 냄새, 맛, 감촉, 사물이 포함되어 있다. 이 유도물질에는 내적 외적인 모든 물질의 영역이 포함된다.
② 감수의 다발(受蘊 : vedanāskandha). 감수의 다발이란 느낌의 집합으로 물질적 정신적인 감각기관이 외부의 세계와의 접촉을 통해서 경험되는 즐겁거나 괴로운 느낌과 즐겁지도 괴롭지도 않은 느낌을 포함한다. 이 감수에는 그것이 받아들여지는 기관에 따라 여섯 가지 종류가 있다. 시각접촉에 의한 감수, 청각접촉에 의한 감수, 후각접촉에 의한 감수, 미각접촉에 의한 감수, 촉각접촉에 의한 감수, 정신접촉에 의한 감수의 여섯 가지가 있다. 우리의 모든 정신적·물질적인 느낌은 모두 이 범주에 속한다.
③ 지각의 다발(想蘊 : saṃjñāskandha). 이것은 지각의 집합을 뜻하며 지각은 개념적인 파악을 의미한다. 예를 들어 여기에 책상이 있다면 그것을 책상이라고 인식하는 것이다. 이 지각에는 외적인 대상의 지향에 따라 이름지어진 형상에 대한 지각, 소리에 대한 지각, 냄새에 대한 지각, 맛에 대한 지각, 감촉에 대한 지각, 사물에 대한 지각의 여섯 가지가 있다. 감수와 마찬가지로 지각도 외부세계와 여섯 감각기관의 접촉을 통해 일어난다.
④ 형성의 다발(行蘊 : saṃskārāskandha). 이것은 육체적·언어적·정신적 형성의 집합을 뜻한다. 여기에는 선악과 같은 의도적 행위가 개입한다. 일반적으로 업이라고 하는 것은 여기서 생겨난다. 의도란 기본적으로 정신적 구성이며 정신적 형성이다. 이것은 마음을 선이나 악 또는 선악도 아닌 것으로 향하게 한다. 형성에는 외적인 대상의 지향에 따라 이름지어진 형상에 대한 의도, 소리에 대한 의도, 냄새에 대한 의도, 맛에 대한 의도, 감촉에 대한 의도, 사물에 대한 의도의 여섯 가지가 있다. 감수와 지각은 의도적 형성이 아니다. 그것들은 업보를 낳지 않는다. 믿음, 숙고, 의욕, 해석, 집중, 지혜, 정진, 탐욕, 성냄, 무명, 교만, 실체에 집착하는 견해 등은 업보를 낳는 의도적인 형성들이다. 이렇게 형성의 다발을 구성하는 쉰 두 가지의 의도적 형성들이 있다.
⑤의식의 다발(識蘊 : vijñānaskandha). 이것은 의식의 집합을 뜻하는데 의식이란 여섯 가지 감각기관과 이에 대응하는 외부의 대상이나 현상의 반응이다. 예를 들어 시각의식(眼識)은 시각을 근거로 하고 형태를 대상으로 하여 보는 작용이다. 정신의식(意識)은 정신을 근거로 하여 관념이나 생각을 포함하는 사물을 대상으로 하여 인식하는 작용이다. 그래서 이 정신의식은 다른 감각기관과 연결되어 있다. 감수, 지각, 형성과 같이 의식에도 시각접촉에 의한 의식, 청각접촉에 의한 의식, 후각접촉에 의한 의식, 미각접촉에 의한 의식, 촉각접촉에 의한 의식, 정신접촉에 의한 의식의 여섯 가지가 있다. 의식은 대상을 인식하는 것이 아니라는 것을 명백히 이해해야 한다. 그것은 단지 대상의 존재를 알아채는 것이다. 예를 들어 눈이 파란색의 물체를 보았을 때에, 안식은 빛깔의 존재를 알아챌 뿐이고, 그것이 파란색이라는 것을 깨닫지 못한다. 이 단계에서는 아무런 인식이 없다. 그것이 파란색이라는 것을 아는 단계는 지각(想)의 단계이다. 시각의식이라는 말은 곧 '본다'와 같은 뜻을 지닌 것이다. 다른 형태의 의식

도로 존재, ② 존재의 상속, ③ 삶의 마지막까지의 지속, 그리고 ④ 새로운 삶의 형태로의 집착[657]이라는 지각이 있으므로 자아에 대한 지각은 네 가지입니다.[658]

11. (그리고 법계에 관하여는 다음과 같습니다.) ① (파악하는 것[659]도 파악되는 것[660]에 대한 지각도 성립할 수 없고, 법이 아닌 것에 대한 지각도 불가능하므로) 모든 법은 존재하지 않으므로 ② (지각이 없는 공으로서의) 존재가 아닌 것이 있으므로 ③ (무엇인가 자명하게) 정의될 수 있는 것이 없으므로 ④ (무엇인가를 정의하는 데) 언어의 관례적인 사용에 의존하므로, (법에 대한 지각이 실제로 불가능하지만), 법에 대한 지각에는 (법, 법이 아닌 것, 지각, 지각이 아닌 것)의 네 가지가 있습니다.[661]

12. (어떤 사람들은 '왜 지혜를 지닌 자로서의 깨달음을 향한 님이 계행과 덕성을 지닌 자와는 별도로 논의되고 있는가'라고 물을 수 있습니다. 그 대답은 다음의 진실한 지각이라는 것은 자명한 것이라는 사실에서 찾을 수 있습니다.) ① (내용에 귀를 기울일 때), 법문에 대한 믿음, ② 거기

들도 마찬가지이다.

657) ①은 자아(自我 : ātman)를 뜻하고, ②은 존재(存在, 衆生 : sattva)을 뜻하고, ③은 생명(生命 : jīva)을 뜻하고 ④은 영혼(靈魂, 個人 : pudgala)을 말한다.

658) 〔梵語〕 pṛthagbhāvena saṃtatyā vṛtter ājīvitasthiteḥ| punaś ca gatilīnatvād ātmasaṃjñā caturvidhā|| 〔西藏語〕 dṅos po so so rgyun gyis 'jug| ji srid 'tsho yi bar gnas|| phyir yaṅ 'gro bar sbyor bas na| bdag tu 'du śes rnams bžir 'gyur|| 〔流支〕 差別相續體 不斷至命住 復趣於異道 是我相四種 〔義淨〕 別體相續起 至壽盡而住 更求於餘趣 我想有四種

659) grāhaka : 능취(能取). 대상을 파악하는 것으로 곧 인식주관을 말한다.

660) grāhya : 소취(所取). 알려지거나 파악된 것, 곧 객관적인 대상을 말한다.

661) 〔梵語〕 sarvābhāvād abhāvasya sadbhāvān nābhilāpyataḥ| abhilāpaprayogāc ca dharmasaṃjñā caturvidhā|| 〔西藏語〕 kun med phyir daṅ med pa ni| yod pa'i phyir daṅ brjod med phyir|| brjod pa'i sbyor ba yod pas na| chos kyi 'du śes rnams bžir 'gyur|| 〔流支〕 一切空無物 實有不可說 依言辭而說 是法相四種 〔義淨〕 皆無故非有 有故不可說 是言說因故 法想有四種

서 생겨나는 기쁨 ③ 어귀가 아닌 문맥의 의미의 이해, 그리고 ④ 올바로 가르쳐진 것에 대한 파악이라는 (이들 네 가지) 이유 때문에, 진실에 대한 지각이 그들 (깨달음을 향한 님들에게) 있는 것입니다.662)

13. (그러나 법문에서 이미 언급되어 있고 여래에 의해서만 알려지고 보여진 그 뭇삶들이란 무엇입니까? 법문은 깨달음을 향한 님들에게 성취된 결과들은 여래에 의해서 알려진다고 말합니다. 그것들은 추측되는 것이 아니라 여래에 의하여 곧바로 알려집니다. 그것은 다음과 같습니다.) 깨달은 님들은 (깨달음을 향한 님의 상기에 언급된 성품을 그들이 가져오는) 결과 때문에 헤아리지 않고 단지 (깨달은 님들에게 고유하고 그들의) 서원에서 유래하는 지혜로써 알아봅니다. (사람들은 본다고 하면 지혜 때문이라고 하고, 보지 못한다고 하면 육안으로 보기 때문이라고 말할 것입니다.) 이익과 명예를 바라는 사람들이 (스스로 덕성을 지닌 자라든가 계행을 지닌 자라고) 주장을 하는 것을 논파하기 위해 (여기 이 법문에서) 이렇게 말씀하신 것입니다.663)

14. (이러한 까닭에 뗏목의 비유를 말씀하셨으니 법에 대한 그 비밀한 뜻은 무엇입니까?) (법문에 설명된 대로) 법을 파악한다는 것은 (그 의미를 취했을 때에) 그것에 의존해서는 안 되며, (동시에 거기에) 순응해서 다시 (다른 언덕에 도달하면 버려야 하는) 뗏목처럼 버려져야 한다

---

662) 〔梵語〕 adhimuktivaśāt teṣāṃ bhūtasaṃjñā prasādataḥ| yathārutāgrahāt sa ṃyagdeśitatvasya codgrahāt|| 〔西藏語〕 de dag mos pa'i dbaṅ gis na| dad pas yaṅ dag 'du śes so|| sgra bžin 'dzin pa ma yin daṅ| yaṅ dag bstan pa 'dzin phyir ro|| 〔流支〕 彼人依信心 恭敬生實相 聞聲不正取 正說如是取 〔義淨〕 由此信解力 信故生實想 不如言取故 取爲正說故

663) 〔梵語〕 phalato na mitā buddhaiḥ praṇidhijñānalakṣitāḥ| lābhasatkārakāmā nāṃ tadvādavinivṛttaye|| 〔西藏語〕 saṅs rgyas 'bras bus dpog med mdzad| smon nas śes pas thugs su chud|| rñed daṅ bkur sti 'dod pa rnams| de ska d smra ba bzlog pa'i phyir|| 〔流支〕 佛非見果知 願智力現見 求供養恭敬 彼人不能說 〔義淨〕 佛了果非比 由願智故知 爲求利敬者 遮基自說故

는 것입니다. 이것이 (파악되자마자 버려져야 한다는) 법에 대한 비밀한 뜻인 것입니다.664)

▲6장 놀라운 법 누가 바로 믿으랴〔正信希有分〕의 끝

15. (그러나 다른 의문이 생겨날 수 있습니다. 만약에 앞에서 말한 것과 같이 깨달은 님이 특징으로써 보여질 수 없다면, 깨달은 님은 나타나지 않기 때문에, 어떻게 샤끼야무니 여래께서 위없이 바르고 원만한 깨달음을 바르고 원만하게 깨닫고, 가르침을 설하였다는 것을 경전들은 긍정하였겠습니까? 이 전통적인 관점은 여기서 긍정하는 관점 즉 실현되어야할 깨달음도 없고 설해져야 할 가르침도 없다는 것과 모순됩니다. 그 모순에 대한 설명은 다음과 같습니다.) 화현에 의해서 깨달은 님이 아니며 또한 그에 의해서 어떠한 법도 설해진 바가 없습니다. 반대로 어떠한 법도 두 가지의 (앞에서 말해진 법이건 법이 아닌 것이건) 어떠한 방식으로든 파악되지 않는다라고 설해졌습니다. 언어의 길을 뛰어넘으므로 표현될 수 없습니다.665)

▲7장 깨달은 것도 설한 것도 없나니〔無得無說分〕의 끝

16. (그러나 비록 법은 파악될 수도 가르쳐질 수도 없으나 실재하지 않는 것은 아닙니다. 그것은 존재합니다. 그래서 법문에서는 다음과 같이 법이 무익하지 않다고 말합니다.) (자신을 위해) 법을 받아들이고 (다른 사람들에게) 그것을 가르치는 것은 무익한 일이 아닙니다. 왜냐하면 그것으로 많은 공덕을 모으기 때문입니다. 그러나 그것이 깨달음을

---

664) 〔梵語〕 asthānād ānukūlyāc ca dharmeṣv adhigamasya hi| kolasyeva parityāgo dharme saṃdhis tato mataḥ|| 〔西藏語〕 khoṅ du chud pa chos rnams la| mi gnas phyir daṅ mthun pa'i phyir|| gziṅs daṅ 'dra bar yoṅs su blaṅ| de phyir chos kyi dgoṅs par bžed|| 〔流支〕 彼不住隨順 於法中證智 如人捨船筏 法中義亦然 〔義淨〕 證不住於法 爲是隨順故 猶如捨其筏 是密意應知

665) 〔梵語〕 nairmāṇikena no buddho dharmo nāpi ca deśitaḥ| deśitas tu dvayāgrāhyo 'vācyo 'vākpathalakṣaṇāt|| 〔西藏語〕 sprul pa yin pas saṅs rgyas min| chos kyaṅ bśad pa med pa yin|| bstan kyaṅ gñis su gzuṅ du med| tshig lam mtshan ñid min brjod med|| 〔流支〕 應化非眞佛 亦非說法者 說法不二取 無說離言相 〔義淨〕 化體非眞佛 亦非說法者 說法非二取 所說離言詮

보여주지 않는 한, 공덕에 불과합니다. (왜냐하면 경전은 공덕의 다발에 관해서 이야기하는 데 그것은 무엇을 나르는 어깨의 다발을 아니라 더미로서의 다발을 의미하기 때문입니다.) 그러나 (법의 수용과 법을 다른 사람에게 가르치는 것의 양자는) 깨달음을 도울 수는 있습니다.[666)]

17. (그래서 법문은 지체 없이 다음과 같이 위없는 깨달음에 관해 설합니다.) (법을 배워서 법을 다른 사람에게 가르치는 것에서 유래하는) 공덕의 성취는 (조건지어지지 않은 진리의 몸〔法身〕인) 자성(自性)을 얻을 수 있는 원인이 되므로, 그것과는 다른 것(즉, 화현의 몸〔化身〕)이 거기서 출현할 뿐 아니라, 깨달은 님의 가르침의 순수성〔唯一性〕을 보여주므로 (법에 대한 보시야말로) 최상의 것입니다.[667)]

▲8장 법문에 의지해 나타날 뿐〔依法出生分〕의 끝

18. (법문에서는 모든 성인들이 조건을 뛰어넘은 존재로 규정되었습니다. 그러나 법문에서 진리의 흐름에 든 님은 흐름에 든 경지를 얻는다고 말합니다. 이것은 모순이 아닙니까. 아닙니다. 이것에 대하여 다음과 같이 설명합니다.) (즉 네 쌍으로 여덟이 되는 참사람들 가운데) 아무도 과보를 자신의 것으로 취하지 않기 때문에, 어떠한 법도 파악하거나 언어로 가르칠 수 없습니다. (왜냐하면, 모든 것의 자성은 조건지어지지 않은 것이고, 자아 등이 그 과보에 참여하는 것이 있다는 임의의 가정이 잘못된 지각에서 생겨나는 것이기 때문입니다.) 그들은 (도덕적인 오염과 지적 오염

---

666) 〔梵語〕 grahaṇadeśaṇā cāsya nāpārthā puṇyasaṃgrahāt| puṇyaṃ bodhyanu pastaṃbhād upastaṃbhād dvayasya ca|| 〔西藏語〕 de 'dzin pa daṅ bstan pa ni| bsod nams sdud phyir don med min|| bsod nams byaṅ chub ston min daṅ| gñis ni rtog pa yin phyir ro|| 〔流支〕 受持法及說 不空於福德 福不取菩提 二能趣菩提 〔義淨〕 自受爲他說 非無益集福 福不持菩提 彼二能持故

667) 〔梵語〕 svābhāvikāptihetutvāt tadanyasya ca janmanaḥ| kaivalyād buddha dharmāṇāṃ agryatvaṃ puṇyasādhanaṃ|| 〔西藏語〕 ṅo bo ñid 'thob rgyu yin pas| de las gžan pa skye ba yin|| saṅs rgyas chos rnams ma 'dres phyir| mchog yin pas na bsod nams bsgrubs|| 〔流支〕 於實名了因 亦爲餘生因 唯獨諸佛法 福成第一體 〔義淨〕 得自性因故 此餘者是生 唯是佛法故 能成最勝福.

의) 두 가지 장애에서 벗어났기 때문에, 쑤부띠도 두 가지 장애에서 벗어나 평화로운 자〔無爭〕이라고 불립니다.

▲9장 한 경지도 얻은 것 없네〔一相無相分〕 끝[668]

19. (이러한 진술은 샤끼야무니 여래께서 디빵까라 여래로부터 법을 받았다는 경전과 모순이 됩니다. 그러나 거기에 사실상 모순은 존재하지 않습니다. 그것에 관하여 다음과 같이 설명합니다.) 샤끼야무니 여래께서 디빵까라 여래로부터 가르침을 어떻게 깨달을 수 있는가에 대한 어떠한 가르침도 언설로서 받지 못했습니다. 그러므로 깨달음 속에서 언설로서 파악되거나 표현된 것은 아무 것도 없다는 사실이 증명되었습니다.[669]

20. (만약에 그렇다면, 어떻게 깨달음을 향한 님이 불국토에 참여할 수 있고 또한 공덕을 쌓은 결과로 이루어진 공덕의 몸〔報身〕이 가르침의 제왕〔法王〕으로 여겨질 수 있습니까?) 불국토를 취하는 것은 불가능합니다. 왜냐하면 그것은 (깨달은 님의) 지혜의 흐름을 말한 것에 불과하기 때문입니다. (조건지어지지 않은 것〔無爲〕의 관점에서) 어떠한 형상과 일치할 수 있는 것을 발견할 수 없기 때문에, 불국토의 장엄은 장엄이 아니라고 여겨집니다.[670]

---

668) 〔梵語〕 agrāhyānabhilāpyatvaṃ svaphalānām anudgrahāt| dvayāvaraṇanir mokṣāt subhūtāv araṇādvayam|| 〔西藏語〕 raṅ gi 'bras bu gzuṅ med phyir| gzuṅ du med ciṅ brjod du med|| sgrip pa gñis las ṅes grol phyir| rab 'byor 'di la sgrip gñis med|| 〔流支〕 不可取及說 自果不取故 依彼善吉者 說離二種障 〔義淨〕 不取自果故 非可取可說 解脫二障故 說妙生無諍.

669) 〔梵語〕 buddhadīpaṃkarāgrāhād vākyenādhigamasya hi| tataś cādhigame s iddhā agrāhyānabhilāpyatā|| 〔西藏語〕 mar me mdzad las saṅs rgyas kyis| rtogs pa tshig gis blaṅs pa med|| de yi phyir na rtogs pa la| gzuṅ du med daṅ brjod med grub|| 〔流支〕 佛於然燈語 不取理實智 以是眞實義 成彼無取說 〔義淨〕 在然燈佛所 言不取證法 由斯證法成 非所取所說.

670) 〔梵語〕 jñānaniṣyandavijñaptimātratvāt kṣetranodgrahaḥ| avigrahatvād ag ratvād avyūhaṃ vyuhatā matā|| 〔西藏語〕 ye śes rgyu mthun rnam rig tsam | yin pas žiṅ du 'dzin pa med|| lus med phyir mchog gi phyir| bkod pa me d pa bkod par bžed|| 〔流支〕 智習唯識通 如是取淨土 非形第一體 非嚴莊嚴意 〔義

21. (마음은 어디에도 의존하지 말아야 합니다. 그러므로 깨달은 님은 산의 제왕 쑤메루가 스스로를 쑤메루라고 말하지 않듯이, 다음과 같이 자신을 가르침의 제왕이라고 파악하지 말아야 합니다.) 쑤메루 산이 자신을 산의 왕이라고 파악하지 않듯이 (어떠한 깨달은 님도) 자신을 (그 위대성에도 불구하고) (자신을 과보의 조건 속에 있는) 공덕의 몸(報身)이라고 파악하지 않습니다. (어떠한 경우에도 파악의 활동이 허용되지 않기 때문입니다.) 사실상 번뇌가 소멸되었을 뿐만 아니라 업력의 소멸에 의해서 특징지어진 상태이기 때문입니다. (이것은 '자아는 존재하지 않는 것이며, 존재하지 않는 것이 진정한 자아이다'는 법문의 진술을 말하는 것입니다.)671)

▲10장 불국토를 장엄하려면〔莊嚴淨土分〕 끝

22. (그렇다면, 법문에서 공덕에 관하여 말하였는데 어떻게 달리 같은 주제로 다시 돌아갈 것입니까?) (공덕의 위대성 속에 있는) 다양성을 표현하고 그 특수성을 설명하기 위한 것입니다. (법문은 공덕의 주제로 다시 돌아왔습니다.) 그러므로 (그것에 대한 믿음이 증가하도록) 두 번째 가르침이 다음과 같은 것이 앞선 것을 능가하는 것을 보여주기 위해서 하나의 예를 통해서 주어졌습니다.672)

▲11장 무위의 복덕이 뛰어나니〔無爲福勝分〕의 끝

淨〕 智流唯識性 國土非所執 無形故勝故 非嚴許嚴性

671)〔梵語〕 sumeror iva rājatve saṃbhoge nāsti codgrahaḥ| sāśratvena cābhāvāt saṃskṛtatvena cāsya hi||〔西藏語〕 rdzogs par loṅs spyod ri rab ltar| rgyal por 'dzin pa yoṅs mi mṅa|| zag bcas ñid du de med daṅ| 'dus byas ñid du med phyir ro||〔流支〕 如山王無取 受報亦復然 遠離於諸漏 及有爲法故〔義淨〕 譬如妙高山 於受用無取 非有漏性故 亦非是因造

672)〔梵語〕 bahutvabhedakhyātyarthaṃ viśeṣasya ca siddhaye| paurvāparyeṇa puṇyasya punar dṛṣṭāntadeśanā||〔西藏語〕 maṅ ba'i bye brag bstan phyir daṅ| khyad par dag kyaṅ bsgrup pa'i phyir|| sṅa ma daṅ ni phyi ma yis| bsod nams dpe ni yaṅ bstan to||〔流支〕 說多義差別 亦成勝校量 後福過於前 故重說勝喩〔義淨〕 爲顯多差別 及以成殊勝 前後福不同 更陳其喩說

23. (앞에서 부처님은 깨달음을 돕지 않는 공덕에 관해서 말했다면 지금은 깨달음을 도울 수 있는 공덕에 관해서 말한다는 것을 강조합니다. 그렇다면, 깨달음을 도울 수 있는 보시, 그 위없는 공덕은 무엇입니까? 그것은 다음과 같습니다.) (법의 보시는 다른 보시보다 수승합니다.) 왜냐하면 ① 그것은 두 가지(가르침이 행해진 장소와 가르침을 행한 자)를 가치 있게 만들기 때문입니다.

▲12장 바른 가르침 두루 존경하며〔尊重正教分〕의 끝

② (어떠한 법도 설해지지 않기 때문에) 그 흐름이 매우 큰 과보가 있기 때문입니다. ③ (다른 보시 보다 모든 종류의 오염을 끊기 때문에) 번뇌를 없앰의 원인이기 때문입니다. ④ (그 목표가 위없는 깨달음의 구현이고 외형적인 특징이 아닌 한) 보다 열등한 과보를 극복하기 때문입니다.673) (이것은 앞에서 말해진 것처럼 법신은 모든 특징이 없으므로 잘못된 지각일 수 있습니다.)

24. (그래서 말합니다.) ⑤ (보시의 실천이 결과적으로 미래에 가져오는 자기 자신의 몸에 대한 향수도 훌륭하지만, 반면에 법의 보시로부터 유래하는 공덕이, 무수한 몸을 포기하게 만드는 한, 몸이 본질적으로 고통스럽다는 것을 깨닫고), 저열한 공덕의 실천으로부터 보다 높은 고통의 과보를 얻을 수 있기 때문입니다.

▲13장 여법하게 받아 지니라〔如法受持分〕의 끝

⑥ (쑤부띠가 예전에 들어본 적이 없다고 하는) 그 목표는 도달하기 어렵고 (지혜의 완성은 완성이 아니라는) 그 뜻은 높기 때문입니다. ⑦ 그 내용의 한계는 알려지지 않았기 때문입니다. ⑧ (진실한 지각이라

---

673) 〔梵語〕 dvayasya pātrikaraṇān niṣyandatvamahatvataḥ| asaṃkleśasya hetutvād dhīnābhibhavanād api|| 〔西藏語〕 rnam gñis snod du 'gyur ba daṅ| rgyu mthun yin pas che ba daṅ|| kun nas ñon moṅs rgyur 'gyur daṅ| dma' bas zil gyis gnon phyir ro|| 〔流支〕 尊重於二處 因習證大體 後因習煩惱 此降伏染福 〔義淨〕 兩成尊重故 由等流殊勝 煩惱因性故 由劣亦勝故.

는) 그 가르침은 다른 교파에게 공통되지 않기 때문입니다.674)

25. ⑨ (지각하는 자나 지각되는 것에 관련해서 잘못된 견해가 가르침에서 발견되지 않는 한, 그리고 깨달음을 향한 님이 존재하지 않음에 대한 깨달음에도 불구하고 두려움을 느끼지 않는 한) 그것은 깊고 심오하기 때문입니다. ⑩ 다른 학파의 경전에 비해 탁월하기 때문입니다. ⑪ 위대하고 순수한 부처님의 혈맥을 계승합니다. ⑫ 그러므로 (지혜를 닦는 것에서 오는) 공덕이야말로 (일반적인) 공덕보다 탁월합니다.675)

26. (그러나 지혜를 닦는 것은 고통스럽지만 결코 고통의 원인이라고 불릴 수 없습니다. 이 점은 다음과 같은 두 게송에서 분명해진다.) (깨달음에 이르는 길을 닦는) 어려운 수행을 참아내는 능력〔忍辱〕은 ① 거기에 (열반의 상태와 공존하는) 착하고 건전한 것(善)이 있고 ② 그것에서 유래하는 공덕을 헤아리기 어렵기 때문에 최상의 일이라 불립니다.676)

27. ③ 더구나 이 가르침에는 자아에 대한 지각이든 분노의 지각이든지 그것들이 자리잡을 터전이 없으므로 괴로움의 조건을 허용할

---

674) 〔梵語〕 tatphalaśreṣṭhaduḥkhatvād durlabhārthottamārthataḥ| jñeyāpāram itatvāc ca parāsādhāraṇatvataḥ|| 〔西藏語〕 de yi 'bras mchog sdug bsṅal phyir| rñed dka'i phyir daṅ mchog phyir daṅ|| śes bya'i pha rol phyin med phyir| gžan daṅ thun moṅ ma yin phyir|| 〔流支〕 苦身勝於彼 希有及上義 彼智岸難量 亦不同餘法 〔義淨〕 彼果勝苦故 難逢勝事故 境岸非知苦 於餘不其故

675) 〔梵語〕 gāḍhagaṃbhīrabhāvāc ca parasūtraviśiṣṭataḥ| mahāśuddhānvayatvāc ca puṇyāt puṇyaṃ viśiṣyate|| 〔西藏語〕 śin tu zab pa'i raṅ bžin phyir| mdo sde gžan las khyad žugs phyir|| rgyu ni dag ciṅ phal chen phyir| bsod nams las ni bsod nams 'phags|| 〔流支〕 堅實解深義 勝餘修多羅 大因及清淨 福中勝福德 〔義淨〕 是甚深性故 勝餘略詮故 胃族高勝故 望福福殊勝

676) 〔梵語〕 sahiṣṇutā ca caryāyāṃ duṣkarāyāṃ śubhā yataḥ| tadguṇāparimāṇatvād agrārthena nirucyate|| 〔西藏語〕 'di ltar dka' ba spyod pa la| ci mi sñam pa dge phyir daṅ|| de yi yon tan tshad med pas| mchog gi don du brjod pa yin|| 〔流支〕 能忍於苦行 以苦行有善 彼福不可量 如是最勝義 〔義淨〕 彼行堪忍時 雖苦行善故 彼德難量故 由斯名勝事

가능성은 없기 때문입니다. ④ 깨달음에 이르는 길의 실천은 만족을 수반하고 자비로워서 괴로움을 그 과보로 삼지 않기 때문입니다.[677]

28. (어떤 깨달음을 향한 님들은 육바라밀을 실천하는 데 암시된 고통 때문에 위없는 깨달음을 실현하려는 서원을 버리는 것이 가능합니다. 이러한 의문을 제거하기 위해 경전은 모든 지각을 버려야 한다고 설하고 있습니다. 왜냐하면 수행의 고통 때문에 서원이 단념될 수 있다고 표현한 사람이 아니라 표현하지 않은 사람만이 모든 지각을 버려서 마음이 어디에도 의존하지 않기 때문입니다. 다음의 게송의 목적이 그것입니다.) 사실상 강인한 노력은 (깨달음에 도달하려는) 마음을 포기하지 않고, (인내의) 완성[678]을 닦는 가운데, 그리고 (깨달음의 실현, 보시의 성취 등과 같은 어디에도 의존하지 않는 마음을 토대로 하는 모든 것의) 도구가 되는 방편 가운데 이루어집니다.[679]

29. (깨달음을 향한 님의 기본적인 성품으로서 어디에도 의존하지 않는 마음은 깨달음을 성취하려는 서원과 육바라밀의 실천이 뭇삶의 이익을 위하여 이루어져야 한다는 법문의 내용과 모순이 됩니다. 그러므로 적어도 존재하는 어떤 생각에 의존해야 하는 것이 아닙니까?) 올바른 실천은 그것이 유익함의 원인이 되는 한, 뭇삶들에게 유익한 것으로 여겨지지만, (올바른 실천을 하려면) 뭇삶들이 실재로 존재한다는 인상에서 벗어

---

677) 〔梵語〕 ātmāvyāpādasaṃjñāyā abhāvād duḥkhatā na ca| sasukhā karuṇābhāvāc caryā 'duḥkhaphalā tataḥ|| 〔西藏語〕 bdag tu 'dzin daṅ gnod sems kyi| 'du śes med phyir sdug bsṅal med|| spyod pa sdug bsṅal 'bras bu can| sñiṅ rje yod phyir bde daṅ ldan|| 〔流支〕 離我及恚相 實無於苦惱 共樂有慈悲 如是苦行果 〔義淨〕 由無盡怒情 不名爲苦性 有安樂大悲 行時非苦果

678) kṣāntipāramitā : 忍辱波羅密을 말한다.

679) 〔梵語〕 cittātyāgābhinirhāre yatnaḥ kāryo dṛḍho yataḥ| kṣāntipāramitāprāptau tatprāyogika eva ca|| 〔西藏語〕 de phyir sems ni mi btaṅ bar| sgrub la 'bad ciṅ brtan par bya|| bzod pa'i pha rol phyin thob daṅ| de la sbyor las byuṅ ba ñid|| 〔流支〕 爲不捨心起 修行及堅固 爲忍波羅蜜 習彼能學心 〔義淨〕 生心因不捨 是故應堅求 謂是得忍邊 及此心方便

나야 하는 것을 알아야 합니다.680)

30. (그렇다면 존재의 진정한 특징은 무엇입니까?) (우리가 존재이라고 부르는 것은 실제로는 존재의) 다발에 적용되는 명칭에 지나지 않습니다. (그래서 그 자체에 대한 지각을 떠나 있고 어떠한 본질도 결여되어 있습니다.) (주체〔人〕나 객체〔法〕에 대한 두 가지) 그 지각은 승리자(즉, 깨달은 님)에게서는 완전히 제거되었습니다. 그러므로 깨달은 님께서 진실한 견해를 갖고 있는 한, (뭇삶이나 사물과 같은) 그것은 존재하지 않습니다.681)

31. (그러나 정말 그러하고 어떠한 실천도 존재하지 않는다면, 깨달아진 결과 즉 깨달음에 원인은 없는 것을 뜻하게 되는데, 그렇다면, 길은 과보에 대한 원인이 아닙니까? 분명히 아닙니다. 법문은 진실에 관해 말하기 때문입니다.) 그 길은 (조건지어진 것으로 형성되는 것이 되는 불성으로 구성된) 과보에 대한 원인이라는 생각에 입각하지 않습니다. 그것은 결코 과보에 대한 수단적인 원인이 아닙니다. 왜냐하면 (이러한 가르침을 베푼) 깨달은 님들은 언제나 진실을 말씀하시기 때문이다. 그들이 천명하는 진실은 네 가지인 것을 알아야 합니다.682)

---

680) 〔梵語〕 pratipattiś ca sattvārthā vijñeyā hetubhāvataḥ| sattvavastunimittāt tu vijñeyā parivarjitā|| 〔西藏語〕 rgyu yi tshul gyis bsgrub pa ni| sems can don du śes par bya|| sems can dṅos po mtshan ma ni| yoṅs su spaṅ bar śes par bya|| 〔流支〕 修行利衆生 如是因當識 衆生及事相 遠離亦應知 〔義淨〕 應知正行者 是利生因故 於有情事相 應知遍除遣

681) 〔梵語〕 nāmaskandhāś ca tadvastu tatsaṃjñāpagamāj jine| tadabhāvo hi buddhānāṃ tattvadarśanayogataḥ|| 〔西藏語〕 de dṅos miṅ daṅ phuṅ po yin| saṅs rgyas yaṅ dag gzigs ldan pas|| rgyal ba de ni 'du śes daṅ| bral ba'i phyir na de gñis med|| 〔流支〕 假名及陰事 如來離彼想 諸佛無彼二 以見實法故 〔義淨〕 彼事謂名聚 最勝除其想 諸世尊無比 由眞見相應

682) 〔梵語〕 phalāpratiṣṭhito mārgas tatphalasyāpi kāraṇam| buddhānāṃ bhūtavāditvāt tac ca jñeyaṃ caturvidham|| 〔西藏語〕 'bras bu la ni mi gnas lam| de yi 'bras bu 'thob rgyu yin|| saṅs rgyas yaṅ dag gsuṅ ba'i phyir| de yaṅ rnam bžir śes par bya|| 〔流支〕 果雖不住道 而道能爲因 以諸佛實語 彼智有四種 〔義淨〕 果不住因位 是得彼果因 世尊實語故 應知有四種.

32. ① (깨달은 님이 되려는) 서원, ② 소승의 가르침, ③ 대승의 가르침, ④ 깨달은 님께서 말씀하신 모든 (예언적인) 수기에 포함된 가르침은 바로 결코 거짓으로 밝혀지지 않는 것입니다.683)

33. (이것이 진실에 입각한 말씀, 진리에 입각한 말씀, 있는 그대로의 말씀, 그것과 다르지 않은 말씀의 네 가지 표현을 설명하는 것입니다. 그러나 법문에서 '여래의 가르침은 진실이나 거짓이란 말로 표현할 수 없다'는 사실에 관하여 어떻게 이해할 수 있겠습니까?) (이러한 말의 배후에 존재하는 어떠한 것도 없는 한, 실제로 존재하는 것으로) 어떠한 것에도 도달할 수 없기 때문에 이러한 가르침은 진실이 아니고, 그것이 (깨달음에 도달했다는 사실과) 일치하는 한 거짓도 아닙니다. 그것은 (그것들이 본질과 일치하는 것처럼 문자적 의미에 따라) 언어를 취하려는 경향을 치료하기 위해 설해진 것입니다.684)

34. (그러므로 경전에서 여래께서 '진실을 말씀한다'와 그 뒤에 '진리도 없고 거짓도 없다'를 붙인 것은 모순되는 것이 아닙니다. 그런데 의문이 생겨난다. 성자들은 소위 조건지어지지 않은 것으로부터 나타난 것이라면, 어떻게 불성이 어디에도 의존하지 않는 마음에 의해서 깨달아집니까? 깨달음이 실현될 때 마음은 어딘가에 의존해야 합니다. 더구나 이 깨달음이 영원하고 없는 곳이 없다면, 어떤 때는 깨닫고 어떤 때는 못 깨닫는 이유는 무엇입니까?) 진여(眞如)는 언제나 어디에나 있지만 무지하기 때문에 마음이 어딘가에 의존해 있는 자들에게는 깨달아지지 않습니다. 그

---

683) 〔梵語〕 pratijñā hīnayānasya mahāyānasya deśanā| sarvavyākaraṇānāṃ ca na visaṃvādinī yataḥ|| 〔西藏語〕 dam bcas theg pa dman pa daṅ| theg pa chen po ston pa daṅ|| luṅ bstan thams cad bstan pa rnams| slu bar byed pa min phyir ro|| 〔流支〕 實智及小乘 說摩訶衍法 及一切授記 以不虛說故 〔義淨〕 立要說下乘 及說大乘義 山諸授記事 皆無有差別

684) 〔梵語〕 aprāpter ānukulyāc ca na satyā na mṛṣā matā| yathārutaniveśasya pratipakṣeṇa deśanā|| 〔西藏語〕 ṅes thob min žiṅ mthun pa'i phyir| bden pa med ciṅ rdzun med bžed|| sgra bžin du ni žen pa yi| gñen po ñid du bstan pa yin|| 〔流支〕 隨順彼實智 說不實不虛 如聞聲取證 對治如是說 〔義淨〕 不得彼順故 是非實非妄 如言而執者 對彼故宣說

러나 반대로 (올바른) 지혜로 인해 (마음이 아무 데도 의존하지 않는) 다른 사람에게는 깨달아집니다.685)

35. (깨달은 님은 진여에서 나타났으므로 그 때문에 의존하는 마음이 있으면 진여를 증득할 수가 없습니다. 그래서 이와 같이 말한다.) 무지는 어둠과 같고 지혜는 빛과 같다고 말해집니다. (태양이 어둠을 몰아내는 예에서처럼, 잘못된 지각에 대한) 치료와 (어둠과 같은) 그 반대의 예는 각각 깨달음의 획득과 깨달음의 상실을 드러내기 때문입니다.686)

36. 법에 따른 올바른 실천에서 어떠한 공덕이 얻어지고, 그 (올바른) 실천이 어떻게 업력에 영향을 줄 것인가가 이제 설해집니다.687)

37. (법문에 설명된) 문장이 구성하는 가르침은 (올바른 실천과 관련해서) 세 가지가 있습니다. 가르침을 받아들이고 가르침을 마음에 새기고 다른 사람에게 설명하는 것입니다. 그 의미는 자신이나 다른 사람에게서 배우거나 생각함으로서 획득될 수 있습니다.688)

---

685) 〔梵語〕 ―――――――――――alābhatā| ajñānāt sapratiṣṭhena jñānād anye na lābhatā|| 〔西藏語〕 de bžin ñid ni rtag tu yaṅ| kun la yod bžin mi 'thob pa|| gnas daṅ bcas pas ma śes phyir| gcig śes kyis ni śes phyir 'thob|| 〔流支〕 時及處實有 而不得眞如 無智以住法 餘者有智得 〔義淨〕 常時諸處有 於眞性不獲 由無知有住 智無住得眞

686) 〔梵語〕 tamaḥprakāśam ajñānam jñānam ālokavan mataṃ| pratipakṣavipakṣasya lābhahānyāmukkhatvataḥ|| 〔西藏語〕 mi śes pa ni mun pa 'dra| śes pa snaṅ ba 'dra bar bžes|| gñen po daṅ ni mi thun phyogs| thob daṅ ñams par 'gyur phyir ro|| 〔流支〕 闇明愚無智 明者如有智 對治及對法 得滅法如是 〔義淨〕 無智有如闇 當閑智若明 能對及所治 得失現前故

687) 〔梵語〕 yādṛśya pratipattyā ―――――――| yat karmikā ca sā dharme pratipattis tad ucyate|| 〔西藏語〕 chos la sgrub pa ji lta bus| bsod nams ci 'dra 'thob pa daṅ|| las ni gaṅ daṅ ldan pa de| sgrub pa yin te de brjod do|| 〔流支〕 於何法修行 得何等福德 福成就何業 如是說修行 〔義淨〕 由如是正行 獲如是福量 於法正行者 業用今當說

688) 〔梵語〕 vyañjane trividhā dharmadharatve śrutavistare| arthasya parato 'dhyātmam āptau śravaṇacintanāt|| 〔西藏語〕 yi ge la ni rnam gsum ste| chos 'dzin pa daṅ rgyas thos la|| don ni gžan la bdag ñid kyis| mñan daṅ bsa

38. 이 (가르침을 파악하려고 하는 행위)는 자신을 정신적으로 성숙시킵니다. 그리고 (다른 사람에게 설명하면) 다른 중생들을 정신적으로 성숙시킵니다. 그러므로 하나의 공덕은 다른 공덕보다 본래의 위대성 때문만이 아니라 축적되는데 필요한 오랜 (위대한) 시간 때문에 탁월합니다.

▲14장 지각을 여읜 평안〔離相寂滅分〕의 끝[689]

39. (게송 36에서 올바른 행위의 실천과 관련된 영향이 언급되었습니다. 이제 가르침과 관련된 영향에는 어떠한 것이 있는가를 묻는다면, 다음과 같은 게송들이 그것을 설명합니다.) ① (대부분의 일반사람들이) 헤아리기 어려운 특성, ② (소승에게는 공유되지 않고, 대승만이 갖고 있는) 특수성, ③ 최상의 삶을 영위하려는 위대한 사람들의 실천성, ④ 배우기 어려운 특성, ⑤ 최상의 세계(界)[690]를 끝까지 닦아나가는 능력이 있습니다.[691]

40. 그리고 ⑥ 최상의 가르침을 파악하는 능력, ⑦ 가르침이 설해지고 숭배되는 곳을 청정하게 하는 능력,

▲15장 배우고 가르치는 큰 공덕〔持經功德分〕의 끝

⑧ 모든 오염을 제거하는 능력, ⑨ 곧바른 앎을 빨리 실현하는 능

---

m las chub par 'gyur|| 〔流支〕 名字三種法 受持聞廣說 修從他及內 得聞是修智 〔義淨〕 於文有三種 受持聞廣說 義得由從他 及已聞思故.

689) 〔梵語〕 ――――――――――――paripācane| vastukālamahatvena puṇyāt puṇyaṃ viśiṣyate|| 〔西藏語〕 'di ni bdag smin byed gžan ni| sems can yoṅs su smin byed yin|| dṅos daṅ dus ni che ba'i phyir| bsod nams las ni bsod nams 'phags|| 〔流支〕 此爲自淳熟 餘者化衆生 以事及時大 福中勝福德 〔義淨〕 此謂熟內已 餘成他有情 由事時大成 望福福殊勝

690) dhātu : 계(界)를 말한다. 그러나 의정(義淨)의 한역에는 원인(因)이라고 되어 있다.

691) 〔梵語〕 agocaratvaṃ kaivalyaṃ mahātmāśritatā tathā| durlabhaśravatā caiva dhātupuṣṭir anuttarā|| 〔西藏語〕 spyod yul min daṅ ma 'dres daṅ| de bžin che ba ñid la brten|| thos pa rñed par dka' ba daṅ| khams kyaṅ rgyas byed bla na med|| 〔流支〕 非餘者境界 唯依大人說 及希聞信法 滿足無上界 〔義淨〕 非境性獨性 能依是大人 及難可得聞 無上因增長

력이 있습니다.[692]

41. ⑩ 다양한 세계에서 성취되는 그 과보는 아주 위대하지만, (가르침의 실천으로 멸시당하는 등의) 이 모든 과보들은 가르침에 따른 실천의 업보들이라고 불립니다.[693]

▲16장 청정하지 못한 업장을 맑히네〔能淨業障分〕의 끝

42. (부처님께서 세 가지 종류의 올바른 실천이 있다고 말씀하셨지만, 바로 이 주제에 관하여 쑤부띠가 다른 질문을 했는데, 어떠한 것입니까?) 바른 실천을 수행하면, 사람은 '나는 깨달음을 향한 님이다' (또는 '나는 법을 실천한다 또는 나는 마음을 닦았다')라고 생각하는데 이것이 마음의 장애입니다. (왜냐하면 실제로는 깨달음을 향한 님이라고 하는 것은 없기 때문이다.) 마음은 마땅히 아무 곳에도 의존하지 말아야 합니다.[694]

43. (이제 우리는 논의해야 한다. 법문에서 '깨달음을 향한 님은 없다'고 했다. 깨달음을 향한 님이 없다면 어떻게 샤끼야무니 여래께서 디빵까라 여래 시대에 수행을 할 수 있었겠습니까?) 내가 미래에 부처가 될 것이라고 디빵까라 여래께서 수기했지만, 나는 디빵까라 여래 당시에 최상의

---

692)〔梵語〕――――――――――pātratāśraye| śodhanāvarṇānāṃ ca kṣiprābhi jñātvam eva ca||〔西藏語〕dam pa'i chos ni 'dzin pa daṅ| gnas kyaṅ snod du bya ba daṅ|| sgrib pa rnams kyaṅ 'dag pa daṅ| mṅon par śes pa myur ba daṅ||〔流支〕受持眞妙法 尊重身得福 及遠離諸障 復能速證法〔義淨〕若但持正法 所依處成器 蠲除諸業障 速獲智通性

693)〔梵語〕vicitralokasaṃpattivipākaḥ sumahānn api| karmāṇi etāni dharme pratipatter matāni||〔西藏語〕'jig rten 'byor pa sna tshogs kyi| rnam smin śin tu che ba ste|| 'di dag chos la sgrub ba yi| las rnams yin par rab tu bstan||〔流支〕成種種勢力 得大妙果報 如是等勝業 於法修行知〔義淨〕世妙事圓滿 異熟極尊貴 於此法修行 應知獲斯業

694)〔梵語〕――――――――――bodhisattvakalpanā| cittāvaraṇam ākhyātaṃ yac cittam apratiṣṭhitaṃ||〔西藏語〕sgrup pa so so bdag raṅ la| byaṅ chub sems dpar rtog pa yin|| mi gnas sems ni gaṅ yin pa'i| sems kyi sgrib pa yin par bstan||〔流支〕於內心修行 存我爲菩薩 此卽障於心 違於不住道〔義淨〕由自身行時 將已爲菩薩 說名爲心障 違於無住心

수행을 닦지 않았습니다. (왜냐하면, 내가 깨달음을 얻은 것이 있다면, 나에게 수기가 주어지지 않았을 것이기 때문입니다. 더구나 깨달음을 향한 님이 깨달은 님이 되기를 서원하면서, 그 때에 깨달은 것이 없다고 한다면, 깨달은 님은 없다는 것을 뜻합니다. 이것은 존재하지 않는 것에 대한 잘못된 지각입니다. 이러한 잘못된 지각을 피하기 위해 부처님은 진실진여(眞實眞如)라고 합니다. 이 때에 진실은 '거짓 없음'을 의미하고 진여는 '다른 것으로 변할 수 없음'을 뜻합니다.) 만약 반대로 깨달음이 실현된다고 생각한다면 이것은 잘못된 진술입니다. 사실상 깨달음은 (실현되어야 할 깨달음과 같은 법이 없는 것과 마찬가지로 수행될 수 있는 것이 없다는 의미에서) 실천과 동일합니다. (만약 깨달음이 얻어질 수 있는 것이라면) 그 경우에는 진실이 아니며 무엇인가가 만들어진 것입니다.695)

44. (그런데 이것은 완전한 깨달음에 도달할 가능성에 대한 완전한 부정입니까? 경전은 대답합니다. 부처님에 의해 깨달아진 것은 진실도 아니고 거짓도 아닙니다.) (모든 법이) 어떠한 특징이 없는 것으로 특징지어지는 한, (그 법들은) 거짓이 아닌 것으로 특징지어집니다. 그러므로 모든 법은 깨달은 님의 법과 같습니다. 그래서 법의 특징은 존재하지 않는 것입니다.696)

45. (그렇다면 몸을 갖추었는데, 위대한 몸을 갖추었다는 뜻은 무엇입니까?) 그러나 법신(法身)을 가지고 있으므로 깨달은 님은 인간과 유

---

695)〔梵語〕 paścādvyākaraṇān no ca caryā dīpaṃkare parā| bodhis tac caryayā tulyā na sa ――――――|| 〔西藏語〕 phyi nas kyaṅ ni luṅ bstan phyir| mar me mdzad las spyod mchog min|| byaṅ chub de yi spyod daṅ 'dra| byas pa'i mtshan ñid kyis mi bden||〔流支〕 以後時授記 然燈行非上 菩提彼行等 非實有爲相 〔義淨〕 授後時記故 燃燈行非僧 菩提彼行同 非實由因造

696)〔梵語〕 ――――――――――na mṛṣā paridīpitā| dharmās tato buddhadharmāḥ sarve 'bhāvasvalakṣaṇāḥ||〔西藏語〕 de'i mtshan med pa'i mtshan ñid kyis | rdzun pa med ces yoṅs su bstan|| de phyir chos rnams saṅs rgyas chos| thams cad dṅos med raṅ mtshan ñid||〔流支〕 彼卽非相相 以不虛妄說 是法諸佛法 一切自體相 〔義淨〕 無彼相爲相 故顯非是妄 由法是佛法 皆非有爲相

사하게 여겨집니다. 그는 (도덕적 장애[697]나 지성적 장애[698]의) 두 가지의 장애가 없고 (진여의 성품을 지녀, 실체의 몸이 아니므로) 원만하기 때문에 그 몸은 모든 곳에 가득 차 있습니다.[699]

46. 그러나 이 몸은 덕성의 위대함을 갖추고 있기 때문에 위대한 몸이라고 여겨집니다. 깨달은 님은 존재가 없는 몸을 지니므로 몸이 아닌 존재라고 말해집니다.[700]

47. (이제 다음과 같은 의문 즉, '깨달음을 향한 님이 없다면, 부처님에 의해서 깨달아진 완전한 깨달음은 없으며, 열반이나 극락으로 이끌어질 어떠한 중생도 없다'는 생각이 일어날 것입니다. 그렇다면 중생을 열반으로 들게 하거나 극락에 보내려고 맹세한 깨달음을 향한 님의 서원은 무엇입니까? 다음과 같은 게송이 그 의문에 대답합니다.) ① 법계에 대하여 이해하지 못하는 것, ② 중생을 열반으로 이끈다는 생각, ③ 불국토를 청정하게 하려는 견해, 이러한 것들은 전도된 망상에 지나지 않습니다.[701]

---

697) kleśa-āvaraṇa : 유식학에서 번뇌장〔煩惱障〕은 해탈에 방해가 되는 도덕적인 장애를 말한다.

698) jñeya-āvaraṇa : 유식학에서 소지장(所知障)은 해탈에 방해가 되는 지성적인 또는 인식론적인 장애를 말한다.

699) 〔梵語〕 dharmakāyena buddhas tu mataḥ saḥ puruṣopamaḥ| nirāvaraṇato——————————|| 〔西藏語〕 saṅs rgyas chos kyi skur bžed de| mi de daṅ ni 'dra ba yin|| sku ni sgrib pa med daṅ ldan| thams cad du ni 'gro ba daṅ|| 〔流支〕 依彼法身佛 故說大身有 身離一切障 及遍一切境 〔義淨〕 謂以法身佛 應知喻丈夫 無障圓具身 是遍滿性故

700) 〔梵語〕 guṇamahātmyataś cāpi mahākāyaḥ sa eva hi| abhāvakāyabhāvāc ca akāyo 'sau nirucyate|| 〔西藏語〕 yon tan che ba ñid kyi phyir| de ñid sku ni che ba yin|| med pa'i lus ni yod pas na| de ni med pa'i lus žes bya|| 〔流支〕 功德及大體 故卽說大身 非身卽是身 是故說非身 〔義淨〕 及德體大故 亦名爲大身 非有身是有 說彼作非身

701) 〔梵語〕 dharmadhātāv akuśalaḥ sattvanirvāpaṇe matiḥ| kṣetrānāṃ śodhane caiva——————————|| 〔西藏語〕 chos kyi dbyiṅs la mi mkhas pa| sems can mya ṅan 'da' ba daṅ|| žiṅ rnams dag par bya bar sems| des na phyin ci log pa yin| 〔流支〕 不違眞法界 起度衆生意 及淸淨國土 生心卽是倒 〔義淨〕 不了於法界 作度有情心 及淸淨土田 此名爲誑妄

48. 뭇삶이건 깨달음을 향한 님이건 모든 법을 자각하여 실체가 없음(無我)을 지혜로써 이해하면, 성인이건 성인이 아니건 지혜로운 자라고 불립니다.702)

▲17장 나 없음을 깨달아야〔究竟無我分〕의 끝

49. (어떠한 법도 보지 않는 한, 그만큼 깨닫는다면, 부처님은 아무런 법도 보지 않는 자입니다. 그러나 이것은 부처님께서 눈이 없다는 것을 의미하지는 않습니다.) 어떠한 법도 보지 않더라도 이것은 부처님에게 눈이 없다는 것을 의미하지는 않습니다. 왜냐하면 깨달은 님의 눈은 다섯 가지이며 그것과는 다른 허망한 것을 보기 때문입니다.703)

50. (그렇다면 허망한 것은 무엇입니까?) 다양한 잘못된 관념들은 새김의 영역에서 제거되기 때문에, 그들의 흐름(또는 마음의 흐름으로 암시된 흐름)은 무엇이든지 주처를 찾지 못합니다. (과거, 미래 그리고 현재는 그 속에 지속성을 갖고 있으나 존재하지 않기 때문입니다.) 그러므로 그것들은 허망이라고 불립니다.704)

▲18장 모두 하나로 꿰뚫어 보고〔一體同觀分〕의 끝

---

702) 〔梵語〕 sattvānāṃ bodhisattvānāṃ dharmān yaś ca nairātmakān| buddhyā 'dhimucyate 'nārya āryo dhīmān sa kathyate|| 〔西藏語〕 sems can byaṅ chub sems dpa' yi| chos rnams su žig bdag med par|| blos mos 'phags min 'phags pa'ṅ ruṅ| de ni blo daṅ ldan žes brjod|| 〔流支〕 衆生及菩薩 知諸法無我 非聖自智信 及聖以有智 〔義淨〕 於菩薩衆生 諸法無自性 若解雖非聖 名聖慧應知

703) 〔梵語〕 nopalambhe 'pi dharmāṇāṃ cakṣur na hi na vidyate| buddhānāṃ pañcadhā tac ca vitathārthasya darśanāt|| 〔西藏語〕 chos rnams la ni mi dmigs kyaṅ| saṅs rgyas rnams la spyan med min|| de'am rnam pa lṅa yod do| nor pa'i don tu gzigs pa'i phyir|| 〔流支〕 雖不見諸法 非無了境眼 諸佛五種實 以見彼顚倒 〔義淨〕 雖不見諸法 此非無有眼 佛能具五種 由境虛妄故

704) 〔梵語〕 nānāvithatavijñapteḥ smṛtyupasthānavarjanāt| nirādhāraprabandho 'syā vitathā 'to nirucyate|| 〔西藏語〕 nor pa'i rnam rig sna tshogs pa| dran pa ñe bar bžag med phyir|| de yi rgyun ni gži med de| de yi phyir na nor žes bya|| 〔流支〕 種種顚倒識 以離於實念 不住彼實智 是故說顚倒 〔義淨〕 種種心流轉 離於念處故 彼無持常轉 故說爲虛妄

51. (그런데 왜 법문은 여기에 공덕의 다발에 관하여 새로운 예를 삽입했습니까? 다음과 같이 주장할 수 있습니다. 정신적인 순간들의 흐름으로서 그러한 것들이 없다면 공덕의 다발은 의심할 바 없이 불가능합니다. 이러한 공덕이 잘못된 가정이라면, 어떻게 덕성이 유지될 수 있습니까? 그 대답은 정신적인 상태의 흐름과 같은 것은 없다는 사실이 공덕의 다발을 부정한다는 것은 아니라는 것입니다.) 공덕이 올바른 앎을 돕는 한, 공덕의 다발에는 허망함이 없다는 사실을 알아야 합니다. 그러므로 이러한 공덕의 중요성을 설명하기 위해서 바로 그러한 공덕과 관련하여 다른 예를 들고 있습니다. (많은 공덕의 다발은 존재의 다발로서의 집착다발[705]처럼 받아들여져서는 안 됩니다. 왜냐하면 이것은 올바른 지혜에 도움이 되지 않기 때문입니다.)[706]

▲19장 공덕은 온 법계에 두루 미치네〔法界通化分〕의 끝

52. (그러나 이렇게 강변할 수 있습니다. 만약 깨달은 님이 조건지어지지 않은 존재라면, 낮거나 높은 특징을 지녔다고 어떻게 말할 수 있습니까? 이 질문에 답변하기 위해 법문은 부처님은 육체적인 형태의 완전성이나 특징의 완전성으로 나타나지 않는다라고 말씀하십니다. 여기 주석에서 설해진 것처럼, 육체는 여든 네 가지의 부수적인 외형적 특징으로 이해됩니다. 부처님은 육체적인 형태의 완전성이 사실상 완전성이 아니며 특징의 완전성도 완전성이 아니다라고 말씀하십니다. 이 의미는 무엇입니까?) 진리의 몸〔法身〕의 성취는 부수적인 외형적 특징[707]이라고 말해지지 않

705) pañca upadānaskandha : 오취온(五取蘊)을 말하는데, 이것은 존재의 다발(五蘊)이 '이것은 나의 것이고, 이것이야말로 나이고, 이것은 나의 자아이다'라는 형태로 취착된 것을 말한다.

706) 〔梵語〕 jñānasyādhārato jñeyā puṇye vitathatā na ca| tataḥ puṇyanimittaṃ hi punar dṛṣṭāntakīrtanam|| 〔西藏語〕 bsod nams ye śes gži yin phyir| nor pa ma yin śes par bya|| de lta bas na bsod nams phyir| dpe ni bzlas te bstan par mdzad|| 〔流支〕 佛智慧根本 非顚倒功德 以是福德相 故重說譬喩 〔義淨〕 應知是智持 福乃非虛妄 顯此福因故 重陳其喩說

707) aśīty-anubyañjanāni : 팔십종호(八十種好)라고 한역한다. 서른 두 가지 외형적 특징 즉 삼십이상(三十二相) 보다 미세하게 부처님을 묘사한 것으로 그것과 겹치는 부분도 있다. 여든 가지의 외형적인 특징은 아래와 같다. 1. 손톱이 좁고 길고 엷고 구리빛

으로 윤택한 것, 2. 손가락과 발가락이 둥글고 길어서 다른 사람보다 고운 것, 3. 손과 발이 제각기 같아서 다름이 없는 것, 4. 손발이 원만하고 부드러워 다른 사람보다 훌륭한 것, 5. 힘줄과 핏대가 잘 서리어 부드러운 것, 6. 복사뼈가 살 속에 숨어 나타나지 않는 것, 7. 걸음걸이가 곧고 반듯한 것이 코끼리와 같은 것, 8. 걸음 걷는 풍모가 사자와 같은 것, 9. 걸음걸이가 평안하길 받침대와 같은 것, 10.걸음걸이가 위엄이 있어 주위에 감동을 주는 것, 11. 몸을 돌려 돌아보는 것이 코끼리 같은 것, 12. 팔다리의 마디가 수승하고 원만하고 긴 것, 13. 뼈마디가 서로 얽혀 조밀한 것이 용의 골반과 같은 것, 14. 무릎이 원만하고 곧고 아름다운 것. 15. 남근이 살 속에 숨어있는 것이 말과 같은 것, 16. 몸과 팔다리가 윤택하고 미끄럽고 깨끗하고 부드러운 것, 17. 몸매가 바르고 곧아서 두려움이 없는 것, 18. 몸과 팔다리가 견고하고 조밀한 것, 19. 몸매가 반듯하고 동요가 없고 부수어지지 않는 것, 20. 몸매가 단정하고 신선과 같고 때가 없는 것, 21. 몸에 둥근 광명이 있어 한 길씩 뻗치는 것, 22. 배가 반듯하여 결점이 없고 유연하고 원만한 것, 23. 배꼽이 깊숙이 오른 쪽으로 감겨 오묘한 것, 24. 배꼽이 두텁고 두드러지거나 오목하지 않은 것, 25. 살갗이 깨끗하고 청정하여 허물이 없는 것, 26. 손바닥이 충만하고 유연하고 단정한 것, 27. 손금이 깊고 끊어지지 않고 분명하고 바른 것, 28. 입술이 붉고 윤택하여 빔바열매 같은 것, 29. 얼굴이 원만하여 크지도 작지도 않고 단엄한 것, 30. 혀가 넓고 길고 붉고, 신축성이 있어 이마까지 닿는 것, 31. 말소리가 위엄 있게 떨치는 것이 코끼리의 표호와 같은 것, 32. 목소리가 훌륭하고 계곡의 메아리 같은 것, 33. 코가 높고 곧아 콧구멍이 드러나지 않는 것, 34. 치아가 반듯하고 흰 것, 35. 송곳니가 깨끗하고 맑고 둥글고 끝이 날카로운 것, 36. 눈이 넓고 깨끗하여 눈동자에 검은 광명이 있는 것, 37. 눈이 커서 청련화처럼 사랑스러운 것, 38. 속눈썹이 가지런하여 소의 눈썹과 같은 것, 39. 두 눈썹이 길고 검고 빛나고 부드러운 것, 40. 두 눈썹이 아름답고 가지런하여 검붉은 에머랄드같은 것, 41. 두 눈썹이 높고 빛나 초승달과 같은 것, 42. 귀가 두텁고 길고 귓불이 늘어진 것, 43. 두 귀의 모양이 아름답고 가지런한 것, 44. 입이 단정하고 아름다워 보기싫지 않은 것, 45. 이마가 넓고 원만하여 번듯하고 수승한 것, 46. 윗몸이 원만하여 사자왕과 같은 것, 47. 머리카락이 검고 길고 빽빽한 것, 48. 머리카락이 향기나고 깨끗하고 부드럽고 윤택한 것, 49. 머리카락이 고르고 가지런한 것, 50. 머리카락이 단단하여 떨어지지 않는 것, 51. 머리카락이 빛나고 매끄럽고 때가 끼지 않는 것, 52. 몸매가 견고하고 충실한 것이 나라연천(那羅延天)과 같은 것, 53. 몸집이 장대하고 단정하여 곧은 것, 54. 몸의 일곱 구멍이 맑고 깨끗하여 때가 끼지 않는 것, 55. 근력이 충실하여 견줄 사람이 없는 것, 56. 몸매가 엄숙하고 좋아 보는 사람마다 즐거워하는 것, 57. 얼굴이 둥글고 넓고 깨끗한 것이 보름달 같은 것, 58. 얼굴빛이 화평하여 미소를 띄운 것, 59. 얼굴이 빛나고 주름이나 푸르고 붉은 빛이 없는 것, 60. 몸과 팔다리가 청정하고 악취나 더러움이 없는 것, 61. 털구멍에서 좋은 향기가 풍기는 것, 62. 입에서 아름다운 향기가 나는 것, 63. 목이 아름답고 둥글고 평평한 것, 64. 몸의 털이 부드럽고 검푸른 빛으로 공작새의 깃털과 같은 것, 65. 법문이 원만하여 듣는 사람의 많고 적음에 따라 널리 전달되는 것, 66. 정수리가 높고 묘하여 볼 수가 없는 것, 67. 손가락과 발가락 사이에 그물막이 분명하고 가지런한 것, 68. 걸어다닐 때에 발이 땅에 닿지 않고 네치쯤 땅에 떠서 발자국을 남기지 않는 것, 69. 신통으로 자신을 수호하여 다른 사람의 호위를 받지 않는 것, 70. 위덕이 널리 미쳐 선한 이들이 듣기 좋아하고 악마와 외도들이 두려워 굴복하는 것, 71. 목소리가 화평하고 맑아 여러 사람의 마음을 즐겁게 하는 것, 72. 뭇삶의 소리에 따라 거기에 맞추어 법문을 설하는 것, 73. 한 음성으로 법을 말하되 여러 부류가 알게 하는 것, 74. 설법은 차례로 하되 반드시 인연을 살펴 잘못되지 않게 설한다, 75. 뭇삶을 관찰하여 선을 칭찬하고 악을 비난하는 법을 설하되 애증으며, 일차적인 외형적 특징〔三十二相〕의 성취도 아니다. 왜냐하면 그것은 몸이 없는 것으로 성취된다고 여겨지기 때문입니다.[708]

53. 반면에 이 양자의 성취(즉 외형적인 몸의 완성과 외형적 특징의 성취)는 법신 자체와 다르지 않기 때문에 이 두 가지의 성취를 이룬 자가 여래가 아니라고도 생각해서는 안 됩니다. (그러한 공존은 상반되는 것으로서의 두 가지 존재가 초월되어지는 사실을 지시하기 때문에 법문은 한번 더 '완성'을 강조하는 것입니다.)[709]

▲20장 형상과 특징을 떠나서〔離色離相分〕의 끝

54. (그러나, 자, 이렇게 물을 수도 있습니다. 만약에 부처님에게 이 두 완전성이 결여되어 있다면, 부처님의 가르침이 어떻게 가능할 것입니까?) 여래와 마찬가지로 그의 가르침도 존재한다고 볼 수 없다. 그의 가르침은 (법문에서 설해진 가르침, 설해진 가르침이라고 반복적으로 암시하는 말과 그 의미의) 두 가지라고 여겨집니다. (법문은 설해진 가르침으로 여겨질 만한 어떠한 것도 없다는 사실을 부가합니다.) 왜냐하면 가르침은 법계와 구별되지 않으며 그 자신의 특징을 지니고 있지 않기 때문입니다.[710]

에 사로잡히지 않는 것, 76. 일을 하되 먼저 관찰하고 뒤에 실행하여 제각기 마땅함을 얻는 것, 77. 온갖 상호를 구족하여 아무리 보아도 다함이 없는 것, 78. 머리의 뼈가 단단하여 여러 겁을 지내더라도 부서지지 않는 것, 79. 용모가 준수하고 항상 젊은이와 같은 것, 80. 손과 발과 가슴에 상서로운 공덕의 상과 모양을 구족한 것.

708) 〔梵語〕 na dharmakāyaniṣpattir anuvyañjanam ucyate| na ca lakṣaṇasaṃpattis tad akāyatvato matā|| 〔西藏語〕 dpe byad bzaṅ po žes bya ba| chos kyi skur sgrub ma yin te|| mtshan rnams phun tshogs pa'am min| de phyir sku de'i sku min bžed|| 〔流支〕 法身畢竟體 非彼相好身 以非相成就 非彼法身故 〔義淨〕 謂於眞法身 無隨好圓滿 亦非是具相 非身性應知

709) 〔梵語〕 dharmakāyāvinirbhāgān na dvayaṃ na tathāgataḥ| saṃpattir ucyate bhūyo dvayaṃ nāsty astitā tataḥ|| 〔西藏語〕 chos kyi sku las dbyed med phyir| gñis pa de bžin gśegs med min|| phun sum tshogs žes yaṅ brjod pas | de phyir gñis po med las yod|| 〔流支〕 不離於法身 彼二非不佛 故重說成就 亦無二及有 〔義淨〕 於法身無別 非如來無二 重言其具相 由二體皆無

710) 〔梵語〕 ——————————kalpitā| dharmakāyāvinirbhāgād deśanā

55. (그러나 그렇다면, 반론할 수 있습니다. 부처님이 스승으로 존재하지 않는다면, 법신과 일치하는 그의 가르침도 존재하지 않을 것입니다. 그러한 심오한 이론을 믿는 사람은 누구인가? 그래서 법문은 진술합니다. 뭇삶도 아니고 뭇삶이 아닌 것도 아닙니다.) 가르치는 자나 가르쳐진 것의 심오함을 믿는 자가 없는 것은 아닙니다. 그들은 뭇삶도 아니고 뭇삶이 아닌 것도 아닙니다. (여기서 뭇삶은) 성자로서의 특징이 없는 대부분의 일반사람의 특징을 소유한 자들을 (의도한 것이고) 뭇삶이 아닌 존재는 성자의 지위를 가진 자들을 (의도하는 것입니다.) (이것은 대부분의 일반사람과 관련해서 뭇삶은 뭇삶이 아닌 것을 의미합니다. 그러나 성자의 지위와 관련해서 그들은 뭇삶이 아닌 것이 아닙니다. 그러므로 부처님께서 뭇삶이 아닌 것에 대하여 말할 때, 대부분의 일반사람들에 관련해서 언급하는 것이지만, 뭇삶이 아닌 것이 아닌 존재라고 말할 때는 성자들에 관련해서 언급하는 것입니다.)[711]

▲21장 설하지만 설한 것이 없네〔非說所說分〕의 끝

56. (만약에 위없는 깨달음과 같은 그러한 것이 없다면, 법문은 왜 계속해서 위없이 바르고 원만한 깨달음에 관해서 언급하고 있습니까? 법문은 '그것은 존재하지 않는다'라고 말합니다.) 깨달음은 위없는 것으로 알아야 합니다. 왜냐하면, (그것을 초월하는) 가장 미세한 법도 없기 때문입니다. 이것은 법계가 증장할 수는 없지만, 반대로 청정하고 평등한 자성이 존재한다는 사실에 의존합니다. (그것은 또한 자아가 없고 어떠한 생성도 용납되지 않는 적멸과 같은 특징과 선하고 건전한 법이 완전히

---

py asvalakṣaṇā|| 〔西藏語〕 saṅs rgyas bžin du bstan med phyir| bstan pa rnam pa gñis las brtags|| chos kyi dbyaṅs las dbyer med pas| bstan pa'ṅ raṅ gi mtshan ñid med|| 〔流支〕 如佛法亦然 所說二差別 不離於法界 說法無自相 〔義淨〕 如來說亦無 說二是所執 由不離法界 說亦無自性

711) 〔梵語〕 deśyadaiśikagāṃbhīryaśraddhā na ca na santi hi| na sattvā nāpi cā sattvās te 'nāryārya————|| 〔西藏語〕 ston daṅ bśad bya zab pa la| dad med pa ni ma yin te|| de dag 'phags min 'phags ldan phyir| sems can med min sems can min|| 〔流支〕 所說說自深 非無能信者 非衆生衆生 非聖非不聖 〔義淨〕 能說所說雖甚深 亦然非無敬信者 由非衆生非非生 非聖聖性相應故

완성되어 깨달음 이외에 선한 법의 완성이 있을 수 없는, 최상의 의미〔第一義諦〕에 의존하는 것입니다.)[712]

▲22장 법은 얻어질 수 없으니〔無法可得分〕의 끝

57. (법문에서 언급된 선하고 건전한 법의 특징은 무엇입니까? 법이 없다는 진술과 모순이 되는 것은 아닙니까?) 방편으로 위없는 법이므로, 번뇌에 지배되는 것이 없는 한, 그 반대로서의 착하고 건전한 법도 있을 수 없다. 그러므로 이러한 법이 착하고 건전한 법이라고 불립니다. (왜냐하면, 그 본성이 상대적이 아니라 궁극적으로 착하고 건전하기 때문입니다.)[713]

▲23장 맑은 마음으로 착함을 행하라〔淨心行善分〕의 끝

58. (그러나 만약에 착하고 건전한 법들이 깨달음에 공헌하는 것으로 이해된다면, 가르치고 가르쳐지는 법들은 설해지지 않은 것(無記)[714]으로서

---

712) 〔梵語〕 ——————————jñeyā bodhir anuttarā| na vṛddhyā dharma dhātau hi śuddhisāmyāt svalakṣaṇāt||〔西藏語〕 chos rnams rdul tsam med phyir daṅ| chos kyi dbyiṅs la skye med daṅ|| dag pa mñan phyir raṅ mtshan phyir | byaṅ chub bla med śes par bya||〔流支〕 彼處無少法 知菩提無上 法界不增減 淨平等自相〔義淨〕 少法無有故 無上覺應知 由法界不增 淸淨平等性

713) 〔梵語〕 upāyānuttaratvāc ca sāsravatvād adharmataḥ| śubhā na dharmā——————————————||〔西藏語〕 thabs kyaṅ bla na med pa'i phyir| zag daṅ chos pa chos min phyir|| dge ba'i chos rnams ma yin no| de phyir de ñid dge ba'i chos||〔流支〕 有無上方便 及離於漏法 是故非淨法 卽是淸淨法〔義淨〕 及方便無上 由漏性非法 是故非善法 由此名爲善.

714) avyākata : 초기경전(MN. I. 431)에서 이 무기(無記) 즉 '설해지지 않은 것'에 관하여 다음과 같은 부처님의 말씀이 있다. '마룽까뿟따여, 그러므로 나는 설해야할 것은 설했고 설하지 않아야 할 것은 설하지 않았다는 사실을 명심하라. 내가 설하지 않은 것은 무엇인가? 우주는 영원한가 아닌가 등은 설하지 않았다. 마룽까뿟따여, 내가 왜 그것을 설하지 않았는가? 그것은 본질적으로 거룩한 삶과는 관계가 없으며, 멀리 떠나고 사라지고 소멸하고 멈추고 삼매에 들고 바르고 원만히 깨닫고 열반에 이르는데 도움이 되지가 않기 때문이다. 그러한 이유로 그대에게 이러한 문제에 관해 설하지 않은 것이다.(tasmātiha maluṅkyāputta abyākatañ ca me abyākato dhāretha, byāka- tañ ca me byākatato dhāretha. kiñca maluṅkyāputta mayā abyākataṃ : sassato loko ti… kasmā c'etaṃ maluṅkyāputta mayā abyākataṃ. na h; etaṃ maluṅkyāputta atth-asaṃhitaṃ n'ādibrahmacariyikaṃ, na nibbidāya na virāgāya na nirodhāya na upas-amāya na abhiññāya na sambodhāya na nibbānāya saṃvattati, tasmā taṃ mayā abyākataṃ.)"

깨달음에 공헌할 수 없습니다. 그러한 의문은 다음과 같은 게송에서 해소됩니다.) 가르치는 것이 설해지지 않은 것이라고 하여도 (깨달음에) 공헌하지 않는 것으로 여겨져서는 안 됩니다. 그러므로 가르침의 보석만이 다른 보석보다 탁월합니다.715)

59. (그래서 지혜에서 유래하는 공덕이 법문에서 언급하고 있는 어떤 다른 공덕보다 비교할 수 없을 정도로 탁월합니다.) 계산이나 세력이나 종류나 관계와 같은 (네 가지) 차별의 결정으로 보아서도 아무리 조사해도 그것과 비교할 수 있는 것은 이 세상에서 아무 것도 없습니다.716)

▲24장 공덕을 지혜에 견주라〔福智無比分〕의 끝

60. (누군가 이렇게 '법의 본성이 순수한 평등이라면, 아무도 그곳으로 이끌 사람도 이끌어질 수 있는 자도 없다. 이것은 그의 목표가 존재의 해탈이라는 부처님의 말씀과 모순이 되는 것이다'라고 항변할 수 있습니다. 이러한 반론을 무마하기 위해 법문은 말합니다. 여래에 의하여 해탈한 자는 없습니다.) 이름과 더불어 개인을 구성하는 존재의 다발(五蘊)은 법계의 밖에 있지 않는 한, (번뇌와 보리〔覺〕가 같습니다. 즉) 법계가 평등하기 때문에 뭇삶은 승리자〔佛〕에 의해서 해탈되지 않습니다.717)

---

715) 〔梵語〕 naiva cāvyākṛtve 'pi deśanā 'prāptaye matā| dharmaratnaṃ tataś ca ikaṃ ratnād anyād viśiṣyate|| 〔西藏語〕 bstan pa luṅ du ma bstan kyaṅ| thos par mi 'gyur bśed ma yin|| de phyir rin chen chos gcig na| rin chen mtha' yas las kyaṅ 'phags|| 〔流支〕 雖言無記法 而說是彼因 是故一法寶 勝無量珍寶 〔義淨〕 說法雖無記 非不得應知 由斯一法寶 勝彼寶無量.

716) 〔梵語〕 saṃkhyāprabhavajātīnāṃ saṃbandhasya viśeṣaṇe| ——————————————— labhyate|| 〔西藏語〕 graṅs daṅ mthun daṅ rigs rnams daṅ| 'brel ba dag gi khyad par ni|| brtags kyaṅ 'jig rten thams cad na| dpe byar ruṅ ba mi rñed do|| 〔流支〕 數力無似勝 無似因亦然 一切世間法 不可得爲喩 〔義淨〕 於諸算勢類 因亦有差殊 尋思於世間 喩所不能及

717) 〔梵語〕 samatvād dharmadhātoś ca na sattvā mocitā jinaiḥ| sahanāmnā yataḥ skandhā dharmadhātvabahirgatāḥ|| 〔西藏語〕 chos kyi dbyiṅs ni mñam pa daṅ| phuṅ po miṅ bcas chos dbyiṅs las|| phyi rol ma gyur de yi phyir| rgyal bas sems can bkrol ba med|| 〔流支〕 平等眞法界 佛不度衆生 以名其彼陰

61. (존재의 다발가운데 해탈되어야 할 영혼이 있다고 가정한다면, 중생이 있다는 것이 사실일 것입니다. 그래서 법문은 '자아에 대한 집착은 집착이 아니다'라고 말합니다.) 어떠한 것이든 법의 존재에 집착한다면, 자아의 존재에 집착하는 것과 같은 동일한 오류를 범하는 것입니다. 해탈되어야 할 뭇삶의 존재에 집착한다면, 그것은 집착의 대상이 없는 잘못된 집착이 될 것입니다.718)

▲25장 교화한 뭇삶이 없네〔化無所化分〕의 끝

62. (이제 이와 같이 '당신은 여래께서 특징의 완성을 통해서 보여질 수 없다고 말했다. 왜냐하면 그는 조건지어지지 않은〔無爲〕 법신이기 때문이다. 그러므로 결코 여래인 법신은 우리에게 공덕의 완성을 알게 만드는 외형적 특징의 완성으로부터 유추될 수 없다'라고 강변할 수 있습니다. 그래서 법문은 '어떻게 생각하는가?'라고 묻습니다.) 결코 눈에 보이는 육신으로서 여래를 유추할 수 없습니다. 왜냐하면 그는 법신이기 때문입니다. (특징을 법신과 공유하지만) 전륜성왕은 (단지 특징을 갖추었다고 해서 여래라고 한다면, 일어날 수 있는 것처럼) 여래로 여겨질 수 없습니다.719)

63. (특징의 완성은 분명히 축적된 공덕의 성숙이지만, 다음과 같은 법문에 언급되어 있는 것처럼 위없는 깨달음의 원인은 아닙니다.) 완전한 공덕의 축

不離於法界〔義淨〕法界平等故 佛不度衆生 於諸名共聚 不在法界外

718)〔梵語〕ātmagrāhasamo doṣas ta——————|——————grāhe hi agrāhag rāhatā matā||〔西藏語〕bkrol bya'i sems can 'dzin na ni| de la chos su 'dzin 'gyur te|| bdag tu 'dzin daṅ ṅes pa mtshuṅs| gzuṅ du med pas 'dzin par bśes||〔流支〕取我度爲過 以取彼法是 取度衆生故 不取取應知〔義淨〕若起於法執 與我執過同 定執脫有情 是無執妄執

719)〔梵語〕na caiva rūpakāyena so 'numeyas tathāgataḥ| dharmakāyo yataś ca kravartī mābhūtī tathāgataḥ||〔西藏語〕gaṅ phyir 'khor lo sgyur ba yaṅ| de bžin gśegs pas brgol 'gyur phyir|| de bžin gśegs pa chos kyi sku| gzugs kyi sku las brtag pa min||〔流支〕非是色身相 可比知如來 諸佛唯法身 轉輪王非佛〔義淨〕不應以色體 准如來法身 勿彼轉輪王 與如來齊等

적과 그 성숙에 의한 (위대한 사람의) 특징을 통해서 법신이 얻어진다고 할 수 없습니다. 사실상 (그 양자의 경우) 의미가 서로 다릅니다. (지혜는 법신의 바로 그 본질이며, 법신은 공덕과는 일치할 수 없습니다.)[720]

64. (이러한 진술의 개략을 서술하는 두 게송이 법문에 있습니다.) 대부분의 일반 사람은 부처님을 알 수가 없습니다. 왜냐하면 그들은 형상을 보고 목소리를 듣기 때문입니다. 그러나 사실상 진여법신은 (종잡을 수 없는) 의식의 영역을 뛰어넘고 있습니다.[721]

▲26장 법신은 특징이 없다〔法身非相分〕의 끝

65. (누군가 공덕이 깨달음으로 인도하지 않는 한, 깨달음을 향한 님의 윤리적인 노력은 과보를 가져올 수 없다고 주장할 지 모릅니다. 이러한 의심을 제거하기 위해 법문은 '어떻게 생각하는가?'라고 묻습니다.) (모든 법이 생겨나지 않는다는 깨달음으로 이루어진) 최상의 인욕을 갖춘다고 할지라도 공덕이 결코 망실되지 않을 뿐만 아니라 그 과보가 단절되는 일이 없습니다. 왜냐하면 티끌이 없는 것(즉, 진여에 대한 깨달음)을 얻기 때문입니다.[722]

▲27장 파괴나 단멸은 없으리〔無斷無滅分〕의 끝

---

720)〔梵語〕na ca lakṣaṇavaipākyapuṇy――――| dharmakāyasya lābho hi upāyo yad vilakṣaṇaḥ||〔西藏語〕mtshan ni rnam par smin pa yi| bsod nams phun sum tshog pa las|| chos sku 'thob par mi bžed do| thabs daṅ mtshan ñid mi 'dra phyir||〔流支〕非相好果報 依福德成就 面得眞法身 方便異相故〔義淨〕卽具相果報 圓滿福不許 能招於法身 由方便異性

721)〔梵語〕rūpānuśravamātreṇa na buddhajñāḥ pṛthagjanaḥ| tathatādharmakāyo hi yato 'vijñānagocaraḥ||〔西藏語〕chos sku de bžin ñid yin te| rnam śes spyod yul min pa'i phyir|| gzugs daṅ de ni sgra tsam las| skye bo saṅs rgyas mi rtog so||〔流支〕唯見色聞聲 是人不知佛 以眞如法身 非是識境故〔義淨〕唯見色聞聲 是人不知佛 此眞如法身 非是識境界

722)〔梵語〕na ca puṇyas――――――――――| kṣāntilābhe 'pi nocchedo nirmalasyāsya lābhataḥ||〔西藏語〕bsod nams chud zar 'gyur ba med| de yi 'bras bu'am 'chad mi 'gyur|| dge ni dri med thob pas na| bzod pa thod kyaṅ chad mi 'gyur||〔流支〕不失功德因 及彼勝果報 得勝忍不失 以得無垢果〔義淨〕基福不失亡 果報不斷絶 得忍亦不斷 以獲無垢故

66. 다시 공덕이 (헛되지 않다는 것을) 설명하기 위해 이러한 가르침이 제시되었습니다. 그러나 이 공덕이 (깨달음은 조건지어지지 않은 것〔無爲〕이므로) 과보로 이끌지 않기 때문에, 어떠한 취함이든지 무엇인가 가지는 것은 아닙니다.(이것은 사실상으로 잘못된 견해입니다.)723)

▲28장 갖지도 탐하지도 않으니〔不受不貪分〕의 끝

67. (그러나 만약 깨달음을 향한 님이 자신을 위해 공덕의 과보를 취하지 않으면, 어떻게 이 과보가 알려지고 어떻게 부처님의 가시적인 행위가 설명될 수 있겠습니까?) 그들이 축적한 공덕의 신비스러운 과보와 뭇삶의 교화는 깨달은 님들이 시방 세계에서 (어디서든지 언제든지) 저절로724) 성취한 일입니다.725)

68. 그들의 가고 오는 분명한 행위는 화현(化顯)에 의해서 성취되지만, 실제로 깨달은 님들은 언제나 부동(不動)입니다. 그들이 법계에 머무는 것은 그것과 동일하지도 다르지도 않다고 설해집니다.726)

---

723) 〔梵語〕 punaḥ puṇyanimittaṃ hi tasmād dṛṣṭāntadeśanā| tat puṇyasya 'vipakatvān nodgrahaḥ saparigrahaḥ||〔西藏語〕 de lta bas na bsod nams phyir| dpe bstan pa ni yaṅ brjod do|| bsod nams des ni rnam smin med| de phyir 'dzin bcas log 'dzin min||〔流支〕 示勝福德相 是故說譬喩 是福德無報 如是受不取 〔義淨〕 更論於福因 爲此陳其喩 彼福無福故 正取非越取

724) anābhoga : 無功用이라는 뜻이다.

725) 〔梵語〕 tan nirmāṇaphalaṃ teṣāṃ puṇya———| anābhogena yat karma bu dddhāḥ kurvanti dikṣu ca||〔西藏語〕 de dag gi ni bsod nams de'i| 'bras bu sprul daṅ sems can gdul|| saṅs rgyas rnams gyi 'phrin las 'di| lhun gyis grub pa phyogs na mdzad||〔流支〕 是福德應報 爲化諸衆生 自然如是業 諸佛現十方 〔義淨〕 彼福招化果 作利有情事 彼事由任運 成佛現諸方

726) 〔梵語〕 gatyādayas tu nirmāṇair buddhās tv avicalāḥ sadā| dharmadhātau ca tatsthānaṃ naikatvānyatvato mataṃ||〔西藏語〕 sprul pa rnams kyis bžud la sogs| rtag tu mi gyo saṅs rgyas rnams|| de dag chos kyi dbyins gnas pa| gcig daṅ tha dad ma yin bžed||〔流支〕 去來化身佛 如來常不動 於是法界處

▲29장 여래는 그대로 평안하네〔威儀寂靜分〕의 끝

69. (그러면 법문에 등장하는 원자의 가르침의 의미는 무엇입니까?)(법문이 우주를) 원자의 티끌로 환원하는 것은 (예로 언급할 때에) 그 의미를 분명히 나타내는 것입니다. 곧 '티끌로 환원한다는 것'은 번뇌의 파괴가 일어날 수 있는 것을 보여주려는 것입니다.[727]

70. 원자의 집적으로서의 대상적 실체〔一合相〕가 없다는 사실은 사물에 단일성이 없다는 것을 지시하며, 집적의 조건이 존재한다는 것은 다양성이 없다는 것을 지시합니다. (원자들이 티끌로 분해되게 될 때와 마찬가지로, 원자들은 자신들로 이루어진 사물과 동일하지도 다르지도 않게 됩니다. 왜냐하면 원자들은 사물의 상이한 두 조건을 대표한다고 할지라도, 부분과 전체는 하나가 다른 하나 없이는 생각될 수 없기 때문입니다. 이와 같이 또한 깨달은 님의 경지와 법계는 동일하지도 차별적이지도 않습니다.)[728]

71. (그러나 대부분의 일반사람들이 실제로 파악할 수 없는 것을 파악하려고 생각하는 것입니까?) 오직 세속적인 지식만을 소유하기 때문에, 대부분의 일반사람은 (그들은 위의 예에서 언급된 원자의 집적이나 물질의 관념, 그리고 이 모든 것에 있는 그대로와는 다른) 전도된 방식으로 집착합니다. 사실상 깨달음이 (자아의 존재와 법의 세계) 양자를 버림

非一亦不異〔義淨〕去來等是化 正覺常不動 彼於法界處 非一異應知

727)〔梵語〕rajomaṣīkriyā dhātor dṛṣṭāntas tasya dyotakaḥ| maṣīkaraṇatā kleśa kṣayasyeha nidarśanam||〔西藏語〕khams rdul phye mar bya ba ni| de na de yi dpe yin no|| 'di la phye mar bya ba ni| ñon moṅs zad pa'i dpe yin no||〔流支〕世界作微塵 此唯示彼義 微塵碎爲末 示現煩惱盡〔義淨〕微塵將作墨 喩顯於法界 此輪造墨事 爲彰煩惱盡

728)〔梵語〕asaṃcayatvāpiṇḍatvam anekatvanidarśanam| sāṃhatasthānatā tas min nānyatve ca nidarśanam||〔西藏語〕tshogs min ril po ma yin pas| 'du ma ñid kyi dpe yin no|| de la 'dus par gnas pa ni| tha dad ma yin dpe yin no||〔流支〕非聚集故集 非唯是一喩 聚集處非彼 非是差別喩〔義淨〕非聚非集性 顯是非一性 於彼總集性 明其非異性

으로서 획득되는 것은 아닙니다. 왜냐하면 그 양자는 존재하지 않고 (따라서 버려질 수 없기) 때문입니다.[729]

▲30장 대상적 실체에 대한 집착을 버리고〔一合理相分〕의 끝

72. (그래서 그것은 원자나 깨달음으로 이끄는 법의 세계를 버림이 아니라 그것들과 관련된 잘못된 견해를 제거해야 하는 것입니다.) 그러므로 (자아의 존재나 법의 세계를 긍정하는) 견해와 비현실적이고 잘못 생각된 어떤 것의 관념에서 유래하는 (어떤 것에 대한 부정인) '견해가 아닌 것'의 두 가지 견해가 있습니다. (이 두 가지 견해들은) 섬세한 장애인데, (모두 진리에 대한) 앎에 의해 제거됩니다.[730]

73. (그런데 법문에서 '법에 대한 지각이나 법이 아닌 것에 대한 지각에도 의존하지 않듯이, 그렇게 알고 보고 전념해야 합니다'라는 이 말의 의미는 무엇입니까?) (장애는) 두 가지 (세간적인 진리[731]와 출세간적인 진리[732]에 대한) 지혜와 선정으로 제거되어야 한다는 것을 말합니다.

▲31장 주관적 세계에 머물지 않고〔知見不生分〕의 끝

(진리의 깨달음으로 이끄는 지혜의 보시에서 유래한 공덕은 어떻든 대단히 큰 것입니다. 법문에 설해져 있듯이) 그러한 (번뇌가 없는) 공덕은 다함이 없

---

729) 〔梵語〕 vyavahāramātratāyā bālānām udgraho 'nyathā| dvayābhāvān na bodhyāptiḥ prahāṇād ātmadharmayoḥ|| 〔西藏語〕 tha sñad tsam du ma śes phyir| byis pa gžan du log par 'dzin|| bdag daṅ chos gñis med pa'i phyir| de bas byaṅ chub thob mi 'gyur|| 〔流支〕 但隨於音聲 凡夫取顚倒 非無二得道 遠離於我法 〔義淨〕 不了但俗言 諸凡愚妄執 斷我法二種 非證覺無故

730) 〔梵語〕 tasmād dṛṣṭir adṛṣṭiś ca nairarthyābhūtakalpataḥ| sūkṣmam āvaraṇam hy etat tathā jñānāt prahīyate|| 〔西藏語〕 de phyir don med nor brtags pas| lta ba med daṅ lta bar 'gyur|| de gñis sgrib pa phra ba ste| de ltar śes pas spoṅ bar 'gyur|| 〔流支〕 見我卽不見 無實虛妄見 此是微細障 見眞如遠離 〔義淨〕 是故見無見 無境虛妄執 由此是細障 如是知故斷

731) saṃvṛti-satya : 세속적인 입장에서의 진리, 궁극적인 진리가 가려지고, 미혹한 마음에서 인식되는 차별적인 경계에 대한 진리를 말한다.

732) paramartha-satya : 승의제(勝義諦), 제일의제(第一義諦)라고 하며, 불교의 최고선(最高善)인 열반을 말한다.

는 것입니다. 왜냐하면 (비록 여래는 초월적인 부동 속에서 영원히 쉬지만) 깨달은 님의 화현〔化身〕을 통해서 설명되기 때문입니다.733)

74. (법문에서 '그러면 어떻게 설명해야 합니까?'라는 것은 어떤 뜻을 밝힌 것입니까?) 여래들께서 (중생의 이익을 위해 법을) 설할 때에 그들은 '나는 화현되었다'라고 말하는 것과 같은 자아(의 존재)를 설하지 않습니다. 그리고 그들이 자아를 설하지 않기 때문에, (모든 뭇삶을 지극히 공경하는 마음을 내어 뭇삶을 이롭게 하므로) 이러한 설법은 진실한 것입니다.734)

75. (그러나 깨달은 님들이 무수하게 화현되어 끝없이 가르침을 설한다면, 그들은 어떻게 열반에 머물 수 있을 수 있겠습니까?) 여래 속에서 깨달아진 열반은 조건적으로 형성된 것이나 또는 그와는 다른 어떤 것이 아닙니다. (그들은 열반의 상태에 머물더라도 그들은 화신으로 나타나 뭇삶을 유익하게 할 수 있다. 그러나 실제로 그들은 열반이나 윤회 속에 어디에도 의존하지 않는다.) (조건지어진 것〔有爲〕의 업력에 의해서) 생성되는 것에 관하여 올바른 지혜로 철저하게 조사하면, 이 모든 것은 (다음과 같이) 아홉 가지 방법으로 일어나기 때문입니다.735)

---

733) 〔梵語〕 jñānadvayasamādhānapraheyaṃ tac ca deśitam| nirmāṇaiḥ kaśaṇāt puṇyaṃ tad buddhānāṃ na nākṣayaṃ|| 〔西藏語〕 de yaṅ ye śes rnam gñis da ṅ| tiṅ ṅe 'dzin gyi spaṅ par bstan|| saṅs rgyas rnams kyi sprul rnams kyis | bśad pa'i bsod nams zad mi 'gyur|| 〔流支〕 二智及三昧 如是得遠離 化身不現福 非無無盡福 〔義淨〕 由得二種智 及定彼方除 陳福明化身 非無無盡福

734) 〔梵語〕 nirmito 'smīti cātmānaṃ kāśayantas tathāgatāḥ| prakaśayanti nātm ānaṃ tasmāt sā kāśanā satī|| 〔西藏語〕 de bžin gśegs rnams ston pa ni| ṅa ni sprul pa yin no žes|| bdag ñid ston par mi mdzad phyir| bstan pa de ni legs pa yin|| 〔流支〕 諸佛說法時 不言是化身 以不如是說 是故彼說正 〔義淨〕 諸佛說法時 佛言身是化 由佛自言故 是其眞實說

735) 〔梵語〕 saṃskāro na tathā nānyaṃ nirvānṃ hi tathāgate| navadhā saṃbhūt asyeha saṃyagjñānaparikṣaṇāt|| 〔西藏語〕 de bžin gśegs pa'i mya ṅan 'das| 'du byed ma yin gžan pa min|| 'dir ni yaṅ dag śes pa yis| 'dus byas rnams pa dgur brtag phyir|| 〔流支〕 非有爲非離 諸如來涅槃 九種有爲法 妙智正觀故 〔義淨〕 如來涅槃證 非造亦不殊 此集造有九 以正智觀故

76. (윤회하는 존재의 요소의 특징에 관하여 다음과 같은 아홉 가지 관점에서) 고려되어야 합니다. ① (모든 정신적 요소(caita)는, 태양이 떠오르면 별들이 사라지듯이 올바른 지식이 깨달아지면, 사라지는) 견해(見)와 관련하여, ② (백내장을 가진 사람에 의해서 눈앞에 있는 머리카락들이 있는 것처럼 사물들이 잘못 인식되었기 때문에) 지각의 대상(相)과 관련하여, ③ (사물이 보여지는 한 번뇌가 생겨나기 때문에 등불과 같은) 정신(識)과 관련하여, ④ (이 세계를 구성하는 요소들은 환술에서 나타나는 사물들과 같이 본질적으로 비실재적인) 감각(居處)과 관련하여, ⑤ (이슬처럼 짧은 시간 지속하는) 신체(身)와 관련하여, ⑥ (향수자와 향수와 피향수자와 관련한 세 가지에서 유래하기 때문에 거품과 같은) 경험(受用)과 관련하여, ⑦ (꿈과 같이 그들은 오직 기억으로 남은) 과거(過去)와 관련하여, ⑧ (순간적이라 섬광처럼 재빨리 사라지기 때문에) 현재(現在)와 관련하여, ⑨ (잠재의식〔阿賴耶識〕[736]이 발전하는 요소의 모든 씨앗을 포함〔含藏〕하므로 구름과 같은) 미래(未來)와 관련하여 고려되어야 합니다.[737]

77. (사물에 대한 올바른 지혜가 성취된다면, 어떠한 이익이 얻어질 수 있겠습니까?) ① 그 인상들 (즉, 정신적인 형성), ② 그 과보(그 속에서 세계를 체험하고, 그것에 의해서 자신을 체험하는 몸), ③ 그 흐름(즉, 시

---

736) ālayavijñāna : 아뢰야식(阿賴耶識) 또는 장식(藏識)이라고 한다. 유식학에서 현재의식(七識 : pravṛttivijñāna)에 대한 비현상적, 비가현적인 잠재의식을 말한다. 전 순간의 마음의 작용의 인상을 저장하여 다음 순간의 마음의 작용을 일으킨다. 일체현상의 직접원인인 종자를 받아들여 그것을 스스로 저장하는 정신작용인데, 저장소라는 실체적·장소적 의미는 없으며 그 본성은 공(空)하다.

737) 〔梵語〕 dṛṣṭir nimittaṃ vijñānaṃ pratiṣṭhādehabhogatā| atītaṃ vartamānaṃ ca parikṣyaṃ cāpy anāgatam|| 〔西藏語〕 lta daṅ mtshan rnam śes daṅ| gnas daṅ lus daṅ loṅs spyod daṅ|| 'das pa daṅ ni da ltar daṅ| ma 'oṅs brtag par bya ba yin|| 〔流支〕 見相及於識 器身受用事 過去現在法 亦觀未來世 〔義淨〕 見相及與識 居處身受用 過去幷現存 未至詳觀察

간의 지속에 의해서 달라지는 흐름)의 세 가지 관점에서 (조건지어진 세계의 놀이를) 철저하게 관찰할 때에, 조건지어진 세계에서 완전히 순수하게 자유로울 수 있습니다.738) (즉 조건지어진 것의 번뇌에 물들지 않는 한, 그 사람은 열반의 상태에 있을 것입니다.) (모든 부처님의 보기 드문 진리의 말씀과 헤아릴 수 없는 사구게의 뜻을 〔아쌍가〕 존자에게 듣고 널리 설명하여 그 공덕을 회향하여 수많은 뭇삶들에게 베풀겠습니다.)739)

▲32장 조건지어진 것은 참이 아닐세〔應化非眞分〕의 끝

---

738) 〔梵語〕 lakṣaṇasyopabhogasya pravṛtteś ca parīkṣaṇāt| nirmalāṃ teṣu vaśitāṃ saṃskāreṣu samāpnute|| 〔西藏語〕 mtshan ñid daṅ ñe bar spyod daṅ| 'jug pa rnams ni brtag pa las|| 'du byed rnams kyi gži dag la| dbaṅ byed dri ma med pa 'thob|| 〔流支〕 觀相及受用 觀於三世事 於有爲法中 得無垢自在, b) 由觀察相故 受用及遷流 於有爲事中 獲無垢自在

739) 바쑤반두(世親)가 능단금강반야바라밀경론(能斷金剛般若波羅密經論) 말미에 추가한 게송으로, 처음에 추가한 게송 2개와 더불어 아쌍가(無着)의 원래의 게송 77개와 합하면, 80개가 된다. 諸佛希有摠持法 不可稱量深句義 從尊者聞及廣說 廻此福德施群生

제6장

금강경 해제

<제6장 금강경 해제>는 범본 금강경의 판본을 비롯한 금강경의 사상과 시대적 배경 그리고 금강경 문헌에 대한 안내서이다.

역자가 심혈을 기울인 것은 초기불교와 관련하여 금강경의 시대사인 성립배경 및 금강경의 사상의 불교사적인 정통성을 논한 것이다. 금강경은 대승반야부 경전이 가장 잘 축약된 해설서이다. 반복적인 논리가 많은 것 같지만 정밀한 반야학에 대한 훌륭한 입문서이다. 여기서 그 정밀한 반야학을 다 거론하지는 못하였다.

그러나 금강경은 오리지날한 인도의 주석서를 참고하지 않고서는 제대로 그 정교한 논리를 이해하기가 어렵다. 그래서 주석서의 저자들을 둘러싼 논쟁과 그들 주석서의 구성을 소개하여 대승불교에서 금강경이 차지하는 위치를 밝혀 놓았다. 주석서에 대한 글은 대부분 투찌(G. Tucci) 박사의 금강바라밀논송의 해제를 참고로 한 것이다.

그리고 지금까지 나와 있는 인도 중국 서장의 고전적 번역서나 주석와 현대의 번역서들을 별도로 출처를 밝히고 번역문헌은 연대를 밝혀 소개하였다. 금강경과 대승불교를 심도있게 연구할 후학을 위해서 가장 훌륭한 안내서가 될 것이다.

금강경 해제

1. 범문 금강경과 그 판본

이 책에서 취급하고 있는 금강경의 범어 원본은 에드워드 콘즈(Edward Conze)의 교정본과 그 교정본의 원전인 막스 뮐러(Max Müller)의 범본을 토대로 역자가 다른 범본과 서장본 등을 참고로 하여 논리적으로 합당한 판본을 재구성한 것이다.

단지, 막스 뮐러 본에서 금강경의 장을 분류한 방식은 범본에는 없는 한역(漢譯)의 구분방식을 따른 것인데, 현재 유통되는 금강경은 어느 나라의 판본이건 그 구분 방식을 그대로 채용하고 있다. 꾸마라지마(鳩摩羅什 : Kumarajīva)의 금강경에는 부가되어 있는 이 장의 구분 방식은 금강경을 내용에 따라 32장으로 나눈 것이다. 이것은 양(梁)나라의 소명태자(昭明太子)가 금강경 단락을 구분한 것을 일반적으로 채용하면서 세워진 전통에 따른 것이다. 막스 뮐러는 금강경이 발견되자, 소명태자의 체계를 따라 그 서른 두 가지의 장의 제목을 달았고, 이후에 범본 연구에도 그 방식을 따르게 되었다. 역자의 이 책의 번역도 범본에 대한 번역이지만, 그 소제목의 분류 역시 다음과 같이 소명태자의 방식을 따르지만 본문에서는 내용에 따라 쉬운 우리말 제목을 달았다.

① 법회인유분(法會因由分), ② 선현기청분(善現起請分), ③ 대승정종분(大乘正宗分), ④ 묘행무주분(妙行無住分), ⑤ 여리실견분(如理實見分), ⑥ 정신희유분(正信希有分), ⑦ 무득무설분(無得無說分), ⑧ 의법출생분(依法出生分), ⑨ 일상무상분(一相無相分), ⑩ 장엄무상분(莊嚴淨土分) ⑪ 무위복승분(無爲福勝分), ⑫ 존중정교분(尊重

正教分), ⑬ 여법수지분(如法受持分), ⑭ 이상적멸분(離相寂滅分), ⑮ 지경공덕분(持經功德分), ⑯ 능정업장분(能淨業障分), ⑰ 구경무아분(究竟無我分), ⑱ 일체동관분(一體同觀分), ⑲ 법계통화분(法界通化分), ⑳ 이색이상분(異色離相分), ㉑ 비설소설분(非說所說分), ㉒ 무법가득분(無法可得分), ㉓ 정심행선분(淨心行善分), ㉔ 복지무비분(福智無比分), ㉕ 화무소화분(化無所化分), ㉖ 법신비상분(法身非相分), ㉗ 무단무멸분(無斷無滅分), ㉘ 불수불탐분(不受不貪分), ㉙ 위의적정분(威儀寂靜分), ㉚ 일합이상분(一合理相分), ㉛ 지견불생분(知見不生分), ㉜ 응화비진분(應化非眞分)

막스 뮐러본은 모두 비교적 후기에 속하는 세 가지 문헌에 기초한다. 일본의 필사본, 중국의 목판본, 범어와 서장어의 이중언어로 된 북경의 서장대장경 판본이다. 콘즈는 이러한 막스 뮐러 본에 다른 문헌들을 추가하여 더욱 정밀한 교정을 부가했다. 두 개의 좀더 고층적인 번역인 꾸마라지바(鳩摩羅什 : Kumārajīva)의 한역과 아쌍가(無着 : Asaṅga)와 바쑤반두(世親 : Vasubandhu)의 주석서이다.

그러나 꾸마라지바의 번역은 지금 우리 나라 뿐만 아니라 동아시아에서 가장 많이 유통되는 금강경임에도 불구하고 금강경의 원본인 범어 텍스트를 복원하는 데는 거의 도움을 주지 못한다. 그 이유는 이 한역본은 범본에서 직역된 것이 아니고 훨씬 후기에 번역된 서장어역과 비교해도 문헌적으로 정확성을 결여하기 때문이다. 꾸마라지바의 한역과 막스 뮐러 본의 상이점에 관해서 하레즈(Harlez)가 주석을 잘 달았으나 지금으로부터 100여 년 전이라 불교용어가 오늘날처럼 잘 이해되지 않았던 점이 있다.

어떤 측면에서 꾸라라지바의 한역은 다른 초기의 범본에 의존했을 가능성도 있다. 꾸마라지바는 17장에서 '몸이 아니다(akāyaḥ)'대신에 '위대한 몸이 아니다.(amahākayaḥ)', 25장에서 '사람이 아니다

(ajanā)'대신에 '어리석은 일반 사람이 아니다.(abālapṛtagjanā)', 13장에서 '지혜의 완성(prajñāpāramitā)' 대신에 '번개처럼 자르는 지혜의 완성(vajraprajñāpāramitā)'을 사용하고 있기 때문이다. 그리고 10장에서 '의존하지 않는 마음(apratiṣṭhitaṃ cittaṃ)'을 팔천송반야경(八千頌般若經)에 등장하는 '청정한 마음(prabhāsvaracitta : Aṣṭasāhasrikā-prajñāpāramitā. I. 5-6)으로 번역하고 있는 것으로 보아 꾸마라지바는 번역은 해석적인 경향을 보이고 있다. 이러한 꾸마라지바의 번역은 범본 텍스트의 원래의 이본에서 기원한다기보다는 번역에서 많은 용어의 차이, 생략, 탈락 등을 유도하는 그의 번역 방법과 관계된 것일 것이라고 생각할 수도 있다. 그러나 예를 들어 마지막 시는 "모든 조건지어진 법은 꿈, 환상, 거품, 영상과 같고 이슬과 같고 번개와 같다. 이와 같이 보아야한다.(一切有爲法 如夢幻泡影 如露亦如電 應作如是觀)"라고 번역했는데 이것은 원래의 대승불교철학의 9개의 비유가운데 6개만을 선택한 것이다. 그리고 여기서 영상이라고 번역한 영(影)의 원어는 쁘라띠빔바(pratib imba)로 결코 그림자가 아니라 '거울에 반영된 영상'을 의미한다. 그러나 꾸마라지바의 번역을 제외하고는 모든 번역이 현장역처럼 '모든 조건지어진 것들을 별, 허깨비, 등불, 환상, 이슬, 거품, 꿈, 번개, 구름처럼, 이와 같이 보아야 하리(諸和合所爲 如星翳燈幻 露泡夢電雲 應作如是觀)'라고 9개의 비유로 되어 있다. 이런 경우 꾸마라지바가 일부러 누락시킨 것보다는 부분적으로 다른 범본 텍스트에 의존했을 가능성은 있다.

그리고 콘즈는 기원후 500년대로 보이는 두 개의 필사본을 추가해서 막스 뮐러 본을 교정했다. 하나는 파기터(Pargiter)가 편집한 동투르키스탄에서 발견된 필사본이다. 이것은 오랠 슈타인 경이 1900-1901년 돈황일차발굴 때에 동투르키스탄의 단단 위릭(Dandān U-ilik)에서 발견하여 회른레가 교정한 범문 단편을 파르기터가 간행한 것이다. 그러나 이 필사본은 불행하게도 불완전하다. 세 폴리오가 누락되었는데, 첫 번째 폴리오의 시작에서 제2장의 중간까지, 제3에서 제5까지의 폴리오도 누락되었는데 제4장에서 10장까지에 해당하고, 제12 폴리오도 누락되었는데 16장의 중간에서 17장의 중간까지에 해당한다. 그리고 남아 있는 폴리오의 많은 단어들은 읽을 수 없게 되어버렸다. 이 필사본이 막스 뮐러 본과 다른 점은 판에 박은 문귀의 장황한 반복을 생략했다는 점이다. 때때로 사경사가 고대 쁘라끄리뜨(Prākṛta)어의 형태로 고친 흔적들이 발견된다.

그리고 또 하나의 필사본은 길기트 필사본이다. 이것은 길기트 북쪽 산악지대의 탑묘에서 발견된 1931년 발견된 사본으로 현재 인도국립문서보관서(The National Achieves of India)에 있다. 이것을 차끄라바르띠(N. P. Chakravarti)가 편찬하였다. 12 폴리오의 제일 짧은 간략본 금강경으로 그 가운데 1-4와 6 폴리오는 누락되어 있다. 막스 뮐러 본 13장의 중간에서 14장 중간, 그리고 15장의 중간에서 32장 중간에 해당하는 것이다. 이 판본은 동투르키스탄 본 보다 더욱 불필요한 반복을 줄이고 있으나 문법적으로는 더욱 완벽하다.

기원후 600년경의 다르마굽타(法護 : Dharmagupta)의 한역금강경은 범어문헌에 가장 충실하게 번역한 것으로 범문금강경을 교열하는데 가장 중요한 문헌이라고 할 수 있다. 그러나 한문번역이 난해하므로 잘 유통되지 않는다. 그의 한역금강경의 도움으로 우리는 범문 금강경을 고도로 정확하게 복원해 낼 수 있다.

기원후 700년에서 800년에 사경된 것으로 추측되는 코탄 본 필사본이 있다. 오렐 슈타인 경이 1900-1901년 돈황일차발굴 때에 동투르키스탄에서 가져온 것으로 금강경의 앞부분의 고탄어역과 범어환언역이 있다. 로이만(Ernst Leuman)이 1912년에 편찬한 것디다. 이 판본은 범본보다 짧을 뿐만 아니라, 많은 장, 13장, 15장, 16장,

17장, 18장, 30장의 일부가 누락되어 있고 19-25, 27, 28은 아예 없다. 그리고 6장과 7장은 범문 텍스트와는 많은 차이를 보이고 있고 9장과 32장의 일부에는 주석적인 첨가가 엿보인다.

서장본은 기원후 800년경에 당시의 범본으로 이루어진 것으로 막스 뮐러 본과 가장 유사하다. 콘즈 본은 당시의 범본을 유추하여 범어로 그 차이나는 점을 주석에서 복원하였다. 서장본에서도 반복되는 전형적인 문귀는 생략하는 경향이 있는데, 지금의 형태로 이루어진 것은 수세기에 걸친 사경사들의 노력 덕분이었다. 현존하는 범본들에는 있지만 서장본에서 생략된 문장들은 적어도 800년 이후에 성립된 것이라고 추정할 수 있다. 서장본이나 길기트 본에는 18장 후반부의 시작부분이 생략되어있다. 그러나 꾸마라지바에서는 그 부분이 발견된다. 이것은 금강경의 범본이 본질적으로 일치하지만 미세한 부분에서 서로 다른 이본들이 있었다는 것을 입증한다. 그러나 이러한 이본을 연구할 수 있는 자료는 더 이상 발견되지 않고 있다.

범어와 서장어로 된 목판본은 깐쥬르(bKa' 'gyur)의 판본과는 상세한 문구에서 차이나 나며, 현존하는 범본과 완전히 일치하는 것은 아니다. 콘즈는 이러한 서장본들과의 차이를 범본 주석에 달았다. 이 금강경의 내용은 부분적으로 대승불교의 다른 경전들에서 인용되고 있는데 그것은 다음과 같다. 제3장의 시작 부분은 성취법만(成就法鬘 : Sādhanamālā. 26)에서, 제4장과 16장은 대승보살학집론(大乘菩薩學集論 : Śikṣāsamuccaya 275와 171)에서, 제9장과 10장의 중간과 26장의 중간은 보리행경석(菩提行經釋 : Bodhicaryāvatārāpañjikā 422, 443, 421)에서, 제26장의 첫부분은 정명구론(淨明句論 : Prasannapadā XXII. 448)에서 인용하고 있다. 26장의 중간부분이 현관장엄론(現觀莊嚴論 : Abhisamayālaṅkārālokā. 228)에서 인용되기도 한다. 이러한 기원후 7세기에서 9세기 걸쳐 쓰여진 이러한 대승불교의 논서들에 나타난 금강경은 지금의 범본과 별 차이가 없다.

대부분의 범본들이 별반 커다란 차이를 보이지 않는다. 그리고 이러한 차이가 내용상의 차이를 가져오는 경우는 없지만 짚고 넘어가야 큰 곳이 두 군데 있다.

이 14장에 한 문장은 길기트 범본과 동투르키스탄 범본 그리고 서장본에서는 다음과 같이 "쑤부띠여, 여래께서 이것을 '궁극적인 완성'이라고 가르치신 것입니다.(〔길기트, 동투르키스탄 본〕 parama-pāramiteyaṃ subhūte tathāgatena bhāṣitā = 〔西藏語〕 rab 'byor pha rol tu phyin pa 'di ni de bžin gśegs pas gsuṅs te)"라는 문장을 채택하고 있다. 현대어역에서는 콘즈의 영역이 이 서장어에 따라서 번역한 것이다. 그러나 기타의 막스 뮐러 본에는 "쑤부띠여, 여래께서 '궁극적인 완성'에 대해 말씀하신 것은 '완성이 아닌 것'을 가르치신 것입니다.(tat kasya hetoḥ? parama-pārami-teyaṃ subhūte tathāgatena bhāṣitā yaduta-apāramitā.)"라고 되어 있고 꾸마라지바와 현장의 번역(〔羅什〕 非第一波羅蜜 〔玄奘〕 是名第一波羅蜜,如來說最勝波羅蜜多 卽非波羅密多 是故如來說名最勝波羅蜜多)은 바로 이것을 따르고 있다. 그러나 길기트 범본과 동투르키스탄 본이 간략하고 보다 원형에 가까운 것이고 이 문단에서의 내용의 흐름과 맞는 것처럼 보이지만, 궁극적인 완성(婆羅密多) 곧 지혜의 완성 즉 반야바라밀다를 의미하며, 그것도 개념적으로 파악되어서는 안됨으로 다른 곳에서 '지혜의 완성'이 '완성이 아닌 것'을 가르친 것이라는 내용과의 형평성을 고려할 때에 막스 뮐러 본이나 한역, 하레즈의 불어역과 막스 발레서의 독역이 옳은 것이다.

그리고 17장에서 막스 뮐러의 범본에는 다음과 같은 문장이 등장한다. 역자도 범문 구성에서 채택한 것이고 현장의 한역이나 하레즈의 불역, 막스 발레서의 독역도 이 문장을 채택하고 있다.

> 쑤부띠여, 이렇게 오신 님이라고 하신 것은 참으로 '있는 그대로'를 뜻하는 명칭이며, 쑤부띠여, 이렇게 오신 님은 '생겨남이 없음'을 뜻하는 명칭이며, 쑤부띠여, 이렇게 오신 님은 '대상의 끊어짐'을 뜻하는 명칭이며, 쑤부띠여, 이렇게 오신 님은 '궁극적으로 생겨남이 없음'을 뜻하는 명칭입니다. 그것은 무슨 까닭입니까? 쑤부띠여, 이 '생겨남이 없음'이 바로 최상의 진리이기 때문입니다. 쑤부띠여, 누군가가 '이렇게 오신 님, 거룩한 님, 올바로 원만히 깨달은 님께서 위없이 바르고 원만한 깨달음을 분명하게 깨달아 얻었다' 고 말한다면, 그는 그렇지 않는 것을 말하는 것이며, 쑤부띠여, 그는 있지 않은 것을 취하여 나를 비방하는 것입니다.

동투르키스탄 본과 꾸마라지바의 한역본 그리고 콘즈의 영역에서는 위 문단에서 "쑤부띠여, 이렇게 오신 님은 '생겨남이 없음'을 뜻하는 명칭이며, 쑤부띠여, 이렇게 오신 님은 '대상의 끊어짐'을 뜻하는 명칭이며, 쑤부띠여, 이렇게 오신 님은 '궁극적으로 생겨남이 없음'을 뜻하는 명칭입니다. 그것은 무슨 까닭입니까? 쑤부띠여, 이 '생겨남이 없음'이 바로 최상의 진리이기 때문입니다.(tathāgata iti subhūte dharmocchedasyaitad adhivacanam. tathāgata iti subhūte atyanta-anutpannasyaitad adhivacanam. tat kasya hetoḥ? eṣa subhūte'nutpādo yaḥ paramārthaḥ)"라는 문장이 없다. 단지 "쑤부띠여, 이렇게 오신 님이라고 하신 것은 참으로 '있는 그대로'를 뜻하는 명칭입니다.(〔梵語〕 tat kasya hetoḥ? tathāgata iti subhūte bhūtatathatāyā etad adhivacanaṃ. 〔西藏語〕 de ci'i phyir že na. rab 'byor de bžin gśegs pa žes pa ni yaṅ dag pa'i de bžin ñid kyi tshig bla dags yin pa'i phyir ro. 〔羅什〕 何以故 如來者 卽諸法如義)"라고만 되어 있다. 이

서장본 등에서 생략된 문장은 콘즈(Dim. 6)에 의하면 적어도 기원 후 800년 이후에 삽입된 문구라고 보여진다. 이 문단의 내용은 불교적인 전승과는 모순되고 이 금강경의 27장과도 상충하는 바가 없지 않아 있고 이 문구는 여래가 '법의 단멸(dharma-uccheda)'과 동일하다는 것을 가르치는 인상을 주므로 콘즈 본에서는 라는 문장은 범본의 복원에서 제외되고 영역되지도 않았다. 그러나 위의 역자는 '법의 단멸'을 '대상의 끊어짐'이라고 번역하여 콘즈가 누락시킨 이 문장 전체가 실려있는 막스 뮐러본을 살려 범어 원문을 싣고 번역했다.

기원 후 400년경에 성립한 아쌍가(無着 : Asaṅga)와 바쑤반두(世親 : Vasubandhu)의 주석은 지금의 범본 금강경과 같은 구조의 텍스트를 사용하고 있음을 보여준다. 그러나 원래의 범본 금강경은 적어도 기원 후 400년 훨씬 이전에는 '그러므로 지혜의 완성이라고 한다.(tenocyate prajñāpāramitā)'라는 문구로 13장에서 종결되었던 것이 후대에 다시 추가된 것이라고 볼 수 있다. 실제로 금강경은 맛지마니까야와 같은 초기의 빠알리경전과 유사한 구조를 갖고 있는데 그러한 서술로서 경전이 종결되고 있기 때문이다. 예를 들어 맛지마니까야(MN. 18)의 꿀과자의 경〔Madhupiṇḍikasutta〕은 '세존이시여, 이 법문을 무엇이라고 이름하면 좋겠습니까? 그렇다면, 아난다여, 그대는 이 법문을 꿀과자의 법문이라고 이름하여 새기라'라는 문구로 경전이 종결된다. 그러므로 13장에서 32장까지는 원래의 금강경에서 후대이지만 늦어도 기원 후 400년 전까지 부가된 것이라고 추측해 볼 수도 있다. 흥미있는 것은 사실상 코탄어 본에는 이 모든 장들이 모두 누락되어 있다. 그리고 이 장들은 앞선 장들보다는 논리적인 연결성이 희박하고 반복적인 내용들을 담고 있다.

2. 금강경의 명칭

금강경은 기원 후 500년 경부터 다른 논서들에 바즈라체디까 쁘랑냐빠라미따 쑤뜨라(能斷金剛般若波羅蜜經 : Vajracchedikaprajñāpāramitāsūtra)란 이름으로 대승보살학집론(大乘菩薩學集論 : Śi-kṣāsamuccaya)등에 알려졌다. 그 원래 제목은 범어로 '아리야 바즈라체디까 쁘랑냐빠라미따 마하야나 쑤뜨라(āryavajracchedika prajñāpāramitāmahāyānasūtra)'로 그 뜻은 '성스러운 금강처럼 자르는 지혜를 완성시키는 대승의 경'이라는 의미를 지니고 있다. 이것을 직역해서 서장어로 '팍파 시랍끼 퍼리뚜 친빠 도제 쬐빠이 텍빠 첸빼 도('phags pa śes rab gyi pha rol tu phyin pa rdo rje gcod pa theg pa chen pa'i mdo)'라고 번역하고 한문으로는 성능단금강반야바라밀경(聖能斷金剛般若波羅蜜經) 또는 능단금강반야바라밀경(能斷金剛般若波羅蜜經), 능단금강반야바라밀다경(聖能斷金剛般若波羅蜜多經), 금강반야바라밀경(金剛般若波羅蜜經), 반야바라밀경(般若波羅蜜經)이라고 한다. 우리나라에서는 줄여서 일반적으로 금강경으로 널리 알려져 있다. 영어로도 간략히 다이아몬드경(Diamondsutra)이라고 한다. 그러나 불교도들이 알고 있는 금강경이라는 제목은 다이어몬드경이라는 뜻인데, 정확히 그 의미가 들어맞는 것이라고 보기는 힘들다. 대승 불교의 지혜의 완성을 논하는 반야부의 많은 경전들을 살펴볼 때에 금강이라고 한역된 바즈라(Vajra)라는 범어는 수동적으로나 능동적으로나 저항할 수 없는 정신적인 힘으로서의 '번개(金剛杵)'를 지칭한다. 따라서 금강경의 원뜻은 '번개처럼 자르는 지혜를 완성하는 경' 또는 '번개마저 잘라버리는 지혜를 완성하는 경'이라는 뜻을 지닌다. 역사상 가장 위대한 찬불시인이었던 마뜨릿체따(Mātṛceṭa; 一白五十讚佛頌〔Śatapañcāśatkastotra. 74〕)는 '지혜의 완성' 즉 반야바라밀(般若波羅密)에 대하여

'거듭해서 무지의 어둠을 쫓아버리는 태양, 교만의 산맥을 부수는 인드라신(Śakra)의 무기(Vajra)'란 표현을 했는데, 여기서 인드라신의 무기는 곧 이는 곧 다이어몬드가 아니라 번개를 뜻하는 것이다. 법집론(法集論 : Dhammasaṅgani. 16)에서 지혜는 칼에 비유되어 지혜의 칼(paññāsattha)이란 말이 있고, 붓다고싸는 지혜는 번뇌를 칼처럼 자른다는 표현을 쓴다.

3. 금강경의 성립

금강경은 40여 반야류 경전 가운데 하나이다. 반야류(般若流)의 경전들이 성립된 것은 기원전 1세기경부터였다. 기원후 100년 경부터는 많은 반야류경전들이 쏟아져 나와 서로 혼란스러운 상황이 전개되었다가 이러한 상황이 기원후 300년에서 500년 사이에 정리되기 시작했다. 한편으로는 현관장엄론(現觀莊嚴論 : Abhisamayālaṅkāra)과 같은 다양한 요약본이 나오고 철학적인 특성을 지닌 반야심경과 같은 작은 반야류의 경전들이 나타났다.

콘즈(Bwb. 9)는 아쌍가나 바쑤반두의 정교한 철학적인 주석을 통해 금강경이 얼마나 정교한 대승이론을 전개하고 있는가에 대하여 감탄한 나머지 금강경을 반야부 경전들 가운데 비교적 후기에 속하는 경전으로 적어도 기원 후 300년경 팔천송반야경(八天頌般若經 : Aṣṭasāhasrikā Prajñāpāramitā Sūtra)과 같은 수많은 반야류의 경전의 반야사상이 어느 정도 정리되었을 때에 그것을 대중들이 읽기 쉽도록 쉬운 말로 요약해서 만들어진 경전으로 보고 있다. 이러한 주장은 많은 학자들이 금강경에 공이라는 단어가 등장하지 않는다는 이유를 들어 반야부 경전 가운데 초기 경전으로 돌리는데 대한 타당한 반론이 될 수가 있다. 공사상이 악취공(惡趣空)에 빠지는 것을 방지하기 위해서 공을 거론하지 않고 공사상을 얼마든지 전개할 수도 있기 때문이다.

그러나 나까무라하지메(中村元 : 般若心經, 金剛般若經 160)는 금강경을 콘즈와는 달리 대승불교의 전문적인 술어들이 등장하지 않는다는 이유를 들어 반야부 초기경전으로 분류한다. 그의 주장을 열거하면 다음과 같다.

① 이 금강경에서 우선 놀라운 것은 공사상을 설하고 있음에도 불구하고 그 가운데 한번도 공이란 단어를 사용하고 있지 않다는 사실을 볼 때, 이 금강경이 공이라고 하는 술어가 확립되기 이전에 성립한 경전임을 입증한다.

② 이 경전에서는 소승과 비교되는 대승이라는 개념이 명확히 확립되어 있지 않다. 단지 '믿음이 열등한 뭇삶들(hīna-adhimuktik-asattva)' 또는 '보살이 되기로 맹서하지 않은 자(abodhisattva-pratijña)' 등에 관해서 언급할 뿐 구체적으로 '소승(小乘 : hīnay-āna)'이라는 말은 보이지 않는다. 그리고 대승에 대해서도 '대승(大乘 : mahāyāna)'이란 말은 보이지 않고 단지 '최상승(最上乘 : ag-rayāna)', '최승승(最勝乘 : śreṣṭhayāna)' 또는 보살승(菩薩乘 : bodhisattvayāna)이란 말이 보인다. 그러므로 대승과 소승이란 개념이 정립되기 이전에 성립한 경전임을 알 수 있다.

③ 그 밖에 경전의 형식이 극히 간소하여 아함경과 흡사한 측면을 지니고 있다. 보통대승경전에서는 부처님께서 설법하실 때에 모인 대중에 관해서 상세하게 묘사하는 것이 일반적이지만 금강경에서는 간략하게 설하고 있다. 이러한 경향은 초기경전의 구조와 동일한 것이다. 이렇게 볼 때에 금강경은 대승사상이 정형화되어 고정되기 이전의 청신하고도 생명력이 넘치는 초기대승의 경전임을 알 수 있다. 후대의 대승경전이 보여주는 현학적인 요소는 찾을 수 없다.

④ 금강경에서는 대승불교 특유의 술어가 거의 발견되지 않는다. 부처님에 대해서도 초기불교와 다름없이 설하며 나중에 대승불교에서 발전한 삼신불사상(三身佛思想)은 전혀 보이지 않고 있다. 물론 법신

(法身: dharmakāya)이란 단어는 보이지만 빠알리 경전에서처럼 형용사적복합어(有財釋)로 "법을 신체로 하는" 이란 의미를 지닐 뿐, 법신불을 의미하지는 않는다. 따라서 금강경은 대승불교의 초기에 형성된 경전이니까 대략 서기 150년에서 200년에 성립한 것이다.

그러나 나카무라 하지메(中村元)의 주장은 가죠 미츠유키(梶芳光雲 : 大乘佛教の 成立史硏究, 115-130)과 같은 일본 불교학자들의 주장을 발전시킨 것이다. 가죠 미츠유키는 팔천송반야경의 제일품이 공사상이 결여 되어있고 육바라밀이나 방편 선교도 완전히는 언급하지 않았다는 면에서, 그리고 금강경에 대한 꾸마라지바나 의정(義淨) 역에서처럼 보살마하살을 병칭하는 경우가 매우 적은 것 등으로 보아 금강경과 일치하는 부분이 많으므로 금강경을 팔천송반야경(八千頌般若經)에서도 초기의 형태인 제일품을 이어 받는 반야부 초기경전으로 보는 전통에서 생겨난 것이라고 보고 있다.

상당히 설득력이 있는 것은 사실이지만, 아쌍가나 바쑤반두의 정교한 대승불교 철학적인 금강경에 대한 주석을 읽어보면, 금강경이 팔천송반야경과 같은 반야부 경전과 절대로 무관하게 등장한 초기반야부의 경전이 아님을 알 수 있다. 더구나 반야부 후기 경전에서 집착을 부수기 위한 공에도 다시 집착하는 경향을 보이기 때문에 공을 거론하지 않고 공을 설한 것이 금강경이라고 볼 수도 있는 것이다.

금강경은 대부분 산문이지만 게송으로 따지자면 300송 분량이므로 후세에 팔천송반야경과 비교하여 삼백송반야경(三百頌般若經)이라고도 불리우게 되었다. 참으로 모든 대승경전 가운데 가장 간략하고 가장 심오하며 정교하고 영향력있는 경전 가운데 하나로 중국에 와서는 선종의 발흥과 더불어 대승경전 가운데 으뜸으로 부각되었다. 산동성(山東省)의 태산(泰山)에 있는 바위절벽에 이 경전의 전문이 새겨져 있는데 육조(六祖)시대의 일이라고 전해진다. 이 경전은 오조홍인(五祖弘忍)이래로 중요시되었고 육조 혜능이 출가하기 전에 이 경전을 읽는 소리를 듣고 발심했다는 경전이다. 비록 육조 혜능은 신회의 조작이라고 하지만 이러한 전설은 문화사적으로 대단히 중요한 것이다. 특히 우리나라에서 가장 큰 단일종단인 조계종의 소의경전일 뿐만 아니라 군소 종단에서도 다른 종교의 성경처럼 독송되고 있을 뿐만 아니라 널리 인구에 회자되고 있는 경전이다.

4. 금강경 출현의 사회적인 배경

금강경은 자신의 성립배경에 대해서 직접적으로 전혀 언급하고 있지 않지만 사회적으로나 역사적으로 단서가 될 수 있는 문구를 포함하고 있다. 그러나 간접적으로는 탑묘(塔墓 caitya 또는 stūpa)에 대한 신앙을 언급하고 있다.

탑묘에 대한 신앙은 매우 오래된 것이다. 쌍윳따니까야(SN. V. 258)와 디가니까야(DN. II. 102~107)에 부처님이 완전한 열반에 들기 전의 마지막 여로에서 탑묘의 아름다움을 찬양한 시가 등장한다. 탑묘〔Cetiya : SN. V. 258〕라는 경의 내용은 아래와 같다.

> 이와 같이 나는 들었다. 한때 세존께서 베쌀리의 마하바나에 있는 꾸따가라쌀라에 계셨다. 그때 세존께서 아침 일찍 옷을 입고 발우와 가사를 들고 베쌀리로 탁발하러 들어갔다. 베쌀리에서 탁발을 하고 식사를 마친 뒤 탁발에서 돌아와 존자 아난다를 불렀다. "아난다여, 좌구를 들고 대낮을 보내러 짜빨라 탑묘가 있는 곳을 찾아가자." "세존이시여, 그렇게 하겠습니다." 존자 아난다는 세존께 대답하고 좌구를 들고 세존의 뒤를 따라 나섰다. 세존께서 마침내 짜빨라 탑묘가 있는 곳을 찾아 가까이 다가가서 펴놓은 자리에 앉으셨다. 존자 아난다는 세존께 인사를 드리고 한쪽에 물러앉았다. 한쪽에 물러앉자 세존께서 존자 아난다에게 이와 같이 말했다. "아난다여, 베쌀리는 아름답다. 우데나

> 탑도 아름답다. 고따마까 탑도 아름답다. 쌋땀바 탑도 아름답다. 바후뿟따까 탑도 아름답다. 싸라다다 탑도 아름답다. 짜빨라 탑도 아름답다. 아난다여, 누구든지 네 가지 신통의 기초를 닦고 익히고 수레로 삼고 토대로 삼아 확립하고 쌓아나가고 잘 성취했다고 하자. 아난다여, 그가 원한다면 한 우주기나 한 우주기 남짓 머물 수 있을 것이다. 아난다여, 여래는 네 가지 신통의 기초를 닦고 익히고 수레로 삼고 토대로 삼아 확립하고 쌓아나가고 잘 성취했다. 아난다여, 그가 원한다면 한 우주기나 한 우주기 남짓 머물 수 있을 것이다." 세존께서 이러한 광대한 징조를 보이고 광대한 출현을 나타내셨으나 존자 아난다는 그것을 꿰뚫어 볼 수가 없었다. 그래서 그는 세존께 '세존이시여, 세상에 존경받는 님께서 한 우주기 동안 머무르십시오, 바른 길로 잘 가신 님께서 한 우주기 동안 머무르십시오. 많은 사람의 이익을 위하여 많은 사람의 안락을 위하여 세상을 불쌍히 여겨 신들과 인간의 이익, 행복, 안락을 위하여 선서께서 한 우주기 남짓 머무십시오'라고 간청하지 않았다. 마치 그는 악마에 마음이 사로잡힌 것 같았다.

짜빨라탑묘(Cāpalacetiya), 우데나탑묘(Udenacetiya), 싸란다탑묘(Sārandadacetiya)는 고따마 부처님 이전의 탑묘로 야차(夜叉)에게 받쳐진 것이다. 나중에 불교사원이 여기에 건립되었다고 한다. 그리고 쌋땀바탑묘(Sattambacetiya)는 베쌀리 서부에 있는 탑으로, 고따마 부처님 이전부터 신들에게 바쳐진 탑묘였는데, 베나레스(Kāsi)의 왕인 끼끼(Kiki)의 일곱 공주가 라자가하(Rājagaha)를 떠나 그곳에서 수행 정진했다. 그래서 '일곱 망고 탑(Sattambacetiya)'이라고 불렸다.

바후뿟따까탑묘(Bahuputtakacetiya)는 베쌀리 근교 북쪽의 탑묘로 고따마 붓다 이전부터 있었다. 원래 많은 가지를 갖고 있는 니그로다(Nigrodha) 나무가 있었는데, 많은 사람들은 그 나무의 신들에게 자식을 위한 기도를 행했다. 그래서 그 탑묘가 지어졌다.

이들 모든 탑들은 부처님이 방문한 이후부터는 부처님을 기리는 탑묘가 되었다. 이렇게 탑묘에 대한 부처님의 찬양으로 볼 때 탑신앙은 매우 오래된 전통을 갖고 있음을 알 수 있다.

서기전 3세기 경 아쇼카왕은 인도 전역에 8만 4천이나 되는 탑을 쌓았다고 전해진다.

비록 아쇼카왕의 비문에는 이러한 탑묘에 대한 언급이 없지만, 기원전 4세기경 인도 마가다국의 수도인 빠딸리뿌드라에서 체류하면서 인도견문기를 쓴 메가스테네스(Mc. Crindle : Megasthenes 67)는 '페르샤 풍의 궁전에 둘러싸여, 375기의 탑이 있는 여기저기 솟아 있었다'라고 기록하고 있다.

이것은 아쇼카왕 이전에 이미 여러 부파불교의 교단이 벌써 커다란 세력을 가지고 있었음을 암시하는 것이다. 모든 부파가 탑묘의 숭배를 지지한 것은 아니지만 상층계급의 후원을 받고 있던 상좌부계통의 설일체유부는 서북인도에서, 대중부계통의 제다산부(制多山部 : ceti yapabbata)는 남인도에서 탑묘의 숭배를 크게 권장하였던 것이다.

보수적이고 전통적인 불교의 제파들은 탑묘의 숭배를 권장하였으나 이에 비판적인 부파들 예를 들어 화지부(化地部)나 동산주부(東山住部)나 서산주부(西山住部)는 '탑묘에 공양을 하여도 위없는 공덕을 얻을 수 없다'고 주장하였다. 동산주부와 서산주부는 쁘라끄리뜨어로 쓰여진 반야경전과 그밖에 대승경전을 소유하고 있었다. 반야부경전의 항목을 조사해보면, 이 경전은 법장부와 직접 간접으로 어떠한 관계를 갖고 있으며 그 영향을 받아 증보편집된 경전이라는 것도 분명해졌다. 반야부 경전들은 이러한 제부파와 교섭을 가지면서 서서히 성립한 것이다.

반야사상은 사회적으로 지배적인 종교로서 형이상학적이고 아비달마적인 부파불교철학이 전성하고 사회적으로 화려한 불탑신앙으로

꽃을 피우던 기원전 2세기부터 기원후 4세기의 사 백 년간의 인도의 사회적 교단사적인 상황 속에서 잉태된 것이다.

종교는 그 전성기에서 그 한계를 드러내게 마련이다. 특히 불교철학은 지식을 앞세운 승단의 권위를 낳았고, 이러한 권위 아래서 탑묘신앙은 탑에 대한 공양을 부추기며 부를 축적하는 승단과 공덕을 구하는 불제자들의 탐욕적인 신앙이 맞물려 많은 사회적인 모순을 낳았으리라 여겨진다.

금강경의 주석을 달았던 바쑤반두은 이러한 부파불교의 시대를 다음과 같이 노래했다.

> 시대가 다가온다. 무명의 성난 파도가 넘치고 부처님의 가르침이 최후의 숨을 거두는 것처럼 보이는 시대가!

금강경은 당대의 이러한 시대적인 상황을 직시하고 부처님의 원래의 불교적인 가르침으로 돌아가고자 하는 비판적 관점에서 출현한 경전으로 봐도 무방할 것 같다. 금강경에서는 그러한 비판적인 관점 때문에 사회적으로 핍박을 당할지 모른다는 우려를 표명하고 있다.

> 쑤부띠여, 훌륭한 가문의 아들들이나 훌륭한 가문의 딸들이 바로 이와 같은 경전을 받아들이고, 마음에 새기고, 독송하고, 숙달하여 다른 사람에게 상세히 설명해준다면, 그들은 핍박당할 것입니다. 그것도 심하게 핍박당할 것입니다.

그렇다고 하여 금강경이 민중적인 저항의 경전인 것은 아니다. 어디까지나 오히려 부처님의 바른 가르침을 실천해서 오는 핍박이야말로 오히려 위없는 깨달음에 이르는 길임을 강조하고 있다.

> 쑤부띠여, 이들 뭇삶들은 전생에서 저지른 청정하지 못한 업장들 때

문에 불행한 상황에 떨어질 것입니다. 그렇다라도 그들은 현세에 핍박 당함으로서 전생에서 저지른 청정하지 못한 업을 소멸시키고 깨달은 님의 깨달음에 이를 것입니다.

그리고, 부처님께서도 경의를 표했던 탑묘에 대한 신앙을 완전히 거부한 것이 아니라 원래의 부처님의 가르침을 일깨워주는 금강경이 있는 곳이 바로 탑묘가 있는 곳처럼 숭배되어야 한다고 주장한다.

또한 쑤부띠여, 어떠한 지방이라도 이 경전이 설해지는 곳은 신들과 인간들과 아수라들이 사는 모든 세계가 예배하는 장소가 될 것입니다. 그 지방은 오른쪽으로 돌며 경배하는 장소가 될 것이니, 곧 그 지방은 탑묘가 있는 곳처럼 숭배하는 장소가 될 것입니다.

또한 금강경은 탑묘에 대한 공양보다도 부처님의 진실한 가르침을 담은 경전의 한 구절이라도 배우고 유포시키는 것이 다른 어떠한 공덕보다도 수승하다는 사실을 누누히 강조하고 있다.

탑묘의 신앙을 통해 보시나 선행에 대한 대가로 복락을 누리게 된다는 공덕사상을 강조하게 된 결과, 교단의 권위주의의 증대와 함께 대규모 탑묘의 건설이 이루어지지만, 그것으로 끝나는 것이 아니라 그것을 유지, 보수하기 위해, 불교도들은 자파의 교의체계를 지키고 전수하는데 몰두하였고, 사람들로 하여금 공덕에 대한 이기적인 욕망을 부채질하여 보시의 교리를 왜곡시키며 부처님의 가르침을 망각하게 하는 결과를 낳고 있었다. 원래의 보시의 기본정신은 부처님이 쌍윳따니까야(SN. I. 32)에서 언급한 대로 다음과 같다.

인색함을 반드시 이겨서
마음의 티끌을 극복하여 보시하세.
이러한 공덕은 저 세상에서

뭇삶들에게 의지처가 되네.

금강경은 이러한 초기불교의 정신이 왜곡된 시대적인 상황을 직시하고 불교도가 해야할 일은 연기법적으로 공덕을 뭇삶의 의지처가 되도록 회향하는 부처님의 진정한 가르침인 자비의 정신으로 돌아갈 것을 강조한 것이다.

금강경이 비록 당대의 종교적인 시대 상황에 비판적이긴 했지만, 다른 대승경전들과 마찬가지로 지역적으로 인도에만 국한되지 않고 성립당시부터 정의로운 왕들에 의해 국제적으로 널리 알려지게 된 경전이었다. 그 경전의 최고층(最古層)의 사본은 길기트지방에서 발견되었는데 그 사본의 어떤 것은 샤히라고 부르는 여러 나라의 국왕들(Śrīdeva Śāhi Surendra Vikramāditya Nanda라든가 Paṭoladeva Śāhi Vajrāditya Nandin)이 후원한 것이다. 샤히는 월씨족의 족장을 뜻하며 인도인이 아니다. 또한 서장 자료에 의하면, 그 지방의 국왕들은 중국인의 제왕관을 따라서 천자(天子 : gNam sras ; devaputta)라고 불렀다.

5. 금강경의 사상적 가르침

초기경전인 『디가니까야』의 대반열반경(大般涅槃經 : DN. II. 141)을 보면, 고따마 부처님이 완전한 열반에 들려고 할 때에 아난다와 부처님의 대화에 불탑신앙과 관련하여 중요한 가르침이 등장한다.

세존이시여, 저희들은 여래의 사리를 어떻게 처리해야합니까? 아난다여, 그대들은 여래의 사리를 섬기는 것을 그만 두라. 그대들은 최고선(最高善)을 위해서 노력하라. 최고선을 실천하여라. 최고선을 게을리 하지 말며, 방일하지 말고 열심히 노력하라. (kathaṃ pana bh ante tathāgatassa sarīre patipajjāmāti? avyāvaṭa tum he ānaada hotha tathāgatassa sarīrapujāya. iṅgha tum he ānanda sadatthe ghaṭatha, sadatthaṃ anuyuñjath a, sadatthe appamattā ātāpino pahitattā viharatha)

금강경에서 강조하는 것은 바로 이 최상의 삶(最上乘 : agrayān-a)에 들어선 자들의 이익을 위해, 최선의 삶(最善乘 : śreṣṭhayāna)에 들어선 자들의 이익을 위해 설해진 것이라는 것이다. 이에 대한 아쌍가와 반쑤반두의 주석을 보면, 최상의 삶은 곧 괴로움이 없는 열반의 상태와 공존하는 최상의 선을 실천하는 것임을 알 수 있다. 그것은 바로 최고선을 실천하는 것이다.

금강경에서 선택한 경전의 주인공은 쑤부띠(Subhūti)이다. 그는 부처님의 제자로써 수보리(須菩利)라고 음역하고 '선현(善現)' '선길(善吉)' '선실(善實)' '묘생(妙生)' 등 여러 가지로 의역한다. 초기경전(AN. I. 24)에 따르면, 그는 쑤마나쎗띠(ṣumanaseṭṭhi)의 아들이자 아낫따삔디까(Anāthapiṇḍika)의 동생이었다. 어느 날 그는 제따바나(祇陀林 : Jetavana)에서 부처님의 설법을 듣고 출가했다. 그리고 자애의 명상(慈愛禪 : mettājhāna)을 닦아 거룩한 님(阿羅漢)이 되었다. 그는 법을 가르치는데 차별이나 한계가 없었으며, '평화로운 삶을 사는 최상의 님(無爭第一 : araṇavihārinaṃ aggo)' 그리고 '보시할 만한 가치 있는 사람들 가운데 최상의 님(dakkhin-eyyānaṃ aggo)'이라고 불렸다. 그는 탁발할 때 집집마다 그곳에서 자비의 명상을 닦았으므로 그에게 주어지는 보시는 위없는 공덕을 낳았다.

금강경은 자파의 교의가 옳다고 분쟁에 휩싸인 당대의 불교계의 현실을 지양하기 위해 쑤부띠의 "평화로운 삶"을 제시하고, 공덕을 쌓아 욕망을 일으키는 보시보다는, 자비에 의한 보시를 강조하기 위해 쑤부띠의 "자비로운 삶"을 선택한 것이다. 경전에서 정법의 괴멸(sad-dharma-vipralopa)에 관해서 자주 언급하면서 초기경전에서는 거의 등장하지 않는 쑤부띠를 강조하고 있는 것은 당시의 불교계의 혼란상을 교리적으로나 사회적으로 평화롭게 극복해 보려는 반야부 경전의 의도를 엿볼 수 있는 것이다.

아마도 단순히 반야 즉 지혜나 공을 강조하려면 지혜제일(智慧第一 : Mahāpaññānaṃ aggam)이나 법의 장군(法將軍 : Dhamm-asenāpati)이라고 불리었던 싸리뿟따(Sāriputta)가 경전의 주인공으로 등장해야 하는데, 쑤부띠가 지혜를 논하는 금강경의 주인공으로 등장한 것은 바로 그러한 이유 때문이다.

금강경이 탑묘신앙의 모순을 극복하고 지양하려 했던 최고선이란 바로 쑤부띠의 평화로운 삶과 자비의 삶이다. 그러한 삶을 살기 위해서는 대승불교의 보살 즉 깨달음을 향한 님이 실천해야 하는 덕목인 육바라밀(六波羅密 : *sk.* ṣaṭpāramitā, *tib.* pha rol tu phyin pa drug)에 대하여 설하고 있는 경전이다. 특히 금강경은 금강반야바라밀경이라고 하는 이유는 그 가운데서도 지혜에 관해서 특히 강조하기 때문이다. 바라밀이란 말은 범어 빠라미따를 음사한 것으로 '피안에 도달하는 것(到彼岸)'을 의미하고 이상을 실현하는 것 즉 완성을 의미한다.

육바라밀은 다음과 같다. ① 보시바라밀(布施波羅密多 : dānapā-ramitā) : 보시에는 옷이나 재물을 보시하는 재시(財施)와 진리를 설하는 법시(法施)와 두려움을 없애고 마음을 평안하게 하는 무외시(無畏施)가 있다. ② 지계바라밀(持戒波羅密 : śīlapāramitā) : 계율을 준수하는 것, ③ 인욕바라밀(忍辱波羅密 : kṣāntipāramitā) : 고난을 감내하는 것, ④ 정진바라밀(精進波羅密 : viriyapāramit-ā) : 악하고 불건전한 것을 버리고 선하고 건전한 것을 실천하는 것,

⑤ 선정바라밀(禪定波羅密 : dhyānapāramitā) : 명상을 통해 통해 마음의 안정을 얻는 것, ⑥ 지혜바라밀(智慧波羅密 : prajñāpāramitā) : 사물의 무상하고 괴롭고 실체가 없음을 깨닫는 것.

대비바사론(大毘婆沙論第178)에 따르면 사바라밀(四波羅密)로 분류할 경우에는 인욕바라밀은 지계바라밀에 선정바라밀은 지혜바라밀에 소속된다. 해심밀경(解深密經第4)에 따르면, 보시, 지계, 인욕은 증상계학(增上戒學)에, 선정은 증상심학(增上心學)에, 지혜는 증상혜학(增上慧學)에 소속된다. 이것은 쌍윳따니가야(SN. I. 5)에서 부처님은 '망상을 없애고 마음을 집중하여 훌륭한 마음으로 완전히 해탈하여 숲에 홀로 살며 방일하지 않으면 죽음의 세계에서 피안으로 건너가리'라고 노래하는데, 붓다고싸(Srp. I. 32)가 이것에 대하여 주석을 달아 계정혜(戒定慧)의 세 가지 배움(三學 : tayo sikkhā)의 단계임을 지적하여 '망상을 없앰'은 윤리적 배움(增上戒學 : adhisīlasikkhā)을 통해서이고, '마음의 집중'은 심리적인 배움(增上心學 : adhicittasikkha)을 통해서이며, '훌륭한 마음'은 예지적인 배움(增上慧學 : adhipaññasikkhā)을 통해서이다'라고 한 것과 맥락을 같이 한다.

『해심밀경(解深密經)』第4에 따르면, 앞의 세 바라밀은 중생을 유익하게 하기 위한 것이다. 보시는 중생에게 필요한 자구를 얻게 하고, 지계는 중생에게 손해, 핍박, 뇌란이 일어나지 않게 하고, 인욕은 손해, 핍박, 뇌란을 참을 수 있게 한다. 뒤의 세 바라밀은 번뇌를 치료하기 위한 것이다. 정진은 번뇌나 잠재적 경향이 완전히 제거되지 않더라도 용맹으로 선하고 건전한 것을 행하게 하여 번뇌에 흔들리지 않게 한다. 선정은 번뇌를 영원히 끊게 만든다. 지혜는 잠재적인 경향마저 끊게 만든다. 『맛지마니까야』에서는 이와 같이 말한다 :

벗들이여, 고귀한 제자는…… 완전히 탐욕의 잠재적 경향을 제거하고 분노의 잠재적 경향을 제거하고 '나는 있다'라고 하는 자아의식의 잠재적 경향을 제거하고 무명을 버리고 명지를 일으키며 현세에서 괴로움의 종식을 성취한다.〔MN.I.46〕

『대승장엄경론(大乘莊嚴經論)』 第7에 따르면, 전후(前後), 상하(上下), 세추(細麤)로 육바라밀의 차제를 구분하고 있다. 전후로 구분할 때는 재물에 눈을 돌리지 않는 까닭으로 계율을 지킬 수 있으며, 계율을 지키는 까닭으로 인욕을 일으킬 수 있으며, 인욕을 일으키는 까닭으로 정진을 일으킬 수 있으며, 정진을 일으키는 까닭으로 선정을 일으킬 수 있으며, 선정을 일으키는 까닭으로 참다운 진리를 이해하는 지혜를 완성시킬 수 있다. 상하로 구분 할 때에는 하는 보시 상은 지계, 하는 인욕 상은 정진, 하는 선정 상은 지혜, 세추로 구분 할 때에는 추는 보시 세는 지계, 추는 인욕 세는 정진, 추는 선정 세는 지혜이다.

금강경에서 말하는 보시는, 아쌍가가 주석을 달았듯이 ① 재시(財施)이건 ② 무외시(無畏施)이건 ③ 법시(法施)로 나누어지는, 무엇인가 베푸는 모든 것(布施)을 말한다. 재시는 물질적인 보시(布施)이고, 무외시는 지계(持戒)와 인욕(忍辱)을 말하고, 법시는 정진(精進), 선정(禪定), 지혜(智慧)를 말한다. 따라서 금강경의 보시는 바로 육바라밀(六波羅密) 전체의 불교적인 윤리적 삶을 말하는 것이다.

왜냐하면 이 내용은 역사적인 부처님께서 직접 설한 여덟 가지 성스러운 길(八正道 : ariyaṭṭhaṅgiko maggo)의 내용의 대승적인 변용일 뿐이기 때문이다. 여덟 가지의 수행은 불교에서 세 가지 배움(三學 : tisso sikhā)을 닦기 위한 것이다. 이 여덟 가지의 각 요소들은 일반적으로 세 가지의 순서적 다발로 구분된다. 이것은 육바라밀이 대비바사론에서 세 가지 배움으로 분류되는 것과 동일하다. ① 계행의 다발(戒蘊 : sīlakkhandha) : 올바른 언어, 올바른 행위, 올바른 생활 (보시, 지계, 인욕바라밀) ② 집중의 다발(定蘊 : samādhikkhandha) : 올바른 정진, 올바른 새김, 올바른 집중 (정진, 선정바라밀) ③ 지혜의 다발(慧蘊 : paññakkhandha) : 올바른 견해, 올바른 사유 (지혜바라밀), 이 여덟 가지의 성스러운 길(八聖道)의 순서는 그러나 세 가지 배움과는 순서가 다르다. ① 올바른 견해(正見 : sammādiṭṭhi), ② 올바른 사유(正思惟 : sammāsaṅkappo), ③ 올바른 언어(正語 : sammāvācā), ④ 올바른 행위(正行 : sammākammanto), ⑤ 올바른 생활(正命 : sammā-ājīvo), ⑥ 올바른 정진(正精進 : sammāvāyāmo, ⑦ 올바른 새김(正念 : sammāsati) ⑧ 올바른 집중(正定 : sammāsamādhi)이다.

그 이유는 올바른 견해와 올바른 사유는 지혜를 구성하는 것으로 시작이자 궁극적인 도달점이기도 하기 때문이다. 이것은 가르침의 실천에서의 수레바퀴와 같은 것이다. 지혜를 구성하는 것으로 올바른 견해는 괴로움의 생성과 소멸에 관해 아는 것을 말하고, 올바른 사유는 자비에 입각한 사유를 말한다. 계행을 구성하는 올바른 언어, 올바른 행위, 올바른 생활은 계행에 입각한 삶을 말하는 것이고, 올바른 정진은 악하고 불건전한 것을 줄여가고 선하고 건전한 것을 늘여 가는 것이다. 올바른 새김은 마음이 지금 여기에 현존하는 것이며 분별적인 사유나 숙고에 휩싸이지 않고 일어나는 사건을 관찰하는 것이다. 올바른 집중은 삼매는 건전한 집중으로 일상적으로 흐트러진 마음의 흐름을 내적인 통일로 향하게 한다. 이러한 마음의 집중은 바람 없는 곳에서 타오르는 램프의 고요한 불꽃에 비유되는 안정된 마음의 과정이다. 집중되지 않은 마음은 마치 물이 말라 마른 땅에 버려진 물고기가 파닥거리는 것에 비유된다. 집중되지 않은 마음의 상태에서 우리의 의식은 이 생각에서 저 생각으로 치닫는다. 그리고 마음의 대상은 임의적인 생각의 파문에 왜곡되어 나타난다. 그러나 잘 집중된 마음은 명상의 주제인 대상에 초점을 맞추어 그 속에 침투하고 거기에 흡수되어 그것과 하나가 된다. 그래서 정신적 장애의 제거와 새김의 확립이라는 삼매의 과정에 수반되는 올바른 집중은 마음의 멈춤(止 : samatha) 관찰(觀 : vipassanā)이라는 두 가지 계기를 갖고 있다. 팔정도가 육바라밀과 다른 것은 단지 대승불교의 보시, 지계, 인욕은 올바른 언어, 올바른 행위, 올바른 생활을 보다 구체적으로 전개시키기 위하여 현실에서의 진정한 자비에 입각한 실천을 강조하는 것이 다를 뿐이다.

이러한 초기불교의 삶을 타락한 시대상황 속에서 다시 구현하기 위해 금강경을 비롯한 대승경전에서 제시하고 있는 새로운 시대적인 표어가 바로 위없이 바르고 원만한 깨달음 곧 아뇩다라삼막삼보리(anuttarā samyaksambodhi : 阿耨多羅三藐三菩提)이다. 초기불교에는 '바르고 원만한 깨달음'이라는 말은 있어도 거기에 다시 '위없는'라는 수식어를 붙인 경우는 없다.

부처님은 금강경에서 그러한 위없는 깨달음을 얻기 위해서, 우선 ① 자아에 대한 개념적인 지각(我想 : ātma-saṃjñā), ② 존재에 대한 개념적인 지각(衆生想 : sattva-saṃjñā), ③ 생명에 대한 개념적인 지각(壽者想 : jīva-saṃjñā), ④ 영혼에 대한 개념적인 지각(人想 : pudgala-saṃjñā)에서 벗어나야 한다는 것을 강조하고 있다.

그런데 꾸마라지바의 번역에서는 지각(想 : saṃjñā) 대신에 인상(印象, 相 : nimitta)로 번역하고 있다. 현장역에는 지각에 대한 분석이 유정상(有情想 : sattva-saṃjñā)으로 총괄되고 있는데, 그 유정상 가운데는 ① 명자상(命者想 : sattva-saṃjñā) ② 사부상(士夫想 : puruṣa-saṃjñā) ③ 보특갈라상(補特伽羅想 : pudgala-saṃjñā) ④ 의생상(意生想 : manuja-saṃjñā) ⑤ 마납파상(摩納婆想 : māṇava-saṃjñā) ⑥ 작자상(作者想 : kartā-saṃjñā) ⑦ 수자상(受者想 : bhoktā-saṃjñā)이 있다고 분류하고 있다. 여기서 유정

상은 꾸마라지바 역의 중생상(衆生相)에, 명자상은 수자상(壽者相)에 해당하고 보특갈라 상은 인상(人相)에 해당한다. 사부상은 사부를 순수자아로 볼 경우에 아상(我相)에 해당한다. 그 밖에 의생상은 번역이 잘못된 것인데 원어 마누자쌍냐(manuja-saṃjñā)의 마누(manu)는 정신을 의미하는 마노(意 : mano)가 아니라 최초의 인간인 마누(manu)를 뜻한다. 따라서 마누자는 '인간의 자손'이란 말로 인간을 의미하므로 의생상은 '인간에 대한 지각'이라고 번역할 수 있다. 마납파상은 어원이 마나바쌍냐(māṇava-saṃjñā)이다. 마나바(māṇava)는 바라문 학생이나 청년을 뜻한다. 따라서 '청년에 대한 지각'이라고 볼 수 있다. 그리고 작자상은 까르따쌍냐(kartā-saṃjñā)로 '행위주체에 대한 지각'이라고 번역할 수 있다. 수자상은 복따쌍냐(bhoktā-saṃjñā)로 '경험주체에 대한 지각'라고 번역할 수 있다.

현장역이 토대로 하는 범본은 좀더 다양한 개념적인 지각에 대하여 논하고 있지만, 논리적인 일관성은 현존하는 범본의 네 가지 지각(四想)만으로도 충분하다. 그 모든 지각은 자아와 관련된 것이다. 초기 불교에서 자주 등장하는 '이것은 나의 것이고, 이것이야말로 나이고, 이것이 나의 자아이다(.etaṃ mama eso'haṃ asmī, eso me attā)'라는 말은 자아가 어떻게 성립되는 지를 잘 보여준다. 여기서 '이것은 나의 것'이란 갈애에 대한 집착(taṇhāgāho)이고 '이것이야말로 나이다'는 것은 자만에 대한 집착(mānagāho)이고 '이것은 나의 자아이다'라는 것은 견해에 대한 집착(diṭṭhigāho)이다. 따라서 자아에 대한 개념적인 지각에는 갈애와 자만이 수반되는 견해에 대한 집착에 생겨난 실체에 대한 개념적인 지각인 것을 알 수 있다. 그러므로 자아는 상속하고 지속하고 다음 생에까지 살아남으려고 하는 것이다. 그래서 역자는 아쌍가와 바쑤반두의 주석(이 책의 3장의 주석)을 빌어 위의 네 가지 지각의 대상을 순서대로 ① 물질, 느낌, 지각, 형성, 의식과는 구별되는 영원한 것을 자아, ② 상이한 시간에 연속적으로 상속하는 것을 존재, ③ 잉태되어 죽을 때까지만 유기체내에서 통일적인 힘을 제공하는 것을 생명, ④ 재생하면서 새로운 삶을 취하는 것을 영혼이라고 번역했다.

그런데 지각이란 무엇인가? 예를 들어 실제의 '토끼 뿔'은 없어도 우리는 얼마든지 '토끼 뿔'이라는 개념을 만들어 낼 수 있고 그림도 그릴 수가 있고 또한 그것을 지각할 수 있다. 그래서 꾸마라지바는 개념을 아예 인상 또는 그림(印象=相 : nimitta)이라고 바꾸어 번역했다. 자아, 존재, 생명, 영혼이라는 것도 이와 같은 개념이나 그림에 불과한 것이다. 어두운 밤에 길을 걷다가 뱀을 보게 되면 매우 놀라게 된다. 그러나 등불을 비추어 보아서 그것이 단지 새끼줄인 것을 알게 되면, 우리는 안도하게 된다. 뱀을 본 것은 실재하지 않는 토끼 뿔을 보는 것과 같은 지각이다. 금강경은 이러한 지각은 잘못된 인식이며, 그것이 고통의 원인이므로 그러한 지각을 일으켜서는 안 된다고 설하고 있다.

그러나 금강경에서는 자아, 존재, 생명, 영혼과 같은 개념적인 지각만이 부정되는 것이 아니라 실제로는 감각적인 지각의 대상도 부정되는 것을 알 수 있다.

> 쑤부띠여, 깨달음을 향한 위대한 님은 이처럼 의존하지 않는 마음을 일으켜야 합니다. 어떠한 것에도 의존하지 않는 마음을 일으켜야 합니다. 형상에 의존하지 않않는 마음을 일으켜야 하고, 소리, 향기, 맛, 감촉, 사물에도 의존하지 않는 마음을 일으켜야 합니다.(na rūpapratiṣṭhitaṃ cittam utpādayitavyaṃ, na śabda-gandharasa-spraṣṭavya-dharma-pratiṣṭhitaṃ cittaṃ utpādayitavyam.na rūpapratiṣṭhitaṃ cittam utpādayitavyaṃ)

여기서 그것은 '토끼뿔'과 같은 존재하지 않는 것에 대한 개념적인 지각이 아니라 불꽃을 돌리면 불꽃의 화환인 선화륜(旋火輪)을 우리가 지각하지만 실재로는 불꽃만이 존재하는 것과 같다. 개념적인 지각뿐만 아니라 감각적인 지각도 무상한 세계에서는 존재하지 않는 것에 대한 지각인 것이다.

초기경전인 쌍윳따니까야(SN. IV. 54)에 따르면, 금강경에서 이러한 자아와 관련된 지각을 부정하는 것 자체가 불교에 고유한 공사상을 전개시킨 것이다.

> 아난다여, 자아와 자아에 속한 모든 것은 공(空)하므로 세계는 공(空)이라고 불리운다. (yasmā ca kho Ānanda suññam attena vā attaniyena vā tasmā suñño loko ti vuccatīti)

붓다고싸(Buddhaghosa, Vism. 628)는 '무아에 대한 명상과 공에 대한 명상은 같은 의미면서 문자만이 다르다'고 했다. 이처럼 무아와 공의 개념은 밀접한 관계를 갖고 있다. 그것은 무아의 무실체성이 공의 개념의 토대를 형성하기 때문이다.

공(空 : suññatā)에 대한 사상은 초기불교와는 관계없이 대승불교에서 개발한 이론으로 여기는 경우가 적지 않다. 스체르바스키(Stcherbatsky, 『Madhyantavibhaṅga』)는 '공이란 용어는 대승불교의 창안이다. 그러한 혁신은 철학적 발전에 따른 필연적 귀결이다. 그 싹은 소승불교에서도 보이지만 대승불교가 완전히 새로운 해석을 부여했다'라고 주장했다. 공사상이 대승불교의 창안물이라는 사실은 연기(緣起)와 공(空)을 일치시킨 용수(龍樹)의 연기해석에 근거한 것이지만, 그렇게만 볼 수 없다. 초기불교에서도 이미 연기와 공이 동일한 의미로 사용되었을 정도로 중도사상과 더불어 심오한 공사상을 전개시켰다. 연기 자체가 일반적으로 공성(空性)으로 특징지어지는 것은 다음과 같은 초기경전(SN. II. 267)의 진술로 보아 틀림없다.

수행승들이여, 그러므로 너희들은 이와 같이 배워야 한다. '여래가 설한 모든 경전은 심오하고 뜻이 깊고 출세간적이며 공과 상응하는 것이므로 그것들을 설할 때에 우리는 잘 듣고 귀를 기울이고 슬기로운 마음을 내고 파악되어야 하고 통달되어야 할 이 법에 관해 사유하리라' 라고.(tasmātiha bhikkhave evaṁ sikkhitabbaṁ : ye te suññantā tathāgatabhāsitā gambhīratthā lokuttarā suññata paṭisaññuttā, tesu bhaññamānesu sussusissāma sotam odahissāma aññacittam upaṭṭhāpessāma, te ca dhamme uggahetabbaṁ pariyāpuṇitabbaṁ maññissāmāti)

여래가 설한 모든 가르침은 그의 깨달음인 연기설(緣起說)을 근간으로 하는 것이므로 여기서 공(空)과 상응하는 것, 즉 공상응성(空相應性 : suññatapaṭisaññuttā)이란 것은 곧 연기의 속성을 지칭하는 것임에는 두말할 나위조차 없다. 금강경에서 드러내고자 했던 것은 바로 이러한 공성상응의 연기법이다. 금강경은 대단원의 막은 다음과 같은 사구게로 이루어진다.

별들처럼, 허깨비처럼, 등불처럼
(tārakā timiraṃ dīpo)
환상처럼, 이슬처럼, 거품처럼
(āyāvaśyāya budbudaṃ)
꿈처럼, 번개처럼, 구름처럼
(supinaṃ vidyud abhraṃ ca)
이처럼 조건지어진 것을 보아야 하리.
(evaṃ draṣṭavyaṃ saṃskṛtam)

이러한 금강경의 비유는 초기경전(SN.III.142)에서 연기된 존재

g에 대한 비유로 사용된 상징들을 그대로 계승한 것이다. 거기서 포말(包沫 : pheṇapiṇḍu), 물거품(水泡 : bubbuḷa), 아지랑이(陽琰 : marīcika), 파초(芭焦 : kadala), 환영(幻影 : māyā) 등은 무소유(無所有 : ritta), 공허(空虛 : tuccha), 무실체(無實體 : asāra)라고 정의된다. 그것은 자아를 구성하는 존재의 다발(五蘊)의 공성(空性 : suññatā)을 두고 하는 말이다.

> 물질(色)은 포말과 같고 감수(受)는 물거품과 같고 지각(想)은 아지랭이와 같고 형성(行)은 파초(芭焦)와 같고 의식(識)은 환영과 같다.(pheṇapiṇḍūpamam rūpam, vedanā bubbuḷūpamā, marīcikūpamā saññā, saṅkhārā kadalūpamā, māyūpamañca viññāṇam)

그렇다고 공(suññatā)의 철학은 단지 무(無)를 설해서 존재를 부정하는 것이 아니다. '본다'라고 하는 사실이 일어날 때는 그 보는 것의 생기의 원인이 무수한 사건과 연관되어 변화하는 것으로, 어느 하나, 또는 몇몇 결정자를 분리하여 원인으로 삼을 때는 이미 그 원인들은 존재론적으로 허구이다. 현재 존재하는 것은 단지 허구적(假的) 존재이다. 즉 인연에 의해서 있는 존재이다. 가명(假名) 또는 가호(假號)라고 불리는 것은 공을 근저로 건립되어, 더구나 공인 것에 붙여진 이름이다. 일어날 때는 일어나더라도 무수한 사건과 연관되어 있기 때문에 그 내처(來處)를 모르고 소멸할 때는 소멸하더라도 역시 그 멸처(滅處)를 알지 못한다.

그러나 금강경이 성립할 당시의 공덕사상은 우리의 선행을 통해서 그 대가로서 공덕을 받는 자아가 있고, 그 공덕을 상속하는 존재가 있고, 그 공덕은 죽을 때까지 유지하는 생명이 있고, 그 공덕을 내세로까지 이어주는 영혼이 있다고 생각했다.

당대의 인도 불교현실은 설일체유부(說一切有部)에서 만들어낸 바사론(婆沙論)의 곳곳에서 불상의 조상과 탑묘의 숭배가 커다란 공덕을 낳는다고 강조한 것으로 보아, 부처님의 가르침의 실천보다는 오히려 교단의 유지, 발전에만 치우쳐 있어, 불교가 본래 가진 중생구제라는 자비정신에서 멀어져 있었던 것으로 보인다. 따라서 무아와 연기의 진리에서 벗어나 '이것은 나의 것이고, 이것이야말로 나이고, 이것은 나의 자아이다'라는 집착을 강화하는 길로 들어선 셈이었다. 금강경의 출현은 바로 이러한 잘못된 인식을 번개처럼 자르고 본래 자비가 충만한 지혜를 완성시키려는 대승적인 이유를 갖고 있었다.

금강경에서는 사회적인 측면에서는 사물의 인상에 대한 지각을 벗어나서 그러한 윤리적인 삶을 실천할 것을 강조한다. 깨달음을 향한 님 즉 보살의 삶을 사는 자는 무엇보다도 감각적인 인상에 대한 지각에 의존하지 않고 보시 등의 육바라밀을 행해야 한다.

초기경전인 『맛지마니까야(MN. I. 180-181)』에서 부처님은 이 인상과 관련하여 다음과 같은 법문을 설했다.

> 이렇게 오신 님, 공양 받을만한 님, 올바로 원만히 깨달은 님은… 그는 시각으로 형상을 인식하지만… 그는 청각으로 소리을 인식하지만… 그는 후각으로 냄새를 인식하지만… 그는 미각으로 맛을 인식하지만… 그는 촉각으로 감촉을 인식하지만… 그는 정신으로 사물을 인식하지만… 그 인상에 집착하지 않고 그 특징에 집착하지 않습니다. 만약 그가 정신능력을 다스리지 않으면 탐욕과 근심, 그리고 악하고 불건전한 상태가 그를 침입할 것이므로, 절제의 길을 따르고, 정신능력을 보호하고, 정신능력을 수호합니다. 그는 이 고귀한 감각능력을 수호하고, 안으로 허물이 없는 행복을 느낍니다.

붓다고싸(Vism. I. 53-59)에 따르면, 인상(相, nimitta)은 주의

력을 기울이지 않고 사물을 파악할 때에 오염된 사유에 불을 지필 수 있는, 대상 가운데 가장 두드러진 특질이다. 따라서 인상은 탐욕과 성냄과 어리석음의 상태에서 사물을 파악할 때에 보여지는 최초의 그림을 말하는 것이다. 그래서 금강경은 이러한 인상에 대해 개념적인 지각을 일으켜서는 보살의 자비로운 삶을 살 수 없다는 것을 강조한다. 인간의 욕망이 부여하는 것 가운데 가장 완벽한 인상이 위대한 사람의 외형적 특징(相好 : lakṣana)이다. (꾸마라지바의 한역에는 인상과 외형적 특징을 모두 '상(相)'이라 번역해서 크게 혼동을 가져오고 있다.) 부처님과 같은 위대한 사람에게만 있고 범부에게는 없는 외형적 특징으로는 서른 두 가지의 일반적인 특징(三十二相)과 팔십 가지의 세부적 특징(八十種好)이 있는데 합해서 위대한 사람의 외형적 특징, 즉 상호라고 한다. 금강경에서 이러한 외형적 특징에 대한 숭배를 뛰어넘을 것을 강조하고 있다.

> 특징을 갖춘 것에는 허망함이 있고, 특징이 아닌 것을 갖춘 것에는 허망함이 없습니다. 그러므로 우리는 특징이 아닌 특징을 통해서 여래를 보아야 합니다. (yāvat subhūte lakṣaṇasampat tāvan mṛṣā, yāvad alakṣaṇasampat tāvan na mṛṣeti)

이것은 대승불교 출현 당시의 탑묘에 대한 신앙뿐만 아니라 불상에 대한 신앙이 잘못된 공덕사상을 유포하는 폐해를 낳고 있었기 때문에 나온 사상이지만 그 배후에는 대승의 진리의 몸인 법신불(法身佛)에는 형태가 없다는 심오한 사상을 전개하고 있는 것이다.

금강경이 놀라운 것은 부처님에게 고유한 외적인 최상의 외형적인 특징이 없을 뿐만 아니라, 나아가서는 부처님에게 고유한 내적인 위없는 깨달음의 대상도 없다는 가르침이다. 금강경에 의하면, 부처님은 그림 없는 그림이다. 금강경에서는 이러한 부처님의 가르침을 배워서 다른 사람에게 보시하는 법시야말로 누군가가 삼천대천세계의 이 우주를 칠보로서 채워서 그것을 이렇게 오신 님, 거룩한 님, 올바로 원만히 깨달은 님들에게 보시하는 것보다 더욱 많은 무량한 공덕을 낳는다고 설한다.

이어서 금강경에서는 부처님뿐만 아니라 부파불교에서 중요시되는 네 부류의 성인, 즉 진리의 흐름에 든 님(預流者 : sotāpattipanna), 한번 돌아오는 님(一來者 : sakadāgāmī), 돌아오지 않는 님(不還者 : anāgamī), 거룩한 님(阿羅漢 : arahat)은 자신의 경지를 공덕의 과보라고 생각하지 않는다는 사상을 전개한다.

> 쑤부띠여, 어떻게 생각합니까? 거룩한 님에게 '내가 거룩한 님의 경지를 얻었다'라는 생각이 일어납니까?… 세존이시여, 그렇지 않습니다. 거룩한 님에게는 '내가 거룩한 님의 경지를 얻었다'라는 생각이 일어나지 않습니다.… 만약 거룩한 님에게 이처럼 '나는 거룩한 님의 경지를 얻었다'라는 생각이 일어나면, 그것은 바로 그에게 자아에 대한 집착, 존재에 대한 집착, 생명에 대한 집착, 영혼에 대한 집착이 되는 것입니다.

이것은 초기경전인 『쌍윳따니까야(SN. III. 235-238)』에 나오는 다음과 같은 싸리뿟따와 아난다의 대화와 놀랍도록 유사하다.

> '벗이여, 싸리뿟따여, 그대의 감관은 청정하고 안색은 밝다. 존자여 싸리뿟따여, 그대는 오늘 어떻게 지내며 보냈는가?' '벗이여, 이 세상에서 나는 원하는 대로 지각하는 것도 아니고 지각하지 않는 것도 아닌 세계를 완전히 뛰어넘어 지각과 감수가 소멸하는 상수멸에 든다. 벗이여, 나는 이 때에 '나는 상수멸의 선정에 든다'라든가 '나는 상수멸의 선정을 성취했다'라든가 '나는 상수멸의 선정에서 나온다'라고는 생각하지 않는다' 이와 같이 존자 싸리뿟따는 나라는 고집, 나의 것이라

> 는 고집의 교만스러운 경향을 끊어버렸다. 그래서 존자 싸리뿟따는 '나는 상수멸의 선정에 든다'라든가 '나는 상수멸의 선정을 성취했다'라든가 '나는 상수멸의 선정에서 나온다'라고 생각하지 않는다.

어떤 경지를 수행의 대가인 그 공덕을 통해서 얻었다고 생각하면, 그것은 곧 자아에 대한 개념적 인식을 더욱 강화시키는 결과를 낳는다. 이것은 곧 금강경이 초기경전에 기초해서 부파불교적인 공덕사상을 버리고 부처님의 가르침으로 돌아가야 한다는 정신을 반영하고 있음을 보여주는 것이다.

금강경에서는 이러한 차원에서 궁극적으로 가르침의 공덕도 강조되어서는 안 된다고 설한다. 가르침의 공덕의 권위가 주장되지 않을 때에 장엄이 아닌 참다운 불국토의 장엄이 이루어질 수 있다.

우리는 역사적으로 공산주의가 너무 평등의 공덕을 강조하다가 불평등으로 귀결되고 자본주의가 너무 자유의 공덕을 강조하다가 부자유로 귀결된 사례를 알고 있다. 공산주의는 서열에 따른 관료적인 불평등 체제 속에서 붕괴되었고, 자본주의 역시 결국 인간을 자본의 노예상태로 전락시켰고 그 궤도를 수정하지 않으면 안 되었다. 모든 가르침은 역반증(逆反證)의 속성을 갖고 있는 것이다. 그래서 금강경은 이와 같이 말한다.

> 쑤부띠여, 어떻게 생각합니까? 여래께서 이렇게 오신 님, 거룩한 님, 올바로 깨달은 님이신 디빵까라에게서 배운 어떠한 법이라도 있었습니까? 쑤부띠는 여쭈었습니다. 세존이시여, 그렇지 않습니다. 여래께서 이렇게 오신 님, 거룩한 님, 올바로 원만히 깨달은 님이신 디빵까라에게서 배운 어떠한 법도 없었습니다. 쑤부띠여, 여래께서 '불국토의 장엄, 불국토의 장엄'에 대해 말씀하신 것은 '장엄이 아닌 것'을 가르친 것입니다. 그러므로 말하자면, '불국토의 장엄'인 것입니다.

그러므로 금강경에서는 '깨달음을 향한 위대한 님은 어떠한 것에도 의존하는 바가 없이 마음을 일으켜야 한다'고 말한다. 금강경은 이러한 가르침을 실천하고 알려주는 것이 '훌륭한 가문의 아들이나 훌륭한 가문의 딸 누군가가 세계를 일곱 가지 보물들로써 가득 채워서 이렇게 오신 님, 거룩한 님, 올바로 원만히 깨달은 님에게 보시를 하는 것보다, 그것을 인연으로 헤아릴 수 없고 셀 수 없는 더욱 큰 공덕을 이룰 것이다'라고 말한다.

그 공덕은 아무 것에도 의존하지 않는 공관(空觀)을 통해서 가능하다. 그러나 공관을 강조하다 보면, 제도해야할 중생이 없게되고 그렇게 되면, 대비(大悲)도 약해진다. 그러나 대비를 강조하다보면, 제도해야할 중생이 있고 공관이 약해진다. 이것은 일찍이 나가르쥬나(龍樹 : Nāgārjuna)가 대지도론(大智度論 : 大正 25, 264a.)에서 '모든 법이 공하다면, 중생이 없는데 누구를 제도할 것인가? 이 경우에는 자비심이 약해질 것이다. 만약 중생으로써 애민히 여긴다면, 모든 법에 대한 공관이 약해질 것이다.(若諸法皆空卽 無衆生誰何度者 是時悲心便弱 或時以衆生可愍 於諸法空觀弱)'라고 지적했다.

에드워드 콘즈는 '불교철학자들은 아리스토텔레스적 전통에서 자란 서양철학자들과는 달리 모순을 두려워하지 않고 오히려 모순을 즐기는 것이다. 그들은 모순을 절대적인 형태로 주장한 뒤에 모순을 모순으로 그대로 남겨두고 있다.(Bed. 129-130)'라고 말했다. 또한 그는 금강경의 대승정종분(大乘正宗分)을 인용하면서 '보살은 대지(大智)와 대비(大悲)라고 하는 상호 모순된 힘의 혼합체이다. 대지에 의해서 그는 한 사람의 중생도 발견하지 못하지만, 대비에 의해서 많은 중생을 구원한다. 이 모순을 결합하는 능력이 보살의 위대성이다'라고 말하고 있다. 에리히 플라우발르너(Phb. 150)도 '보살은 그 사명을 완수하기 위해 현상세계를 건립하지만 그것이 공(空)이라는 사실을 유지하지 않으면 안 된다. 여기에 놀랍고도 어려운 보살의 과제가 있다'라고 진술하고 있다.

그러나 이러한 생각은 일반적으로 대승불교의 공에 대한 잘못된 선입견이나 인식에서 근원한다. 대비의 근원이 되는 공은 존재에 대한 비존재로서의 무와 같은 개념적으로 한정된 공이 아니라 파악할 수 없는, 즉 개념적인 한정을 끊어버린 공을 의미한다. 이러한 측면에서 개념적인 인식을 문제삼는 금강경은 심오한 공의 해설서라고 해도 과언이 아니다. 금강경에는 비록 공이란 말이 잘못 오해되는 것을 방지하기 위해 단 한번도 언급되지 않지만 공을 뜻하는 개념적인 지각의 부정, 아무 것에도 의존하지 않음(無住), 모습을 취하지 않음(不取相)등은 진정한 공의 면모를 보여준다. 금강경은 그러한 가르침으로서 대비심으로 중생을 제도할 때에는 조금도 집착이 없이 제도할 것을 강조한다. 제도의 대상인 중생에도 제도하는 주체인 자신도 제도하는 행위자체에도 집착하지 않고 아무 것에도 의존하지 않는 대비(大悲)의 실천을 설하는 것이다.

6. 한역 금강경과 범본 및 티베트 금강경의 차이

꾸마라지바역의 한역금강경과 범본 및 티베트 금강경과는 많은 차이가 나지만, 예를 들어 현장역의 금강경과 같은 다른 한역 금강경과는 커다란 차이를 보이지 않는다. 현장역을 범어 원문에 충실하게 번역을 했기 때문이다. 그러나 꾸마라지바역은 인구에 회자될 정도로 유려한 문체를 자랑하지만 범어 원문에서 불필요하다던가 반복되는 구절등을 과감하게 생략했기 때문에 범어나 서장역 금강경과는 상당한 차이를 보이는데, 그 다른 점 다섯 가지를 선택해서 논해본다.

① '금강경 도입부'의 차이 : 한역 금강경에는 여시아문(如是我聞)으로 시작하지만 서장 금강경은 경전의 도입부를 두어 범어원전의 완전한 이름과 그에 일치하는 번역된 서장어 이름을 소개하고 그 경전에 귀의하는 귀경구(歸敬句)가 있다. 원래의 범문 경전에는 없었으나 후대에 오면서 범문 경전 자체에 간략하게 '성스럽고, 고귀한 지혜의 완성에 귀의하나이다.(namo bhagavatyai āryaprajñāpāramitā yai)'라고 삽입된 것에 서장 금강경이 그 귀경구를 확장한 것이다. 따라서 아래와 같은 도입부는 오로지 서장 금강경에만 있다.

> 거룩한 금강으로 능단하는 자인 반야바라밀다라는 대승경을 시설합니다. 인도어로 아리야바즈라체디까쁘랑냐빠라미따 나마 마하야나쑤뜨라 서장어로 팍파 시럽끼 퍼리뚜 친빠 도제 쬐빠세자와 텍빠첸빼입니다. 모든 부처님과 모든 보살님께 귀의합니다.('phags pa śes rab gyi pha rol tu phyin pa rdo rje gcod pa žes bya pa theg pa chen pa'i mdo bžug so. rgya gar skad du, ārya vajrachedikaprajñāpāramitā nāma mahāyānasūtra bod skad du, 'phags pa śes rab gyi pha rol tu phyin pa rdo rje gcod pa žes bya pa theg pa chen pa'i mdo. saṅ rgy as daṅ byaṅ chub sems dpa' thams cad la phyag 'tshal lo.)

② '사상(四相)에서 상(相)'의 문제점 : 꾸마라지바가 "수보리여, 왜냐하면, 만약 보살이 아상, 인상, 중생상, 수자상이 있다고 한다면 곧 보살이 아니기 때문이니라(何以故 須菩提 若菩薩有我相人相衆生相壽者相 卽非菩薩)"에 해당하는 범문이나 서장 대장경의 내용은 역자의 번역과 같이 곁들이면 다음과 같이 되어있다.

> 쑤부띠여, 그가 자아에 대한 지각을 일으키거나, 존재에 대한 지각

을 일으키거나 생명에 대한 지각을 일으키거나, 영혼에 대한 지각을 일으키면, 깨달음을 향한 님이라고 할 수 없기 때문입니다. (〔범어〕 tat kasya hetoḥ? na sa subhūte bodhisattvo vaktavyo yasya-ātma-saṃjñā pravarteta, sattva-saṃjā vā jīva-saṃjñā vā pudgala-saṃjñā vā pravarteta. 〔서장어〕 de ci'i phyir že na. rab 'byor gaṅ bdag tu 'du śes 'jug gam, sems can du 'du śes 'jug gam, srog tu 'du śes 'jug gam, gaṅ zag tu 'du śes 'jug na, de byaṅ chub sems dpa' śes mi bya ba'i phyir ro.)

우선 여기서 상(相)이라는 개념자체가 문제가 된다. 꾸마라지바와 보리유지(菩提流支)의 한역에서는 개념이나 지각을 뜻하는 범어의 쌍냐(*skr.* saṃjñā)나 서장어의 두셰(*tib.* 'du śes)를 상(相)이라고 했는데, 그것은 정확한 번역이라고 볼 수 없으며, 지각의 대상을 의미하는 상(相: nimitta) 또는 특징을 의미하는 상(相: lakṣaṇa)과도 구별하지 않았기 때문에 경전상의 해석에 많은 오해를 불러일으키고 있다. 현장역이나 일반적으로 아함경전류에서는 모두 이 쌍냐나 두셰는 오온(五蘊)가운데 하나로 상(想)으로 번역된다.

여기서 현대역으로는 개념 또는 개념적 지각으로 번역하는 것이 가장 올바르다. 그리고 사상(四相)의 순서도 티베트 장경과 한역이 다르고 그 개념도 다르다. 특히 꾸마라지바가 수자상(壽者相) 현장이 명자상(命者想)으로 번역하고 있는 쏙뚜두셰(srog tu 'du śes)의 범어 원어는 지바쌍냐(jīva-saṃjñā)는 인도 사상 일반에서는 '영혼'의 의미로 사용하고 있다. 인도사상에서 생명(jīva)과 신체(śarīra)의 일치(命卽是身) 또는 불일치(命異身異)는 중요한 철학적 테마였으며 부처님은 연기론적인 입장에서 양자가 모두 잘못된 가정에서 출발한 것임을 밝혔다. 그리고 꾸마라지바는 인상(人相)이라고 하고 현장은 보특가라상(補特伽羅想)이라고 음사하여 번역한 범어의 뿌드갈

라쌍냐(pudgala-saṃjñā)는 서장역에서는 강싹투두세(gaṅ zag tu 'du śes)라고 하는데 개체나 개성의 의미를 지니자만 주석적 의미로는 윤회의 주체가 되는 영혼을 의미한다.

그리고 현장 본에서는 특이하게 사상(四想)이 아니라 팔상(八想)이 거론되고 있다. 이것은 현장이 가져온 범본이 오늘날 유통되는 범본 보다 신층인 것임을 나타낸다.

> 수보리여, 왜냐하면, 그가 뭇삶에 대한 지각을 일으키거나, 생명에 대한 지각을 일으키거나 자아에 대한 지각을 일으키거나, 영혼에 대한 지각을 일으키거나, 인간에 대한 지각을 일으키거나, 학인에 대한 지각을 일으키거나 행위주체에 대한 지각을 일으키거나, 경험주체에 대한 지각을 일으키면, 깨달음을 향한 님이라고 할 수 없기 때문입니다. (〔玄奘〕 所以者何 善現 若諸菩薩摩訶薩 有情想轉 如是命者想 士夫想 補特伽羅想 意生想 摩納婆想 作者想 受者想轉 當知亦爾 何以故 善現 無有少法 名爲發趣菩薩乘者)

여기서 현장의 팔상에 대한 설명은 앞의 장에서 설명했으므로 여기서는 생략한다.

③ '범소유상 개시허망'의 문제 : 여리실견분(如理實見分)에는 오늘날에도 논란이 되고 있는 아주 유명한 '무릇 모든 상(相)이 다 허망한 것이니라(佛告須菩提 凡所有相 皆是虛妄)'라는 말이 등장하는데, 이 말의 범어 원문은 내용적으로 한역과 큰 차이를 드러내고 있다. 이 말의 범어 원문은 '쑤부띠여, 특징을 갖추는 만큼, 그 만큼 허망하며 특징을 갖추지 않는 만큼, 그만큼 허망하지 않습니다. (yāvat subhūte lakṣaṇasampat tāvan mṛṣā, yāvad alakṣaṇasampat tāvan na mṛṣeti)'라고 되어 있다. 여기에 비해 서장의 대장경에서는 '쑤

부띠여, 삼십이상호을 갖추는 만큼, 그 만큼 허망하며 삼십이상호을 갖추지 않는 만큼, 그만큼 허망하지 않습니다. (rab 'byor ji tsam du mtsan phun sum tshogs pa 'de tsam du brdzun no, ji tsam du mtsan phun sum tshogs pa med pa de tsam du mi brdzun te)'라고 번역되어 있다.

우선 우리는 꾸마라지바가 범어나 서장어에서 이처럼 복잡해 보이는 논리를 중국적인 단순한 사유로 바꾸어 버린 것을 알 수가 있다. 그리고 여기서 말하는 상은 사상(四相)의 상(相)이 아니라 특징(lakṣaṇa)을 의미하는 것이고, 서장어 번역에서는 그것이 바로 서른 두 가지의 위대한 사람의 특징(三十二相)을 의미한다는 것을 더욱 분명히 알 수 있다. 개념적으로 범소유상의 상은 사상과 관련된 것이 아님이 분명하지만 꾸마라지바의 번역에서는 그것이 혼동될 우려가 있다.

이기영 박사는 '수보리여, 특징을 갖추고 있다고 하는 말은 거짓이며,특징을 갖추고 있지 않다고 말하면 그것은 거짓이 아니다.'라고 번역했으나 이 번역은 애매하기 때문에 논란의 여지를 많이 남기는 것이다. '상호가 갖춘 것'을 진제라고 하고 '상호가 갖추지 않은 것'을 속제라고 하면, '진제인 한 속제이며, 속제인 한 진제이다'라는 그럴듯한 대승교리가 생겨나지만 아무래도 너무 사변적인 감이 없지 않다. 그래서 고민하던 중에 카루파하나 교수를 만나 '쑤부띠여, 특징을 갖추는 만큼, 그 만큼 혼란스러우며 특징을 갖추지 않는 만큼, 그만큼 혼란스럽지 않습니다'라는 해석을 얻었으나 그 의미도 역시 애매한 것은 마찬가지이다. 이것에 대해서는 독일의 막스 발레서는 '특징의 완성이 있는 한, 그만큼 허망하며, 무특징의 완성이 있는 만큼, 그만큼 허망하지 않다(Die Vollkommenheit der Merkmale besteht, ist Irrtum; wenn Nicht-Merkmalvollkommenheit besteht, ist kein Irrtum)'라고 번역했다. 서장어역은 아예 특징에 대하여 서른 두 가지 특징이라고 언급하고 있다. '쑤부띠여, 서른 두 가지 특징이 있는 만큼 그만큼 허망하고, 서른 두 가지 특징이 없는 한, 그만큼 허망하지 않다(rab 'byor ji tsam du mtsan phun s um tshogs pa 'de tsam du brdzun no. ji tsam du mtsan phun sum tshogs pa med pa de tsam du mi brdzun te.). 그러나 이 모든 번역은 상호가 없는 법신불을 염두에 두고 번역한 것인데, 금강경의 일관된 논리 '여래가 X라고 하신 것은 X가 아닌 것을 가르친 것이다'라는 것과는 모순이 된다. 이것은 X가 개념적이나 감각적으로나 지각의 대상이 되어서는 안 된다는 것을 말하는 것이다. 오직 깨달음을 향한 서원과 부처님의 가르침만이 상호나 특징을 뛰어넘어 허망하지 않다는 것을 말하는 것이다.

따라서 역자는 '무특징을 갖추는 한 허망하지 않다'라는 서장어역이나 현대어역들은 역자의 생각으로는 '특징이 아닌 것을 갖추는 한 허망하지 않다'라고 번역한다. 이 문장에 관해서 무착의 주석서에서도 직접적인 언급은 없다. 그러나 투찌 박사의 언급대로 '사람들은 (보시 등의 공덕에 의해서) 부처가 된다고 생각하고 있다. 그러므로 (그러한 가정을 논박하기 위해) 조건지워진 몸에 특징적인 완전성은 부정된다. 사실상 법신은 생성되지 않고 특징이 거기에 부과되지 않는다'는 의미를 지니고 있는 것은 틀림없다.

③ '약견제상비상 즉견여래'의 문제 : 역시 여리실견분(如理實見分)에서 꾸마라지바가 번역한 '만약 모든 상(相)-비상(非相)을 보면 곧 여래를 보는 것이니라(佛告須菩提 若見諸相非相 卽見如來)'는 말도 그것을 해석하는 방법을 둘러싸고 많은 논쟁이 있다. 이것에 해당하는 범어 원문은 '그러므로 우리는 특징-비특징을 통해서 여래를 보아야 합니다(hi lakṣaṇa-alakṣaṇatas tathāgato drāṣṭavyaḥ)'라고 되어 있고 서장어역도 범어와 동일하게 '그러므로 우리는 상호와 상호가 아닌 것을 통해서 여래를 보아야 합니다(de ltar de bžin gś egs pa la mtsan daṅ mtsan ma med par blta'o)'라고 되어있다. 여기서도 꾸마라지바의 상이라는 것이 원래 범어에서는 사상(四相)의 상(相)이 아니라 상호를 의미하는 특징(lakṣaṇa)을 뜻한다는 것을 알 수 있다.

이 부분에 대한 전통적인 한역에는 두 가지가 있다. 꾸마라지바의 '약견제상비상 즉견여래(若見諸相非相 卽見如來)'와 현장의 '여시이상비상 관응여래(如是以相非相 應觀如來)'가 있다. 이 두 번역은 문법적으로 동일하다. 그러나 범어 원문이나 한역만으로는 상비상(lakṣaṇa-alakṣaṇatas; 相非相)의 복합어의 해석 방법에 따라 의미를 달리하므로 그 뜻을 짐작하기가 어렵다. 일반적으로 우리나라에서는 '상이 상이 아닌 것을 보면, 여래를 본다'라고 번역하고 있다. 범어에서 보다 정확히 번역했으리라고 추측되는 서장어 역에서는 병렬복합어(相違釋: dvadva)으로 분석하여 한역 식으로 하자면, '여래를 상과 비상으로 보아야 한다(de bžin gśegs pa la mtsan daṅ mtsan ma med par blta'o)'라고 되어 있다. 콘즈의 영역은 전자의 해석(Hence the Tathagata is to be seen from no- marks as marks)을 취하고 있다. 서장어 역은 하나의 현상을 볼 때 그 원인(因)과 계기(緣) 그리고 결과(果)를 동시성을 인식하는 인식방법론을 밝힌 것이다. 이 문구에 대하여 조금 중도적이긴 하지만 하와이 대학에서 만난 카루파하나 교수는 격한정복합어(依住釋: tatpuruṣa)로 해석하여 '상의 비상을 통해서 여래를 보아야 한다.'라고 주장했다. 역자는 동격한정복합어(持業釋: Kermadhāraya)로 해석하여 이와 같이 '특징이 없는 특징을 통해서 여래를 보아야 한다'라고 번역한다.

④ '관여래(觀如來)'의 문제 : 금강경의 법신비상분[法身非相分]에 다음과 같은 대화가 나온다.

> 쑤부띠여, 어떻게 생각합니까? 신체적 특징을 갖추었다고 해서 여래라고 볼 수 있습니까? 쑤부띠는 여쭈었습니다. 세존이시여, 그렇지 않습니다. 제가 세존께서 말씀하신 뜻을 이해하기로는, 신체적 특징을 갖추었다고 해서 여래라고 볼 수 없습니다. 세존께서 말씀하셨습니다. 쑤부띠여, 훌륭합니다. 훌륭합니다. 쑤부띠여, 그렇습니다. 그렇습니다. 신체적 특징을 갖추었다고 해서 여래라고 볼 수 없습니다. 그것은 무슨 까닭입니까? 쑤부띠여, 신체적 특징을 갖추었다고 해서 여래라고 본다면 전륜성왕도 여래일 것입니다. 그러므로 신체적 특징을 갖추었다고 해서 여래라고 볼 수 없습니다.

쑤부띠가 한 대답 즉 '세존이시여, 그렇지 않습니다. 제가 세존께서 말씀하신 뜻을 이해하기로는, 신체적 특징을 갖추었다고 해서 여래라고 볼 수 없습니다'(〔梵本〕 subhūtir āha: no hīdaṃ bhagavan, yathā-ahaṃ bhagavato bhāṣitasya-artham ājānāmi na lakṣaṇa-sampadā tathāgato draṣṭavyaḥ.〔西藏語〕 rab 'byor 'di ji sñam du sems. mtsan phun sum tshogs pas de bžin gśegs par blta bar bya sñam mam. 〔玄奘〕 善現答言 如我解佛所說義者 不應以諸相具足 觀於如來)는 각 나라의 모든 판본에서 내용상 일치하고 있다.

그러나 유독 그 부분의 번역이 꾸마라지바의 번역본에서는 이와 같이 '수보리는 여쭈었다. 그렇습니다. 서른 두 가지 상으로 여래를 볼 수 있습니다.〔羅什〕 須菩提言 如是如是 以三十二相 觀如來)'라고 정반대로 되어있다. 이것에 대하여 중국에서 육조해석은 비록 그것에 대하여 가설적인 대답을 하고 있기는 하지만, 대아라한(大阿羅漢)에게도 집상지병(執相之病)이 있는 것처럼 해석함으로서 아라한에게도 미세한 망념(細惑)이 있는 것처럼 해석하는 경향이 생겨났다. 그러나 육조의 해석에서 이것에 대하여 '수보리는 위대한 아라한으로 그 깨달은 바가 깊고 심오하여 방편으로 그 미혹한 길을 보여서 세존으로 하여금 미세한 망념을 제거하길 바람으로서 후세 중생이 오류가 없도록 보이고자 했다.(須菩提 是大阿羅漢 所悟甚深 方便 示其米路 以冀世尊 除遣細惑 令後世衆生 所見不謬也)'라고 기술하고 있다. 그러나 이러한 번잡한 사변적인 설명은 애초에 범본이나 서장본에 의존했더라면 발생하지 않는 불필요한 논쟁이다.

⑤ 사구게(四句偈)의 문제 : 금강경 사구게라고 하는 것은 금강경에 나오는 사행의 시로 구성된 게송을 말한다. 흔히 말하는 범소유상개시허망(凡所有相 皆是虛妄)이나 약견제상비상 즉견여래(若見諸相非相 卽見如來)란 말은 게송이 아니라 단지 경전의 내용을 설명하는 산문에 불과하다. 그러나 금강경의 산문을 포함하여 삼백송반야(三百頌般若)라고도 불리었으므로 사구게라로 통속적으로 보아도 무방하다. 그러나 엄밀히 보자면 사구게란 특정한 운율을 가진 사행의 시를 말한다. 꾸마라지바 역에서 첫 번째 등장하는 사구게는 만약 색으로 나를 보려 하거나 음성으로써 나를 찾는다면 이 사람 삿된 길을 가는 것이니능히 여래를 볼 수 없으리라.(若以色見我 以音聲求我 是人行邪道 不能見如來)라는 시이다. 그런데 바로 이 사구게 다음에 범어나 서장어의 금강경에는 다른 사구게가 하나가 더 첨가되어 있다. 그 첨가되어 있는 사구게는 꾸마라지바 역에는 누락된 것인데 그 내용은 다음과 같다.

법에서 깨달은 님 보아야 하리. 스승들은 법신에서 현현하네. 법의 성품은 인식될 수 없으니 또한 아무도 파악할 수 없으리(〔범어〕 dharmato buddhā draṣṭavyā, dharmakāyā hi nayakāḥ. dharmatā ca na vijñeyā, na sa śakyā vijānituṃ. 〔서장어〕 saṅs rgyas rnams ni chos ñid lta, 'dren pa rnams ni chos kyi sku. chos ñid śes par bya min pas, de ni rnam par śes mi nus)

위의 범문시는 각 팔음절의 사행시인데 이를 사구게라고 하는 것이다. 그 시가 서장어로는 위와 같이 칠음절 사행시로 번역된다. 이시는 현장역에는 응관불법성 즉도사법신 법성비소식 고피불능료(應觀佛法性 卽導師法身 法性非所識 故彼不能了)라고 번역되어 있다. 그 밖에 나머지 하나의 사구게의 범어나 서장어를 직역하면 이와 같이"별들처럼, 허깨비처럼, 등불처럼, 환상처럼, 이슬처럼, 거품처럼, 꿈처럼, 번개처럼, 구름처럼 이처럼 지어진 것 보아야 하리."라고 되어 있다. 그러나 꾸마라지바역에는 일체유위법 여몽환포영 여로역여전 응작여시관(一切有爲法 如夢幻泡影 如露亦如電 應作如是觀)이라고 되어 있어 유위법에 대한 비유에서 세 가지 비유가 누락되어 있다. 무착의 범본 주석에도 아홉 가지 비유가 언급되고 있어 아홉 가지의 비유가 정통적인 금강경의 내용이라고 볼 수 잇다. 꾸마라지바의 한역본에 누락된 것은 첫 번째 시행인 '별들처럼, 허깨비처럼, 등불처럼(*sk.* tārakā timiraṃ dīpo, *tib.* skar ma rab rib mar me daṅ)'에 등장하는 세 가지 비유이다. 콘쯔는 별의 의미를 네 가지로 해석하고 있다. 첫째, 별은 멀리 떨어져 도달할 수 없는 것으로 모든 법도 소유할 수가 없는 것이다. 둘째, 우주의 광대한 허공에서 볼 때, 별은 보잘 것 없어 없는 것과 같다. 셋째, 별은 태양이 없을 때, 즉 무지의 어둠 속에서만 보이는 것이다. 넷째, 별이 유성을 의미한다면 순간적으로 존속하는 무상한 것이다. 바쑤반두(世親)은 주석에서 '태양이 빛날 때에 별이 사라지는 것처럼, 모든 정신적인 요소들은 올바른 인식이 실현될 때에 사라진다'라고 하고 있다. 허깨비는 현장 역에는 예(瞖)라고 했다. 이것은 눈병환자가 보는 허깨비를 의미한다. 현장은 번역에서 눈병환자로 하여금 현실을 바로 보지 못하게 하는 가리개 정도로 해석한 것 같다. 따라서 이 단어는 철학적으로 무지를 뜻한다고 볼 수 있다. 그 밖에 '어둠'이나 '백내장'을 의미한다. 바쑤반두는 주석에서 '백내장이 눈을 압도하는 것처럼 무지는 통찰력이 없거나 잘 못된 통찰력으로 존재들을 압도한다'라고 기록하고 있다. 무지한 자는 탐진치에 가려 잘못된 인식을 갖게 된다. 여기서 등불은 비유에 잘 맞지 않는 인상을 주지만 등불은 연료가 공급되는 한도에서 타오른다. 마찬가지로 세계는 우리의 갈애가 남아 있는 한 타오른다. 또한 등불은 바람에 의해 꺼지기 쉬운 것으로 무상하다는 것을 의미한다. 꾸마라지바가 위와 같은 세 가지 비유를 누락시킨 이유는 별이나 허깨비나 등불이 무상한 환상을 들어내는데 적절하지 않은 비유라고 생각했기 때문인지도 모른다. 금강경 사구게라고 하면 원칙적으로 위에서 논한 세 개의 시를 말한다.

⑦ 금강경의 말미의 진언의 문제 : 범본 금강경의 말미는 '고귀한 끊음의 금강석인 숭고한 지혜의 완성은 끝났습니다.(ārya-vajracchedikā bhagavatī prajñāpāramitā samāptā)'라는 말로 마무리되어 진다. 그러나 꾸마라지바 역의 한역 금강경은 그 말 대신에 말미에 '금강반야바라밀경 진언: 지혜의 완성을 이루신 세존께 귀의하오니, 옴 이리티 이실리 수로타 비사야 비사야 사바하(金剛般若婆羅蜜經 眞言 那謨婆伽跋帝 鉢喇壤波羅弭多曳 唵伊利底 伊室利 輸盧馱 毘舍耶 毘舍耶 莎婆訶)'라는 진언으로 되어있다. 이 진언을 복원하면 서장본에 따라 "namo bhagavate, prajñāpāramitāye, oṃ iriti, iśili, śuriti, viṣaya, viṣaya, svāhā"가 될 수 있다. 그리고 그 의미는 확실히 밝혀진 것은 없지만 필자가 추측하건데 '세존께 귀의합니다. 옴 일체법불가득의 반야바라밀에 귀의하오니 청정이여 속히 구현되어지이다. 축복이 있기를!'라는 뜻인 것 같다.

서장본 금강경도 일반적으로는 북경판처럼 범본과 같이 끝나지만, 서소니특(西蘇尼特) 본에는 다음과 같은 진언이 부가되어 있다. '지혜의 완성을 이루신 세존께 귀의하오니, 옴 나 닷띠따, 일리시, 일리시, 밀리시, 밀리시, 비나얀, 비나얀, 나모 바가바떼, 쁘라디얌 쁘라띠, 이리띠, 이리띠, 미리띠, 미리띠, 슈루띠, 슈루띠, 우슈리, 우슈리, 부유예, 부유예, 쓰와하(namo bhagavate, prajñāpāramitāye, oṃ na tad ti ta, i li śi, i li śi, mi li śi, mi li śi, bhi na yan, bhi na yan, namo bhagavate, pra ty aṃ pra ti, i ri ti, i ri ti, mi ri ti, mi ri ti, śu ru ti, śu ru ti, u śu ri, u śu ri, bhu yu ye, bhu yu ye, svāhā.) 또한 이 진언 뒤에는 '금강을 능단하는 이 정수를 한 번 염송하는 자는 금강경을 일만 구천 번 읽은 자와 같을 것이다. 길상이 있기를 바란다.(rdo rje gcod pa'i sñiṅ po 'di lan gcig bzlas pas rdo rje gcod pa khri dgu stoṅ bklags pa daṅ mñam par 'gyur ro. bkra śis)'라는 말이 부가되어 있다.'

꾸마라지바는 경전을 번역할 때에 과감하게 생략하거나 압축해서 유려한 문체로 번역하는 특징을 지녔다. 그러나 때로는 철학적으로 정교한 문장이라도 논리적으로 애매하거나 애매할 소지가 있으면 그 문장을 지나치게 압축하거나 다른 문장으로 대체함으로서 그 의취를 상실하게 만든다. 그것은 구라라즙 번역의 한역 장경이 갖는 애석한 결점에 해당한다. 그에 비해 티베트 금강경은 범문과 일대응 대응되에 정교하게 번역했으며 오해의 소지가 있는 복합어 등은 해석학적으로 쉽게 번역해서 그 의미를 명료화했다는 측면에서 불교경전의 원전어 연구에 필수적인 위치를 점유하고 있다고 볼 수 있다. 그러나 서장역이 범어 원전의 논리적인 구조를 완전히 반영한다고 볼 수는 없다.

7. 금강경의 범어원전

1) Vajracchedikā-prajñāpāramitā-sūtra, ed. by Max Müller. Anecdota Oxoniensia, Aryan series, vol. I, part 1, 1881. Text, pp. 19-46. 중국본(北京本)과 서장본(梵文의 西藏文

字音譯本과 西藏語譯本)과 일본사본(慈雲尊者의 梵學津梁第三百二十券에 실린 것과 高貴寺佐人戒心師의 筆寫本)를 참고하여 막스 뮐러가 편찬한 것이다.

2) Vajracchedikā-prajñāpāramitā-sūtra, ed. by F. E. Pargiter, in A. F. R. Hoernle : Manuscript Remains of Buddhist Literature Found in Eastern Turkistan, 1916, pp. 176-195. 오렐 슈타인 경이 1900-1901년 돈황일차발굴 때에 동투르키스탄의 단단 위릭(Dandān Uilik)에서 발견하여 회른레가 교정한 범문 단편을 파기터가 간행한 것이다. 본문은 파손이 심하고 현행범본보다 간결하지만 막스 뮐러 본에 가깝다.

3) Ernst Leuman : Zur nordarischen Sprache und Literatur. Schriften der Wissenschaftlichen Gesellschaft in Strassburg 10 Heft, 1912, S. 77-82. 오렐 슈타인 경이 1900-1901년 돈황일차발굴 때에 동투르키스탄에서 가져온 것으로 금강경의 앞부분의 고탄어역이 실려있고 범본은 본래 고탄어에서 범어로 환원된 것이다.

3) Vajracchedikā-prajñāpāramitā-sūtra, ed. by N.P. Chakravarti in G. Tucci : Minor Buddhist Texts, part I. Serie Oriental Roma IX. Is. M.E.O.1956 길기트 북쪽 산악지대의 탑묘에서 발견된 1931년 발견된 사본으로 현재 인도국립문서보관서에 있다. 12 폴리오의 제일 짧은 간략본 금강경으로 그 가운데 1-4와 6 폴리오는 누락되어 있다.

4) Vajracchedikā-prajñāpāramitā-sūtra, ed. and tr. by Edward Conze with introduction and glossary. Serie Orientale Roma XIII. Roma,

Is. M.E.O 1957. 막스 뮐러 본을 주로 하고 다른 여러 텍스트를 참조하여 교열하고 번역한 것이다. 서장본이나 간략본에 초점을 맞추어 편찬한 것이다.

8. 금강경의 고대 인도 주석

1) 주석을 둘러싼 논란들

〈아쌍가와 바쑤반두〉

투찌(Giuseppe Tucci)는 1950년경 네팔의 고르(Ṅor) 승원에서 종려나무 잎에 새겨진 필사본 경전을 발견했다. 겨우 세 쪽인 이 필사본은 두 번째와 세 번째 쪽에 흠이 있고, 특히 두 번째 쪽의 오른쪽은 벌레가 먹어서 그 내용이 단편적이고 불완전하다. 그러나 이 소책자는 다음과 같은 간행기(刊行記)가 실려 있어 귀중한 사료가 되고 있다.

> 삼백송의 반야바라밀(般若派羅密)에 대한 70개의 게송이 끝났다. 이것은 거룩한 아쌍가(無着)의 시행(詩行)들로 지어진 것이다.(triśatikāyāḥ prajñāpāramitāyāḥ kārikāsaptatiḥ samāptā kṛtiriyaṃ āryāsaṅgapādānāṃ iti.)

여기서 말하는 '삼백송의 반야바라밀'이란 바로 금강경, 즉 금강반야바라밀경을 말한다. 금강경은 게송이 아니라 대부분 산문으로 되어 있으나 게송의 분량으로 치면 300개의 게송으로 이루어져 있어 삼백송반야경(三百頌般若經)이라고도 불린다.

투찌가 발견한 이 필사본은, 가장 활동적이고 유명한 대승불교의 논사 가운데 한사람인 아쌍가가 저술한 최초의 금강경 범어원문 주석이었다.

그러나 이 주석의 운율적인 게송들은 난해하여, 서장어역이나 한역(漢譯)의 보다 상세한 다른 주석을 빌어야만 비로소 해석할 수 있다.

간행기에 나타난 것과 동일한 한역장경의 이름으로 능단금강반야바라밀다경논송(能斷金剛般若波羅密多經論頌 : 大正藏 1514)이 있는데, 이 한역 논송의 저자는 아쌍가(無着 : Asaṅga)로, 역자는 당나라의 삼장법사인 의정(義淨)으로 되어 있다. 범본과 한역을 대조하면 한역은 범본이 동일한 원본임을 알 수 있다. 능단금강반야바라빌다경논송이라는 제목도 범어로 복원하면 투찌가 발견한 필사본의 간행기에 나와 있는 제목인 '바즈라체디까 쁘랑냐빠라미따 쑤뜨라 샤스뜨라 까리까(Vajracchedikā-prajñāpāramitā-sūtra-śāstra-kārikā)'와 일치한다. 아쌍가는 금강경의 내용을 압축하여 논리적으로 일관성 있게 게송을 지은 것이다.

반면에 서장대장경의 땐쥬르(bsTan 'gyur : 經藏)에는 아쌍가의 저술로 된 동일한 이름의 논서를 발견할 수 없다. 그러나 3권의 목록에 '세랍끼 파뢸뚜친빠 도제쬐빠 셰자르기 칙레우(śes rab kyi pha rol tu phyin pa rdo rje gcod pa bśad sbyar gyi tshig leu)'라는 제목의 논서가 있는데, 이것을 범어로 바꾸어 보면 '바즈라체디까 브랑냐빠라미따 비야키야노빠니반다나 까리까(Vajracchedikāyāḥ prajñāpāramitāyāḥ vyākhyānopanibandhana-kārikā)'이다. 그러나 이 서장본에는 저자와 역자의 이름이 밝혀져 있지 않다. 이 논송은 부뙨(Bu ston)이 편집한 서장대장경 목록에는 포함되어 있지 않은 것으로 보아 부뙨 이후에 편집된 것으로 추정된다.

아쌍가 외에 반야경의 주된 흐름을 간략하게 요약한 사람으로 바쑤반두(世親 또는 天親 : Vasubandhu)가 있다. 한역경전인 금강반야론(金剛般若論 : Vajracchedikāprajñāpāramitā śāstra : 大正藏. 1510)에는 아쌍가와 바쑤반두의 이름이 모두 들어가 있는데, 이 논서는 아쌍가 논송, 바쑤반두 주석, 법호(法護 : Dharmagupta)의 번역으로 되어 있다.

아쌍가와 바쑤반두의 이름은 앞의 주석서 뿐만 아니라 의정이 번역한 금강반야바라밀경논석(金剛般若波羅密經論釋 : 大正藏 1513)에도 등장하는데, 이것도 아쌍가 논송, 바쑤반두 주석으로 되어 있다.

그러나 보디루찌(Bodhiruci : 菩利流支)가 번역한 금강반야바라밀경논(金剛般若波羅密經論 : 大正藏 1511)에는 아쌍가에 대한 언급이 전혀 없으며, 논송이든 산문주석이든 모두 바쑤반두에게 귀속시키고 있다. 대당내전록(大唐內典錄 : 大正藏 2149)이나 고금역경도기(古今譯經圖記 : 大正藏 2151)에는 저자에 대한 언급이 없다. 속고금역경도기(續古今譯經圖記 : 大正藏 2152)에도 논서의 저자에 대한 언급이 없다. 개원석교록(開元釋敎錄 : 大正藏 2154)에 보면 논송은 아쌍가에게, 산문주석은 바쑤반두에게 돌리고 있다. 돈황문헌(大正藏 2740)에는 금강경의 주석가로서 바쑤반두만이 언급되어 있다.

〈마이뜨레야와 바즈라르시〉

보디루찌가 자신의 한역에서 게송의 작자를 별도로 언급하지 않고 오로지 바쑤반두만을 게송과 산문주석의 작자로 보는 이유는 무엇일까? 보디루찌가 번역한 또 다른 금강경의 주석인 금강선론(金剛仙論 : 大正藏 1512)의 마지막 부분(大正藏 1512, 874c)에 게송과 산문주석의 관계가 다음과 같이 실려있다.

미륵세존께서 염부제의 중생을 가엾게 여겨 금강반야(金剛般若 :

Vajracchedikā-prajñāpāramitā)를 설명하고 보살지(菩薩地 : Bodhisattvabhūmi)에 대한 주석을 만들어 수행승 아쌍가(無着 : Asaṅga)에게 전파하도록 건네주었다. 그러나 미륵세존은 장행(長行)의 주석만을 만들었다. 논주인 바쑤반두는 그것을 아쌍가에게 배웠으며 다시 이 경론의 의미를 탐구하여 재차 게송의 주석을 만들었다. 그는 널리 의문을 제기하여 이경을 해석함으로서 무릇 80게송에 이르는 장행의 논석을 만들었으며 그리고 그는 이 논석을 바즈라르시(金剛仙 : Vajrarṣi)등에게 전교했다. 바즈라르시는 이것을 악샤마띠(無盡意 : Akṣamati)보살에게 전교했다. 악샤마띠는 다시 성제(聖濟)에게 전교했고 성제는 보디루찌(菩利流支 : Bodhiruci)에게 전교했다.(彌勒世尊 愍此閻浮提人 作金剛般若經義釋幷地持論 齊付無障礙比丘 令其流通 然彌勒世尊 但作長行釋 論主天親既從無障礙比丘邊學得 復尋此經論之意 更作偈論 廣興疑問 以釋此經 凡有八十偈 及作長行論釋 復以此論 傳教金剛仙論師等 此金剛仙 傳教無盡意 無盡意 復傳教聖濟 聖濟傳教菩利流支)

이 금강선론에 따르면, 마이뜨레야(彌勒 : Maitreya)가 짓고 아쌍가에게 전한 산문주석이 본래 있었으며, 이에 더해 바쑤반두가 지은 80게송으로 이루어진 운문주석과 그에 대한 산문주석이 있었다는 결론에 도달한다.

역경가 의정(義淨)에 따르면, 이러한 견해가 인도의 어떠한 지역에 유통되고 있었다고 한다. 그러면서 의정은 80게송의 작자가 바쑤반두가 아니라 아쌍가에게 그 게송을 전한 마이뜨레야라고 분명히 기술하고 있다. 그리고 약명반야말후송찬술(略明般若末後頌撰述 大正藏 1817, 783a; 金剛般若經撰述 大正藏 1700, 124)과 금강반야론회석(金剛般若論會釋)에도 마이뜨레야가 아쌍가에게 해설하고 아쌍가가 바쑤반두에게 건네준 것으로 되어있다.

이와 같이 인도에서는 게송의 작자가 마이뜨레야였다는 전설적인 전통을 제외하고는 논송이나 주석을 바쑤반두에게 귀속시킨 것은 일반적인 것이었다.

중국에서 이러한 견해는 위에 언급한 금강선론에 주로 의존한다. 이 금강선론은 금강반야바라밀경논(金剛般若波羅密經論 : 大正藏 1511)의 작자인 바쑤반두의 제자 바즈라르시(金剛仙 : Vajrarṣi)의 작품으로 알려져 있다. 그러나 이 논서는 스타일로 보아 중국에서 찬술된 것으로 보인다. 예를 들어 범어 단어 바가반(Bhagavān), 슈라바스띠(Śrāvasti), 빠라미따(Pāramitā) 등의 원어의 옛 음사나 번역을 논하면서 번역하고 있는 것이다. 더구나 그 작품은 바쑤반두의 논서에 대한 주석서가 아니라 금강경 주석이다. 저자는 금강경을 나름대로 주석하고 난 뒤에 바쑤반두의 주석을 산만하게 인용하여 언급하고 있다. 여기서 게송도 언급되지만 그 게송에 대한 상세한 분석은 없다. 결국 이 논서는 누군가 바쑤반두의 주석을 빌어 금강경을 해석하고자 한 것 같다. 그리고 책의 전래에 관한 참고 자료들과 범어의 번역에 관한 논의 등으로 볼 때 금강선론의 저자는 역경가인 보디루찌일 수도 있다는 결론에 도달한다.

사실상 규기(窺基)는 간행금강반야경찬술서(刊行金剛般若經撰述序 : 大正藏 1700)에서 중국에는 세 가지의 상이한 금강경 주석서들이 돌아다닌다고 언급한 뒤에 바쑤반두 작이 2내지 3편, 아쌍가의 것이 1내지 2편, 그리고 바즈라르시의 것이 있다고 하고, 바즈라르시에 대해 '그는 남쪽의 우나라 사람이며, 그의 가르침은 진정으로 성스러운 가르침은 아니다'고 기술하고 있다.

그러나 우리는 다른 어려운 점에 봉착한다. 게송의 숫자가 몇 개인가? 바쑤반두의 주석에 따르면 범본의 77개보다 많은 80개로 나타나 있다. 의정의 한역본에도 마찬가지이다. 금강선론의 저자는 '게송과 산문주석은 분리할 수 없는 전체이며, 바쑤반두가 80게송을 만들고 앞의 두 게송은 서문으로 그리고 마지막 한 게송은 결론으로 삼았기 때문에 본래의 주석으로는 77개의 게송이 있었다'라고 진술하고 있다. 의정의 소주석(大正藏 1817, 11)에서도 동일한 진술이 발견된다.

그러나 의정이 별도로 번역한 게송(大正藏 1514)은 범본과 동일하게 77개만으로 이루어져 있는 것을 설명하기가 쉽지 않다. 바쑤반두의 주석에서 운율적인 게송을 구성하는 77개의 게송과는 다른 바쑤반두의 산문주석에서 첫 두 개의 게송과 마지막 한 개의 게송에 관해서 전혀 언급이 없다는 사실 때문이다. 그러므로 이러한 사실은 그것들이 주석의 일부였다는 사실을 보여준다. 이 두 개의 도입부에 있는 게송들은 삼귀의(三歸依 : triśaraṇa)나 축원(祝願 : maṅgalācaraṇa)을 나타내며 마지막 게송은 결론을 의미하는 것이다. 금강경 주석의 마지막 게송에 대한 의정의 주석(大正藏 1817)과 그 게송에 대한 번역사이의 모순은 저자가 도입부와 결론부의 주석의 시를 원래 본문의 게송과 분리하지 않게 만든 실수라고 치부하지 않을 수 없다.

그러므로 우리는 금강선론의 주장이나 금강경의 처음과 마지막 게송에 대한 의정의 소책자가 범문 금강반야발라밀다경론송의 주장과는 다름에도 불구하고 다음과 같은 결론을 유도할 수 있다. 첫째, 금강경에 대한 게송(kārikā)은 범본의 간행기에서 확정하고 있는 것처럼 바쑤반두의 작품이 아니고 아쌍가의 작품이며 의정의 번역에 의하면 게송은 아쌍가, 산문주석은 바쑤반두에 의한 것이다. 둘째, 게송의 숫자는 원래 80개가 아니고 77개이다. 이 역자의 책의 주석에서 게송의 원문 해석은 아쌍가의 것이고 괄호에 넣은 산문체의 해설은 바쑤반두의 것이다.

그런데 다른 두 개의 산문 주석, 하나는 한역본에서 아쌍가의 저술로 되어 있는 것과 또 하나는 서장본에서 바쑤반두의 저술로 된 것이 있는데 이것들은 어떻게 된 것인가? 땐쥬르에 보관되어 있는 바쑤반두의 이 주석은 한역 경전에서 아쌍가에게 귀속된 주석과 동일한 것인가 아니면 독립적인 것인가? 무엇보다도 먼저 우리는 아쌍가의 게송에 대한 바쑤반두의 주석을 보디루찌가 번역한 것(Nj. 1168)이 한역에서 아쌍가에게 귀속되고 서장어역에서 바쑤반두에게 귀속된 금강경의 산문주석(Nj.1167)에 대한 주석이라는 것은 잘못된 것이다. 그 둘은 서로 다른 두 개의 작품이다. 전자는 게송에 대한 주석을 번역한 것이고 후자는 산문주석에 대한 별도의 주석으로 아쌍가에게 귀속된 것이다.

반면에 동북목록(東北目錄)의 저자들은 바쑤반두의 주석이 실려있는 서장본(北京版 3816)이 아쌍가의 저술로 된 한역본과 일치한다는 사실을 진술하고 있다. 이 점을 분명히 하기 위해 투찌는 한역본을 서장본과 비교해본 결과 투찌는 아쌍가에게 가탁된 것(大正藏 1510; Nj. 1167)과 완전히 바쑤반두에게 가탁된 서장본 주석(北京版 3816)과 완전히 일치하는 것을 발견했다.

그런데 한역과 서장어역 사이에 한 작품을 두고 이렇게 저작권을 두고 문제가 생긴 것을 무엇 때문일까? 한역 주석에서 아쌍가에게 귀속시킨 사실의 근원은 어디에 있는가?

개원석교록(開元釋教錄 : 大正藏 2154)은 아쌍가에게 가탁한 것을 대당내전록(大唐內傳錄 : 大正藏 2149)에서 인용한 것이라고 하지만 이 작품에는 저자에 대한 언급이 없다. 정원신정석교목록(貞元新定釋教目錄 : 大正藏 2157, 850a)도 개원석교록과 동일한 언급을 하고 있지만 사정은 마찬가지이다. 고금역경도기(古今譯經圖記 : 大正藏 2151, 366b)에서도 어떠한 언급도 없다. 그러므로 아쌍가에게 가탁한 사실은 바로 개원석교록의 진술에 근거한다는 것을 알수가 있다. 그러나 규기(AD. 632)는 자신의 작품인 금강반야경찬술(金剛般若經撰述 : 大正藏 1700, 125c)에서 한역 금강경에 대한 주석서들을 인용하고 있다. 게송에 대한 바쑤반두의 주석이외에도 우리가 이미 논의한 것(大正藏 1510a)일지 모르는 한 두 개의 아쌍가의 주석이 언급되고 있다.

이러한 진술과는 상반되게 금강경의 마지막 게송에 대한 의정의 소주석(大正藏 1817, 783a)에 포함된 진술이 있다. 여기에서 바쑤반두는 마이뜨레야-아쌍가의 게송을 해설한 뒤에 다시 반야에 대하여 일곱 가지의 주제로 해설하여 자신의 주석을 만들었다는 것이다. 여기서 언급하고 있는 작품은 전통적으로 아쌍가의 저술로 되어 있는 것(大正藏 1510; Nj. 1167)의 주석인 것이 틀림없다. 이 작품은 서장어로 된뒨기자체르겔빠(Don bdun gyi rgya cher 'grel pa)라고 불리우는 데, 범어로 쌉따빠다르타띠까(Saptapadārthaṭīkā), 한역하자면 칠종구의(七種句義)라고 볼 수 있다. 그러나 서장어역의 간기(mDo, Ma, 203b)에 따르면 이 작품은 바쑤반두(Vasubandh-u : sLob dpon dbyig gñen)의 것이다. 그 간행기에는 다음과 같이 써있다.

일체지자인 쑝누뺄(gŽon nu pal), 싸마르(Žva dmar)종파의 네 번째 관주는 뺄최끼작바 예셰뺄쌍뽀 그 위대한 스승의 소원을 성취시키기 위해 만든 새로운 번역에 일부가 번역되지 않아 완역되도록 명했다. 그래서 쌀루(Ža lu)의 역경승, 괴('Gos)의 최꽁Chos skyoṅ)이 네우동체(sNe'u gdoṅ rtse) - 종교와 문화의 양대법의 화합의 장소 - 의 궁전에서 위대한 왕, 법주(Chos kyi rje), 법왕(法王 : Chos kyi rgyal po), 승리자이신 뺄각기왕축작빠(dPal ṅag gi dbaṅ phyug grags pa)의 후원 아래 그것을 번역했다. 금강이

> 라는 이름을 가진 세 번의 불모(佛母)의 의미를 설명하는 명료한 주석은 영광스러운 수레, 두 번째의 일체지자이신 바쑤반두에 의해서 이루어졌다. 이것이 쏭누뻴이라고 하는 동일하게 학식이 많고 지혜로운 티베트인에 의해서 번역되었다. 이 번역을 완성한 공덕으로 위대한 대사의 서원이 이루어지길 바란다. 최꾱쌍(Chos skyoṅ bzaṅ)은 그 작품에 대한 인도 필사본을 발견하여 이 책을 까말라실라(蓮花生 : Kamalaśīla)의 주석에서의 유사한 표현들과 비교하여 허사(tshig ph-rad; nipāta)와 쟁점이 있는 문장과 완전히 번역되지 못한 것들을 바로잡고 노력했다.

따라서 이 작품은 괴('Gos)의 역경승 쏭누뻴이 번역한 것이라는 것과 미완된 부분은 싸루(Ža lu)의 최꾱쌍뽀(Chos skyoṅ bzaṅ po)가 마져 번역했다는 것을 알 수 있다. 쏭누뻴은 유명한 뎁테르괸뽀(Deb ther sṅon po : 1478년 완성)의 저자이다. 최꾱쌍뽀는 1441년에서 1528년 사이에(Tps. 123) 생존했던 문법가이다. 또한 롱될(Kloṅ rdol : Tps. 682)의 목록에 네 번째 싸마르(Žva dmar)와 아홉 번째는 잘 알려져 있다. 번역을 후원한 왕자, 각왕축작빠(Ṅag dbaṅ phyug grags pa)는 창뽀(Tsangpo)의 남쪽 언덕에 있는 로카(Lokha)지방의 네탕(Nethang; sNeu gdoṅ)의 우두머리였다. 그는 1439년에 태어나서 1481년에 즉위해서 1495에 죽었다. 우리는 이 번역이 서장에서 이루어진 최후의 작품들 가운데 하나라고 결론지을 수 있다. 한역에 비해서 너무나 결점이 많고 여러 곳에서 범어 단어가 잘못 이해되고 있다. 뿐만 아니라 번역가가 사용한 필사본의 페이지가 뒤 밖인 착간 현상이 발견된다. 이 작품을 통해서 서장어역이 한역보다 잘못 번역된 보기 드문 예 가운데 하나를 볼 수 있다.

우리는 한역을 더 신뢰해야 할 것인가 아니면 서장어역을 더 신뢰

해야 할 것인가? 다시 말해서 이 산문주석이 아쌍가에게 귀속되어야 하는가 아니면 바쑤반두에게 귀속되어야 하는가? 오직 이 주석이 아쌍가에게 귀속된다고 주장하는 중국의 자료는 그 사실을 확증할 수 없는 오직 하나의 문헌에 의할 뿐이다. 반면에 금강경의 마지막 게송에 대한 의정의 소주석(大正藏 1817, 쪽783a)은 바쑤반두에게 반야칠문의석(般若七門義釋)을 귀속시키고 있다. 그래서 결론적으로 거의 확실하게 그 주석은 아쌍가가 지은 것이 아니라 빠쑤반두가 지은 것이라고 생각이 든다.

이 주석에 대한 논의를 일단락 짓기에 앞서 우리는 칠종구의(七種句義 : Saptapadārtha)에 대한 두 가지의 판본이 있다는 것을 지적해야겠다. 이 둘의 역자는 모두 다르마굽타(法護 : Dharmagupta)에 귀속되어 있다. 이들은 형식에서 다르며 내용적으로는 일반적으로 일치하지만 완전히 일치하는 것은 아니다. 첫 번째 A 판본은 고려대장경에 소속된 2권 본으로 이루어져 있고, 두 번째 B 판본은 송원명시대의 것으로 3권으로 되어 있다. 이 3권 본은 내용이 근본적으로 다른 것이 아니라 주석의 사이사이에 금강경 원문을 삽입해서 보다 큰 판본이 된 것이다. 다시 말해서 A 판본은 경전의 첫 문장만 인용하고 있는데 비해 B 판본은 전체를 인용하고 있다. 이것들은 두 가지의 상이한 원본에서 상이한 번역이 이루어지거나 B 판본은 새로운 원본과 비교해서 개작된 것이 아닐까? A 판본과 서장본이 일치한다는 사실은 이러한 가정을 지지한다. 목록(開元釋教錄 : 551b 古今譯經圖記 : 336b)에서 보면 원래 그 책은 두 권으로 되어 있다. 오직 다른 한 목록(貞元新定釋教目錄 : 850a)에만 세 권을 언급하고 있다. 불행하게도 두 판본의 근원에 관해 분명히 해결할 수 있는 자료는 없다. 그러나 위에서 언급한 착간 이외에도 판본 A와 서장본의 일치가 판본 B와 서장본의 일치보다 더욱 밀접하다는 사실이다.

고목록들이 오직 두 권으로 이루어진 판본만을 알고 있다는 사실은 금강경 원문이 나중에 주석서에 삽입되었다는 것과 그러기 위해서 권수를 달리 해야했고 주제를 다루는 방식에 변화를 주어야 했다는 것과 경전에 보다 손쉽게 접근하게 하기 위해 주석을 재구성해야 했다는 사실을 추측할 수 있게 한다.

〈스리닷따와 까말라실라〉

위의 주석서들 이외에도 금강경에 대한 다른 주석들이 한역이나 서장어역으로 우리에게 전해진다. 먼저 공덕시(功德施)가 지은 금강반야바라밀경파취착불괴가명론(金剛般若波羅密經破取著不壞假名論 Nj. 1192, 大正藏 1515)이 있다. 공덕시란 이름은 난지오(Nanjiō)에 의해서 구나다(Guṇada?)로 복원되었고 호보기린(Hôbôgirin : Table des Auteurs et Traducteurs, p.144, Kudokuse)과 박치(Bagchi : Le Canon boudhique en Chine, p. 507)는 동일한 시험적인 복원을 한 바 있다. 그러나 잠장껜체('Jam dbyaṅs mkhyen brtse)의 자낙기 율두 담빼 최다르 출초보르 쌔빠 로쌜 꾼뚜가배 남잰(rGya nag gi yul du dam pa'i chos dar tshul gtso bor bśad pa blo gsal kun tu dga' ba'i rnam rgyan, sDe dge. p. 99b)에는 금강경에 대한 아쌍가나 바쑤반두 뿐만 아니라 다른 주석서들이 언급되고 있다. 두 장으로 구성되어 있는 도제쬐빼젤빠(rDo rje gcod pa'i 'grel pa)는 뻴진(dPal sbyin)이 저자이고 데바까라(Devākara)가 번역한 것이다. 번역가의 이름은 여기 인용된 이 작품이 우리가 관심을 갖고 있는 것과 동일한 것임을 확실하게 해준다. 뻴진은 정확히 범어로 스리닷따(Śrīdatta)에 해당하며 한문으로 번역하면 공덕시(功德施)가 될 수 있다. 공덕이라는 말과 일치하는 범어는 구나(guṇa)나 아누쌍사(anuśaṃsā) 뿐만 아니라 스리(Śrī)도 해당하기 때문이다.

그러면 이미 언급한 금강선론(金剛仙論 : 大正藏 1512)에 대하여 언급해야 할 것이다. 땐쥬르에는 유명한 진리강요서(眞理綱要書 : Tattvasaṃgraha)의 주석가인 까말라실라(Kamalaśīla)가 주석한 팍빠 셰랍 파뢸뚜 친빼 도제쬐빼 자체르 겔빠('Phag pa śes rab pha rol tu phyin pa rdo rje gcod pa'i rgya cher 'grel pa; Āryavajracchedikā-prajñāpāramitāṭīkā; 聖能斷金剛般若波羅密經復註)가 포함되어 있다. 부뙨(Bu ston)이나 따라나타(Tāranatha)가 이들 주석서에 관하여 전혀 언급하고 있지 않다는 사실도 알 필요가 있다. 서장에서는 금강경을 이해하는데 마이뜨레야-아쌍가에게 귀속된 현관장엄론(現觀莊嚴論 : Abhisamayālaṅkara) - 이만오천송반야바라밀다경(二萬五千頌般若波羅蜜多經)의 상세한 요약으로서의 특권을 갖고 있는 - 을 특히 중요하게 여긴다.

일본에서 나온 불서해설대사전(佛書解說大辭典)을 보면 금강경에 대한 중요한 주석과 논서들을 모두 살펴볼 수 있다.

금강경에 대한 주석서들은 한결같이 경전문맥에 의해서 설명되거나 제시된 관념들에 논리적인 일관성을 부여하거나 그것이 암시하는 것을 설명하려는 어려운 작업을 시도하고 있다. 아쌍가의 논송은 경전 속에서 드러내고자하는 관념들의 계열과 일관성 있게 설명하고 반복되는 문맥이 암시하고 있는 내적인 의미의 연결성을 보여주려고 노력하고 있다. 반면에 바쑤반두는 경전에서 취급하고 있는 상이한 주제를 일곱 가지의 테마로 분류해서 다루고 있다. 이것이 바쑤반두의 작품이 칠종구의(七種句義 : Saptārthaṭīkā)라고 불리는 이유이다. 이것은 이만오천송반야바라밀다경(二萬五千頌般若波羅密多經)을 여덟 가지의 테마로 분류하고 있는 현관장엄론과 구별하기 위해서 붙여진 이름이다. 이 일곱 가지의 주제는 다음과 같다.

① 부처님의 종성(種性) : 반야바라밀은 부처님의 종성을 끊어지지 않게 하기 위해 그 보살은 부처님의 호의와 은혜로 세간에서 부처님의 혜명을 잇는 관점에서 경전을 파악하는 것

② 행상의 발기(行相의 發起) : 보살은 바라밀에 따라 마땅히 수행해서 삼매를 닦고 산란한 마음을 항복받아야 하고 올바른 뜻을 세워야하는 여러 수행의 행상을 분류하는 것

③ 주처의 실천(行) : 보살이 발심하여 머물러야하는 처소를 분류하여 경전을 보는 것

④ 대치(對治) : 보살의 실천에서 사행대치(邪行大治)를 버리고 공견정행(共見正行)의 대치로 보살의 실천을 보는 것

⑤ 퇴실하지 않음(不失) : 중도의 입장에서 양변을 여의는 측면에서 경전을 보는 것. 유자성(有自性)에 집착하는 것은 증익변(增益邊)이고 무자성에 집착하는 것은 손감변(損減邊)이다.

⑥ 성취의 단계(地) : 신행지(信行地)와 정심지(淨心地)와 여래지(如來地)이다. 십육주처는 신행지이고 중도주처는 정심지이고 구경주처는 여래지이다.

⑦ 명명에 대한 이유(名字) : 금강능단(金剛能斷)이라고 하는 이유는 문혜(聞慧), 사혜(思慧), 수혜(修慧)의 반야로 번뇌가 끊어지는 것이 마치 금강저(金剛杵)로 끊는 것과 같기 때문이다. 또한 금강저는 가운데가 좁아지고 양쪽이 넓어지는데 그 가운데가 정심지를 상징하고 양쪽의 첫 부분과 끝 부분은 각각 신행지와 여래지를 상징한다.

여기서 중요한 테마는 오직 여섯 가지인 것을 알 수 있다. 마지막의 것은 경전에서 특별히 강조하는 수행과는 관계가 없는 것이다.

까말라실라는 바쑤반두의 사상을 추종하는 나란다대학의 학장이었다. 바쑤반두의 주석을 서장어로 번역하는 역경사는 까말라실라의 주석서를 역경에 참고하였다. 사실상 까말라실라의 주석의 구조는 ①

인연(gleṅ gži, nidāna), ② 기회(gleṅ bslaṅ ba, skabs daṅ sb-yor ba), ③ 부처님의 종성(saṅs rgyas gduṅ rgyun mi 'chad par bya), ④ 성취의 특징들(sgrub pa'i mtshan ñid), ⑤ 주제들로 바쑤반두의 일곱 가지 주제를 다섯 가지로 줄였다는 차이가 있을 뿐 동일한 것이었다. 까말라실라는 자신의 주석서의 첫 부분에서 이 점을 밝히고 있다. 그리고 까말라실라의 주제 ④는 바쑤반두의 주제 ②와 동일하다. 까말라실라의 주제 ⑤는 바쑤반두의 ④, ⑤, ⑥을 포함하며 열 여덟 가지의 소주제를 갖고 있다. 까말라실라는 금강경을 다음과 같이 열 여덟 가지의 보살의 수행에 도움이 되는 길로 나누어서 조직적으로 분류하였다.

1. 발심(發心 : cittotpāda), 2. 바라밀수행(波羅蜜修行 : pha rol tu phyin pa la sbyor) 3. 신체적 특징(色身 : rūpakaya)을 성취하고자 하는 서원, 4. 법신(法身 : dharmakāya)을 성취하고 하는 서원, 5. 자만 → 선정의 수행을 통한 자아의 견해를 없앰, 6. 자만은 없으나 배움의 부족 → 부처님이 출현하는 때의 포착, 7. 배움은 많지만 산만함 → 정토에 태어나길 서원함, 8. 그러한 결점을 제거했으나 무관심함 → 모든 중생을 제도하길 서원함, 9. 그러한 결점을 제거했으나 이교에 이끌림 → 이교에 집착하지 말 것, 10. 그러한 결점을 제거했으나 물질과 중생이 실체로서 존재한다는 견해에 저항할 만큼 현명하지 못함 → 중생계와 우주의 공간은 파괴되며 무상하다는 것을 선정으로 닦아나감, 11. 현명하나 공덕이 없음 → 여래에 대한 존경과 예배를 할 것, 12. 공덕은 있으나 게으르고 이익과 명예를 누림 → 부지런하고 이익과 명예를 누리지 말 것, 13. 그러한 것들을 향수하지 않지만 고통을 참지 못함 → 인내의 능력을 키움, 14. 인내할 수 있어 삼매를 즐기지만 지혜가 없는 것 → 삼매를 향수하지 말고 뛰어 넘을 것, 15. 지혜는 있으나 자아가 존재한다는 관념에 집착 → 궁극적인 깨달음을 추구하여 자아의 관념을 없애는 것, 16. 자아가

존재한다는 관념에 대한 집착은 없으나 가르침을 얻지 못함 → 가르침에 대한 추구, 17. 궁극적인 깨달음(覺)의 성취, 18. 불지(佛地 : Buddhabhūmi)의 추구(여섯 가지 : ① 불국토의 성취, ② 최상의 지혜와 최상의 경이로움의 성취, ③ 공덕을 통한 자재의 성취, ④ 삼십이상과 팔십종호의 몸의 성취, ⑤ 언어의 성취, ⑥ 마음의 성취 : 새김의 확립, 바르고 원만한 깨달음, 유익한 가르침의 시설, 법신에 대한 이해, 윤회와 열반이 다르지 않다는 이해, 행주좌와의 위의에 의한 행동의 청정과 명색이 존재하지 않는다고 꿰뚫어 보는데서 오는 행동의 청정과 오염 없는 가르침에 의한 행동의 청정)

이들 열 여덟 가지의 소주제들은 세 가지의 그룹에 속해 있다. I) 신행에 관한 것(adhimukticaryābhūmi)의 단계 : 1-16번 II) 마음에 관한 것(adhicitta의 단계) : 17번, III) 깨달음에 관한 것(buddh-abhūmi의 단계) : 18번. 이러한 분류는 당연히 계정혜(adhiśīla, adhicitta, adhiprajñā)의 삼학(三學)과 각각 관계가 있다. 섭대승론(攝大乘論 : Mahāyanasaṃgraha)』 6, 7, 8장을 참조하라.

까말라실라는 금강경의 순서를 자신의 다섯 가지의 논의의 방법에 맞추어 설명하면서 자신의 작품의 구조를 아쌍가나 비쑤반두의 틀에 맞추려고 노력했던 것 같다. 그가 저술한 『수습차제론(修習次第論 : Bhāvanākrama)』 역시 모든 단계를 수행의 차제로 보아 발심에서부터 마침내 깨달음에 이르기까지 수행의 성취하는 과정으로 이론의 구도를 잡고 있다.

한편으로 까말라실라는 모든 사물의 무실체성(nairātmya), 비인식성(anupalamba), 원인과 결과, 또는 전체(avayavin)와 부분(avayava)이라는 범주들과 관련되어 드러나는 모순을 종합하려는 경향을 보이고 있다. 이것은 자신의 수행과정에 대한 논의에서 중관파(中觀派 : Mādhyamika)의 기본적인 교리를 도입하여 정밀하게 논의하고 있다.

따라서 그의 작품은 반야부경전에서 지적된 보살지에 대한 아쌍가의 해설과 중관파의 입장사이에 절충을 모색하려는 분명한 시도에서 나온 것으로 보인다.

이러한 점에서는 다음과 같은 현관장엄론(現觀莊嚴論)의 분류와는 커다란 차이를 보이기도 한다 : ① 모든 부처님을 아는 것(sarvākā-rajñatā), ② 모든 보살의 길을 아는 것(mārgajñatā), ③ 모든 소승적인 것과 사물에 관해 아는 것(sarvajñatā), ④ 모든 형상에 대한 현관(現觀, sarvākarābhisaṃbodha), ⑤ 선정의 극치에 대한 현관(murdhābhisaṃbodha), ⑥ 일체지의 내용에 대한 점차적인 현관(anupūrvābhisaṃbodha), ⑦ 진리에 대한 순간적인 현관(ekakṣaṇābhisaṃbodha), ⑧ 법신(法身 : dharmakāya) 〔4~7의 현관은 일체지로 이끄는 방법으로 수습〔prayoga〕에 해당한다.〕

반야(般若:prajñā)라고 하는 동일한 주제가 왜 동일한 저자에 의해서 달리 분석되고 있는가? 사실상 금강경과 이만오천송반야경을 해설한 주석서들은 동일한 반야부에 속하며 동일한 부처님의 지위와 동시에 알려지는 반야의 교리를 다루고 있으며 모든 다른 것은 실체가 없는 환영으로 다루고 있다.

그러나 금강경은 축약된 해설서이며, 정밀한 반야학에 대한 입문서라고 말할 수 있다. 금강경은 위없는 깨달음을 구하는 보살의 서원에서부터 시작한다. 현관장엄론은 이만오천송반야경에 나오는 주제를 요약하고 순서를 매겨서 해설한 것인데, 진여(眞如)와 현상(現象)의 필수조건으로서의 여래의 전지(全知)에 관한 논술에서부터 시작한다. 따라서 그 책은 획득되어야할 목표에서부터 시작한다. 그러나 마지막은 법신의 구현이라는 동일한 목표를 지향한다. 현관장엄론은 부처님의 몸을 네 가지로 설명하지만 금강경에 대한 아쌍가의 주석은 오직 법신(法身 : dharmakāya)과 화신(化身 : nirmāṇakāya)의 두 가지로 설명한다. 그리고 현관장엄론이 보살과 벽지불(壁支佛 : pratyekabuddha)과 성문(聲聞 : Śrāvaka)의 길을 언급하고 있는데 비해 아쌍가의 주석은 보살의 길만을 논의하고 있다. 다른 한편 그 길은 두 가지로 1에 16까지의 예비과정의 길과 17에서 18까지의 지혜의 획득과 깨달음으로 법신을 성취하는 길로 나뉘어진다.

대승장엄경론(大乘莊嚴經論 : Mahāyānasūtrālaṅkāra)이나 섭대승론(攝大乘論 : Mahāyānasaṃgraha)과는 때에 따라 일치하는 것을 발견할 수 있다. 그러나 아뢰야식(阿賴耶識 : ālayavijñāna)에 대한 이론이나 유가행파(瑜伽行派 : yogācāra)의 이론에 관해서는 전혀 언급이 없다. 그러나 물론 이러한 사실에서 어떤 결론을 끌어낼 수는 없다. 금강경이라는 소책자는 수행과 관련된 것이지 도그마적인 이론이나 교리와 관계된 경전이 아니기 때문이다.

하여튼 금강경과 그 주석은 보살을 호한(浩瀚)하기 짝이 없는 대승불교로 이끌어 가는 가장 훌륭한 안내서이며, 보다 높은 선정의 단계에서 실재적인 직관을 방해하는 번뇌를 점차적으로 제거해나가는 과정에서 성립한 경전이다. 결국 우리는 금강경을 통해서 모든 개념적인 관념을 넘어서 진리에 대한 명확한 깨달음을 성취할 수 있게 된다. 진여(眞如 : tathatā)나 법신(法身 : dharmakāya)은 긍정적이나 부정적이나 어떠한 서술도 거부하며 섬광과 같은 깨달음과 공존하며 마음과 마음의 작용이 사라질 때 영원히 지속한다. 그러므로 반야바라밀총의(般若波羅蜜總義 : prajñāpāramitāpiṇḍārtha)의 도입부시에서 설득력 있는 간결함으로 디그나가(陳那 : Dignāga)가 진술했듯이 경전은 반야에 대한 표현에서 분리될 수가 없다.

> 반야는 유일한 지혜이다. 그것은 그 의미와 작용에 의해서 깨달아지는 여래이다. 그것에 대한 서술적인 표현이 (그것을 해설하는) 경전이고 (거기에 설명된) 길이다.

아쌍가와 바쑤반두의 주석서들은 금강경의 여러 가지 주제들을 상이한 그룹으로 분류한 반면에 그 내용을 구조적으로 해석해 냈다. 그것은 그들이 위대한 통찰력으로 경전의 사상적 토대로서 발견해낸 것이다. 이 책의 제4장은 이러한 아쌍가와 반쑤반두의 주석을 정리 요약한 것이다.

그러나 스리닷따(Śrīdatta 功德施)의 주석에는 그러한 조직적인 주석능력이 결여되어 있다. 그의 주석은 경전을 정확히 그대로 따르고 있을 뿐이다. 경전에서 제기하는 의문이나 의심에 관하여 그것을 해결하기 위해 경전에서 수반되는 답변이 그대로 주어질 뿐이다. 전체적으로 그의 주석은 철학적으로 다른 주석에 비해 가치가 떨어진다고 볼 수 있다.

2) 고대 인도 주석서들

1) Asaṅga(無着; 약310-1290)의 주석; 無着菩薩造能斷金剛般若婆羅密多經論頌1卷, 唐, 義淨驛(西紀 711年; 大正藏25卷 885). 이 주석의 범본의 이름은 vajracchedikā-prajñāpāramitā-sūtra-śāstra-kārikā로 추정되며 그 서장본이 존재한다. śes rab kyi pha rol tu phyin pa rdo rje gcod pa bśad pa'i bśad sbyar gyi tshig le'ur byas pa(vajracchedikāyāḥ prajñāpāramitāyāḥ vyākhyānopa-nibandhana-kārikā). 그러나 이 서장본에는 저자명도 역자명도 기록되어 있지 않다. 최근에 네팔에서 그 원본으로 여겨지는 범본이 발견되어 투찌 박사가 개략적인 내용을 간추려 출판했다.

Triśatikāyāḥ prajñāpāramitāyāḥ kārikāsaptati ed. by G. Tucci, Minor Buddhist Texts, part 1, pp. 1-172. 모두 77송으로 구성되어 있으며 실제로는 미륵보살처럼 존경받는 마이뜨레야가 입으로 전수하여 무착보살이 문자로 기록한 것이라고 되어 있다.

2) Vasubandhu(世親:약 400-480)의 주석 : 범본은 산실되었지만 위의 무착보살의 게송에 주해를 넣은 바쑤반두(天親菩薩)의 논서이다. a) 天親菩薩造 金剛波羅蜜多經論3卷, 元魏, 菩提流支譯(509年) 大正藏25권 781. 이 논서는 80송으로 되어 있고 거기에 대한 주해가 달려 있다. 원래 이 논서에는 금강경 자체는 포함되어 있지 않았겠지만 번역상 각 절의 경문을 삽입해서 번역했으므로 경의 전체가 포함되어 있다. 이 논서의 이역 본으로 다음과 같은 이본이 있다. b) 無着菩薩造頌, 世親菩薩釋 能斷金剛波羅蜜多經論3卷, 唐, 義淨譯(711年). 大正藏25卷 875.

3) Vasubandhu 또는 Asaṅga의 주석 : 범본은 산실되었으나 범본의 이름이 七義註解 그러니까 Saptapadārthaṭikā라고 추측되는 금강경의 주석이 있다. 七義라고 하는 말은 금강경의 내용을 7개 항목으로 나누어 설명하기 때문에 붙여진 것이라고 한다. 이 경전에 대한 한역으로 다음과 같은 역본이 존재한다. : 無着菩薩造 金剛般若論2卷, 隋, 達磨笈多譯(613年) 大正藏25卷 757. 그리고 이 번역에 대한 3권 본은 다음과 같은 이름으로 별도로 존재한다. 無着菩薩造 金剛般若波羅蜜經論, 隋, 達摩笈多譯, 大正藏25卷 766. 권수가 다를 뿐만아니라 역자명이 다소 다르게 표기되어 있다. 내용으로 보아도 전자는 경문을 부분적으로만 거론하지만 후자는 각 절에 선행하는 경의 전문을 들고 주해하고 있으며 번역어도 다소간 차이가 있다. 그래도 흥미있는 것은 경의 원문은 보디루찌역을 채용하고 있다는 사실이다. 중국에서는 당대(唐代)의 841년경까지는 2권 본을 사용하였으

나 무종(武宗)에 의한 會昌의 破佛(845년) 이후 만당에서 오대에 이르기까지 3권 본이 사용되었다. 3권 본은 후대에 2권본을 정비해서 거기에 바쑤반두 본에서 채용하고 있는 금강경의 보디루찌역 본을 첨가해서 다소 개작하고 절을 나누어 읽기 쉽고 이해하기 좋게 한 것이다. 이 금강경칠의주해는 서장어역으로도 그대로 남아있다. Dyig gñen(世親) : Ārya-Bhagavatī Prajñāpāramitā-Vajracchedikā Sa-ptapadārthaṭikā, 東北目錄 3816. 그러나 이 서장본은 아주 늦게 15세기에 성립했어도 많은 결점을 갖고 있다.

4) Vajrasena(혹은 Vajrarṣi, Vajraśrī)의 주석 : 범본은 산실되었고 한역으로만 존재한다. 바쑤반두의 금강반야경론3권에 대한 그의 제자인 金剛仙의 주석이다. 金剛仙論10卷, 元魏, 菩提流支, 大正藏25卷 798. 이 책은 원본으로서 범문 주석에다가 보디루찌가 설명문을 부가해서 10권으로 만들어 중국에서 찬술한 것이라 추측된다.

5) Śridatta(혹은 Guṇada)의 주석 : 범본은 산실되고 한역으로만 존재한다. 한역에 나타난 저자는 功德施인데, 투찌박사에 의하면 범어명은 Śridatta이다 : 功德施菩薩造 金剛般若波羅蜜經破取著不壞假名論2卷, 唐, 地婆訶羅譯(680年頃), 大正藏25卷 887. 주로 보디루찌역의 金剛般若經論3卷을 주로 하고, 특징은 중관파의 입장에서 모든 것을 眞諦와 俗諦의 二諦로 설명하고 있는 것이 특징이다.

6) Kamalaśīla의 주석 : 범본은 산실되고 서장어역으로만 전해진다. 저자 Kamalaśīla는 인도의 후기불교를 집대성한 Śantarakṣita의 제자로 서장의 쌈에대논쟁에서 중국불교와의 논쟁에 참여해서 인도불교를 승리로 이끌었던 중요한 인물이다. Kamalaśīla(700-750年頃) 'Phags pa śes rab gyi pha rol tu phyin pa rdo rje gcod pa'i rgya cher 'grel pa(Ārya-vajracchedikā-prajñāpā

ramitā-ṭikā), 東北目錄3818. 이 책은 금강경의 내용을 18항목으로 나누어 논하고 있다. 특히 Asaṅga의 수행차제론과 중관파의 이론을 절충해서 조화롭게 설명하고 있다. 이 책에 대한 서장인의 주해로 다음과 같은 것이 있다. Blo bzaṅ ye śes rgyal mtshan : Rdo rje gcod pa'i phan yon, 東北目錄 6811.

8. 금강경 범본의 번역서들

1) 현대어역

A) 서양어

① C. de Harlez, Journal Asiatique, 8ième sèrie, tome 18, 1891, pp. 440-509. (불역) 이 책에 주석으로 실린 것이 이 원문이다. 원래 막스 뮐러 본의 불역이다.

② Tr. by F. M. Müller, in "Buddhist Mahāyāna Sūtras" SBE, vol. 49, pf, 2, 1894. pp. 111-144. (영역).

③ Max Walleser : Prajṅāpāramitā. Die Vollkommenheit der Erkenntnis, 1914. S. 140-158. (독역) '인식의 완성'이라는 제목으로 번역되었다. 원래 막스 뮐러 본의 독역이다.

④ Tr. by E. Conze : Buddhist Wisdom Books, The Diamond Sutra and The Heart Sutra. Harper Torchbooks. 1972. (영역). 콘즈의 영역에는 생략된 부분이 많다.

B) 일본어역

① 南條文雄 梵文金剛經講義 東京 光融館 明治42年
② 渡邊照宏 現代語譯金剛般若經 在家佛教 第30号以下 昭和31年 9月-32年3月
③ 宇井伯壽 金剛般若經和譯 名古屋大學文學部研究論集 XXI.
④ 中村元 般若心經 金剛般若經 岩波書店 昭和32年

2) 고전어역

A) 한역(漢譯)

① 鳩摩羅什 譯(Kumārajīva : 後秦, 402年, 大正藏8卷 784 Nj. 235), 金剛般若波羅蜜經 1卷; 일반적으로 가장 많이 읽혀지는 경전이다. 범문의 직역이 아니라 의역이며 반복되는 부분은 과감히 삭제하여 유려한 한문으로 재구성한 것이다. 그리고 이 꾸마라지바의 번역은 한역 금강경 가운데서 유일하게 다시 영역된 경전이다. 그 영역은 아래와 같다. by E.S.Beal, in JRAS, N.S.I, 1-24. 1864-5. William Gemmel : The Diamond Sūtra, London, Trübner 1912. by Wai-tao, in Buddhist Bible, ed. by Dwight Goddard, Vermont; The Oxford, 1931, pp. 87-107. Enlarged edition, 1956. A.F.Price : The Jewel of Transcendental Wisdom, London, the Buddhist Society, 1947, 2nd ed. The Diamond Sūtra, 1955. 그 한글역은 아래와 같다. a) 申素天譯, 金剛經講義 서울 명문당 1980. b) 김월운, 金剛經講話, 서울 : 동국대학교 불전간행위원회, 1994. c) 김운학 金剛經五家解, 서울 : 玄岩社, 1980.

② 菩提流支 譯(Bodhiruci : 北魏, 509年, 大正藏8卷 787 No.

236), 金剛般若波羅蜜經 1卷; 그런데 실제의 소전에는 ① 高麗, 元, 明本과 ② 宋本의 2종이 있으며 글자가 상이한 곳이 많다. 이 번역은 꾸마라지바의 번역을 그대로 다루면서 보다 범어원전에 가깝게 복원한 것이다.

③ 眞諦 譯(Paramārtha : 562年, 大正藏8卷 762, No. 237) 金剛般若波羅蜜經 1卷, 이 번역은 원문보다는 論釋을 참조하여 주로 번역하고 있어 현존하는 범본과 다른 곳이 많다.

④ 達摩笈多 譯(Dharmagupta : 592年, 大正藏8卷 766, No. 238) 金剛能斷般若波羅蜜經 1卷, 그밖에 613년에 새로 번역한 것이 無着(Asaṅga)이 저술한 金剛般若波羅蜜經論 가운데 인용되어 있다. 이 笈多의 초기번역은 현존하는 범어원전에 가깝도록 일대일 대응으로 직역한 것이라서 直本이라고도 불린다. 그러나 한문만으로는 읽어 내리기가 너무 어려워 잘 통용되지 않는다.

⑤ 玄奘 譯(唐, 660-663年, 大正藏7卷 980) 能斷金剛般若波羅蜜經 1卷, 그밖에 大般若波羅蜜多經에 포함된 第9會 能斷金剛分 1卷이 있다. 현장은 경전을 두 번에 걸쳐 번역했다. 고려대장경과 대정신수대장경 가운데는 있는 것은 두 번째의 번역본이다. 첫 번째 번역에서 윤문이 서툴러 다시 번역한 것이다. 이 현장역은 중복이 많고 어떤 부분은 현존하는 범본보다 길어서 그것보다 후대에 발전된 원본을 토대로 하고 있음을 보여준다. 그러나 대체로 현존 범본과 잘 일치하고 있다.

⑥ 義淨 譯(唐, 703年, 大正藏25卷 885 No. 1514) 能斷金剛般若波羅蜜多經 1卷 : 이 번역은 眞諦 譯처럼 원문보다는 論釋을 참조하여 주로 번역하고 있다.

B) 서장어역

① 'Phags pa śes rab gyi pha rol tu phyin pa rdo rje gc-od pa theg pa chen pa'i mdo; ed. by I. J. Schmidt, Mém. Ac. Imp. des Sciences de St. Petesburg IV, 1837, Über das Mahāyana und Praschnā-Pāramitā der Baudhen.

② 影印北京版西藏大藏經 甘殊爾 般若部十 21, 東京, 西藏大藏經研究會, 昭和31年, 250-256.

③ 橋本光寶, 淸水亮昇譯編 蒙藏梵漢合璧金剛般若波羅蜜經 丁子屋書店 東京 昭和16年

C) 고탄어역

① Ernst Leuman : Zur nordarischen Sprache und Literatur. Schriften der Wissenschaftlichen Gesellschaft in Strassburg 10 Heft, 1912, S. 77-82. 금강경의 앞부분의 고탄어역과 범어환언역이 있다.

② Sten Konow : The Vajracchedikā in the old Khotanese version of Eastern Turkestan. In Hoernie : op. cit., I, pp. 214-288; 330-356. 고탄어 금강경에서는 특이하고 흥미로운 내용이 발견된다. 번뇌를 금강처럼 부수기 어렵다고 생각하여 "금강경은 금강과 동일한 모든 업과 장애를 자르는 까닭으로 능단금강이라고 부른다"라고 설명하고 있다. 이 경전의 문장은 평이하고 설명적이다.

D) 속트어역

① ed. by H. Reichelt : Die Soghdischen Handschliftenreste des Britischen Museum, vol. II, 1931, pp.72-75, 3-4장만을 다루고 있다.

② ed. in Stzb. Berl. Ak. Wiss., 1934, S. 644-647; cf. 571. 32장만을 다루고 있다.

③ F. Weller : Bemerkugen zur soghdischen Vajracchedikā. Acta Orientialia XIV, 1936, pp. 112-146.

E) 몽고어역

① Kanjur. Ligeti, no.771, vol. 47, pp.192-209.

② Kalmuk Mongolian translation; Kutuku biliktu chinatu huruksat tasulakchi ocir kemekü yeke kulguni sudur. Printed by Prince of Torgod in Chinese Turkestan. 69ff. LSOAS 41650

③ Prints : a) Bibliothéque de l'Institut de France, no. 3 533, 3586, 3587, 3539. b) Peking prints in W. Heissig, Die Pekinger Lamaistischen Blockdrucke, 1954. no. 17, 18, 166-170, 172.

F) 만주어역

① Ed. by Ch. de Harlez, WZKM 11, 1897, pp.209-230. 불어역 : Ch. de Harlez, WZKM 11, 1897, pp.331-356.

9. 금강경의 대조본

① 武田義雄 佛說能斷金剛般若經 丁子屋書店 東京 昭和12年

② 橋本光寶, 淸水亮昇譯編 蒙藏梵漢合璧金剛般若波羅蜜經 丁子屋書店 東京 昭和16年

③ 春日井眞也, 橫山文綱, 香川孝雄, 伊藤唯眞共編 金剛般若波羅蜜經諸譯對照硏究, 少林寺, 1952年 범어와 칠종한역대조본이다.

10. 금강경의 중국주석서

금강경은 특히 중국인의 사유방법과 일치하는 바가 많아서 아주 중요시되는 경전이다. 놀랍게도 수백종의 주석서가 있었다고 전해진다. 唐나라의 初期에 벌써 금강경에 대한 주석을 달은 이가 8백여명이 넘었다고 한다. 이러한 주석서들 가운데 대장경에 수록된 주요한 주석서를 열거하면 아래와 같다.

① 隋, 智顗(531-597年)說; 金剛般若經疏1卷 大正藏33卷 75

천태종의 입장에서 구마라습의 역경에 대한 주석을 쓴 것이다. 천태대사 지의의 강의를 기록한 것이다.

② 隋, 吉藏(549-623年)撰; 金剛般若疏4卷 大正藏33卷 84 책속의 제목은 금강반야경의소로 되어 있다. 삼론종의 입장에서 상세히 주를 단 것으로 중국 특유의 훈고학적인 주석 냄새를 풍긴다.

③ 唐, 智儼(602-668年)述; 金剛般若波羅蜜經略疏2卷 大正藏33卷 239. 화엄종의 입장에서 주해한 것이다.

④ 唐, 慈恩大師(632-682)撰; 金剛般若論會釋3卷 大正藏40卷 719 바쑤반두의 금강반야바라밀경론2권에 대한 주석으로 법상종의

입장에서 찬술한 것이다.

⑤ 唐, 慈恩大師(632-682)撰; 金剛般若經撰述2卷 大正藏 33卷 124. 아쌍가의 금강경론2권에 대한 주석, 자은의 저술은 아니다.

⑥ 唐, 宗密(780-841)述; 宋, 子璿治定 金剛般若經論纂要2卷 大正藏33卷 154. 꾸마라지바역의 금강경을 해석하면서 아쌍가의 금강경론을 아울러 회석한 것인데 화엄종의 입장에서 해설한 것이다.

⑦ 宋, 子璿(?-1038)錄; 金剛經纂要刊定記7卷 大正藏 33卷 170. 규봉종밀의 찬요에 대한 복주이다. 따라서 화엄종의 입장에 서있다. 명청시대(明淸時代)에는 종밀의 찬요와 함께 출간되었다.

⑧ 宋, 栢庭善月(1149-1241); 金剛般若波羅蜜經會釋1卷 卍續藏經1・38・4. 경문과 아쌍가의 금강경론을 합본으로 만들어 저자의 설명을 부가한 것이다. 주된 교리적인 입장은 천태적이지만 당시의 시대 풍조에 따라 화엄, 천태, 선, 유식의 네 종파의 교리를 융합해서 해석하고 있다.

⑨ 明, 宗泐・如玘同註 金剛般若波羅蜜經解1卷 大正藏33권 228. 명의 태조가 1377년에 종려 스님등에게 명하여 주석을 달게 하여 이듬해에 완성한 것이다. 상세하지는 않지만 전후의 문맥이 통하도록 보완하는데 주력하였다.

⑩ 明, 元賢(1578-1657) 金剛經略疏1卷 卍續藏經 1・39・2. 원현은 아쌍가와 바쑤반두의 주석에 만족하지 않고 자신의 독창적인 주석을 통해 자신의 깨달음의 경지를 담담하게 서술하고 있다.

⑪ 明, 智旭(1599-1654) 金剛破空論1卷 卍續藏經 1・39・2. 藕益大師 智旭이 꾸마라지바역의 금강경을 천태교의 입장에서 논술한 것입니다. 경문의 한 절만을 들어서 그 의취를 설명한 시를 짓고 스스로 그 시에 관하여 해설한 것이다.

참 고 문 헌

● 원전류

『Ārya-Bhagavatī Prajñāpāramitā-Vajracchedikā-Saptapadārthaṭikā』 Dyig gñen(世親造), 東北目錄 3816.

『Madhyantavibhaṅga』 by Asaṅga. trans. by F. I. Th. Stscherbatsky. Soviet Indology Series. No. V. Bibliotheca Indica 1936.

『Vajracchedikā-prajñāpāramitā-sūtra』 ed. by Max Müller. Anecdota Oxoniensia, Aryan series, vol. I, part 1, 1881. Text, pp. 19-46.

『Vajracchedikā-prajñāpāramitā-sūtra』 ed. by F. E. Pargiter, in A. F. R. Hoernle : Manuscript Remains of Buddhist Literature Found in Eastern Turkistan, 1916, pp. 176-195.

『Vajracchedikā-prajñāpāramitā-sūtra』 ed. by N. P. Chakravarti in G. Tucci. Minor Buddhist Texts, part I. Serie Oriental Roma IX. Is. M.E.O. 1956

『Vajracchedikā-prajñāpāramitā-sūtra』 ed. and tr. by Edward Conze with introduction and glossary. Serie Orientale Roma XIII. Roma, Is. M.E.O 1957.

『'Phags pa śes rab gyi pha rol tu phyin pa rdo rje gcod pa theg pa chen pa'i mdo』 ed. by I. J. Schmidt, Mém. Ac. Imp. des Sciences de St. Petesburg IV, 1837, Über das Mahāyana und Praschnā-Pāramitā der Baudhen.

『'Phags pa śes rab gyi pha rol tu phyin pa rdo rje gcod pa theg pa chen pa'i mdo』 影印北京版西藏大藏經 甘殊爾 般若部十 21, 東京, 西藏大藏經研究會, 昭和31年, 250-256.

『'Phags pa śes rab gyi pha rol tu phyin pa rdo rje gcod pa'i rgya cher 'grel pa(Ārya-vajracchedikā-prajñāpāramitā-ṭikā)』, Kamalaśīla(700-750年頃), 東北目錄 3818.

『Blo bzaṅ ye śes rgyal mtshan : Rdo rje gcod pa'i phan yon』 東北目錄 6811.

『Deb ther sṅon po(The Blue Annals)』, tr. by G. N. Roerich. Calcutta. 1949.

『rGya nag gi yul du dam pa'i chos dar tshul gtso bor bśad pa blo gsal kun tu dga' ba'i rnam rgyan』 'Jam dbyaṅs mkhyen brtse, sDe dge. 99

『Geschichte des Buddhismus in Indien』 by Tāranatha. trans. by Anton Schiefner. (St. Petesburg: Eggers. 1869)

『History of Buddhism』 by Bu-sTon. trans. by O. Obermiller. 1931.

『刊行金剛般若經撰述序』 (大正藏 1700)

『開元釋教錄』 (大正藏 55卷 477, No.2154)

『古今譯經圖記』 (大正藏 55卷 348, No.2151)

『金剛般若波羅蜜經』 鳩摩羅什譯(Kumārajīva : 後秦, 402年 大正藏8卷 784 No. 235)

『金剛般若波羅蜜經』 菩提流支譯(Bodhiruci : 北魏, 509年, 大正藏8卷 787 No. 236)

『金剛般若波羅蜜經』 眞諦譯(Paramārtha : 562年, 大正藏8卷 762, No. 237)

『金剛能斷般若波羅蜜經』 達摩笈多譯(Dharmagupta : 592年, 大正藏8卷 766, No. 238)

『能斷金剛般若波羅蜜經』 玄奘譯(660-663年, 大正藏7卷 980)

『能斷金剛般若波羅蜜經』 義淨譯(唐, 703年, 大正藏25卷 885 No. 1514)

『能斷金剛波羅密多經論頌1券』 無着菩薩造, 唐, 義淨譯(711년; 大正藏25卷 885)

『金剛波羅蜜多經論3卷』 天親菩薩造 元魏, 菩提流支譯(509年; 大正藏25권 781)

『能斷金剛波羅蜜多經論3卷』 無着菩薩造頌, 世親菩薩釋, 唐, 義淨譯(711年; 大正藏25卷 875)

『金剛般若論2卷』 無着菩薩造 隋, 達磨笈多譯(613年; 大正藏25卷 757)

『金剛般若波羅蜜經論3卷』 無着菩薩造, 隋, 達摩岌多譯(613年; 大正藏25卷 766)

『金剛仙論10卷』 元魏, 菩提流支譯, (大正藏25卷 798).

『金剛般若波羅蜜經破取著不壞假名論2卷』 功德施菩薩造, 唐, 地婆訶羅譯(680年頃; 大正藏25卷 887)

『金剛般若經疏1卷』 隋, 智顗(531-597年)說, (大正藏33卷 75)

『金剛般若疏4卷』 隋, 吉藏(549-623年)撰, (大正藏33卷 84)

『金剛般若波羅蜜經略疏2卷』 唐, 智儼(602-668年)述, (大正藏33卷 239)

『金剛般若論會釋3卷』 唐, 慈恩大師(632-682)撰, (大正藏40卷 719)

『金剛般若經撰述2卷』 唐, 慈恩大師(632-682)撰, (大正藏 33卷 124)

『金剛般若經論纂要2卷』 唐, 宗密(780-841)述, 宋, 子예治定 (大正藏33卷 154).

『金剛經纂要刊定記7卷』 宋, 子璿(?-1038)錄, (大正藏 33卷 170)

『金剛般若波羅蜜經會釋1卷』宋, 栢庭善月(1149-1241), (卍續藏經1 · 38 · 4)
『金剛般若波羅蜜經解1卷』明, 宗泐 · 如玘同註, (大正藏33권 228)
『金剛經略疏1卷』明, 元賢(1578-1657) (卍續藏經 1 · 39 · 2)
『金剛破空論1卷』明, 智旭(1599-1654) (卍續藏經 1 · 39 · 2)
『般若波羅蜜總義(Prajñāpāramitāpiṇḍārtha)』by Dignāga. ed. tr. Guiseppe Tucci. Minor Sanskṛt Texts on Prajñāpāramitā I. JRAS. 1947 pp.53-75
『修習次第論(Bhāvanākramaḥ)』by. Ācārya Gyaltsen Namdol, Bibl. Ind. 1985
『大唐內典錄』(大正藏 55卷 219 No.2149)
『大毘婆沙論』玄奘譯 (大正藏 27卷 1)
『大乘莊嚴經論(Mahāyānasūtrālaṅkāra)』ed. Syviain Lévie. Paris. 1907-1911.
『大乘菩薩學集論(Śikṣāsamuccaya)』ed. C. Bendall. Bibl. Bud. 1897-1902
『大智度論』by. Nāgarjuna. (大正藏 25卷 1)
『敦煌文獻』(大正藏 No.2740)
『菩提行經釋(Bodhicaryāvatārāpañjikā)』by Śāntideva, ed. tr. L. De La Vallée Poussin. Bibl. Bud. 4
『攝大乘論(Mahāyānasaṃgraha)』, by Asaṅga. 眞諦 (大正藏 31-113)
『成就法鬘(Sādhanamālā)』ed. B. Bhattacharyya. 『The Indian Buddhist Iconography』, Oxford, 1924. 「The Pantheon」pp. 120-146.
『續古今譯經圖記』(大正藏 55卷 367, No.2152)
『二萬五千頌般若波羅密多經(大品般若經)』, 鳩摩羅什譯 (大正藏 8-217)
『一白五十讚佛頌(Śatapañcāśatkastotra)』by Mātṛceṭa;
『淨明句論(Prasannapadā)』by Chandrakīrti, ed. tr. L. De La Vallée Poussin. Bibl. Bud. 4
『貞元新定釋敎目錄』(大正藏 55卷 771, No.2157)
『八天頌般若經(小品般若經: Aṣṭasāhasrikā Prajñāpāramitā Sūtra)』鳩摩羅什譯 (大正藏 8卷 536)
『解深密經』菩提流支譯 (大正藏 16卷 665)
『現觀莊嚴論(Abhisamayālaṅkara)』ed. F. I. Th. Stscherbatsky. Bibl. Bud. 23, 1929

『Aṅguttara Nikāya』 ed. by R. Moms & E. Hardy, 5vols(London : PTS, 1885~1900) tr. by F. L. Woodward & E. M. Hare, 『The Book of the Gradual Sayings』 5vols(London : PTS, 1932~1936)
『Dīgha Nikāya』 ed. by T. W. Rhys Davids & J. E. Carpenter, 3vols(London : PTS, 1890~1911) tr. by T. W. & C. A. F. Rhys Davids, 『Dialogues of the Buddha』 3vols(London : PTS, 1899~1921)
『Dhammapada』 ed. by S. Sumangala(London : PTS, 1914)
『Itivuttaka』 ed. by E. Windish(London : PTS, 1889)
『Majjhima Nikāya』 ed. by V. Trenckner & R. Chalmers, 3vols(London : PTS, 1887~1901) tr. I. B. Homer, 『Middle Length Sayings』 3vols(London : PTS, 1954~1959)
『Manorathapūraṇī』 ed. by M. Walleser & H. Kopp, 5vols(London : PTS, 1924~1926)
『Milindapañha』 ed. by V Trenckner(London : PTS, 1928) tr. by I. B. Horner, 『Milinda's Questions』 2vols(London : PTS, 1963~1964)
『Papañcasūdanī』 ed. by J. H. Woods, D. Kosambi & I. B. Horner, 5vols (London : PTS, 1922~1938)
『Saṁyutta Nikāya』 ed. by L. Feer, 6vols(London : PTS, 1884~1904) tr. by C. A. F. Rhys Davids & F. L. Woodward, 『The Book of the Kindered Sayings』 5vols(London : PTS, 1917~1930)
『Sāratthappakāsinī : Saṁyuttanikāyaṭṭhakathā』 ed. by Woodward, F. L.(London : PTS, 1977)
『Suttanipata』 ed. by Andersen, D. & Smith, H.(London : PTS, 1984)
『Sumaṅgalavilāsini』 ed. by T. W. Rhys Davids, J. E. Carpenter & W. Stede, 3vols(London : PTS, 1886~1932)
『Suttanipāta-aṭṭhakathā(Paramatthajotikā)』 ed. by H. Smith, 2vols(London : PTS, 1916~1917)
『Thera-Theri-Gathā』 tr. by A. F. Rhys Davids, 『Psalms of the Early Buddhists』 2vols(London : PTS, 1903~1913)
『Udāna』 ed. by Steinthal, P.(London : PTS, 1982) tr. by Masefield, P. (London : PTS, 1994)
『Vinaya Piṭakaṁ』 ed. by Oldenberg, H., 5vols(London : PTS, 1984) tr. by

Horner, I. B., 『The Book of the Discipline』 5vols(London : PTS, 1986)
『Visuddhimagga of Buddhaghosa』 ed. by Rhcys Davids, C. A. F.(London : PTS, 1975)

● 번역서 및 연구논문

『Bemerkugen zur soghdischen Vajracchedikā』 F. Weller : Acta Orientialia XIV, 1936, pp. 112-146.
『Buddhist Bible(鳩摩羅什譯)』 by Wai-tao, ed. by Dwight Goddard, Vermont; The Oxford, 1931, pp. 87-107. Enlarged edition, 1956.
『The Diamond Sūtra(鳩摩羅什譯)』 by E.S.Beal, in JRAS, N.S.I, 1-24. 1864-5. William Gemmel :, London, Trübner 1912.
『The Jewel of Transcendental Wisdom(鳩摩羅什譯)』 by A. F. Price : London, the Buddhist Society, 1947, 2nd ed. The Diamond Sūtra, 1955.
『Minor Buddhist Text』 「Asaṅga's comentary on the Vajracchedikā edited and translated-Analysis of the commentary on it by Vasubandhu」 by Giuseppe Tucci. Motilal Bnarasidass. Dheli. 1986.
『Vajracchedikā-prajñāpāramitā-sūtra』 C. de Harlez, Journal Asiatique, 8ième sèrie, tome 18, 1891, pp. 440-509.
『Vajracchedikā-prajñāpāramitā-sūtra』 Tr. by F. M. Müller, in "Buddhist Mahāyāna Sūtras" SBE, vol. 49, pf, 2, 1894. pp. 111-144.
『Vajracchedikā-prajñāpāramitā-sūtra』 Tr. by Max
Walleser : Prajñāpāramitā. Die Vollkommenheit der Erkenntnis, 1914. S. 140-158.
『Vajracchedikā-prajñāpāramitā-sūtra』 Tr. by E. Conze : Buddhist Wisdom Books, The Diamond Sutra and The Heart Sutra. Harper Torchbooks. 1972.
『Zur Nordarischen Sprache und Literatur』 Ernst Leuman : Schriften der Wissenschaftlichen Gesellschaft in Strassburg 10 Heft, 1912, S. 77-82.
『The Vajracchedikā in the old Khotanese version of Eastern Turkestan』 ed. by Sten Konow : In Hoernie : op. cit., I, pp. 214-288; 330-356.
『Die Soghdischen Handschliftenreste des Britischen Museum』 ed. by H. Reichelt : vol. II, 1931, pp.72-75 ed. in Stzb. Berl. Ak. Wiss., 1934, S.

644-647; cf. 571.
『金剛經講義』 申素天譯 서울 명문당 1980.
『金剛經講話』김월운, 서울:동국대학교 불전간행위원회, 1994.
『金剛經五家解』 김운학 서울 : 玄岩社, 1980.
『金剛般若經和譯』 宇井伯壽 名古屋大學文學部研究論集 XXI.
『般若心經 金剛般若經』 中村元 岩波書店 昭和32年
『佛說能斷金剛般若經』 武田義雄, 丁子屋書店, 東京 昭和12年
『金剛般若波羅蜜經諸譯對照研究』, 春日井眞也, 橫山文綱, 香川孝雄, 伊藤唯眞共編 少林寺, 1952年
『蒙藏梵漢合璧金剛般若波羅蜜經』 橋本光宝, 淸水亮昇譯編 丁子屋書店 東京 昭和16年
『梵文金剛經講義』 南條文雄, 東京 光融館 明治42年
『現代語譯金剛般若經』 渡邊照宏, 在家佛教 第30号以下 昭和31年9月-32年3月
「空と 般若波羅密」, 坂部明, 『印度學佛教學研究』 제22권 2호, 昭和 49년, 362.
「空觀と 大悲」 增田英男, 『印度學佛教學研究』 제11권 1호, 昭和 38년, 195.
「金剛般若經に おいて 塔崇拜の 問題」 春日井眞也 『印度學佛教學研究』 제2권 1호, 昭和 28년, 326,

● **일반단행본(동서양서)**

『Ancient India described by Ptolemy』 by Mc. Crindle, Z. W. (Calcutta : 1885)
『Le Boughque en Chine』 2vol. by Bagchi (Paris: 1927-1950)
『Buddhism : its Essence and Development』 Conze, (New York : Harper, 129-130)
『The Buddha's Teaching and the Ambiguity of Existence』 by Wettimuny, R. G. de S., (Colombo : M. D. Gunasena & Co. Ltd., 1977)
『Buddha : sein Leben, seine Lehre, seine Gemeinde』 Oldenberg, H., (Stuttgart : Magnus Verlag, 1881)
『Buddhist Texts through the Ages』 by Edward Conze. (New York : Harper and Row, 1964)
『Buddhist Philosophy, A Historical Analysis』 by Kalupahana, D. J.,

(Honolulu : The University Press of Hawaii, 1976)
『A Catalogue of the Chinese Translation of the Buddhist Tripitaka』 by Nanjiō, (Oxford, 1883)
『Causality : The Central philosophy of Buddhism』 by Kalupahana, D. J., (Honolulu : The University Press of Hawai, 1975)
『Concept and Reality in Early Buddhist Thought』 Ñāṇananda Bhikkhu, (Kandy : Buddhist Publication Society, 1971)
『Early Buddhist Theory of Knowlege』 Jayatilleke, K. N., (Delhi : Motilal Banarsidass, 1963)
『Die Kosmographie der Inder』 Kirfel, W., (Bonn : Schroeder, 1920)
『The Central Philosophy of Buddhism』 Murti, T. R. V., (London : George Allen & Unwin Ltd., 1955)
『The Heart of Buddhist Meditation』 Nyanoponika Thera, (London : Rider, 1962)
『History of Indian Literature』 vol.2 by Winternitz, M., (Dheli : Motilal Banarsidass, 1963)
『The Noble Eightfold Path』 Bodhi Bhikkhu, (Kandy : Buddhist Publication Society, 1984)
『The Historical Buddha』 Schumann, H. W., tr. by M. O'C Walshe Arkana(London : Penguin Group, 1989)
『Philosophische Untersuchungen』 『Ludwig Wittgenstein Werkausgabe』 Band. I by Wittgenstein, L., (Frankfurt am Main, 1984)
『Die Philosophie des Buddhismus』 Frauwallner, E., (Berlin : Akademie Verlag, 1958)
『Pfad zur Erleuchtung(Das Kleine, das Grosse und das Diamant-Fahrzeug)』 Glasenapp, H. V., (Köln : Eugen Diederichs Verlag, 1956)
『Rationality and Mind in Early Buddhism』Hoffman, F. J., (Delhi : Motilal Banarsidass, 1987)
『Tibetan Painted Scroll』 by G. Tucci (Roma : 1949)
『The Theory of Causality in Early Buddhism』 by Karunaratne, W. S., (Colombo : Indumati Karunaratne, 1988)
『What the Buddha Taught』 by Rahula, W. S., (London & Bedford : Gardon

Fraser, 1978)
『大乘佛敎の 成立史的硏究』 榻芳光運著 山喜房佛書林 東京, 昭和55年
『大乘莊嚴經論の 硏究』 小谷信千代著 文榮堂, 京都. 昭和58年
『梵語佛典の 諸文獻』 山田龍城著 平樂寺書店, 東京 1981年
『梵語佛典の 硏究 III 論書篇』 塚本啓祥外 平樂寺書店, 東京 1990年
『白蓮佛敎論集 1-2』 白蓮佛敎文化財團, 서울. 1991-1992.

● **사전류**

『Buddhist Hybrid Sanskrit Grammar and Dictionary』 Edgerton, F., 2vols(New Haven : Yale Univ., 1953)
『Buddhistisches Wörterbuch』 Nyanatiloka, (Konstanz : Christiani Konstanz, 1989)
『Concise Pāli-English Dictionary』 Buddhadatta, A. P., (Colombo : 1955)
『A Dictionary of the Pali Language』 Childers, R. C., (London : 1875)
『Dictionary of Pāli Proper Names』 vol. 1, 2 Malalasekera, G. P., (London : PTS, 1974)
『Encyclopadia of Buddhism』 ed. by Malalasekera, G. P.(Ceylon : The Government of Sri Lanka, 1970~)
『Etymologisches Wörterbuch des Alt-Indischen Sprache』 Uhlenbeck, C. C., (Osnabrück, 1973)
『A Pāli Reader with Notes and Glossary』 2parts Anderson, D., (London & Leipzig : Copenhagen, 1901~1907)
『Pali-English Dictionary』 Rhys Davids, T. W. and Stede, W., (London : PTS, 1921~1925)
『Oxford Latin Dictionary』 ed. by Glare(Oxford : The Clarendon Press, 1983)
『Handbuch Philosophischer Grundbegriffe』 herausgegeben von Hermann Krings usw.(München : Kösel Verlag, 1973)『巴和小辭典』 雲井昭善, (京都 : 法藏館, 1961)
『The Practical Sanskrit-English Dictionary』 V. S. Apte, (Poona : Prasad Prakshan, 1957)
『A Sanskrit-English Dictionary』 Monier Williams, M., (Oxford, 1899)

『Sanskrit-Wörterbuch』 7 Bände Bothlingk, O. und Roth, R., (St. Petersburg : Kaiserischen Akademie der Wissenschaften, 1872~1875)
『梵和大辭典』 鈴木學術財團, (東京 : 講談社, 1974, 增補改訂版 1979)
『佛教大辭典』 織田得能, (東京 : 大藏出版株式會社, 1953)
『佛教辭典』 耘虛龍夏, (서울 : 東國譯經院, 1961)
『佛教語大辭典』 中村元, (東京 : 東京書籍, 1971)
『佛教學大辭典』 弘法院 編輯部, (서울 : 弘法院, 1988)
『パーリ語辭典』 水野弘元, (東京 : 春秋社, 1968, 二訂版 1981)
『빠알리語辭典』 全在星, (서울 : 한국불교대학 출판부, 1994)

범어와 빠알리어 한글표기법

데바나가리 표기는 생략하고 일반적으로 빠알리성전협회(Pali Text Society)의 표기에 따라 영어 알파벳을 보완하여 사용한다. 범어의 알파벳은 41개이며, 33개의 자음과 8개의 모음으로 되어 있다.

자음(子音)	폐쇄음(閉鎖音)				비음(鼻音)
	무성음(無聲音)		유성음(有聲音)		
	무기음	대기음	무기음	대기음	무기음
① 후음(喉音)	ka 까	kha 카	ga 가	gha 가	ṅa 나
② 구개음(口蓋音)	ca 짜	cha 차	ja 자	jha 자	ña 냐
③ 권설음(捲舌音)	ṭa 따	ṭha 타	ḍa 다	ḍha 다	ṇa 나
④ 치음(齒音)	ta 따	tha 타	da 다	dha 다	na 나
⑤ 순음(脣音)	pa 빠	pha 파	ba 바	bha 바	ma 마
⑥ 반모음(半母音)	ya 야, 이야 va 바, 와				
⑦ 유활음(流滑音)	ra 라 la ㄹ라 ḷa ㄹ라				
⑧ 마찰음(摩擦音)	sa 싸				
⑨ 기식음(氣息音)	ha 하				
⑩ 억제음(抑制音)	ṁ -ㅇ, -ㅁ, -ㄴ				

모음에는 단모음과 장모음이 있다. a, ā, i, ī, u, ū, e, o 모음의 발음은 영어와 같다. 단 단음은 영어나 우리말의 발음보다 짧고, 장음은 영어나 우리말보다 약간 길다. 단음에는 a, i, u가 있고, 장음에는 ā, ī, ū, e, o가 있다. 유의할 점은 e와 o는 장모음에 속하지만 종종 복자음 앞에서 짧게 발음된다 : metta, okkamati.

자음의 발음과 한글표기는 위의 도표와 같다.

ka는 '까'에 가깝게 발음되고, kha는 '카'에 가깝게 소리나므로 그대로 표기한다. ga, gha는 하나는 무기음이고 하나는 대기음이지만 우리말에는 구별이 없으므로 모두 '가'으로 표기한다. 발음에서 특히 유의해야 할 것은 aṅ은 '앙'으로, añ은 '얀'으로, aṇ은 '안, 언'으로, an은 '안'으로, aṁ은 그 다음에 오는 소리가 ①, ②, ③, ④, ⑤일 경우에는 각각 aṅ, añ, aṇ, an, am으로 소리나며, 모음일 경우에는 '암', 그 밖의 다른 소리일 경우에는 '앙'으로 소리난다. 그리고 y와 v일 경우에는 일반적으로 영어처럼 발음되지만 그 앞에 자음이 올 경우와 모음이 올 경우 각각 발음이 달라진다. 예를 들어 aya는 '아야'로 tya는 '띠야'로 ava는 '아바'로 tva는 '뜨와'로 소리난다. 또한 añña는 '앙냐'로, yya는 '이야'로 소리난다. 폐모음 ②, ③, ④가 묵음화되어 받침이 될 경우에는 ㅅ, ①은 ㄱ, ⑤는 ㅂ으로 표기한다.

글자의 사전적 순서는 위의 모음과 자음의 왼쪽부터 오른쪽으로의 순서와 일치한다. 단지 ṁ은 항상 모음과 결합하여 비모음에 소속되므로 해당 모음의 뒤에 배치된다.

이 책에서는 빠알리어나 범어를 자주 써왔던 관례에 따라 표기했으며 정확한 발음은 이 음성론을 참고하기 바란다.

불교의 세계관

불교의 세계관은 일반적으로 알려진 것처럼 단순히 신화적인 비합리성에 근거하는 것이 아니라 인간의 정신세계인 명상 수행의 차제에 대응하는 방식으로 합리적으로 조직되었다. 물론 고대 인도의 세계관을 반영하고 있는 것은 사실이지만 언어의 한계를 넘어선다면 보편적인 우주의 정신세계를 다루고 있다고 볼 수 있다.

여기서 세계의 존재(有 : bhavo)라고 하는 것은, 엄밀히 말하면 육도윤회하는 무상한 존재를 의미하며, 감각적 쾌락에 대한 욕망의 세계(欲界), 미세한 물질의 세계(色界), 비물질의 세계(無色界)라는 세 가지 세계의 존재가 언급되고 있다. 감각적 쾌락에 대한 욕망의 세계, 즉 감각적 쾌락에 사는 존재(欲有 : kāmabhava)는 지옥, 아귀, 축생, 수라, 인간과 하늘에 사는 거친 육체를 지닌 감각적 쾌락의 존재를 의미한다.

미세한 물질의 세계, 즉 색계에 사는 존재(色有 : rūpabhava)는 하느님 나라의 하느님의 권속인 신들의 하늘(梵衆天)에서 궁극적인 미세한 물질로 이루어진 신들의 하늘(有頂天)에 이르기까지 첫 번째 선정에서 네 번째 선정에 이르기까지 명상의 깊이를 조건으로 화생되는 세계를 말한다. 따라서 이들 세계는 첫 번째 선정의 하느님 나라의 신들(初禪天)에서부터 청정한 하느님 나라의 신들(Suddhāvāsa : 淨居天은 '돌아오지 않는 이인 不還者가 화생하는 하느님 나라)까지의 이름으로도 불린다. 초선천부터는 하느님 나라에 소속된다.

가장 높은 단계의 세계인 비물질의 세계, 즉 무색계에 사는 존재(無色有 : arūpabhava)에는 '무한한 공간의 하느님 나라의 신들'

(空無邊處天), '무한한 의식의 하느님 나라의 신들'(識無邊處天), '아무 것도 없는 하느님 나라의 신들'(無所有處天), '지각하는 것도 아니고 지각하지 않는 것도 아닌 하느님 나라의 신들'(非想非非想處天)이 있다. '무한한 공간의 세계'에서 '지각하는 것도 아니고 지각하지 않는 것도 아닌 세계'에 이르기까지는 첫번째 비물질계의 선정에서 네번째의 비물질계의 선정에 이르기까지의 명상의 깊이를 조건으로 화현하는 비물질의 세계이다.

이들 하늘 나라나 하느님 나라 세계에 사는 존재들은 인간은 태생, 축생은 태생과 난생 등을 생성방식으로 택하고 있고 그 밖에는 마음에서 홀연히 생겨나는 화생(化生)이라는 생성방식을 택하고 있다. 그것들의 형성조건은 윤리적이고 명상적인 경지를 얼마만큼 성취했는지에 달려있다.

천상의 감각적 쾌락의 세계에 태어나려면 믿음과 보시와 지계와 같은 윤리적인 덕목을 지켜야 한다. 인간으로 태어나기 위해서는 오계에 대한 인식이 있어야 한다. 그리고 아수라는 분노에 의해서, 축생은 어리석음과 탐욕에 의해서, 아귀는 인색함과 집착에 의해서, 지옥은 잔인함과 살생을 저지르는 것에 의해서 태어난다.

미세한 물질의 세계에 속해 있는 존재들은 초선에서부터 사선에 이르기까지 명상의 깊이에 따라 차별적으로 하느님 나라인 범천계에 태어난다. 미세한 물질의 세계에 태어나는 최상층의 존재들은 돌아오지 않는 자(不還者)의 경지를 조건으로 한다. 물질이 소멸한 빗물질의 세계의 존재들은 '무한한 공간의 세계'에서 '지각하는 것도 아니고 지각하지 않는 것도 아닌 세계'에 이르기까지 무형상의 세계의 선정의 깊이에 따라 차별적으로 각각의 세계에 태어난다.

불교에서 여섯 갈래의 길(六道)는 천상계, 인간, 아수라, 축생, 아귀, 지옥을 말하는데, 이 때 하늘 나라(天上界)는 감각적 쾌락의 욕망이 있는 하늘 나라와 하느님 나라(梵天界)로 나뉘며, 하느님 나라는 다시 미세한 물질의 세계와 비물질의 세계로 나뉜다. 그리고 부처님은 이러한 육도윤회(六道輪廻)의 세계를 뛰어넘어 불생불멸하는 자이다. 여기 소개된 천상의 세계 즉 하늘의 세계에 대하여 이 책에서는 다음과 같이 번역한다.

1) 감각적 쾌락의 세계의 여섯 하늘나라

① 네 위대한 왕들의 하늘나라(cātummahārājikā devā : 四天王), ② 서른 셋 신들의 하늘나라(tāvatiṃsā devā : 三十三天), ③ 축복 받는 신들의 하늘나라(yāmā devā : 耶摩天), ④ 만족을 아는 신들의 하늘나라(tusitā devā : 兜率天), ⑤ 창조하고 기뻐하는 신들의 하늘나라(nimmānaratī devā : 化樂天), ⑥ 다른 신들이 만든 존재를 지배하는 신들의 하늘나라(paranimmitavasavattino devā : 他化自在天).

2) 첫 번째 선정의 세계의 세 하느님 세계

⑦ 하느님의 권속인 신들의 하나님 세계(brahmakāyikā devā : 梵衆天), ⑧ 하느님을 보좌하는 신들의 하나님 세계(Brahmapurohitā devā : 梵輔天), ⑨ 위대한 신들의 하느님 세계(Mahābrahma devā : 大梵天)

3) 두 번째 선정의 세계의 세 하느님 세계

⑩ 작게 빛나는 신들의 하느님 세계(Parittābhānā devā : 小光天), ⑪ 한량 없이 빛나는 신들의 하느님 세계(Appamāṇābhānā devā : 無量光天), ⑫ 빛이 흐르는 신들의 하느님 세계(Ābhāssarānā devā : 極光天, 光音天)

4) 세 번째 선정의 세계의 세 하느님 세계

⑬ 작은 영광의 신들의 하느님 세계(Parittasubhānā devā : 小淨天), ⑭ 한량 없는 영광의 신들의 하느님 세계(Appamāṇasubhānā devā : 無量淨天), ⑮ 영광으로 충만한 신들의 하느님 세계(Subhakiṇṇā devā : 遍淨天)

5) 네 번째 선정의 세계의 아홉 하느님 세계

⑯ 번뇌의 구름이 없는 신들의 하느님 세계(Anabhaka : 無雲天「大乘」), ⑰ 공덕이 생겨나는 신들의 하느님 세계(Puññappasava : 福生天「大乘」), ⑱ 위대한 과보로 얻은 신들의 하느님 세계(Vehapphalā devā : 廣果天), ⑲ 지각을 초월한 신들의 하느님 세계(Asaññasattā devā : 無想有情天) = 승리하는 신들의 하느님 세계'(Abhibhū : 勝者天) ⑳ 성공으로 타락하지 않는 신들의 하느님 세계(Avihā devā : 無煩天), ㉑ 괴롭힘이 없는 신들의 하느님 세계(Atappā devā : 無熱天), ㉒ 선정이 잘 이루어지는 신들의 하느님 세계(Sudassā devā : 善現天), ㉓ 관찰이 잘 이루어지는 신들의 하느님 세계(Sudassī devā : 善見天), ㉔ 궁극적인 미세한 물질로 이루어진 신들의 하느님 세계(Akaniṭṭhā devā : 色究竟天)

6) 비물질적 세계에서의 네 하느님 세계.

㉕ 무한한 공간의 신들의 하느님 세계(Ākāsānañcāyatanūpagā devā : 空無邊處天), ㉖ 무한한 의식의 신들의 하느님 세계(Viññāṇañcāyatanūpagā devā : 識無邊處天), ㉗ 아무 것도 없는 신들의 하느님 세계(Ākiñcaññāyatanūpagā devā : 無所有處天), ㉘ 지각하는 것도 아니고 지각하지 않는 것도 아닌 신들의 하느님 세계(Nevasaññānāsaññāyatanūpagā devā : 非想非非想處天)

<table>
<tr><th>형성조건</th><th>생성방식</th><th>명칭</th><th colspan="4">분류</th></tr>
<tr><td>無形象</td><td>化生</td><td>nevasaññanāsaññāyatana(非想非非想處天)
akiñcaññāyatana(無所有處天)
viññāṇañcāyatana(識無邊處天)
ākāsānañcāyatana(空無邊處天)</td><td rowspan="7">梵天界</td><td>無色界</td><td rowspan="9">天上界</td><td rowspan="10">善業報界</td></tr>
<tr><td colspan="3">형상의 소멸</td><td></td></tr>
<tr><td>不還者의 淸淨 (四禪)</td><td>化生</td><td>akaniṭṭha(有頂天)
sudassin(善見天)
sudassa(善現天)
atappa(無熱天)
aviha(無煩天)</td><td rowspan="5">色界</td></tr>
<tr><td>四禪</td><td>化生</td><td>asaññasatta(無想有情天)=abhibhū(勝者天)
vehapphala(廣果天)
puññappasava(福生天)
anabhaka(無雲天)</td></tr>
<tr><td>三禪</td><td>化生</td><td>appamāṇasubha(無量淨天)
subhakiṇṇa(遍淨天)
parittasubha(小淨天)</td></tr>
<tr><td>二禪</td><td>化生</td><td>ābhassara(極光天)
appamāṇābha(無量光天)
parittābha(小光天)</td></tr>
<tr><td>初禪</td><td>化生</td><td>mahābrahmā(大梵天)
brahmapurohita(梵輔天)
brahmapārisajja(梵衆天)</td></tr>
<tr><td colspan="5">다섯 가지 장애(五障)의 소멸</td></tr>
<tr><td>信
布施
持戒</td><td>化生</td><td>paranimmitavasavattī(他化自在天)
nimmāṇarati(化樂天)
tusita(兜率天)
yāma(耶麻天)
tāvatiṁsa(三十三天)
cātumāharājikā(四天王)</td><td>天上의 欲界</td><td rowspan="6">欲界</td></tr>
<tr><td>五戒</td><td>胎生</td><td colspan="2">manussa(人間)</td><td>인간</td></tr>
<tr><td>瞋恚</td><td>化生</td><td colspan="2">asura(阿修羅)</td><td>수라</td><td rowspan="4">惡業報界</td></tr>
<tr><td>吝嗇
執著</td><td>化生</td><td colspan="2">peta(餓鬼)</td><td>아귀</td></tr>
<tr><td>愚癡
貪欲</td><td>胎生
卵生</td><td colspan="2">tiracchāna(畜生)</td><td>축생</td></tr>
<tr><td>殘忍
殺害</td><td>化生</td><td colspan="2">niraya(地獄)</td><td>지옥</td></tr>
</table>

한국빠알리성전협회

Korea Pali Text Society

Founded 1997 by Cheon, Jae Seong

한국빠알리성전협회는 빠알리성전협회의 한국대표인 전재성 박사가 빠알리성전, 즉 불교의 근본경전인 빠알리 삼장의 대장경을 우리말로 옮겨 널리 알리기 위한 목적으로, 세계빠알리성전협회 회장인 리챠드 곰브리지 박사의 승인을 맡아 1997년 설립하였습니다. 그 구체적 사업으로서 빠알리성전을 우리말로 옮기는 한편, 부처님께서 사용하신 빠알리어의 이해를 돕기 위하여, 사전, 문법서를 발간하였으며, 기타 연구서, 잡지, 팜프렛, 등을 출판하고 있습니다. 부처님의 가르침을 빠알리어에서 직접 우리말로 옮겨 보급함으로써 부처님의 가르침이 누구에게나 쉽게 다가가고, 명료하게 이해될 수 있도록 더욱 노력할 것입니다. 한국빠알리성전협회는 부처님의 가르침이 널리 퍼짐으로써, 이 세상이 지혜와 자비가 가득한 사회로 나아가게 되기를 바랍니다.

한국빠알리성전협회 120-090 서울 서대문구 홍제동 456 상원@102-102
TEL : 02-2631-1381, 070-7767-8437 FAX : 02)735-8832
전자우편 kptsoc@kptsoc.org

빠알리성전협회

Pali Text Society

세계빠알리성전협회는 1881년 리스 데이비드 박사가 '빠알리성전의 연구를 촉진시키고 발전시키기 위해' 영국의 옥스포드에 만든 협회로 한 세기가 넘도록 동남아 각국에 보관되어 있는 빠알리 성전을 로마자로 표기하고, 교열 출판한 뒤에 영어로 옮기고 있습니다. 또한 사전, 색인, 문법서, 연구서, 잡지 등의 보조서적을 출판하여 부처님 말씀의 세계적인 전파에 불멸의 공헌을 하고 있습니다.

President Dr. R. M. L. Gethinn. Pali Text Society
73 Lime Walk Headington Oxford Ox3 7AD, England

梵·藏·漢·英·佛·獨대조
金剛經 – 번개처럼 자르는 지혜의 완성

정가 24,000원

발행일 2003년 06월 05일 초 판
2003년 11월 05일 재 판
2011년 11월 10일 삼 판
발행인 도 법
역주자 전재성
편집인 김광하. 수지행
발행처 한국빠알리성전협회
1999년 5월 31일(신고번호:제318-1999-000052호)
서울 서대문구 홍제동 456 성원@102-102
전화 02-2631-1381 팩스 02-735-8832
이메일 kptsoc@kptsoc.org 홈페이지 www.kptsoc.org
홈페이지 www.kptsoc.org
Korea Pali Text Society
Hongjaedong 456 #Seongwon102-102
Seoul 120-090 Korea
TEL 82-2-2631-1381·FAX 82-2-735-8832
전자우편 kptsoc@kptsoc.org
홈페이지 www.kptsoc.org

ISBN 89-89966-23-X 04220

Kapilavatthu I
SAKYA
Lumbinī
Sāvatthi
Kapilavatthu II
KOLIYA
ACIRAVATĪ
Sāketa
(Ayojjhā)
KOSALA
Kusināra
Gorakhpur
Lucknow
GHĀGARA
GOMATI
KĀLĀMA
VAMSĀ
GANGES
KĀSI
YAMUNĀ
Prayāga
(Allāhabād)
Sārnāth
Kosambī
Benares
AVANTI
GANGES
부처님 당시의 도시들
부처님 이후의 도시들
네팔 국경선
부처님 당시의 강줄기
무역로

Kathmandu
SUN KOSI
ARUN
VIDEHA
Mithilā
NEPAL
VAJJI
INDIA
Darbhanga
Muzaffarpur
LICCHAVI
Vesāli
BĀGHMATI
SAPTI KOSI
tta(Patna)
SONA
Monghyr
Bhāgalpur
Campā
Nālandā
Rājagaha
AṄGA
GADHA
Gayā
Uruvelā
NERAN-JARĀ
PHALGU